Anekdotisches Erzählen

Minima

Literatur- und Wissensgeschichte kleiner Formen

Herausgegeben von
Anke te Heesen, Maren Jäger, Ethel Matala de Mazza
und Joseph Vogl

Band 4

Anekdotisches Erzählen

—

Zur Geschichte und Poetik einer kleinen Form

Herausgegeben von
Christian Moser und Reinhard M. Möller

DE GRUYTER

Gefördert durch das ProPostDoc-Programm des Forschungszentrums Historische Geisteswissenschaften der Goethe-Universität Frankfurt am Main.

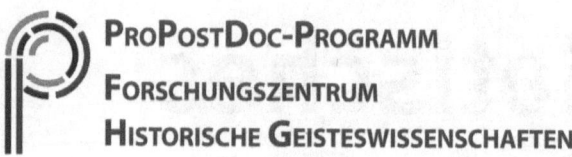

ISBN 978-3-11-153744-3
e-ISBN (PDF) 978-3-11-069821-3
e-ISBN (EPUB) 978-3-11-069829-9
ISSN 2701-4584

Library of Congress Control Number: 2021950454

Bibliografische Information der Deutschen Nationalbibliothek
Die Deutsche Nationalbibliothek verzeichnet diese Publikation in der Deutschen Nationalbibliografie; detaillierte bibliografische Daten sind im Internet über http://dnb.dnb.de abrufbar.

© 2024 Walter de Gruyter GmbH, Berlin/Boston
Dieser Band ist text- und seitenidentisch mit der 2022 erschienenen gebundenen Ausgabe.
Coverabbildung: "Le Cauchemar" ['The Nightmare'], published in La Caricature no. 69, February 23, 1832, print, Honoré Daumier, Wikimedia Commons.

www.degruyter.com

Inhalt

Reinhard M. Möller / Christian Moser
Anekdotisches Erzählen – zur Einführung —— 1

Teil I: Allgemeine Ästhetik, Poetik und Narrativik des Anekdotischen

Michael Niehaus
Anekdotische Begebenheit und novellistischer Wendepunkt. Anmerkungen zu einem unklaren Verhältnis —— 27

Thomas Schestag
Vergraben —— 39

Andreas Mahler
Ben trovato? Zu einigen Aspekten anekdotischer *tellability* —— 53

Teil II: Die Anekdote im Kontext der Auto/Biographie, Historiographie und der Philosophie

Michael Ott
Schlüsselstellen. Anekdote und Medialität in Sport und Extremalpinismus —— 67

David Martyn
Anekdotische Reste: Amerika oder die Empirie der *Minima Moralia* —— 85

Rüdiger Zill
Von Fall zu Fall. Hans Blumenbergs Glossen zu Anekdoten —— 107

Teil III: Anekdotische Repräsentationsformen im literaturgeschichtlichen Wandel: Von der Antike bis zur Renaissance

Daniel Wendt
Detailliert. Die Anekdote als Poetik der Ausnahme bei Cicero und Horaz —— 135

Martina Wernli
Das Schnattern der Gänse und die wiederholte Rettung des Kapitols. Tierliches und Anekdotisches —— 161

Claudia Lillge
"Shadow Stories": The Epistemological Function of the Anecdote in Stephen Greenblatt's *Shakespearean Negotiations* —— 179

Teil IV: Anekdotische Repräsentationsformen im literaturgeschichtlichen Wandel: Das achtzehnte und neunzehnte Jahrhundert

Christiane Frey
Beiläufig exemplarisch: Anekdote und Geschichte bei Montaigne und Kleist —— 195

Joachim Jacob
Rührende Pointen – die Anekdote im Kontext der Empfindsamkeit —— 227

Christian Moser
„Die Lücke in den Tatsachenhaufen erspähen": Napoleon-Anekdoten zwischen Propaganda und Gegengeschichtsschreibung —— 253

Maren Scheurer
„Strange Adventures": Paradoxe Realitätseffekte und nostalgische Realitätskonstruktion in Thomas Hardys „A Few Crusted Characters" —— 279

Teil V: Anekdotische Repräsentationsformen im literaturgeschichtlichen Wandel: Die Moderne

Joachim Harst
Freuds Fälle. Das „Reale" zwischen Anekdote und Fallgeschichte —— 301

Joan Ramon Resina
Between Logos and Myth: Anecdote and Category in Eugeni d'Ors's Novella *Gualba, la de mil veus* —— 325

Reinhard M. Möller
‚Fallenerzählungen' des Kontingenten: Daniel Spoerris *Anekdoten zu einer Topographie des Zufalls* als anekdotisches Erzählexperiment – mit einem vergleichenden Seitenblick auf Andreas Okopenkos *Lexikon-Roman* —— 335

Teil VI: Praxeologie anekdotischer Repräsentation in der Gegenwartsliteratur und -kultur

Elisabeth Tilmann
Palaver und Parlando. Harry Rowohlts erzählte, geschriebene und gelesene Anekdoten —— 361

Rüdiger Singer
„The bloody assassin of the workers, I presume?" Beobachtungen zum Verhältnis von politischer Karikatur und Anekdote —— 379

Kevin Kempke
Wandernde Biographeme – Anekdoten in Theorie und Praxis moderner Autorschaft am Beispiel Robert Walsers —— 417

Bio-bibliographische Angaben zu den Autor:innen —— 437

Index —— 441

Reinhard M. Möller / Christian Moser
Anekdotisches Erzählen – zur Einführung

1 Ein Fallbeispiel zum Einstieg: Anekdotisches ‚side-stepping' – zur konstitutiven Randständigkeit einer kleinen Form

Zwischen 1998 und 2012 veröffentlichte der amerikanische Rockmusiker und Comic-Autor James Kochalka unter dem Titel *American Elf* auf seiner Website täglich einen aus jeweils nur vier Panels bestehenden autobiographischen Comicstrip. Kochalkas Webcomic besitzt Tagebuchcharakter, weist aber zugleich eine anekdotisch-pointierte Struktur auf, die durch Ausnutzung der Text-Bild-Spannung in besonderer Weise profiliert wird (Cates 2011, 217). Kochalkas gezeichnete Anekdoten verkoppeln introspektive Selbstbetrachtung mit der Beobachtung amerikanischer Alltagskultur und betreiben somit die autoethnographische Erkundung dessen, was ‚being American' um die Jahrtausendwende ausmacht(e).

Kochalka hat die zunächst täglich auf seiner Website veröffentlichten anekdotischen Strips später gesammelt in Buchform publiziert. Es handelt sich dabei also um eine komplexe intermediale Konstellation, in der der Comic, das Weblog und das Buch miteinander verkoppelt sind. Der Comic selbst markiert ja seinerseits schon ein hybrides, transmediales Genre. Der autobiographische Comic kombiniert Schrift mit Bild, wobei auch die Schrift zumeist von Hand ‚gezeichnet' ist. Er erstellt ein Selbstportrait des zeichnenden/schreibenden Ichs, aber eines, das seine Glaubwürdigkeit nicht aus der Ähnlichkeit zum Dargestellten bezieht, sondern aus der Tatsache, dass es durch dessen eigene Hand geschaffen ist (Dollhäubl 2009). Von daher erklärt sich die häufige Wiedergabe der zeichnenden Hand in den autobiographischen Comics, meist im Rahmen von sog. ‚mirror scenes', Szenen, die in einer Art *mise en abyme* die Herstellung des uns vor Augen liegenden Textes zur Darstellung bringen (Chaney 2011).

Die Darstellung der Hand spielt denn auch in Kochalkas *American Elf* eine wichtige Rolle. Damit einher geht ein Weiteres: Wie viele Verfasser von autobiographischen Comics – man denke etwa an Art Spiegelmans *Maus* – stellt Kochalka sich selbst nicht mimetisch-realistisch als Mensch, sondern unter einer Maske dar, der *persona* eines Fabelwesens, eines Elfen. Warum gerade ein Elf? Einerseits dient diese Maske der Selbstkarikatur, der ‚Überzeichnung' besonderer körperlicher Merkmale (etwa der Lücke zwischen den Schneidzähnen; der abstehenden Ohren). Kochalka betreibt auf parodistische Weise die Reduktion seines Selbstbildes auf die ‚besonderen Kennzeichen'; er akzentuiert zudem den Aspekt der Körperlichkeit, dem in seinem Tagebuch ohnehin zentrale Bedeutung zukommt. So widmet er den alltäglichen körperlichen Vorgängen des Essens und Trinkens, des Verdauens, der Körperpflege und der Sexualität große Aufmerksamkeit. Doch mit der Elfen-Maske hat es noch mehr auf sich. Kochalka erläutert seine Wahl im Vorspann zum ersten Band der Buchausgabe von *American Elf* (Abb. 1). Zwei Panels zeigen, wie der Protagonist sein Gesicht im Badezimmerspiegel betrachtet. Ein drittes Panel vollzieht einen Schwenk nach unten auf seine Beine, die gerade im Begriff sind, einen Schritt zur Seite zu machen. Der Text in den *captions* begründet die ‚verfremdende' Darstellung des Ichs in Elfengestalt. Die ersten beiden Panels sind überschrieben mit: „I draw myself as a rather awkward looking elf because it reflects my relationship with the world. The magic & mystery of life and my awkward grappling with it." Über dem dritten Panel findet sich der folgende Text: „I'm trying to step *sideways* into greater understanding. Sometimes it's simply impossible *head on*." (Kochalka 2004, unpaginiert; Hervorh. R. M. / C. M.) Die Schlüsselbegriffe sind hier: „awkward" und „sideways". Der Vorspann markiert eine Absage an das traditionelle Spiegelparadigma der Selbsterkenntnis sowie an die Tradition des künstlerischen Selbstbildnisses mit seiner Privilegierung des Gesichts (Konersmann 1991; Moser 2019a). Der Blick in den Badezimmerspiegel stellt zunächst eine solche ‚frontale' Selbstschau („head on") dar. Doch die frontale Selbstbetrachtung erweist sich als fruchtlos. Der Blick richtet sich in der Folge vielmehr ‚seitwärts' auf die vermeintlichen ‚Nebendinge', das ‚Nebensächliche', das metonymisch mit dem Selbst Verbundene. Aber eben dieses Beiläufige und Nebensächliche soll – ganz wie Plutarch dies in seiner Alexander-Vita programmatisch für das Anekdotische postuliert – tieferen Aufschluss („greater understanding") über die Person vermitteln.[1] Bereits die Elfen-Maske impliziert die Verweigerung der wesensenthüllenden Frontalansicht, ein Ausweichen in den Bereich des ‚Abseitigen' („awkward"). Die Verweigerung der Frontalansicht bedeutet zweierlei: a) das Abrücken von einer wichtigen Traditionslinie des Autobiographie- und Tagebuchschreibens – vom Tagebuch als Medium der Introspektion, der unmittelbaren Selbstreflexion, der Selbstdurchleuchtung, der Selbsthermeneutik; b) das Abrücken von

---

[1] „[H]ervorragende Tüchtigkeit oder Verworfenheit offenbart sich nicht durchaus in den aufsehenerregendsten Taten, sondern oft wirft ein geringfügiger Vorgang, ein Wort oder ein Scherz ein bezeichnenderes Licht auf einen Charakter als Schlachten mit Tausenden von Toten und die größten Heeresaufgebote und Belagerungen von Städten." (Plutarch 1960, 7)

der Traditionslinie des gemalten, künstlerischen Selbstportraits.² Stattdessen lässt der Autobiograph seinen Blick ‚seitwärts' ausbrechen, wo er sich auf die vermeintlich banalen Ereignisse des Alltags richtet, die nicht unmittelbar etwas mit seinem Ich zu tun haben. Im weiteren Verlauf des Vorspanns bekundet der Autobiograph seine Vorliebe für die ‚kleinen' anekdotischen Ereignisse: „No event is too slight to be meaningful." (Kochalka 2004, unpag.) Er weist zugleich auf ihre Flüchtigkeit hin: „The Moments are fleeting. So… if you want to capture that energy, it's appropriate to draw loosely and quickly…" (Kochalka 2004, unpag.). Es geht Kochalka nicht darum, die bedeutenden Begebenheiten seines Lebens festzuhalten, er praktiziert vielmehr ein ‚writing to the moment', das sich dem Ephemeren, Nebensächlichen, Anekdotischen zuwendet. Zwar spielen auch wichtige lebensgeschichtliche und historische Ereignisse in den Text hinein (Berufswahl, Partnerwahl, Geburt des ersten Kindes, 9/11 usw.), aber sie werden nicht ‚head on' thematisiert, sondern kommen am ‚Rand' (kollateral) zur Darstellung – 9/11 etwa durch die zeichnerische Konfrontation der Fernsehbilder von den brennenden Türmen mit einer Alltagsszene, die den Protagonisten unter der Dusche zeigt (Kochalka 2004, Eintragung vom 11. September 2001). Der Tagebuchzeichner notiert seine Beobachtungen unterwegs, ‚zwischen Tür und Angel' (ein Panel zeigt den Elfen an einem Camping-Tisch in freier Natur, während er, im Aufbruch begriffen, schnell etwas in sein Skizzenheft zeichnet). Wichtig ist auch das von ihm gewählte Aufzeichnungsmedium: „a handy sketchbook that you can bring with you" (Kochalka 2004, unpag.) – ein mobiles Medium mithin, ein transportables Skizzenheft (Stingelin und Thiele 2010). Kochalka verficht eine Ästhetik der Skizze. Das Beiläufige, Äußerliche soll unmittelbar registriert werden, vor Ort, ohne es einer allzu tiefgründigen Reflexion zu unterziehen. Der frontalen Begegnung mit dem ‚Ich' wird aus dem Weg gegangen. Nach diesem Prinzip des anekdotischen ‚side-stepping' funktionieren viele Tagebucheinträge in *American Elf*, so etwa auch die auf den 25. Januar 1999 und 6. Dezember 2000 datierten Strips: Quasi ‚aus Versehen' gerät der Zeichner hier in eine direkte Begegnung („head on") mit sich selbst – in dem einen Falle dadurch, dass er sich ‚unmaskiert' (als Mensch, Individuum) und in Frontalansicht zeichnet (ein ‚traditionelles Selbstportrait'), im anderen Falle dadurch, dass er unmittelbar auf sich selbst und sein Tagebuchschreiben reflektiert (eine traditionelle Form der Tagebuchreflexion). Beide Male erschrickt er über diesen ‚Rückfall' in die ich-zentrierte, innerlichkeitsorientierte Selbstdarstellung und Reflexion („Yeek! What am I doing?"); beide Male flüchtet er zurück in die ‚Äußerlichkeit' und Zerstreutheit

---

2 Zu diesen beiden Traditionslinien und ihrer intermedialen Verknüpfung vgl. Moser 2019a, 250–251.

des Anekdotischen, wobei ihm (dies ist die anekdotische Pointe) ein Unterhaltungsmedium (Fernsehen) behilflich ist: „watch more television", so lautet das Diktum des Strips vom 25. Januar 1999. Beide Male wird eine Bewegung des ‚sidestepping' vorgeführt, gibt es ein Abrücken vom Gesicht, und stattdessen tritt ein beiläufiger, (scheinbar) randständiger, ‚angehängter' Körperteil in den Fokus: die zeichnende Hand. Der Selbstbezug wird hier durch die Hand, nicht durch das Gesicht gestiftet. Im Vorspann zur Buchpublikation wird programmatisch der Spiegelblick zugunsten einer Darstellung der Extremitäten (der Beine, die buchstäblich ein ‚side-stepping' vollziehen) aufgegeben. Der Vorspann annonciert mithin eine Poetik des Anekdotischen als des Randständigen und Marginalen.

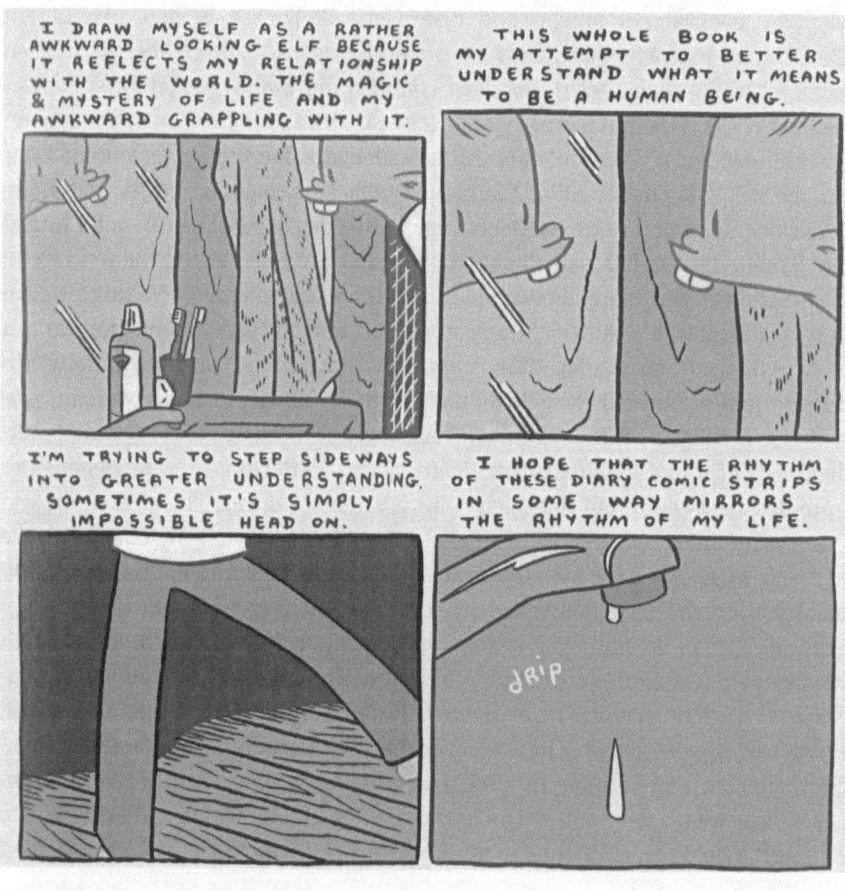

Abb. 1: American Elf (Kochalka 2004, unpag.)

Diese Standortbestimmung kann als Ausgangspunkt der Untersuchungen des vorliegenden Bandes gelten. Um der tatsächlich erheblichen Bedeutung anekdotischer Narration und Reflexion in ästhetischen und epistemischen Zusammenhängen gerecht zu werden, muss zunächst einmal ihre kennzeichnende Position am Rand dieser Zusammenhänge anerkannt werden, durch die sich ihr nicht zu unterschätzendes Potenzial speist. Die Anekdote ist die literarisch-künstlerische Form des Randständigen, sie ist aber gewissermaßen auch eine randständige Form. Unser Band rückt mit der Anekdote ein Genre in den Fokus der Aufmerksamkeit, das von der literatur- und kulturwissenschaftlichen Forschung über lange Zeit vernachlässigt worden ist. An dieser Vernachlässigung ist sie selbst nicht ganz ‚unschuldig', tritt die Anekdote doch, wie wir eben gesehen haben, häufig mit dem Gestus des Beiläufigen auf. Sie kultiviert den Nimbus des Marginalen; sie richtet sich als Mikroerzählung gerne in den Randzonen der großen Genres, der monumentalen Geschichtsschreibung und der seriösen Berichterstattung ein (Moser 2006).

Der Aspekt der Marginalität lässt sich mit Bezug auf anekdotisches Erzählen in gleich mehreren Facetten entfalten: Zum einen geht es um quantitative Marginalität, denn anekdotische Narrationseinheiten sind typischerweise kurz und begnügen sich mit geringem erzählzeitlichem und textuellem Raum, gehören also in quantitativer Hinsicht zu den konstitutiv kleinen Formen. In enger Verbindung damit steht der zweite Aspekt einer qualitativ verstandenen Marginalität. Angesichts ihres geringen Umfangs entwerfen Anekdoten typischerweise keine Narrative mit hohem Bedeutungsanspruch, sondern sie vermitteln Geschehnisse, die zwar auffallen, ohne jedoch als bedeutsam präsentiert zu werden. Vielmehr werden sie oftmals so vorgeführt, als handle es sich um ‚Nebensachen' oder beiläufige Vorkommnisse, die man auch leicht übersehen könnte oder die nicht erzählenswert erscheinen – eben, wie es häufig heißt, ‚nur' um Anekdoten.[3]

Drittens geht anekdotische Narration oft mit erzählerischen Inszenierungsstrategien der marginalen Beiläufigkeit einher: Zum einen werden Begebenheiten im Modus der Anekdote oft erzählerisch als ein nebensächliches ‚Fundstück' eingeführt, d. h. als etwas zufällig Vorgefundenes – als eine gegebene realistische

---

3 Bezeichnend ist etwa die Formulierung, die der preußische Staatskanzler Karl August von Hardenberg wählte, um den Antrag Heinrich von Kleists abzulehnen, die von ihm herausgegebenen *Berliner Abendblätter* – das Medium, in dem er alle seine später als ‚klassisch' gepriesenen Anekdoten publizierte – als „halboffizielles Organ" anzuerkennen: „Sie haben aber keinen Anspruch darauf, weil die Abendblätter auf keine Weise den Zweck erfüllen und durch ihren Unwert von selbst fallen müssen, denn Auszüge aus längst gelesenen politischen Zeitungen und *ein paar Anekdoten* können, wie Sie selbst einsehen werden, nicht das mindeste Recht auf Unterstützung reklamieren" (Sembdner 1992, 380; Hervorh. R.M./C.M.).

Geschichte und nicht als etwas, worauf sich das Beobachtungsinteresse planvoll gerichtet hat und worauf sich das Darstellungsinteresse zwingend richten müsste (Möller 2019). Zum anderen werden anekdotische Erzählungen oft in einem Gestus vorgetragen, als würde ihre Erzählung beiläufig improvisiert, d. h. als würde die Anekdote mit leichter Hand aus größeren Geschehenszusammenhängen herausgegriffen und okkasionell ‚eingestreut', wobei es sich in der Regel natürlich um einen komplexen Inszenierungseffekt handelt.[4] Gleichzeitig aber verbindet sich hiermit der Anspruch, dass gerade die beiläufig erzählte kleine Begebenheit Charakteristisches über die dargestellten Personen oder Gegenstände zum Ausdruck bringen soll, welches sich hierin im Sinne zwangsläufiger Zufälligkeit findet. Der Anekdote werden also gerade in ihrer Beiläufigkeit tragende Repräsentationsfunktionen zugeschrieben. Zwischen beiden Aspekten besteht ein Spannungsverhältnis: Je besser die Anekdote ihre Repräsentationsfunktion erfüllt, desto weniger überzeugend kann sie ‚vorgefunden' wirken.

Viertens schließlich lässt sich der Aspekt der Marginalität in metaphorischem Sinne auf Vorstellungen von Liminalität beziehen – also darauf, dass anekdotische Erzählungen oft Rand- und Übergangszonen, Kippfiguren und auch Bruchlinien zwischen unterschiedlichen oder gegensätzlichen Attributen markieren, so etwa zwischen dem als gesichert Publizierten und dem ‚Unveröffentlichten' im Sinne der ursprünglichen Bedeutung des Terminus ‚Anekdote',[5] zwischen dokumentarischem Realismus und Fiktionalisierung oder auch zwischen pointierter Darstellung und antiteleologischen Erzählstrukturen.

Das besondere Potenzial anekdotischer Formen liegt somit offenbar in verschiedenen Facetten einer fruchtbar zu machenden Marginalität begründet: Gerade weil anekdotisches Erzählen oft in einem Gestus auftritt, der dazu einlädt, die Form und ihre Ansprüche zu unterschätzen, ist es dazu in der Lage, äußerst vielfältige ästhetisch-poetologische Spielräume zu eröffnen.

---

[4] Zu diesem Gestus gehört auch die inszenierte Oralität anekdotischen Erzählens: Der Anekdotenerzähler demonstriert seine Schlagfertigkeit, die am besten in mündlichen Kommunikationszusammenhängen zur Geltung kommt.

[5] Gr. *an-ekdota* = das noch nicht Herausgegebene. Zum Zusammenhang zwischen der Wort- und der Gattungsgeschichte vgl. den Beitrag von Thomas Schestag zum vorliegenden Band.

2 Zwischen Gattung und Schreibweise: Theorie und Geschichte anekdotischen Schreibens und seiner Funktionen

Die programmatische Marginalität der Anekdote hat dazu beigetragen, dass systematische Untersuchungen zu ihrer Geschichte und Poetik bis heute, verglichen mit anderen generischen Formen, relativ rar sind. Zwei neuere Tendenzen innerhalb der literatur- und kulturwissenschaftlichen Forschung legen jedoch die Annahme nahe, dass die Zeit gekommen ist, der Anekdote größere Beachtung zu schenken und sie sowohl in gattungsgeschichtlicher als auch in gattungstheoretischer Hinsicht gründlicher zu untersuchen. Zum einen hat die Erforschung sog. ‚kleiner Formen' derzeit Konjunktur. Die morphologische Perspektive, mit der André Jolles das Studium der „einfachen Formen" in den 1930er Jahren in die Literaturwissenschaft einbrachte (Jolles ⁸2006), wird dabei kulturwissenschaftlich und diskursanalytisch erweitert.[6] Zum anderen lassen sich seit einiger Zeit Entwicklungen beobachten, die unter dem Schlagwort einer ‚Wiederkehr der Referenz' zusammengefasst werden können. Hatten in der Folge des ‚linguistic turn' über Jahrzehnte hinweg konstruktivistische Theorieansätze das Feld beherrscht, die den Referenten mit einem regelrechten Tabu belegten, so kann man gegenwärtig ein verstärktes Interesse an der Gegenstandsseite der Zeichensysteme beobachten. Diese neue Aufmerksamkeit auf den Wirklichkeitsbezug der zeichenhaften Repräsentationen bedeutet nicht unbedingt einen Rückfall in naive Vorstellungen eines mimetischen Realismus. Oft ist sie vielmehr mit dem Bestreben verbunden, den Einsichten des Konstruktivismus in die Eigenlogik kultureller Zeichenordnungen Rechnung zu tragen und Referenz als Produkt komplexer Prozesse der Semiose zu denken. Aufgrund ihrer Liminalität lenkt gerade die Form des Anekdotischen den Blick pointiert auf solche Prozesse und auch auf ihre ‚Bruchstellen'. Das Verhältnis von Realität und Darstellung steht mithin wieder auf der Tagesordnung literaturwissenschaftlicher Forschung und konfrontiert sie mit neuen Herausforderungen.

Diesen Herausforderungen möchten sich die Beiträge zum vorliegenden Band stellen, indem sie die Textsorte der Anekdote in historischer und systematischer Perspektive untersuchen. Die Anekdote gilt als dezidiert referenzorien-

---

[6] Als exemplarische Beiträge seien hier etwa die ersten beiden Bände der bei De Gruyter erscheinenden Reihe *Minima. Literatur- und Wissensgeschichte kleiner Formen* genannt (Jäger et al. 2021; und Müller et al. 2021), außerdem Lay Brander 2020, Montandon 2018, Gamper und Mayer 2017, Grant 2016 oder auch Göttsche 2006.

tiertes Genre. Sie ist in der literaturwissenschaftlichen Diskussion der letzten Jahre gar zu einem Paradigma literarischer Referentialisierung avanciert. Das ist vor allem ein Verdienst des *New Historicism*, der nicht nur eine Theorie der Anekdote entwickelt hat, sondern anekdotisches Schreiben darüber hinaus als eine Form der alternativen Geschichtsschreibung praktiziert und den Blick über das Genre der Anekdote hinaus auf das Anekdotische als zentrales Element zahlreicher anderer Textformen ausweitet.[7] Legt man einen entsprechend weiten, vor allem auf Referenzmodi bezogenen Maßstab an, dann erscheint das Anekdotische als eine in quantitativer Hinsicht durchaus nicht mehr bloß marginal vorkommende Form – vielmehr lassen sich dann auch umfassende *grands récits* jeweils als aus kleineren anekdotischen Strukturen zusammengesetzt betrachten.

Wie Joel Fineman in einer programmatischen Abhandlung formuliert, die unter dem mehrdeutigen Titel „The History of the Anecdote" Bekanntheit erlangt hat, ist die Anekdote „the literary form or genre that uniquely refers to the real" (Fineman 1989, 56); Catherine Gallagher und Stephen Greenblatt attestieren ihr „the touch of the real" (Gallagher und Greenblatt 2000, 20). Aus Sicht des *New Historicism* stellt die Anekdote ihren Wirklichkeitsbezug jedoch nicht unmittelbar, sondern über einen Umweg her: Sie verweist auf das singuläre Ereignis, das den Grundbaustein jeglicher Geschichtsschreibung darstellt, das aber seiner Kontingenz entkleidet und in den übergreifenden Zusammenhang einer teleologischen Konstruktion überführt werden muss, um Signifikanz zu gewinnen. Im Widerstand, den das kontingente Faktum der totalisierenden Geschichtskonstruktion entgegensetzt, bekundet sich demnach ihre Referentialität, die der *New Historicism* den Zielen einer subversiven *counterhistory* dienstbar machen will (Gallagher und Greenblatt 2000, 49). Wenn die anekdotische Erzählung insofern auf Realitäts- und Authentizitätseffekte abzielt, wird der anekdotisch erzählte Vorgang typischerweise zugleich als kontingent präsentiert: Er wird als vorgefunden, nicht als ‚gesucht' oder aktiv konstruiert vorgeführt. Je mehr sie aber in einer prägnanten, in sich geschlossenen Form präsentiert wird (Niehaus 2013, 201), steht die Anekdote jedoch auch immer wieder in der Gefahr, als Erfindung angesehen zu werden. Die ästhetisch und poetologisch gelungene Anekdote wirkt oft zu schön, um wahr zu sein. Zugleich scheint sie oft bestimmten erzählstrategischen Absichten zu gut zu dienen, um nicht fiktional konstruiert oder zumindest bearbeitet zu sein. Sie unterläuft die Wahrheits- und Referentialitätsgarantie, die sie selbst zu liefern vorgibt, und situiert den historiographischen bzw. biographischen Text somit in einer liminalen Sphäre zwischen Faktizität und Fiktion. Wie

---

[7] Zur Anekdotenkonzeption des *New Historicism* vgl. den Beitrag von Claudia Lillge zum vorliegenden Band.

verschiedene Beiträge unseres Bandes zeigen, wird gerade diese Schwellenposition spätestens um 1800 zu einem zentralen Merkmal moderner Anekdotenpoetik.

Klassische literaturwissenschaftliche Anekdotentheorien haben die typische *narrative Formstruktur der Anekdote* in Anlehnung an klassische rhetorische Wirkungsstrategien in einem dreischrittigen Schema beschrieben (Schäfer 1982, 30–35): Auf eine Exposition der „occasio", also der anekdotischen Ausgangssituation, folgt demnach in der „provocatio" eine oftmals agonale Zuspitzung des angelegten Konflikts durch eine Handlungs- oder Redeherausforderung. Diese wird dann durch das abschließende „dictum" in einer spektakulären Pointe, oftmals in Form einer prägnanten, entwaffnenden Äußerung eines Protagonisten, ggf. aber auch eines Erzählerkommentars, beantwortet und somit die Anekdote insgesamt abgerundet (Schäfer 1982). Ein solches Schema weist der anekdotischen Erzählung tendenziell eine finale, teleologische Ausrichtung zu und legt insofern ein repräsentativ-didaktisches Wirkungsmodell nahe. Das Anekdotische als realistische Darstellungsform kontingenter Besonderheiten wird im Kontext des *New Historicism* hingegen mit der strukturellen Verknüpfung von „event" und „context" (Fineman 1989, 61) bzw. von „touto" und „meta touto" (Fineman 1989, 53), also mit einem anti-teleologischen Modell assoziiert. Vor diesem Hintergrund unternehmen verschiedene Beiträge unseres Bandes einen kritischen Vergleich beider Konzeptionen gerade im Hinblick auf allgemeine poetologische und narratologische Strukturmomente anekdotischer Formen und deren unterschiedliche konkrete Anwendbarkeit auf einzelne Texte. Die Beiträge unseres Bandes loten ein Spektrum von Ausprägungsformen anekdotischen Schreibens aus, das sich zwischen einer ‚geschlossenen', teleologisch auf eine Pointe bzw. Klimax ausgerichteten, aber tendenziell deutlicher Konstruiertheit indizierenden Form und einer ‚offenen', nicht abgerundeten, auf anregende Irritation ausgerichteten und mit stärkeren Realitätseffekten verknüpften Form bewegt (Niehaus 2013, 201), welche sich vielfach überlagern und überkreuzen. In ihren verschiedenen Funktionalisierungskontexten machen anekdotische Texte die Potenziale und Grenzen insbesondere der Erzeugung von Referenzialitätseffekten und von narrativen Strategien der produktiven und anregenden Verknappung deutlich – und sie entfalten diese Effekte auf kleinem Raum durch ‚dichte' und komplexe, im jeweiligen Einzelfall detailliert zu analysierende Verfahren. Gerade hierdurch rückt die Untersuchung anekdotischer Textstrukturen kennzeichnende Strategien und Wirkungen kleiner Formen allgemein exemplarisch in den Fokus.

Bemerkenswert ist, dass ältere germanistische Anekdotentheorien vielfach eher von einem ‚Verblassen' oder sogar Verschwinden der Gattung Anekdote im zwanzigsten Jahrhundert sprechen (Schäfer 1986), während die genannten Ansätze des *New Historicism* das Anekdotische als Erzähl- und Reflexionsform im Verlauf der Moderne gerade nicht schwinden, sondern immer relevanter werden sehen. Dabei behandeln erstere ‚die Anekdote' dezidiert als eigenständige literarische Gattung, letzterer hingegen fasst ‚das Anekdotische' offener als Schreibweise und als Wissensform, die in verschiedenen, vor allem historiographisch ausgerichteten diskursiven Kontexten begegnen können. Somit stellt sich die Frage, aus welchen spezifischen Perspektiven die Anekdote und das Anekdotische in ihrer literatur- und kulturhistorischen Entwicklung bis zur Gegenwart jeweils gemeinsamen, parallelen oder unterschiedlichen Konjunkturen zu unterliegen scheinen.

Die hier versammelten Beiträge wollen das Verhältnis solch kontrastierender Entwicklungsnarrative klären und anhand von Einzelstudien untersuchen, welche unterschiedlichen Ausprägungen der Anekdote als Gattung beziehungsweise des Anekdotischen als Schreibweise jeweils in verschiedenen Feldern und Kontexten erkennbar werden, und welche (wissens- und kultur-)poetologischen Implikationen sich damit jeweils verbinden. Ausgangspunkt ist dabei die These, dass anekdotisches Erzählen literarische Statur nicht nur – wie vom *New Historicism* betont, aber auch von Teilen der literaturwissenschaftlichen Anekdotenforschung behauptet (Weber 1993; Hilzinger 1997; Gossman 2003) – im Kontext der Geschichtsschreibung, sondern zugleich auch in vielfältigen anderen diskursiven Zusammenhängen gewinnt, etwa im Bereich der Auto/Biographik (Moser 2018), der Philosophie (Zill 2013) sowie der Anthropologie, Ethnographie und Reiseliteratur (Greenblatt 1991; Möller 2016). Anekdoten übernehmen in den verschiedenen diskursiven Kontexten, in denen sie eingesetzt werden, immer wieder wichtige epistemische Funktionen.

Der *New Historicism* führt das anekdotische Schreiben genealogisch auf die antike Historiographie zurück – auf Thukydides (Fineman 1989, 52–55) und Herodot (Greenblatt 1991, 122–128). Ältere Poetiken des Anekdotischen verweisen hingegen auf andere Ahnherren, nämlich zum einen auf Prokop von Caesarea, dessen Geheimgeschichte *Anekdota* dem Genre seinen Namen gegeben haben soll, auf Plutarch zum anderen, der im Proömium zu seiner Alexander-Vita erklärt, er „schreibe nicht Geschichte, sondern zeichne Lebensbilder" und richte seine Aufmerksamkeit daher nicht auf die „aufsehenerregendsten Taten", sondern auf den scheinbar „geringfügigen Vorgang", denn dieser vermöge den Charakter des Portraitierten zu offenbaren (Plutarch 1960, 7). Von Prokop geht eine Traditionslinie historiographischen Schreibens aus, die in der Anekdote ein Werkzeug zur Aufdeckung verborgener Ursachen, niedriger Beweggründe und kontingenter Faktoren sieht. Von Plutarch geht eine alternative Traditionslinie aus, die die Anekdote als ein psychologisches und anthropologisches Erkenntnisinstrument begreift. Plutarch verwendet freilich nicht das Wort Anekdote, das bis in die Neuzeit hinein einen publikationstechnischen Terminus markiert.

Erst im achtzehnten Jahrhundert gewinnt es die Bedeutung des kleinen historischen oder biographischen Vorfalls, in einem zweiten Schritt dann die einer spezifischen literarischen Form, die ihn zur Darstellung bringt (Hilzinger 1997, 27 ff.). Das Wörterbuch des englischen Aufklärungsschriftstellers Samuel Johnson dokumentiert diese semantische Verschiebung: Die Erstausgabe von 1755 definiert „anecdote" noch als „something yet unpublished", die revidierte Fassung von 1773 führt dagegen eine zweite Bedeutung an: „a biographical incident; a minute passage of private life" (Johnson 1773, vol. 1, s.v. anecdote). Johnson stellt die Anekdote somit explizit in den Kontext der privaten Lebensgeschichte. Es ist kein Zufall, dass die im achtzehnten Jahrhundert auch in quantitativer Hinsicht zu verzeichnende Konjunktur anekdotischen Schreibens mit dem Aufstieg der lebensgeschichtlichen Genres Biographie und Autobiographie sowie ihrer anthropologischen Funktionalisierung zusammenfällt. Die enge Verbindung zwischen dem Anekdotischen und dem Auto/Biographischen findet indirekt auch aufseiten der Historiographie ihre Bestätigung: In den Universal- und Kulturgeschichten der Aufklärung stehen nicht mehr große historische Persönlichkeiten, sondern Kollektivsubjekte im Fokus. Für den Verfasser einer *histoire des mœurs*, so dekretiert etwa Voltaire, ist die Anekdote als Darstellungsmittel tabu (Voltaire 1957, 53–56, 889; s. dazu auch Hilzinger 1997, 53; Grossman 2003, 153; Moser 2006, 29–30), gerade weil sie ausschnitthafte Situationen darstellt, nicht aber deren größere Kontexte, und auf letztere nur hindeutet. Die Anekdote wird in dieser Phase zunehmend aus der (öffentlichen) Geschichte der Völker und ihrer Herrscher herausgelöst und in die (Privat-)Geschichte der Individuen transferiert. Anekdotensammlungen der Aufklärungsepoche wie etwa Guillaume de Raynals *Anecdotes littéraires* (1750/1756) und *Anecdotes historiques* (1753) oder Friedrich Nicolais *Anekdoten von König Friedrich dem II. von Preußen* (1788–1792) versuchen zwar beides noch formal zu verbinden, stellen aber immer stärker auf individuelle Charakterzüge statt auf kollektive Repräsentativität ab.

Dieser Transfer ist mit zwei parallel verlaufenden Entwicklungen verbunden: Einerseits avanciert die Anekdote mit ihrer Herauslösung aus kollektivgeschichtlichen Zusammenhängen zu einem auto/biographischen Darstellungs- sowie einem anthropologischen und psychologischen Erkenntnisinstrument. In dieser Eigenschaft interferiert sie mit einer anderen ‚kleinen Form', die im achtzehnten Jahrhundert ihren Aufstieg nimmt, der Fallgeschichte (Pethes 2016; Düwell und Pethes 2014; Mülder-Bach und Ott 2014; Moser 2012).[8] Andererseits

---

8 Vgl. den Beitrag von Joachim Harst zum vorliegenden Band.

leistet sie der Freisetzung der Anekdote als einer autonomen literarischen Darstellungsform Vorschub: Indem sie sich aus der Umklammerung durch die Historiographie befreit und pragmatischer Funktionszuweisungen entledigt, erschließt sie das ihr innewohnende formalästhetische Potenzial. Dieses Potenzial wird um 1800 in diversen Ansätzen zu einer Poetologie der Anekdote u. a. auf besondere Wirkungseffekte der Aussparung, Verdichtung und indirekten Darstellung bezogen: Isaac D'Israeli veranschaulicht in seiner *Dissertation on Anecdotes* die Anregungswirkung gelungener Anekdoten etwa mit der Elektrizitätsmetaphorik des Funkenschlags (D'Israeli ²1801, 41; s. dazu Möller 2016, 104–105; Moser 2019b, 471–473) und betont, dass die ideale Anekdote, indem sie quantitativ knappe, dafür aber qualitativ signifikante Vorfälle darstelle, indirekt im Vergleich zu umfangreicheren Darstellungen umso mehr ‚zu denken gebe' – gerade hierin erscheint sie vorbildhaft für das rezeptionsästhetische Potenzial kleiner literarischer Formen überhaupt.

Die Anekdotenkunst von Autoren wie Heinrich von Kleist und Johann Peter Hebel steht um 1800 paradigmatisch für diesen neuen Status ästhetischer Autonomie ein: Sie verkörpert den Typus der dezidiert literarischen Anekdote, die sich von der pragmatisch ‚fremdbestimmten' historischen Anekdote abhebt und zugleich als Vorläufer moderner literarischer Kleinformen wie dem Fait divers, der Kurzgeschichte und der Prosaskizze figuriert. Gerade in dieser Epoche werden zwei grundlegende, oft in Spannung zueinander stehende Tendenzen der literarischen Anekdotenpoetik erkennbar: Während bei Hebel der literarischen Anekdote noch eher Funktionen der ‚Charakteristik' und Exemplifikation zugeschrieben werden können, steht sie in der von Kleist bis zu Kurzprosapoetiken des zwanzigsten Jahrhunderts führenden Traditionslinie als „register[] of the singularity of the contingent" (Greenblatt 1991, 3) eher für die zunächst ungerahmte Repräsentation oftmals unwahrscheinlicher, aber realistisch präsentierter kontingenter Ereignisse ein.

In den historischen Entwicklungslinien anekdotischen Erzählens, welche die Beiträge unseres Bandes nachzeichnen, lässt sich eine Entwicklung von einem variablen Formelement in der Antike und Frühen Neuzeit über eine Konsolidierung als stabilere Gattungsform ab dem späten achtzehnten bis zum Ende des neunzehnten Jahrhunderts hin zu einer erneuten Entgrenzung von Verfahren und Funktionskontexten des Anekdotischen ab der Moderne bis in die Gegenwart beobachten. Somit ist das von ‚klassischen' Anekdotentheorien konstatierte ‚Verblassen' einer fixen Gattung eher als Tendenz zur Diffusion zu betrachten, bei der narrative und epistemische Strukturelemente des Anekdotischen in vielfältigen anderen Kontexten und Funktionen ihre Wirkung entfalten, während gleichzeitig in diesen Zusammenhängen auch Anekdoten im traditionellen Sinne nach wie vor ihre Präsenz und Bedeutung behaupten.[9]

3 Zur Struktur und Performanz anekdotischen Erzählens

Die Beiträge dieses Bandes zeigen, dass anekdotische Schreibweisen vielfach zwischen der als Dreischritt beschreibbaren pointenzentrierten Struktur einerseits und komplexeren Strukturen ohne Pointe andererseits oszillieren. Dieses Spannungsverhältnis wird oft als Kippfigur ausagiert, bei der es nicht zuletzt auf die Perspektive der Rezipient*innen ankommt: Anekdotische Texte oder Textelemente sind häufig sowohl als pointierte wie auch als offene, nicht teleologisch durchgeformte Erzähleinheiten lesbar. Es zeigt sich somit, dass die Dreischrittkonzeption der Anekdote ähnlich wie viele fixe Strukturmodelle von Gattungen in ihrer Anwendung auf einzelne Texte kaum je in Reinkultur anzutreffen ist und in nahezu allen Fällen hinterfragt werden kann. Umgekehrt erscheint allerdings auch das von Fineman und Greenblatt vertretene Modell des Anekdotischen zumindest in Teilen als eine (post)modernistisch kontextualisierte Rückprojektion. Der Aspekt des *touch of the real* kann anekdotischen Texten zwar in vielen Fällen zugeschrieben, das Vorliegen direkter Realitätsreferenz aber nicht immer verifiziert und auch kaum je von mehr oder minder stark konstruierten Realitätseffekten eindeutig unterschieden werden. Wie der Beitrag von Joachim Harst im vorliegenden Band zeigt, ruht etwa der von Fineman verwendete Begriff des Realen auf Jacques Lacans psychoanalytischem Modell des *réel* auf. Die Insistenz auf dem Aspekt der Realitätsberührung im doppelten Sinne – als Inbegriff unmittelbarer textueller Referenz auf Realität und als rezeptionsästhetisches Konzept der (Be-)Rührung von Rezipient*innen durch die so erfahrbare Referenzialität – erscheint so auch als eine Geste der Abgrenzung von einer mit anderen zeitgenössischen Theorieströmungen wie Dekonstruktion und Poststrukturalismus zu assoziierenden Verabsolutierung von Konstruktivität.

Die Struktur anekdotischen Erzählens steht zugleich in Beziehung zu ihren schon erwähnten historischen Wurzeln in der Geheimgeschichtsschreibung. Die

---

9 Gerade dieses Modell einer Entgrenzung und Diffusion anekdotischer Elemente in ganz unterschiedlichen, oftmals auch unerwarteten Kontexten steht wohl nicht zufällig am Ende des zwanzigsten Jahrhunderts im Fokus der Theoriebildung des *New Historicism*, wird dort allerdings historisch rückblickend insbesondere an Beispielen aus der Antike und der Frühen Neuzeit exemplifiziert.

Anekdote bezeichnet ursprünglich das „nicht Herausgegebene", und auch diese Vorstellung lässt sich in doppeltem Sinn entfalten: Einmal stellen, wie Thomas Schestags Beitrag in unserem Band zeigt, Prokops *Anekdota* etwa eine Geheimgeschichte der Macht dar, die nicht Teil der offiziellen Geschichtsschreibung werden durfte und deshalb bislang zurückgehalten wurde. Zum anderen zeigt sich hier der Aspekt der narrativen Zurückhaltung, der anekdotisches Erzählen bis heute auszeichnet. Typischerweise wird in anekdotischer Narration weniger erzählt, als erzählt werden könnte – es wird aus narrationsstrategischen oder narrationsökonomischen Gründen etwas zurückgehalten und eben nicht ‚heraus-', d. h. preisgegeben.

Die effektvolle Pointe, die exponierte strukturelle Offenheit, der *touch of the real*, die narrative Zurückhaltung: All dies sind Elemente und Praktiken, die der narrativen (Selbst-)Inszenierung des Anekdotischen *als* Anekdote dienen können. Der Anekdote ist mithin eine spezifische Modalität von Performanz zu eigen, die sich, wie das Beispiel von Kochalkas *American Elf*-Projekt vor Augen führt, durchaus nicht nur in Texten, sondern eben auch in anderen Medien wie Comics, Karikaturen, Videos, Happenings und anderen öffentlichen Auftritten zum Tragen bringen lässt – hier zeichnet sich eine Entgrenzungstendenz ab, die im Verlauf der Moderne bis in die Gegenwartskultur eher noch zuzunehmen scheint. Die Anekdote zeigt sich so als eine narrative Form, die zugleich dramatisches oder dramatogenes Potenzial besitzt, und zwar in einer agonistisch-dialogischen Ausprägung. Tatsächlich tritt die *provocatio* oft in Gestalt einer explizit artikulierten Frage auf, das pointierte Diktum verwirklicht sich ebenso häufig als treffende verbale Replik. Das dramatische Potenzial des Anekdotischen kann sich aber, wie etwa Elisabeth Tilmann in ihrem Beitrag zum Band anhand von Harry Rowohlts anekdotischen Lesungsperformances zeigt, durchaus nicht nur im Rückgriff auf pointierte anekdotische Strukturen, sondern gerade auch durch ein offenes Spiel mit der Ankündigung von Anekdotentypischem und mit der iterierenden Abwandlung bereits umlaufender Anekdoten entfalten. Dass eine kultivierte Selbstinszenierung über Anekdoten gerade auch für moderne Künstler-*personae* entscheidende Relevanz haben kann, brachte etwa Alfred Polgar in seinem auf die ‚Kaffeehausliteratur' der Wiener Moderne gemünzten Diktum zum Ausdruck, derzufolge ein moderner ‚Literat' „parasitär auf der Anekdote [lebe], die von ihm umläuft. Sie ist das Hauptstück, das Wesentliche" (Polgar 1984, 255; vgl. dazu Möller 2020).

Narrationsökonomisch und thematisch hat es anekdotisches Erzählen schließlich immer wieder mit dem Spannungsverhältnis zwischen (im Sinne von *tellability*) erzählenswerten Anomalien auf der einen Seite und dem Normalen, Gewohnten oder Erwartbaren auf der anderen Seite zu tun. Dies gilt wiederum in mehrfachem Sinn: Wenn die Anekdote bemerkenswerte marginale Begebenheiten zur Darstellung bringt, dann muss sie einen Erwartungshorizont des Normalen als notwendige Kontrastfolie zumindest andeuten, um Aufmerksamkeitseffekte zu erzielen. Der anekdotische Vorfall steht typischerweise am Rand, aber nicht außerhalb dieses Erwartungshorizonts, da er ja schließlich als realistisch gelten soll. Zudem wird das jeweilige besondere und bemerkenswerte Faktum, das die Anekdote mit Realitäts- oder zumindest Realismusansprüchen zur Darstellung bringt, vielfach als exemplarisch und repräsentativ inszeniert: Die Pointen anekdotischer Erzählungen sind oftmals als exzentrische Übersteigerungen verallgemeinerbar-typischer und insofern normaler, leicht kommensurabler Verhaltensweisen einer Person oder eines Kollektivs zu verstehen.

Kleists berühmte Anekdote über Johann Sebastian Bach, der als Witwer für die Planung der Beerdigung seiner eben verstorbenen Ehefrau auf eben diese Ehefrau verweist, bringt dies beispielhaft zum Ausdruck: Dass Bach hier auffallend situationsinadäquat und grotesk die Organisation des Begräbnisses mit dem routinemäßigen Diktum „Sagt's meiner Frau" der Verstorbenen selbst auferlegen will, fällt erst vor dem Hintergrund einer offensichtlichen Gewohnheit, unliebsame Haushaltsangelegenheiten in patriarchaler und zugleich weltfremder Manier zu delegieren, in effektvoller Weise auf, und zugleich sollen in dieser Begebenheit wesentliche Charakterzüge des Komponisten und seiner Lebensführung – nämlich weltfremde Hingabe an die Kunst und die Abhängigkeit von einer Ehefrau, die dem Künstler im Alltag selbstlos ‚den Rücken frei hält' – zum Ausdruck kommen. Dort, wo anekdotisches Erzählen entweder allzu normale und erwartbare, eigentlich nicht bemerkenswerte Vorfälle oder allzu ‚unerhörte', den Rahmen des Normalen sprengende Begebenheiten darstellt, werden Grenz- und Extremformen dieses narrativen Feldes erreicht – was nicht bedeutet, dass das Feld des Anekdotischen hier automatisch zu Ende wäre.

4 Zum Aufbau des Bandes und zu den einzelnen Beiträgen

Der vorliegende Band umfasst sechs Teile: Teil I präsentiert zunächst eine Reihe von Beiträgen zur allgemeinen Ästhetik, Poetik und Narrativik des Anekdotischen. Die Teile II bis V untersuchen die Funktionen der Anekdote in unterschiedlichen diskursiven und historischen Kontexten, während Teil VI sich der Medialität und Performativität anekdotischen Erzählens zuwendet. Der Band verfolgt damit das Ziel, die Evolution anekdotischer Schreibverfahren und einer zunehmend expliziter werdenden Poetik des Anekdotischen vor dem Hintergrund der genannten diskursgeschichtlichen Zusammenhänge zu rekonstruieren.

Der Beitrag von Michael Niehaus, der den Band eröffnet, befasst sich anhand von Giovanni Boccaccios *Decamerone* sowie insbesondere von Ludwig Tiecks Erzählung *Die wilde Engländerin* mit den Gemeinsamkeiten und Unterschieden zwischen der Anekdote und ihrer größeren ‚Schwestergattung', der Novelle. Der nach Tiecks Novellentheorie entscheidende narrative „Wendepunkt" wird – oft auch als gestaltete Leerstelle – nach Niehaus zum Kipp-Punkt zwischen der literarisch stärker geformten, oftmals auch stärker von einer beredten Erzählerstimme dominierten Novelle und dem anekdotischen Erzählen, das sich seiner narrativen Logik nach auf einen „Vorfall" in der Regel nur so bezieht, „wie er" von den beteiligten Personen „*bezeugt* werden kann". Thomas Schestags Beitrag beleuchtet daran anschließend einige zentrale poetologische Aspekte anekdotischer Narration ausgehend von der griechischen Etymologie des Worts *anekdotos* als des „nicht Aus- und Herausgegebene[n]": Unter anderem mit Blick auf Prokops *Anekdota* sowie auf Johann Peter Hebels Erzählung *Der listige Steyermarker* erörtert Schestag die zentrale metapoetische Relevanz von Figuren des Ver- und Ausgrabens bzw. des Ver- und Entbergens für das Feld des Anekdotischen. Anekdotische Erzählungen arbeiten demnach mit dem Inszenierungseffekt der Exposition von etwas, das eigentlich nicht dazu gedacht (gewesen) sei, dargestellt und rezipiert zu werden, aber durch einen meist „unbeabsichtigte[n] [...] Umschlag von *Ein*- und *Aus*- im -*graben*, des *Ver*grabenen ins *Er*grabene" bzw. des „Akzidentellen ins Wesentliche" ans Licht der Darstellung gelangt und unabsehbare produktions- wie rezeptionsästhetische Effekte entfaltet. Der die erste Sektion abschließende Beitrag von Andreas Mahler thematisiert sodann die spezifisch anekdotische *tellability*, also thematische und strukturelle Aspekte des „‚Erzählenswerten'", die „den Erzählakt" als Quelle von „‚wonder, amusement, terror, or admiration'" (Mary Louise Pratt) ausweisen und somit „als relevant beglaubigen[]". In Beispiellektüren lenkt Mahler den Blick auf das Spannungsverhältnis zwischen faktualer Referenz und fiktionaler Zurichtung für solche Beglaubigungsprozesse: Die Anekdote fungiert demnach in Einzelanekdoten, aber auch in anekdotischen Elementen innerhalb größerer Formen typischerweise als „Agentur blitzhaft evidenter ‚Tatsächlichkeitsillusion'" – ein Aspekt, der Mahler zufolge im Kontext der Moderne zunehmend zentraler wird, wenn anekdotisches Erzählen immer weniger auf Pointen abzielt, sondern eher einer selbstreferenziellen „Augmentierung des Erzählens" dient.

Die Beiträge des folgenden Abschnitts zeigen, dass und wie anekdotische Erzählformen eben solche Effekte in den Kontexten der Auto/Biographie, Historiographie und der Philosophie entfalten. Michael Ott führt anhand biographischer Anekdoten rund um spektakuläre Bergbesteigungen sowie das Radsportereignis der *Tour de France* vor, mit welchen narrativen Mitteln und Wirkungen Heldengeschichten des Extremsports angesichts ihrer erhabenen ‚Unfassbarkeit' in der publizistischen Rezeption durch anekdotisches Erzählen „der Imagination wieder nähergebracht" werden, wobei sie bemerkenswerterweise ebenso „entmythologisierende" wie auch Mythen „affirmierende" oder diese erst stiftende Funktionen erfüllen. In David Martyns darauffolgendem Beitrag geht es um anekdotisches Erzählen in einem berühmten Text Theodor W. Adornos, der Theoriebildung und autobiographische Reflexion verbindet, nämlich den *Minima Moralia* von 1951. Nach Martyns Lesart enthält der Text keine Anekdoten im klassischen Sinne, sondern vielmehr „anekdotische Reste" in Form autobiographischer Erzählfragmente aus Adornos Exilzeit in den USA, die „ebenso individuell wie anonym" erscheinen. Anders als klassische empirische Belege verbinden diese ‚Reste' eine mögliche überpersönliche Verallgemeinerbarkeit mit unauflösbaren Aspekten des „Nichtidentischen" und stellen gerade hiermit den konstitutiven Zwiespalt zwischen sozialwissenschaftlich-philosophischer Theorie und individueller Erfahrung in programmatischer Weise aus. Die wichtigen Funktionen anekdotischer Elemente in philosophischen Text- und Reflexionszusammenhängen der Nachkriegsmoderne thematisiert auch Rüdiger Zills Aufsatz zu Hans Blumenberg als philosophischem Advokat der „Unverächtlichkeit der Anekdote": Anhand von zwei in Blumenbergs Texten wiederholt präsenten Anekdoten, nämlich der vom Brunnensturz des antiken Philosophen Thales und der lachenden Magd einerseits und von Albert Einsteins Gespräch mit einem vom Dach gefallenen Dachdecker andererseits, zeigt Zill, wie diese als Mark- und Prüfsteine umfassender philosophiegeschichtlicher Narrative, aber auch als Ansatzpunkte metatheoretischer und autobiographischer Selbstreflexion Blumenbergs genutzt werden.

Die folgenden drei Sektionen des Bandes präsentieren exemplarische Untersuchungen zur Entwicklung anekdotischer Repräsentationsformen im literaturgeschichtlichen Wandel von der Antike bis zur Gegenwart. Der Artikel von Daniel Wendt untersucht anekdotische Erzählverfahren und anekdotentheoretische Reflexion im Kontext der antiken lateinischen Literatur am Beispiel von Traktaten und Reden Ciceros und Satiren des Horaz, in deren Werk die Anekdote insbesondere als „invektives Mittel zur negativen Charakterzeichnung" beschrieben werden kann: Diese wird bei Cicero vor allem im Modus einer „Verdopplung der vorgefundenen Wirklichkeit", bei Horaz hingegen durch Verfahren der „Übertragung" und „semantischen Reduktion" erzielt. Martina Wernlis Beitrag beleuchtet eine berühmte und wirkmächtige historiographische Anekdote der römischen Antike, in der Tiere als Hauptakteure fungieren – nämlich die von Titus Livius überlieferte Erzählung von der Rettung des Kapitols durch schnatternde Gänse. Der Text zeichnet deren Nachleben bis hin zu zoologischen Diskursen über die Gans im achtzehnten und neunzehnten Jahrhundert, etwa bei Charles Buffon, nach, in die auch die ähnlich berühmte, aber mit gegensätzlicher

Valenz besetzte christliche Legende vom durch schnatternde Gänse verratenen heiligen Martin von Tours gehört: In immer neuen Kontexten und Transformationsprozessen beweist die „wiederholte" anekdotische „Rettung des Kapitols" ihre „Widerständigkeit" gegenüber einer stereotypisierenden Konstruktion eines einheitlichen ‚Tiercharakters' der Gänse. Claudia Lillges Aufsatz lenkt den literarhistorischen Blick auf die Frühe Neuzeit und beleuchtet anhand von Stephen Greenblatts *Shakespearean Negotiations* zugleich die so bedeutsame Rolle anekdotischer Narration und Reflexion in der Theoriebildung des *New Historicism*, die dort nicht nur als Objekt eines ‚anecdote hunting', sondern auch als Organon der eigenen Theoriepoetik auftritt: Vor allem anhand von Greenblatts Interpretation der Shakespeare'schen Komödie *Twelfth Night*, die über das Thema des *Crossdressing* mit einer Anekdote aus Michel de Montaignes Reisejournalen verknüpft wird, führt Lillge die typische Inszenierung von Anekdoten als „shadow stories" bzw. „counterhistories" und als kulturpoetisch relevante, mit umso größerer „social energy" aufgeladene „unlit space[s]" spezifischer Epochen in den Lektüren des *New Historicism* vor.

Die daran anschließende Sektion unseres Bandes beleuchtet mit dem achtzehnten und neunzehnten Jahrhundert eine Epoche, die in literaturgeschichtlicher Perspektive als eine besonders produktive, wenn nicht als *die* produktivste Phase des Gattungsfeldes der Anekdote gelten kann. Christiane Freys Studie schlägt den historischen Bogen von Michel de Montaignes erstem *Essai* hin zu Heinrich von Kleists *Über die allmähliche Verfertigung der Gedanken beim Reden*. Unter kritischer Bezugnahme auf Finemans *History of the Anecdote* und Karlheinz Stierles Montaigne-Interpretationen zeigt Frey, dass für Montaignes *Essai*-Anekdoten ähnlich wie für die berühmte Mirabeau-Anekdote in Kleists *Verfertigung* eine Aufwertung der narrativen „Mitte" charakteristisch ist, die sowohl erzählstrategische als auch ethisch-subjektphilosophische Implikationen im Sinne einer Anerkennung der „Beiläufigkeit und Marginalität dessen, was Geschichte macht", besitzt. Entgegen einer teleologischen Perspektive, welche die „Mitte" einer Erzählung bzw. die dort praktizierten „Mittel" lediglich als Vorstufe zum Erreichen eines narrativen oder pragmatischen Zwecks erscheinen ließe, werde hier eine Emanzipation des vermeintlich nur instrumentellen Mittels als Bedingung eines durch dieses erst emergierenden Ziels in Szene gesetzt. Joachim Jacobs Beitrag präsentiert erstmals eine Geschichte der Anekdote in der literaturgeschichtlichen Epoche der Empfindsamkeit, deren typische Erwartungshorizonte durch anekdotisches Erzählen gleichermaßen „bestätigt wie witzig irritiert" werden können. Anhand von Musiker-Anekdoten Christian F. D. Schubarts, Friedrich Nicolais Anekdoten über Friedrich den Großen, Anekdoten von (und über) Anna Louisa Karsch und anekdotischen Szenen in den Briefwechseln zwischen Klopstock und Meta Moller sowie zwischen Johann Georg Jacobi und Johann Wilhelm Ludwig Gleim legt Jacob dar, wie gerade Anekdoten im empfindsamen Kontext zum wirkmächtigen Medium dargestellter Gefühlskonstellationen und „Herzensäußerungen" werden: Einerseits dienen sie zur biographischen Exemplifikation des ‚Gefühlscharakters' dargestellter Personen, andererseits aber im intimen Kontext der Briefkommunikation gerade auch zur realistischen Beglaubigung authentischer singulär-situativer Affektdarstellung. Christian Moser fragt in seinem Beitrag nach dem Funktionswandel, dem die Anekdote unterworfen ist, als sie zu Beginn des neunzehnten Jahrhunderts zunehmend in tagespublizistische Kontexte einwandert. Ihre Funktion besteht in diesem Kontext nicht mehr darin, anschauliches Wissen über vergangene Ereignisse zu vermitteln, sondern gegenwärtiges Geschehen, dessen Ausgang oft noch nicht absehbar ist, zu deuten. Aufgrund ihrer Prägnanz sind sie ein geeignetes Mittel, die Deutungshoheit über aktuelle Geschehnisse zu erlangen und die öffentliche Meinung zu beeinflussen. Anekdoten werden zu Waffen im Propagandakrieg und der Zeitgeschichtsschreibung. Moser veranschaulicht dies am Beispiel einer Napoleon-Anekdote, die in ihrer propagandistischen Ausrichtung auf Bonaparte selbst zurückgeht, von seinen Gegnern (u. a. Heinrich von Kleist) dann aber auf z.T. subversive Weise zur *counterhistory* umgeschrieben wurde. Maren Scheurers Artikel schließlich thematisiert anhand von Thomas Hardys Geschichtensammlung *A Few Crusted Characters* das Verhältnis von Kurzgeschichte und Anekdote in der englischsprachigen Literatur des viktorianischen Zeitalters. Hardys Anekdoten stellen, so Scheurer, den für das Anekdotische typischen „komplexen Aushandlungsprozess zwischen den Effekten von Singularität und Exemplarität" nicht zuletzt auch über metapoetische Erzähler- und Figurenäußerungen deutlich aus: Einerseits inszenieren sie den *touch of the real* einzigartiger realistischer Vorfälle, andererseits sollen sie in einer quasi-ethnographischen Perspektive exemplarisch für die nostalgisch reflektierte ‚Lokalkultur' des fiktiven englischen Dorfes Longpuddle einstehen.

Die folgende Sektion des Bandes thematisiert anekdotisches Erzählen im Kontext der Moderne bzw. des zwanzigsten Jahrhunderts. Joachim Harsts Beitrag untersucht das Verhältnis von Anekdote und Fallgeschichte in den psychoanalytischen Schriften Sigmund Freuds. Zunächst zeigt Harst erstmals auf, dass das Konzept des ‚Realen' als Referenzmaßstab des Anekdotischen in Joel Finemans einflussreichem Aufsatz *The History of the Anecdote* entscheidend von Jacques Lacans psychoanalytischem Begriff des Realen beeinflusst ist, welcher seinerseits als „Effekt von Freuds Texten" in Lacans Lektüren gelten kann. Vor diesem Hintergrund werden Fallgeschichten Freuds wie diejenige vom ‚kleinen Hans' analysiert, die eine eigene Kindheitserinnerung des Analytikers miteinschließt: Gerade Freuds Inszenierung von deren begrenzter Zugänglichkeit und Interpretierbarkeit markiert nach Harst eine exemplarische Szene des Realen nach Fineman und Lacan, in welcher der „Abbruch der Deutung" einem „Fall von Selbstanalyse seinen anekdotischen Charakter verleiht". Joan Ramon Resinas Artikel beschäftigt sich in der Folge mit dem katalanischen Autor Eugeni d'Ors, dessen Roman *Gualba, la de mil veus* dem ambitionierten poetologischen Programm folgt, die literarische Anekdote und philosophische Kategorienbildung miteinander zu versöhnen. Die inzestuöse Liebesgeschichte von Alfons und seiner Tochter Tel·lina wird im Modus von Anekdoten präsentiert, die mit dem starken Anspruch auf philosophisch-theologische Repräsentativität aufgeladen und so ihrer Kontingenz enthoben werden. D'Ors, so Resinas diesbezügliche These, „uses the anecdote as a vehicle for a general claim about humanity's fallen state and society's disaggregation into anarchy". Reinhard M. Möller untersucht in seinem Aufsatz Daniel Spoerris *Anekdoten zu einer Topographie des Zufalls* als Extremfall einer anekdotischen Poetik im Kontext der künstlerisch-literarischen Nachkriegsavantgarde. Spoerris ‚Fallenerzählung' (*piège racontée*) beschreibt in katalogähnlicher Manier sämtliche Gegenstände, die sich am 17.10.1961 auf dem Frühstückstisch des Künstlers befunden haben sollen, und verknüpft diese mit anekdotischen Kurzerzählungen. Narrative Plots werden hier oft nur als latente Erzählpotenziale in Dingbeschreibungen angedeutet, bemerkenswerterweise finden sich allerdings durchaus auch klassischere, auf Pointen ausgerichtete Anekdotenstrukturen. Mit Blick auf Kontingenz als poetologisches Prinzip und die Adaption nicht-literarischer Formen ordnet Möller Spoerris Text zudem in ein Feld deutschsprachiger Experimentalliteratur ein, in das etwa auch Andreas Okopenkos *Lexikon-Roman* von 1970 gehört.

Die abschließende Sektion des Bandes beleuchtet die Praxeologie anekdotischer Repräsentation in der Gegenwartsliteratur und -kultur, die gerade auch in visuellen und performativen Formen ihre Relevanz entfaltet. Elisabeth Tilmanns Beitrag untersucht Harry Rowohlts Selbstinszenierung als Akteur des Literatur- und Kulturbetriebs durch gelesene, erzählte und geschriebene Anekdoten, die der Autor und Übersetzer in Texten, Lesungen und öffentlichen Auftritten sowie in verschiedenen medialen Formaten wie Buch, Kolumne und Audioaufnahme kunstvoll kultiviert und variiert hat. „Leerstelle und Wiederholung" gelten nach Tilmann als kennzeichnende Kompositionsprinzipien in Rowohlts anekdotisch-ästhetischer Praxis, die nicht nur „als ‚Kern' seines Werkes wahrgenommen wurde, sondern auch [...] dieses Werk als solches" – nämlich als einen programmatisch unabschließbaren Werkprozess – erst „konstituiert". In Rüdiger Singers Aufsatz geht es sodann um die Relevanz anekdotischer Narration für das Feld der politischen Karikatur: Anhand einer markanten „Storykatur" des *Stern*-Hauskarikaturisten Markus über Helmut Schmidt exemplifiziert Singer im Anschluss an Harald Fricke das Modell einer „anekdotischen Karikatur", die etwa durch „Anschließbarkeit ‚an historisch Bekanntes' [...] sowie die ‚[m]etonymische[] Uneigentlichkeit eines typischen Einzelfalls'" ebenso wie durch die Präsenz eines Diktums als Pointe charakterisiert und vom allegorischen Karikaturentypus als Gegenpol abgegrenzt wird. Elemente anekdotischer Karikaturenpoetik werden im Folgenden in verschiedenen Ausprägungen der Politikerkarikatur im deutsch-, englisch- und französischsprachigen Kontext des neunzehnten und früheren zwanzigsten Jahrhunderts umrissen, darunter auch in David Lows berühmter Karikatur zum Hitler-Stalin-Pakt von 1939, die den Austausch ‚vergifteter' Höflichkeitsfloskeln zwischen den beiden Diktatoren zeigt. Politische Karikaturen neigen, so Singer, tendenziell der Anekdotenform zu, wenn sie den individuellen „Charakter" politischer Akteure gegenüber der allegorischen „Verkörperung [...] auf Zeit" von Ländern, Parteien oder Organisationen in den Fokus rücken. Kevin Kempkes Beitrag schließlich untersucht anekdotische „Biographeme" (Roland Barthes) als Kernelemente einer nicht nur textgebundenen (Selbst-)Inszenierungspraxis moderner Autorschaft am Beispiel Robert Walsers. Carl Seeligs *Wanderungen mit Robert Walser* dienen demnach als exemplarischer Fall einer „Stiftung biographischer Lesarten der Texte" und einer individuellen Autor-*persona* „durch anekdotische Erzähleinheiten". In Seeligs Anekdoten soll sich „der Charakter Walsers" als „heimatverbundene[r] und bodenständige[r] Zeitgenosse" durchgehend in Handlungen und „pointierten Kommentaren zeig[en]", welche in eine Korrespondenzbeziehung mit Biographemen aus Walsers eigenen Prosastücken wie *Koffermann und Zimmermann* gesetzt werden können. Da, wie Kempke deutlich macht, anekdotische Einzelfälle aber dennoch immer wieder dazu geeignet sind, die Konstruktion eines einheitlichen Charakterbildes zu irritieren, „verbleibt" die einzelne Anekdote auch hier „widerständig in ihrer changierenden Stellung zwischen Fiktionalität und Faktualität, zwischen Zeichenhaftigkeit und Referenz".

Die Beiträge des vorliegenden Bandes gehen auf eine Tagung zurück, die unter dem Titel „Das Anekdotische. Interdisziplinäre Perspektiven auf Geschichte und Poetik einer kleinen Form" vom 26. bis 28. September 2019 als Jahreskonferenz des Forschungszentrums Historische Geisteswissenschaften an der Goethe-Universität Frankfurt am Main stattfand und in Kooperation mit dem Bonner DFG-Graduiertenkolleg 2291 „Gegenwart/Literatur. Geschichte, Theorie und Praxeologie eines Verhältnisses" durchgeführt wurde. Wir danken dem Forschungszentrum Historische Geisteswissenschaften und seinem ProPostDoc-Programm sowie dem Graduiertenkolleg 2291 und der Abteilung für Vergleichende Literaturwissenschaft der Universität Bonn für die Förderung der Tagung und die Gewährung großzügiger Druckkostenzuschüsse für den vorliegenden Band. Matthias Beckonert, Lineke Bösing, Isabelle Görres und Mayu Uno gebührt Dank für ihre Unterstützung bei der Einrichtung der Manuskripte für den Druck.

Literaturverzeichnis

Cates, Isaac. „The Diary Comic". *Graphic Subjects: Critical Essays on Autobiography and Graphic Novels*. Hg. Michael A. Chaney. Madison, WI und London: University of Wisconsin Press, 2011. 209–226.

Chaney, Michael A. „The Terrors of the Mirror and the *Mise en Abyme* of Graphic Novel Autobiography". *College Literature* 38.3 (2011): 21–44.

D'Israeli, Isaac. „A Dissertation on Anecdotes". Isaac D'Israeli. *Literary Miscellanies: Including a Dissertation on Anecdotes*. London: Murray & Highley, ²1801. 1–66.

Düwell, Susanne, und Nicolas Pethes (Hg.). *Fall – Fallgeschichte – Fallstudie: Theorie und Geschichte einer Wissensform*. Frankfurt a. M. und New York: Campus, 2014.

Dollhäubl, Carmen. „Ich – eine *Comic*figur: Analyseansätze und Lektüreanregungen zum Autobiogaphischen *Comic*". *kjl & m. Forschung, Schule, Bibliothek* 61.3 (2009): 53–61.

Fineman, Joel. „The History of the Anecdote: Fiction and Fiction". *The New Historicism*. Hg. H. Aram Veeser. New York und London: Routledge, 1989. 49–76.

Gallagher, Catherine, und Stephen Greenblatt. *Practicing New Historicism*. Chicago und London: Chicago University Press, 2000.

Gamper, Michael, und Ruth Mayer (Hg.). *Kurz & Knapp: Zur Mediengeschichte kleiner Formen vom 17. Jahrhundert bis zur Gegenwart*. Bielefeld: transcript, 2017.

Göttsche, Dirk. *Kleine Prosa in Moderne und Gegenwart*. Münster: Aschendorff, 2006.

Gossman, Lionel. „Anecdote and History". *History and Theory* 42 (2003): 143–168.

Grant, Ben. *The Aphorism and Other Short Forms*. Milton Park und New York: Routledge, 2016.

Greenblatt, Stephen. *Marvellous Possessions: The Wonder of the New World*. Chicago und London: Chicago University Press, 1991.

Hilzinger, Sonja. *Anekdotisches Erzählen im Zeitalter der Aufklärung: Zum Struktur- und Funktionswandel der Gattung Anekdote in Historiographie, Publizistik und Literatur des 18. Jahrhunderts*. Stuttgart: J.B. Metzler, 1997.

Jäger, Maren, Ethel Matala de Mazza und Joseph Vogl (Hg.). *Verkleinerung: Epistemologie und Literaturgeschichte kleiner Formen*. Berlin und Boston: De Gruyter, 2021.

Johnson, Samuel. *A Dictionary of the English Language* […]. The fourth edition, revised by the author, 2 vols. London: Strahan, Rivington [u. a.], 1773.

Jolles, André. *Einfache Formen: Legende, Sage, Mythe, Rätsel, Spruch, Kasus, Memorabile, Märchen, Witz*. Tübingen: Max Niemeyer, ⁸2006.

Kochalka, James. *American Elf: The Collected Sketchbook Diaries of James Kochalka. October 26, 1998 to December 31, 2003*. Marietta, GA: Top Shelf, 2004.

Konersmann, Ralf. *Lebendige Spiegel: Die Metapher des Subjekts*. Frankfurt a. M.: Fischer, 1991.

Lay Brander, Miriam. *Schreiben in Archipelen: Kleine Formen in post-kolonialen Kontexten*. Berlin und Boston: De Gruyter, 2020 (= Mimesis 83).

Müller, Matthias, Nils C. Ritter und Pauline Selbig (Hg.). *Barock en miniature: Kleine Formen in Barock und Moderne*. Berlin und Boston: De Gruyter, 2021.

Möller, Reinhard M. „Glückliche und herausfordernde Unvorhersehbarkeit: Serendipität und das Anekdotische bei Kleist". *Kleist-Jahrbuch* (2019): 309–328.

Möller, Reinhard M. „Organisation der Desorganisierten: Kreativitätsszenen urbaner Serendipität in der ‚Kaffeehausliteratur' der Wiener Moderne (Polgar, Altenberg, Torberg)". *Diskurse und Praktiken des Urbanen: Literaturen und Kulturen im städtischen*

Raum. Discours et pratiques de la ville: littérature et culture dans l'espace urbain. Hg. Frank Estelmann, Philipp Jonke, Anne Lagny und Robert Seidel. Berlin und Münster: LIT, 2020. 61–94.

Möller, Reinhard M. *Situationen des Fremden: Ästhetik und Reiseliteratur im späten 18. Jahrhundert.* Paderborn: Wilhelm Fink, 2016.

Montandon, Alain. *Les formes brèves.* Paris: Classiques Garnier, 2018 (= Théorie de la littérature 18).

Moser, Christian. „Abgelenkte Falllinien: Kleist, Newton und die epistemische Funktion anekdotischen Erzählens". *Wissensfiguren im Werk Heinrich von Kleists.* Hg. Yixu Lü, Anthony Stephens, Alison Lewis und Wilhelm Voßkamp. Freiburg i.Br.: Rombach, 2012. 169–192.

Moser, Christian. „Automediality". *Autobiography/Autofiction: An International and Interdisciplinary Handbook.* Vol. I: *Theory and Concepts of Autobiography/Autofiction.* Hg. Martina Wagner-Egelhaaf. Berlin und Boston: De Gruyter, 2019a. 247–261.

Moser, Christian. „Kontingenz und Anschaulichkeit: Zur Funktion anekdotischen Erzählens in lebensgeschichtlichen Texten (Plutarch und Rousseau)". *Show, don't tell: Konzepte und Strategien anschaulichen Erzählens.* Hg. Tilmann Köppe und Rüdiger Singer. Bielefeld: Aisthesis, 2018. 57–82.

Moser, Christian. „Die supplementäre Wahrheit des Anekdotischen: Kleists *Prinz Friedrich von Homburg* und die europäische Tradition anekdotischer Geschichtsschreibung". *Kleist-Jahrbuch* (2006): 23–44.

Moser, Christian. „Von der Sonne der Wahrheit zum Blitz der Erkenntnis: Epistemische Funktionen der Anekdote – Antike und Neuzeit im Vergleich". *Europäische Gründungsmythen im Dialog der Literaturen: Festschrift für Michael Bernsen zum 65. Geburtstag.* Hg. Roland Ißler, Rolf Lohse und Ludger Scherer. Göttingen: v&r unipress, 2019b. 461–474.

Mülder-Bach, Inka, und Michael Ott. *Was der Fall ist: Casus und Lapsus.* Paderborn: Wilhelm Fink, 2014.

Niehaus, Michael. „Die sprechende und die stumme Anekdote". *ZfdPh* 2 (2013): 183–202.

Pethes, Nicolas. *Fallgeschichten: Zur Poetik einer epistemischen Schreibweise.* Konstanz: Konstanz University Press, 2016.

Plutarch. *Große Griechen und Römer.* Bd. 5. Eingeleitet und übersetzt von Konrat Ziegler. Zürich und Stuttgart: Artemis, 1960.

Polgar, Alfred. „Theorie des Café Central". Alfred Polgar. *Kleine Schriften.* Bd. 4. Hg. Marcel Reich-Ranicki in Zusammenarbeit mit Ulrich Weinzierl. Reinbek bei Hamburg: Rowohlt, 1984. 254–259.

Schäfer, Rudolf. *Die Anekdote: Theorie – Analyse – Didaktik.* München: Oldenbourg, 1982.

Schäfer, Walter Ernst. *Anekdote – Antianekdote: Zum Wandel einer literarischen Form in der Gegenwart.* Stuttgart: Klett-Cotta, 1977.

Sembdner, Helmut (Hg.). *Heinrich von Kleists Lebensspuren: Dokumente und Berichte der Zeitgenossen,* Bd. 1: *Dokumente zu Kleist.* Frankfurt a.M. und Leipzig: Insel, 1992.

Stingelin, Martin, und Matthias Thiele (Hg.). *Portable Media: Schreibszenen in Bewegung zwischen Peripatetik und Mobiltelefon.* München: Wilhelm Fink, 2010.

Voltaire. *Œuvres historiques.* Hg. René Pomeau, Paris: Gallimard, 1957.

Weber, Volker. *Anekdote. Die andere Geschichte: Erscheinungsformen der Anekdote in der deutschen Literatur, Geschichtsschreibung und Philosophie*. Tübingen: Stauffenburg, 1993.

Zill, Rüdiger. „Umweg zu sich: Hans Blumenbergs Spiegel-Bild". *Zeitschrift für Ideengeschichte* 7.1 (2013): 81–90.

Teil I: **Allgemeine Ästhetik, Poetik und Narrativik des Anekdotischen**

Michael Niehaus
Anekdotische Begebenheit und novellistischer Wendepunkt. Anmerkungen zu einem unklaren Verhältnis

Um ein wenig plausibel zu machen, um welchen Komplex von Fragen es im Folgenden gehen soll, kann man auf Formulierungen einiger Romantiker verweisen, die sich auf das Verhältnis von Novelle und Anekdote beziehen. In seiner *Nachricht von den poetischen Werken des Johannes Boccaccio* aus dem Jahre 1801 nimmt Friedrich Schlegel die folgende Bestimmung der Novelle vor:

> Es ist die Novelle eine Anekdote, eine noch unbekannte Geschichte, so erzählt, wie man sie in Gesellschaft erzählen würde, eine Geschichte, die an und für sich schon einzeln interessieren können muß, ohne irgend auf den Zusammenhang der Nationen, oder der Zeiten, oder auch auf die Fortschritte der Menschheit und das Verhältnis zur Bildung derselben zu sehen. (F. Schlegel 1967, 394)

Die Identifizierung der Novelle mit der Anekdote, die Friedrich Schlegel hier vornimmt, steht offenbar im Kontext der ursprünglichen Wortbedeutung von *Anekdote* als dem ‚Nicht-Herausgegebenen', nicht zur offiziellen Geschichtsschreibung Gehörenden, die viel länger eine Rolle spielte, als man zunächst annehmen mag und letztlich auf ein wesentliches Merkmal dieser Textsorte verweist (Hilzinger 1997, 200).[1] Verknüpft mit der strukturellen Verankerung der Novelle bzw. der Anekdote in einer mündlichen Gesprächssituation lenkt es zugleich die Aufmerksamkeit darauf, dass diese Textsorten sich durch eine behauptete *Nichtfiktionalität* auszeichnen. Entsprechend formuliert August Wilhelm Schlegel: „Die Novelle ist eine Geschichte außer der Geschichte, sie erzählt folglich merkwürdige Begebenheiten, die gleichsam hinter dem Rücken der bürgerlichen Verfassungen und Anordnungen vorgefallen sind" (A. W. Schlegel 1884, 248). Schließlich notiert auch Friedrich Schleiermacher im handschriftlichen Nachlass seiner *Vorlesungen über Ästhetik*, dass der *Stoff* der Novelle „auf der bloßen Anekdote" beruhe (Schleiermacher 1842, 698).

---

[1] Sonja Hilzinger fasst etwa das Gattungsverständnis bei Johann Peter Hebel mit den folgenden Worten zusammen: „Anekdoten als merkwürdige Begebenheiten aus der jüngeren Geschichte, angesiedelt an deren Peripherie und von der offiziellen Historiographie nicht berücksichtigt." (Hilzinger 1997, 200).

1

Diese Nähe der Novelle zur Anekdote hängt mit dem Modell des *Decamerone* zusammen. Boccaccios Novellenzyklus enthält eben neben ‚Musternovellen' – wie besonders der berühmten ‚Falkennovelle' – auch solche, die ebenso als Fazetien oder Schwänke bezeichnet werden können und einen rein anekdotischen Stoff haben. Besonders augenfällig ist dies am sechsten Tag des *Decamerone*, an dem „von denen gesprochen wird, die eine Neckerei zurückgegeben haben oder einem Verluste, einer Gefahr oder einer Beschämung durch eine schlagfertige Antwort oder durch einen raschen Entschluß entgangen sind" (Boccaccio 1979, 527). Die Begebenheit ist hier in keiner Weise ‚unerhört', sondern lediglich ein folgenlos bleibendes Witzwort – ein *facete dictum*.

An einem Beispiel lässt sich das ein wenig näher betrachten. Es handelt sich um die fünfte Geschichte des besagten sechsten Tages, die einen Umfang von nur zwei Seiten hat. Schon die Zusammenfassung deutet an, dass es in diesem Fall noch nicht einmal mit dem Witzwort weit her ist: „Meister Giotto, der Maler, und Messer Forese da Rabatta machen sich auf dem Heimweg von Mugello gegenseitig über ihr schäbiges Aussehn lustig" (Boccaccio 1979, 545). Der schon zu Lebzeiten berühmte Maler Giotto und der zu Lebzeiten ebenfalls sehr bekannte Rechtsgelehrte Forese da Rabatta[2] – beide schon älter und von Ansehen eher hässlich als schön – treffen sich zufällig auf dem Rückweg nach Florenz und geraten in einen Dauerregen, müssen sich bei einem Bauern schlechte Kleidung zum Schutz ausleihen und sehen beim Weiterreiten nach einiger Zeit ziemlich „widerwärtig und garstig" aus (Boccaccio 1979, 547). Da spricht Messer Forese da Rabatta zu Giotto:

> „Giotto, wenn uns jetzt ein Fremder begegnete, der dich noch nie gesehn hätte, glaubst du, daß er glauben würde, du seist der beste Maler der Welt, der du doch bist?" Augenblicklich antwortete Giotto: „Ich glaube, Messer, er würde das glauben, wenn er, nachdem er Euch besehen hätte, glaubte, daß Ihr das Abc könntet." (Boccaccio 1979, 547)

Das hört sich zunächst einmal nicht wie eine sonderlich umwerfende Replik an. Sie ist, indem sie den Rechtsgelehrten in seine Schranken weist, eher „harsch"[3]

---

2 Vgl. ausführlich Ciappelli (1997, o. S.).
3 Pia Claudia Doering nennt die „Erwiderung Giottos" in ihrer Analyse dieser Novelle „erstaunlich harsch", zumal Forese den Maler ja in seiner Bemerkung durchaus hoch geehrt hat, während Giotto den Rechtsgelehrten nicht entsprechend würdigt (Doering 2015, 20). Das wird allerdings dadurch konterkariert, dass Giotto sein Gegenüber in der Höflichkeitsform anspricht, während Forese den Maler geduzt hatte. Doering führt in ihrer Analyse aus, dass hier im Kern die

als witzig, auch wenn es bei Boccaccio heißt, dass „die Damen über die schlagfertige Antwort Giottos" lachen (Boccaccio 1979, 547). Gleichwohl ist sie der Höhepunkt der Novelle. Man kann diese kurze Erzählung jener Anekdotenform zuschlagen, die man als *Apophthegma* bezeichnet und die auf einer formalen Dreiteilung beruht: Die *occasio* gibt durch die Erzählinstanz einen Situationsrahmen; die *provocatio* ist eine herausfordernde wörtliche wiedergegebene Rede eines der Dialogpartner; im abschließenden *dictum* erhält sie eine geistesgegenwärtige Replik. In der klassischen Form, die als eigene Textsorte ab dem siebzehnten Jahrhundert kultiviert wurde (Verweyen 1970),[4] endet die apophthegmatische Anekdote mit dem *dictum*.

Weil der Autor des *dictum* das letzte Wort hat und sich damit unwidersprochen als sprachmächtiges Subjekt positioniert, möchte ich diese Form der Anekdote als *sprechende* Anekdote bezeichnen. Die Novelle um Giotto und Farese endet aber nicht mit dem *dictum* Giottos, sondern erst mit der anschließenden Erzählerbemerkung: „Als das Messer Forese hörte, erkannte er sein Unrecht und sah sich mit einer Münze bezahlt, die der verkauften Ware entsprach" (Boccaccio 1979, 547). Auch diese Erzählerbemerkung ist nicht besonders fulminant. Aber sie kompensiert erstens gerade deshalb die nicht sonderlich hohe Überzeugungskraft des *dictum* und stellt zweitens ein wesentliches *novellistisches* Element der Erzählung dar: In einer Novelle hat der *Erzähler* das ‚letzte Wort'. Im hier vorliegenden Minimalfall berichtet die Erzählinstanz von der *Wirkung* eines *dictum*. Anders ausgedrückt: Insofern die sprechende Anekdote eine Textsorte ist, die in einer Pointe kulminiert[5], wird diese Pointe durch den Erzählerkommentar *moderiert*. Beim Paradigma der pointierten Textsorte, dem Witz, folgt auf die Pointe, die fast immer in der wörtlichen Rede eines Akteurs besteht, grundsätzlich nichts mehr. Der Erzählinstanz des Witzes (wenn von einer solchen überhaupt die Rede sein kann) wird durch die Pointe das Wort abgeschnitten.[6]

Was heißt das nun für die Frage nach dem Wendepunkt? Offenbar kann eine Novelle, die auf einer apophthegmatisch strukturierten Anekdote beruht, keinen

---

Verschiedenheit der Urteilsformen des Juristen und des Malers (bzw. der Gelehrsamkeit und der Kunst) verhandelt werden.
4 In der Antike hat das Apophthegma eher den Charakter des geflügelten Wortes; das auch aus der Situation herausgelöst und verallgemeinert werden kann, wie unter anderem André Jolles in seinen Ausführungen zur Einfachen Form des *Spruches* dargelegt hat (Jolles 1999, 168).
5 Vgl. nur die Definition der Anekdote im *Handwörterbuch der Rhetorik:* „eine kurze, oft anonyme Erzählung eines historischen Geschehens von geringer Wirkung, aber großer Signifikanz, die mit einer sachlichen oder sprachlichen Pointe endet".
6 Das ist im Grunde eine simple Feststellung, die aber jenen zu denken geben sollte, die überall dort, wo erzählt wird, eine Erzählinstanz annehmen.

Wendepunkt haben. Der äußere Grund dafür scheint zu sein, dass ein Wendepunkt nicht ganz am Schluss stehen kann: Ein Wendepunkt ist etwas anderes als eine Pointe. Dass Boccaccios Novelle nicht mit der Pointe aufhört, sondern mit einem Erzählerkommentar, der nicht nur moderiert, sondern den Adressaten des *dictum* eines Besseren belehrt, mag man als Schrumpfform eines Wendepunkts auffassen, aber dieser ‚Wendepunkt' kann dann eben nicht den *Protagonisten* der Novelle betreffen – der ohne Zweifel Giotto ist (und verallgemeinert stets der Autor des *dictum*) –, er ist vielmehr gewissermaßen verschoben auf den Messer Forese da Rabatta. Und diese Verschiebung ist stellvertretend dafür, dass das Interessante der Novelle gerade in der Entfaltung von Motiv-Elementen besteht, die für die sprechende Anekdote entbehrlich sind (hier etwa eine Reflexion über das Hässliche sowie über das Verhältnis von Künstler und Rechtsgelehrtem).

Noch ein weiterer, für das Verhältnis von Novelle und Anekdote relevanter Punkt soll anhand dieser Novelle von Boccaccio hervorgehoben werden: Dass in ihr historische Figuren auftreten, die auch den Zuhörern und Zuhörerinnen in der Rahmenerzählung bekannt sind, macht deutlich, dass die Novelle ihrer Logik nach zunächst einmal Anspruch auf Faktizität erhebt. Wie auch die Anekdote kann die Novelle nicht mit dem modernen Fiktionalitätsbegriff gefasst werden. Es geht freilich nicht darum, ob eine Novelle oder eine Anekdote tatsächlich erfunden ist oder nicht, sondern darum, dass sie nicht als erfundene Geschichte erzählt wird und das heißt auch: dass sie zunächst einmal keine sogenannten (textinternen) Fiktions*signale* enthält, sondern allenfalls Fiktions*indizien*.[7] Genau in diesem Sinn heißt es eben bei Schlegel, eine Novelle sei eine „Anekdote, eine noch unbekannte Geschichte, so erzählt, wie man sie in Gesellschaft erzählen würde". Es handelt sich um ein – wie man es nennen könnte – *Erzähler-Erzählen*, bei dem nichts erzählt wird, was der Erzähler nicht wissen *kann*, d. h. was ihm nicht erzählt worden sein kann (bei dem es also unter anderem keine erlebte Rede gibt usw.). Das Erzählen einer Novelle, die sich in diesem Sinne am Anekdotischen orientiert, ist daher strukturell gesehen ein Weitererzählen. Man kann das auch so formulieren: Die Fiktion, dass es sich *nicht* um eine Fiktion handelt, muss aufrechterhalten werden können.

---

[7] Fiktionssignale werden absichtlich gegeben, um Fiktionalität anzuzeigen. Vgl. zur Diskussion der Begriffe Zipfel (2014, hier 103).

2

Die bisherigen Ausführungen bezogen sich auf eine Anekdotenform, die als *sprechende* Anekdote bezeichnet wurde, weil sie mit einem definitiven Sprechakt des Protagonisten schließt. Am anderen Pol des Anekdotischen wäre entsprechend die *stumme* Anekdote anzusiedeln.[8] Während Rudolf Schäfer in seinem Buch über die Anekdote diese auf das Apophthegma zurückführt (1982, 11), zählt Hans Peter Neureuter in dem Aufsatz *Zur Theorie der Anekdote* Faktizität, Repräsentanz, Kürze, und Nachdenklichkeit als die vier „wesentliche[n] Merkmale" der Anekdote auf (Neureuter 1973, 462–463).

Was Faktizität beanspruchen können soll, ist demzufolge ein ‚kleines Ereignis', das nur in einigen Begleitumständen erzählt wird und das eine nicht artikulierte und unbeantwortete Frage enthält, einen unklaren Anspruch auf Repräsentanz. Dies wäre die stumme Anekdote. Der *Stoff*, aus dem sie gemacht ist, organisiert sich ohne feste *Form* und ohne wirkliche Pointe um einen historischen Splitter als einen stummen Rest, der sich in kein Allgemeines, in keinen Begriff aufheben lässt, sondern nur *erzählt* werden kann, und uns gerade deshalb über die Zeiten hinweg besticht.

Die Anekdote vom König Psammenit, die Herodot erzählt und an der Walter Benjamin im *Erzähler*-Essay – ohne den Term *Anekdote* zu verwenden – die Kraft des Erzählens feiert (Benjamin 1977, 445–446), wäre ein Beispiel dafür. Dass der besiegte Ägypterkönig beim Anblick des gegnerischen Triumphzuges erst dann in Wehklagen ausbricht, als er seines versklavten Dieners ansichtig wird, während er vorher die Erniedrigung seiner Familie reglos über sich hat ergehen lassen, wird vom Geschichtsschreiber Herodot als ein folgenloses Nebenereignis der eigentlich zu erzählenden, kausallogischen Kette der historischen Ereignisse aufgezeichnet; dieses Nebenereignis bleibt unerklärt, weil wir innerhalb des Erzähler-Erzählens keinen unmittelbaren Zugang zur Subjektivität Psammenits haben können.

Man kann die so verstandene stumme Anekdote in die Nähe einer der von André Jolles beschriebenen *Einfachen Formen* rücken, nämlich des *Memorabile*, das Jolles als eine „Geistesbeschäftigung mit dem *Tatsächlichen*" charakterisiert (1999, 211). Es ist das Tatsächliche, das jenseits der kausallogischen Verkettung in seinen Einzelheiten *konkret* ist. Das Memorabile, so Jolles, sei die „Form [...], in der sich für uns allererst das *Konkrete* ergibt." In ihm werde „nicht nur die übergeordnete Tatsächlichkeit, auf die sich alle Tatsachen sinnreich beziehen, sondern auch alles Einzelne in seiner Beziehung und durch seine Bezogenheit konkret" (1999, 211). Jolles merkt übrigens an, dass wir hier den Übergang zur

---

[8] Vgl. zu dieser Gegenüberstellung ausführlich: Niehaus (2013, 183–202).

„Kunstform Novelle" bisweilen „kaum mehr spüren" (1999, 217). Ganz entsprechend betont Joel Fineman in dem bekannten Aufsatz *The History of the Anecdote*, die Anekdote, „as the narration of a singular event", sei „the literary form or genre that uniquely refers to the real" (1989, 56). In ihr sei etwas, das den „literary status" überschreite, und gerade dieser „excess" gebe der Anekdote „its pointed, referential access to the real" (Fineman 1989, 56). Und er fügt hinzu: „The anecdote produces the effect of the real, the occurrence of contingency, by establishing an event as an event within and yet without the framing context of historical successivity" (Fineman 1989, 61).

Was bedeutet das nun für die Möglichkeit, den „event" einer wie auch immer stummen Anekdote in einen novellistischen Wendepunkt zu transformieren? Nun, auch hier gilt zunächst einmal, dass es sich beim Wendepunkt in einer Novelle um einen Wendepunkt *für ein Subjekt* handelt, das eben gerade dadurch zum Protagonisten der Novelle wird, dass es sich das äußere Ereignis als einen entscheidenden Wendepunkt *aneignet*.

Mit anderen Worten: Der Bezug zur Historie muss durch den Bezug auf eine individuelle Geschichte ersetzt werden. Während das Ereignis der Anekdote aus dem kausallogischen Zusammenhang der Historie herausfällt und insofern kein Einschnitt ist, sondern ein stummer Rest, fungiert es in der individuellen Geschichte als ein Einschnitt, der integriert werden muss. Wie das geht, soll nun an einem mehr oder weniger klassischen Beispiel gezeigt werden, der Novelle *Die wilde Engländerin* von Ludwig Tieck.

Diese Novelle erschien zunächst in Fortsetzungen im *Münchner Conversationsblatt* im Jahre 1829, und im Jahr darauf als Binnennovelle in der umfangreichen Novelle *Das Zauberschloß*, einer – vereinfacht gesprochen – Konversations- bzw. Diskussionsnovelle, wie sie für den späten Tieck typisch ist. Dass indes *Die wilde Engländerin*, die alles andere als eine Konversationsnovelle ist, nach Tiecks Willen als eine Art Musternovelle aufgefasst werden soll, geht aus den Worten hervor, mit denen sie im Zauberschloss eingeleitet wird. Sie wird von einem Dritten vorgelesen, der vorab seine Zuhörerin informiert:

> Es rührt, was ich mitteile, von jenem Verfasser her, von dem schon manche Erzählungen bekannt geworden sind. Er scheint sich bei dem Titel *Novelle* etwas Bestimmtes, Eigentümliches zu denken, welches diese Dichtungen charakterisieren und von allen andern erzählenden scharf absondern soll. Doch es ist nicht mein Beruf, ihn zu kommentieren, ich teile Ihnen die Geschichte selber mit, die überdies für eine wahre Anekdote ausgegeben wird. (Tieck [1830] 1975, 580)

In diesen Einleitungsworten (zu denen sich selbstredend noch manches sagen ließe) wird der Verfasser nicht mit Namen genannt, und ebenso wenig wird das Bestimmte und Eigentümliche der Gattung in Worte gefasst: Man soll es also aus der Form der Novelle selber erschließen. Das Einzige, was man erfährt, ist, dass die in dieser Novelle erzählte *Geschichte* als eine „wahre Anekdote ausgegeben" wird. Insofern wird hier indirekt nahegelegt, dass die *Form* der Musternovelle eines anekdotischen *Stoffes* bedarf.

Der Erscheinungszeitpunkt der *Wilden Engländerin* ist nicht ganz unerheblich, denn im gleichen Jahr erscheint der elfte Band einer Werkausgabe von Tieck, in deren ausführlichem *Vorbericht* Tieck unter anderem die novellentheoretische Skizze vorlegt, die seine bekannten Aussagen über den Wendepunkt als dem wesentlichen Merkmal der Novellenform enthält (Paulin 1998, 144–145). Die Novelle soll

> einen großen oder kleinern Vorfall ins hellste Licht stelle[n], der, so leicht er sich ereignen mag, doch wunderbar, vielleicht einzig ist. Diese Wendung der Geschichte, dieser Punkt, von welchem aus sie sich unerwartet völlig umkehrt, und doch natürlich, dem Charakter und den Umständen angemessen, die Folge entwickelt, wird sich der Phantasie des Lesers umso fester einprägen, als die Sache, selbst im Wunderbaren, wieder alltäglich sein könnte. So erfahren wir es im Leben selbst, so sind die Begebenheiten, die uns von Bekannten aus ihrer Erfahrung mitgetheilt, den tiefsten und bleibendsten Eindruck machen. (Tieck 1829, LXXXVI)

Man kann sagen, dass die *Wilde Engländerin* die Probe aufs Exempel für diese Wendepunkttheorie sowie dafür ist, dass der Novellenform unter dieser Voraussetzung strukturell gesehen ein anekdotischer Stoff zugrunde liegt, der *per definitionem* ‚Tatsächlichkeit' und ‚Sitz im Leben' für sich beansprucht (wenn man so will, den ‚literary status' überschreitet). Wie sieht nun in diesem Fall der anekdotische Stoff konkret aus (er muss sich ja, wenn er anekdotisch ist, gut zusammenfassen lassen)?

Florentine, eine attraktive und intelligente junge Frau, von ihrem begüterten Vater auf dem Lande allein erzogen und in den Wissenschaften ausgebildet, will von den Männern nichts wissen. Auch einen Lord Folmouth, der alle erdenklichen Vorzüge auf sich vereinigt, weist sie zurück. Nach einer Auseinandersetzung mit ihm bei einem Ausritt kehren die beiden zurück, und es heißt:

> Er stieg ab, um ihr zu helfen, sie wendete sich mit dem Ausdruck des höchsten Unwillens, sie wollte sich eilig vom Pferde schwingen, und das Reitkleid blieb fest am Sattelbogen, ein Moment, und sie stand halb nackt vor dem Erstaunten. Mit einer Schnelligkeit, die unmöglich schien, rannte sie ins Haus und der Lord gab die Pferde ab und begab sich nachdenkend träumend in den Park. (Tieck [1830] 1975, 588)

Das ist der anekdotische ‚kleinere Vorfall'. Florentine schließt sich daraufhin für einige Tage in ihrem Zimmer ein. Dann erscheint sie wieder und verkündet ihren Entschluss, den Lord zu heiraten. Also war der Vorfall ganz unzweifelhaft der Wendepunkt. Die Geschichte ist einfach und in gewisser Weise auch vorhersehbar, und sie könnte gewiss als Anekdote kursieren. Man kann auch sagen: das „sexuelle Faktum", das nach Hannelore Schlaffers am *Decamerone* gewonnenen Novellen-Modell im Zentrum der Novellenform steht (Schlaffer 1993, 148–158),⁹ ist hier auf eine für das neunzehnte Jahrhundert folgerichtige Weise vom sexuellen Vergehen zu einem verbotenen Anblick mutiert.

Gleichwohl oder vielmehr gerade deshalb ist aber *Die wilde Engländerin* eine der großartigsten Novellen überhaupt. Sie ist, könnte man sagen, eine folgerichtige *Interpretation* des ihr zugrundeliegenden anekdotischen Stoffes, indem sie dessen anscheinende Einfachheit in ein ungeahntes Maß an Komplexität überführt. Genau das macht sie zur „Musternovelle". Damit wird zugleich demonstriert, wie einem minimalen Vorfall – vor dem Florentine nur die Augen hätte verschließen müssen, damit er wie nicht-geschehen wäre – maximale „Signifikanz" abgewonnen werden kann (um den wesentlichen Bestandteil der Anekdoten-Definition im *Handwörterbuch der Rhetorik* aufzugreifen). Nur weil es Florentine übertragen ist, diesen stummen Vorfall zu ihrer Sache zu machen, ihn zu integrieren (ihn als zugleich wunderbar *und* folgerichtig zu interpretieren), wird er zu einem Wendepunkt.¹⁰ In gewisser Weise wird er zu einem Wendepunkt, *weil* es kein *dictum* gibt, das ihn neutralisiert (ihn nämlich durch einen souveränen Sprechakt in ein Nicht-Ereignis verwandelt).

Hiermit hängt ein weiterer Aspekt zusammen, der für die Beziehung zwischen Anekdote und Wendepunkt wesentlich ist. Die Anekdote ist eben nur der Bericht über den Vorfall selbst, wie er *bezeugt* werden kann. Auch die nicht-herausgegebenen Skandalgeschichten des Justinianischen Herrscherhauses, mit denen Prokopios von Caesarea das Wort *Anekdote* in die Welt gesetzt hat, waren mit dem Anspruch verbunden, bezeugbar zu sein.¹¹ Unabhängig davon, ob der anekdoti-

---

9 Vgl. Brecht (1993, 148–158).
10 Vgl. auch die Zusammenfassung des Geschehens in der *Wilden Engländerin* hinsichtlich der Novellenstruktur bei Wolfgang Rath: „Die junge Frau hält dem Druck ihres Gewissens stand und erobert sich ein Stück bisher unbekannter Selbstliebe und Freiheit. Dazu muß sie aber den bestimmenden Fehler machen und sich seiner offenbarenden Kraft hingeben. Die Notwendigkeit ist das, was der Schicksalsgedanke umreißt: Er erzählt vom Zwang eines jeden, seinen persönlichen Fehler (*hamartía*) oder Krisenpunkt (Boehmes *Schrack*) zu durchleben, um jenseits normativer Grenzen seine ihm eigene Einmaligkeit frei zu entfalten." (Rath 2000, 172) Wesentlich ist allerdings, dass der (anekdotische) Vorfall selbst einerseits sowohl als bloßer Zufall wie auch als Fehlleistung (im Sinne Freuds) interpretiert werden kann, und dass andererseits der ‚Schreck' sowohl eine physiologische Seite hat als auch das Subjekt *trifft*.
11 So heißt es in der Vorrede: „Denn wenn ich das Leben des Kaisers *Justiniani* und seiner Gemahlin Theodora betrachte: so besorge ich, es möchte dasienige, was ich zu sagen gedenke, unglaublich scheinen; die Nachwelt möchte mich für einen Fabelschmied halten, und unter die Zahl der tragischen Dichter setzen. Weil ich aber nichts vorbringen werde, als was einer grossen

sche Vorfall eine politische Dimension hat oder sich lediglich auf Privates bezieht, kann er nicht in dem Sinne *intim* sein, dass er keine Zeugen hat. Er muss weitergetragen worden sein können. In dieser Beziehung ist das in der *Wilden Engländerin* Erzählte nun allerdings ein Grenzfall. Nicht nur besteht der stumme Vorfall in nichts anderem als im Sichtbarwerden eines ‚Intimbereichs', darüber hinaus ist der einzige Zeuge des Vorfalls Lord Folmouth selbst, der eben dadurch, dass er dieses Intime zu sehen bekommt, zu demjenigen wird, der es allein zu sehen bekommen darf. Daraus folgt aber, dass dieser Zeuge gleichsam mundtot gemacht wird und dass der Vorfall niemals zu einer anekdotischen Begebenheit werden kann.

Der Text macht sehr deutlich, dass das ein zentraler Punkt ist. Nachdem Florentine sich nach dem Vorfall in ihrem Zimmer eingeschlossen hat, möchte der Lord in der Gewissheit, durch den unverhofften Anblick keinerlei Chance mehr auf ein glückliches Ende seiner Liebe zu haben, eigentlich abreisen. Der Vater bittet ihn aber, ihm in dieser Krisensituation einstweilen beizustehen. Der Lord tut dies, gibt aber auf die Frage des Vaters, was denn vorgefallen sei, lediglich eine ausweichende Antwort. Als die Tochter schließlich nach Tagen in heiterer Laune wieder vor ihrem Vater erscheint, verwundert sie sich darüber, dass der Lord ihm von dem Vorfall nichts berichtet hat. Und nachdem die Tochter ihren Vater in Kenntnis gesetzt hat, weist dieser sie mit großem Ernst darauf hin, dass seine Tochter den Lord keineswegs heiraten müsse, um ihm den Mund zu verschließen – also den Vorfall zu einer Anekdote zu machen. Gerade deshalb ist der Lord freilich ein würdiger Ehemann, dem der Intimbereich heilig ist. Muss es also der Vater – der zweite Eingeweihte – sein, der diesen Vorfall weitererzählt hat?[12] Oder war es Florentine selbst, die es – sehr viel später – den Kindern und Enkeln erzählt hat, von deren Existenz uns die letzten Worte der Novelle in Kenntnis setzen? In jedem Fall gerät die Novelle – eben als ein Grenzfall – in ein notwendiges

---

Menge glaubwürdiger Personen bekannt ist, deren Zeugniß demjenigen was ich schreibe, ein Gewicht zu geben vermag, so werde ich von dieser Sorge wieder befreyet." (Prokopios 1753, 3–4) Entscheidend ist freilich, dass die Bezeugbarkeit etwas ist, was behauptet werden kann. Es handelt sich eben nicht um ein *Verfahren*, in dem Zeugen *auftreten*.

12 Auf die Rolle des Vaters in dieser Novelle, die natürlich von zentraler Bedeutung ist, kann hier (da ja keine Analyse dieser Novelle beabsichtigt ist) wie auf vieles andere (wie etwa die traumatisierende Sexualaufklärung Florentinens durch ein Anatomiebuch, von welcher der Vater dem Lord schon zuvor bereitwillig erzählt hat) nicht eingegangen werden. Vom novellen- bzw. anekdotentheoretischen Standpunkt aus ist jedoch festzuhalten, dass die Geschichte davon handelt, wie eine Frau nicht ohne Probleme aus der Hand des Vaters in die eines Gatten übergeht, und dass eine der ursprünglichen Bedeutungen des griechischen Wortes *anékdotos* – nicht herausgegeben – die Nichtherausgabe einer Tochter durch ihren Vater war (vgl. Passow 1841, 217; mit Dank an Thomas Schestag für diesen Hinweis).

Spannungsverhältnis zu der Faktualität der ‚wahren Anekdote', auf die ja im Vorfeld durch den Binnenerzähler bzw. -vorleser explizit verwiesen wird.

Darüber hinaus ist der novellistische Wendepunkt aber auch mit einer Leerstelle verknüpft. Protagonistin der Novelle ist natürlich Florentine. Aber erzähltechnisch gesehen ist die Novelle nicht auf *sie* fokalisiert, sondern auf die beiden *Männer*, Lord Folmouth und Florentines Vater, welche die Verehrte bzw. Tochter als einen *Fall* betrachten und diskutieren.[13] Entscheidende Bedeutung kommt dieser Erzählperspektive im Bericht über den Wendepunkt selbst zu: Wir erfahren nicht, was Florentine nach ihrer unfreiwilligen Entblößung durch den Kopf geht, wir erfahren nur, dass sich der Lord „nachdenkend träumend in den Park" begibt. Und ebenso wie die Männer steht auch die Erzählung danach vor einer verschlossenen Tür, bis Florentine wieder aus ihrem Zimmer heraustritt und sich gegenüber den Männern als handlungsmächtiges Subjekt unter Beweis stellt (und die Deutungshoheit gegenüber dem Vorgefallenen reklamiert).

Die Nicht-Einsehbarkeit der unerzählt bleibenden Gedanken und Gefühle ist notwendig, um den Wendepunkt als Wendepunkt hervortreten zu lassen und das Subjekt als ein Handlungssubjekt zu instituieren. Die Erzählung berichtet, wie die Männer das Verhalten und die Eigenart der Heldin zu entziffern versuchen, aber sie geht ihrerseits nicht zu einer Zergliederung ihrer seelischen Zustände in Form interner Fokalisierung über, sondern lässt sie gewissermaßen unangetastet. Das definiert – wie man behelfsmäßig formulieren könnte – die *novellistische Subjektposition* der Protagonistin.

Dies mag es sein, was die musterhafte Novelle als eine überkommene Form erscheinen lässt. Jedenfalls handelt es sich um eine Formeigenschaft, die mit dem Paradigma des alltagsweltlichen Erzähler-Erzählens verknüpft ist, und dieses ist wiederum eine Folge der Logik der Anekdote. Auch wenn das, was in der *Wilden Engländerin* (oder in jeder anderen Novelle des neunzehnten Jahrhunderts) erzählt wird, gewiss als ‚Fiktion' aufgefasst wird, hält diese Musternovelle daran fest, nur das erzählen zu können, was die Beteiligten selbst zur Sprache und in Umlauf bringen, also zum Bestandteil eines weitererzählbaren, anekdotischen Erzählens machen könnten.

---

[13] Mit dem Begriff des Falls, des *Kasus*, ist natürlich ein weiterer novellentheoretisch zentraler Terminus genannt, auf den hier allerdings nicht weiter eingegangen werden kann.

Literaturverzeichnis

Benjamin, Walter. „Der Erzähler: Betrachtungen zum Werk Nikolai Lesskows". *Walter Benjami: Gesammelte Schriften*. Hg. Rolf Tiedemann und Hermann Schweppenhäuser. Bd. II.2: „Aufsätze, Essays, Vorträge". Frankfurt a. M.: Suhrkamp, 1977. 438–464.

Boccaccio, Giovanni di. *Das Dekameron*. Übertragung Albert Wesselski. Bd. 2. Frankfurt a. M.: Insel, 1979.

Brecht, Christoph. *Die gefährliche Rede: Sprachreflexion und Erzählstruktur in der Prosa Ludwig Tiecks*. Tübingen: Max Niemeyer, 1993.

Ciappelli, Giovanni. „Forese da Rabatta". *Dizionario Biografico degli Italiani 48: Filoni – Forghieri* (1997). http://www.treccani.it/enciclopedia/forese-da-rabatta_(Dizionario-Biografico)/. (01. Juli 2021).

Doering, Pia Claudia. „Künstler und Gelehrte im Wettstreit. Genealogia deorum gentilium und XIV, 5 und Decameron VI, 5". *Iohannes de Certaldo: Beiträge zu Boccaccios lateinischen Werken und ihrer Wirkung*. Hg. Karl Enenkel, Tobias Leuker und Christoph Pieper. Hildesheim: Georg Olms, 2015. 3–24.

Fineman, Joel. „The History of the Anecdote: Fiction and Fiction". *The New Historicism*. Hg. H. Aram Veeser. New York: Routledge, 1989. 49–76.

Hilzinger, Sonja. *Anekdotisches Erzählen im Zeitalter der Aufklärung: Zum Struktur- und Funktionswandel der Gattung Anekdote in Historiographie, Publizistik und Literatur des 18. Jahrhunderts*. Stuttgart: J.B. Metzler, 1997.

Jolles, André. *Einfache Formen: Legende, Sage, Mythe, Rätsel, Spruch, Kasus, Memorabile, Märchen, Witz*. Tübingen: De Gruyter, 1999.

Neureuter, Hans Peter. „Zur Theorie der Anekdote". *Jahrbuch des Freien Deutschen Hochschulstifts*. Hg. Detlev Lüders. Tübingen: Max Niemeyer, 1973. 458–480.

Niehaus, Michael. „Die sprechende und die stumme Anekdote". *Zeitschrift für deutsche Philologie* 132.2 (2013): 183–202.

Paulin, Roger. „Ludwig Tieck und die Musenalmanache und Taschenbücher: Modellfall oder Ausnahme?". *Literarische Leitmedien. Almanach und Taschenbuch im kulturwissenschaftlichen Kontext*. Hg. Paul Gerhard Klussmann und York-Gothart Mix. Wiesbaden: Harrassowitz, 1998, 133–145.

Passow, Franz. *Wörterbuch der griechischen Sprache*. Bd. I.1. Leipzig: Vogel, 1841.

Prokopios von Caesarea. *Procopii von Caesarea geheime Geschichte*. Übersetzt von Johann Paul Reinhard. Leipzig und Erlangen: Poetsch, 1753.

Rath, Wolfgang. *Die Novelle: Konzept und Geschichte*. Göttingen: Vandenhoeck & Ruprecht, 2000.

Schäfer, Rudolf. *Die Anekdote: Theorie – Analyse – Didaktik*. München: Oldenbourg, 1982.

Schlaffer, Hannelore. *Poetik der Novelle*. Stuttgart und Weimar: J.B. Metzler, 1993.

Schlegel, August Wilhelm. *Vorlesungen über schöne Litteratur und Kunst*. Hg. Jacob Minor. Bd. 3: „Geschichte der romanischen Litteratur". Heilbronn: Henninger, 1884.

Schlegel, Friedrich. „Nachricht von den poetischen Werken des Johannes Boccaccio". *Kritische Friedrich-Schlegel-Ausgabe*. Hg. Ernst Behler unter Mitwirkung von Jean-Jacques Anstett und Hans Eichner. Bd. 2.1: „Charakteristiken und Kritiken I (1796–1801)". München (u. a.): Schöningh, 1967. 373–396.

Schleiermacher, Friedrich. *Vorlesungen über die Ästhetik: Aus Schleiermacher's handschriftlichem Nachlasse und aus nachgeschriebenen Heften*. Hg. Carl Lomatzsch. Berlin: G. Reimer, 1842.

Tieck, Ludwig. „Vorbericht". *Ludwig Tieck's Schriften*. Bd. 11: „Schauspiele". Berlin: G. Reimer, 1829. I–XC.

Tieck, Ludwig. „Das Zauberschloß" [1830]. *Ludwig Tieck: Werke in vier Bänden*. Hg. Marianne Thalmann. Bd. 3: „Novellen". Darmstadt: Wiss. Buchgesellschaft, 1975. 551–624.

Verweyen, Theodor. *Apophthegma und Scherzrede: Die Geschichte einer einfachen Gattungsform und ihrer Entfaltung im 17. Jahrhundert*. Bad Homburg v. d. H., Berlin und Zürich: Gehlen, 1970.

Zipfel, Frank. „Fiktionssignale". *Fiktionalität: Ein interdisziplinäres Handbuch*. Hg. Tobias Klauk und Tilmann Köppe. Berlin und Boston: De Gruyter, 2014. 97–124.

Thomas Schestag
Vergraben

„Was ich jetzt sage, sage nicht ich,
sondern es ist ausgegraben aus der Erde, wie das versteinerte Weizenkorn."
Ossip Mandelstamm, *Der Hufeisen-Finder*, übersetzt von Paul Celan

Anékdotos nennt, und entspricht so, fast buchstäblich, der lateinischen Wortzusammensetzung *in-e-ditum*, das nicht Aus- und Herausgegebene. Das Wort *anékdotos* rückt bloß damit heraus, dass es mit etwas nicht herausrückt. Über das, was da zurückgehalten wird, gibt das griechische Verb *ekdídomi* genauer Aufschluss. Die Herausgabe betrifft, was in Verliesen, Kammern, Zellen unter Verschluss lag: (auf Kriegszügen) erbeutete Kostbarkeiten; sie betrifft außerdem, wer im Haus, in seinen innersten Gemächern, Blicken von außen entzogen, lebte: *ékdosis* nennt die Verheiratung; *anékdota thugáter* die noch im Elternhaus lebende, unverheiratete Tochter[1]. *Anékdaughter*. Das dritte Buch der *Ilias* schließt über einer Forderung Agamemnons an die Troer und Dardaner, die beide *Anekdoten* – nämlich das geraubte Gold und die entführte Frau – einschließt: „Gebt die Argeierin Helena jetzt und die Schätze heraus – *ékdote* –" (Homer 1983, 112–113 [Übertragung leicht modifiziert, T.S.]). *Anékdota* sind aber auch, und diese Bedeutung, die andere semantische Nuancen ins Anekdotische verdrängt, hat durch Prokops *Anékdota*, oft als *historia arcana* und *Geheimgeschichte* übersetzt, die Oberhand gewonnen, unveröffentlichte Schriften. Sie präzisieren die *Inedita* zu *Inedicta*.

Die *Anékdota* des Juristen und Historikers Prokopios von Caesarea verzeichnen die Geheimgeschichte der Untaten zweier Paare, des byzantinischen Kaisers Justinian und der Kaiserin Theodora; wie des militärischen Oberbefehlshabers Belisar und seiner Frau Antonina. *Anékdota* heißt die Schrift, weil sie eine ins Extrem getriebene Serie von Enthüllungen über die genannten Paare vorlegt (die deren Charaktere, insbesondere den Justinians, in die Nähe der Verkörperung des Teufels rückt): exzessive *Ékdosis*. Eine Überdosis an Enthüllungen, deren Publikation Prokop wohl das Leben gekostet hätte. Doch das Buch legt alles andere als alles, was zuvor durch offizielle, tendenziöse Geschichts- und Architekturgeschichtsschreibung, an der Prokop mit seinen Schriften über Justinians Perser-, Vandalen- und Gotenkriege und einem Werk *De aedificiis* partizipierte, verschleiert worden war, vor Augen. Der Titel *Anékdota* bezieht sich einerseits auf die

---

1 Hinweise bei Passow (1841, 217 [*anékdotos*]; 827–828 [*ekdídomi* und *ékdosis*]), der Hinweis auf „*a. thugáther*, eine unverheurathete Tochter" bei Vollbeding (1784, Sp. 137).

https://doi.org/10.1515/9783110698213-003

sprachliche Form der Geheimgeschichte, aber auch auf den (zwischen Warnung und Versprechen oszillierenden) Status der ganzen Schrift: dass sie enthüllt, was (aus politischen Gründen) nicht enthüllt und veröffentlicht werden darf. Sie rückt unter der Hand, rückt insgeheim mit dem heraus, was unter Verschluss bleiben muss, und zieht die Leser der *Anékdota*, als Auserlesene, in ein zweischneidiges Geheimnis, weil sie mit jedem Wort, das sie vorlegt, das Siegel der Verschwiegenheit, unter dem jedes Wort verborgen liegt, bricht. Genau dort, wo *An* und *ékdota* aneinanderstoßen und vernäht erscheinen, durchläuft ein Riss das Wort. Was *anékdotos* heißt, hält nicht zurück, dass etwas zurückgehalten wird; hält, anders wiederholt, zurück, dass nichts zurückgehalten wird. Rissige Zurückhaltung (vor der Zurückhaltung). Sie betrifft aber nicht nur den sprachlichen Aufriss der Schrift in jedem Wort, sondern greift – andererseits – auch auf die beschriebenen Inhalte über. Denn die *Anékdota* enthüllen eine Serie von Vorkommnissen, die – zwischen Tat und Untat offen –, der überlieferten Bedeutung von *anékdotos* nah, von der Jagd auf verborgene Schätze und auf Menschen auf der Flucht, zum Leben im Versteck gezwungen, handeln, vom Ziehn ans Licht und Wiederverschwinden – ohne Wiederkehr – der erbeuteten Tresore und aufgespürten Menschen (die zwischen erklärten Feinden und heimlichen Liebhabern und Geliebten schwanken). Die *Anékdota* enthüllen nicht nur, was zuvor verborgen und verschwiegen worden war, sondern enthüllen wiederholt, dass Dinge und Menschen ins buchstäblich Anekdotische verloren gehen: ein Verschwinden, über das auch die *Anékdota* – sie enthüllen genau das – keinen Aufschluss mehr geben können. Das Schema dieser rissigen Verklammerung zwischen *An* und *ékdota* verzeichnet eine Stelle in Kapitel 3:

> Als einmal der Verdacht laut wurde, [die Kaiserin] Theodora sei in einen ihrer Sklaven namens Areobindos verliebt, einen sehr schönen jungen Mann barbarischer Herkunft, den sie zu ihrem Schatzmeister [*tamías*] gemacht hatte, da entschloß sie sich, der üblen Nachrede ein für allemal ein Ende zu bereiten, und ließ den Armen, obwohl sie rasend verliebt in ihn war, ohne allen Grund augenblicklich schwer mißhandeln. In der Folgezeit haben wir nichts mehr von ihm gehört, und gesehen hat ihn bis zum heutigen Tage auch keiner mehr. (Prokop 2005, 149–151)
>
> Und vom Besuch ihres einzigen, illegitimen Sohns, Johannes, dessen Existenz sie geheimgehalten hatte, im Palast der Kaiserin heißt es:
>
> Doch [Theodora] bekam Angst, ihr Mann möge von der Sache erfahren, und beschied den Jüngling zu sich. Sie sah ihn an, dann übergab sie ihn einer ihrer Kreaturen, die gewöhnlich solche Aufträge auszuführen hatte. Wie der Unglückliche aus der Welt verschwand, kann ich nicht sagen, jedenfalls bekam ihn niemand mehr zu sehen. (Prokop 2005, 159)

An andern Stellen hält Prokop, abweichend von dem Eingeständnis, dass er, was er enthüllen wollte, nicht enthüllen kann, fest, dass er den Rest dessen, was noch zu enthüllen wäre, mit Stillschweigen übergeht. Er enthüllt, als heimlicher Gebieter über so viel Hüllenlosigkeit, unter Verschluss zu halten, was er zur Sprache bringen könnte, wenn er wollte:

> Im Staate gab es viel Durcheinander, und von den gewohnten Einrichtungen blieb keine bestehen. Davon will ich einiges wenige anführen, den Rest aber mit Stillschweigen [*siopé*] übergehen, damit sich meine Ausführungen nicht ins Uferlose verlieren. [...] Was sonst noch zu erwähnen wäre, muß ich, wie eingangs bemerkt, mit Stillschweigen übergehen [*hupeîpon*: versteckt zu verstehen geben]. (Prokop 2005, 133; 137)

Das Anekdotische tritt in das, was ich zurückhalte und das, was mir (aus unerfindlichen Gründen) entzogen bleibt, auseinander. Die *Anékdota* schließen über der Eröffnung, dass verschlossen – nämlich offen – bleibt, wohin der römische Reichtum [*Romaíon tà chrémata*] im Verlauf der Herrschaft Justinians geraten sei: „Die einen behaupteten, er befinde sich ganz und gar in Barbarenhänden, andere behaupteten, der Kaiser halte ihn in vielen Schatzkammern verschlossen [*hoi dè basiléa ephaskon en oikískois pollois katheírxanta échein*]". Der letzte Satz der *Anékdota*, der diese Ungewissheit, nicht nur über den Verbleib der Schätze, sondern über den Status des Anekdotischen besiegelt, rückt Wahrheit – *alétheia* – und Zufall (oder Geschick) – *túche* – in äußerste Nähe zueinander: „Wenn nun einmal Justinian als Mensch aus dem Leben scheidet oder als Fürst der Dämonen sein irdisches Leben ablegt, dann werden alle, denen *túche* – das Geschick oder der Zufall – widerfuhr, diese Zeit überlebt zu haben, die Wahrheit – *alétheia* – erfahren": *túchosi talethès* (Prokop 2005, 277). Auf *túche* kommt Prokop noch einmal, am Ende des vierten Kapitels, in einer parekbatischen Wendung, am Rand der Bühne zu sprechen, auf der seine Geheimgeschichten Revue passieren:

> Menschendinge werden nicht durch Ratschluß [*boulé*] der Menschen, sondern durch die Entscheidung [*rhopé*] Gottes gelenkt, doch Menschen sind gewohnt, es *túche* zu nennen, wenn ihnen undurchsichtig bleibt [*ouk eidótes*], warum Dinge den Verlauf nehmen, der ins Auge fällt. Denn das, was man nicht zu begreifen vermag [*alógo*], nennt man gewöhnlich *túche*. Doch darüber mag ein jeder denken, wie es ihm beliebt. (Prokop 2005, 47)

Mit diesen Worten, und eingedenk der Rolle des Antichrist, die Justinian am Ende der *Anékdota* zugespielt wird, rückt Prokop nicht nur seine Geheimgeschichte des byzantinischen Kaiserhofs, sondern die Schöpfung insgesamt in den Stand des Apokryphen, Anekdotischen und Aneidetischen, über den erst, mit der zweiten Wiederkehr des Messias, die *Apokalypse* am Ende aller Tage letztendlich Aufschluss verspricht. Doch *túche* – schwankend zwischen Zufall und Geschick, Vorsehung und Unvorhersehbarem – hält dem Geheimnis des Glaubens an göttliche Prädestination die Waage. Sie veranschaulicht nicht mehr, aber auch nicht weniger, als die Ungewissheit über den Anteil von *an-* und *ek-* in der *Dosis* an Enthüllungen, nicht nur von zuvor Verhülltem, sondern darüber, dass vieles unenthüllt bleibt, entweder weil es sich der Wahrnehmung durch den Berichterstatter entzieht, oder weil Prokop vorzieht, es zurückzuhalten, um zum Ende zu kommen: die Apokalypse der anekdotischen Schöpfung nicht durch eine (endlose) Serie vorgreifender Enthüllungen aufs Spiel zu setzen.

* * *

An einer Stelle der Nikomachischen Ethik fragt Aristoteles, ob ausnahmslos alles zum Gegenstand der Überlegung und Beratschlagung [*boulé*] unter Menschen werden kann (nicht ohne zuvor den Einfältigen [*elíthios*] und Wahnsinnigen [*mainoménos*] aus dem Kreis beratschlagender Menschen exiliert zu haben), oder ob es nicht Ausnahmen gibt. Auf eine Liste solcher Ausnahmen, die menschlichem Beratschlagen entzogen bleiben, setzt Aristoteles auch *túche*, deren Auftauchen er so veranschaulicht: „auch über das, was durch Zufall [*túches*] zustößt, wie das Finden eines Schatzes [*hoion thesauroû heuréseos*], stellt man keine Überlegung an." (Aristoteles 2001, 102–103). Die zufällige Herausgabe oder *Ekdosis* eines Schatzes bleibt menschlicher Beratschlagung verschlossen, sie bleibt *anekdotisch*. *Túche* (als eine menschlichem Sinnen entzogene Prosopopöie des Undenkbaren und Unvorhersehbaren) zeichnet an dieser Stelle für die Verwandlung des Anekdotischen ins Ekdotische verantwortlich.

Eine Stelle im fünften Buch der Metaphysik greift das Beispiel vom zufälligen Finden eines Schatzes wieder auf, diesmal nicht auf *túche*, sondern (unter grammatischen Vorzeichen) auf eine der sogenannten Prädikabilien, also auf das, was über eine Sache ausgesagt werden kann, bezogen. Es geht an dieser Stelle um die Veranschaulichung dessen, was Aristoteles *sumbebekòs* nennt: das unnotwendige oder zufällige Haften von etwas an etwas, in scholastischer Terminologie wiederholt: was einer Sache nur *per accidens*, also bloß *zu-fällig*, nicht substanziell oder, mit Aristoteles gesprochen, nicht *kath'héauton* zukommt:

> *sumbebekòs* nennt man dasjenige, was sich zwar an etwas findet und mit Wahrheit von ihm ausgesagt werden kann, aber weder notwendig noch in den meisten Fällen sich findet, z. B. wenn jemand beim Graben eines Loches für eine Pflanze einen Schatz fand [*hoion eí tis orútton phutô bóthron heure thesaurón*]. Dies also, einen Schatz zu finden, ist *sumbebekòs* für den, der ein Loch gräbt [*toûto toínun sumbebekòs tô orúttonti tòn bóthron, tò heureîn thesaurón*]; denn weder folgt mit Notwendigkeit das eine aus dem anderen oder das eine nach dem anderen, noch findet auch in den meisten Fällen jemand einen Schatz, wenn er ein Loch für eine Pflanze gräbt [*oúth' hos epì tò polù eán tis phuteúe thesauròn heurískei*]. (Aristoteles 1982, 246–247)

Für den, der beim Graben eines Lochs im Garten, um eine Pflanze zu setzen, auf einen verborgenen Schatz – mit einem andern Wort auf eine Anekdote, ein Nichtherausgegebenes, *anékdotos* – stößt, ist die Entdeckung des Schatzes ein bloß zufälliges Zusammentreffen – *symbebekòs* –, denn er hatte beim Graben des Lochs nicht die Absicht, auf einen Schatz zu stoßen. Die Szene veranschaulicht nicht nur (am Rand zur Unanschaulichkeit) das Zusammentreffen absichtsvoller und absichtsloser Gesten im Graben – oder Schreiben, der Herkunft des *Grabens* aus dem griechischen Verb *gráphein* eingedenk. Sie verdichtet (oder vergräbt) das eigentümliche Zusammentreffen zweier gegenwendiger Gesten in der Vorsilbe *An-* des Worts *Anékdotos*. Denn die Absicht dessen, der einen Schatz vergrub, lag darin, ihn ins *A*nekdotische zurückzunehmen. Das absichtslose Stoßen dessen, der ein Loch für seine Pflanze gräbt, auf den Schatz aber, verwandelt den unzufälligen Zug durch die Vorsilbe *An-* für den Vergrabenden in einen zufälligen für den, der den Tresor ausgräbt. Das Oszillieren zwischen Zu- und Unzufälligkeit greift auf die Vorsilbe *-ek-*, die Herausgabe des Schatzes, wie auf den Status der *Dosis* oder Gabe selber über: was das Graben – zwischen Ein- und Ausgraben, Grube und Grund, Grab und Gabe offen – ergräbt und ergibt, spielt zwischen Zu- und Unzufälligem, ohne Aufschluss über die Fälligkeit (der Enthüllung) des Verhältnisses zwischen Zu- und Unzufälligem zu geben (oder zurückzuhalten). Zwischen *An-* und *-ék-* und *-dotos* greift eigentümliche Trostlosigkeit, *desolatio*, Raum.

Ihr scheint eine Stelle in der Schrift *De consolatione philosophiae* [5,34–60] des Boethius, der auf dieselbe Stelle um den (unverhofften) Schatz in der Metaphysik des Aristoteles gestoßen war, entgegenwirken zu wollen. Sie gilt der Diskussion des Zufalls – *casus*:

> Wie also, sagte ich, gibt es nichts, was mit Recht Zufall oder Willkür [*quod vel casus vel fortuitum iure appellari queat?*] genannt werden könnte? Oder gibt es etwas, auf das doch, wenn auch der gemeinen Menge verborgen, diese Worte passen [*tametsi vulgus lateat, cui vocabula ista conveniant*]? / Mein Aristoteles, sagte sie [die Verkörperung der Philosophie], hat dies in der Physik mit kurzem und der Wahrheit nahe kommendem Beweis umgrenzt. / Auf welche Weise? fragte ich. / So oft etwas, sagt er, um irgendeiner Sache willen ausgeführt wird und aus irgendwelchen Ursachen etwas anders eintrifft als beabsichtigt war, wird dies Zufall genannt [*casus vocatur*]; wenn jemand den Erdboden durchgräbt, um den Acker zu bebauen, und eine Last vergrabenen Goldes findet [*ut, si quis colendi agri causa fodiens humum defossi auri pondus inveniat*], dann glaubt man, das sei irgendwie von ungefähr geschehen [*hoc igitur fortuito quidem creditur accidisse*]. In Wahrheit ist dies nicht grundlos so, sondern hat seine eigenen Ursachen; doch das unvorhergesehene, unerwartete Zusammentreffen von Ursachen erscheint als Zufall [*Verum non de nihilo est, nam proprias causas habet, quarum inprovisus inopinatusque concursus casum videtur operatus*]. Denn wenn der Bauer den Acker nicht umgegraben und wenn der Eigentümer nicht an diesem Ort seinen Schatz vergraben hätte, so wäre das Gold nicht gefunden worden [*Nam nisi cultor agri humum foderet, nisi eo loci pecuniam suam depositor obruisset, aurum non esset inventum*]. Hier also liegt die Ursache des zufälligen Gewinns darin, daß er aus Ursachen, die sich begegneten und zusammentrafen, und nicht aus einer beabsichtigten Handlung herrührte [*Hae sunt igitur fortuiti causae compendii, quod ex obviis sibi et confluentibus causis, non ex ger-*

entis intentione provenit]. Denn weder, wer das Gold vergrub [*aurum obruit*], noch derjenige, der den Acker bearbeitete, beabsichtigte, daß jenes Geld gefunden werden sollte [*ut ea pecunia repperiretur, intendit*]; aber es traf, wie ich gesagt habe, überein und zusammen, daß wo jener eingrub, dieser ausgrub [*sed uti dixi, quo ille obruit, hunc fodisse convenit atque concurrit*]. So darf also bestimmt werden: Zufall ist das unerwartete Ergebnis eines Zusammentreffens von Ursachen in dem, was zu irgendeinem Zweck unternommen wurde [*Licet igitur definire casum esse inopinatum ex confluentibus causis in his, quae ob aliquid geruntur, eventum*]. Daß aber die Ursachen so zusammentreffen und zusammenfließen, bewirkt jene Ordnung, die aus unvermeidlicher Verknüpfung hervorgeht und die, aus der Quelle der Vorsehung fließend, alles an seinen Ort und in seine Zeit stellt [*Concurrere vero atque confluere causas facit ordo ille inevitabili conexione procedens, qui de providentiae fonte descendens cuncta suis locis temporibusque disponit*]. (Boethius 1981, 230–233)[2]

Alles dreht sich hier um das (fast anagrammatische) Verhältnis zwischen *casus* und *causa*, grundlosem Zufall und unzufälligem Grund, im Vorgang des Grabens. Oder genauer: im *Vergraben* (denn wo der eine, absichtsvoll, einen Schatz vergräbt, vergräbt der andere, beim Umgraben des Ackers, unabsichtlich, *sich*). Gibt es nichts, fragt Boethius die Philosophie, was zu Recht – *iure* –, wenn auch dem gemeinen Volk verborgen, unter die Wahrnehmungsschwelle (hier eines gegebenen *Worts*) zurückgenommen, also ins Anekdotische vergraben, *Zufall* oder *Willkür* – *casus, fors* – heißen mag? *Zufall* heißt, so legt *Philosophia* nah, der unbeabsichtigte Umschlag von *Ein-* und *Aus-* im *-graben*, des Vergrabenen ins Ergrabene. Das Beispiel vom Bauer, der beim Umpflügen des Ackers durch Zufall auf einen Goldschatz stößt, veranschaulicht keinen allgemeingültigen Sachverhalt, enthüllt nicht das Wesen des Zufalls, denn der begründete Zufall – dem *casus* eine *causa* unterzuschieben – wäre kein Zufall mehr (der per *para*definitionem grund*los* bleibt); die Szene um den Mann, der eine Pflanze setzt (bei

---

2 Eine Erläuterung Olof Gigons zu dieser Stelle hält fest: „Der philosophisch annehmbare Begriff des Zufalls wird unter ausdrücklicher Berufung auf Aristoteles skizziert; gedacht ist an Phys. 2,4–5, doch findet sich das von Boethius angezogene Beispiel nicht dort, dagegen (in Andeutung) in der Nik. Ethik 1112a 27". Das Starren auf das Wort *Physik*, wie in ein leeres Loch, im lateinischen Text des Boethius – *Aristoteles meus* [...] *in Physicis* [...] *definivit* – lässt den Herausgeber, der sich auf eine falsche Fährte gelockt sieht, weil er den von Boethius bei Aristoteles aufgespürten Schatz an der angegebenen Stelle nicht findet, blind für die Möglichkeit, unter dem Wort *Physik*, halb sicht-, halb unsichtbar, ein anderes Wort, in ihm aber ein Buch – *Metaphysik* – und ins andere Buch den andern Schatz vergraben zu sehn. – Der Aphorismus 27 – „Das Wissen und die verborgenen Schätze" – im vierten Teil von Schestow (1994, 458–460) verzeichnet und diskutiert beide Stellen: „Aristoteles lehrt bekanntlich, das ‚Zufällige' könne nicht Gegenstand des Wissens sein. Zur Erläuterung führt er folgendes Beispiel an (Metaphysik 1025–30 und ff. – Boethius wiederholt dieses Beispiel am Anfang des 5. Buches seiner Trostschrift ‚De Consolatione philosophiae'): Ein Mann grub in seinem Garten, um einen Baum zu pflanzen, und fand einen verborgenen Schatz".

Aristoteles), um den pflügenden Landmann (bei Boethius), die beide beim Graben auf einen Schatz stoßen, veranschaulicht nicht, was Aristoteles *túche* und *sumbebekòs*, Boethius *casus* (und *fors*) nennt, sondern verkapselt deren (unverallgemeinerbaren) *In*- oder *Un*begriff; mit einem andern Wort: den unverallgemeinerbaren *Un*begriff des Anekdotischen. Der ungewollte Umschlag eines Sach- und Sprachverhalts aus dem Anekdotischen ins Ekdotische wahrt an dem an-den-Tag-Gelegten, zuvor Verschollenen oder Vergrabenen, Spuren des Undurchsichtigen, Unbegreiflichen und *Un*herausgerückten. Das durch Zufall ins Ekdotische verkehrte Ding – ein Wort, zum Beispiel – macht nicht um jeden Preis den Umschlag des Vergrabenen ins Ergrabene, das sich – dergestalt – ergibt, mit. So eröffnet und verkapselt für Boethius das Wort *casus* (das vielleicht nicht unzufällig auch den grammatischen Fall, die Deklination nennt) eine Grund- und Bodenlosigkeit, die weder durch Rekurs auf den Normalfall noch auf intendierte semantische Gehalte in Schach gehalten werden kann. Die Tröstung – *consolatio* – der Philosophie, dass dem Zusammenstoß oder -fluss zweier verschiedener Ursachen – *causae* – im Zufall – *casus* – ein Drittes nur dem Anschein nach unvorhergesehen sich ergibt, in Wahrheit aber dem Quell der Vorsehung – *providentia* – entspringt, kommt zu spät. Denn eine Vorsehung, die Unvorhersehbares vorsieht, sieht weniger das Unvorhersehbare als *sich* vor: sie hält (mit der Wahrheit über den Zufall) zurück. Die Wahrheit (über den Zufall), mit der *Philosophia* in *De consolatione* aufzuwarten scheint, bleibt anekdotisch, desolat. Nicht zuletzt auch aus dem *Un*grund, dass im Titel, unter dem die Schrift des Boethius herausgegeben wird, *De consolatione philosophiae*, zwei grammatische Fälle, Genitivus objectivus und subjectivus, einander so zufallen, dass offen bleibt, ob *Philosophia* Trost spendet oder sucht.

* * *

Im Frühjahr oder Sommer 1933, kurz nachdem er Deutschland für immer verlassen hat, schreibt Walter Benjamin, wahrscheinlich auf Ibiza, den Essay *Erfahrung und Armut*. Ihn eröffnet die Erinnerung an eine Fabel, die *in unseren Lesebüchern stand*:

> In unseren Lesebüchern stand die Fabel vom alten Mann, der auf dem Sterbebette den Söhnen weismacht, in seinem Weinberg sei ein Schatz verborgen. Sie sollten nur nachgraben. Sie gruben, aber keine Spur von Schatz. Als jedoch der Herbst kommt, trägt der Weinberg wie kein anderer im ganzen Land. Da merken sie, der Vater gab ihnen eine Erfahrung mit: Nicht im Golde steckt der Segen sondern im Fleiß. (Benjamin 1977, 213 – 214)

Unter dem Titel *Der Bauer und seine Kinder* ist diese Geschichte als eine der Fabeln Aesops überliefert:

Ein Bauer lag im Sterben und wollte seinen Söhnen noch Kenntnis in der Landwirtschaft beibringen [*empeírous poiêsai tês georgías*]. Also rief er sie zusammen und sprach: „Meine Kinder, in einem meiner Weinberge liegt ein Schatz [*thesauròs*] (unbeachtet, übersehn, beiseite [*apokeitai*])." Die nun nahmen nach seinem Tod Schaufeln und Hacken und gruben das ganze Erdreich um. Den Schatz fanden sie nicht, der Weinstock aber gab ihnen vielfachen Ertrag [*antedídou*]. / Die Geschichte zeigt, daß die Mühe ein Schatz für die Menschen ist [*ho kámatos thesauròs esti toîs anthrópois*]. (Äsop 2005, 46–49)[3]

Benjamins Paraphrase (wahrscheinlich der Version im *Esopus* von Burkhard Waldis) legt das *Merke!* der Fabel nicht ins Gold, das die Söhne mit dem Wort Schatz assoziieren, sondern in den Fleiß, mit dem sie den Weinberg umgraben, der – den grabenden Söhnen zunächst verborgen – einen andern Schatz, den reichen Ertrag der Reben im Herbst ergibt: herausgibt. Die List des alten Mannes, die Benjamin in das Wort *weismacht* legt, faßt Aesop in den letzten Satz des Sterbenden zusammen: „Meine Kinder, in einem meiner Weinberge liegt ein Schatz". Sie graben, weil der Vater nicht damit herausrückte, in welchem seiner Weinberge der Schatz vergraben liegt, das Erdreich des ganzen Gutes um. Aesop nennt, abweichend von Benjamin, für den der Segen im Fleiß steckt, also versteckt liegt, die ins Graben verausgabte Mühe selber den Schatz, nicht die Gegengabe – *antídosis* – des Überreichtums an Früchten, die der Weinberg trägt. Anders als in den Grabungen, die Aristoteles und Boethius zur Schau stellen, um das, was jener *túche* und *sumbebekòs*, was dieser *fors* und *casus* nennt, zu veranschaulichen, ist hier das Finden des gesuchten Schatzes das gesteckte Ziel, während die Früchte, die der Weinberg trägt, beiläufig oder zufällig anfallen. Doch der Umschlag des Akzidentellen ins Wesentliche lässt nicht auf sich warten: nur weil die Söhne gruben (auch wenn sich zuletzt erweist, dass sie sich vergraben hatten), trägt der Weinberg Früchte. Dennoch tilgen auch diese Versionen – Inversionen der Szene bei Boethius und Aristoteles – den Zufall nicht, an dem, was verborgen liegt und in Erscheinung tritt: der vergrabene Schatz, den die Söhne zu heben suchen, erweist sich als Phantom, der Reichtum an Früchten des Weinbergs im Herbst fällt als ein Zufall, wo nicht als Abfall von dem an, was den Grabenden, verführt durch das Wort *thesauròs*, als ein Schatz vorschwebte. Eine

---

3 Die buchstäbliche Inversion des im Weinberg vergrabenen Schatzes (ein Bauer, der beim Graben Gold im Boden findet) hält eine andere Fabel Äsops, die *Túche* personifiziert in Erscheinung treten läßt, fest: „Ein Bauer fand beim Graben im Boden Gold und bekränzte jeden Tag die Erde, so als habe sie ihm Wohltaten erwiesen. Da trat *Túche* zu ihm und sagte: ‚Ach du Kerl, warum rechnest du der Erde meine Geschenke [*dôra*] an, die ich dir gegeben habe [*dédoka*], weil ich dich reich machen wollte? Wenn nämlich die Zeit deinen Charakter [*phúsin*] ändern und das Gold für andere üble Zwecke aufgebraucht sein wird, wirst du nicht die Erde, sondern *Túche* tadeln' [...]." (Äsop 2005, 64–65)

dritte Deutung der aesopischen Fabel, durch Werner Hamacher, setzt in diese Richtung aus:

> Die Lehre dieser Fabel lautet, der Segen liege nicht im Gold, sondern in der Arbeit. Sie lautet aber auch, es gebe kein anderes Gut als bloß die Suche nach einem Gut, das nie gegeben ist [demnach nie herausgegeben: *ékdotos*]. Der Schatz bleibt nämlich unauffindbar, der Ertrag des Weinbergs ist ein Nebenprodukt der Suche nach ihm, aber allein auf dieses Nebenprodukt, das nie gesucht wurde, kommt alles an. (Hamacher 2007, 88)

Hamachers Deutung lässt sich, unter anderm, so zusammenfassen: *Was nie gesucht wurde, was nie gegeben war – finden*. Sie wirft das Echo eines Satzes von Hugo von Hofmannsthal: „Was nie geschrieben wurde, lesen." (von Hofmannsthal 1979, 297–298) Diese Fundlandschaft des Anekdotischen liegt aber nicht in der Erde, und nicht in der Rebe; sie liegt in der Rede des Sterbenden brach. Im letzten Satz des alten Mannes finden seine Söhne einen Schatz, das Wort *thesauròs*. Sie nehmen das Wort Schatz für bare Münze und graben fleißig, vertieft in diese Deutung, andernorts, im Weinberg nach dem Gold, ohne es zu finden. Im Herbst trägt der Weinberg, weil sie gruben, reiche Frucht. Was sie da finden, ohne es gesucht zu haben, ist nicht nur eine andere Deutung des Wortes *thesauròs*, sondern sie machen eine Erfahrung mit Sprache. Nicht jedem Wort, das – aufgeschrieben oder ausgesprochen – den Anschein des *herausgegebnen* weckt, auch und gerad, wo es *verborgen* heißt, auf den Leim zu gehn und der Bedeutung, an der es trägt, um sie zu reichen, als fiele sie unausweichlich zu, zu verfallen. Sie lernen, was nicht erlernt, bloß erfahren werden kann: durch jedes Wort, das sie im Munde führen, das ans Ohr stößt, unerfahren, wie über aufgelockerte, lose, schüttre Böden zu gehn, jeden Bruchteil eines Augenblicks für unvorhergesehene Überraschungen, Unterbrechungen, in und zwischen allen Lettern, Letternkrumen – offen.

* * *

Dem *Calender auf das Jahr 1811* des *Rheinländischen Hausfreunds* rückt Johann Peter Hebel unter dem Titel *Der listige Steyermarker* einen Text ein, der die Diskussion des Anekdotischen ins Extrem treibt: unauslotbaren Untiefen überläßt. Die Geschichte erscheint im selben Jahr noch einmal, im *Schatzkästlein des rheinischen Hausfreunds*, einer Sammlung der besten Stücke für den Kalender aus den Jahren zwischen 1803 und 1811. Diesmal stößt kein Bauer zufällig auf einen Schatz unter Grund, und keiner seiner Söhne, die ihn suchen, auf keinen, sondern die Leser werden Zeugen einer absonderlichen Vergrabung (oder Grablegung) unter ihren Augen. Der Ort liegt „[i]n Steyermark, einwenig abhanden von der Straße". Der Protagonist: „ein reicher Bauer im letzten Krieg", nämlich dem fünften Koalitionskrieg der napoleonischen Armeen gegen Österreich und Preußen. Den Reichen treibt die Sorge um sein Geld:

> In Steyermark, einwenig abhanden von der Straße, dachte ein reicher Bauer im letzten Krieg: Wie fang ichs an, daß ich meine Kronenthaler und Dukätlein rette in dieser bösen Zeit? Die Kaiserin Maria Theresia ist mir noch so lieb, tröst sie Gott, und der Kaiser Joseph, tröst ihn Gott, und der Kaiser Franz, Gott schenk ihm Leben und Gesundheit. Und wenn man meynt, man habe die lieben Herrschaften noch so gut verborgen und geflüchtet, so riecht sie der Feind, sobald er die Nase ins Dorf streckt, und führt sie in die Gefangenschaft ins Lothringen oder in die Champagne; daß einem armen Unterthanen das Herz dabey bluten möchte vor Patriotismus. (Hebel 1990, 251)

Der *reiche Bauer* (in den Worten des Hausfreunds) mutiert am Ende seiner Überlegungen, nicht ohne Ironie, zum *armen Unterthanen*. Der Zufall, der jedem seiner Worte doppelte Böden einzieht, liegt im Zusammenstoß der Goldmünzen mit einem Stempel, der ihnen das Portrait lebender und toter Herrscher, einer Kaiserin und zweier Kaiser einprägt. Der liebevolle Sarkasmus des Listigen wirft alle Herrschaftsverhältnisse über den Haufen: er kleidet seine Sorge um das Geld in die Sorge um die ‚lieben Herrschaften', denen er, nicht nur als Retter und Beschützer, sondern als deren Herr und Gebieter (die Münzen sind ihm untertan: auf Gedeih und Verderb ausgeliefert), um jeden Preis das Schicksal der Entführung in französische Gefangenschaft ersparen möchte. Die vorgeschützte Sorge um die toten und lebenden Herrscher, deren Konterfei – ekdotisch – dem Goldgrund eingeprägt erscheint, wird durch die Sorge um den nachgiebigen, beliebig umprägbaren Untergrund – anekdotisch mag er heißen – konterkariert: konterkariert. Dem Listigen sind die ‚lieben Herrschaften', Herrschaftszeichen und Herrschaftszeiten egal. Seine Gedanken unterlaufen, sie hintergehn in jedem Wort die herrschende Auffassung vom sprachlichen Zeichen als einem Gerüst prästabilierter Verweiszusammenhänge, das Gott und Welt, Kaiser und Bauer, (Ritter, Tod und Teufel), im (gegebenen) Wort zusammenhält. Genau aus diesem Ungrund weiß er um die ununterbindbare Entwendbarkeit von allem, was *als* etwas angesehen, eingeschätzt und verworfen oder in Besitz genommen wird, um als Habe unter Verschluss zu bleiben. Solch brüchige, bröckelnde Habe ist im Text weniger das Sammelsurium geprägter Münzen als – ihrer emblematischen Vorgabe nach – jedes in Umlauf gesetzte Wort. „Wenn man meynt", so sinnt der Bauer, man habe den Reichtum geflüchtet, nämlich nicht Reißaus vor ihm genommen, sondern ihn verborgen, taucht aus dem Wort geflüchtet – wie flüchtig immer – ein Geruch auf: „so riecht [...] der Feind" – er *riecht* den *Reicht*um –, „sobald er die Nase ins Dorf streckt", und dem Duft bis ins *Versteck* folgt, den entdeckten Schatz zu heben und zu haben. Die doppelbödige Rede des Listigen aber bereitet weniger den Boden als Bodenlosigkeit; sie lockert den Grund dafür, *wie ichs anfange*:

Jezt weiß ich, sagt er, wie ichs anfange, und trug das Geld bei dunkler blinder Nacht in den Krautgarten. Das Siebengestirn verrathet mich nicht, sagte er. Im Krautgarten legte er das Geld geradezu zwischen die Gelveieleinstöcke und die spanischen Wicken. Nebendran grub er ein Loch in das Weglein zwischen den Beeten, und warf allen Grund daraus auf das Geld, und zertrat rings herum die schönen Blumenstöcke und das Mangoldkraut, wie einer, der Sauerkraut einstampft. Am Montag drauf streiften schon Chasseurs im ganzen Revier, und am Donnerstag kam eine Parthie ins Dorf frisch auf die Mühle zu, und aus der Mühle mit weißen Ellenbogen zu unserm Bauern; und „Geld her Buur, rief ihm ein Sundgauer mit blankem Säbel entgegen, oder bet' dein leztes Vaterunser." Der Bauer sagte, sie möchten nehmen, was sie in Gottes Namen noch finden. Er habe nichts mehr, es sey gestern und vorgestern schon alles in die Rapuse gegangen. Vor euch kann man etwas verbergen, sagt er, ihr seyd die rechten. Als sie nichts fanden ausser ein paar Kupferkreuzer und einen vergoldeten Sechser mit dem Bildniß der Kaiserin Maria Theresia und ein Ringlein dran zum Anhängen, Buur, sagte der Sundgauer, du hast dein Geld verlochet, auf der Stelle zeig, wo du dein Geld verlocht hast, oder du gehst ohne dein leztes Vaterunser aus der Welt. Auf der Stelle kann ich euchs nicht zeigen, sagte der Bauer, so sauer mich der Gang ankommt, sondern ihr müßt mit mir in den Krautgarten gehen. Dort will ich euch zeigen, wo ich es verborgen hatte, und wie es mir ergangen ist. Der Herr Feind ist schon gestern und vorgestern da gewesen, und habens gefunden und alles geholt. Die Chasseure nahmen den Augenschein im Garten, fanden alles, wie es der Mann angegeben hatte, und keiner dachte daran, daß das Geld unter dem Grundhaufen liegt, sondern jeder schaute in das leere Loch und dachte: Wär' ich nur früher gekommen. Und hätten sie nur die schönen Gelveieleinstöcke und den Goldlack nicht so verdorbt, sagte der Bauer, und so hinterging er diese und alle, die noch nachkamen, und hat auf diese Art das ganze erzherzogliche Haus, den Kayser Franz, den Kaiser Joseph, die Kaiserin Maria Theresia, und den allerhöchstseligen Herrn Leopold den ersten, gerettet, und glücklich im Land behalten. (Hebel 1900, 251–252)[4]

---

4 Gut möglich, dass unter dem Grundhaufen in *Der listige Steyermarker* noch die Erinnerung an einen andern Text steckt oder spielt; an eine Stelle in der *Germania* des Tacitus: „Sie schachten auch oft im Erdboden Gruben aus und bedecken sie mit reichlich Dung [solent et subterraneos specus aperire eosque multo insuper fimo onerant], als Zuflucht für den Winter und als Fruchtspeicher. Derartige Räume schwächen nämlich die Wirkung der strengen Kälte, und wenn einmal der Feind kommt, dann verwüstet er nur, was offen daliegt [et si quando hostis advenit, aperta populatur]; doch das Verborgene und Vergrabene bemerkt er nicht, oder es entgeht ihm deshalb, weil er erst danach suchen müßte [abdita autem et defossa aut ignorantur aut eo ipso fallunt, quod quaerenda sunt]." (Tacitus 1982, 24–27) Eine Anmerkung des Herausgebers präzisiert, der unübertragenen Bedeutung des lateinischen Wortes *textus* – Gewebe – nah, die dungüberdachten Gruben zu *Web*stätten: „Tacitus hat hier offenbar zweierlei zusammengeworfen, die Wohn- und die Vorratsgruben. Nur die Wohngruben wurden mit Dung bedeckt; nur die Vorratsgruben waren verborgen und konnten dem Feind entgehen. Wie der ältere Plinius mitteilt (Naturgeschichte 19,9), wurden mit Dung bedeckte Gruben auch zum Weben benutzt, offenbar weil die dort herrschende Feuchtigkeit das Austrocknen der Fäden verhinderte." (Tacitus 1982, 77) Von Dung ist an der genannten Stelle der *Naturalis Historiae* des Plinius nicht die Rede; wohl aber von den in tief gehöhlten unterirdischen Gruben webenden Frauen: „In Germanien aber verrichten die Frauen diese Arbeit unter der Erde in tief gehöhlten Gruben [in Germania autem [feminae] defossae atque sub terra id opus agunt]" (Plinius 1996, 16–17).

Er habe nichts mehr, denn gestern und vorgestern, so klärt der Bauer die Chasseure auf, sei „schon alles in die Rapuse gegangen": nämlich verloren, weil als Kriegsbeute plündernden Soldaten in die Hände gefallen. Das Wort *Rapuse* nennt, kaum verhohlen, jenes Raubgut aus Kriegszügen, das im Griechischen *anékdotos* heißt. „Vor euch kann man etwas verbergen", fügt er hinzu und zieht, genau so, die geneigten Leser des Kalenders ins Geheimnis der Verwahrlosung: unverfügbarer Risse durch die Doppelbödigkeit der Rede. Denn was euch nicht verborgen bleibt, oszilliert zwischen nichts und etwas – nämlich allem –; zwischen rückhaltloser Kapitulation – vor euch kann man etwas verbergen (doch umsonst, ihr findet ja ohnehin alles) – und geheimer Kapitalanlage – vor euch kann man etwas verbergen (denn das Geld unter dem Grundhaufen vor euern Augen werdet ihr nie finden, weil der Blick ins leere Loch euch fesselt) –. Die marodierenden Chasseure sind besessen vom Glauben an die unumstößliche Gegebenheit und Geltung sprachlicher Zeichen, die den prästabilierten Verweiszusammenhang von Gott und Welt durch Worte (im Rahmen der Entgegensetzung von Suche und Fund, Verbergung und Enthüllung, *anékdotos* und *ékdotos*) regeln. „Auf der Stelle zeig", sagt der Sundgauer, „wo du dein Geld verlocht hast (oder du gehst ohne dein leztes Vaterunser aus der Welt). Auf der Stelle kann ichs euch nicht zeigen", erwidert der Bauer und lenkt den Blick auf Risse durch den Aufriss der stehenden Wendung *auf der Stelle*, die den Korrespondenzcharakter von Zeit und Raum aus den Angeln hebt. *Auf der Stelle*, fordert der Soldat und hat die Zeit, aus zusammenhängenden Zeitpunkten komponiert, im Sinn: *stante pede*, augenblicklich: jetzt. „Auf der Stelle", sagt der Bauer und kontert das Bestehen des Soldaten auf dem *nunc stans* einer Zeit bei Fuß durch ein Hier: setzt *Hier* und *Jetzt* (die nicht zuletzt auch die *Kalender*zeit diktieren) in uneinholbaren Verzug zueinander, den kein Zeichen und kein Zeiger – die in diesem Augenblick nicht zu verzweigten auf-, auseinanderbrechen – zeigt. Den Augenschein, den die Chasseure zuletzt im Krautgarten nehmen, wo sie, anstatt den verlochten Schatz zu heben, *in das leere Loch* schauen, begleitet eine Bemerkung des listigen Steyermarkers, der den Blick weniger auf die verderbten Blumen als auf die unversehrten Blumen*namen* lenkt: „Und hätten sie nur die schönen Gelveielein [also Gelbveilchen-]stöcke und den Goldlack nicht so verderbt." Weiter oben war auch von Mangoldkraut die Rede gewesen. Das leere Loch umgeben Blumennamen, die das Gelb und Gold der Münzen, gleich neben dem leeren Loch unter dem Grundhaufen verborgen, zur Schau stellen. Verborgene Zurschaustellung. Sie taucht noch einmal, gegen Ende, aus einer abschließenden Wendung auf: „und hat auf diese Art das ganze erzherzogliche Haus [...] gerettet, und glücklich im Land behalten". Denn das *Erz* in dem Wort *erzherzoglich* erinnert nicht nur, abgegriffen und verschliffen, weil entlehnt, seine Herkunft aus dem Ursprung: dem griechischen Wort *arché*; sondern nennt – und treibt Sprünge durch den Ursprung –, wie das lateinische Nomen *aes*, das Geld. Das dem „armen Unterthanen" vor Patriotismus blutende *Herz* aber, das weiter oben nicht für bare Münze genommen werden konnte, verzieht das Wort *erzherzoglich* weiter unten zu *Erz*, das der Listenreiche hin- und *herzog*, zuguterletzt aber unter dem Grundhaufen -vor-. Der *listige Steyermarker* (fast unscheidbar vom *rheinländischen Hausfreund*, Rain- und Randgänger in mehr als einem Sinn), schwankt an dieser Stelle, auf der Schwelle zum Schwank, weder mehr bloß reicher Bauer noch auch „arme[r] Unterthan[ ]", zwischen Erzengel (denn er rettet das ganze erzherzogliche Haus) und Erzgauner (denn er entzieht, an-anekdotisch und an-archisch, den plündernden Chasseurs die ersehnte Kriegsbeute: *anékdotos*). Was das Wort *erzherzoglich* aber, neben andern Wörtern, nicht nur dieser, sondern aller, andrer Sprachen, außerdem aus der Verborgenheit zutage, unter offenen Augen her- und vorzuziehn erlaubt, mag anderen Vertiefungen in die unauslotbare Untiefe des Anekdotischen überlassen, mag offen bleiben.

Literaturverzeichnis

Äsop. *Fabeln. Griechisch/Deutsch*. Übersetzung und Anmerkungen von Thomas Voskuhl, Nachwort von Niklas Holzberg. Stuttgart: Reclam, 2005.

Aristoteles. *Metaphysik: Bücher I (A) – VI (Δ). Griechisch-Deutsch*. Hg. Horst Seidel, in der Übersetzung von Hermann Bonitz; griechischer Text in der Edition von Wilhelm Christ. Hamburg: Meiner, ²1982.

Aristoteles. *Die Nikomachische Ethik: Griechisch-deutsch*. Hg. Rainer Nickel, übersetzt von Olof Gigon. Düsseldorf und Zürich: Artemis & Winkler, 2001.

Benjamin, Walter. „Erfahrung und Armut". *Gesammelte Schriften*. Hg. Rolf Tiedemann und Hermann Schweppenhäuser. Bd II/1. Frankfurt a. M.: Suhrkamp, 1977. 213–219.

Boethius. *Trost der Philosophie: Lateinisch-deutsch*. Hg. Ernst Gegenschatz und Olof Gigon. München: dtv, 1981.

Hamacher, Werner. *Philosophische Salons: Frankfurter Dialoge IV*. Hg. Elisabeth Schweeger. München: Belleville, 2007.

Hebel, Johann Peter. „Der listige Steyermarker". *Sämtliche Schriften: Historisch-Kritische Ausgabe*. Hg. Adrian Braunbehrens und Peter Pfaff unter Mitwirkung von Bernhard Ostwald. Bd. 2: „Erzählungen und Aufsätze. Erster Teil. Die Beiträge für den Kalender des Rheinländischen Hausfreundes auf die Jahre 1803–1811". Karlsruhe: C.F. Müller, 1990. 251–252.

Hofmannsthal, Hugo von. „Der Tor und der Tod" [1893]. *Hugo von Hofmannsthal: Gesammelte Werke in zehn Einzelbänden*. Hg. Bernd Schoeller in Beratung mit Rudolf Hirsch. Bd. 1. Frankfurt a. M.: S. Fischer, 1979. 297–298.

Homer. *Ilias*. Übertragen von Hans Rupé. Mit Urtext, Anhang und Registern. Zürich und München: Artemis Verlag, ⁸1983.

Passow, Franz. *Handwörterbuch der griechischen Sprache*. Hg. Valentin Christian Friedrich Rost und Friedrich Palm, Band I/1. Leipzig: F.C.W. Vogel, ⁵1841.

Plinius Secundus d.Ä., C. *Naturkunde: Lateinisch-deutsch.* Hg. Roderich König, Joachim Hopp, Karl Bayer und Wolfgang Glöckner. Bd. 19: „Botanik: Gartenpflanzen". Darmstadt: Wissenschaftliche Buchgesellschaft, 1996.

Prokop. *Anekdota: Geheimgeschichte des Kaiserhofs von Byzanz. Griechisch-deutsch.* Hg. Otto Veh, mit Erläuterungen, einer Einführung und Literaturhinweisen von Mischa Meier und Hartmut Leppin. Düsseldorf und Zürich: Artemis & Winkler, 2005.

Schestow, Leo. *Athen und Jerusalem: Versuch einer religiösen Philosophie.* Aus dem Russischen übersetzt von Hans Ruoff. München: Matthes & Seitz, 1994.

Tacitus, *Germania. Lateinisch und Deutsch.* Hg. Manfred Fuhrmann. Stuttgart: Reclam, 1982.

Vollbeding, Johann Christoph. *Griechisch=deutsches Handwörterbuch zum Schulgebrauch.* Leipzig, bey Engelhardt Benjamin Schwickert, 1784.

Andreas Mahler
Ben trovato? Zu einigen Aspekten anekdotischer *tellability*

1

Jeder kennt die Wendung „se non è vero, è ben trovato". Und jeder kennt die erstaunte Frage der verblüfften Amerikanerin: „And who was Ben Trovato?" Ich nehme dies als Ausgangspunkt und suche es zu lesen als ‚Anekdote'. Zum einen scheint es mir im Dr. Johnson'schen etymologisch bewussten Sinne (fast wie eine *urban legend*) in der Tat ‚unpubliziert', lediglich getragen von Erzählakt zu Erzählakt – mir ist zumindest keine erstmals belegende Quelle bekannt.[1] Zum anderen lässt es sich im Sinne des *New Historicism*, etwa mit Joel Fineman, referenzbewusst vorstellen als „literary form or genre that uniquely refers to the real" (Fineman 1989, 56), eingelöst von tausend je individuell referenzierbaren Amerikanerinnen, denen man sowas denn wohl zutraut. Schließlich stellt es sich, wie das *Reallexikon der Deutschen Literaturwissenschaft* postuliert, dar als „[k]urze pointierte Geschichte, die einer wirklichen Person nachgesagt wird" (Schlaffer 1997, 87), und löst damit ein die der Anekdote als einer randständig beiläufigen Mikroerzählung eignende Grundstruktur von *setting* und Pointe, *occasio*, *provocatio* und *dictum*, einbettendem ‚*context*' und hereinplatzendem, kontingentem ‚*event*'.[2]

Als solches ähnelt die Eingangsgeschichte strukturell – nicht unbedingt in ihrem Realitätsbezug – der ‚einfachen Form' des Kasus, des Memorabile oder auch

---

[1] Zu Dr. Johnsons Beschreibung der Anekdote als „something yet unpublished; secret anecdote" siehe den Eintrag „anecdote" in Cuddon (1992, 42–43, das Zitat 42); für die signifikante Bedeutungsverschiebung des Terminus zwischen der ersten und zweiten Auflage seines *Dictionary* hin zu „a biographical incident; a minute passage of private life" siehe die Einleitung zu diesem Band. Für eine ausführliche und eindringliche Meditation über den etymologischen Grund des Anekdotischen siehe zudem den Beitrag von Thomas Schestag auch in diesem Band.
[2] Für die terminologischen Prägungen von *occasio*, *provocatio* und *dictum* siehe Schäfer (1982, v.a. 30–35); vgl. auch Niehaus (2013) wie auch seinen Beitrag in diesem Band. Zur Strukturbeschreibung der Anekdote über die Kombination von ‚*setting*' und ‚*event*' siehe Fineman (1989, insbes. 61); für eine Auffassung von der Anekdote als in größerem Rahmen situierte Mikroerzählung siehe Moser (2006); zu ihrem ‚Odium des Beiläufigen' wie auch zu ihrem ‚Nimbus des Marginalen' siehe dort (Moser 2006, 23) sowie die Einleitung zu diesem Band.

des Witzes³: der adressierte Rezipient mag, auch in Zeiten der *correctness*, potentiell zumindest schmunzeln. Als solches verweist die Geschichte zudem auch auf die fürs Anekdotische vielfach konstatierte Diskrepanz von ‚Singularität' und ‚Exemplarität'⁴: man erkennt die Einmaligkeit der Begebenheit und erwehrt sich gleichwohl nicht ihrer Typik (‚so sind sie halt, die Amis'). Nicht zuletzt aber eignet der Anekdote etwas, was man zu fassen gesucht hat mit dem Begriff der ‚*tellability*' – dem Faktum, dem Phänomen des ihr anhaftenden ‚Erzählenswerten'.⁵

Tellability ist – wie so manches in der Literaturwissenschaft – ein vielfach verworrenes Konzept. Oftmals steht es in unkritischem Gebrauch auf rein inhaltlicher Ebene für das ‚Sagbare' schlechthin. Dies meint viel weniger, dass das Gesagte erzählenden Mitteilens wert sei, als dass es vorderhand kein Tabu bricht, nicht die Norm verletzt, endlich auch artikulier- und besprechbar geworden ist: Obszönes, Tabuiertes, Privates etwa wird in diesem thematischen Sinne erzählenswert, sobald es artikulatorische Lizenz gewinnt. Über solchen – in nicht zu unterschätzender Weise oftmals unversehens mit ins Argument rutschenden – thematischen Gebrauch ist die für meine Zwecke wesentlich wichtigere ‚strukturelle *tellability*' jedoch vielmehr daran interessiert, den Wert des Erzählakts selbst zu eruieren.⁶

Eine solche strukturelle *tellability* einer Geschichte bemisst sich unter anderem an der Länge des jeweils eingeräumten Rederechts wie an der von ihr erzielten, den Erzählakt als relevant beglaubigenden Reaktion. Mary Louise Pratt hat dies eindringlich formuliert. In Abgrenzung von auf bloß mitteilende Information von faktualen – oder auch fiktiven – Sachverhalten ausgerichteten Sprechakten und unter Bezug auf H.P. Grices kommunikative ‚Maxime der Relevanz' sieht sie auf *tellability* abstellende Äußerungen als Äußerungen mit ‚ungewöhnlichem, unerwartetem oder anderwärts problematischem' Inhalt, die sich zugleich ‚zur Schau stellen' – sie spricht neben einer funktional pragmatischen Inanspruchnahme immer auch von einem selbstbewusst vorzeigenden ‚*display*' – und die genau hierüber zu einer betrachtenden, bewertenden, stellungnehmen-

---

3 Für eine nach wie vor eingängige Beschreibung so genannter ‚einfacher Formen' wie vor allem auch der in vorliegendem Fall einschlägigen Formen von ‚Kasus', ‚Memorabile' und ‚Witz' siehe Jolles (1982 [1930], jeweils 171–199, 200–217 und 247–261).
4 So die Leitbegriffe in einem auf eine Tagung zu Ehren der Amerikanistin Ulla Haselstein zurückgehenden jüngeren Sammelband zum Anekdotischen; siehe Dorson et al. (2020); vgl. auch die Beiträge in Lowrie und Lüdemann (2015).
5 Zum Begriff siehe zusammenfassend Baroni (2009, zur Bindung von *tellability* an den Begriff und das Konzept der ‚Pointe' v.a. 447); vgl. erweiternd und modifizierend auch Mahler (2017).
6 Für die Unterscheidung in thematische und strukturelle *tellability* siehe Mahler (2017, 360; insbesondere Anm. 4 und 5).

den Reaktion einladen, welche die interpretatorische, emotionale, kognitive oder auch nur phatische Involviertheit und damit Teilhabe des Rezipienten mit Erzähler und Erzähltem bezeugt.[7] Ich erlaube mir, den Passus ganz zu zitieren:

> Assertions whose relevance is tellability must represent states that are held to be unusual, contrary to expectations, or otherwise problematic; informing assertions may do so, but they do not have to, and it is not their point to do so. [...] In making an assertion whose relevance is tellability, a speaker is not only reporting but also verbally *displaying* a state of affairs, inviting his [her] addressee(s) to join him in contemplating it, evaluating it, and responding to it. His point is to produce in his readers not only belief but also an imaginative and affective involvement in the state of affairs he is representing and an evaluative stance toward it. He intends them to share his wonder, amusement, terror, or admiration of the event. Ultimately, it would seem, what he is after is an *interpretation* of the problematic event, an assignment of meaning and value supported by the consensus of himself and his hearers. (Pratt 1977, 136; Herv. dort)

Vornehmliches Ziel von *tellability* ist mithin eine Bindung: das gemeinsame Teilen (‚consensus') von ‚wonder, amusement, terror, or admiration' des berichteten Ereignisses, welches das Erzählen selbst im Nachhinein rechtfertigt.

Rückblickend auf die Eingangsanekdote ließe sich dies einlösend skizzieren wie folgt: In die eröffnende Situation der Kommentierung eines Sachverhalts als ungeachtet seines Wahrheitswertes durchaus amüsant (‚se non è vero è *ben trovato*') platzt auf ‚ungewöhnlich-unerwartet-problematische' Weise eine die an sich als allgemein bekannt vorausgesetzte Redewendung als Namen missverstehende Replik (‚And who was Ben Trovato?'), stellt diese Doppelung aus und erzielt so ein Element von ‚wonder, amusement, terror, or admiration', das Anekdotenerzähler und Rezipient dergestalt epistemologisch-emotional-phatisch bindet, dass sie sich einer gemeinsamen ‚konsensualen' Einschätzung – Erkenntnis, Belachen, Vorurteilsbestätigung – vergewissern.

Gewissermaßen adressiert dies die *tellability* des Anekdotischen bereits in zweifacher Hinsicht. Die Replik – das *dictum* – macht das Zusammentreffen mit der Amerikanerin ‚erzählenswert'. Zugleich aber verweist bereits die auslösende Äußerung auf einen weiteren Aspekt des Anekdotischen: nämlich seinen Fiktionalitätsbezug, um nicht zu sagen, sein Fiktionalitätsproblem. Egal, so der Auftakt, ob das Gesagte und zu Kommentierende wahr oder falsch sei, es ist in jedem Falle ‚gut ge-/erfunden': ein befriedigendes Ergebnis narrativer *inventio*.

---

7 Siehe hierzu Pratt (1977, 125–151); die Bezugnahme referiert auf Grice (1975).

2

Dies schafft mir einen Ausgangspunkt. Ich betrachte in der Folge näherhin das ‚Anekdotische' als Schreibweise und die ‚Anekdote' als ihre generische Einlösung[8] und sehe etwa in ihrer – gewiss immer debattierbaren – ‚Kürze', ihrer Zuspitzung auf eine ‚Pointe', ihrer potentiellen – aber eben auch potentiell verwischbaren – ‚Referenzierbarkeit' wie ihrer hermeneutisch gemeinschaftsstiftenden ‚*tellability*' einige Aspekte, unter denen ich mein Argument verfolgen will. Vielleicht ließe sich sagen, in der Anekdote läge so etwas wie der Nukleus, ein *kernel*, ein *noyau* narrativer *tellability*.[9]

Ich nehme hierfür ein zweites Beispiel. Es geht um den Tod eines französischen Komponisten des neunzehnten Jahrhunderts. Französische Komponisten des neunzehnten Jahrhunderts scheinen besonders anfällig für anekdotische Todesarten. Ernest Amadée Chausson beispielsweise fällt 1899 vom Hochrad und unterbricht so jäh eine vielversprechende Karriere. Elf Jahre zuvor, am 29. März 1888, verstirbt der Pianist und Komponist Charles-Valentin Alkan auf ähnlich erzählenswerte Weise. Die Anekdote will, dass man ihn tot in der Bibliothek seiner Wohnung fand, wo er – als zudem jüdischer Schriftgelehrter – zurückgezogen lebte, als unspielbar geltende Klavierstücke komponierte, antike Schriften studierte und unter anderem das Neue Testament aus dem Syrischen übersetzte:

> [E]s hieß, eines der wandhohen Bücherregale sei umgestürzt, daneben habe man eine Leiter gefunden und die Leiche Alkans. Der Talmud, hieß es, das jüdische Gesetzbuch, sei ihm zur Falle geworden, der traditionellerweise in der alleroberst en Bücherreihe aufbewahrt wurde, damit nicht irgendein anderes Buch versehentlich, und dennoch sakrileghaft, über den Talmud gestellt werden konnte.
>
> Die Geschichte war lange Zeit als Fakt akzeptiert, bis in den siebziger Jahren der Musikwissenschaftler Hugh Macdonald nachgeforscht hat, was davon kurz nach Alkans Tod in den Zeitungen stand oder in den Briefen seines Umfelds. Das Ergebnis: Gar nichts. Stattdessen hat Macdonald einen Brief entdeckt, in dem von einem Bekannten Alkans geschildert wird, wie und wo sie ihn am Morgen des 29. März gefunden haben: Nicht in der Bibliothek, sondern in der Küche, und neben ihm kein Bücherregal, sondern ein Kleiderständer. Offenbar hatte Alkan nach einem Schwächeanfall versucht, sich wieder hochzuziehen, und dabei das Möbelstück umgeworfen. Sie hatten ihn dann ins Bett gebracht, am Abend war er gestorben.
>
> Und die Schwindelgeschichte vom Bücherregal? Die ist offenbar nach seinem Tod von seinem Pianistenkollegen Isidore Philipp in Umlauf gebracht worden. Auch er Jude, Ungar von Geburt und Pädagoge in Paris, er hat die unter chassidischen Juden gern erzählte, ver-

---

8 Zur Differenzierung in ‚Schreibweise' und ‚Gattung' siehe Hempfer (1973, 147 und 160–164).
9 Zur narratologischen Arbeit in Mikro- oder Minimalerzählungen mit ‚*kernels*', ‚*satellites*' und dergleichen mehr siehe Barthes (1988, v. a. 109–121); vgl. auch Chatman (1983, 53–56).

mutlich jedoch ebenfalls erfundene Geschichte über den berühmten Rabbi Ginsburg aus Metz – jener Stadt, aus der Alkans Familie kam, und wo jener Rabbi zu Tode gekommen sein soll, als ein Bücherregal auf ihn fiel – auf Alkan umgemünzt. Warum Philipp das getan hat, ist unklar. Womöglich war es ein posthumer Scherz unter jüdischen Kollegen.[10]

Was sich hier zeigt, ist gewissermaßen Aufbau und Zerstörung einer Anekdote. Der Tod an sich, wiewohl gewiss Ereignis, ist selbst noch nicht automatischer Garant für eine Anekdote. Damit ein Ableben ‚der Rede wert' wird, bedarf es des besonderen Umstands: etwa – ironischerweise – des Talmuds als Auslöser für den Tod des jüdischen Gelehrten. Der dieser Pointe ‚wahrheitsgemäß' entkleideten, rektifizierten Version des Ablebens Alkans entgeht genau dies. Wohl sind Datum, Ort und Person der korrigierten Geschichte präzise referenzierbar, wohl fehlt ihr nicht die gebotene Kürze und Prägnanz – allein was ihr fehlt, ist der Punkt, der sie ‚erzählenswert' machen würde, und sie versackt im Schweigen.

Das heißt zudem, dass die richtiggestellte faktuale neue Version sich nicht mehr *wieder*erzählen lässt.[11] Was Alkans Kollege Isidore Philipp mithin gemacht hat, ist die Geschichte mithilfe einer anderen anekdotisch zu ‚frisieren', damit sie gemeinschaftsbindend öfters als lediglich einmal erzählbar wird und bleibt. Hierin liegt ihr Vorzeigecharakter, nochmals: ihr *display*[12]; das Kuriosum des vom Talmud erschlagenen jüdischen Gelehrten entspricht nicht nur dem Relevanzkriterium eines Inhaltes, der ‚unusual, contrary to expectations, or otherwise problematic' zu sein hat, es entspricht auch dem Wirkungsgebot, die Teilhabe an ‚wonder, amusement, terror, or admiration' zu eröffnen, und dies in steter Wiederholung. Dies vermag ein banaler, unspektakulärer, durchweg erwartbarer Tod im bloßen eigenen Bett gerade nicht.

3

Isidore Philipps Beitrag liegt mithin darin, ganz im Sinne des *se non è vero è ben trovato*, die Geschichte nachträglich zur Anekdote zu ‚fingieren'. Statt sich auf die

---

10 Ich übernehme die Anekdote einem *BR Klassik-Podcast* von Xaver Frühbeis vom 29. März 2019 mit dem Titel „29. März 1888 – Charles-Valentin Alkan stirbt: Todesursache ein posthumer Scherz?"; ich danke Fleur Riskin für die Transkription.
11 Für den Gedanken, dass rhetorische – und hierin näherhin fiktionale – Rede vor allen Dingen Wiedergebrauchsrede sei, siehe die klassischen Überlegungen bei Lausberg (1975, 475–476); für die Wesentlichkeit – wie Paradoxikalität – des Wiederholbaren und der Wiederholung siehe auch Rimmon-Kenan (1980).
12 Der Begriff ist nochmals derjenige von Pratt (1977); vgl. hierzu auch die diesbezüglichen Überlegungen zur Fiktionalisierung als eben stets auch ‚*inszenierter* Diskurs' bei Warning (1983).

kontingente Einzigartigkeit der Fineman'schen bloßen ‚reference to the real' zu verlassen, setzt er auf die fiktionale ‚Beschönigung' des Realen. Statt seinen Redebeitrag im Grice'schen Sinne ‚so relevant wie möglich zu machen', macht er ihn, so würde ich meinen, relevanter und damit ‚erzählenswerter', als er eigentlich ist.

Dies verweist zudem auch nochmals auf die ähnliche Signatur der Eingangsgeschichte von der Amerikanerin. Ob die Anekdote so stattgefunden hat, weiß man nicht, ja vielleicht ahnt man gar, dass sie so wohl nicht stattgefunden haben kann. Allein was bleibt, ist eine – paradigmatisch – wiedererzählbare Geschichte. Vielleicht ist dies der von Gallagher und Greenblatt in die Anekdotendiskussion eingebrachte „*touch* of the real"[13]: nicht so sehr also, dass der referierte Dr. Johnson'sche ‚minor incident' (im Ranke'schen Sinn) historisch ‚tatsächlich so gewesen', sondern dass er tatsächlich so gewesen *hätte sein können*. Die Anekdote wäre mithin so etwas wie eine Agentur blitzhaft evidenter ‚Tatsächlichkeitsillusion'.[14] Sie wäre auf diese Weise von Haus aus situiert in einer – auch von den Herausgebern dieses Bandes in der Einleitung vorgeschlagenen – ‚liminalen Sphäre' *zwischen* dem Faktualen und dem Fiktiven, gewissermaßen vergleichgültigend zwischen beidem.[15]

Solches zeigt sich in der weitenden Nutzung des Anekdotischen zur literarischen Großform. Von James Joyce etwa weiß man, wie er anekdotisch ‚ungewöhnlich-unerwartet-problematische' Begebenheiten des eigenen Lebens – das erste Zusammentreffen mit seiner späteren Frau; den ersten Kuss und Antrag auf Howth Hill; die rühmlich-unrühmlichen Vorkommnisse in Phoenix Park oder auch Chapelizod *alias* Chappelle d'Iseult – in narrative Themen und Versatzstücke umgemünzt hat, nicht um damit pragmatisch ernsthaft psychoanalytisch Traumata zu reparieren, auch nicht um damit semantisch Tabuiertes, Verbotenes, Unziemliches gleichwohl doch noch mitteilend zum Sprechgegenstand zu machen, sondern um hierüber fingierend textbauend ‚paradigmatisch' zu *erzählen* –

---

13 So die bekannte Formulierung bei Gallagher und Greenblatt (2000, 20; Hervorhebung A.M.).
14 Für ein engagiertes Plädoyer für den Einbezug von ‚Tatsächlichkeit' als einem entscheidenden Faktor in unserem funktionsgeschichtlichen Umgang mit Literatur siehe die vielfältigen Überlegungen bei Pfeiffer (2015).
15 Wofern nicht die Fiktion selbst schon solchermaßen als liminal zu fassen wäre, wie dies etwa das ternäre Modell Wolfgang Isers vorsieht, welches das Fiktive als schwellenhafte Ingestaltziehung des Imaginären mit den Versatzstücken des Realen fasst (siehe Iser 1993, 20); für eine ausführliche Würdigung und Diskussion vgl. auch Mahler (2014).

und sich dabei permanent über das erneute Erzielen von ‚wonder, amusement, terror, or admiration' des Wertes solchen Erzählens zu vergewissern.[16]

Ich will diese Verwendung des Anekdotischen, nicht zur Erreichung der Pointe, sondern zur Augmentierung des Erzählens, fassen als analoges Beispiel für den ‚modernistischen' Umschlag von mimetischer *Re*präsentation in performative *Prä*sentation.[17] Wohl vermag das Anekdotische oftmals vermeintlich Gewesenes in komprimiert-pointenhafter Form noch einmal realitätsbezogen *dar*stellend zu *wieder*-holen, gleichsam wieder-zu-holen. Gleichwohl aber vermag es nebenher, auch das womöglich Gewesene oder gar Nicht-Gewesene repetitiv fingierend *her*zustellen.

Dies tut etwa ein Roman wie Simon Winchesters eindringlicher Bestseller *The Surgeon of Crowthorne* aus dem Jahr 1998. Der im Untertitel – ein wenig *bathos*haft erwartungsunterlaufend – als *A Tale of Murder, Madness and the Oxford English Dictionary* bezeichnete Text beruht wiederum auf einer Anekdote. Er geht aus vom kolportierten ‚ungewöhnlich-unerwartet-problematischen' Faktum, dass ein Gutteil der lexematischen Belegstellen für die erste Ausgabe des allseits geschätzten, wo nicht verehrten *Oxford English Dictionary* vom 1920 verstorbenen Amerikaner Dr. W.C. – William Chester – Minor stammen, der, als ihn der erste allgemeine Herausgeber des Lexikons Dr. James Murray in großer Dankbarkeit für das bislang Geleistete 1896 auf seinem vermeintlichen Landsitz in Crowthorne, Berkshire, aufsuchen möchte, sich erweist als ein wegen Mordes lebenslang weggesperrter Insasse der dort statt des gewähnten Landsitzes befindlichen psychiatrischen Anstalt mit Namen Broadmore Asylum for the Criminally Insane. Die Erzählung, ihre Erzählbarkeit, ihr Anekdotisches – wenn man so will, man verzeihe, ihr im wahrsten Sinne ‚*Minor* incident' – ruht auf der Pointe, dass ein Großteil eines der rational aufklärerischsten Projekte englischer Lexikographie sich, so unser ‚wonder, amusement, terror, or admiration', dem hochgeschätzten Beitrag eines hochgradig irrational agierenden, psychisch kranken und rechtskräftig verurteilten Mörders verdankt.

---

16 Für den Joyce'schen Umgang mit dem Anekdotischen siehe Mahler (2020); für Gedanken und Begriff eines ‚paradigmatischen Erzählens' in Absetzung von einem aristotelisch linear auf Anfang, Mitte und Ende getrimmten Erzählen im Syntagma, wie dies insonderheit der Epochenstil des ‚Realismus' zu verfolgen sucht, siehe die Überlegungen in Warning (2001).

17 Vgl. hierzu, am Beispiel der Romanevolution von Flaubert zu James Joyce, die Ausführungen in Mahler (2013); für eine der hier verfochtenen ‚Augmentierung des Erzählens' ähnliche, an Montaigne gemachte Beobachtung einer anekdotischen ‚Dehnung der Mitte' als einem paradigmatisch organisierten Aufschub von Zeit siehe die Bemerkungen im Beitrag von Christiane Frey in diesem Band.

Winchester entfaltet seine „story" (1999, 3) aus genau diesem Kern und reiht dabei in dezidiert narrativer Entfaltung Faktum an Faktum. Er rekonstruiert aus all den ihm zugänglichen möglichen Quellen minutiös Minors Biographie: von seiner womöglich traumaauslösenden Teilnahme am Amerikanischen Bürgerkrieg über die grausame Mordtat unter nahezu Edgar Wallace-ähnlichen Umständen an dem ihm völlig unbekannten Brauereiarbeiter George Merrett im nebelumwaberten viktorianischen London bis hin zur in gewisser Weise ebenso unbedingt akribisch-wahnhaften, lexikographischen Meditation im Irrenhaus. Er nutzt den anekdotischen Impuls zur Expansion der Referenzen, zur Verbürgung des Geschehens, zur Ausdeutung der Ähnlichkeiten zwischen Wahn und Wissenschaft – und verbleibt gleichwohl im Rahmen der Pointe. Er ergeht sich also in einer Art erweiterten – um nicht zu sagen: inflationierten, extrem expansiven – *tellability*.

In gewissem Maß dreht dies die Anekdote um: statt eine *occasio* auf ein *dictum* zuzuspitzen oder einen *context* auf einen *event* hin zu pointieren, nutzt der hier vorliegende Textbaumechanismus die Pointe als *trigger* für die Performanz immer neuer plausibilisierender, erklärender *occasiones* und Kontexte. Was der vermeintlich faktualen Anekdote beendender Schluss und Ziel, ist hier umgekehrt Ausgangspunkt für – im Prinzip – unabschließbar fingierend-faktuale Beglaubigung: die Pointe inszeniert das Erzählen, sie treibt es nachgerade in den *display* und gewinnt genau hieraus den Grund ihrer anhaltenden *tellability*.[18]

4

Eine solche weniger bündelnde denn proliferierende – wenn man so will, zentrifugale – Nutzung des Anekdotischen zeigt sich schließlich auch in meinem letzten Beispiel, Laurent Binets überraschendem Wissenschaftsroman *La septième fonction du langage* aus dem Jahr 2015 mit dem auf der Banderole vermerkten, anekdotisch verräterischen Zusatztitel *Qui a tué Roland Barthes?* Binet nimmt Roland Barthes' Tod, nicht wie Winchester den Tod Merretts zum Ausgangspunkt einer detailgenauen historisch-faktischen Rekonstruktion, sondern als *trigger* eines schier unermesslichen Fingierens – er kommt insgesamt auf 495 Seiten.

---

[18] Solches tun etwa faktuale Anekdoten wie diejenige von der unterkühlt ‚britischen' Wiederauffindung des bekannten, in Afrika verschollenen Naturforschers David Livingston durch Sir Henry Morton Stanley mit dem auf ewig wiederholbaren Satz ‚Dr. Livingston, I presume?', wie auch fiktive Anekdoten wie diejenige der willkürlichen Beendigung von Laurence Sternes *Tristram Shandy* über dessen Ausgabe als bloße, frei vor sich hin schwadronierende ‚cock-and-bull story' (Sterne 1975 [1759–1767], 615).

Sein Beginn ist dies: Barthes wird bekanntlich am 25. Februar 1980, nach einem verbürgten gemeinsamen Mittagessen mit dem damaligen sozialistischen Präsidentschaftskandidaten François Mitterand, bei einem Verkehrsunfall verletzt durch einen von einem – in den achtziger Jahren des vergangenen Jahrhunderts nie ganz unverdächtigen – Bulgaren gesteuerten Lieferwagen, der ihn versehentlich, wofern nicht gar absichtlich, über den Haufen fährt. Signifikanter- oder gar anekdotenhafterweise ist es Michel Foucault, der das Opfer identifiziert. Barthes kommt ins Krankenhaus, wo er binnen weniger Tage mysteriös verstirbt. Ich zitiere vom Beginn aus dem ersten, das gesamte Erzählen motivierenden Kapitel:

> La vie n'est pas un roman. C'est du moins ce que vous voudriez croire. Roland Barthes remonte la rue de Bièvre. [...] Ce qui est certain, c'est qu'il n'est pas très attentif. Il lui reste quelques dizaines de mètres pour arriver à son bureau quand il se fait percuter par une camionnette. Son corps produit le son mat, caractéristique, horrible, de la chair qui heurte la tôle, et va rouler sur la chaussée comme une poupée de chiffon. Les passants sursautent. En cet après-midi du 25 février 1980, ils ne peuvent pas savoir ce qui vient de se produire sous leurs yeux, et pour cause, puisque jusqu'à aujourd'hui, le monde l'ignore encore. (Binet 2015, 9 und 11–12)

Datum und Ort sind mehr als referentiell abgesichert. Der realen Hauptperson stößt literal was zu. Die Umstände sind verlockend mysteriös, das Ereignis bis hin zum Tod im Krankenhaus mit vollem Recht ‚ungewöhnlich-unerwartet-problematisch' mit der entsprechenden Konsequenz wiederum von ‚wonder, amusement, terror, or admiration'. Die Passanten erschrecken (‚sursautent') stellvertretend für die explizit adressierten Leser (‚vous') samt deren Unwissenheit (‚ils ne peuvent pas savoir', ‚jusqu'à aujourd'hui, le monde l'ignore encore'). Binet aber nutzt dies nun für eine von ihm nach allen Regeln der Kunst erweiterte – nicht zuletzt Umberto Ecos Riesenromane ein wenig pastichierende[19] – Kriminalgeschichte. Ähnlich wie Winchester gerät er alsbald in den proliferierenden Modus. Er expandiert den ungewissen, ‚unveröffentlichten' *noyau* in ein *whodunit* mit immer mehr – realen wie fiktiven – Akteuren, Wahrheiten, Spekulationen.

Doch tut er zudem noch etwas anderes. Der dritte Teil des Textes bringt uns unter der – zumindest für Literaturwissenschaftler – verräterischen Überschrift „Ithaca" (Binet 2015, 273–384) an die Ostküste der Vereinigten Staaten. Ab Kapitel 58 nehmen wir Teil an einer nicht unberühmten, wenn auch fiktiven Konferenz an der Universität Cornell im Herbst 1980 – faktual im übrigen eine Konferenz bereits der frühen 1970er Jahre – mit dem jungen realen Jonathan Culler

---

[19] Nicht umsonst trägt der zweite Teil des Romans die Ortsüberschrift ‚Bologna' (Binet 2015, 215–271).

als deren Ausrichter und dem älteren fiktiven Morris Zapp aus David Lodges Universitätsromanen *Changing Places* (1975) und *Small World* (1984) als einem ihrer aktiven Teilnehmer.[20] Aus anekdotischer Sicht wurde die Konferenz notorisch durch eine öffentliche Podiumsdiskussion der beiden Kontrahenten Jacques Derrida und John R. Searle, deren sich gegenseitig jedwede philosophische Qualifikation absprechende Erbittertheit Gegenstand legendär raunender Berichte wurde (Binet 2015, 313–384).

Auch dies erscheint wiederum als *occasio* für potentielle *dicta*. Konferenzen produzieren jedoch, wie oft leidvoll zu erfahren ist, noch nicht von Haus aus *tellability*. Erneut bedarf es des ‚Ungewöhnlich-Unerwartet-Problematischen', das den erwünschten Effekt von ‚wonder, amusement, terror, or admiration' auslöst. Doch selbst, wo dies nicht passiert, lässt sich gleichwohl solches in starkem Sinne ‚erzählen', gewissermaßen ‚herbei er-zählen'.[21] Genau dies macht Binet. Denn er ‚er-findet' in der Folge von Barthes' Tod ein Szenario, einen Kontext, in dem Derrida dem wohlgehüteten Geheimnis der titelgebenden siebten Sprachfunktion bedrohlich nahe kommt. Das Ausgangsereignis schafft mithin bei anhaltender Erzähldauer einen ganz neuen, ungeahnten Kontext; das weit entfernte Eingangs-*dictum* bietet dem schreibenden Autor eine gänzlich unerwartete *occasio*: Searle lässt die Hunde los; sie verbeißen sich in Derrida. Derrida stirbt (Binet 2015, 378), Searle nimmt sich im Anschluss mit einem Brückensturz das Leben (Binet 2015, 384–385). Beide sind tot. Als Leser wissen wir nun, wie Searle Derrida damals 1980 in Cornell umgebracht hat: vom Unerwarteten geschockt, stehen wir in ‚wonder, amusement, terror, or admiration' vor der berichteten Begebenheit. Sie ist anekdotisch *tellable* geworden. Nur ist sie, wie wir eben auch noch wissen, dummerweise halt nicht ‚wahr'.

5

(Mindestens) vier Todesfälle, keine Hochzeit: wo Chaussons Tod anekdotisch den faktisch-banalen Unfall tragisch ausstellt (Sturz vom Rad), wird Alkans Tod für seine anekdotische *tellability* intertextuell fingierend aufgehübscht (Erschlagen

---

[20] Für die beiden Lodge-Texte siehe die Beschreibungen in Weiß (1994, 148–151 und 156–161); für das Gerücht, bei Morris Zapp handele es sich ‚in Wirklichkeit' um Hans Ulrich (‚Sepp') Gumbrecht, gibt es nur wenig Anhaltspunkte.
[21] Wie etwa, um noch einmal *Tristram Shandy* anzuführen, in der berühmten Frage Walter Shandys an Corporal Trim: „– Didst thou ever see a white bear?" und ihrer Weiterführung nach Verneinung: „But thou couldst discourse about one, Trim, said my father, in case of need?" (Sterne 1975 [1759–1767], 396).

vom Talmud); wo George Merretts Tod zentripetal die faktuale *tellability* des ungeahnten Abgrunds eines Lexikons auslöst, ermöglicht Barthes' Tod in schier entfesselter Zentrifugalität anekdotenfingierend sogar ein klar kontrafaktisches Ablebenlassen zweier ungeliebter Philosophen. Und Barthes' Mörder? Vielleicht war's ja jemand namens ‚Ben (wo nicht gar Mal) Trovato'.[22] *Se non è vero.*

Literaturverzeichnis

Baroni, Raphaël. „Tellability". *Handbook of Narratology*. Hg. Peter Hühn, John Pier, Wolf Schmid und Jörg Schönert. Berlin und New York: De Gruyter, 2009. 447–454.
Barthes, Roland. „Einführung in die strukturale Analyse von Erzählungen". *Das semiologische Abenteuer*. Übers. Dieter Hornig. Frankfurt a. M.: Suhrkamp, 1988. 102–143.
Binet, Laurent. *La Septième fonction du langage*. Paris: Grasset, 2015.
Chatman, Seymour. *Story and Discourse: Narrative Structure in Fiction and Film* [1978]. Ithaca, NY: Cornell University Press, 1983.
Cuddon, J.A. Art.: „anecdote". *The Penguin Dictionary of Literary Terms and Literary Theory*. 3. Aufl. London: Penguin, 1992. 42–43.
Dorson, James, Florian Sedlmeier, MaryAnn Snyder-Körber und Birte Wege (Hg.). *Anecdotal Modernity: Making and Unmaking History*. (= Buchreihe der Anglia 68). Berlin und Boston: De Gruyter, 2020.
Fineman, Joel. „The History of the Anecdote: Fiction and Fiction". *The New Historicism*. Hg. H. Aram Veeser. New York: Routledge, 1989. 49–76.
Frühbeis, Xaver. „29. März 1888: Charles-Valentin Alkan stirbt: Todesursache ein posthumer Scherz?". *BR Klassik Podcast* (29. März 2019) https://www.br-klassik.de/audio/charles-valentin-alkan-stirbt-was-heute-geschah-1888-maerz-29-100.html. (01. Juli 2021).
Gallagher, Catherine und Stephen Greenblatt. *Practicing New Historicism*. Chicago: Chicago University Press, 2000.
Grice, H. Paul. „Logic and Conversation" [1967]. *Syntax and Semantics*. Bd. 3: „Speech Acts". Hg. Peter Cole und Jerry L. Morgan. New York: Academic Press, 1975. 41–58.
Hempfer, Klaus W. *Gattungstheorie: Information und Synthese*. München: Wilhelm Fink, 1973.
Iser, Wolfgang. *Das Fiktive und das Imaginäre: Perspektiven literarischer Anthropologie* [1991]. Frankfurt a. M.: Suhrkamp, 1993.
Jolles, André. *Einfache Formen: Legende, Sage, Mythe, Rätsel, Spruch, Kasus, Memorabile, Märchen, Witz* [1930]. 6. Aufl. Tübingen: Max Niemeyer, 1982.
Lausberg, Heinrich. Art. „Rhetorik". *Fischer Lexikon Literatur* [1965]. Bd. 2. Hg. Wolf-Hartmut Friedrich und Walther Killy. Frankfurt a. M.: Fischer, 1975. 474–482.
Lowrie, Michèle und Susanne Lüdemann (Hg.). *Exemplarity and Singularity: Thinking through Particulars in Philosophy, Literature, and Law*. New York: Routledge, 2015.
Mahler, Andreas. „Joyce's Bovarysm: Paradigmatic Disenchantment into Syntagmatic Progression". *Comparatio* 5.2 (2013): 249–295.

---

22 Der Roman fingiert jemand anderen als Mörder, was aber hier tunlichst nicht verraten wird.

Mahler, Andreas. „Konstruktion / Gegen / Konstruktion: Über das Imaginäre als Vermögen und als Funktion". *Comparatio* 6.1 (2014): 87–101.

Mahler, Andreas. „Once is Nothing at All is Once: Traces of Eventfulness in Joyce und Beckett". *Anecdotal Modernity: Making and Unmaking History*. (= Buchreihe der Anglia 68). Hg. James Dorson, Florian Sedlmeier, MaryAnn Snyder-Körber und Birte Wege. Berlin und Boston: De Gruyter, 2020, 131–144.

Mahler, Andreas. „Tellabilities – Diatopic/Diachronic: Where and When a Story Is Worth Telling and Where and When It Is Not". *Zeitschrift für Anglistik und Amerikanistik* 65.4 (2017): 357–375.

Moser, Christian. „Die supplementäre Wahrheit des Anekdotischen: Kleists *Prinz Friedrich von Homburg* und die europäische Tradition anekdotischer Geschichtsschreibung". *Kleist-Jahrbuch* (2006): 23–44.

Niehaus, Michael. „Die sprechende und die stumme Anekdote". *ZfdPh* 2 (2013): 183–202.

Pfeiffer, K. Ludwig. *Fiktion und Tatsächlichkeit: Momente und Modelle funktionaler Textgeschichte*. Hamburg: Shoebox House, 2015.

Pratt, Mary Louise. *Toward a Speech Act Theory of Literary Discourse*. Bloomington, IN: Indiana University Press, 1977.

Rimmon-Kenan, Shlomith. „The Paradoxical Status of Repetition". *Poetics Today* 1.4 (1980): 151–159.

Schäfer, Rudolf. *Die Anekdote: Theorie – Analyse – Didaktik*. München: Oldenbourg, 1982.

Schlaffer, Heinz. 1997. Art. „Anekdote". *Reallexikon der deutschen Literaturwissenschaft*. Bd. 1. Hg. Klaus Weimar, Harald Fricke, Klaus Grubmüller und Jan-Dirk Müller. Berlin und New York: De Gruyter, 1997. 87–89.

Sterne, Laurence. *The Life and Opinions of Tristram Shandy, Gentleman* [1759–1767]. Hg. Graham Petrie. Harmondsworth: Penguin, 1975.

Warning, Rainer. „Erzählen im Paradigma: Kontingenzbewältigung und Kontingenzexposition". *Romanistisches Jahrbuch* 52 (2001): 176–209.

Warning, Rainer. „Der inszenierte Diskurs: Bemerkungen zur pragmatischen Relation der Fiktion". *Funktionen des Fiktiven*. (= Poetik und Hermeneutik 10). Hg. Dieter Henrich und Wolfgang Iser. München: Wilhelm Fink, 1983. 183–206.

Weiß, Wolfgang. *Der anglo-amerikanische Universitätsroman: Eine historische Skizze*. 2. Aufl. Darmstadt: Wiss. Buchges., 1994.

Winchester, Simon. *The Surgeon of Crowthorne: A Tale of Murder, Madness and the* Oxford English Dictionary [1998]. London: Penguin, 1999.

Teil II: **Die Anekdote im Kontext der Auto/Biographie, Historiographie und der Philosophie**

Michael Ott
Schlüsselstellen. Anekdote und Medialität in Sport und Extremalpinismus

1

Im Juli 1952 entstand bei der Tour de France eine der berühmtesten Fotografien der Sportgeschichte. Zu sehen ist darauf ein vordergründig belangloses Geschehen: Der zweimalige Tour-Sieger Gino Bartali reicht am Gipfel des Col du Télégraphe, kurz vor der Auffahrt zum Galibier, dem fünf Jahre jüngeren Fausto Coppi eine Trinkflasche.

Abb. 1: Gino Bartali und Fausto Coppi, 1952[1]

Eine winzige Anekdote – und eigentlich eine Banalität, denn beide Fahrer waren Mitglieder der italienischen Nationalmannschaft und daher zu gegenseitiger Hilfe

---

[1] Fotografie: Carlo Martini; Abb.: Corriere della Sera, online: https://www.corriere.it/gallery/sport/01-2010/coppi/1/coppi-fausto-_5f52a222-f77f-11de-8d00-00144f02aabe.shtml (13.12.2020).

https://doi.org/10.1515/9783110698213-005

verpflichtet. Doch seit 1948, als Gino Bartali nach dem Vorkriegs-Triumph 1938 erneut die Tour gewonnen hatte, und 1949, als es wiederum Fausto Coppi gelungen war, als erster Fahrer überhaupt im selben Jahr den Giro d'Italia und danach die Tour de France zu gewinnen, war die Konkurrenz der beiden italienischen „Campionissimi" immer mehr zum „Duell der Giganten" (Krämer 1998, 58) stilisiert worden. Selbst *Der Spiegel* in Deutschland berichtete über einen Zweikampf, der ganz Italien in „Bartalisti" und „Coppisti" spaltete: Bartali, ein bekennender Katholik, der der Heiligen Therese von Avila sein Siegertrikot weihte, wurde von frommen Süditalienern verehrt und vom Papst empfangen; der politisch eher links orientierte Coppi dagegen war ein Held des industriell geprägten, moderneren Nordens, Leistungsfanatiker – und begierig, mit modernsten Trainingsmethoden Bartali zu entthronen.

Erst vor dem Hintergrund dieses zum „Kampf der Giganten" hochgeschriebenen Wettstreits erschließt sich die Anekdote mit der Trinkflasche aus dem Jahr 1952. Trotz erbitterter Feindschaft, so scheint sie zu belegen, herrschte zwischen den beiden so gegensätzlichen Fahrern doch die Verpflichtung auf einen gemeinsamen Kodex von Ritterlichkeit und Fairness. Coppi, der später mit über einer halben Stunde Vorsprung in Paris die Tour gewinnen sollte (Bartali wurde immerhin noch Vierter), bekam in dieser Lesart mit der Trinkflasche auch den Staffelstab vom vormaligen Champion übergeben, als dessen „Wasserträger" er noch 1948 in die Tour gestartet war. Vor allem aber scheint der Ehrenkodex des Sports noch jenseits der Gegensätze von Religion, Politik und Kultur Solidarität und Gemeinschaft zu stiften – Beleg eines gerade für das Italien der Nachkriegszeit elementaren Mythos.[2]

Doch so eindeutig wie diese Zuschreibung sind weder die Anekdote noch die Fotografie, die sie bezeugen soll. Zum einen war zwischen „Bartalisti" und „Coppisti" rasch umstritten, wer hier denn nun wem eine Trinkflasche reichte, von wem also diese Geste der Fairness ausgegangen wäre.[3] Später stellte sich heraus, dass auf der Fotografie eigentlich noch ein dritter Fahrer, der spätere Tour-Zweite Stan Ockers, abgebildet war, das Foto aber aus Gründen der Zuspitzung des Gi-

---

[2] Auch der nachmalig berühmte Romancier und Journalist Curzio Malaparte erklärte die beiden Rennfahrer in seinem Essay *Coppi e Bartali* von 1949 zu Verkörperungen der Gegensätze von Tradition und Moderne, Christentum und Säkularisation, Glauben und Skepsis. Auf dem Cover der Neuausgabe von Malapartes Text, die 2009 bei Adelphi erschien, findet sich – fast möchte man sagen: natürlich – die Fotografie mit der Trinkflasche (Malaparte 2009).

[3] Dass, wie man auf der Fotografie sieht, an Bartalis Rad noch zwei Flaschen und an Coppis Rad keine mehr zu sehen sind, macht die Sache nicht einfacher: Bartalis Flaschen können auch leer sein.

ganten-Duells in praktisch allen Reproduktionen beschnitten worden war;[4] in manchen sieht man sogar noch den Schatten des dritten Fahrers.

Abb.2: Die Zeitschrift „Un Anno di Sport" von 1952 erklärt das Bild zum „foto dell'anno"[5]

Vor allem aber erwies sich, dass das Foto nicht etwa ein Schnappschuss war, sondern der Fotograf Carlo Martini (er arbeitete für die *Gazetta dello Sport*) die Flaschen-Übergabe förmlich inszeniert hatte, eben um ein solches Bild der Eintracht der italienischen Champions herzustellen[6]. Hinter der Anekdote steht also ein mediales Kalkül – wobei freilich das Foto eben deshalb bis heute zum Er-

---

4 Vgl. den Text in der *Gazetta dello Sport*: https://www.gazzetta.it/Ciclismo/10-07-2020/coppi-bartali-foto-borraccia-c-era-anche-belga-ockers-380277325010.shtml (6.9.2020).
5 Abb. in: An.: Coppi, Bartali and the Legendary Photo, in: http://italiancyclingjournal.blogspot.com/2010/11/coppi-bartali-and-legendary-photo.html (6.9.2020).
6 Vgl. Abb. in: An., Coppi, Bartali and the Legendary Photo, in: http://italiancyclingjournal.blogspot.com/2010/11/coppi-bartali-and-legendary-photo.html (6.9.2020). Einer weiteren Version zufolge hatte es auf der Etappe tags zuvor tatsächlich eine Flaschen-Übergabe gegeben, die aber nicht fotografisch festgehalten worden war.

zählen (oder vermeintlich ‚endgültig' Richtigstellen) des anekdotischen Ereignisses Anlass gibt.

Die Anekdote mit der Trinkflasche auf dem Col du Télégraphe kann als prägnantes Beispiel für das Anekdotische im Sport angesehen werden, dem die folgenden Überlegungen gelten. Dabei sind freilich auch hier jene Dimensionen relevant, die im Diskurs über die Anekdote und das ‚Anekdotische' schon seit langem diskutiert worden sind: Fasste dieser die Anekdote traditionell als das ‚Andere' der offiziellen Geschichtsschreibung auf, als das im Wortsinne Nicht-Herausgegebene oder Nicht-Verzeichnete (‚An-Ekdoton'), wurde sie später auf die Frage des Individuellen, des Persönlich-Charakteristischen im Sprechen, Welt-Auffassen oder Handeln bezogen, was gerade im anekdotisch fassbaren Moment sichtbar würde. Die neuere Diskussion nahm dagegen vor allem den textuellen und epistemischen Status des Anekdotischen in den Blick, also Charakteristika der Gattung (wie die Kürze oder die Pointe) und ihre Sonderstellung zwischen Faktualität und Fiktionalität, Exemplarizität und Singularität, Wandererzählung und Erfindung (vgl. v. a. Fineman 1989, Greenblatt 1991 und 2000, Schlaffer 2007).

All dies spielt, wie die Szene mit der Trinkflasche zeigt, auch im Sport eine Rolle. Die eben erzählte Anekdote ist für das Ergebnis des Wettkampfs, seine offizielle Historie, offenkundig irrelevant, gehört aber elementar zur Mythologie der Tour de France[7]. In ihr wird (scheinbar) ein gemeinsamer Charakterzug beider Helden erkennbar, die Verpflichtung auf ritterliches und faires Verhalten. Und die Frage der vermeintlichen Spontaneität oder Inszeniertheit der Geste für die Fotografie illustriert den prekären medialen Status des Geschehens zur Genüge (vgl. Ott 2003a).

Trotzdem geht, wie im Folgenden gezeigt werden soll, die Bedeutung des Anekdotischen im Sport in diesen Dimensionen nicht auf. Es gibt vielmehr – so eine erste Überlegung – eine tatsächliche Besonderheit vieler Anekdoten im Bereich des Sports, die wiederum mit der Besonderheit des Sports als performativer Körperpraxis zu tun haben. Andererseits zählen Anekdoten zu jenen in den Sportwissenschaften häufig übersehenen und kulturwissenschaftlich nur selten am Sport beobachteten Momenten, in denen die Körperpraktiken des Sports in Medien und spezifischen Diskurszusammenhängen überhaupt mit Bedeutung (in einem nichttrivialen Sinn) versehen werden.[8]

Zur Explikation dieser beiden sozusagen komplementären Überlegungen soll im Folgenden zunächst auf einige Beobachtungen von Marcel Mauss reflektiert

---

7 Vgl. hierzu den berühmten Essay von Roland Barthes (Barthes 1957).
8 Ein anderes Beispiel für diese im kulturwissenschaftlichen Diskurs randständigen Phänomene im Sport sind Bilder weinender Sportler; vgl. dazu Ott, 2008a, zur Theatralität des Sports allgemein Ott 2001.

werden, dessen Untersuchungen zu Körpertechniken selbst mit der Evidenz von Anekdoten operieren. Danach beziehen sie sich vor allem auf die Tour de France und abschließend auf Beispiele aus einem Bereich, der sozusagen schon wieder jenseits des Sports liegt, nämlich dem Extremalpinismus des zwanzigsten Jahrhunderts.

2

Einen das Anekdotische nicht explizit diskutierenden, aber selbst praktizierenden Ansatz zur Bedeutung der Anekdote im Sport bietet der berühmte Vortrag des französischen Soziologen Marcel Mauss mit dem Titel *Les techniques du corps* von 1934, der als Grundlagentext der neueren kulturwissenschaftlichen Thematisierung von Korporalität prominent geworden ist. „Techniken des Körpers" sind für Mauss zunächst in einer Grauzone von Wissenschaften angesiedelt, da sie gewissermaßen zwischen Biologie, Soziologie und Psychologie stehen (Mauss 1978, 200). Denn sie betreffen physiologische Vorgänge, die aber sozial geformt und individuell erlernt werden; umso schwieriger sei ihre ‚richtige' wissenschaftliche Behandlung – sie fänden sich, so Mauss, sozusagen immer im Bereich „Verschiedenes" (Mauss 1978, 200).

Ausgangspunkt der Entwicklung seiner eigenen Thesen zu Körpertechniken seien, fährt Mauss fort, nun ausgerechnet Beobachtungen zur Schwimmtechnik gewesen: „[W]ir haben die Ablösung des Brustschwimmens und des Kopfüber-dem-Wasser-Haltens durch die verschiedenen Arten des *crawl* beobachtet." (Mauss 1978, 200) Es folgen Beispiele, an denen sich seine Vorstellung und sein Begriff der Körpertechniken geschult hätten, und auffällig ist dabei vor allem der anekdotische Charakter der ganzen Beispielreihe.

> Ein Beispiel: Während des Kriegs habe ich zahlreiche Beobachtungen über diese Eigenheit der Techniken [dass sich der Körper ‚nicht von ihr trennen' kann] anstellen können. Beispielsweise über die Technik des Grabens. Die englischen Truppen, bei denen ich war, konnten sich nicht der französischen Spaten bedienen. Das bedeutete, daß jeweils 8000 Spaten pro Division geändert werden mußten, sobald eine französische Division abgelöst wurde – und umgekehrt. (Mauss 1978, 201)

Ähnlich verhält es sich mit der von Mauss erzählten „Anekdote über das *Marschieren*" (Mauss 1978, 201) – wobei er hier mit der „Anekdote" offenbar weniger ein konkretes Ereignis als ein peripher scheinendes Detail des historischen Gesamtgeschehens bezeichnet. Sie bezieht sich auf die unterschiedliche Schrittfrequenz und Schrittlänge der verbündeten französischen und britischen Armeen:

> Fast sechs Monate lang sah ich in den Straßen von Bailleul, lange nach der Schlacht an der Aisne, folgendes Schauspiel: das Regiment hatte seinen englischen Marschschritt behalten und paßte ihn dem französischen Takt an. ... Der Marsch war ein einziger Mißklang. (Mauss 1978, 201)

Tatsächlich autobiographisch ist schließlich folgende Anekdote:

> Eine Art Erleuchtung kam mir im Krankenhaus. Ich war krank in New York. Ich fragte mich, wo ich junge Mädchen gesehen hatte, die wie meine Krankenschwestern gingen. Ich hatte genug Zeit, darüber nachzudenken. Ich fand schließlich heraus, daß es im Kino gewesen war. Nach Frankreich zurückgekehrt, bemerkte ich vor allem in Paris die Häufigkeit dieser Gangart; die jungen Mädchen waren Französinnen und gingen auch in dieser Weise. In der Tat begann die amerikanische Gangart durch das Kino bei uns verbreitet zu werden. (Mauss 1978, 202)

Auch die Bedeutung seines eigenen Sportlehrers, der ihm noch beigebracht hätte, mit den Fäusten am Körper zu laufen, und die spätere Erfahrung, als professionelle Läufer ihm die sehr viel ‚natürlichere' Unterstützung der Bewegung durch die Arme klar gemacht hätten (Mauss 1978, 202), gehört in die Reihe der Beispiele: Stets beglaubigt eine biographisch bezeugte Anekdote das Interesse an dem Thema Körperpraktiken und verdeutlicht vor allem den heuristischen Moment einer Irritation.

Dass dem Thema der „Körpertechniken" hier auf diese Weise eine Art anekdotischer Evidenz verliehen wird, ist, unabhängig von weiteren theoretischen Folgerungen, freilich selbst heuristisch aufschlussreich: Es entspricht, wie die prägnanten Anschauungsbeispiele zeigen, der Notwendigkeit, der alltäglichen, in ihrer Selbstverständlichkeit übersehenen, in und mittels dieser Techniken sich vollziehenden Formung des Körpers in solchen Momenten punktueller Irritation überhaupt gewahr zu werden. In diesen exemplarischen Minimalgeschichten entsteht, so wie es der Text inszeniert, zunächst Befremden, dann Verwunderung und schließlich erkenntnisleitende Überlegung, so dass hierüber das Thema des Körpers für die Soziologie überhaupt erst erschlossen wird.[9]

Diese anekdotische Fundierung des epistemischen Interesses korrespondiert einer grundsätzlichen Schwierigkeit, den Körper als Gegenstand kultur- oder sozialwissenschaftlicher Forschung generell zu konstituieren: Es bedarf, wie später auch Michel Foucault hervorhebt (Foucault 2002), hierfür einer spezifischen Aufmerksamkeit auf die soziale und insofern auch historische Geformtheit

---

[9] Wie unhinterfragt, bei aller Prominenz des Konzepts in den Kultur- und Sozialwissenschaften, Mauss' Begriff der Körpertechniken noch immer ist, betont aus einer medienwissenschaftlichen Perspektive Schüttpelz (2010).

und Veränderbarkeit des Körpers. Dessen fraglos scheinende ‚Gegebenheit' und überhistorische ‚Natürlichkeit' macht die „Körpertechniken", die kulturelle Formung der Materialisierung wie des jeweiligen Grundverständnisses von Korporalität, tendenziell unsichtbar (ein aus der gender-Forschung bekanntes Argument; vgl. Butler 1991, 8–9).

Das heißt freilich auf das Anekdotische bezogen: Die Anekdote ist in diesem Bereich – und das gilt möglicherweise für epistemisch nicht selbstevidente Bereiche generell – eine gewissermaßen epistemische Gattung. Sie macht den Körper im Zusammenhang seiner sozialen, kulturellen und pädagogischen Formierung und der historischen und kulturellen Variabilität dieser Formierung überhaupt erst intelligibel. Und sie tut dies offenbar, indem sie die ansonsten vorsymbolische körperliche Praxis (z.B. Laufen mit angezogenen Armen) überhaupt textuell, d.h. sprachlich-symbolisch reinszeniert.

Mit Blick auf Marcel Mauss' „Erleuchtung im Krankenhaus" ist freilich hinzuzufügen: Erkenntnisträchtig ist die Anekdote potentiell auch nicht-intentional, hier nämlich im Blick auf den *male gaze* (vgl. Mulvay 1975), der offenbar der soziologischen Aufmerksamkeit noch für das der alltäglichen Aufmerksamkeit Entgehende zugrunde liegt und dieser zugleich eben weiterhin entgeht.

3

Wollte man die Rolle des Anekdotischen im Sport tatsächlich systematisch erforschen, wäre dafür jedoch ein größerer theoretischer Rahmen allererst zu entwickeln. Denn das Anekdotische erscheint nicht nur in pädagogischen, journalistischen, (auto-)biographischen und wissenschaftlichen (z.B. sporthistorischen), also stets diskursiven Praktiken über den Sport; diese Diskurse sind notwendig solche über grundverschiedene Sportarten. Zu den Charakteristika des (modernen) Sports gehört seine Ausübung in verschiedenen, oft mit sozialen Distinktionen verbundenen und vor allem unterschiedlich medial repräsentierten Disziplinen. Moderner Sport ist in diesem Sinn ein grundlegend heterogenes Phänomen; er wird von Verbänden in Ligen organisiert oder gänzlich individuell betrieben, in Schulen und Leistungssport-Zentren trainiert oder als Ausgleich zum Berufsalltag praktiziert, als Tradition gepflegt oder als Trendsport neu erfunden. Und jede dieser Sportpraxen wird mit denkbar verschiedener medialer Aufmerksamkeit bedacht und öffentlich diskutiert.

Daraus entstehen jedoch erhebliche Unterschiede im Hinblick auf das Anekdotische. Aus den grundverschiedenen Verlaufsformen sportlicher Wettkämpfe resultieren ebenso viele – offizielle wie inoffizielle – Erzähllogiken, und entsprechend ändert sich der Stellenwert singulärer, scheinbar ephemerer Episoden.

Mannschafts- und Einzelsportarten, technische und kampfsportliche Disziplinen bieten unterschiedliches Material für Anekdotisches, und ebenso unterscheidet sich natürlich das Interesse an den einzelnen Athletinnen und Athleten.

Eine Gemeinsamkeit *bestimmter* Anekdoten scheint allenfalls darin zu bestehen, dass sie sich gegen die Regularien des Disziplinären selbst richten oder auf Unterbrechungen der rituellen Wettkampfpraktiken beziehen. So ist die geballte Faust der beiden schwarzen US-amerikanischen Athleten Tommie Smith und John Carlos bei der Siegerehrung der Olympiade 1968 – und damit ihr Bekenntnis zur amerikanischen Bürgerrechtsbewegung – als Verstoß gegen die vermeintliche politische Neutralität des Sports und zugleich als historisches Zeugnis des antirassistischen Engagements schwarzer Sportler bis heute weltbekannt (sie wurde im Zug der *Black Lives Matter*-Bewegung entsprechend oft zitiert) (Locke 2018). Auch hier steht im übrigen ein zur Ikone gewordenes Bild mit einer ganz entschiedenen Pose im Mittelpunkt, das freilich nur durch den Hintergrund der Ereignisse seine Bedeutung enthüllt.[10]

Die Bedeutung des disziplinären Rahmens wird aber besonders an jenem Beispiel sichtbar, von dem schon eingangs die Rede war. Im Diskurs über die Tour de France spielt Anekdotisches eine außerordentliche Rolle: Seit 1903 ausgetragen, wurde und wird sie von Beginn an und bis zur Gegenwart von einer Sportzeitschrift veranstaltet – von *L'Auto*, das später in *L'Equipe* umbenannt wurde.

Der mediale Rahmen geht hier insofern dem Sport voraus; das Medium berichtete nicht einfach im Nachhinein über ein Sportereignis, sondern produzierte es im buchstäblichen Sinn. Daher entwickelt sich, obwohl die Disziplin Rennradfahren grundsätzlich seit Ende des neunzehnten Jahrhunderts mit Vereinen und Wettkämpfen etabliert war, in Bezug auf die Tour de France relativ bald ein spezifischer Diskurs, in dem man drei Dimensionen unterscheiden kann. Einerseits dominiert in ihm der Bericht über die Entscheidung in der sportlichen Auseinandersetzung – über Sieg oder Niederlage, Sieger und Besiegte. Zweitens entsteht eine Art ‚Mythologie' der Tour, also die Stilisierung der Reportagen zu einem modernen Heldenepos, zu dem die französische Landschaft, das ‚Hexagon' der Landkarte, aber ebenso die Härte des geradezu unmenschlichen Wettkampfs und die Entwicklungsgeschichte des Fahrrad-Materials gehören. Und drittens schließlich entstand eine Serie von unvorhergesehenen, skurrilen, gelegentlich auch tragischen Ereignissen, die sich in den Anekdoten verdichteten und nacherzählt immer wieder aktualisiert werden konnten.

Jede dieser diskursiven Dimensionen entwickelt sich selbständig weiter, führte aber auch zu Veränderungen des Status der jeweils anderen (vgl. Krämer

---

10 Vgl. zur Pose im Sport: Ott 2012.

1996). So produzierte die Tour natürlich von Beginn an „Siegerlisten" – in den „Etappen" und im „Gesamtklassement". Doch ihren Erfolg als Sport-Event verdankt sie auch deren rascher Ausdifferenzierung: Neben Etappensieg und Gesamtsieg unterschied man, auch zum Zweck vielfältiger und interessanterer Berichterstattung, bald Sprint- und Bergwertungen, Team-Wertungen und Einzelzeiten, besondere Etappen (wie Bergzeitfahren) und schließlich die jeweiligen „Trikots" der in den Einzelwertungen Führenden. Die langsame Erschließung der verschiedenen Terrains und Landschaften – die „Hölle des Nordens", also der Kopfsteinpflaster-Strecken in Nordfrankreich, des *Massif central* und der Pyrenäen- und Alpenpässe – und die Herausbildung ‚klassischer Etappen' – über den Tourmalet, den Mont Ventoux, den Galibier oder die Ankunft in Alpe d'Huez – schufen ein quasi mythisches, mit wieder-erzählbaren Heldengeschichten belegtes *territoire*. Und schließlich bildeten in dem rituell wiederholten, nur gelegentlich den geographischen Uhrzeigersinn wechselnden Zyklus der Tour prägnante Ereignisse oder Miniatur-Geschichten eine Art *histoire parallèle* zu den offiziellen Annalen und Siegerlisten, die, immer wieder erzählt, sich zum ‚offiziellen' historischen Verlauf so komplementär verhalten wie das Anekdotische zum Historischen.

Ihre Funktion wird an wenigen Beispielen deutlich. 1913 war noch jede fremde Hilfe (eines Teams oder einzelner anderer) für die Fahrer verboten, und als dem führenden Franzosen Eugène Christophe bei der Abfahrt vom Pyrenäengipfel Tourmalet die Gabel brach, musste er sie eigenhändig in einer Schmiede reparieren. Man kann sicher sein, dass diese Geschichte jedes Mal aufs Neue erzählt wird, wenn die Tour am Tourmalet vorbeikommt.

Ihre scheinbar zeitlose Bedeutung erhält die Anekdote daraus, dass sie die Unbeugsamkeit des Einzelnen ebenso zu illustrieren scheint wie den Sieg des Willens über die „Tücke des Objekts"; und natürlich steht sie, neben ihrer Illustration der Fortschrittsgeschichte der Technik, vor allem für die *égalité* der Bedingungen für jeden Einzelnen zu einer Zeit, als es noch keine Mannschaften gab: In späteren Zeiten hätte einfach ein Wasserträger dem Team-Kapitän sein Rad überlassen müssen.

Ebenso berühmt ist die Geschichte des Algeriers Abdel-Kader Zaaf; bei einer extrem heißen Etappe in Südfrankreich im Sommer 1950 war er zusammen mit dem späteren Etappensieger Marcel Molinès dem Peloton schon eine Viertelstunde enteilt, als er – angeblich – durstig bei einem Restaurant anhielt, zwei Flaschen Wein kaufte und sie hinunterstürzte. Daraufhin schlief er allerdings unter einem Baum ein, musste von den Zuschauern geweckt werden und fuhr schließlich wieder los – freilich in die falsche Richtung, dem Feld entgegen (so zumindest eine Version der Geschichte), wonach er die Tour aufgab (Krämer 24). Im Fall von Abdel-Kader Zaaf verdankt sich die Prägnanz der Anekdote einerseits der (mit historischem Abstand wachsenden) Skurrilität, dass Sportler während des Wettkampfes überhaupt Wein trinken, andererseits dem Bild eines offenbar unerfahrenen, tragikomisch scheiternden Fahrers aus den französischen Kolonien.

Bei anderen Anekdoten sind – wie im Eingangsbeispiel – Fotografien zentral, die als bildmediales Äquivalent des Anekdotischen fungieren; so z. B. beim „Ellenbogenduell" von Jacques Anquetil und Raymond Poulidor 1964 am Puy de Dome. Wie beim Kampf der „Giganten" Bartali und Coppi ist hier die Zuspitzung auf den Kampf zweier (nunmehr französischer) Champions zentral – nur mit der umgekehrten Wert-Orientierung: Das Bild symbolisiert nicht Fairness, sondern unversöhnlichen Wettstreit und Siegeswillen noch am Punkt extremster Anstrengung, ein Duell in größtmöglicher Zuspitzung (vgl. Pantenburg/Ott 2002).

Roland Barthes hat in den *Mythologies* die Tour de France als Epos analysiert, in dem solch widersprüchliche Werte wie unbedingter Siegeswille und Fairness narrativ reinszeniert werden (Barthes 2010). Und wie in der Welt der homerischen Epen müssen die Helden offenbar durch die hier sichtbare anekdotische Prägnanz, durch Momente des menschlichen Versagens oder des entscheidenden Durchhaltens trotz aller Widrigkeit dem Universum der Sterblichen wieder näher gerückt werden. Wie im Epos umfasst das Anekdotische aber nicht nur die großen Helden selbst, sondern jene Nebenfiguren, die durch Anekdoten Teil einer Genealogie werden, in der sie als Namensgeber der Texte – oder, auf die Tour übertragen: auf Siegerlisten und in den Annalen – praktisch nie erscheinen würden.

Das gilt für zahlreiche der „Wasserträger" in der Tour, und es gilt, wie ein letztes Beispiel zeigen kann, auch für letztlich doch entscheidende Anekdoten. Als bei der Tour 1997, die er am Ende gewinnen sollte, der junge Deutsche Jan Ulrich bei der achtzehnten Etappe durch die Vogesen aufgrund eines Leistungseinbruchs sein gelbes Trikot zu verlieren drohte, spornte ihn der im Team Telekom fahrende Udo Bölts auf unvergessliche Weise an, seine Schwächephase zu überwinden und den Toursieg zu verteidigen – mit dem sprichwörtlich gewordenen Ausruf „Quäl Dich, Du Sau!". Von der Karriere des Udo Bölts, einem der erfolgreichsten (freilich, eigener Aussage zufolge, mindestens 1996 und 1997 Epo-gedopten) deutschen Rennradfahrer, sind weniger drei deutsche Straßenmeisterschaften, als dieses, durch den Titel seiner eigenen Publikation verewigte Zitat in Erinnerung geblieben (Bölts/Kullmann 1997): Prägnanter Moment, in dem Qual, Schmerz und Selbstüberwindung des Radsports ebenso verdichtet scheinen wie die Opfer-Bereitschaft des Helfers, ohne den der eigentliche Held kein Held sein kann.

4

Wenn man diese Beispiele von der Tour de France, in deren Diskurs das Anekdotische offenbar eine so besondere Rolle spielt wie in kaum einem anderen Sportereignis, zum Ausgangspunkt nimmt, ergibt sich ein erster Erklärungsansatz für die Funktion von Anekdoten im Sport – auch über die Disziplin des Rennradsports hinaus.

Zum einen scheint das Anekdotische für die sozialen Identifikationen mit den Akteuren im sozialen Raum des Sports wichtig zu sein: Während viele Sportarten an alltägliche Körpererfahrungen und -praxen anzuschließen scheinen – so wie das Radfahren für viele eine Alltagserfahrung ist –, sind sie im Profi-Bereich durch die außergewöhnlichen körperlichen Leistungen, die sie verlangen, doch davon auch kategorial getrennt. Für viele Laien ist es kaum vorstellbar, 250 Kilometer lang und über Gebirgspässe Rennrad zu fahren. Insofern die Rekord- und Optimierungslogik des Sports spektakuläre Leistungen und Rekorde erzeugt, führt sie auch aus dem Feld des Vorstellbaren, für Amateure Nachvollziehbaren hinaus. Genau hier aber scheinen einige der Anekdoten zu vermitteln, indem sie entweder die besonderen Härten des jeweiligen Sports nachvollziehbar machen, oder die Helden selbst als nicht lediglich maschinenhafte und insofern ‚fehlbare' Menschen vorführen.

Wichtiger scheint noch, dass mit der Vermittlung dieser beiden Sphären eine für den modernen Sport und seine Mimesis des Sozialen elementare Ambivalenz berührt ist (Gebauer/Wulf 1992): Einerseits spiegelt dieser in seiner Leistungsorientierung und Wettbewerbslogik die moderne Gesellschaft selbst; andererseits behauptet er einen Bereich der Zweckfreiheit, der spielerischen und freiwilligen Passioniertheit, die als Sphäre der Selbstverwirklichung genau deren Gegenbild darstellt.[11] In diesen Ambivalenzen – von übermenschlicher Leistung und menschlicher Erfahrung, von radikaler Leistungsorientierung und spielerischer Leidenschaft – vermittelt das Anekdotische offenbar eine Prägnanz vorstellbarer Gefühle und Motivlagen und damit eine Imaginierbarkeit des ‚Inneren' von Hel-

---

[11] In einer bemerkenswerten Passage seines Aufsatzes „Die Funktion des Sports in der industriellen Gesellschaft" charakterisiert Helmuth Plessner dies so: „Es ist dies eine Gesellschaft, die nur das ungeschriebene Gesetz der Leistung kennt, und diese Gesellschaft sucht in ihrer Masse eben davon loszukommen [...], was ihr Prinzip ist. [...] In einer solchen Lage bietet sich ein idealer Ausgleich im Sport, der das Element der Nichtarbeit mit dem Prinzip der Leistung verbindet und eine aus der Welt der Arbeit herausführende Befriedigung der in ihr gestauten Antriebe zur Überbietung des anderen, zur Bestätigung der eigenen Person und der eigenen Gruppe gewährt." (Plessner 1997, 57)

den, auch wenn deren Heldentum nur begründet ist durch zwar messbare, aber äußerliche und der Erfahrung von Amateuren inkommensurable Leistungen.

Mit der anekdotischen Vorstellbarkeit werden diese daher dem Rätselhaften (oder Zweifelhaften) enthoben und der Imagination wieder nähergebracht. Ähnlich den Viten der Helden der Renaissance-Kunst bedürfen auch die „Sportler des Jahres" oder Sieger der härtesten Alpenetappen der *Tour* der anekdotischen ‚Vermenschlichung', welche sie der allgemeinen Erfahrung näherrückt und möglicherweise gleichzeitig einen Schlüssel für die Außergewöhnlichkeit ihrer Leistung bietet – der biographischen Begründung und anekdotischen Veranschaulichung, was sie und *nur* sie zu eben diesen Leistungen befähigte. Insofern wäre das Anekdotische hier das textuelle Gegenstück zum ‚Legendarischen', der medialen Siegerhymne (Gebauer 1997).

In dieser Lesart – und in Bezug auf einzelne Sportereignisse oder einzelne SportlerInnen – leisten Anekdoten damit freilich eine Art „Normalisierung" – und damit das genaue Gegenteil der von Marcel Mauss betonten oder jedenfalls seinen Texten ablesbaren Ent-Normalisierung und epistemischen Verfremdung der Praxis des Sports oder anderer Körpertechniken. Tatsächlich bieten die genannten Anekdoten – Mauss' Veränderung der Crawl-Technik einerseits, Anekdoten von historischen Tour-Etappen andererseits – ganz gegensätzliche Beispiele für die Funktion des Anekdotischen im Sport: Sie besitzen in Bezug auf die jeweilige „Mythologie" des Sports nämlich ‚entmythologisierende' oder aber den Mythos affirmierende (bzw. sogar mit-begründende) Funktionen. Erkennbar liegt dies daran, dass bei der Tour die Anekdoten Teil des diskursiven Kontexts des Sports selbst sind, Mauss aber anekdotisch berichtete Erfahrungen sportlicher Praxis entkontextualisiert und sie in einem anderen Kontext (der Soziologie) verwendet, um damit die Grenzen dieses Diskurses durch die Nobilitierung von Korporalität als Gegenstand wissenschaftlicher Untersuchung zu verschieben.

5

Damit ließe sich auch der Sport als ein Feld des ‚Wanderns' und der extremen Variabilität der Verwendung anekdotischer Erzählkerne verstehen, von dem im theoretischen Diskurs des Anekdotischen immer wieder die Rede ist (vgl. Greenblatt 2000). Praktisch immer sind diese Erzählkerne im Sport aber mit der Besonderheit der körperlichen Sphäre selbst verbunden; sie leisten gewissermaßen eine primäre textuelle oder mediale Übersetzung spezifischer Körpererfahrung, Körperbewegungen oder Körpertechniken. Besonders deutlich wird dies in einem Bereich, welcher der unmittelbaren Anschauung – die ansonsten ja seit den antiken Stadien zu den Grundlagen sportlicher Rituale zählt – quasi natürlicherweise entzogen ist. Von diesem Bereich ist auch bei Marcel Mauss schon die Rede; an einer Stelle kommt er im Prospekt einer künftigen Soziologie der Körpertechniken auch auf das Klettern zu sprechen, einer im Wortsinn „technischen" Körperpraxis; Mauss schreibt: „Die Geschichte der Methoden des Alpinismus ist sehr bemerkenswert. Sie hat während meiner Zeit fabelhafte Fortschritte gemacht." (Mauss 1978, 215)

Diese „Fortschritte" in den Körpertechniken, und das heißt auch: in den außerordentlichen Leistungen des Alpinismus, finden freilich in einer Sphäre statt, die sich zur *Tour de France* und ihrer jeden Sommer wiederholten Re-Inszenierung eines Heldenepos vordergründig komplementär verhält. Wird die Tour von Beginn an von einer Zeitung veranstaltet, später von Fotografen begleitet und noch später weltweit mit Bildern von Hubschraubern und Motorradkameras live übertragen, liegt die Sphäre des Alpinismus jedenfalls die längste Zeit seit seinem Beginn außerhalb medialer Direktübertragung. Ferner ist der Modus alpinistischer Körperpraxis nicht die rituelle Wiederholung, sondern die Erstmaligkeit: Kein direkter Wettkampf, sondern der indirekte Wettbewerb um Erstbesteigungen, Erstbegehungen und die erstmalige „Lösung" als extrem wahrgenommener „Probleme" bestimmt die Alpinismus-Geschichte seit dem neunzehnten Jahrhundert, als britische Bergsteiger die Alpen als „Playground of Europe"[12] entdeckt hatten.

Gerade im textuellen Re-Inszenieren der alpinistischen Leistungen, ihrer Schwierigkeiten und Gefahren spielt aber die Anekdote nun wiederum eine Schlüsselrolle. Medien des Alpinismus sind seit dem neunzehnten Jahrhundert Aufsätze (gelegentlich von Grafiken oder Karten unterstützt), zunehmend ergänzt durch Fotografien, schließlich erweitert durch Filmdokumente, Vorträge und (Auto-)Biographien. Niemand illustriert diese Entwicklung besser als der größte Medienstar des modernen Alpinismus – Reinhold Messner: Seit 1970 publizierte er neben ungezählten Aufsätzen und Vorträgen nicht weniger als 85 Bücher, die Neuauflagen nicht mitgerechnet.[13] Zahlreiche dieser Bücher widmen sich ihrerseits der Entwicklung des Alpinismus, den Pionieren der Klettertechnik oder Kletter-Ethik, vor allem aber eigensinnigen und umstrittenen Außenseitern und „Helden" der Alpinismus-Geschichte.

So publizierte Messner unter anderem auch die Schriften und Tourenbücher von Hermann Buhl, dem Tiroler Kletterer, der 1953 im Alleingang den Nanga Parbat zum ersten Mal bestieg und 1957 tödlich abstürzte.[14]

---

12 So der Titel des Buchs des Literaturhistorikers Leslie Stephen (Stephen 1936); zur Frühgeschichte des Alpinismus im zwanzigsten Jahrhundert vgl. Ott 2008c.
13 Vgl. für eine Zwischenbilanz Caysa/Schmid 2001.
14 Vgl. zu Buhl und Buhls Texten: Ott 2007, Ott 2008c.

Dessen Schriften konstituieren von den frühesten Tourenbuch-Einträgen bis zu den Aufsätzen Buhls nicht nur eine Art Autobiographie, sondern lassen erkennen, dass Anekdotisch-Ephemeres ein Zentrum des alpinistischen Tuns und Schreibens ausmacht. Gut sichtbar ist dies in Buhls Tourenbuch-Beschreibung der Erstbegehung der Maukspitze-Westwand im Wilden Kaiser, die aus den 1940er Jahren (Buhl war 18 Jahre alt) datiert:

> Nichts ahnend, dass nun die Schlüsselstelle kommen sollte, ging ich die nächste Seillänge an. Viele Haken hatte ich nicht mehr [...]. Ich glaubte, meine Kletterkunst ist nun zu Ende, und fragte Wastl, wie ich da tun soll. ‚Ja, da gehst halt so hinauf', war die Antwort. [...]
> Ich ging's halt auf gut Glück an. Haltepunkte waren keine da, nur an Haken kam ich höher, und die saßen nur 1 bis 2 Zentimeter im Fels. Mein gesamtes Gewicht musste ich ihnen anvertrauen. Wenn einer herausgeht, gehen alle mit. So kam ich die 10 Meter bis unter einen Überhang. Hier war die Krönung. Unter dem Überhang war eine Schulpen, ein kleiner Riss, wo ich meinen kürzesten Haken anbrachte, und zwar von unten hinaufgeschlagen, ungefähr einen Zentimeter tief. Wenn nur der Haken hält, dachte ich mir.
> Ich ging nun vorsichtig auf Zug, aber nach oben, stemmte mich mit dem Körper über den Haken, griff über den Überhang und erreichte einen kleinen Griff; die zweite Hand griff nach; Seil nachlassen, und nun rutschten die Patschen an glatten, überhängenden Fels ständig ab. Nur jetzt nicht lockerlassen, und mit meinem ganzen Aufwand an Kraft und Energie kam ich über die Stelle und stand am Standplatz.
> Zwei Ringhaken gingen in den Fels, dann konnte Wastl nachkommen. Einige Haken gingen schon durch das Seil oder bloßes Berühren heraus, darunter auch der letzte, kurze Haken. [...]
> Nun sagte mir Wastl, dass das die Schlüsselstelle war. Ich war natürlich sehr erfreut darüber. (Buhl 2003, 72 ff.)

Die Lakonie der Beschreibung ist vielleicht der Unbeholfenheit des literarisch wenig geschulten Tourenbuchschreibers geschuldet, wenngleich sie auch typisch für die Trockenheit von Buhls Diktion in späteren Texten ist. Doch sollte man nicht übersehen, dass hier in bewusstem *understatement* die „Schlüsselstelle" eine der schwierigsten Besteigungen der Ostalpen geschildert wird. „Schlüsselstelle" ist im alpinistischen Diskurs der Begriff für die größte Problemstelle oder jenen Punkt einer Route, an der sich Erfolg oder Misserfolg, Sieg oder Niederlage entscheiden. Es ist kein Zufall, dass hier eine körperliche Aktion ‚anekdotisch' geschildert wird, deren Bedeutung dem Schreiber, zumindest in der retrospektiven Selbstinszenierung, erst im Nachhinein klar wird: Das unbekümmert-naive Angehen des halsbrecherischen Unternehmens erweist sich im Nachhinein als entscheidend, das Anekdotische als biographische Wahrheit der alpinistischen Erfolgsgeschichte.

Das zweite Beispiel stammt von dem 1962 geborenen Extrembergsteiger Malte Roeper. Nicht nur liegen zwei Generationen zwischen ihm und Buhl, auch die Praxis des Alpinismus änderte sich in diesem Zeitraum erheblich (vgl. Siegrist

1996): In seinem Buch „Auf Abwegen" (1995) berichtet Roeper höchst anschaulich, selbstironisch und emphatisch von seinen Erfahrungen in der Freikletter-Szene der 1970er und -80er Jahre, als sich die Zielsetzung vieler Alpinisten (und zunehmend vieler Alpinistinnen) von martialischen Gipfelstürmen ab- und stark subjektiv geprägten Erfahrungswelten zwischen Aussteigertum, bizarren Freak-Ritualen und existentiellen Grenzerfahrungen zugewandt hatte (Roeper 1995).

> Routiniert knipste er seine Stablampe an und schob sie sich tief in den Mund. Als er zehn Meter hoch war, rutschte sie ihm aus den ermüdeten Kiefern und verfehlte mich knapp. Eberhard sah nichts mehr. ‚Ich komme!' schrie er und plumpste zwei oder drei Meter ins Seil.
> So endete der glorreiche Versuch einer Nachtbegehung der Südostkante des Buchenschluchtmassivs, ein Unternehmen, an dem teilgenommen zu haben mich bis heute mit Stolz erfüllt. Auf dem Rückweg zum Zeltplatz kamen wir am ‚Kamel' vorbei, einem freistehenden hohen, schlanken Felsen, der im Mondschein hell wie Marmor schimmerte. Wir erkannten die Stimmen von Oli und Helmut, die gerade den ‚Briefkasten' kletterten und als Silhouetten vor dem Sternenhimmel zu sehen waren. Es war eine stille Begegnung mit anderen Eingeweihten, als wir ebenfalls noch den ‚Briefkasten' gingen, und würdevoller Abschluss einer großartigen Nacht. Auf dem Gipfel war noch irgend jemand, und der hatte Bier mitgebracht. Mehr konnte man nicht mal erträumen. (Roeper 1995, 9–10)

Hier nähert sich die alpinistische Anekdote dem Autobiographisch-Atmosphärischen, in dem die ‚Stimmung' einer Epoche, die Gestimmtheit des Individuums zu dieser und die (hier: selbstironisch verfremdete) Verwegenheit eines postheroischen Heldentums zusammentreffen. Verrücktheit gepaart mit späten Reflexen des Erhabenen (der „Marmor" des Felsens), trockener Humor (die Routen-Namen) verbunden mit Romantizismus, die Exklusivität von (männerbündischen) „Eingeweihten" und die Gehobenheit der Stimmung ergeben eine Mischung, die von der Feier „historischer" Gipfelsiege so weit entfernt ist wie die Anekdoten der Geschichtsschreibung von den *res gestae* der offiziellen Historie.

Beide autobiographische Anekdoten – die Hermann Buhls wie die von Malte Roeper – inszenieren das Ich mit dem Charakterzug unbekümmerter Verwegenheit, jedoch auch in klarem Gegensatz zu martialischer Härte und heroischer Todesverachtung, die im zwanzigsten Jahrhundert für Selbstbilder im alpinistischen Diskurs lange Zeit prägend waren: Bei Roeper ist davon allerdings nurmehr ein Schatten überhaupt erkennbar. Auch sie sind, nun allerdings im Medium des autobiographischen Textes, ähnlich wie die Tour-Anekdoten eine Art Gegenpol zu den offiziellen Annalen (hier: der Geschichte der Erstbesteigungen von Gipfeln und Erstbegehungen von Routen, Graten, Wänden usw.). Und auch sie stellen die jeweilige Körpererfahrung nicht verfremdend zur Disposition, sondern integrieren sie in den medialen Diskurs über die sportliche Körperpraxis.

Trotzdem macht der Vergleich verschiedener Beispiele des Anekdotischen im Sport deutlich, dass solche Anekdoten auch im übertragenen Sinn „Schlüsselstellen" in der diskursiven Konstitution der Disziplinen darstellen: Jenseits des Messbaren von Zeitvorsprüngen oder der Schein-Objektivität von Schwierigkeitsgraden bilden sie Miniatur-Szenen, die ein imaginatives Einspringen, ein Erfassen subjektiver Erlebnis-Dimensionen erlaubt. Insofern sind sie Kristallisationspunkte nicht nur der medialen Dimensionen von Sportarten und der Sport-Faszination, sondern der ‚Bedeutungskonstitution' der Körperpraktiken selbst. Die Wahrheit der sportlichen Körper findet sich nicht an der Ziellinie oder am Gipfel, sondern in der medial vermittelten Anekdote von (Selbst-)Überwindung oder Scheitern.

Literaturverzeichnis

Anon. „Coppi e Bartali, la foto della barracchia era tagliata: con loro c'era anche il Belga Ockers". *Gazzetta dello Sport* 10.7.2020, online: https://www.gazzetta.it/Ciclismo/10-07-2020/coppi-bartali-foto-borraccia-c-era-anche-belga-ockers-380277325010.shtml (13.12.2020).

Anon. „Coppi, Bartali and the Legendary Photo". http://italiancyclingjournal.blogspot.com/2010/11/coppi-bartali-and-legendary-photo.html.

Barthes, Roland. „Die Tour de France als Epos". *Mythen des Alltags. Vollständige Ausgabe*. Hg. Roland Barthes. übers. v. Horst Brühmann. Berlin: Suhrkamp, 2010 (original: *Mythologies*. Paris: Seuil, 1957. 125–135.).

Bölts, Udo, und Klaus Kullmann. *Quäl Dich, Du Sau. Die Autobiographie*. Bielefeld: Covadonga, 2006.

Buhl, Hermann. *Am Rande des Möglichen*, Hg. Horst Höfler und Reinhold Messner. Zürich: AS, 2003.

Butler, Judith. *Das Unbehagen der Geschlechter*. Frankfurt/Main: Suhrkamp, 1991.

Caysa, Volker, und Wilhelm Schmid. *Reinhold Messners Philosophie*. Frankfurt/Main: Suhrkamp, 2001.

Fineman, Joel. „The History of the Anecdote: Fiction and Fiction". *The New Historicism*. Hg. H. Aram Veeser. New York: Routledge, 1989. 49–76.

Foucault, Michel. „Nietzsche, die Genealogie, die Historie [1971]". *Schriften II*. Frankfurt/M.: Suhrkamp, 2002. 166–191.

Gebauer, Günter, und Christoph Wulf. *Mimesis. Kultur, Kunst, Gesellschaft*. Reinbek bei Hamburg: Rowohlt, 1992.

Gebauer, Günter. „Die Mythen-Maschine". *Sportphilosophie*. Hg. Volker Caysa. Leipzig: Reclam, 1997. 290–317.

Greenblatt, Stephen. „Erich Auerbach und der *New Historicism*. Bemerkungen zur Funktion der Anekdote in der Literaturgeschichtsschreibung". Ders.: *Was ist Literaturgeschichte*. Frankfurt/Main: Suhrkamp, 2000. 73–99.

Greenblatt, Stephen. *Marvellous Possessions. The Wonder of the New World*. Chicago: Chicago University Press, 1991.

Krämer, Harald. *Das Tour de France Buch*. Reinbek bei Hamburg: Rowohlt, 1998.

Locke, Stefan. „Die spontane Geste eines Riesen". *Frankfurter Allgemeine Zeitung* 41/2018 (17. Februar 2018): 7.
Malaparte, Curzio. *Coppi e Bartali*. Milano: Adelphi, 2009 (EA 1949) (Biblioteca minima, 35).
Mauss, Marcel. „Die Techniken des Körpers". *Soziologie und Anthropologie*, Bd. 2. Hg. Marcel Mauss. Frankfurt/M., Berlin, Wien: Ullstein, 1978. 197 – 220.
Mulvay, Laura. ‚Visual Pleasure and Narrative Cinema'. *Screen* 16 (1975): 6 – 18.
Ott, Michael. „‚Unsere Hoffnung gründet sich auf das Sportpublikum'. Über Sport, Theatralität und Literatur". *Theatralität und die Krisen der Repräsentation*. Hg. Erika Fischer-Lichte. Stuttgart, Weimar: Metzler, 2001 (= Germanistische Symposien der DFG). 463 – 483.
Ott, Michael (2003a). „Die Welt als Tour de France. Eine Gegenlektüre zu Roland Barthes". *Die Medien der Künste. Beiträge zur Theorie des Darstellens*. Hg. Dieter Mersch. München: Fink, 2003. 251 – 266.
Ott, Michael. „Die Spur ins Nichts. Mythos Alleingang: Vor fünfzig Jahren verschwand der Bergsteiger Hermann Buhl im ewigen Eis". *Süddeutsche Zeitung* Feuilleton (27.06.2007): 12.
Ott, Michael (2008a). „Weinende Helden. Über Bilder der Tränen im modernen Sport".*Tränen*. Hg. Beate Söntgen, Geraldine Spiekermann. München; Fink, 2008. 207 – 218.
Ott, Michael (2008b). „Alleingang. Alpinismus und Automedialität". *Automedialität. Subjektkonstitution in Schrift, Bild und neuen Medien*. Hg. Jörg Dünne, Christian Moser. München: Fink, 2008. 241 – 259.
Ott, Michael (2008c). „Todeszonen. Über Denkräume des Extremen im frühen Extremalpinismus".*Zeitschrift für Ideengeschichte* H.II/3 (2008): Extremes Denken: 55 – 70.
Ott, Michael. „Hold on! Zur Pose im Sport". *Hold it! Zur Pose zwischen Bild und Performance*. Hg. Bettina Brandl-Risi, Gabriele Brandstetter, Stefanie Diekmann. Berlin: Theater der Zeit, 2012. 211 – 224.
Pantenburg, Volker, und Michael Ott. „One on one. Figuren des Duells". *Sprach-Welten der Informationsgesellschaft: Perspektiven der Philologien*. Münster: LIT, 2002. 165 – 177.
Plessner, Helmuth. „Die Funktion des Sports in der industriellen Gesellschaft". *Sportphilosophie*. Hg. Volker Caysa. Leipzig: Reclam, 1997. 46 – 67.
Roeper, Malte. *Auf Abwegen. Bergsteigen und andere Zwischenfälle*. München: Rother, 1995.
Schlaffer, Heinz. „Anekdote". *Reallexikon der deutschen Literaturwissenschaft*. Bd. 1. Hg. Klaus Weimar. Berlin: de Gruyter, 1997. 87 – 89.
Schüttpelz, Erhard. „Körpertechniken". *Zeitschrift für Medien- und Kulturforschung: ZMK* Bd. 1 (2010): 101 – 120.
Siegrist, Dominik. *Faszination Himalaya. Alltagsgeographie und Naturdiskurs in deutschsprachigen Bergsteigerreiseberichten*. Zürich: Chronos, 1996.
Stephen, Leslie. *The Playground of Europe* [1871], Oxford: Basil Blackwell, 1936.

David Martyn
Anekdotische Reste: Amerika oder die Empirie der *Minima Moralia*

„Erst in Amerika habe ich wahrhaft das Gewicht dessen erfahren, was Empirie heißt."
(Adorno 2018a, 738)

1 Reste

Rückblickend aus einer Distanz von über zwei Jahrzehnten auf die elf Jahre, die er im amerikanischen Exil verbrachte, erzählt Adorno ein persönliches Erlebnis, das besser als jede umständliche philosophische Erklärung illustrieren könne, was er unter „verdinglichtem Bewußtsein" verstehe. Die Geschichte entstammt der ersten Zeit nach seiner Ankunft in New York und ereignete sich im Umfeld seiner Mitarbeit an dem „Princeton Radio Research Project":

> Unter den vielfach wechselnden Mitarbeitern, die im Princeton Projekt an mir vorüberzogen, befand sich eine junge Dame. Nach ein paar Tagen faßte sie Vertrauen zu mir und fragte mit vollendeter Liebenswürdigkeit: „Dr. Adorno, would you mind a personal question?" Ich sagte: „It depends on the question, but just go ahead", und sie fuhr fort: „Please tell me: are you an extrovert or an introvert?" (Adorno 2018a, 711–712)

„Es war", fügt Adorno gleich hinzu, „als dächte sie bereits als lebendiges Wesen nach dem Modell der Cafeteria-Fragen aus Questionnaires. Sie mochte sich selbst unter derlei starre und vorgegebene Kategorien subsumieren" (2018a, 712). Diese kleine Erzählung entspricht in vielen Hinsichten dem klassischen Aufbau der Anekdote, wie sie die Formkritik herausgestellt hat (Schäfer 1982, 29–37): Auf die Exposition der *occasio*, also der Ausgangssituation im Umfeld des Princetoner Forschungsprojekts, folgt die *provocatio* der die Grenze des Geschäftlichen übertretenden „personal question", um dann durch das pointierende *dictum* der Mitarbeiterin („Please tell me: are you an extrovert or an introvert"?) formvollendet abgerundet zu werden. Durch die kommentierende Umrahmung schließlich wird das mitgeteilte Erlebnis in den Dienst eines zu exemplifizierenden Allgemeinen gestellt, nämlich eben jene Verdinglichung des Bewusstseins, das im amerikanischen Spätindustrialismus, Adornos Diagnose zufolge, in besonderer Weise um sich gegriffen habe. Thematisiert wird hier somit just das, worum es Adorno auch in jenem Buch geht, das wie kein anderes mit seinen persönlichen Erfahrungen in Amerika in Verbindung gebracht wird: der 1951 veröffentlichten *Minima Moralia*. Mit ihren rund 150 nach dem Vorbild Nietzsches gestalteten

Aphorismen[1] geben die *Minima Moralia* eine vielseitige Diagnose der gegenwärtigen, ,beschädigten' Gesellschaft, die der spätkapitalistischen Ära, die sich in Amerika als dem wirtschaftlich am weitesten fortgeschrittenen Land in besonderer Weise dem Blick des kritischen Beobachters darbietet.[2] Zu ihren Symptomen gehören neben der Verdinglichung des Bewusstseins ein regelrechtes „Absterben der Erfahrung" unter dem Gewicht einer „durchorganisierten Kultur" (Adorno 2018b [1951], 44, 113). Insofern wäre durchaus vorstellbar gewesen, dass die kleine Geschichte von der „are you an extrovert"-Dame aus dem Princetoner Radioprojekt auch in den *Minima Moralia* zum Einsatz kommt.

Bei näherem Hinsehen zeigt sich allerdings, dass dies aus einem einfachen, aber schlagenden Grund keine Option gewesen wäre. Denn in den *Minima Moralia* kommen Anekdoten überhaupt nicht vor – zumindest nicht in der Formvollendung, wie sie die zitierte aufweist. So persönlich die *Minima Moralia* sein mögen: Anekdoten hatten in ihnen offenbar keinen Platz. Dafür finden sich in dem kleinen Buch Textelemente, die nicht weniger als die Anekdote den Eindruck des persönlich Erlebten erzeugen, aber ohne die für die Gattung konstitutive Form. Die fraglichen Stellen, die Teil einer Anekdote hätten sein oder dort ihren eigentlichen Ort hätten haben können, wirken deshalb wie herausgelöst aus der anekdotischen Form – eben, im Sinne meines Titels, wie ,anekdotische Reste'. Zu den wohl auffälligsten Beispielen dieser Textelemente gehören kurze Schilderungen geringfügiger Vorgänge, wie sie für die Anekdote selbst durchaus gattungstypisch sind. Mitten in den kritischen Thesen zu den gesellschaftlichen Bedingungen des späten Industrialismus tauchen sie auf, stellenweise gehäuft und mit einer Konkretheit, die mitunter eine durchaus komische oder groteske Wirkung entfalten kann. So etwa bei der vielzitierten Beschreibung des Umgangs mit den Dingen des Alltags:

> *Nicht anklopfen.* – Die Technisierung macht einstweilen die Gesten präzis und roh und damit die Menschen. Sie treibt aus den Gebärden alles Zögern aus, allen Bedacht, alle Gesittung. Sie unterstellt sie den unversöhnlichen, gleichsam geschichtslosen Anforderungen der Dinge. So wird etwa verlernt, leise, behutsam und doch fest eine Tür zu schließen. Die von Autos und Frigidaires muß man zuwerfen, andere haben die Tendenz, von selber einzu-

---

[1] So bezeichnet Adorno selbst die Textabschnitte, aus denen sich das Buch zusammensetzt (2018b [1951], 17). Mit gutem Grund ließen sich freilich auch andere Gattungsbezeichnungen vorziehen, etwa das Fragment (Abensour 2003 [1982], 349–350) oder das Denkbild (Richter 2007, 8–13).

[2] So mag Adorno etwa im amerikanischen Vitalismus ein besonders aussagekräftiges Indiz des beschädigten Lebens gesehen haben: „Adorno articulates a uniquely modern, American experience of alienation in which damaged life masquerades as exuberant health." (Mariotti 2009, 170).

schnappen und so die Eintretenden zu der Unmanier anzuhalten, nicht hinter sich zu blicken, nicht das Hausinnere zu wahren, das sie aufnimmt. [...] Was bedeutet es fürs Subjekt, daß es keine Fensterflügel mehr gibt, die sich öffnen ließen, sondern nur noch grob aufzuschiebende Scheiben, keine sachten Türklinken sondern drehbare Knöpfe, keinen Vorplatz, keine Schwelle gegen die Straße, keine Mauer um den Garten? (Adorno 2018b, 43–44)

Vielfach hören wir von unliebsamen Erfahrungen mit der amerikanischen Gastwirtschaft: etwa von der Zentralheizung im Hotel, von der man „unfehlbar [...] in aller Frühe" geweckt werde (2018b, 133), oder von der gehetzten Stimmung im Speiselokal:

> Gäste und Wirt sind verhext. Jene sind in Eile. Am liebsten möchten sie den Hut aufbehalten. Auf unbequemen Sitzen werden sie durch hingeschobene Schecks und den moralischen Druck wartender Hintermänner dazu verhalten, den Ort, der zum Hohn auch noch Café heißt, so schnell wie möglich zu verlassen. (Adorno 2018b, 132)

Neben solchen Hinweisen auf geringfügige Vorgänge kommen auch zahlreiche, vignetteartige *Portraits* von sonst nicht weiter thematisierten Personen vor: eine „Frau, die vergöttert wird, weil in ihr der Appetit so unvermischt sich darstellt" (2018b, 87); „Schriftsteller, die Karriere machen wollen" und „so unbefangen von ihren Agenten [reden] wie die Vorfahren vom Verleger" (2018b, 113); „Halbwüchsige[]", die „[z]um Zeichen dessen, daß sie auf niemand angewiesen sind und darum keinen Respekt haben müssen, [...] die Hände in die Hosentaschen" stecken (2018b, 124). Neben solchen, eher deskriptiven Einsprengseln finden sich schließlich in den *Minima Moralia* auch knappe, narrative Textelemente, summarisch erzählte Geschichtchen. Auf eines dieser Mikronarrative wird weiter unten ausführlicher eingegangen.

Was lässt sich nun über die Wirkung von solchen ‚anekdotischen Resten' sagen? Zum einen scheint eindeutig, dass sie jenen topischen Status der ‚wahren Geschichte' besitzen, die man gerne der Gattung der Anekdote zuspricht (Moser 2018, 61). Gerade in dem Kontrast zu den allgemeinen Aussagen über die ‚beschädigte Gesellschaft' – das bekannteste Diktum des ganzen Buches, auch eines seiner weitreichendsten, „Es gibt kein richtiges Leben im falschen" (Adorno 2018b, 43), geht „Nicht anklopfen" unmittelbar voraus – wirken die anekdotischen Elemente nicht als erfunden oder ausgedacht, sondern eben als vorgefunden. Dass etwa in der technisierten Zeit verlernt werde, „leise, behutsam und doch fest eine Tür zu schließen": dies ist eine Aussage, die kaum anders als in einer wirklich erfahrenen Beobachtung ihren Ursprung zu haben scheint: etwa, dass jemand beim Eintreten die Tür hinter sich – in der Erwartung, sie schließe sich von selbst – nicht zuzieht. Das bedeutet nun, dass die fraglichen Elemente, wie vermittelt durch Theorie und nachträglicher literarischer Formgebung auch immer, letztlich auf Erfahrung beruhen. Sie sind – so möchte ich hier zu zeigen versuchen – eine Form der Empirie.

Das mag freilich zunächst befremden. Das Wort ‚Empirie', mehr als etwa ‚Erfahrung', suggeriert einen wissenschaftlichen Anspruch, den man mit dem essayistischen, subjektiven Duktus der *Minima Moralia* nicht unbedingt in Verbindung bringen würde. Diese Auffassung beruht allerdings auf einer Konzeption wissenschaftlicher Erkenntnis, wie sie Adorno – und nicht nur in den *Minima Moralia* – mit den Mitteln der Kritischen Theorie zeit seines Lebens zu widerlegen bemüht war. Die Frage, ob und unter welchen Bedingungen von ‚Empirie' die Rede sein darf, wo man es mit Anekdoten bzw. anekdotischen Resten zu tun hat, führt ins Zentrum von Adornos Erkenntnistheorie. Sie ist mit seiner Kritik am amerikanischen Positivismus, aber auch – und dies ist seltener reflektiert worden – mit seiner Kritik am ‚Anderen' des Positivismus, an der in der europäischen Tradition stehenden geisteswissenschaftlichen Gesellschaftsanalyse nämlich, aufs Innigste verknüpft. Das empirische Moment des Anekdotischen in Adornos Aphorismen ernst zu nehmen, verspricht deshalb sowohl neue Einsichten in das Verhältnis des Anekdotischen zum Wissen als auch allgemeiner in die Rolle des Empirischen bei Adorno. Bevor es jedoch konkret um die *Minima Moralia* und ihre anekdotischen Reste geht, muss kurz rekonstruiert werden: Es gilt zunächst, sich Klarheit darüber zu verschaffen, welche Haltung Adorno der Empirie überhaupt gegenüber einnimmt.

2 Empirie

Fragen wir also zunächst grundsätzlich: Aus welchen Formen der Erfahrung lassen sich für Adorno unter den Bedingungen des beschädigten Lebens kritische Erkenntnisse gewinnen? Wer Adorno auch nur oberflächlich kennt, wird kaum zögern zu antworten: Es ist die ästhetische Erfahrung der herausragenden Kunstwerke der Moderne. Denn allein die Kunstwerke widersetzen sich dem Prinzip der Tauschrationalität, die in der Warengesellschaft alles – nicht nur die Gesellschaft, sondern auch das individuelle Leben bis in seine intimsten Schlupfwinkel – unter seine Regie zu bringen wisse. Als „Statthalter der nicht länger vom Tausch verunstalteten Dinge" verweisen die Kunstwerke auf „das Andere, vom Getriebe des Produktions- und Reproduktionsprozesses der Gesellschaft Ausgenommene, dem Realitätsprinzip nicht Unterworfene" (Adorno 2019, 337, 461). Durch sie befreie sich die Erfahrung vom „Identitätszwang" des rationalistischen Denkens (Adorno 2019, 190), das nur erkennt, was in seinem Verhältnis zu anderem bestimmt und somit auf das im Tauschakt vorgebildete Äquivalenzprinzip nivelliert werden kann. Was für ein solches Denken jenseits aller möglichen Erfahrung liegt, könne an den Kunstwerken vollzogen werden – die Erfahrung nämlich, so nennt es Adorno, des „Nichtidentischen" (2019, 14).[3] Unter den Bedingungen der beschädigten Gesellschaft biete also die Kunst die Möglichkeit einer nicht verdorbenen, nicht verdinglichten Erfahrung, aus der sich kritische Erkenntnis gewinnen lasse.

Die ästhetische Erfahrung ist aber nicht die einzige, die aus Adornos Sicht zu einer solchen Form der Erkenntnis führen kann. Denn trotz aller Skepsis gegenüber der sozialwissenschaftlichen Empirie, mit der er sich während seines amerikanischen Exils konfrontiert sah und gegen die er anfangs massive Vorbehalte anmeldete, versöhnte er sich schließlich soweit mit ihr, dass er selbst einem großangelegten empirischen Forschungsprojekt mit gutem Gewissen als Co-Direktor vorstehen konnte: der gemeinsam mit Mitgliedern der Berkeley Public Opinion Study Group unternommenen Studie zum Autoritarismus.[4] Sie wurde ab 1944 in Kalifornien durchgeführt – dort, wo zur selben Zeit die meisten Aphorismen der *Minima Moralia* niedergeschrieben wurden – und kam 1950 mit der Veröffentlichung der *Authoritarian Personality* zum Abschluss (Adorno et al. 2019 [1950]). Nach der Veröffentlichung dieser einflussreichen Studie[5] entstehen eine Vielzahl von kleineren Texten, in denen Adorno, vor einem skeptischen deutschen Publikum aus seiner amerikanischen Erfahrung berichtend, seine Positivismuskritik dahingehend präzisiert, dass eine differenzierte Verteidigung der Verwendung empirischer Methoden in der Sozialwissenschaft möglich wird.[6]

---

[3] Luzide Darstellungen dieses ganzen Komplexes finden sich in Jameson (2007 [1990], 15–24) sowie Hörisch (2003, 55–66).
[4] Zu diesem Projekt vgl. nach wie vor Jay (1973, 219–252) sowie Gordon (2019).
[5] Die Studie bestimmte auf Jahre das amerikanische Adorno-Bild (Jay 1985, 121), während die theoretischen Arbeiten, für die er in Europa bekannt war, lange ungelesen blieben. Zum Erfolg der Studie vgl. Walter-Busch (2010, 127–133); zu der Marginalisierung von Adornos theoretischer Arbeit in der amerikanischen Rezeption vgl. Rayman (2009).
[6] Adornos amerikanische Erfahrung mit empirischen Methoden ist immer wieder Gegenstand der Forschung gewesen. Die beste knappe Gesamtdarstellung bleibt Jay (1973, 219–252). Jenemann (2007, 1–46) ist um ein differenziertes Urteil bemüht; auch Rayman betont „the complexity of [Adorno's] theoretical-practical stance, which acknowledges the importance of empirical research without accepting its autonomy, its claimed disinterestedness, or its uncritical constructions" (2009, 8). Zu Adornos Beitrag zur Autoritarismusstudie vgl. Jenemann (2007, 1–46). Jay sieht Adornos Mitarbeit an dieser Studie als prägend (1985, 125–126); ebenso Claussen, der Adornos Gebrauch empirischer Methoden ein Mittel zur Befreiung der Philosophie von Dogmatismus attestiert (2006, 7). Wheatland beleuchtet den historischen Hintergrund der Autoritarismusstudie durch bisher unerschlossene Quellen (2009, 227–263). Kritisch über Adornos interpretative Überheblichkeit Jäger (2003, 195–205).

Die Frage nun, was genau Adorno an der Verwendung empirischer Methoden befürworten konnte, wird zunächst keine eindeutige Antwort finden.[7] Ungleich leichter zu begreifen und mit dem gängigen Verständnis von Adornos kritischer Theorie in Einklang zu bringen, ist die andere Seite seiner Position: die Kritik an den in Amerika verwendeten Methoden. Sie richtet sich in erster Linie gegen einen falschen Begriff der Objektivität: „die Vorstellung, Wahrheit sei, was nach Abzug der vorgeblich bloßen subjektiven Zutat, einer Art von Gestehungskosten, übrigbleibt" (2018c, 211). Falsch sei diese Vorstellung, weil Subjekt und Objekt, Individuum und Gesellschaft de facto „wechselseitig durcheinander vermittelt" seien (Adorno 2018a, 742) – weder das eine noch das andere habe irgendeine Existenz für sich.[8] Der Versuch, den Gegenstand sozialwissenschaftlicher Untersuchung von allem Subjektiven zu reinigen, kann nur scheitern. Mehr noch: er sitzt einem Selbstbetrug auf. Das unumgänglich Subjektive eines jeden Erkenntnisvorgangs werde nicht vermieden, sondern nur verdrängt. Zudem verliert ein solcher Objektivismus das gesellschaftliche Ganze aus dem Blick, das ja an sich sowohl Subjektives als auch Objektives einschließt – oder vielmehr einschließen würde, wenn es denn ein wahres Ganzes wäre. Denn in Wirklichkeit, unter den Bedingungen der Tauschrationalität, mache die Gesellschaft kein solches Ganzes aus; das bekannte Diktum lautet ja: „Das Ganze ist das Unwahre" (Adorno 2018b, 55). Die Trennung des Subjekts vom Objekt, die sich ein unkritischer Empirismus erträumt, ist zwar nur Schein; nur ist dieser Schein auch, gerade dies zeige das Beispiel der amerikanischen Gesellschaft, Wirklichkeit, in Form einer real existierenden „Entzweiung des lebendigen Subjekts und der über den Subjekten waltenden und doch von ihnen herrührenden Objektivität" (Adorno 2018c, 44). Für Adorno gilt deshalb, dass Empirismus nur als Kritik überhaupt zur Erkenntnis beitragen kann – dass der einzige wahre Empirismus auch ein kritischer sein muss. Denn der Gegenstand, der erkannt werden soll, ist an sich inkohärent, kann gar nicht als Gegenstand begriffen werden, ohne seine Falschheit, seinen Scheincharakter ans Licht zu bringen. Wo die empirische Sozialwissenschaft einem von allem Subjektiven bereinigten ‚Objektiven' nachstrebt, verdopple sie nur die beschädigte Gesellschaft, statt sie zu erkennen.

Aus dieser Kritik an einer Tendenz der sozialwissenschaftlichen Empirie, wie Adorno ihr in Amerika zunächst begegnete, folgt aber auch eine ebenso radikale Kritik an deren vermeintlich Anderem, nämlich an der geisteswissenschaftlichen

---

[7] Sobald es darum geht, worin genau Adorno den Nutzen empirischer Verfahren sah, findet man typischerweise eher wenig aussagekräftige, qualifizierende Einschränkungen. So lesen wir etwa bei Jay etwas lapidar: „Adorno [...] cautiously defended the usefulness of public opinion research" (1985, 124).

[8] Man vergleiche auch das späte Epilegomenon „Zu Subjekt und Objekt" (2018a, 741–758).

Sozialforschung europäischer Provenienz. Auch sie habe das Ganze aus dem Blick verloren, indem sie Begrifflichkeiten herauslöse und für sich setze, die nur Sinn hatten im Kontext einer Philosophie, der wie noch bei Hegel das ganze positive Wissen zur Verfügung stand. „Als aber Begriffe wie der des Geistes aus ihrem Zusammenhang und aus der Beziehung zum Material herausgesprengt waren", erklärt 1951 der aus Amerika zurückkehrende Adorno auf einer Weinheimer Konferenz zur empirischen Sozialforschung, „wurden sie erst isoliert, dann absolut gesetzt, schließlich zu Fetischen, zu Werkzeugen des Obskurantismus" (2018c, 480)[9]. Als Beispiele nennt Adorno Ferdinand Tönnies' Begriffspolarität von Gemeinschaft und Gesellschaft, die, sobald sie zu ausschließlichen Klassifizierungsprinzipien erhoben wurde, dem ideologischen Missbrauch schutzlos ausgeliefert war sowie Begriffe wie „Bodenverbundenheit" (Adorno 2018c, 481) oder „der bäuerliche Mensch" in der Agrarsoziologie (Adorno 2018c, 482). Solchen Begriffen fehle sowohl jede Systematik als auch jeder Bezug zu einem spezifischen „Erfahrungsinhalt" (Adorno 2018c, 480) – sie seien also weder theoretisch noch empirisch fundiert.

Erst vor dem Hintergrund dieser Kritik an der geisteswissenschaftlich verfahrenden Soziologie wird Adornos Befürwortung empirischer Methoden verständlich. In ihnen nämlich sieht er bemerkenswerterweise ein Korrektiv der Verabsolutierung von Begriffen, die ihren Bezug zur sozialen Wirklichkeit verloren haben. Sie dienen als Gegenmittel zu dem „Platonische[n] Hochmut", wie es an einer Stelle heißt (Adorno 2018c, 215), mit dem die soziale Wirklichkeit so gerne den eigenen Begriffen unterworfen werde. „Soziologie ist keine Geisteswissenschaft" (Adorno 2018c, 481), erklärt er den in Deutschland gebliebenen Kollegen auf der Weinheimer Konferenz.[10] Der Gebrauch der Empirie, wie ihn Adorno jetzt einfordert, weicht allerdings in wesentlichen Hinsichten von den gängigen Methoden der empirischen Sozialwissenschaft ab.[11] Objektivität – verstanden als das vom Subjektiven Gereinigte – wird aus den dargestellten Gründen gerade nicht angestrebt. Das heißt insbesondere, dass die empirischen Befunde nicht dazu dienen sollen, die sozialwissenschaftlichen Begriffe, also die Theorie, zu ‚belegen' – sei es, um sie zu verifizieren, sei es, um sie zu widerlegen. Denn das würde die Absonderung von Denken und Wirklichkeit, Theorie und Erfahrung nur fest-

---

[9] Der ursprüngliche Vortrag ist dokumentiert in Adorno (1962 [1952], 29).
[10] Vgl. auch Adorno (1962 [1952], 30). – Der Status von Adornos Amerikabild wird kontrovers diskutiert. So meint etwa Claus Offe, Adorno habe zwei Amerikabilder gezeichnet, die weder stimmten noch zueinander passten (2005, 92). Gegen diese Sicht argumentieren Berman und Plass (2009) sowie Mariotti (2016, 15).
[11] Was besonders an der Kritik an der Autoritarismusstudie aus empirischer Sicht deutlich wird; vgl. McKinney (2019 [1973]).

schreiben. „Alles kommt darauf an", hieß es in seinem Weinheimer Eröffnungsvortrag, „ob die Theorie dogmatisch, unvermittelt, gewissermaßen von oben her den Fakten oktroyiert, oder ob zwischen ihr und den Erhebungsbefunden eine zwingende wechselfältige Beziehung hergestellt wird" (Adorno 2018c, 486; vgl. Adorno 1962, 34). Eine solche paritätische, also nicht-hierarchische Beziehung von Befund und Theorie ist für Adorno nur dann gegeben – dieser Eindruck drängt sich nach der Lektüre der einschlägigen Texte auf[12] –, wenn die beiden Pole gerade nicht zur Übereinstimmung gebracht werden, sondern vielmehr ihre Nichtvereinbarkeit selbst in den Blick genommen wird: als Symptom oder Indiz einer Gesellschaft, die an sich kein Ganzes ausmacht. In einer Gesellschaft, „die ihre Einheit daran hat, nicht einheitlich zu sein" (Adorno 2018c, 44), in der jeder nur ein instrumentelles, zweckrationales, letztlich asoziales Verhältnis zu anderen hat, lässt sich keine kohärente Identität, weder des Individuums noch seiner asozialen Gesellschaft, überhaupt ausmachen. Wenn die empirischen Verfahren, wie Adorno sie sich vorstellt, auf diese Inkohärenz hindeuten, dann zeitigen auch diese, wenn Adorno dies auch nicht *expressis verbis* sagt, eine Begegnung mit dem „Nichtidentischen" – also gerade die Begegnung, die die Adornorezeption für gewöhnlich nur in der ästhetischen Erfahrung realisiert sieht.[13] Empirischer Befund und theoretische Erklärung können für Adorno in der beschädigten Gesellschaft nie übereinstimmen, ebenso wenig wie das Allgemeine unter den Bedingungen der Tauschrationalität je dem Besonderen gerecht werden kann. Empirische Untersuchungen werden individueller Erfahrung somit nur darin gerecht, dass sie jeweils andere Aspekte der gegenwärtigen Unmöglichkeit just dieser Erfahrung, andere Aspekte der Unvereinbarkeit von Subjekt und Objekt,

---

12 Vgl. insbesondere „Zum Verhältnis von Soziologie und Psychologie" (Adorno 2018c, 42–85); „Soziologie und empirische Forschung" (Adorno 2018c, 196–216); „Zur gegenwärtigen Stellung der empirischen Sozialforschung in Deutschland" (Adorno 2018c, 478–493); und „Meinungsforschung und Öffentlichkeit" (Adorno 2018c, 532–537). Vgl. auch Adornos unterdrücktes, erst posthum veröffentlichtes Vorwort zu *The Authoritarian Personality*, in dem er seine Vorbehalte gegen die in der Studie verwendeten Methoden vorbringt und damit gleichsam das ganze Projekt von vornherein disqualifiziert: „Remarks on the *Authoritarian Personality*" (Adorno et al. 2019 [1950], XLI–LXVI). Zum Belang von Adornos Kritik im Kontext amerikanischer empirischer Soziologie vgl. die Vorbemerkung von Perrin und Jarko zu ihrer Übersetzung von Adornos „Meinungsforschung und Öffentlichkeit" (Adorno 2005, 116–120).
13 Zwei Ausnahmen sind Bernsteins Studie, die versucht zu zeigen, inwiefern für Adorno auch Alltagserfahrung – also gerade die ‚geringfügigen Vorgänge', um die es auch mir gehen wird – die gleiche metaphysische Bedeutung annehmen können wie die großen Kunstwerke der Moderne (2001, 437–451) sowie Shannon Mariottis *Adorno and Democracy*, die ebenfalls den Alltag als Kontext für die Erfahrung des Nichtidentischen herausarbeitet (2016, 60–62).

Individuum und Gesellschaft, Besonderem und Allgemeinem in der verwalteten Welt aufleuchten lassen.

3 Anekdote

Schaut man sich nun Adornos tatsächlichen Umgang mit der sozialwissenschaftlichen Empirie in dem von ihm bearbeiteten Teil der *Authoritarian Personality* genauer an, fällt nun zweierlei auf: zum einen, dass das Befundmaterial, nämlich Zitate aus Interview-Protokollen mit diversen Probanden aus der von den Berkeley Kollegen durchgeführten Befragungen, zu einem erheblichen Teil die Form von Anekdoten annimmt; und zweitens, dass von einem paritätischen Verhältnis von Befund und Theorie in keiner Weise die Rede sein kann. Vielmehr werden die von den Probanden erzählten Begebenheiten – ein angehender Zahnarzt, der stolz erzählt, wie er einmal einen jüdischen Verkäufer um $100 geprellt hat („That was a case where I out-Jewed a Jew", Adorno et al. 2019 [1950], 636); eine junge Frau, die den Heiratsantrag ihres Freundes wortlos ausschlägt, weil er ihr zugleich eröffnet, dass er Jude sei („She just sat there without saying a word – and that was his answer", Adorno et al. 2019 [1950], 642) – unvermittelt der theoretischen Erklärung untergeordnet, während die Selbsterklärungen der Probanden restlos ihrem falschen Bewusstsein zugeschrieben werden. Wie mit der Anekdote aus dem Radioprojekt („are you an extrovert or an introvert?") wird hier immer wieder, wenn auch in immer anderen und durchaus interessanten Varianten, die Beschädigung der Individuen, das Ausbleiben von wirklicher Erfahrung, d. h. von Empirie selbst festgestellt. Um der Verbreitung antisemitischer Ideen entgegenzuwirken, heißt es an einer Stelle, helfe es nicht, die Vorurteile mit der Realität zu konfrontieren: denn erst müsse man die Fähigkeit zur Erfahrung dieser Realität überhaupt rehabilitieren. „One [...] has to reconstitute the capacity for *having* experiences" (Adorno et al. 2019 [1950], 617).[14] Man versteht, warum man sich an Adornos überheblichem Umgang mit dem Interviewmaterial stören kann (Jäger 2003, 203–205). Die Diskrepanz von Gesellschaft und Individuum, Objekt und Subjekt, Allgemeinem und Besonderem wird hier, eine andere Sicht scheint kaum möglich, von der Seite des Allgemeinen, der Theorie her beobachtet. Damit schiene die Theorie, statt der Diskrepanz zwischen Allgemeinem und Besonderem etwas Kritisches entgegenzusetzen, diese vielmehr zu zementieren.

---

14 Zu Adorno und Horkheimers langsamer Hinwendung zur Erforschung des Antisemitismus und deren Bedeutung im Rahmen der Kritischen Theorie vgl. Jay (1985, 90–100).

Umso interessanter ist die Frage, wie es sich mit den anekdotischen Resten verhält, die in den *Minima Moralia* in großer Zahl vorkommen. In der Widmung an Horkheimer ist Adorno bemüht, das Subjektive des ganzen Unternehmens zu rechtfertigen: versucht werde, „Momente der gemeinsamen Philosophie von subjektiver Erfahrung her darzustellen" unter „Verzicht auf expliziten theoretischen Zusammenhang" (2018b, 17). Umgekehrt in der Vorrede, die Adorno für *The Authoritarian Study* vorgesehen hatte: Dort nämlich bemängelt er den ausschließlichen Fokus der Studie auf das Subjekt, also auf das, was die Befragten von sich geben, und wohl dann auch, was sie erzählen, ihre Anekdoten. Die eigentliche Quelle von Vorurteilen sei nicht nur im Subjekt selbst zu suchen, sondern vor allem in den „objective social forces which produce and reproduce bigotry, such as economic and historical determinants" (Adorno et al. 2019 [1952], xlii).[15] In den *Minima Moralia* nun werden diese Vorbehalte gegen den Fokus auf das Subjekt gewissermaßen auf den Kopf gestellt. Gerade *weil* das Individuum seine Individualität, seine Differenz eingebüßt habe – „die Gesellschaft ist wesentlich die Substanz des Individuums" (2018b, 16) –, könne seine Erfahrung zur Erkenntnis beitragen:

> Im Zeitalter seines Zerfalls trägt die Erfahrung des Individuums von sich und dem, was ihm widerfährt, nochmals zu einer Erkenntnis bei, die von ihm bloß verdeckt war, solange es als herrschende Kategorie ungebrochen positiv sich auslegte. Angesichts der totalitären Einigkeit, welche die Ausmerzung der Differenz unmittelbar als Sinn ausschreit, mag temporär etwas sogar von der befreienden gesellschaftlichen Kraft in die Sphäre des Individuellen sich zusammengezogen haben. In ihr verweilt die kritische Theorie nicht nur mit schlechtem Gewissen. (Adorno 2018b, 16)

So ganz einleuchtend ist dieses Argument freilich nicht.[16] In der Autoritarismusstudie galten die Meinungen, Überzeugungen und nicht zuletzt die Anekdoten der Teilnehmer, solange sie nicht durch die Einsicht in die bestimmenden „social factors" (Adorno et al. 2019 [1950], xlii), also durch das Objektive konterkariert wurden, gerade nicht als Quelle der Erkenntnis. In den *Minima Moralia*

---

15 Dieser Fokus auf die ‚Reaktionen' unter Vernachlässigung der ‚Stimuli', etwa der Meinungsmache durch die Medien, den Adorno hier bemängelt, ist genau das, was er in dem späten Rückblick auf seine Erfahrungen mit amerikanischen Methoden so entschieden kritisiert: „Ich sträube mich dagegen, Wirkungen zu konstatieren und zu messen, ohne sie in Beziehung auf jene ‚Stimuli', nämlich die Objektivität dessen zu setzen, worauf die Konsumenten der Kulturindustrie [...] reagieren." (2018a, 708) Zu diesem Aspekt von Adornos Kritik an der Öffentlichkeitsforschung vgl. Klingen (2008, 154–156).
16 Besonders wenig überzeugt vom Erfolg dieses Projekts zeigt sich Norberg, der dabei auch diese Stelle hervorhebt (2011, 402).

dagegen soll die subjektive Erfahrung auch ohne jeden „expliziten theoretischen Zusammenhang" zur Erkenntnis beitragen (Adorno 2018b, 17). Warum hier so und dort anders? Es handelt sich ja in beiden Fällen um ‚beschädigte Individuen', um das Individuum im „Zeitalter seines Zerfalls"; im zweiten Falle nur wird dieser Beschädigung attestiert, gerade aus *ihr* lasse sich besonders viel sowohl über das Individuelle als auch über das Gesellschaftliche entnehmen. Naheliegend wäre der Verdacht, Adorno behandele seinen persönlichen Fall als Ausnahme – als sei er allein fähig, die eigene ‚Beschädigung' angemessen zu reflektieren und zu objektivieren.[17] Doch dieser Schluss ist nicht zwingend. Denn die *Minima Moralia* unterscheiden sich von der Autoritarismusstudie nicht allein dadurch, dass in ihr von den eigenen, in der Autoritarismusstudie von den Erfahrungen anderer berichtet wird. Sondern die beiden Projekte unterscheiden sich auch in ihrer Form: wo wir es in der Autoritarismusstudie mit Anekdoten zu tun haben, geht es im Falle der Aphorismen um anekdotische *Reste*. Dass Adornos Denken von der besonderen Verfassung seines Schreibens nicht zu trennen sei, ist überzeugend nachgewiesen worden (Richter 2006; 2019). Der Unterschied im Verhältnis von Empirie und Theorie im Falle der *Minima Moralia* mag also auch mit dieser besonderen Form des Erzählens zu tun haben.

4 Anekdotischer Rest: „Golden Gate"

Zur Erkundung dieser Hypothese sei ein eher selten kommentierter Aphorismus aus dem dritten Teil einer näheren Betrachtung unterzogen. Der anekdotische Rest, um den es in diesem Fall geht, ist im Unterschied zu den eingangs zitierten kein geringfügiger Vorgang, auch kein Personenporträt, sondern verarbeitet vielmehr eines jener Mikronarrative im oben genannten Sinn. Es geht dabei um eine durchaus gewöhnliche Geschichte verschmähter Liebe:

> *Golden Gate.* – Dem Gekränkten, Zurückgesetzten geht etwas auf, so grell wie heftige Schmerzen den eigenen Leib beleuchten. Er erkennt, daß im Innersten der verblendeten Liebe, die nichts davon weiß und nichts wissen darf, die Forderung des Unverblendeten lebt. Ihm geschah unrecht; daraus leitet er den Anspruch des Rechts ab und muß ihn zugleich verwerfen, denn was er wünscht, kann nur aus Freiheit kommen. (Adorno 2018b, 187)

---

[17] Dass Adorno sein eigenes Exil als paradigmatisch für das beschädigte Leben im Spätkapitalismus hinstellt, ist ein Topos der Forschung. Vgl. etwa Jay (1985, 137); Rosenthal (2013, 60); Geulen (2015, 59); Huyssen (2015, 280–281). – Zu Adornos komplexer Haltung gegenüber der Authentizität bzw. Inauthentizität des Selbst vgl. Jay (2006).

Eine unglückliche Liebesgeschichte also: Ein Liebender wird durch Zurückweisung gekränkt und leidet. Das Narrativ ist hier so stark reduziert, dass es in zwei Partizipien bereits auserzählt ist: „Dem Gekränkten, Zurückgesetzten". Denn kaum hat Adorno die Geschichte mit diesen beiden Perfektformen abgefertigt, geht er dazu über, sie zu deuten. Mit der Schamlosigkeit, an der so viele Leser der *Minima Moralia* Anstoß genommen haben und deren abgründige Struktur für die besondere Leistung des Buches insgesamt bestimmend sein mag (Geulen 2001), beutet Adorno das subjektiv Erlebte unvermittelt für die Erkenntnis aus. Über das Leiden des Gekränkten hören wir nichts. Denn die „Schmerzen", von denen gleich zu Anfang die Rede ist und die man geneigt wäre, als die des ‚Protagonisten' aufzufassen, sind – schaut man sich den Satz genauer an – lediglich eine Metapher, ein bloßes Vehikel eines Vergleichs. Eines Vergleichs zudem, der sich nicht auf das erlebende Individuum, auch nicht auf seine Erfahrung, sondern auf seine Erkenntnis bezieht: nicht, was dem „Zurückgesetzten" widerfährt, sondern was ihm *aufgeht* ist es, was „so grell wie heftige Schmerzen den eigenen Leib beleuchte[t]". Eigentlich ist der namenlose Protagonist dieser auf einen narrativen Rumpf reduzierten Erzählung doppelt gekränkt: einmal durch die Geliebte, die ihn abweist, und einmal durch den Aphoristen Adorno, der kein Wort über sein Erlebnis verliert und es ohne Umschweife in abstrakte Erkenntnis überführt. Der Zurückgesetzte „erkennt", und was er erkennt, ist von weitreichender, allgemeiner Bedeutung. In dem „Verblendeten" nämlich – der sich bloß *einbildet*, seine Liebe werde erwidert – lebt die Forderung des „Unverblendeten", also dessen, der in das Glück erwiderter Liebe kommt. Das Recht des Zurückgesetzten wäre also dasselbe wie das des glücklich liebenden Liebhabers. Aber dieses Recht ist keines. Denn, und das muss der Zurückgesetzte mit derselben Konsequenz erkennen wie sein Recht auf Liebe: was er sich wünscht, gibt es nur als freiwillige Gabe – also gerade als das, worauf kein Rechtsanspruch besteht. Dem Gekränkten geht also ein realer Widerspruch auf: der einer unhintergehbaren Unvereinbarkeit des Anspruchs auf Liebe mit der Liebe selbst.

Diese an sich durchaus banale Unvereinbarkeit – denn wer kennt sie nicht? – nimmt man in der Regel als Faktum, ja als ontologisch gegeben hin, ohne weiter darüber nachzusinnen. Es sei denn, man ist eine Figur des Marquis de Sade[18],

---

18 „S'il devient donc incontestable que nous ayons reçu de la nature le droit d'exprimer nos vœux indifféremment à toutes les femmes, il le devient de même que nous avons celui de l'obliger de se soumettre à nos vœux, non pas exclusivement, je me contrarierais, mais momentanément." (Sade 1795, 117) – In diesem 1795 erschienenen Text begründet Sades Figur das vermeintliche Menschenrecht auf den Körper der Frau mit den Prinzipien der Revolution: Eben weil der Mensch nie Besitz eines anderen sein könne, dürfe sich keine Frau einem einzigen vergeben. Freilich geht das Argument nur unter der Voraussetzung auf, dass die Frauen insgesamt der Besitz der Männer

oder etwa Anhänger der „involuntary celebates" oder „incels", die aus männlich-hegemonialem Ressentiment ein Recht auf Sex für sich beanspruchen, während sie allem Anschein nach im Internet ein einsames Dasein fristen. Das ist aber kein Beweis dafür, dass dieses ‚Faktum' nicht wie alles andere gesellschaftlich vermittelt und deshalb der Kritik fähig ist, ja ihrer bedarf. Adorno ist weder Sadist noch Incel, im Gegenteil: Der Aphorist insistiert hier nachdrücklich auf dem Widerspruch, über den sich jene in geradezu egomanem Wahn hinwegsetzen wollen. Doch die Unvereinbarkeit von Liebe und Liebesanspruch ist für Adorno nicht einfach ontologisches Faktum, sondern vielmehr signifikant, nämlich als Indiz einer Schieflage in der erotischen Dimension des real existierenden, sozialen Lebens – und, darüber hinaus, im Verhältnis des Individuums zur Gesellschaft, Subjekt zum Objekt, von Besonderem und Allgemeinem überhaupt. In einem thematisch eng verwandten Aphorismus aus dem ersten Teil, „Moral und Zeitordnung", will Adorno zeigen, dass gerade *die* Liebenden, die sich dem Prinzip des Warentausches am entschiedensten zu widersetzen scheinen – die nämlich, die sich aus Treue zum Ersten jedem anderen, wie begehrenswert er auch sei, versagen –, de facto den geliebten Anderen zum Austauschbaren, zur Ware herabsetzen. Als der, der nicht ausgetauscht wird, ist er auch das, was sich austauschen ließe – Besitz. „Was ist, wird in Beziehung zu seinem möglichen Nichtsein erfahren. [...] Einmal ganz Besitz geworden, wird der geliebte Mensch eigentlich gar nicht mehr angesehen" (Adorno 2018b, 89). Je mehr die Liebe sich an das Besondere des Anderen klammere, an „dies eine so Seiende" (Adorno 2018b, 89), desto mehr verrate sie dieses Besondere ans Allgemeine, Abstrakte, eben ans Austauschbare. So übertrieben oder gar pervers nun diese Pauschalkritik an der monogamen Liebe erscheinen muss, sie erlaubt – und darin mag sie ihre alleinige Funktion haben – durch Negation ein utopisches Bild zu entwerfen. Dieses fällt dann auch ebenso übertrieben glückselig aus wie die Karikatur der Zweisamkeit grotesk erschien. Es ist das eines Lebens, in dem jedes Individuum vor jeder Untreue gefeit wäre, allein kraft seiner Differenz zu jedem anderen:

> Wären Menschen kein Besitz mehr, so könnten sie auch nicht mehr vertauscht werden. Die wahre Neigung wäre eine, die den anderen spezifisch anspricht, an geliebte Züge sich heftet und nicht ans Idol der Persönlichkeit, die Spiegelung von Besitz. [...] Der Schutz des ganz Bestimmten ist, daß es nicht wiederholt werden kann, und eben darum duldet es das andere. (Adorno 2018b, 89)

---

seien. – Es wäre eine wertvolle Aufgabe, den Beziehungen dieser beiden Aphorismen zu dem Text von Sade, über den Horkheimer und Adorno zeitgleich arbeiteten – ihm ist der lange zweite Exkurs in der *Dialektik der Aufklärung* gewidmet (Horkheimer und Adorno 1986 [1947], 88–127) – genauer nachzugehen. Die Rede von einem „Menschenrecht[]" auf Liebeserwiderung dürfte durch die Lektüre von Sade suggeriert worden sein.

Das Thema der erotischen Liebe behält hier zwar ihre Spezifik, sie ist aber zugleich Indiz eines allgemeineren Missstands, dessen nämlich, der jede wahre Individualität durch die Tauschrationalität des Spätkapitalismus verunmöglicht. An der allzu überzeichneten Schilderung der Untreue durch Treue soll etwas über das Unsinnige einer Vernunft erahnt werden, die nur zu begreifen vermag, was sich vergleichen und austauschen ließe. Man darf sich durch die Geste der Übertreibung nicht irritieren lassen.[19] So unvorstellbar eine Liebe sein mag, in der man den anderen nicht als Rivalen erleben müsste, weil man sich in seiner Einzigartigkeit geliebt wüßte, so unvorstellbar wäre ein gesellschaftlicher Zustand, „in dem man ohne Angst verschieden sein kann" (Adorno 2018b, 116), das heißt ein wirklich und nicht nur scheinbar emanzipierter gesellschaftlicher Zustand. Was uns Adorno in „Moral und Zeitordnung" präsentiert, ist eine Gleichung mit zwei Unbekannten. Die Übertreibung dient dazu, und nur so wird man ihr gerecht, die Variablen der ins Utopische deutenden Gleichung als tatsächlich unbekannt zu markieren, sie vor dem Übergriff des vermeintlichen Verstehens zu schützen.[20]

Mit der absurden Forderung des „Gekränkten" aus „Golden Gate" auf Erwiderung seiner Liebe verhält es sich ähnlich. Sie weist kraft ihrer Unsinnigkeit ins Unvorstellbare eines gänzlich anderen Zustands:

> In der Sinnlosigkeit des Entzuges bekommt er das Unwahre aller bloß individuellen Erfüllung zu spüren. Damit aber erwacht er zum paradoxen Bewußtsein des Allgemeinen: des unveräußerlichen und unklagbaren Menschenrechtes, von der Geliebten geliebt zu werden. Mit seiner auf keinen Titel und Anspruch gegründeten Bitte um Gewährung appelliert er an eine unbekannte Instanz, die aus Gnade ihm zuspricht, was ihm gehört und doch nicht gehört. Das Geheimnis der Gerechtigkeit in der Liebe ist die Aufhebung des Rechts, auf die Liebe mit sprachloser Gebärde deutet. „So muß übervorteilt / Albern doch überall sein die Liebe." (Adorno 2018b, 187)

Das Zitat aus „Thränen", einer späten Ode Hölderlins, lange abgetan als Produkt seiner beginnenden Geistesverwirrung (Bennholdt-Thomsen 2011, 336), unterstreicht, wie befremdend diese utopische Vision denen erscheinen muss, die noch bei Sinnen sind – oder vielmehr bei den unsinnigen Sinnen einer Vernunft, die nur denken kann, was sich gegeneinander abgleichen, auf ein gemeinsames

---

[19] Die Funktion der Übertreibung als einer bewusst eingesetzten Technik bei Adorno erläutert sehr erhellend Düttmann (2004b, 50–55; Düttmann 2004a, 242–247). Vgl. auch an Düttmann anknüpfend Huyssen (2015, 279–280). Eng verwandt mit der Technik der Übertreibung ist Adornos Einsatz von ‚Drastik', wie ihn Burkhardt Lindner herausgearbeitet hat (1980, 286).
[20] Gerhard Richter hat überzeugend die Funktion des Utopischen bei Adorno darin gesehen, einen Ausweg aus der Verwicklung der Kultur und des Denkens in den Barbarismus der spätkapitalistischen Gesellschaft zu finden; vgl. Richter (2007, 189–190).

Drittes, Allgemeines beziehen, also der Warenform gemäß abstrahieren lässt. Die Absurdität eines solchen Allgemeinen, wie es die durch und durch tauschrational bestimmte, also verzerrte Moderne überhaupt zu denken vermag, wird in der eines vermeintlichen „Menschenrechtes" auf Liebe widerspiegelt. Ein solches Recht wäre sowohl „unveräußerlich[]" als auch „unklagbar[]", heißt es hier. Letzteres, heute kaum gebräuchliches Wort schließt in seinem Gegensinn den ganzen Widerspruch in sich ein, bedeutet es doch einerseits „so beschaffen, dasz man deswegen nicht bei gericht klagen kann", also ‚uneinklagbar', als auch „irreprehensus, crimine carens, innocens, inaccusabilis", also unschuldig, ohne Makel, über jeden Vorwurf erhaben (Grimm 1854–1961, Sp. 1090). Erst die wirkliche Liebe wäre eine, die weder allgemein – also jedem unterschiedslos gewährt – noch besonders – also jedem außer dem einen versagt –, sondern überhaupt nicht der Logik, der Unterscheidung des Allgemeinen und des Besonderen unterworfen wäre, weil sie Menschen gelte, die nicht mehr vertauscht, nicht mehr verglichen und sich daher in ihrer jeweiligen, unwiederholbaren Differenz geliebt wüssten. Die kleine Geschichte einer unglücklichen Liebe dient nicht nur zur Illustration der Verdinglichung, vor der in der Ära des Spätkapitalismus auch die intimste Privatsphäre nicht gefeit ist. Sondern sie zeigt zugleich, wie diese Beschädigung auch das Denken und die Logik selbst affiziert. Auch als logische Form, als *Begriff* ist das Allgemeine, und mit ihm das Besondere, kein Gegebenes, sondern ein gesellschaftlich Vermitteltes und damit auch geschichtlich Wandelbares.

5 Weder allgemein noch besonders: Adorno ohne Adorno

In der kleinen Geschichte des Zurückgesetzten, die in „Golden Gate" summarisch 'erzählt' und ausgedeutet wird, meint nun die Adorno-Biografie ein autobiographisches Erlebnis ausmachen zu können. Der Gekränkte sei Adorno selbst. So lesen wir bei Stefan Müller-Doohm, dass eine Anzahl von Aphorismen im dritten Teil, darunter auch dieser, den „persönliche[n] Versuch Adornos" darstellen, die eigenen „unglücklichen Liebesbeziehungen zu verarbeiten" (Müller-Doohm 2003, 467). Es handelt sich um Affären aus der kalifornischen Zeit, über die seine Freunde im Bilde waren und die er auch seiner Frau gegenüber nicht verschwieg. Zu diesen zählte eine Liebschaft mit der Ehefrau eines mit Adorno befreundeten Arztes, Charlotte Alexander, mit der er regelmäßig bei seinen Reisen nach San Francisco im Zusammenhang seiner Mitarbeit am Autoritarismus-Projekt Umgang hatte. Der Titel „Golden Gate" dürfte auf diese Beziehung hindeuten, die unglücklich endete, als sich Charlotte Alexander einem Nebenbuhler zuwendete

(Müller-Doohm 2003, 462). Auch Alexander García Düttmann, als Adornokenner und Interpret unübertroffen, erklärt den rätselhaften Titel „Golden Gate" mit einem Verweis auf einen späten Brief Adornos, der den biographischen Hintergrund des Aphorismus aufkläre. Darin teilt Adorno seiner früheren Schülerin Elisabeth Lenk seine Eindrücke von einem ihrer Texte mit, den sie ihm kurz vorher im Manuskript zugesandt hatte, einem Nachwort zu einer Übersetzung von Louis Aragons surrealistischem Roman *Paysan de Paris*. Adorno zeigt sich von Lenks Text durchaus beeindruckt, nicht zuletzt deshalb, weil er bei ihm selbst Erlebtes „schockartig" wieder ins Gedächtnis gerufen habe:

> Der Text führt unmittelbar ins Zentrum der Dinge, um die Benjamin und ich jahrelang die intensivsten Gespräche hatten; Sie können sich vorstellen, wie sehr mich Ihr Text bewegte. Manches darin, wie Städte, und zwar im Zusammenhang mit erotischer Erfahrung, schockartig allegorisch zu werden beginnen, hat mich an eigene Erfahrung in abermals schockierender Weise gemahnt; der Schauplatz war freilich San Francisco und nicht Paris. Spuren davon finden sich im dritten Teil der „Minima Moralia". (Adorno und Lenk 2001, 163)

Düttmann findet hier die „Lösung des Rätsels" der Titelwahl von „Golden Gate" (2004b, 58). Allerdings geht es Düttmann gerade nicht um den biographischen Hintergrund, sondern um das „widerspenstige[] Verhältnis zwischen Titel und Text", das gewollt sei: „Es handelt sich um eine private Anspielung, die ohne Kenntnis der Umstände nur schwerlich als solche erkannt zu werden vermag" (2004b, 58). Dadurch, dass der Ursprung der geschilderten Erfahrung verborgen bleibe, könne sie sowohl „Erfahrung des einzelnen bleiben" als auch „offen sein für eine Art intuitives Wiedererkennen", dem Leser also zu seinem eigenen Gebrauch anheimgestellt werden. Adorno „verallgemeinert die ‚eigene Erfahrung', ohne sie zu verallgemeinern" (2004b, 58).

Dieses Ergebnis hat viel für sich. Attestiert wird dem Aphorismus nichts weniger als ein Ausweg aus der Logik des Allgemeinen und des Besonderen, also letztlich aus der Logik selbst. Allerdings ist nicht leicht nachvollziehbar, warum eine rätselhafte, „private Anspielung" diesen Effekt haben soll. Ein Rätsel, solange es ungelöst ist, bleibt bloß kryptisch; wird es gelöst, verliert es seine Unbestimmtheit. Die Erfahrung wird dann zu Adornos eigener, mithin zu einem Besonderen, das nur durch Verallgemeinerung zur Erkenntnis werden kann. Sollte der Aphorismus tatsächlich einen Ausweg aus der Logik des Allgemeinen und des Besonderen bieten, so dürfte diese Leistung weniger mit dem Rätselhaften als vielmehr mit einer ganz anderen Eigenschaft zusammenhängen.

Wie wir gesehen haben, wird der Aphorismus „Golden Gate" durch ein zwar extrem reduziertes, aber unverkennbar erzählerisches Element getragen. Einem solchen narrativen Reduktionismus – der „keusche[n] Gedrungenheit", mit welcher der vollkommene Erzähler seinen Bericht auf das Minimalste zu beschränken weiß –, schreibt nun Benjamin die besondere Wirkung zu, die er der Erzählung zuerkennt. Die Zurückhaltung des Erzählenden erlaube es nämlich, Erfahrung zu Gemeingut zu machen:

> [J]e natürlicher dem Erzählenden der Verzicht auf psychologische Schattierung vonstatten geht, desto größer wird ihre Anwartschaft auf einen Platz im Gedächtnis des Hörenden, desto vollkommener bilden sie sich seiner eigenen Erfahrung an, desto lieber wird er sie schließlich eines näheren oder ferneren Tages weitererzählen. (Benjamin 2019 [1936], 446)

Durch einen „Assimilationsprozeß, welcher sich in der Tiefe abspielt" (2019 [1936], 446), wie Benjamin den Vorgang beschreibt, werde also die in der Erzählung aufbewahrte Erfahrung zum gemeinsamen Besitz vom Erzähler und Hörer, oder man könnte auch sagen: Sie verliert ihren Status als Besitz, eignet nunmehr dem Hörenden nicht weniger als dem Erzählenden. Die Erzählung, so betrachtet, wäre das Gegenteil der Warenform, die nach Adorno der Tauschrationalität der verdinglichten Gesellschaft zugrunde liegt: Sie wird nicht getauscht, sondern geteilt; nicht verkauft, sondern übereignet. Die Erfahrung, die in der Erzählung aufbewahrt und weitergereicht wird, ist somit kein Besonderes, das erst durch Verallgemeinerung übertragen werden kann; vielmehr existiert sie *ab ovo* nur kraft ihrer Übereignung.

Benjamins „Erzähler"-Aufsatz nennt an keiner Stelle explizit die Form der Anekdote. Er entstand als Auftragsarbeit für ein Themenheft zu russischer Dichtung (Helmstetter 2008, 295–296). Aber gerade der Effekt der narrativen Zurückhaltung, des Verzichts auf Psychologie und Charakterzeichnung, auf „Information" (Benjamin 2019 [1936], 445), auf alles, was sich bei den Hörenden nicht erinnern und der eigenen Erfahrung ‚anbilden' lässt, zeigt er am Beispiel einer Anekdote aus Herodot und ihre Wiederaufnahme bei Montaigne („Herodot erklärt nichts. Sein Bericht ist der trockenste" [Benjamin 2019, 446]). Mit einem Hinweis auf die Etymologie von *anekdotos*, das „Nicht-Herausgegebene", bestimmt nun Thomas Schestag die Anekdote als eine Form, die preisgibt und zurückhält, die also sagt und sich zugleich versagt. Die Anekdote „hält nicht zurück, dass etwas zurückgehalten wird". Anekdota „enthüllen wiederholt, daß Dinge und Menschen ins buchstäblich *Anekdotische* verloren gehen: ein Verschwinden, über das auch die *Anekdota* – sie enthüllen genau das – keinen Aufschluß mehr geben können" (vgl. S. 37 in diesem Band).

Wenn also „Golden Gate" aus der Logik des Besonderen und Allgemeinen einen Ausweg findet, dürfte dies am ehesten mit der Art zu tun haben, wie hier erzählt wird – nämlich in einer extremen Reduktion auf einen anekdotischen

Rest.²¹ Mit ihr treibt Adorno die Erzählökonomie, deren Wirkung Benjamin aufzeigt, ins Extrem. Das Resultat sind Textelemente, die einerseits von persönlicher, individueller Erfahrung geradezu getränkt sind und deren Spezifik, wie oben ausgeführt, den unmissverständlichen Eindruck von selbst Erlebtem zeitigt, die aber andererseits so sehr aller charakterisierenden Details entkleidet sind, dass sie keine Personalisierung, also keinen Bezug auf eine bestimmte Person erlauben. Sie sind ebenso individuell wie anonym. Über den „Gekränkten, Zurückgesetzten" von „Golden Gate" lässt sich höchstens sagen, er sei Adorno unter Verzicht auf Adorno: besonders und allgemein zugleich.²² Denn von diesem, also dem uns durch die Biographik bekannten Adorno, wissen wir, dass er sich ganz und gar nicht verhalten hat, wie einer, dem eine Erkenntnis über den Widerspruch des Drangs nach Besitz in der Liebe aufgegangen ist. In der Charlotte Alexander-Affäre sei er, so werden wir informiert, ganz und gar nicht bereit gewesen, das Unrecht seines Anspruchs einzusehen – bis dahin, dass er intrigierte, um seinen Nebenbuhler vom Schauplatz des Geschehens entfernen zu lassen (Müller-Doohm 2003, 466). All das aber tut nichts zur Sache. Der ‚Gekränkte' des Aphorismus ist zwar eine autobiographische Figur. Das passt zur Anekdote, von der gezeigt werden konnte, dass sie ihre literarische Struktur im Kontext der Autobiographik gewinnt (Moser 2018). Aber das empirische Moment, das durch den Status der „eigenen Erfahrung" gesichert wird, ist losgelöst, gleichsam gereinigt von dem ‚Falschen', welches nach Adornos Verdikt jedem Leben in der verdinglichten Gesellschaft anhaftet. Was vor uns steht, ist ein auf das minimalste reduzierte Skelett einer Handlung, das auf alle und jeden passen könnte. Im Grunde wird nur ein Gefühl geschildert: das des Verlassenen, der spürt, dass sein Anspruch auf Erwiderung gerechtfertigt ist – und auch nicht. Die Widersprüchlichkeit dieses Gefühls, nicht der tatsächlich erfahrene Schmerz – denn von diesem wissen wir, dass er durch und durch ‚verfremdet' gewesen sein musste, ohne Anteil am ‚Wahren'– wird zum Indiz eines *falschen* Allgemeinen, deutet aber auch

---

21 Zur kritischen Potential von Adornos Wahl des ‚Kleinen' in den *Minima Moralia* vgl. Abensour (2003 [1982], 349–352).
22 Auf das Spannungsverhältnis einer Theorie, die sich jeder Inanspruchnahme von Beispielen zu enthalten hat, und der Verwendung der eigenen Biographie in den *Minima Moralia* als beispielhaft für das beschädigte Leben hat Eva Geulen hingewiesen: „Adorno presents his own individual fate as exile as exemplary, a lone example looking for others of its kind and unable to find them, insofar as Adorno's own, contingent and unique life figures there as *the* damaged life *par excellence*." (Geulen 2015, 59) Aber sieht man von all dem ab, was man aus den Biographien über Adornos Schicksal in Amerika erfahren kann, und hält sich allein an das, was er selbst in den *Minima Moralia* von sich preisgibt, so scheint am Ende sehr wenig Eigenes in dem Beispiel ‚Adorno' überlebt zu haben. Die Paradoxien eines beispiellosen Beispiels, die Geulen bei Adorno festmacht und um die es ihr in erster Linie geht, bewirken freilich am Ende just dies.

„mit sprachloser Gebärde" auf ein anderes, ganz und gar unvorstellbares, weder besonderes noch allgemeines, weder subjektives noch objektives menschliches Dasein.

Entscheidend für die Verarbeitung des persönlich Erlebten in diesem anekdotischen ‚Rest' ist somit die Tatsache, dass der Schluss vom Individuellen zum Allgemeinen das Verhältnis der beiden Pole nicht unverändert lässt. Das Allgemeine wird hier weder exemplifiziert noch belegt, geschweige denn symbolisiert oder bestätigt; vielmehr wird der ‚real existierende' Begriff des Allgemeinen selbst erschüttert und damit in Bewegung gesetzt. So schwer vorstellbar eine Liebe sein mag, die keine Ausschließlichkeits-, also Besitzansprüche erhebt, so schwer vorstellbar ist eine Gesellschaft, in der die individuelle Erfüllung nie auf Kosten anderer gehen würde. Erst in einer solchen hätte das individuell Erlebte, und mit ihm die Anekdote, Anteil am Wahren. Unterdessen, dies ist die Notlösung, die Adorno in den *Minima Moralia* erprobt, begnügt man sich mit den *Resten* dessen, was wahre Erfahrung, wahre Empirie sein könnte. Die Anekdote ereilt in den *Minima Moralia* dasselbe Geschick, das der Erfahrung selbst widerfährt: sie verkümmert. Nur unter dieser Bedingung kann sie zur Erkenntnis des Wahren beitragen. Was die Anekdote unter den gegebenen Bedingungen nicht zu leisten vermag, überlässt sie dem, was von ihr übrig bleibt – ihren Resten.

Literaturverzeichnis

Abensour, Miguel. „Postface: Le choix du petit" [1982]. *Theodor W. Adorno: Minima Moralia. Réflexions sur la vie mutilée.* Paris: Payot & Rivages, 2003. 335–354.

Adorno, Theodor W. „Zur gegenwärtigen Stellung der empirischen Sozialforschung in Deutschland" [1952]. *Empirische Sozialforschung. Meinungs- und Marktforschung: Methoden und Probleme* (= Wissenschaftlichen Schriftenreihe des Instituts zur Förderung öffentlicher Angelegenheiten, Bd. 3). Hg. Institut zur Förderung öffentlicher Angelegenheiten e.V. Tübingen und Neckar: Demokrit, 1962. 27–41.

Adorno, Theodor W. „Opinion Research and Publicness". Übers. Andrew J. Perrin und Lars Jarkko. *Sociological Theory* 23.1 (März 2005): 116–123.

Adorno, Theodor W. *Kulturkritik und Gesellschaft II* (= *Gesammelte Schriften*, Bd. 10.2). Hg. Rolf Tiedemann und Gretel Adorno. 7. Aufl. Frankfurt a. M.: Suhrkamp, 2018a.

Adorno, Theodor W. *Minima Moralia: Reflexionen aus dem beschädigten Leben* [1951] (= *Gesammelte Schriften*, Bd. 4). Hg. Rolf Tiedemann und Gretel Adorno. 11. Aufl. Frankfurt a. M.: Suhrkamp, 2018b.

Adorno, Theodor W. *Soziologische Schriften I* (= *Gesammelte Schriften*, Bd. 8). Hg. Rolf Tiedemann und Gretel Adorno. 4. Aufl. Frankfurt a. M.: Suhrkamp, 2018c.

Adorno, Theodor W. *Ästhetische Theorie* (= *Gesammelte Schriften*, Bd. 7). Hg. Rolf Tiedemann und Gretel Adorno. 7. Aufl. Frankfurt a. M.: Suhrkamp, 2019.

Adorno, Theodor W., Else Frenkel-Brunswik, Daniel J. Levinson und R. Nevitt Sanford. *The Authoritarian Personality* [1950]. London: Verso Books, 2019.

Adorno, Theodor W., und Elisabeth Lenk. *Briefwechsel 1962–1969*. Hg. Elisabeth Lenk. München: Edition Text + Kritik, 2001.

Bennholdt-Thomsen, Anke. „Nachtgesänge". *Hölderlin-Handbuch: Sonderausgabe*. Hg. Johann Kreuzer. [Ohne Ort:] Springer, 2011. 336–346.

Benjamin, Walter. „Der Erzähler: Betrachtungen zum Werk Nikolai Lesskows" [1936]. *Walter Benjamin: Gesammelte Schriften*. Bd. II.2. Hg. Rolf Tiedemann und Hermann Schweppenhäuser. 7. Aufl. Frankfurt a. M.: Suhrkamp, 2019. 438–465.

Berman, Russell A., und Ulrich Plass. „Introduction". *Adorno and America*. Hg. Russell A. Berman und Ulrich Plass. Themenheft von *Telos* 149 (2009): 3–5.

Bernstein, J. M. *Adorno: Disenchantment and Ethics*. Cambridge: Cambridge University Press, 2001.

Claussen, Detlev. „Intellectual Transfer: Theodor W. Adorno's American Experience". *New German Critique* 97 (2006): 5–14.

Düttmann, Alexander García. *Philosophie der Übertreibung*. Frankfurt a. M.: Suhrkamp, 2004a.

Düttmann, Alexander García. *So ist es: Ein philosophischer Kommentar zu Adornos 'Minima Moralia'*. Frankfurt a. M.: Suhrkamp, 2004b.

Geulen, Eva. „Mega Melancholia: Adorno's Minima Moralia". *Critical Theor:. Current State and Future Prospects*. Hg. Peter Uwe Hohendahl und Jaimey Fisher. Oxford: Berghahn Books, 2001. 49–68.

Geulen, Eva. „Without Example: Adorno". *Exemplarity and Singularity: Thinking through Particulars in Philosophy, Literature, and Law*. Hg. Michèle Lowrie und Susanne Lüdemann. Übers. Erica Weitzman. London und New York: Routledge, 2015. 58–67.

Gordon, Peter E. „Introduction." T. W. Adorno, Else Frenkel-Brunswik, Daniel J. Levinson und R. Nevitt Sanford. *The Autoritarian Personality* [1950]. London: Verso, 2019. xxiii–xl.

Grimm, Jacob, und Wilhelm Grimm. Art. „unklagbar". *Deutsches Wörterbuch von Jacob und Wilhelm Grimm*. 16 Bde. in 32 Teilbänden. Bd. 24. http://dwb.uni-trier.de. Leipzig 1854–1961. Sp. 1090 (8. September 2020).

Helmstetter, Rudolf. „Aus dem Bereich der lebendigen Rede entrückt: Walter Benjamins Erzählung vom Erzähler und die Mediengeschichte des Erzählens". *DVjs* 82 (2008): 291–321.

Hörisch, Jochen. *Es gibt (k)ein richtiges Leben im falschen*. Frankfurt a. M.: Suhrkamp, 2003.

Horkheimer, Max, und Theodor W. Adorno. *Dialektik der Aufklärung: Philosophische Fragmente* [1947]. Frankfurt a. M.: Fischer, 1986.

Huyssen, Andreas. *Miniature Metropolis: Literature in an Age of Photography and Film*. Cambridge, MA: Harvard University Press, 2015.

Jäger, Lorenz. *Adorno: Eine politische Biographie*. München: Pantheon, 2003.

Jameson, Frederic. *Late Marxism: Adorno or the Persistence of the Dialectic* [1990]. London und New York: Verso 2007.

Jay, Martin. *The Dialectical Imagination: A History of the Frankfurt School and the Institute of Social Research, 1923–1950*. Boston und Toronto: Little, Brown, 1973.

Jay, Martin. *Permanent Exiles: Essays on the Intellectual Migration from Germany to America*. New York: Columbia University Press, 1985.

Jay, Martin. „On the Stigma of Inauthenticity: Adorno's Critique of Genuineness". *New German Critique* 97 (2006): 15–30.

Jenemann, David. *Adorno in America:* Minneapolis: University of Minnesota Press, 2007.

Klingen, Henning. *Gefährdete Öffentlichkeit: Zur Verhältnisbestimmung von Politischer Theologie und medialer Öffentlichkeit*. Berlin: LIT, 2008.

Lindner, Burkhardt. „‚Il faut être absolument moderne.' Adornos Ästhetik: Ihr Konstruktionsprinzip und ihre Historizität". *Materialien zur Ästhetischen Theorie Theodor W. Adornos: Konstruktion der Moderne*. Hg. Burkhardt Lindner und Martin Lüdke. Frankfurt a. M.: Suhrkamp, 1980. 261–309.

Mariotti, Shannon L. „Damaged Life as Exuberant Vitality in America: Adorno, Alienation, and the Psychic Economy". *Adorno and America*. Hg. Russell A. Berman und Ulrich Plass. Themenheft von *Telos* 149 (2009): 169–190.

Mariotti, Shannon L. *Adorno and Democracy: The American Years*. Lexington, KY: University Press of Kentucky, 2016.

McKinney, David W. *The Authoritarian Personality Studies: An Inquiry into the Failure of Social Science Research to Produce Demonstrable Knowledge* [1973]. https://www.degruyter.com/document/doi/10.1515/9783111382425/html. Berlin und New York: De Gruyter, 2019 (15. Juli 2020).

Moser, Christian. „Kontingenz und Anschaulichkeit: Zur Funktion anekdotischen Erzählens in lebensgeschichtlichen Texten (Plutarch und Rousseau)". *Show, don't tell: Konzepte und Strategien anschaulichen Erzählens*. Hg. Tilmann Köppe und Rüdiger Singer. Bielefeld: Aisthesis, 2018. 57–82.

Müller-Doohm, Stefan. *Adorno: Eine Biographie*. Frankfurt a. M.: Suhrkamp, 2003.

Norberg, Jakob. „Minima Moralia and the Critique of Liberalism". *PMLA* 126 (2011): 398–411.

Offe, Claus. *Reflections on America: Toqueville, Weber and Adorno in the United States*. Übers. Patric Camiller. Malden, MA: Polity, 2005.

Rayman, Joshua. „Adorno's American Reception". *Adorno and America*. Hg. Russell A. Berman und Ulrich Plass. Themenheft von *Telos* 149 (2009): 6–29.

Richter, Gerhard. „Aesthetic Theory and Nonpropositional Truth Content in Adorno". *New German Critique* 97 (2006): 119–135.

Richter, Gerhard. *Thought-Images: Frankfurt School Writers' Reflections from Damaged Life*. Stanford, CA: Stanford University Press, 2007.

Richter, Gerhard. *Thinking with Adorno: The Uncoercive Gaze*. New York: Fordham University Press, 2019.

Rosenthal, Michael A. „Art and the Politics of the Desert: German Exiles in California and the Biblical ‚Bilderverbot'". *New German Critique* 118 (2013): 43–64.

Sade, Donatien Alphonse François de. *La philosophie dans le boudoir*. Bd. 2. London: 1795.

Schäfer, Rudolf. *Die Anekdote: Theorie, Analyse, Didaktik*. München: Oldenbourg, 1982.

Walter-Busch, Emil. *Geschichte der Frankfurter Schule: Kritische Theorie und Politik*. München: Wilhelm Fink, 2010.

Wheatland, Thomas. *The Frankfurt School in Exile*. Minneapolis, MN und London: University of Minnesota Press, 2009.

Rüdiger Zill
Von Fall zu Fall. Hans Blumenbergs Glossen zu Anekdoten

1 „Die Unverächtlichkeit der Anekdote"

So sehr Anekdoten schon den Anfang der professionellen Philosophiegeschichtsschreibung prägen – etwa bei Diogenes Laertios –, so sehr sind sie später in Verruf geraten. Denn schließlich soll die Geschichte der Philosophie das Entstehen von Gedanken, die Entfaltung von Problemen und die Entwicklung von Ideen nachvollziehen und nicht einfach lebensgeschichtliche Zufälle dokumentieren. Am deutlichsten wird das zweifellos bei Hegel, für den diese Geschichte das „System in der Entwicklung" darstellt (Hegel 1971, 477). Persönliches, wie es in Anekdoten überliefert wird, hat da, wo es um die Logik einer Sache geht, nichts zu suchen. Es erscheint deshalb fast wie ein ironischer Kommentar zu diesem Anspruch, wenn Friedrich Nietzsche, der nicht an die Aufhebung von Ideen im dialektisch dreifachen Sinne glaubt, erklärt, die historischen Systeme und die Lehrsätze, die sie postulierten, seien widerlegt, daher bliebe als einziges noch das, was sie von ihren Autoren überliefern: „Aus drei Anecdoten ist es möglich, das Bild eines Menschen zu geben; ich versuche es, aus jedem Systeme drei Anecdoten herauszuheben, und gebe das Uebrige preis" (Nietzsche 1988, 803).

Hans Blumenberg hat das in einem kurzen, bislang unveröffentlich gebliebenen Nachlassfragment unter dem Titel „Die Unverächtlichkeit der Anekdote" kommentiert und die Kritik an jener kleinen Form noch weiter in die Frühzeit der neuzeitlichen Philosophiegeschichtsschreibung verlegt:

> Die Geringschätzung der Anekdote als eines Inbegriffs von Unzuverlässigkeit der historischen Überlieferung hat Pierre Bayle mit dem großen kritischen Aufräumen unter den Quellen begründet. So viele kleine Wunder der Pointierung und der Koinzidenz durften nicht anders behandelt und geschont werden als die großen Wunder der Heiligen und ihrer Reliquien.
>
> Vollendet hat die Verächtlichkeit der Anekdote Hegel. In der Geschichte als dem großen Arbeitsvorgang des Begriffs hatte die biographische Müßigkeit keinen Platz und der Anspruch auf Vergnügen am tradierten Stöffchen kein Recht. Es wurde ernst mit der Philosophie und blieb es.
>
> Neuerdings wagen sich wieder einige hervor, die Philosophie betreiben – nicht „zum Vergnügen", das getrauen sie sich noch nicht –, aber doch „mit Vergnügen" als einer Zugabe, einem begleitenden und unverhofften Superadditum, vergleichbar jenen zwar nicht übernatürlichen, aber doch außernatürlichen Gaben, die die Theologen den ersten Bewohnern des Paradieses von Gott gegeben sein ließen: noch nicht Erlöste zu sein, dabei aber doch

einigermaßen Vergnügliche. Behagen schien am Anfang einmal erlaubt, wenn auch noch nicht das ganz große Erfüllungserlebnis, das dem status gloriae vorbehalten sein sollte, von dem ein Paradieseseingeborener nichts zu wissen brauchte.

Eine winzige Probe aufs Gesagte: Es hat Resonanz gefunden, den ernsthaften Adepten der Philosophie die Lektüre des Diogenes Laertius zu empfehlen – ganz nebenbei, versteht sich, und mit dem legitimierenden Hinweis, an diesen Autor unserer wichtigsten Quelle zu den Viten und Anekdoten der antiken Philosophen habe Friedrich Nietzsche den größten Teil seines Philologenlebens gewendet. Sollte es daher ein Vergnügen geblieben sein, den Philosophen Nietzsche zu lesen, auch wenn er gerade so grimmig die Welt und das Leben noch schwerer machen will, als sie es ohnehin schon sind?

Soweit zunächst Blumenbergs Glosse, aber das Typoskript wird später von ihm durch einen weiteren Absatz ergänzt:

> Mit der uns therapeutisch verordneten Lust am Unbehagen sieht man den impliziten Nietzsche-Leser registrieren, daß aus dem Vorhaben, die „Geburt der Tragödie" mit einer „Philosophie im tragischen Zeitalter der Griechen" zu vollenden, nichts publik geworden ist. Das mag ihn über den Skandal des Schlusses der entworfenen Vorrede hinwegtrösten, wo es heißt: „Aus drei Anekdoten ist es möglich, das Bild eines Menschen zu geben; ich versuche es, aus jedem Systeme drei Anekdoten herauszuheben, und gebe das übrige preis." Das wäre wohl die vollendete Auflehnung gegen die Monokratie des Begriffs geworden. Wir werden nie wissen, ob sie gelungen wäre. (Blumenberg, UNF 2241)[1]

Gegen die Monokratie des Begriffs will sich Blumenbergs „Theorie der Unbegrifflichkeit" generell auflehnen. Entstanden ist diese Theorie am Beispiel der Metapher, prominent dargelegt in den „Paradigmen zu einer Metaphorologie", die 1960 im *Archiv für Begriffsgeschichte* erschienen sind. Im Laufe der siebziger Jahre ist sie dann durch Analysen des Mythos und auch der Anekdote erweitert und schließlich auch auf eine Reihe anderer kleiner Formen wie etwa die Fabel übertragen worden. Indem der Bezugsrahmen der Metaphorologie auf eine generelle Theorie der Unbegrifflichkeit ausgedehnt wird, verliert das Projekt aber auch an hermeneutischer Trennschärfe.[2] Wo in dem frühen Text noch an der Bestimmung neuer Begriffe gefeilt wird, dominiert in den späteren Arbeiten

---

[1] Hans Blumenberg: Ms. „Die Unverächtlichkeit der Anekdote", UNF 2241, Deutsches Literaturarchiv Marbach, A:Blumenberg. Der letzte Absatz ist mit kleinerer Schreibmaschinentype angefügt, was auf eine nachträgliche Bearbeitung des Texts hinweist. Die zunächst verwendete Maschine ist die der Sekretärin, die nach Diktat Blumenbergs geschrieben hat; die Hinzufügung stammt aus der Maschine des Autors selbst. Hier ist das vollständige Typoskript zitiert. Ich danke Bettina Blumenberg und dem Deutschen Literaturarchiv Marbach für die Erlaubnis, aus dem unpublizierten Nachlass von Hans Blumenberg zitieren zu dürfen.
[2] Vgl. pars pro toto Blumenberg 1979, insbesondere das darin enthaltene theoretische Nachwort „Ausblick auf eine Theorie der Unbegrifflichkeit" (75–93).

wieder ein eher umgangssprachlicher Gebrauch der Worte. Und dies mit Bedacht, denn die entworfene „Theorie" fügt sich in ein generelles Konzept der Nachdenklichkeit ein, mit dem Blumenberg die Philosophie vor dem instrumentellen Zugriff eines definitorischen Denkens bewahren will.[3] Im Bereich von Fabel und Anekdote gehört unter anderem dazu, dass er strikt die Formulierung eines Epimythions ablehnt, weil er vor solch einem Abschluss der Interpretation zurückscheut und stattdessen für Offenheit und damit für eine potentielle Unendlichkeit der Auslegung plädiert. Irgendeine „Moral von der Geschicht", Fabeln meist von Anfang an „als das ihr vermeintlich abzulesende Resultat" beigegeben, sei nämlich „oft nicht nur ernüchternd, sondern bestürzend und quälend in seinem Unverstand. Obwohl fast keine dieser Lehren als ganz falsch bezeichnet werden kann, haben sie etwas eigentümlich und unerklärt Unpassendes an sich" (Blumenberg 1981, 60). Denn in der Regel enthält eine Fabel solch eine Tiefe, einen Reichtum an möglichen Bezügen und Deutungsmöglichkeiten, dass die Festlegung auf ein einziges Resultat die Geschichte verflacht und ihre alternativen Möglichkeiten abschneidet.

Ganz analog dazu sollen auch Anekdoten Ausgangspunkte von Assoziationen sein, von Interpretationen, die immer weiter voranschreiten. Das ist gerade deshalb möglich, weil für sie, obwohl von klar identifizierbaren, meist realen Personen handelnd, nicht von Bedeutung ist, ob sie wahr sind. Entscheidend ist vielmehr, dass sie Bedeutsamkeiten entfalten. Und diese Bedeutsamkeiten zeigen sie umso mehr, als sie nicht selten in ein ganzes Geflecht von Anekdoten eingebunden sind. Einzelne Anekdoten generieren so auch Subsidiär-, Gegen- und Folgeanekdoten. Zudem gibt es dabei dann umfangreiche unterirdische, metaphorische Verbindungen zwischen Anekdoten, also Interaktionen nicht nur innerhalb des Genres, sondern auch zwischen verschiedenen Formen der Unbegrifflichkeit.

2 Fallbeispiele

In einer von Blumenbergs astronoetischen Glossen heißt es: „Die Geschichte unserer Theorie vom Weltall beginnt mit einem Sturz und endet mit einem Sturz" (Blumenberg 1997, 220).

---

[3] Programmatisch formuliert ist dieses Konzept in der Dankesrede für den Sigmund-Freud-Preis für wissenschaftliche Prosa, vgl. Blumenberg 1981, 57–61. Verfügbar auch unter: https://www.deutscheakademie.de/de/auszeichnungen/sigmund-freud-preis/hans-blumenberg/dankrede (2. Dezember 2020).

Selbst wenn diese Rahmung ein bisschen viel Willen zur Bedeutsamkeit voraussetzt, so ist sie doch für Blumenberg bezeichnend. Was er im Sinn hat, sind zwei Fälle. Der erste ist der des vorsokratischen Philosophen Thales, der beim nächtlichen Beobachten der Sterne aus Unachtsamkeit in einen Brunnen stürzt und deshalb von einer zufälligen Zeugin, einer thrakischen Magd, ausgelacht wird. Der zweite ist der eines Dachdeckers, der vor den Augen Albert Einsteins von einem Berliner Dach fällt und zum Glück mit dem Leben davonkommt, so dass der ebenfalls zufällig anwesende Passant ihn – in diesem Fall vorsichtiger mit dem Urteil – befragen kann, wie es ihm bei seinem Unglück ergangen sei und ob er im freien Fall die Schwerkraft an sich empfunden habe.

Die beiden Fälle rahmen für Blumenberg nicht nur die Astronomiegeschichte, sie sind seiner Meinung nach sogar „zwei komplementäre Anekdoten von theoretischen Elementarereignissen". Und wenn es richtig sein sollte, dass es in Anekdoten nichts Zufälliges gebe – „alles dient ihrer Signifikanz" (Blumenberg 1997, 220) –, so muss das wohl auch für Anekdotengeschichten gelten, denn der Historiker wendet den Grundsatz nun ebenfalls auf seine Interpretation der beiden in ihrem Zusammenhang an: „Deshalb mußte am Anfang der Theoretiker selber stürzen, um seinem Bei-der-Sache-bleiben die Auszeichnung der erlittenen Unbill zu geben, die noch eindrucksvoller war als die ‚Resultate'. Vom Dach aber durfte das späte Genie nicht persönlich fallen, einmal wegen des zu hohen Risikos bei solcher Qualifikation, noch mehr aber wegen der Objektivität" (Blumenberg 1997, 220).

Wer bis zu dem Nachlassband, in dem diese Glosse veröffentlicht wurde, ein aufmerksamer Leser Blumenbergs war, mag verwundert sein über die Kontextlosigkeit, in der hier vor allem von dem ersten Fall, dem Sturz des Thales, die Rede ist. Denn in einem seiner letzten publizierten Bücher hat Blumenberg 1987 minutiös rekonstruiert, dass es diese Anekdote so ohne weiteres nicht gab, dass sie vielmehr Produkt und Resultat einer Rezeptionsgeschichte ist (Blumenberg 1987). Was diese kleine Geschichte auszeichnet, ist, dass sie von Platon bis Heidegger (und darüber hinaus) immer wieder herangezogen wurde, dabei aber vielgestaltige Metamorphosen durchlief und vielfältige Funktionen übernahm. In ihr lag ein „imaginatives Potential" bereit, „das nicht nur Verformungen, sondern auch Umbesetzungen des Gestaltenbestandes erwarten ließ" (Blumenberg 1987, 109). Die einzelnen Positionen dieses Bestandes sind im Wesentlichen die beiden Protagonisten, also der Stürzende, meist Thales, und die Beobachterin, gewöhnlich die Magd, dann der Ort des Unglücks sowie die Tätigkeit, die zum Sturz führt, und auch die Reaktion der Zeugin, um nur die wichtigsten Elemente der Erzählung zu erwähnen. Blumenberg rekonstruiert eine große Zahl ihrer Erscheinungen in ihrem jeweiligen Kontext und zeigt, wie der Inhalt durch ebenjenen Kontext bestimmt und variiert wird.

Der Leidtragende ist fast immer der erste der sieben Weisen, Thales, nur in einem Fall der Nachfolger unter den ionischen Naturphilosophen, Anaximenes.[4] Aber schon der Grund seiner Sternenstudien kann sehr vielfältig sein: Sind es genuin astronomische oder eher astrologische, dienen sie rein kontemplativen oder eher instrumentellen Zwecken? Schon weniger eindeutig ist, wer die Rolle der Zuschauerin übernimmt. Ist sie eine Magd oder hat sie eine andere Position; ist sie jung oder alt; greift sie in das Geschehen vorab ein oder kommentiert sie es nur? Ist dieser Kommentar eine Kritik? Und wenn ja: Wofür kritisiert die Magd den Philosophen? Noch interessanter ist, wohinein Thales stürzt: in eine vergleichsweise flache Zisterne oder in einen tiefen Abgrund, vielleicht in eine Grube, die gelegentlich sogar mit Kot gefüllt ist?[5] Gewöhnlich lacht die Magd nur über die Weltfremdheit des Forschers, der nicht sieht, was vor seinen Füßen liegt, ihn daher unmittelbar angeht, während er das, was in weiter Ferne, also für ihn unerreichbar am Himmel blinkt, untersuchen will. Sie ist zunächst nur eine reaktive Instanz. Bei Montaigne wird sie aber aus pädagogischen Gründen zu einer aktiven. In seiner „Apologie des Raimond Sebond" ist sie ein junges milesisches Mädchen, das dem Thales etwas vor die Füße wirft, damit er stolpere, und ihn dann wissen lässt, es „sei noch Zeit, seine Gedanken mit den Gegenständen in den Wolken zu befassen, wenn er erst über das bescheid wisse, was vor seinen Füßen" liege (Blumenberg 1987, 71). Von einem Brunnen ist hier nicht die Rede, Thales sollte nicht in eine Tiefe stürzen und dabei Gefahr laufen, sich zu verletzen: „Nur stolpern sollte der Philosoph, nicht fallen; schon gar nicht in einen Brunnen, denn der ist gänzlich aus der Geschichte verschwunden" (Blumenberg 1987, 72), ebenso wie die Schadenfreude, an deren Stelle nun eine Ermahnung getreten ist. Diese kleinen Veränderungen verweisen auf einen verwandelten Zweck: „Man kann deutlich bemerken, daß Montaigne diese Veränderungen vornimmt, um der Magd noch zustimmen zu können. Dazu gehört die wichtigste Tugend des Moralisten: die Rechtzeitigkeit des Eingriffs" (Blumenberg 1987, 72). Wenn ein Jahrhundert später in Thomas Stanleys *History of Philosophy* aus der Zeugin ebenfalls eine Täterin wird, sie aber deutlich um Jahrzehnte altert, die junge Magd sich in ein altes Weib verwandelt, dann gibt der frühneuzeitliche Philosophiehistoriker „dem Vorfall aus Eigenem eine Wendung zur Bosheit", denn die Alte führt Thales vorsätzlich zu einem Graben, in den er dann auch fällt. Aus der Ermahnung ist nun sogar eine Strafaktion geworden, denn der Weise, der hier einmal mehr als Astrologe verstanden wird, hatte den Unwillen seiner Mitbürger erregt: „Man wird

---

4 So bei Agrippa von Nettesheim 1527 in seiner „Declamatio de incertitudine et vanitate scientiarum atque artium", vgl. Blumenberg 1987, 68–69.
5 Vgl. zum Variantenreichtum bei den Elementen der Anekdote auch Goldstein 2020, 452–453.

die Verbindung herzustellen haben, daß die Irreführerin einen Auftrag der Rache oder gröblichen Warnung auszuführen hatte" (Blumenberg 1987, 96).[6]

Auch bei dem Barockdichter Abraham a Santa Clara ist die Gegenspielerin des Thales ein altes Weib. Sie ist zwar nun nicht selbst aktiv, dafür fällt die Strafe umso unangenehmer aus, denn der Strauchelnde stürzt nicht einfach in einen Graben oder einen Brunnen, sondern in eine Kotgrube (Blumenberg 1987, 100).

Schon aus den wenigen Beispielen wird deutlich, dass kleine Veränderungen einzelner Elemente der Anekdote den Duktus und die Bedeutung der Geschichte, ihre „Moral", verschieben können. Es ließen sich nun viele weitere Beispiele anführen – und Blumenberg sammelt alle geduldig auf und interpretiert sie im Detail. Diese Belegsammlung zeigt vor allem, wie omnipräsent und multifunktional die Anekdote ist. Man kann an ihr fast die gesamte Philosophiegeschichte durchlaufen. Dabei gilt für diese kleine Form aber auch, was Blumenberg schon für das Parallelprojekt der Metaphorologie bemerkt hat: Die Diachronie muss durch synchrone Einbindungen ergänzt werden; nur durch diese jeweiligen innersystematischen und zeitgenössischen Kontexte erhält jeder Punkt auf der historischen Linie seine je spezifische Bedeutung (Blumenberg 1998b, 49–50). Dabei triumphiert der Querschnitt über den Längsschnitt. Denn letztlich sind die Orte und Funktionen an den einzelnen Fundstellen doch auch in ihrer Wertigkeit für den jeweiligen philosophischen Gesamtgedanken so unterschiedlich, dass sich daraus in der historischen Folge kein umfassendes Bild ergibt. Insgesamt sind all diese Rekonstruktionen etwas mühsam zu lesen und erst recht kaum in kurzen Worten zusammenzufassen, denn sie fügen sich nicht in eine übergreifende Erzählung. Allenfalls können die Funde zu Clustern geordnet werden: So ähneln sich die Zwecke, für die die Anekdote eingesetzt wird, in einzeln historischen Perioden.

Damit wird Blumenbergs Buch eher zum Modell eines guten Lexikonartikels und gleichzeitig auch ein wenig zum Exempel seiner Unmöglichkeit, denn die sorgfältige Sinnerschließung jeder einzelnen Etappe in der Historie eines Topos führt zu einer Ausdehnung der Interpretation, die aus jedem Artikel eines solchen Lexikons ein ganzes Buch machen würde; das daraus entstehende Kompendium wäre für Benutzer nicht mehr handhabbar, ganz zu schweigen von den Mühen und der zeitlichen Inanspruchnahme der Autoren, die am Ende auch die Zeithorizonte der Editoren sprengen müssten.

---

[6] Mit Verweis auf Thomas Stanley: *The History of Philosophy, containing the lives, opinions, actions, and discourses of the philosophers of every sect*, London 1655.

3 Hermeneutische Anfänge mit Thales, oder: Wie die Philosophie schon als Kind in den Brunnen fiel

Allerdings gibt es in der Geschichte der Thales-Anekdote privilegierte Positionen, historische Momente, in denen sie eine besondere Brisanz erhält: Das sind vor allem der Anfang und der – zumindest vermeintliche – Abschluss der historischen Entwicklung. Beide Grenzpunkte sind jedoch unscharf.

Für den Anfang lässt sich auf den ersten Blick immerhin ein eindeutiger Ort bestimmen: der Dialog *Theaitetos* von Platon (Theaitetos, 174 AB). Die Geschichte, die hier zum ersten Mal erscheint, kann man schon deshalb als privilegierte Version verstehen, weil sich alle folgenden Fassungen direkt oder indirekt auf sie beziehen müssen. Aber wie meist kommt die Geburt der dort verhandelten Tragödie nicht ohne eine Vorgeschichte aus. Denn obwohl Platon die konkrete Gestalt der Anekdote erfindet, benutzt er für sie doch etwas, das er vorfindet. Das ist allerdings noch keine Anekdote, sondern eine Fabel. Sie stammt von Äsop und handelt von einem noch namenlosen Astronomen, der jeden Tag nach Sonnenuntergang loszieht, um die Sterne zu beobachten, in einer dieser Nächte aber aus Unachtsamkeit in eine Zisterne stürzt, vor Schmerz aufschreit und um Hilfe ruft. Erst daraufhin kommt eine weitere, hier ebenfalls noch nicht näher charakterisierte Person hinzu, sieht, was vorgefallen ist, und kommentierte das Ereignis mit den noch recht harmlosen Worten: „Bist du also so einer, daß du sehen willst, was am Himmel ist, aber übersiehst, was auf Erden ist?" (Blumenberg 1987, 13).[7]

Indem Platon daraus nun eine genuine Anekdote macht, den Vorfall nämlich einer bekannten Person zuschreibt[8] und auch die weiteren Details der Situation verändert und anreichert, gewinnt sie eine neue, um nicht zu sagen: überhaupt erst ihre folgenreiche Bedeutsamkeit. Genau genommen erschafft Platon nicht nur eine Anekdote, sondern sogar zwei, die ineinander verschränkt sind, ein formell komplexes Gebilde aus zwei Ebenen, das eine Reihe von zusätzlichen Bezügen eröffnet. Das erste Erscheinen der eigentlichen Thales-Episode ist in die Gestalt einer Schachtel-Anekdote gegossen (Zill 2020, 30–31): In der einschachtelnden

---

[7] Blumenberg zitiert nach Äsop: *Fabulae Aesopicae collectae*. Hg. C. Halm. Leipzig: Teubner, 1875, 35 sq.
[8] So ja gemeinhin die Definition einer Anekdote: Sie ist „eine kurze, zunächst mündliche Erzählung von einem merkwürdigen Vorfall, der – glaubwürdig, aber nicht bezeugt – einer bekannten Person widerfahren und wegen seines geistreichen Ausgangs in Erinnerung geblieben ist" (Schlaffer 2007, 87).

Geschichte zeigt uns Platon die beiden Mathematiker Theaitetos und Theodoros im Gespräch mit seinem Lehrer Sokrates – der bald darauf von den Athenern zum Tode verurteilt werden wird, weil er die Staatsgötter geschmäht haben soll, von seinem Schicksal aber in dieser Episode noch nichts weiß –; in der eingeschachtelten Anekdote wird zum ersten Mal vom Brunnensturz des Thales berichtet. Erzähler der einschachtelnden Episode ist also Platon, ihr Protagonist Sokrates, der dabei seinerseits der Erzähler der eingeschachtelten Anekdote ist, als deren Held Thales erscheint.

Einschachtelnde und eingeschachtelte Anekdote werden dadurch erst mit der besonderen Energie ihrer Signifikanz aufgeladen: Sie gehören nicht nur notwendig zusammen, sondern verleihen sich gegenseitig Bedeutsamkeit, weil es in beiden Fällen um das Schicksal eines Theoretikers als Theoretiker geht. In Blumenbergs Begrifflichkeit: Thales wird zur Präfiguration des Sokrates. „Was im Lachen der Magd sich angekündigt hatte", nämlich der aus Unverstand geborene abschätzige Affekt dem Theoretiker gegenüber, „war im Haß zu Ende gegangen", dem Furor der Polis, die den skeptischen Freigeist als Verführer der Jugend zum Tode verurteilt. Was die Magd als Zuschauerin noch nicht verursacht, aber billigend kommentiert hat, wird nun von den Mitbürgern selbst zielstrebig umgesetzt. „Für Plato und sein Publikum wird die Theorie als Schicksal vorgeführt; es verbindet den Prototyp und die unüberbietbar gewordene Figur des Höhepunkts der von jenem angefangenen Art, Welt und Menschen zu verstehen" (Blumenberg 1987, 14). Dabei ist es nicht entscheidend, dass es sich in dem einen Beispiel um einen Astronomen, also einen Naturphilosophen, handelt, im anderen aber um jemanden, der sich bewusst von der Naturtheorie abgewandt hat, weil sie die menschlichen Dinge nicht berührt, um stattdessen der sozialen Praxis seine Aufmerksamkeit zu widmen. Denn in beiden Fällen geht es vor allem um „die Exzentrizität des Theoretikers", der „die Sphäre der Begrifflichkeit" entdeckt und damit „die Realität des Nächstliegenden verfehlt" (Blumenberg 1987, 16). Dass der Himmel bei Thales so fern ist, die Grube hingegen so nah, ist nicht der Grund des Missgeschicks, sondern symbolisiert nur das generelle Problem, das heißt, dass „die räumliche Ferne und Unerreichbarkeit der Gegenstände am gestirnten Himmel, im Vergleich zur Nähe der Fallgruben des praktischen Daseins, die Fremdartigkeit des Theoretikers nicht *ausmachte*, sondern nur *darstellte*" (Blumenberg 1987, 16).

Der scheinbare Erzähler Sokrates, dem sein Schüler die Anekdote in den Mund legt, weiß – wie gesagt – noch nichts von seinem Ende und kann daher auch das Lachen der Magd noch akzeptieren (Blumenberg 1987, 14), aber der Berichterstatter und eigentliche Erfinder der Erzählsituation kennt dieses Ende natürlich bereits – und genau deshalb konstruiert er den Bezug: „Von Plato her gesehen, ist in jener Komödie am Brunnenrand wie in der Tragödie vor dem

Volksgericht gleicherweise der Zusammenstoß von Welten, von Wirklichkeitsbegriffen thematisch, deren Unverständigkeit gegeneinander die Erscheinung der Lächerlichkeit wie den Effekt der Tödlichkeit annehmen kann" (Blumenberg 1987, 14). Blumenberg scheint hier noch beide Pole der Präfiguration als Alternativen zu sehen, Thales als Komödie, Sokrates als Tragödie, zwei Möglichkeiten, wie alternative Wirklichkeitsbegriffe kollidieren können. Aber im Verständnis der einen Szene als Präfiguration der anderen liegt doch, dass das Unheil des Endes schon in der vermeintlich harmlosen Heiterkeit des Anfangs liegt. Lachen ist immer auch ein wenigstens potentiell aggressiver Akt. Die Schachtelanekdote ist eine Konstruktion mit doppeltem Boden.

Nun gibt es im spärlichen Repertoire der Thales-Szenen aber eine Gegenanekdote. In ihr wird von dem milesischen Forscher ein anderes Bild entworfen: Durch seine speziellen Himmelsbeobachtungen sei es ihm möglich gewesen, eine reiche Ölernte vorauszusehen. Deshalb habe er alle Pressen vorab gemietet und sie, als sie benötigt wurden, gegen einen hohen Preis weiter verliehen. Aus dem lebensfremden Theoretiker wird also ein gewiefter Praktiker, der seine Wissenschaft treibt, um daraus wirtschaftlichen Gewinn zu schlagen oder zumindest zu beweisen, dass die scheinbar nutzlosen Beschäftigungen der Philosophen durchaus lukrativen Unternehmungen dienen können. Diese Anekdote ist im ersten Buch der *Politik* des Aristoteles überliefert (1259 a6), was manche Interpreten dazu bewogen hat, hier konkurrierende Thales-Bilder zu vermuten: Während Platon einen weltfernen Theoretiker darstellt, sehen Aristoteles und seine Tradition in ihm den Mann des öffentlichen Lebens, der sich als Politiker, Ingenieur und Geschäftsmann bewährt habe. Werner Jaeger hat auf diese beiden rivalisierenden Thales-Bilder schon 1928 hingewiesen. Wolfgang Schadewaldt hat an sie erinnert und nicht nur betont, dass dieser frühe Denker als „Mann der Tat und des praktischen Wissens mitten im Leben stand" (1978, 219),[9] sondern auch darauf aufmerksam gemacht, dass dies für einen Bürger von Milet in jener Zeit viel plausibler erscheine, denn dieser Ort sei eine bedeutende Hafen- und Handelsstadt gewesen, in der das Wissen der gesamten bekannten Welt zusammenströmte, „das Griechische wird weltoffen, lernt ganz andere Weisen des Lebens kennen gegenüber den patriarchalischen Formen der älteren Zeit und regt nun seine denkerische Phantasie, denn das Fremde muß verarbeitet werden" (Schadewaldt 1978, 220).

Diese Gegenanekdote untersucht nun auch Blumenberg. Er betrachtet sie aber weniger als Alternative, denn als Antwort auf die vorausgegangene Geschichte. Obwohl die Erzählung vom Brunnensturz bei Aristoteles nicht erwähnt

---

[9] Schadewaldt nimmt hier Bezug auf Jaeger 1960, 347.

wird und es nicht einmal als gesichert gelten kann, dass der peripatetische Philosoph sie gekannt hat, liest Blumenberg die Geschichte der Ölpressen-Spekulation als eine Demonstration, eine Integration der Sophistik in die Philosophie. Denn wichtig ist hier nicht, dass Thales wirklich ein Praktiker war, sondern vielmehr, dass er einer hätte gewesen sein können, hätte er denn nur gewollt: „Der Philosoph kann auch, aber er will nicht" (Blumenberg 1987, 25). Er tut, was er tut, nur um zu beweisen, dass er es tun könnte, und damit das, was er wirklich tut, zu verteidigen. Um dieses Motiv, das bei Aristoteles im Hintergrund steht, deutlicher heraustreten zu lassen, bemüht Blumenberg eine überpointierte Formulierung seines Kollegen Hermann Lübbe, der die Moral von der Geschicht vor dem Hintergrund seiner eigenen Zeit ironisierend herausarbeitet: Thales habe nicht den „kapitalistischen Verwertungszusammenhang bürgerlicher Wissenschaft" demonstrieren wollen, sondern nur die Macht seiner Methode, denn am Ende verschenke er sein neues Vermögen wieder (Lübbe 1978, 184–185).[10] Worauf Blumenberg mit dieser Seitenbemerkung hinaus will, ist die Moralisierung der Anekdote, die aus dem erfahrenen Geschäftsmann schnell wieder einen am Materiellen nicht interessierten Altruisten macht. Aber hinter dieser Selbstlosigkeit steht noch ein anderes Motiv: Denn sie beglaubigt nicht nur die realistische Potenz der Theorie, sondern in einem zweiten Schritt auch ihre Reinheit – und damit ihre Existenzberechtigung aus ganz anderen Quellen: „Thales mußte deutlich genug unterstellt werden, er habe eine Spekulation des drastischen Typus nur zum Leistungsnachweis der gerade aufkommenden Theorie unternommen: Das Motiv ist rein, das Endergebnis ist rein, und nur was dazwischen liegt, muß leider sein, weil sich anders die anderen nicht überzeugen ließen" (Blumenberg 1987, 25). Es ist, als sei diese Episode erfunden worden, um den gestürzten Astronomen, nachdem er als weltferner Gelehrter denunziert worden ist, zu rehabilitieren.

Was Blumenberg eine „Gegenanekdote" nennt, ist also weniger eine Alternativ- als eine Subsidiäranekdote. Blumenberg verfolgt ihr Schicksal nur noch punktuell weiter, sie dient ihm in erster Linie dazu, eine gewisse Ambivalenz der Philosophie zu verdeutlichen, ein Ungleichgewicht der beiden in der Brunnensturz-Episode aufeinandertreffenden Realitätsvorstellungen. Sowohl die Magd als auch Thales sind sich der Priorität ihrer Sichtweise sicher, allerdings käme die Partei der Lacher nie auf die Idee, ihre Anschauung rechtfertigen zu müssen, die Verlachten allerdings fühlen sich dazu immer gedrängt. Das ist die Aufgabe der Gegenanekdote, denn bei aller Verachtung des Praktischen, die Aristoteles mit Platon teilt – für beide ist ja die *theoria* die höchste Lebensform –, gilt doch an-

---

10 Zuerst erschienen als „Thales im Brunnen. Forschung und Wissenschaft sind in Mißkredit geraten", in: *Deutsche Zeitung* (07.11.1975). Siehe auch Blumenberg 1987, 25.

dererseits auch: „Heimlich hat sich die Philosophie nach solcher Tüchtigkeit in der Polis, nach der Bewährung in ‚Realismus' immer verzehrt" (Blumenberg 1987, 27). Deshalb insinuiert sie: Wir könnten, wenn wir wollten, wir wollen aber nicht. Zwar fühlen sich die Vertreter der reinen Theorie über die Ansinnen der Geschäftswelt erhaben, aber so souverän, diese Ansprüche einfach zu ignorieren, sind sie nun auch wieder nicht.

Damit nicht genug, verfolgt Blumenberg das Reinheitsgebot der Theorie noch durch einige weitere Drehungen. Denn sehr bald stellt sich nämlich heraus, dass auch die ursprüngliche Anekdote für das weitere Selbstverständnis der Philosophie eigentlich unbrauchbar ist. Im *Theaitetos* ist von der Ideenlehre noch nicht die Rede, aber sobald Platon sie in seinen späteren Dialogen einführt, wird die reine Theorie so rein, dass selbst die Betrachtung des Himmels eigentlich schon eine Verunreinigung ist. Denn fern oder nah: Thales und die Magd sind beide noch am Sichtbaren orientiert, dazu gehören die Ideen nun aber gerade nicht mehr. Die Ideenlehre wird „eine Astronomie der Unsichtbarkeit". Daher gilt auch: „Was der Astronom mit dem Einsatz seines leiblichen Wohlbefindens zu erringen trachtet, ist nicht nur vom Standpunkt des lebensweltlichen Unverstandes dessen unwert geworden: Seine empirischen Gegenstände können mit der Idealität einer ‚wahren' Astronomie nicht mehr konkurrieren" (Blumenberg 1987, 28). Die Magd hatte also eigentlich Recht, nur aus den falschen Gründen. Anders gesagt: Sie wusste gar nicht, wie sehr und warum sie Recht hatte: „Im nachhinein erweisen sich Zweifel und Spott der thrakischen Magd nicht so sehr als rückständig gegenüber dem theoretischen Standard der Astronomen, vielmehr als Erfassung eines Rückstandes an diesem, ohne daß sie davon hätte eine Ahnung haben können" (Blumenberg 1987, 29).

Das christliche Mittelalter wird es auf seine Weise aussprechen, wenn es moniert, dass der Sternengucker bei allem Bemühen frevelt, weil er das Eigentliche aus dem Blick verliert. Das Eigentliche ist auch in diesem Fall nicht das Materielle, das vor den Füßen liegt, sondern ein Ideelles, besser: ein Transzendentes. Thales wird damit zu einem, der „zu vordergründig verfährt und zu früh innehält in der Richtung, die er eingeschlagen hat" (Blumenberg 1987, 42). Er hätte sich besser um sein Seelenheil kümmern sollen, statt seine Zeit mit den Sternen zu verschwenden. Seit dem Patristiker Tertullian (der übrigens ausnahmsweise aus der Magd eine männliche Figur, und zwar einen Ägypter, macht) steht der Himmelsbeobachter zudem unter dem Verdacht des Polytheismus, der die Sterne selbst vergöttlicht. Ein anderes Motiv der Kritik, etwa bei Augustinus, ist, dass dadurch dem Laster der Neugierde gefrönt werde. Unter diesen Voraussetzungen ist selbst die Strategie, mit der die Gegenanekdote die Reinheit der Theorie verteidigt, noch zu sehr ein Zugeständnis an die unreine Welt, denn sie bleibt dem Weltlichen verhaftet.

Aber nicht nur aus der theologischen Perspektive, sondern auch in einer ganz anderen, nachhaltigeren Hinsicht ist die Abwendung des Blicks vom himmlischen Geschehen als bloßer Erscheinung „ein Typus mit Zukunft" (Blumenberg 1987, 30). Noch Kopernikus wird seine neue Realität nicht am Himmel der frühen Neuzeit finden, denn der unterscheidet sich nicht grundlegend von dem der Antike. Die neue Sicht des revolutionären Astronomen entsteht aus der Umwendung des inneren Blicks, also durch eine andere theoretische Interpretation der ohnehin bekannten Fakten. Das ist einmal mehr ein Triumph der reinen Theorie: „Der theoretische Durchbruch ist hier zum erstenmal, wie so oft nachher in der Wissenschaftsgeschichte, ein Richtungswechsel der Aufmerksamkeit: das Unbeachtete in die Beachtung zu ziehen" (Blumenberg 1987, 31). Dass das Nächstliegende, nämlich die Erde, auf der man steht, nicht in die Betrachtung einbezogen worden ist, erweist sich nun gerade aus astronomischen Gründen als Kardinalfehler: Die Erde muss mit in den Blick genommen und selbst als Himmelskörper unter ihresgleichen betrachtet werden.

Die Verteidigung reiner Theorie ist also oft andere, radikalere Wege gegangen, als es selbst in der bei Aristoteles überlieferten Gegenanekdote aufscheint. Dennoch war die Heranziehung dieser Gegenanekdote keine Sackgasse, so kurzfristig sie für Blumenberg auch von Belang sein wird, denn er schafft es in einer Art intellektuellem Salto mortale, in sie doch noch eine Bedeutung hineinzulesen, die das ursprüngliche Anliegen doch bekräftigt. In einer weitergehenden Interpretation steht die Sonnenfinsternis, die vorausgesagt wird, explizit für etwas, das man nicht sehen kann. Zwar können Thales' empirische Gegenstände „mit der Idealität einer ‚wahren' Astronomie nicht mehr konkurrieren. Dennoch hatte Thales von einer solchen Wissenschaft eine Ahnung gegeben, als er etwas, was man nicht sehen konnte, im voraus anzeigte als etwas, das man sehen würde, ohne noch dessen Zusammenhänge zu kennen: die Sonnenfinsternis" (Blumenberg 1987, 28).

Die Geschichte des Thales als erfolgreichen Spekulanten ist sicher die bekannteste und bedeutendste, aber nicht die einzige Subsidiäranekdote, die Blumenberg in seiner Historiographie des Brunnensturzes heranzieht. Nur noch ein weiteres Beispiel: Bei Voltaire, der den Fall in seinem *Dictionnaire Philosophique* erwähnt und die Kritik am Gestürzten selbst vehement kritisiert, vermutet Blumenberg den Einfluss eines eigenen Erlebnisses, das nun wiederum als Anekdote bei dem Sekretär der Madame du Châtelet, Sébastien Longchamp, überliefert ist. Im Winter des Jahres 1747 verunglückte Voltaires Wagen bei einer nächtlichen Fahrt. Während man ins nächste Dorf um Hilfe schickte, setzten sich der Philosoph und seine Freundin, Émilie du Châtelet, am Wegesrand nieder und betrachteten die Sterne. Die Begeisterung für das Himmelsgeschehen lässt sie dabei die Kälte vergessen, Longchamp aber befremdet die Nonchalance, mit der die beiden Reisenden ihre prekäre Situation missachten, um sich über die Natur der Sterne und ihre Bahnen zu unterhalten. Anders als bei Thales geht das Unglück der Astronomie voraus, nicht diese jenem. Blumenberg ist sich sicher, dass Voltaire, obwohl es bei ihm keinen expliziten Hinweis darauf gibt, ein Vierteljahrhundert später an diese Szene gedacht haben muss. Longchamp erscheint ihm als Wiedergänger der Magd. Aufklärung hin oder her, an der abschätzigen Einschätzung des Philosophen hat sich nichts geändert.

Um es noch einmal zusammenzufassen: Anekdoten erhalten ihren konkreten Sinn aus dem Kontext, in dem sie stehen, und können daher auch unter Beibehaltung ihrer inhaltlichen Grundkonstellation mannigfache Umbesetzungen erfahren. Dieser Kontext ist meist der systematische Zusammenhang, in dem sie aufgerufen werden. Er kann aber auch durch andere Anekdoten: Gegenanekdoten, Subsidiäranekdoten erzeugt werden.[11]

4 Eine Anekdote am Abgrund, oder Von der Rezeption der Rezeption

Bei Blumenberg erhalten nicht nur die Anekdoten selbst ihre Bedeutung durch die synchrone Einbettung in einen zeitgenössischen Kontext, gelegentlich gilt auch für deren Interpretationen, dass sie von ihrer diachronen Stellung in der Deutungsgeschichte mitbestimmt sind. Bei Thales' Brunnensturz zeigt sich das nicht nur am Anfang der Geschichte, sondern auch an ihrem Ende. Allerdings ist nicht ganz einfach zu bestimmen, wo genau sie endet. Das liegt daran, dass Blumenbergs historische Rekonstruktion der Thales-Anekdote zwei verschiedene Aufführungsorte hatte und damit in zwei Versionen vorliegt. Eine erste Fassung hat er für das VII. Kolloquium der Forschungsgruppe „Poetik und Hermeneutik" geschrieben, die sich 1974 getroffen hat, um über „Probleme des Komischen" zu diskutieren. Während dieser Tagung und im Zuge der Publikation ihrer Ergebnisse 1976 kam es zu heftigen Auseinandersetzungen zwischen Blumenberg und einigen anderen Mitgliedern der Gruppe.[12] 1987 erweiterte er die Vorlage zu einem

---

11 Der Kontext, der selbst durch Anekdoten erzeugt wird, wird besonders deutlich, wo – wie seit dem achtzehnten Jahrhundert – Anekdotensammlungen zusammengestellt und gedruckt werden, vgl. Zill 2021, 163–176.
12 Vgl. Preisendanz und Warning 1976, darin besonders die Vorlage von Hans Blumenberg: „Der Sturz des Protophilosophen. Zur Komik der reinen Theorie – anhand einer Rezeptionsgeschichte der Thales-Anekdote" (11–64) und die Repliken von Karlheinz Stierle: „Philosophie, Literatur und die ‚Komik der reinen Theorie'" (429–432), Manfred Fuhrmann: „Fallhöhe, einmal wörtlich genommen" (432–435) und Harald Weinrich: „Thales und die thrakische Magd – allseitige Scha-

Buch, in dem dann dieser Streit selbst noch einmal zum Gegenstand der Darstellung und so zu einem Ende nach dem Ende wurde. Was zunächst als kontingentes Produkt persönlicher Verärgerung erscheinen mag, überhöht Blumenberg allerdings zu einem systematischen und selbstreflexiven Gedanken.

Als inhaltliches Ende erscheint in der Kolloquiumsvorlage zunächst die Wiederaufnahme der Episode durch Martin Heidegger. Schon Odo Marquard hat in seinem unpublizierten Einleitungsreferat zur Diskussion dieser Vorlage gefragt, ob der Abschnitt über Heidegger ein zufälliges Ende darstelle oder ein notwendiges.[13] Denn in dieser ersten Version heißt es noch nicht explizit, dass die Deutungsmöglichkeiten hier nicht nur ein zeitlich kontingentes Ende gefunden haben, sondern einen Abschluss. Und auch in dem entsprechenden Kapitel des späteren Buchs wird dies nicht unmissverständlich behauptet. Allerdings finden sich in dessen Epilog Wendungen, die auf diese Möglichkeit hinweisen.

Nun ist es selbstverständlich, dass es für die Behauptung solch eines Abschlusses nach zweieinhalbtausend Jahren Interpretationsgeschichte sehr gute Gründe geben muss, kann doch jederzeit wieder jemand die Anekdote aufgreifen und ihr neue Bedeutsamkeiten geben. Man sollte deshalb wohl die Ironie mitlesen, wenn bei Blumenberg steht: „Die Ausnahme kann man nur sein und bleiben, wenn man der Erste oder der Letzte ist: Thales oder Sokrates – oder Heidegger. Denn sobald der Erste dagewesen ist, kann man nach diesem Schema nur noch der Letzte sein wollen. Und deshalb wollen es so viele immer wieder" (Blumenberg 1987, 161). Wird hier also einfach Heideggers Selbstverständnis expliziert? Schließlich kann, wer wie er die gesamte Philosophiegeschichte als Verfall interpretiert, zum Eigentlichen nur gelangen, wenn er hinter den Anfang zurückgeht und mit allem Bisherigen Schluss macht. Das würde dann auch für die Thales-Anekdote gelten. Auch hinter sie müsste zurückgegangen werden, sei es auch, indem man sie ein letztes Mal erzählt.

Dass Heidegger zu denen gehört, die einmal mehr einen Abschluss bilden wollten, scheint unbestritten, aber gibt es dann doch mehr als einen zufälligen Grund, dass Blumenberg ihm diese Position auch einräumt, ihn seinerseits in seiner Vorlage für das Kolloquium von „Poetik und Hermeneutik" an das Ende seiner Erzählung setzt? Hat Heidegger womöglich doch auch objektiv eine be-

---

denfreude" (435–437) sowie Blumenbergs Duplik: „Wer sollte vom Lachen der Magd betroffen sein?" (437–441).
13 Odo Marquard: „Einleitungsreferat für die Diskussion der Vorlage Blumenberg (Hans Blumenberg: Der Sturz des Protophilosophen. Zur Komik der reinen Theorie – anhand einer Rezeptionsgeschichte der Thales-Anekdote)", Deutsches Literaturarchiv Marbach, A:Marquard. Prosa. Vorträge und Aufsätze. Mappe 3.

sondere Funktion für die Geschichte der Anekdote, etwa weil alle denkbaren Möglichkeiten der Interpretation nun ausgeschöpft worden sind?

Vielleicht hat Odo Marquard so etwas herausgehört, vielleicht wollte Blumenberg auf eine Verbindung beider Möglichkeiten, der Heidegger'schen Selbstinterpretation und der objektiven Entwicklung, hinaus: Zwar hätte er wohl nicht abstreiten wollen, dass es auch nach Heidegger noch neue Verwendungsweisen der Anekdote geben kann (er selbst kann in späteren Jahren dafür als Beispiel dienen), aber der zentrale Konflikt zwischen Lebenswelt und Philosophie erfährt in dessen Selbstverständnis von Philosophie die radikalste Ausprägung, die sich vorstellen lässt.

In seinem Aufsatz „Die Frage nach dem Ding" greift Heidegger die Thales-Anekdote auf und wendet sie ins Metaphorische, wenn er konstatiert, der Philosoph könne bei seinen Gängen in einen Brunnen fallen, der so tief sei, dass man lange auf keinen Grund gelange. Aus der Zisterne wird ein Abgrund, und das ist für Blumenberg ein Anlass zu bemerken, dass man bei diesem Bild nicht an ein Überleben des Fallenden glauben könne: „Noch einmal, wie schon im Verlauf ihrer antiken Verformungen, ist die ‚kleine Geschichte' halsbrecherisch geworden" (Blumenberg 1987, 151).

Halsbrecherisch an ihr ist vor allem auch, dass nun der Philosoph das Lachen nicht nur erträgt oder akzeptiert, sondern geradezu als Bestätigung seiner Legitimität betrachtet. Von der Lebenswelt führt kein Weg zur Philosophie, genauso wenig wie von der Wissenschaft. Zur Philosophie führt nur ein Sprung, den die Vertreterinnen der Lebenswelt, die Mägde, nicht verstehen. Dass die Mägde lachen, zeigt also an, dass man auf dem richtigen Weg ist, besser: auf dem Sprung. Gerade dass die echte Erfassung des Seins für alle späteren unverständlich bleibt, bekräftigt das ursprüngliche Denken in Heideggers Selbstverständnis als die wahre Philosophie. Es kann nicht nur, es *muss* von den Späteren missverstanden werden – und das wäre gut so. „Philosophie ist, wenn gelacht wird. Und gelacht wird aus Unverstand" (Blumenberg 1987, 149).

Nur nebenbei sei angemerkt, dass Blumenberg selbst seine Rezeptionsgeschichte rahmt, indem er schon die Passage vom stürzenden Thales aus Platons *Theaitetos* ausgerechnet in der Heidegger'schen Übersetzung wiedergibt, sich Anfang und Ende also für den aufmerksamen Betrachter ineinander spiegeln lässt (Blumenberg 1987, 14).

In seiner Präsentation der Kolloquiumsvorlage hat Odo Marquard allerdings auch gefragt: „Wird der heutige Tag eine Fortsetzung der Anekdote von der thrakischen Magd bringen?" Als ob Blumenberg genau diese Frage beantworten wollte, schreibt er in seiner dreizehn Jahre später erscheinenden Buchfassung einen zweiten Schluss in Form eines Epilogs. Dieser Epilog nimmt die Geschichte der Anekdote aus einer Metaperspektive wieder auf, nicht die einer mehr oder weniger beliebigen weiteren Rezeption, sondern die Wahrnehmung des Bisherigen von außen. „Was jetzt erfolgt, ist nicht mehr die Rezeption der Anekdote, sondern die Rezeption der Rezeption" (Blumenberg 1987, 160).[14] Diese Metarezeption könne nur unter zwei Bedingungen erfolgen: zum einen müsse die Geschichte der eigentlichen Rezeption „wenigstens in Umrissen vorgelegt worden" sein, zum anderen ist es erforderlich, dass es ein kritisches Publikum dafür gebe. Dann könne man auch endlich eine generelle Frage beantworten, nämlich die, ob an der Geschichte der Anekdote jene spezifische Anmaßung abzulesen sei, „die die Philosophie selbst als Einstellung zur Wirklichkeit" habe „und damit erst recht ihre professionellen Mandatare", die an einem übersteigerten Selbstbewusstsein leiden. Gerade bei Heidegger habe der Dienst der Anekdote an dieser Übersteigerung „seinen Höhepunkt erreicht" (Blumenberg 1987, 160), wenn man so will, ein weiterer Grund, warum das Potential der Geschichte zumindest in dieser Hinsicht ausgeschöpft ist.

Die erste Bedingung, die komplette Übersicht über den Verlauf dieser Geschichte, hatte Blumenberg selbst erfüllt, als er 1974 seine Vorlage für das siebente Treffen von „Poetik und Hermeneutik" schrieb, die andere, die Existenz eines kritischen Publikums, war durch die versammelten Teilnehmer dieses Kolloquiums erfüllt. Was auf knappen, gerade einmal zweieinhalb Seiten am Schluss des Buchs folgt, ist die nur mühsam beherrschte Reaktion auf eine Verletzung, die die Diskussion seines Texts in jener interdisziplinären Runde bei ihm hinterließ.

Denn die Reaktionen der vornehmlich literaturwissenschaftlichen Kollegen erschöpften sich nicht nur in kritischen Bemerkungen aus der Sicht anderer geistesgeschichtlicher Fächer, waren also nicht nur die Resultate kollidierender Wirklichkeitsbegriffe in einer interdisziplinären Experimentalanordnung. In ihnen war auch der Nachhall der politischen Situation der Zeit, der Aufwallungen der Studentenunruhen zu spüren. Sie schienen das Lachen der Magd oder die Drohungen der Polis wiederaufzunehmen. Und sie sind nur Stellvertreter jener

---

14 Blumenberg verwendet den Begriff der Rezeption im Übrigen nicht ganz konsequent. Denn an einer anderen Stelle des Buchs charakterisiert er sein Unterfangen bewusst anders: „Man wird den Begriff von ‚Wirkungsgeschichte' nicht so strapazieren wollen, in dem befremdeten Blick auf die Handlung der Theorie so etwas wie eine Vorstufe zum verfremdeten Blick der Theorie selbst feststellen zu können. Es geht vielmehr darum, in der Thales-Anekdote ein Muster vorgebildet zu finden, das in einer Geschichte der Theorie nicht abgeschüttelt werden kann. Rezeption, in einem auch nur nachsichtigen Begriffsgebrauch, ist etwas anderes, und man verirrt sich, wenn man den Leitfaden der Namen, Wörter und Bilder verläßt." (1987, 45). Dieser vorsichtige, um nicht zu sagen: distanzierte Umgang mit den Begriffen „Wirkungsgeschichte" bzw. „Rezeptionsgeschichte" ist natürlich vor dem Hintergrund zu sehen, dass der Ort, an dem das wechselvolle Schicksal der Thales-Anekdote zum ersten Mal präsentiert wurde, das Kolloquium „Poetik und Hermeneutik", die Hochburg der Konstanzer Rezeptionstheorie, war.

öffentlichen Ansprüche, die Blumenberg fürchtet, weil sie die Freiheiten ungebundenen Denkens, wie es die Philosophie auszeichnet, einhegen und für praktische Zwecke instrumentalisieren wollen. Dies hat er 1980 in seiner kleinen Programmschrift „Nachdenklichkeit", gehalten als Dankesrede bei der Verleihung des Sigmund-Freud-Preises für wissenschaftliche Prosa durch die Deutsche Akademie für Sprache und Dichtung in Darmstadt, unmissverständlich zum Ausdruck gebracht (Blumenberg 1981). So macht Blumenberg nicht nur in einer Art ideengeschichtlichen Münchhausen-Geste seinen eigenen Text zum Teil der darin verhandelten Geschichte, er reiht sich selbst damit auch in das Personal der Anekdote ein. Pointiert gesagt: Wie Thales zur Präfiguration des Sokrates wird, so werden beide ihrerseits zur Präfiguration Blumenbergs. Einmal mehr hat die Philosophie nichts zu lachen, wenn man von ihr fordert, doch bitteschön über sich selbst zu lachen.

Auch wenn es für die Ausnahmestellung des Anfangs entscheidend war, dass für die Rezeptionsgeschichte der Thales-Anekdote „zwar die Doppeldeutigkeit von Komik und Tragik bestehen" blieb, „die Erinnerung an den Zugriff der Staatsgewalt als das Äquivalent des Brunnensturzes" im Falle der Verurteilung des Sokrates dann aber ihre Bedeutung verloren hatte (Blumenberg 1987, 22), so ist doch wichtig, dass die latente Aggressivität des Lachens und die Verachtung dem Theoretiker gegenüber in der weiteren Geschichte stets präsent ist, auch wenn die äußerste Konsequenz, mit der es zum Tod des Geächteten kommt, nicht wieder gezogen wird. Indem Blumenberg diese Konstellation herausarbeitet, sieht er seine eigene Situation darin vorgeprägt. Schon mit der Wortwahl etwa von „Volksgericht" (Blumenberg 1987, 14) überbrückt er die Jahrtausende zum „Volksgerichtshof" seiner Jugendtage.[15] Die Kritik der studentischen Linken erinnert ihn an die Drangsalierungen, die er als Sohn einer jüdischen Mutter in seinen frühen Jahren erleben musste. Wenn nun verlangt wird, dass die Theorie Praxis zu werden habe und möglichst eine mit politischem Nutzen, dann ist der zumindest metaphorische Schierlingsbecher nicht mehr weit. Und dann ist die Behauptung, „die Theorie der Praxis ist nicht weniger Theorie als die Theorie der Sterne" auch ein Vorschein jener studentischen Proklamationen, die auch die Theorie zu einer Praxis machten (Blumenberg 1987, 16).

Man muss nun nicht die Anwürfe und Verwerfungen, die das siebente Kolloquium von „Poetik und Hermeneutik" und dessen editorische Nachwehen prägten, im Detail rekonstruieren,[16] um die Ambivalenz der Blumenberg'schen Situation und die dadurch beeinflusste Sicht auf die Anekdote zu verstehen.

---

15 Zu Blumenbergs prekärer Situation im Nationalsozialismus vgl. Zill 2020, 49–113.
16 Vgl. dazu Müller 2007, 262–264; Zill 2020, 307–315; und Boden (im Erscheinen).

Das Buch ist ein Kommentar auf das Verhältnis von reiner Theorie und Lebenswelt. Auf welche Seite Blumenberg sich schlägt, hängt davon ab, was gerade unter reiner Theorie verstanden wird. Wenn es um die dünnen Abstraktionen von Formalismen und hochkonstruierten Theoriebauten geht, setzt der Philosoph Blumenberg, der *theoria* immer noch mit Schauen identifiziert, auf die Seite der lachenden Magd. In einem Brief an Hans Robert Jauß vom 25. Januar 1974 heißt es:

> In der Konfiguration, deren Wirkungsgeschichte ich in ihren Details darzustellen beabsichtige, sehe ich mich selbst immer mehr auf die Seite der lachenden thrakischen Magd geraten, wenn ich angesichts der vor mir stehenden fünf Bände von ‚Poetik und Hermeneutik' die von mir sicher nicht unverschuldete abenteuerliche Steigerung des Abstraktionsgrades betrachte, die mich heute nicht unbelustigt lässt.[17]

Dabei muss man die Wortwahl ernst nehmen: Er sieht sich auf die Seite der Magd „geraten", als sei das ein ungewollter Prozess. Denn eigentlich befindet er sich auf der anderen Seite, im Grunde ist die Magd ja eine Repräsentantin der Repression. Und unter diesem Vorzeichen erhält die Wendung von der reinen Theorie eine ganz andere Bedeutung. Reine Theorie ist dann auf der anderen Seite vor allem die, die sich nicht einfach in den Dienst ökonomischer oder politischer Verwertungen nehmen lässt. Dafür kämpft Blumenberg mit großer Leidenschaft; er beharrt darauf, „daß die Philosophie etwas von ihrem lebensweltlichen Ursprung aus der Nachdenklichkeit zu bewahren, wenn nicht zu erneuern, hat. Deshalb darf sie nicht gebunden werden an bestimmte Erwartungen über die Art ihres Ertrages. Die Rückbindung an die Lebenswelt würde zerstört, sollte der Philosophie ihr Recht zu fragen eingeschränkt werden durch Normierung der Antworten oder auch nur durch den Zwang, sich die Frage nach der Beantwortbarkeit der Fragen schon von vornherein und zu deren Disziplin zu stellen" (Blumenberg 1981, 61).

Die Magd erscheint als Zwitterfigur, zum einen steht sie für die Lebenswelt, der sich Blumenberg verpflichtet fühlt, zum anderen ist sie aber die Inkarnation des lachenden Unverstands, der dem Denken seine Freiheit rauben will.

5 Ein Glücksfall, oder: Einsteins Dachdecker im Modus der Nachdenklichkeit

„Rückbindung an die Lebenswelt" ist nun das Stichwort, das auch die neue Form der Anekdoten-Interpretation beherrscht, jene unmethodische Methode, die

---

[17] Hans Blumenberg an Hans Robert Jauß, Brief vom 25.1.1974, DLA Marbach, A:Blumenberg.

Blumenberg seit der zweiten Hälfte der siebziger Jahre entwickelt und in der Darmstädter Dankesrede auf den Begriff gebracht hat. Sie lässt „sich durch den Kopf gehen, was und wie es gerade kommt" (Blumenberg 1981, 58) und produziert mit der Niederschrift dieses allgemeinen Kommens und Gehens Fragmente, die für gewöhnlich als unerlaubt betrachtet werden. „Unerlaubte Fragmente" ist dementsprechend der Obertitel einer neun Schuber starken Sammlung von Glossen im Nachlass, kaum etwas davon zu Lebzeiten veröffentlicht,[18] Resultate von gedanklichen Umwegen, die in ein „Erlebnis der Freiheit, zumal von Freiheit der Abschweifung" münden (Blumenberg 1981, 58). Sie werden regiert von der freien Variation und sollen dazu dienen, Selbstverständlichkeiten aufzulösen. Zu diesen Glossen gehört auch „Einsteinium", jene astronoetische Glosse aus dem Nachlassband *Die Vollzähligkeit der Sterne*, in dem die Thales-Anekdote wieder aufgenommen wird, nun aber losgelöst von ihrer Rezeptionsgeschichte und in einen neuen Kontrast gebracht: den zu der Episode, in der Albert Einstein zufällig den Arbeitsunfall eines Dachdeckers beobachtet.

Für Einsteins Anekdote vom fallenden Dachdecker hat Blumenberg allerdings keine Rezeptionsgeschichte geschrieben, jedenfalls keine, die mit der von Thales' Brunnensturz vergleichbar wäre. Und das nicht nur, weil sie historisch so jung ist, dass sie sich noch nicht hat entfalten können, sondern auch weil sie dem Theoretiker der Unbegrifflichkeit erst in den Blick gekommen ist, als sich in seinem eigenen Denken der Paradigmenwechsel zur Nachdenklichkeit bemerkbar gemacht hat. Ihn interessiert jetzt weniger die historisch-hermeneutische Rezeptionsgeschichte als vielmehr eine eigene Interpretation. Blumenberg betrachtet die Anekdote daraufhin, auf welche Gedanken sie ihn selbst bringt. Sieht man aber beides zusammen, Rezeption der Geistesgeschichte und Spielfeld eigener Nachdenklichkeit, erkennt man, wie sich die Forderungen seiner neuen Anti-Methode im Grunde am distanzierten Blick auf das historische Material schulen konnten. Denn gerade Blumenbergs Ablehnung von endgültigen Bewertungen, sein Beharren auf der Unabgeschlossenheit der Interpretationsmöglichkeiten hat ihr Vorbild in den immer wieder neuen Wiederaufnahmeverfahren der Rezeptionsgeschichte. In einer terminologischen Rückübertragung könnte man sie als Abfolge von Nachdenklichkeiten bezeichnen.

Ein weiterer Grund für das Fehlen einer historischen Hermeneutik des fallenden Dachdeckers mag sein, dass Einstein in der Wissenschaftsgeschichte einen anderen Status hat als Thales. Seit dem neunzehnten Jahrhundert unterlie-

---

18 Ausnahmen sind neben dem Band *Die Sorge geht über den Fluß* (Frankfurt a. M. 1987) die Feuilletons, die Blumenberg ab 1980 in der *Neuen Zürcher Zeitung*, der *Frankfurter Allgemeinen Zeitung* und in der Zeitschrift *Akzente* veröffentlichte. Ausführlicher zu dem Paradigmenwechsel von der klassischen Hermeneutik zur Nachdenklichkeitsphilosophie vgl. Zill 2014.

gen vor allem die Naturwissenschaften in erster Linie einer eigenen systemimmanenten Entwicklungslogik (Blumenberg 1965, 7–8; 159–161). Lebensweltliche Motive spielen für ihre Fortschritte nur noch eine untergeordnete Rolle.

Was aber bleibt, sind Anekdoten, die, auch wenn sie aus der Wissenschaftsgeschichte stammen, lebensweltliche Bedeutsamkeit entwickeln. Einsteins Dachdecker fällt dem Glossisten Blumenberg mindestens in sechs weiteren Fragmenten ein.[19] Seine Gedanken kreisen dabei immer wieder um dasselbe Set von Details und beleuchten es von verschiedenen Seiten, um es nach verschiedenen Rückkommensanträgen auch tiefer und tiefer zu durchleuchten.

Die längste und detaillierteste Version trägt explizit den Titel „Einsteins Dachdecker". Seinen Anstoß zur Formulierung der Allgemeinen Relativitätstheorie habe Einstein, glaubt man einer gängigen Anekdote, erhalten, als er einen Handwerker, der vom Dach gefallen war, danach fragte, was er gefühlt habe. Dessen Antwort, dass er keine Schwere empfunden habe, gab angeblich den entscheidenden Impuls.

Die Überlieferungslage für diese Anekdote ist unsicher, aber die Frage, ob es denn wirklich so gewesen sei, hält Blumenberg ohnehin für irrelevant. Was ihn interessiert, ist nicht die Wahrheit, sondern die Funktion der Episode. Es geht nicht um Fallgesetze, sondern zunächst um Einfallgesetze, also um eine angebliche Erklärung für das Entstehen epochaler Ideen: „Damit wird gewöhnlichen Sterblichen die Ungewöhnlichkeit von Unsterblichen plausibler gemacht – und das ist eine *humane* Aufgabe der die Inspirationen ersetzenden anekdotischen Vorfälle, weil wir mit Heroen nichts mehr anzufangen wissen" (Blumenberg 1997, 229–230). Über diesen Satz könnte man einen eigenen Aufsatz schreiben, eine Fortsetzung der *Legitimität der Neuzeit*, in der der Mensch sich gegen den Absolutismus des Willkürgottes auch bei seiner Nachfolgegestalt, dem *alter deus*, wie er in genialen Künstlern und Wissenschaftlern wiederaufersteht, wehrt. Im fortschreitenden Prozess humaner Selbstbehauptung wird nun auch der Mensch gewordene Gott, das Genie, dem die großen Ideen im Schlaf einfallen, depotenziert und durch einen Wissenschaftler ersetzt, der durch sinnliche Erlebnisse von außen angestoßen wird. Die Anekdote eines Erlebnisses ist die säkularisierte Variante eines Geistesblitzes. Blumenberg verfolgt den Gedanken indes hier nicht weiter, er lässt nur diesen einen Satz *en passant* fallen.

---

[19] Das sind außer den im unmittelbaren Zusammenhang mit „Einsteinium" gedruckten Fragmenten „Drohender Verlust einer Anekdote", „Takt und Methode", „Der unvermeidliche Rückgang auf Anthropomorphe" und „Einsteins Dachdecker" (Blumenberg 1997, 219–231) der in einem anderen Kontext, aber im selben Band stehende Text „Der Sturz: Die Weltsekunde" (Blumenberg 1997, 42–45) sowie „Ergebnis und Erlebnis" in Blumenberg 1998a, 13–14.

Schon bei Einsteins Vorgänger, Isaac Newton, ist die wissenschaftliche Innovation mit der Anekdote eines Schlüsselerlebnisses verbunden, in diesem Fall der Beobachtung von Früchten, die vom Baum fallen. Die Entstehung, Entwicklung und Aufladung der Geschichte ist bei Newton gut nachvollziehbar. Denn wir kennen die Person, die sie in die Welt gesetzt hat: Es war Voltaire, der die Episode zwar nicht von ihrem Protagonisten hören konnte, da er ihn nicht persönlich gekannt hat – bei seiner Reise nach England kam er gerade noch rechtzeitig zu Newtons Beerdigung. Gleichwohl hörte er die Anekdote von der Nichte des Verstorbenen und berichtete sie später in seinen *Elemens de philosophie de Newton*. Der Physiker habe eines Tages Früchte von Baum fallen gesehen und sich darüber gewundert, dass ihre Bewegung im Erdmittelpunkt konvergieren und sich ins Weltall hinein verlängern ließen. Wohlbemerkt: Früchte. Erst bei Leonard Euler wird aus den Früchten ein Apfel und zwar einer, der den Denker am Kopf getroffen hat. Die Konkretisierung des fallenden Gegenstands rückt das Fallobst natürlich noch in einen anderen mythischen Kontext: spielt er doch auf die Sündenfallszene im Paradies an. Das aber ist eine Aufladung mit Bedeutsamkeit, die mit der ursprünglichen Funktion der Anekdote nichts zu tun hat: „der mythisch hoch bedeutsame Apfel ist zugleich szientifisch der gleichgültigste Gegenstand unter den gleichgültigen Körpern. Sofern es ein Apfel gewesen sein sollte, war er kein Stück der unberührten oder unberührbaren Natur, sondern als Gartenprodukt ein Zuchterfolg, im Grunde ein Artefakt wie jene Kugel und jenes Pendel, mit denen Galilei seine Experimente gemacht hat" (Blumenberg 1997, 62).

Galilei hat als erster die Fallgesetze der klassischen Mechanik formuliert und sie dabei an Kugeln unterschiedlicher Schwere und Substanz, die zur gleichen Zeit eine schiefe Ebene hinabrollen, überprüft. Allerdings galten die so aufgestellten Gesetze nur für den irdischen, nicht für den außerirdischen Bereich. Der Mond und andere Himmelskörper unterlagen ihnen nicht. Als Newton nun gedanklich die Falllinien bis hinauf zu dem Erdtrabenten verlängerte, hat er damit die Aufteilung der Welt in zwei Bereiche unterschiedlicher Dignität aufgehoben. Das aber war nichts, was er an fallenden Früchten beobachten konnte, sondern eine vorausgehende theoretische Umorientierung, eine, wenn man so will, Umwendung der Aufmerksamkeit.

Ganz ähnlich ist es dann auch bei Einstein gewesen, wenn auch um einige Grade komplizierter. Dass bei ihm nun kein Ding, sondern ein Mensch fällt, ist dabei die entscheidende Differenz. Einstein fragt den Dachdecker, was er gefühlt habe, ist also an einem Erlebnis interessiert. Dass der Befragte von seiner Schwerelosigkeit berichtet, ist für den Theoretiker einmal mehr nicht der Anfang einer Überlegung, sondern die Bestätigung einer vorgängig schon angestellten: „Der Zeuge offenbarte ja nicht das Unerwartete. Danach – und das ist so die Natur des Unerwarteten – wäre er nie gefragt worden. Wie bei Zeugenverhören üblich, bestand schon ein Verdacht, eine Vermutung, eine ‚Theorie'" (Blumenberg 1997, 230–231).

Damit verschiebt Blumenberg den Fokus unmerklich, denn nun geht es doch nicht um die Erfindung des Neuen, sondern um seine Bestätigung. Insoweit unterscheiden sich Newton und Einstein nicht, dennoch hat die Variante des Relativitätstheoretikers eine besondere Pointe, denn sie führt eine Kategorie wieder in die harte Wissenschaft ein, die vorher sorgsam aus ihr herausgedrängt worden war: das individuelle Erlebnis.

„Die Neuzeit erfand das Operieren mit Reduktionen: die Reduktion des Subjektiven an den Erscheinungen ergab das Objektive, die Reduktion des Irdischen das ‚Himmlische', die Reduktion der Existenz ergab die Wesenheiten. Inmitten des Faktischen wurde das Institut der Wissenschaft als dessen Residuum errichtet" (Blumenberg 1997, 227).

Einsteins Episode markiert also die Umkehrung dieser Reduktionen, die Wiederkehr des Subjektiven in Gestalt eines Zeugen. An die Stelle einer Sache, die man messen kann, tritt eine Empfindung, ein Erlebnis, „das jeder Meßbarkeit ermangelte und auf keine Weise nachträglich zu dieser gebracht werden konnte" (Blumenberg 1997, 230). Das war geradezu ein Anachronismus: „Welche Wendung: Die Physik konnte die Subjektivität gebrauchen, statt sich ihrer als der aufdringlichsten Fehlerquelle zu entledigen. Für einen Augenblick war die Epoche der Kugeln und Äpfel, der Tropfen und Ströme, der Druckkessel und Meßsäulen vergessen" (Blumenberg 1997, 230).

Die Differenz zwischen Newton und Einstein ist für Blumenberg „epochal": „Der Gegenstand selber vollzog die Verifikation der Annahme über ihn. [...] Es kam in der Naturwissenschaft, in der Richtung ihrer exaktesten Fortentwicklung, auf ein ‚Erlebnis' an, nicht auf ein ‚Ergebnis'. Nie würde gemessen werden können, ob richtig sei, was der Dachdecker in einfachen Worten mitzuteilen hatte" (Blumenberg 1998a, 14). Natürlich lässt sich dieser Moment nicht verallgemeinern: Der Mensch ist nicht wieder zum Maß aller Dinge geworden, aber immerhin zu einem Erinnerungsposten, dessen sich dann die Phänomenologie wieder annehmen wird. Einmal mehr eine Umwendung der Aufmerksamkeit.

Die Kapriolen der Aufmerksamkeit sind aber auch für Blumenbergs eigenes Denken von Bedeutung. Worte, Metaphern, Begriffe, auch Szenen und Anekdoten schließen sich in seinem Kopf kurz, selbst dort, wo sie auf den ersten Blick nicht im Zusammenhang stehen. Stolpernde Philosophen und stürzende Dachdecker, gefallene Engel und von mythischen Früchten betroffene Physiker, Adam und Ikarus: Alles wird ihm zum Bestandteil seiner Fallsammlung. Wie es Wanderanekdoten gibt, die von einem prominenten Wirt auf den nächsten überwechseln, springt auch Blumenbergs Assoziationskraft von Fall zu Fall und bringt Anekdotisches verschiedener Art in einen metaphorischen Zusammenhang.[20] So lässt er es sich schließlich auch nicht nehmen, den berühmten Anfangssatz aus Ludwig Wittgensteins *Tractatus logico-philosophicus:* „Die Welt ist alles, was der Fall ist" in dieser Perspektive zu interpretieren. Denn genau das, dass alles *im* Fall ist, ist *der* Fall, zumindest seit Newton, der die ontologische Zweiteilung der Welt, die noch für Galilei unumstößlich war, aufgehoben hat. Für die extraterrestrischen Körper galt nun nicht länger, dass sie stoisch ihre Kreisbahnen zogen, die keiner weiteren Erklärung bedurften, außer vielleicht eines Gottes als unbewegtem Beweger, eines Gottes, „der nichts fallen ließ" (Blumenberg 1997, 47). Ab jetzt waren sie – genau wie jeder irdische Apfel – Gegenstände, die der Gravitation unterliegen: gefallene Götter oder doch Wesen im Fall. „Newtons Gravitation und ihre Universalisierung durch Beugung von Raum und Zeit unter ihre Ubiquität durch Einstein lassen den latenten Satz an der Schwelle des ‚Tractatus' zu: In der Welt ist nichts, was nicht fällt" (Blumenberg 1997, 47).

Natürlich weiß Blumenberg, dass er hier etwas, das gewöhnlich als Tatsachenbehauptung gilt, metaphorisch liest. Des möglichen Protests, so sei es nicht gemeint gewesen, ist er sich bewusst. Aber das ist für ihn kein Einwand: „Es sei keiner gezwungen, Metaphern dort zu akzeptieren, wo sie nicht klar nachweisbar sind" (Blumenberg 1997, 48). Dennoch gibt er zu bedenken, dass die gesuchte Umständlichkeit des Anfangs die Leser aufhorchen lassen sollte. Sie erinnert ihn an Heraklits *panta rhei*.

Ob wir das überzeugend finden oder nicht, steht dahin, ist aber auch hier nicht entscheidend. Denn Metaphern sind nichts, was der Fall ist oder nicht: Sie müssen nicht klar nachweisbar sein. Wer liest, darf metaphorisch nehmen, erst recht, wer die Welt im Modus der Nachdenklichkeit betrachtet.

Literaturverzeichnis

Blumenberg, Hans. *Die kopernikanische Wende.* Frankfurt a. M.: Suhrkamp, 1965.
Blumenberg, Hans. *Das Lachen der Thrakerin: Eine Urgeschichte der Theorie.* Frankfurt a. M.: Suhrkamp, 1987.
Blumenberg, Hans. *Lebensthemen: Aus dem Nachlaß.* Stuttgart: Reclam, 1998a.
Blumenberg, Hans. „Nachdenklichkeit". *Jahrbuch der Deutschen Akademie für Sprache und Dichtung 1980.* Heidelberg: Lambert Schneider, 1981. 57–61. Auch unter: https://www.

---

[20] Hertfelder (2021) betrachtet die Wanderanekdote generell als Modell für Blumenbergs Anekdotenverständnis. Hier auch schon der Verweis auf das Wechselspiel von Thales-, Einstein- und Newton-Anekdoten (Hertfelder 2021, 185–188). Gesprächen mit Katharina Hertfelder und Matthias Grandl bei einem gemeinsamen Kolloquium zur Anekdote im Oktober 2018 in Berlin verdanke ich manche Anregung.

deutscheakademie.de/de/auszeichnungen/sigmund-freud-preis/hans-blumenberg/dankrede. (01. Juli 2021).

Blumenberg, Hans. *Paradigmen zu einer Metaphorologie*. Frankfurt a. M.: Suhrkamp, 1998b.

Blumenberg, Hans. *Schiffbruch mit Zuschauer: Paradigma einer Daseinsmetapher*. Frankfurt a. M.: Suhrkamp, 1979.

Blumenberg, Hans. Manuskript „Die Unverächtlichkeit der Anekdote". UNF 2241, Deutsches Literaturarchiv Marbach, A:Blumenberg.

Blumenberg, Hans. *Die Vollzähligkeit der Sterne*. Frankfurt a. M.: Suhrkamp, 1997.

Boden, Petra. *Der Mensch als Leser: Anthropologische Korrespondenzen zwischen Hans Blumenberg und Wolfgang Iser*. Bielefeld: Aisthesis [im Erscheinen].

Grandl, Matthias. „Wie sich Anekdoten kommentieren:Theorie einer Affordanz der Anekdote (nach H. Blumenberg, L. Sciascia und M. T. Cicero)". *Wissen en miniature – Theorie und Epistemologie der Anekdote*. Hg. Matthias Grandl und Melanie Möller. Wiesbaden: Harrassowitz, 2021. 203–224.

Hegel, Georg Wilhelm Friedrich. *Vorlesungen über die Geschichte der Philosophie III* (= Georg Wilhelm Friedrich Hegel: *Werke*. Bd. 20). Hg. Eva Moldenhauer und Karl Markus Michel. Frankfurt a. M.: Suhrkamp, 1971.

Hertfelder, Katharina. „Bewegungslinien der Anekdote bei Hans Blumenberg". *Wissen en miniature – Theorie und Epistemologie der Anekdote*. Hg. Matthias Grandl und Melanie Möller. Wiesbaden: Harrassowitz, 2021. 177–202.

Jaeger, Werner. *Scripta minora*. Bd. 1: „Über Ursprung und Kreislauf des philosophischen Lebensideals". Rom: Edizioni di storia e letteratura, 1960.

Lübbe, Hermann. „Unbehagen in der Wissenschaft". Hermann Lübbe. *Endstation Terror: Rückblick auf lange Märsche*. Stuttgart: Seewald, 1978. 184–185. Zuerst als „Thales im Brunnen: Forschung und Wissenschaft sind in Mißkredit geraten." *Deutsche Zeitung* (07.11.1975).

Marquard, Odo. „Einleitungsreferat für die Diskussion der Vorlage Blumenberg (Blumenberg, Hans. *Der Sturz des Protophilosophen: Zur Komik der reinen Theorie – anhand einer Rezeptionsgeschichte der Thales-Anekdote*)." Deutsches Literaturarchiv Marbach, A: Marquard. Prosa. Vorträge und Aufsätze. Mappe 3.

Müller, Oliver. „Subtile Stiche: Hans Blumenberg und die Forschungsgruppe ‚Poetik und Hermeneutik'". *Kontroversen in der Literaturtheorie / Literaturtheorie in der Kontroverse*. Hg. Ralf Klausnitzer und Carlos Spoerhase. Bern: Peter Lang, 2007. 249–264.

Nietzsche, Friedrich. „Die Philosophie im tragischen Zeitalter der Griechen" [1873]. *Friedrich Nietzsche: Sämtliche Werke. Kritische Studienausgabe*. Bd. 1.: „Die Geburt der Tragödie. Unzeitgemäße Betrachtungen I–IV. Nachgelassene Schriften 1870–1873". München, Berlin und New York: dtv, 1988. 799–872.

Preisendanz, Wolfgang, und Rainer Warning (Hg.). *Das Komische*. München: Wilhelm Fink, 1976.

Schadewaldt, Wolfgang. *Die Anfänge der Philosophie bei den Griechen: Die Vorsokratiker und ihre Voraussetzungen*. Frankfurt a. M.: Suhrkamp, 1978.

Schlaffer, Heinz. Art. „Anekdote". *Reallexikon der deutschen Literaturwissenschaft*. Bd. 1. „A–G". Hg. Klaus Weimar, Harald Fricke, Klaus Grubmüller, Jan-Dirk Müller, Friedrich Vollhardt und Georg Braungart. Berlin und New York: De Gruyter, 2007. 87–89.

Zill, Rüdiger. *Der absolute Leser: Hans Blumenberg. Eine intellektuelle Biographie*. Berlin: Suhrkamp, 2020.

Zill, Rüdiger. Art. „Anekdote". *Blumenberg lesen: Ein Glossar*. Hg. Robert Buch und Daniel Weidner. Berlin: Suhrkamp, 2014. 26–42.

Zill, Rüdiger. „Geschichten in Bewegung: Zum Funktionswandel der Anekdote im 17. und 18. Jahrhundert". *Wissen en miniature – Theorie und Epistemologie der Anekdote*. Hg. Matthias Grandl und Melanie Möller. Wiesbaden: Harrassowitz, 2021. 163–176.

Teil III: **Anekdotische Repräsentationsformen
im literaturgeschichtlichen Wandel:
Von der Antike bis zur Renaissance**

Daniel Wendt
Detailliert. Die Anekdote als Poetik der Ausnahme bei Cicero und Horaz

difficile est proprie communia dicere.
Hor. ars 128

1 Einleitung

Die Ermordung Julius Caesars mit 23 Messerstichen an den Iden des März 44 v. Chr. durch eine Gruppe von Verschwörern um Marcus Brutus ist eines derjenigen historischen Ereignisse in der Antike, das nicht nur zum Bestand des bildungsbürgerlichen Allgemeinwissens zählt und bis in die Gegenwart die populärkulturelle Imagination anregt, sondern gar mit dem exakten römischen Datum und den vermeintlich letzten Worten Caesars noch im kollektiven Gedächtnis des einundzwanzigsten Jahrhunderts fest verankert ist. Der Name Brutus ist spätestens durch das bei Sueton überlieferte Diktum „auch du, mein Sohn"[1] zur Per-

---

Anmerkung: Dieser Text verdankt seine Entstehung der Unterstützung durch den SFB „Invektivität" an der TU Dresden im Winter 2017/18. Teile der hier angestellten Überlegungen wurden im Dezember 2017 (zu Cicero) bei einem Workshop des SFB und im Januar 2018 (zu Horaz) bei den Ianualia in Wuppertal vorgestellt. Den Zuhörern beider Veranstaltungen sei ebenso wie den Teilnehmern der Frankfurter Tagung für hilfreiche Hinweise und Anregungen gedankt. Methodisch habe ich seit 2018 enorm durch die Zusammenarbeit mit dem Unterprojekt „Die Anekdote als Medium des Wissenstransfers" am SFB „Episteme in Bewegung" der Freien Universität Berlin profitiert. Melanie Möller und Matthias Grandl danke ich zudem für die Zurverfügungstellung der Manuskripte des Sammelbandes *Wissen en miniature. Theorie und Epistemologie der Anekdote* noch als ἀνέκδοτα sowie für zahlreiche hilfreiche Anmerkungen zu meinem Text. Matthias Grandl sei darüber hinaus auch gedankt für die gewährten Einblicke in seine Dissertation zu den anekdotischen Strategien bei Cicero, die 2022 erscheinen wird.

1 Vgl. Suet. *Caes.* 82, der zwei Versionen berichtet: „Atque ita tribus et viginti plagis confossus est, uno modo ad primum ictum gemitu sine voce edito, etsi tradiderunt quidam Marco Bruto irruenti dixisse: ‚καὶ σὺ τέκνον;'" [Und so ist er von 23 Messerstichen durchbohrt worden, wobei er nur beim ersten einen stimmlosen Seufzer herausgebracht hatte, wenngleich manche überliefert haben, er habe zum herbeistürzenden Marcus Brutus gesagt: „Auch du, mein Kind?"]. Zu den Hintergründen des Satzes und möglichen Interpretationen vgl. Ziogas 2016b. Die moderne Bekanntheit des Ausspruchs ist letztlich sicherlich zu großen Teilen auf Shakespeares *Julius Caesar* (Act 3 Scene 1: „Et tu, Bruté?–Then fall") zurückzuführen. Die Verankerung in der Populärkultur

https://doi.org/10.1515/9783110698213-008

sonifikation des Verrats durch Nahestehende geworden und lässt sich bis heute in Alltagssituationen als Apostrophierung verwenden. Diese *metonymische* Vereinnahmung einer historischen Figur ist nicht unwesentlich durch die *anekdotische* Form und das einprägsame Diktum bedingt,[2] welche Tradierbarkeit und Übertragbarkeit, De- und Rekontextualisierung sichern.[3]

Nicht nur die politischen Auswirkungen des Caesar-Mordes, sondern auch die Bedeutung der Tat selbst für die römische Erinnerungskultur war offenbar vielen Akteuren der Zeit unmittelbar bewusst, sodass schnell ein rhetorischer Kampf um ihre Deutungshoheit entbrannte. So stellt Cicero nur wenige Monate später in der zweiten *Philippischen Rede* (fiktiv datiert auf den 19. September 44 v.Chr.) die rhetorische Frage: „Welche Nachwelt wird sich jemals als so vergesslich (*immemor*), welche Literatur als so undankbar erweisen, dass sie ihre [sc. der Verschwörer] Ruhmestat nicht mit unsterblicher Erinnerung schildern wird."[4] Die unsterbliche Erinnerung (*immortalitatis memoria*) an dieses Ereignis ist, wie Cicero betont, wesentlich durch Literatur, durch geschriebene Texte (*litterae*), bestimmt. Verschiedene Akteure bedienten sich zum Zwecke der Langzeitwirkung vor allem der Anekdotisierung des Ereignisses.[5] Cicero erkannte hier offenbar die Bedeutung der Schriftlichkeit für den Übergang vom kommunikativen ins kollektive Gedächtnis und hat diese, wie ich später ausführen werde, zu einer anekdotischen Strategie ausgebaut.

Die Figur des Brutus tritt auch in Horaz' *Satire* 1.7, die wenige Jahre später erschien, in einer anekdotischen Erzählung – allerdings in gänzlich anderem Kontext – auf. Der Name Brutus scheint hier bereits metonymisiert zu sein und im Alltagsgeschehen Verwendung zu finden. Denn das römische Denken ist in ho-

---

mag das Videospiel *Assassin's Creed: Origins* (2017) belegen, in dem der Satz ebenfalls verwendet wird.
2 Hayden White (1990, 47–48) sieht in der Tropologie, d.h. der Übertragung von historischen Fakten in ein Narrativ, von der Chronik in literarische Codes, die der Plot-Struktur der literarischen Gattungen entstammen, das wesentliche Moment historiographischer Repräsentation.
3 Grandl (Manuskript Kapitel 2) sieht in der Kompaktheit – und weniger in der Kürze – der Anekdote dasjenige autarke Strukturelement, das ihre De- und Rekontextualisierung besonders begünstigt. Greenblatt spricht Anekdoten in diesem Zusammenhang eine Provisorität der Form zu, die sie weiterhin als kontingent markiere, aber auch zum Weitererzählen befähige (Greenblatt 1991, 3).
4 Cic. *Phil.* 2.33: „Quae vero tam immemor posteritas, quae tam ingratae litterae reperientur, quae eorum gloriam non immortalitatis memoria prosequantur." Übersetzungen aus dem Lateinischen stammen, sofern nicht anders vermerkt, von mir.
5 Möller/Grandl 2021, 5–6 bezeichnen diese Ausrichtung auf die *longue durée* als eine der Kernaffordanzen der Anekdote. Grandl 2021, 213 gilt die *textspezifische* Affordanz „als Beschreibkategorie für eine epistemische Wechselwirkung zwischen Text und rezeptivem Umgang mit demselben."

hem Grade durch Exemplarizität bestimmt. Entsprechend verkörpern metonymisch bestimmte historische Personen konkrete Eigenschaften, wie etwa Brutus den Verrat oder Cato die Sittenstrenge.[6] Die Anekdote stellt nun Narrativisierungen zur Verfügung, die, wie ich zeigen möchte, gerade durch Momente der Unbestimmtheit, der Latenz, aber auch durch inhärente Modi der metareflexiven Selbstdeutung Übertragungen ermöglichen, ja diese geradezu herausfordern. Die hier behandelten Anekdoten sind also zugleich Anekdoten über das Anekdotische.

In dieser Perspektive möchte ich im Folgenden zunächst die Rolle des Anekdotischen in Ciceros Humortheorie in *De oratore* betrachten, um von dort aus anekdotische Strategien im Zusammenhang mit dem Caesar-Mord aus der rhetorischen Praxis der zweiten *Philippischen Rede* sowie aus Horaz' *Satire* 1.7 – Texte, die den Übergang von republikanischer zu augusteischer Erinnerungskultur begleiten – zu analysieren. Ich lese diese Beispiele als Meta-Anekdoten, die die Funktionsweisen des Anekdotischen verhandeln und eine implizite Poetik anekdotischen Erinnerns vermitteln. Ich werde dabei der Frage nachgehen, wie zum einen die Anekdote auf die heuristische Offenheit der Wirklichkeit reagiert, und zum anderen, wie aus einem singulären Ereignis eine exemplarische Erzählung mit der Fähigkeit der Übertragbarkeit und damit letztlich ihrer Tradierbarkeit wird (vgl. Stefanoska 2009), kurz: wie es vom Anekdotischen zur Anekdote kommt.[7] Gemeinsam ist den Texten, dass sie zum einen in invektiven Zusammenhängen stehen, und zum anderen die Schärfe und den Akt des gewaltsamen Eindringens und des (Ab-)Schneidens, im wörtlichen Sinne also das *De-taillieren* thematisieren. In ihrer Ausschnitthaftigkeit und Konzentration auf ein Detail (der Geschichte), so die Idee des Beitrages, propagieren die vorgestellten Anekdoten eine Poetik der Ausnahme. Und dies nicht nur in dem Sinne, dass sie, wie Roland Barthes es eher beiläufig bemerkte, die strukturalen Imperative des Diskurses – Funktionen und Indizien – bilden und diesen somit in seinem Detailreichtum begrenzen (vgl. Barthes 1984 [1968], 184), sondern dass die Ausschnitte

---

6 Vgl. Lowrie und Lüdemann 2015, 10: „Although the metonymic association of a characteristic with a person (stoic virtue with Cato) may look, at first glance, simplistic, such embodiment brings along a complex package of a whole person, a whole history, whose meaning is fuzzier than an abstraction and must be excavated through interpretation. Judgment is again needed not only to test analogies between exempla, but to determine where to draw the line against irrelevance, a skill similar to that needed for reading metaphors and extended similes."
7 Vgl. Hénaff 2009, 98, der mit ‚das Anekdotische' (the anecdotal) den „fact", „the referent of the narrative" bzw. „the very content of the anecdote as a form" bezeichnet, während ‚die Anekdote' das literarische Genre, „the narrative" selbst meint. Niehaus 2013, 201 unterscheidet die „sprechende Anekdote", die „vor allem durch ihre Form definiert" ist, und „die stumme Anekdote", die „hingegen durch ihren Stoff" bestimmt wird.

(die Anekdoten) das Ganze in vergegenständlichter Form symbolisieren (als Narrativ) und den Akt ihrer Auslegung schon enthalten, und in dem Sinne, dass sie zwischen Kontingenz und Bedeutung oszillieren. Denn obwohl sie sich immanent geben, ist ihr Wissen kontextgebunden und gerade nicht verallgemeinerbar.[8]

2 *si quando quid tamquam aliqua fabella narratur*: Unbestimmtheit und Bedeutsamkeit des Anekdotischen in Ciceros Humortheorie (*De oratore*)

Die Anekdote ist in der Antike keine separate Textgattung. Dennoch ist anekdotisches Erzählen als *modus narrandi* insbesondere bei den Römern sehr beliebt. Anekdotisches findet sich in so unterschiedlichen Gattungen wie der Rede, der Geschichtsschreibung, der Philosophie, dem historischen Epos und der Satire. Bekanntlich hat die Gattung nach Prokop ihren Namen, wenngleich auch bei Cicero der Begriff ἀνέκδοτον in einem Brief an Atticus vorkommt, hier aber mehr auf den editorischen Aspekt des Unveröffentlichten und weniger auf eine bestimmte Erzählform abzielt.[9] Ciceros Verwendung weist aber bereits auf einen

---

8 Vgl. Schwindt 2021, 35: „Die Erkenntnis, die die Anekdote zu Tage fördert, ist nicht verallgemeinerbar. Auf dem Förderband liegt nicht das der Tiefenschürfung entrissene Bruchstück des Allgemeinen, sondern das Besondere. Dies Besondere ist, wenn ich das so pointiert sagen darf, die Ausnahme vor ihrer Nobilitierung zum Beispiel. Das Köstliche an der anekdotischen Geschichtsschreibung ist also, dass sie für den moralischen Unterricht gerade nicht zu gebrauchen ist. Sie liefert das Richtige immer nur als das Unbrauchbare und fördert so nichts als den isolierten Charakter eines verhinderten Helden."

9 Den griechischen Begriff verwendet Cicero in Bezug auf seine noch unfertigen Memoiren und damit auf seine eigene Lebensgeschichte in einem Brief an Atticus vom 3. Mai 44 v.Chr. (Cicero befindet sich in Pompeji): „Librum meum illum ἀνέκδοτον nondum, ut volui, perpolivi" [Mein noch unpubliziertes Buch habe ich noch nicht gehörig gefeilt, wie ich es beabsichtigte.] (Cic. Att. 14.17.6). Der Grund für die noch nicht erfolgte Veröffentlichung, d.h. der Gegenstand des „Feilens/Glättens" (*perpolire*), liegt offenbar in der Inklusion brisanten Materials. Denn der Brief steht interessanterweise ebenfalls im Zusammenhang mit dem Caesar-Mord. So fügt Cicero an: „ista vero quae tu contexi vis aliud quoddam separatum volumen exspectant. ego autem, credas mihi velim, minore periculo existimo contra illas nefarias partis vivo tyranno dici potuisse quam mortuo. [...] nunc quacumque nos commovimus, ad Caesaris non modo acta verum etiam cogitata revocamur." [Das Material, das Du gern integriert haben möchtest, muss auf einen weiteren, getrennten Band warten. Aus meiner Sicht, das kannst Du mir glauben, konnte man zu Lebzeiten

wichtigen Aspekt der Anekdote hin, nämlich auf die Deutungshoheit über die (eigene) Geschichte. Bei Beantwortung der Frage, ob es im Lateinischen einen Begriff gibt, der die literarische Form der Anekdote gewissermaßen *près de la lettre* beschreibt und mit dem eine entsprechende Theoretisierung einhergeht, lohnt sich wie so oft ein Blick in Ciceros rhetorische Theorie. Im zweiten Buch von *De oratore* (55 v. Chr.), einem fiktiven Dialog zwischen Ciceros Lehrern Crassus und Antonius im Jahre 91 v. Chr., wird die Behandlung der *inventio* unterbrochen und der Unterredner C. Iulius Caesar Strabo, bekannt für seinen Witz, im Dialog selbst aber ansonsten eher eine Randfigur, präsentiert eine Rede über Funktion und Einsatz des Humors.[10] In diesem Zusammenhang kommt er auch auf die *fabella* zu sprechen, die er als ein ganz besonders wirksames Instrument zur Erzeugung von Komik zum Zwecke des *movere* ansieht:

> Duo sunt enim genera facetiarum, quorum alteram re tractatur alterum dicto, re, si quando quid tamquam aliqua fabella narratur, ut olim tu, Crasse, in Memmium: comedisse eum lacertum Largi, cum esset cum eo Tarracinae de amicula rixatus. salsa ac tamen a te ipso ficta [tota] narratio; addidisti clausulam tota Tarracina tum omnibus in parietibus inscriptas fuisse litteras tria L L L duo M M. cum quaereres id quid esset, senem tibi quendam oppidanum dixisse: ‚lacerat lacertum Largi mordax Memmius.' (Cic. *de orat.* 2.240)
>
> Es gibt zwei Arten des Scherzes, von denen sich die eine mit der Sache, die andere mit der Formulierung beschäftigt. Mit der Sache, wenn einmal etwas gleichsam als eine Anekdote [*fabella*] erzählt wird, wie Du, Crassus, einst gegen Memmius (sprachst): er habe dem Largius ein Stück aus dem Arm gegessen, als er sich mit ihm in Tarracina um eine Geliebte gezankt hatte. Die Erzählung war gesalzen komisch, und doch [ganz] von Dir selbst erdichtet. Die Schlussszene fügtest Du hinzu: in ganz Tarracina hätten damals an allen Wänden die Buchstaben L. L. L. M. M. geschrieben gestanden. Auf Deine Frage, was das bedeuten solle, habe Dir ein alter Mann aus der Stadt gesagt: „Die Kraft des Largius zerfleischt der bissige Memmius."

Der Begriff *fabella* ist gebildet als Diminutiv zu *fabula*, welche zum einen die lateinische Übersetzung von griechisch *mythos* darstellt, zum anderen aber die Gattung des Dramas, also Tragödie und Komödie bezeichnet.[11] In späterer Zeit

---

des Tyrannen mit weniger Gefahr gegen jene ruchlose Partei sprechen als nach seinem Tod. [...] Inzwischen werden wir, wohin auch immer wir uns bewegt haben, nicht nur an Caesars Taten, sondern sogar an seine Absichten erinnert.] Im spätere Sinne Prokops handelt es sich bei dem Nicht-Herausgegebenen also um brisantes Wissen, das dereinst für eine Gegengeschichte nutzbar gemacht werden könnte.

10 Zur gesamten Rede Caesar Strabos vgl. Fantham 2004, 186–208.
11 Vgl. Varro *ling.* 6.55: „ab eodem verbo *fari fabulae*, ut tragoediae et comoediae, dictae." [nach ebendiesem Wort *fari* sind die *fabulae*, d. h. Tragödien und Komödien, benannt]. Vgl. TLL s.v. *fabula* [Vetter] 6.1.28.17–79. Das zugrunde liegende Verbum *fari* bezeichnet vor allem die fiktive Rede. Vgl. Isid. *orig.* 1.40.1: „Fabulas poetae a fando nominaverunt, quia non sunt res factae, sed

wird mit dem Begriff auch die Gattung der Fabel bezeichnet.[12] Die Begriffsneubildung sowie die Junktur *tamquam aliqua* deuten auf eine begriffliche Unbestimmtheit in der Rhetoriktheorie, die hier zumindest umrissen wird (an späterer Stelle wird *pars pro toto* auch schlicht *narratio* gebraucht). Leider wird an dieser Stelle nicht ausführlich die Form einer solchen *fabella* analysiert, was allerdings nicht überraschen mag, widerstrebt die Anekdote doch wesentlich einer rein theoretischen Betrachtung. Und so offenbaren das gegebene Beispiel und die kurzen Ausführungen dennoch prägnant einige Indizien ihrer Form und Funktion: Die Erzählung hat die invektive Herabsetzung des Gegners zum Ziel – soviel ist durch den Erzählrahmen schon zuvor klar –, sie ist daher komisch (*salsa*) und soll den Gegner der Lächerlichkeit preisgeben. Formal besteht die *fabella* aus einer *narratio*, d.h. der Beschreibung eines Geschehens, und einer *clausula*, einem pointierten Abschluss, der die *narratio* ausdeutet. Die Pointe dieser Anekdote ist heute nicht mehr unmittelbar verständlich; eventuell handelt es sich bei der Abkürzung ursprünglich um Wahlslogans[13], oder aber „Crassus behauptet,

---

tantum loquendo fictae." [Die Dichter benannten die *fabulae* von *fari*, weil sie nicht geschehene, sondern nur durch Sprechen erschaffenen Dinge sind.] Lausberg wertet die *fabella* als niedere Klasse des *exemplum* im Vergleich zur höheren Klasse der *fabula*. Sie „gilt wegen ihrer primitiven *voluptas* als deliberatives Überzeugungsmittel vor ungebildeterem Publikum." Diese allgemeine Einschätzung basiert allerdings vor allem auf Quintilians Beschreibung der Aesopischen Fabel (Quint. *inst.* 5.11.19), von dem sich die Beschreibung in *De oratore* allerdings sichtlich unterscheidet. Ferner stellt er beide Varianten, *fabulae* und *fabellae*, da sie „weder verae noch verisimiles sind (Her. 1.8.13)", hinsichtlich des Fiktionalitätsgrades dem „zwar nicht wahren aber doch lebens-nah-wahrscheinlichen Komödienstoff (Her. 1.8.13. *argumentum*)" entgegen. Lausberg lässt hier die entsprechenden Stellen, in denen lediglich von der *fabula* gesprochen wird, gleichsam auch für die *fabella* gelten. Wie der hier behandelte Passus zeigt, steht die *fabella* fiktionalitätstheoretisch für Cicero allerdings gerade dem *argumentum* nahe. Denn das *proprium* der Anekdote liege, wie er später anfügt, gerade darin, dass sie dem Wahren ähnlich, d.h. realistisch erscheine (Cic. *de orat.* 2.264: „quae videantur [...] veri similia.")

12 Cicero stellt auch im folgenden Abschnitt zu den *facetiae in dicto* diese Verbindung her (Cic. *de orat.* 2.264): „Et ad hoc genus ascribamus etiam narrationes apologorum." [Zu dieser Art wollen wir auch die Fabelerzählungen rechnen].

13 So meinte Harnecker 1886, 327: „Die Namen der Kandidaten für irgendeines der verschiedenen municipalen Ämter wurden, weil die betreffenden Bewerber dem Publikum vollkommen bekannt waren, sehr häufig nur mit den Anfangsbuchstaben bezeichnet. In einem derartigen bloß aus Siglen bestehenden Wahlprogramm, meinte wohl Crassus, seien einst an allen Straßenecken die angeführten Initialen zu lesen gewesen, die der Ortsbürger dann durch den iambischen Senar so witzig gedeutet habe. Das wäre dann zugleich eine schöne Empfehlung des Kandidaten gewesen. [...] Da die ganze Geschichte vom Crassus erfunden war, so ist die Untersuchung müßig, was denn die Buchstaben in Wirklichkeit für eine Bedeutung gehabt hätten. Indes als erfunden ist wohl nur die Geschichte mit der amica zu betrachten; die Thatsache des Auffindens der fünf Buchstaben konnte Crassus doch nicht gut erdichtet haben, ebenso wenig wie ihre Beziehung auf

Graffiti gefunden zu haben, die einer bekannten Inschriftenformel ähnlich sind (LLM~LLLMM)."[14]

Wenn letztere historische Rekonstruktion zutrifft, hätten wir es mit einem buchstäblichen Verdoppelungseffekt des Vorgefundenen zu tun. Es erfolgt dabei, wie das Beispiel zeigt, eine Fiktionalisierung der Wirklichkeit (*fingere*). Das Beispiel zeigt zudem ein weiteres Kennzeichen der Anekdote, nämlich das Problem, vor dem sowohl Crassus als auch wir stehen: die heuristische Offenheit und Zeichenhaftigkeit der vorgefundenen Wirklichkeit, die die Frage nach dem Wesen der Dinge (*quid est?* Was ist es? – *oder auch:* warum *oder* wozu existiert es?) und damit unweigerlich hermeneutische Operationen herausfordern.[15] Die erzählte Anekdote antwortet nun auf kleine Details dieser Wirklichkeit, die sie überraschend ergänzt und ausdeutet. Das Fiktive wird somit zum strukturierenden Faktor der Wirklichkeit. Die Memmius-Anekdote problematisiert mit Jacob gesprochen „das Faktische im Horizont des Fiktiven", sie nimmt „das Faktische in das Fiktive, das Fiktive in das Faktische hinein"[16]. Im Gegensatz zur nicht unüblichen rhetorischen Mythisierung der eigenen Person mit Figuren aus Epos und Tragödie ist die *fabella* gekennzeichnet von einem komödienhaften, gewissermaßen parasitären Realismus (man achte auf die sicherlich nicht zufällige Wortwahl *comedisse*[17]), d.h. einer Verbindung von Historischem mit Figurationen der Neuen Komödie: Der Wirklichkeitsbezug der Szene wird etwa gestützt durch die Konkretisierung des Schauplatzes, der südlatinischen Stadt Terracina (ca. 100 km südöstlich von Rom), und durch die konkreten historisch verbürgten – oder zumindest historisch glaubwürdigen – Akteure Crassus, Memmius und Larg(i)us.[18] Der Streit lässt sich gar auf das Jahr 106 v.Chr. datieren und steht im

---

Memmius, spricht er ja doch selbst von Thatsächlichem, das man doch noch mit Lughistörchen würzen kann. Da sie nun offenbar nur ganz bekannte und gewöhnliche Formeln repräsentieren konnten, um eben ganz allgemein verständlich zu sein, möchte ich vorschlagen, sie als Wahlempfehlung aufzufassen und zu lesen: Lege Laetus Lubens Merito Memmium nach Analogie der bekannten Formel der Votivinschriften: Votum solvit laetus lubens merito." Vgl. Hughes 1997, 155. Dagegen argumentieren Leeman/Pinkster/Rabbier, Bd. 3 (1989), 246.
14 Leeman/Pinkster/Rabbier, Bd. 3 (1989), 246.
15 Grandl (Kapitel 4) spricht in seiner Bestimmung der ciceronischen Anekdote im Rahmen der Humortheorie von einer ‚hermeneutischen Krise' als einer Grundkonstante des Anekdotischen. Vgl. Neureuter 1973, 477–478 zur Nachdenklichkeit als Leistung der Anekdote.
16 Jacob 2006, 29.
17 Das Wort evoziert zum einen eine satirische Poetik, die gattungstypologisch über das Begriffsfeld des Essens operiert. Zum anderen klingt auch der Begriff *comoedia* an, der im Zuge der vulgärlateinischen Monophtongisierung (oe>e) bereits zu Ciceros Zeit *comedia* gesprochen wurde.
18 Gaius Memmius war Volkstribun im Jahr 111 v.Chr. Zu einem Largus (oder Largius) ist hingegen nichts bekannt.

Zusammenhang mit der Lex Servilia (*Lex Servilia Glaucia de Repetundis*),[19] also 15 Jahre vor dem fiktiven Datum der Dialoges, der im Jahr 91 v. Chr. kurz vor dem Tod des Crassus spielt. Den literarischen Codes der Komödie entspringt dagegen die Konstellation des Streites zweier Männer um eine Geliebte sowie der Begriff der *clausula*, der die Schlussszene oder Schlussworte eines Bühnenstückes bezeichnet. Die ebenfalls in der Komödie topische Figur des – hier namenlosen – *senex* stellt das alte Wissen des kollektiven Gedächtnisses bereit. Er birgt ferner das Moment der unbestimmten Bestimmtheit, welches für das Anekdotische geradezu charakteristisch ist. Es kommt eben in diesem Falle nicht darauf an, wer genau diese Pointe gesprochen hat, und doch ist seine Deutung der Buchstaben sehr konkret.

Die Poetisierung der Wirklichkeit in der *clausula* gipfelt in der Rhetorisierung und Versifizierung der Geschichte: Die Interpretation der Buchstaben in Form eines jambischen Senars – eines typischen dramatischen Sprechverses – wird hier verbunden mit einer geradezu karikierend anmutenden Anhäufung an rhetorischen Stilmitteln: auf eine fast in die Geminatio übergehende Alliteration, die sich dann doch als Figura etymologica entpuppt (*lacerat lacertum*), folgt eine weitere Alliteration, die beide zusammen die Memorierbarkeit onomatopoetisch fast zu einem Werbespruch steigern. Denn das nachhaltige Ziel im Rahmen des *movere* ist die Lenkung nicht nur der Emotionen, sondern auch der Erinnerung. Hierzu eignet sich Komik besonders, denn wie in der *Rhetorik an Herennius* ausgeführt wird, erinnern wir uns in der Regel besonders gut an ungewöhnliche und neue Dinge, wie etwas besonders Hässliches oder eben Lächerliches, während wir Alltägliches direkt wieder vergessen.[20] Das Wortspiel, das die auffällige, aber

---

[19] Vgl. auch Cic. *Brut.* 164, wo Cicero diese Rede als Crassus' rhetorischen Höhepunkt bezeichnet. Zum historischen Kontext des entsprechenden Streites im Jahr 106 v. Chr. vgl. Hughes 1997, 155. Fantham (2004, 199) bemerkt zur Stelle „that wit is not directed at the real political issue, Memmius' attack on the corrupt and incompetent administration of the war against Jugurtha, but his purely personal faults. And in so directing his wit Crassus was not only following the guidelines for the proper subjects of humour, but diverting his audience away from the serious charges which Memmius had made."

[20] Vgl. Rhet. Her. 3.35: „Docet igitur nos ipsa natura, quid oporteat fieri. Nam si quas res in vita videmus parvas, usitatas, cottidianas, meminisse non solemus, propterea quod nulla nova nec admirabili re commovetur animus: at si quid videmus aut audimus egregie turpe, inhonestum, inusitatum, magnum, incredibile, ridiculum, id diu meminisse consuevimus." [Uns lehrt also die Natur selbst, was getan werden muss. Denn wenn wir im Leben unbedeutende, gewöhnliche, alltägliche Dinge sehen, prägen wir uns diese für gewöhnlich nicht ein, deswegen weil unser Geist durch keine neuartige und bewundernswerte Sache beeindruckt wird; doch sehen oder hören wir etwas außerordentlich Hässliches, Unehrenhaftes, Ungewöhnliches, Bedeutendes, Unglaubliches, Lächerliches, so haben wir die Gewohnheit, uns dies für lange Zeit einzuprägen.] Anek-

doch zufällige Ähnlichkeit der Begriffe *lacertus* (zur indoeurop. Wurzel *(o)leq-,biegen') und *lacerare* (zu griech. λακίς ‚abgetrenntes Stück, Fetzen') narrativ zuspitzt, offenbart nicht nur die Arbitrarität, sondern auch das latente Potential, die semantische Kraft (*vis*) der Wörter.[21]

Es handelt sich bei der *fabella* also in der Tat um ein kleines, d. h. sehr kurzes, Schauspiel (vgl. Cic. *ad Q. fr.* 2.15.3; *Cael.* 64), das eine gattungspoetische Nähe zur Komödie besitzt und, wie das Verb *fingere* andeutet, von Fiktionalisierung geprägt ist. Mit der *clausula* ist allerdings hier nicht Schluss, denn Strabo befasst sich im Folgenden mit Funktion und Wirkung derartiger *fabellae*:

> Perspicitis genus hoc quam sit facetum, quam elegans, quam oratorium, sive habeas vere quod narrare possis, quod tamen est mendaciunculis aspergendum, sive fingas. Est autem huius generis virtus, ut ita facta demonstres, ut mores eius, de quo narres, ut sermo, ut vultus omnes exprimantur, ut eis, qui audiunt, tum geri illa fierique videantur. (Cic. de orat. 2.241)
>
> Ihr seht klar, wie scherzhaft, wie elegant, wie rednerisch diese Art ist, mag man nun etwas wahrheitsgemäß zu erzählen haben, das man jedoch mit kleinen Lügen beträufeln muss, oder mag man etwas erdichten. Eine vorzügliche Eigenschaft dieser Art besteht andererseits darin, dass man das Geschehene so veranschaulicht, dass die Sitten dessen, von dem man erzählt, seine Sprache, alle seine Mienen ausgedrückt werden, so dass sich den Zuhörern die Dinge daraufhin zu geschehen und zu ereignen scheinen.

Strabo schreibt der Anekdote also zwei Funktionen zu: feinen rhetorischen Witz (*facetiae*) und Veranschaulichung. Er unterscheidet dabei zwei Fälle: 1. eine Anekdote, die auf einer wahren Begebenheit basiert und 2. eine gänzlich fingierte Anekdote. Erstere muss allerdings ebenfalls fiktionalisiert werden (*mendaciun-*

---

dotisches, so Rhet. Her. 1.10, eignet sich neben anderen Weisen uneigentlichen Sprechens zur Auflockerung bei Ermüdung der Zuhörer: „Si defessi erunt audiendo, ab aliqua re, quae risum movere possit, ab apologo, <u>fabula veri simili</u>, imitatione depravata, inversione, ambiguo, suspicione, irrisione, stultitia, exsuperatione, collatione, litterarum mutatione, praeter expectationem, similitudine, novitate, historia, versu, ab alicuius interpellatione aut adrisione". [Wenn sie (sc. die Zuhörer) vom Zuhören ermüdet sind, werden wir mit etwas beginnen, das Lachen erregen kann, mit einer Fabel, <u>einer wahrscheinlich klingenden erdichteten Erzählung</u>, einer Metonymie, einer Verhunzung, mit Ironie, mit etwas Zweideutigem, mit einer Verdächtigung, einer Verspottung, einer Albernheit, einer Hyperbole, einem Vergleich, einer Vertauschung der Buchstaben, einem Paraprosdokian, einem Gleichnis, mit etwas Ungewöhnlichem, mit einer historischen Erzählung, einem Vers, mit jemandes Zwischenruf oder Lächeln.] Ebendiese Funktion kommt der Rede über den Humor innerhalb der Gesamtkomposition von *De oratore* zu. Vgl. hierzu Leeman/Pinkster/Rabbier, Bd. 3 (1989), 173.

21 Vgl. Ziogas 2016, 1. *Vis* ist zum einen synonym zu *lacertus* (in seiner metaphorischen Bedeutung), bezeichnet linguistisch aber auch die ‚Bedeutung', den ‚Sinn' (eines Wortes).

*culis aspergendum*²²). Die Memmius-Anekdote passt dabei in die zweite Kategorie, hatte Strabo doch gesagt, sie sei (gänzlich) erfunden (*a te ipso ficta [tota] narratio*).²³ Mit dem Verb *perspicere* leitet Strabo dabei von der Anekdote zum Haupttext seiner Rede über, deutet also seinerseits nun die *fabella* im Rahmen der rhetorischen Theorie. Das entsprechende Substantiv *perspicuitas* ist Synonym zu *evidentia*; ein Begriffspaar, mit dem Cicero das griechische *enargeia* (vgl. Acad. 2.17) übersetzt. Strabo liest die Memmius-Anekdote als Beispiel für das rhetorische Prinzip der *phantasia*, bzw. *enargeia*, d. h. der Visualisierung des Gesagten, die die Imagination der Zuhörer anspricht.²⁴ In karikierender Funktion (*ut mores eius, de quo narres, ut sermo, ut vultus omnes exprimantur*) spielt der Anekdoten-Erzähler gewissermaßen die Rolle seines Gegners, indem er dessen typische Sprechweise nachahmt (wie Cicero selbst es etwa mit Antonius macht; siehe hierzu weiter unten). Das anekdotische Verfahren zielt also auf die Imagination wirkmächtiger „Bilder" ab, die jenseits der Anschaulichkeit auch die Memorierbarkeit begünstigen.²⁵ Performativ fügt Caesar Strabo an die *fabella* eine weitere *clausula* –

---

22 Das Verb *aspergere* evoziert eine kulinarische Metaphorik der Satire, die im invektiven Kontext etwa mit Salz oder Essig (*acetum*) beträufelt ist. Siehe hierzu auch unten zu Hor. *sat*. 1.7.31.

23 Die Überlieferung ist an dieser Stelle – wie wäre es anders zu erwarten – nicht eindeutig. Der codex M (consensus der codices A E und H) lässt *tota* an dieser Stelle aus. Es ließe sich als Verdoppelung im Sinne eines kurzzeitigen Augensprunges (zu *tota Tarracina*) erklären. Kumaniecki (Stuttgart/Leipzig 1995) belässt es im Text, Wilkins (Oxford 1902) markiert es als Athetese und Kayser (Leipzig 1860) tilgt es ganz.

24 Vgl. auch Cic. *de orat*. 2.264: „Ac verborum quidem genera, quae essent faceta, dixisse me puto; rerum plura sunt, eaque magis, ut dixi ante, ridentur; in quibus est narratio, res sane difficilis; exprimenda enim sunt et ponenda ante oculos ea, quae videantur et veri similia, quod est proprium narrationis, et quae sint, quod ridiculi proprium est, subturpia; cuius exemplum, ut brevissimum, sit sane illud, quod ante posui, Crassi de Memmio." [Die Arten der Witzigen, die im Ausdruck liegen, denke ich, habe ich damit besprochen. Größer ist die Zahl derer, die die Sache betreffen, und sie werden, wie ich vorhin sagte, mehr belacht. Zu ihnen gehört die Anekdote, eine recht heikle Angelegenheit. Denn es gilt etwas auszudrücken und vor Augen zu führen, was sowohl wahrheitsähnlich erscheint – denn das ist das Eigentümliche der Anekdote – als auch ein wenig schmachvoll wirkt – denn das ist das Eigentümliche des Lächerlichen. Als ein Beispiel dafür in aller Kürze mag das Wort des Crassus über Memmius dienen, das ich vorhin angeführt habe.]

25 Vgl. Rhet. *Her*. 3.37: „Imagines igitur nos in eo genere constituere oportebit, quod genus in memoria diutissime potest haberi. Id accidet si quam maxime notatas similitudines constituemus; si non mutas nec vagas, sed aliquid agentes imagines ponemus; [...] si quam res deformabimus, ut si cruentam aut caeno oblitam aut rubrica delibutam inducamus, quo magis insignita sit forma; aut si ridiculas res aliquas imaginibus adtribuemus; nam ea res quoque faciet ut facilius meminisse valeamus. Nam quas res veras facile meminimus, easdem fictas et diligenter notatas meminisse non difficile est." [Bilder müssen wir also in der Art schaffen, die man am längsten in der Erinnerung behalten kann. Dies wird der Fall sein, wenn wir ganz besonders gekennzeichnete

zweiter Ordnung – an, die die beschriebene Evidenz-Funktion *expressis verbis* erklärt. In seiner abschließenden Zusammenfassung zur Sachkomik liefert er weitere Charakteristika der Anekdote:

> Ergo haec duo genera sunt eius ridiculi, quod in re positum est, quae sunt propria perpetuarum facetiarum, in quibus describuntur hominum mores et ita effinguntur, ut aut re narrata aliqua quales sint intellegantur aut imitatione breviter iniecta in aliquo insigni ad inridendum vitio reperiantur. (Cic. *de orat.* 2.243)
>
> Das sind also die beiden Arten des Lächerlichen, das in der Sache liegt. Sie sind eine Eigentümlichkeit sich durch den ganzen Vortrag hindurchziehender Scherze, bei denen die Sitten der Menschen geschildert und so dargestellt werden, dass sie entweder durch etwas Erzähltes in ihrem Wesen erkannt oder durch eine kurz eingefügte Nachahmung bei einem auffallend lächerlichen Fehler angetroffen werden.

Eine *fabella* dient also nicht der akkuraten Darstellung historischer Ereignisse, sondern der Darstellung der *mores*, d. h. der Frage nach Wesen und Qualität eines Menschen (*qualis sint*). Es geht mit Aristoteles gesprochen weniger um das Wahre als um das Mögliche und Wahrscheinliche; um das, was eine Person tun *könnte*, d. h. um die Darstellung von Handlungen, in denen sich ein Charakter manifestiert. Strabo betont die Erkenntnis (*intellegere*), die aus der Anekdote gewonnen werden kann (vgl. Sen. *nat.* 1.16.1).

Die Pointe der Anekdote beruht wiederum auf der Formulierung, auf der Doppeldeutigkeit des körperlichen und des rhetorischen Gebrauches von *lacerare* – ‚verstümmeln, zerfleischen' (~ *dilaniare*) und ‚beleidigen, schelten' (~ *vituperare*)[26] – sowie von *lacertus* ‚Arm, Muskel' (~ *bracchium*) und (metonymisch) ‚(rhetorische) Kraft' (~ *vis*)[27]. In die gleiche Richtung zielt auch das Epitheton *mordax* ‚beißend/bissig', welches – ähnlich wie im Deutschen – im körperlichen wie rhetorischen Sinne Verwendung finden kann. Das Wortspiel wird gekrönt durch die Ähnlichkeit der Wörter *lacerare* und *lacertus*, die auf überraschende Weise miteinander „verzahnt" werden. Eine metaphorische Lesart des Verses würde also lauten: „Der bissige Memmius verletzte Largius' (rhetorische) Kraft".

Ähnlichkeiten schaffen; wenn wir nicht stumme und unbestimmte Bilder, sondern solche, die etwas in Bewegung bringen, errichten; [...] wenn wir einen Gegenstand entstellen, ihn z. B. blutig oder mit Schmutz beschmiert oder mit roter Farbe bestrichen einführen, damit seine Beschaffenheit um so hervorstechender sei, oder wenn wir den Bildern irgendwelche lächerlichen Züge verleihen; denn auch dies wird bewirken, dass wir sie uns leichter einprägen können. Denn dieselben Dinge, welche wir uns leicht einprägen, wenn sie echt sind, prägen wir uns auch unschwer ein, wenn sie erdacht und sorgfältig gekennzeichnet sind.]

26 Vgl. TLL s.v. *lacero* [Montefusco] Bd. VII.2. Sp. 827.52–828.8. Vgl. etwa Cic. *Phil.* 2, 86.
27 Vgl. TLL, s.v. *lacertus* 1, Bd. VII.2, Sp. 830.50–64. [Heine]. Zu *lacertus* und *vis* als Synonyme siehe Cic. *de orat.* 1.242.

Die *clausula* übersetzt also *comedisse* in *lacerare* und deutet auf eine invektive Funktion der Pointe durch Crassus. Die so entstehende neue Isotopie aktiviert auch die metonymische Bedeutung von *lacertus* als rhetorischem Terminus. Eine entsprechende *vituperatio* (vgl.Cic. *de orat.* 2.46; *Part. or.* 69–97; Rhet. Her. 3.11; Quint. *inst.* 3.7.2.), d. h. invektive Verwendung des Anekdotischen, stellt die *zweite Philippische Rede* dar, um die es im folgenden Abschnitt dieses Aufsatzes gehen wird. Die Memmius-Anekdote des Crassus offenbart also den fiktionalisierenden Modus der Anekdote als Ausschnitt der realen Welt, die als immanent begriffen wird. Die Anekdote wirkt fiktionalisierend, indem das Geschehen mit den narrativen Mitteln der Fokussierung, der Dramatisierung (Peripetie) und der Ambiguisierung (Metapher/Metonymie) ausgedeutet wird. Nötig ist hierzu aber auch eine gewisse Rezeptionshaltung, die durch den Text aktiviert wird.[28] Der anekdotische Modus nährt sich, so könnte man die Passage verstehen, aus einer Kombination der Poetik des Unbestimmten der Komödie (*si quando quid tamquam aliqua fabella narratur*), bei der der Erzähler hinter dem Erzählten (Kollektiven Wissen) gänzlich zurücktritt, und der Indexikalität des (historischen) Exemplums, die auf das Konkret-Persönliche gemünzt wird (*ut olim tu, Crasse*).[29] Der Diminutiv *fabella* zeigt dabei die Fokussierung auf das kleine Detail an: das abgebissene, abgetrennte Stück des Armes. Dieses erschöpft sich allerdings nicht in einem Realitätseffekt, sondern der Akt des Abtrennens setzt eine ganze Auslegungskette vom Kleinen ins Große in Gang, die in *De oratore* verschachtelt sind: Die Buchstaben deuten den zerfleischten Arm, der Vers die Buchstaben, Strabo die gesamte Anekdote und letztlich der Leser den Einsatz der Anekdote durch Strabo und dann die Gestaltung der Passage durch Cicero. Als Meta-Anekdote beschreibt sie die Poetik des Anekdotischen selbst. Die Buchstaben an der Wand bilden die konkrete Vergegenständlichung der Anekdote ab, d. h. sie komprimieren und erklären die Anekdote zugleich.

---

28 Mit Searle (1975) gesprochen, gibt der Sprecher hier also nur vor, assertive Aussagen zu treffen. Der Als-ob-Modus dieser Aussagen wird allerdings durch horizontale (extra-linguistische, nicht-semantische) Konventionen ermöglicht, die den Automatismus der Beziehung einer Aussage zur Welt (vertikale Regeln) unterbreche. Grundlage hierfür ist eine Art Pakt zwischen Autor und Leser/Rezipient, einem äußeren Rahmen mit Konventionen, nach denen die Stimmigkeit der Fiktion hin bewertet werden kann. Searle macht all dies allerdings allein von der Intention des Autors abhängig. Demgegenüber würde ich – etwas neutraler – von den (literarischen) Codes des Textes ausgehen. So wird meines Erachtens durch die plot-Struktur sowie die Verankerung im Unbestimmten eine anekdotische Interpretationshaltung aktiviert, die etwa eine Pointe erwartbar macht und entsprechend für Doppeldeutigkeiten sensitiviert wird.
29 Nach Searle (1975, 330) ist eine solche Referenz für das Gelingen des fiktionalen Sprechaktes nötig.

Die Memmius-Anekdote offenbart also nicht nur die Offenheit der Wirklichkeit, sondern die Offenheit der Buchstaben schlechthin (LLLMM), die sich als Störung erwiesen hat.[30] Die Opposition des literalen und des poetischen Sprechens wird in der Anekdote in Szene gesetzt, die Opposition zugleich aber in der Pointe wieder aufgelöst. Sie deutet so auf die Ephemerität der Sinnzuschreibung. Die Anekdote eröffnet also einen Möglichkeitsraum, sie bietet ihre eigene Rekontextualisierung geradezu an, bzw. sie gibt sich hier bereits rekontextualisiert. Denn uns begegnet die Memmius-Anekdote nicht „direkt" in der Erzählung durch Crassus im Jahr 106 v. Chr., sondern vermittelt im fiktiven Dialog, der 15 Jahre später spielt und in den Worten Strabos, d. h. in einem gänzlich anderen Kontext und Rahmen.

3 Narrativisierung und Repräsentanz des Anekdotischen in der zweiten *Philippischen Rede*

Cicero ist weniger als Theoretiker, sondern vor allem als Erzähler von Anekdoten hervorgetreten, wenn denn eine solche Unterscheidung für die Anekdote überhaupt sinnvoll ist. Wie erwähnt bot die Ermordung Caesars an den Iden des März offenbar enormes anekdotisches Potenzial. Der Mord als solcher, als politisch motivierte Tat, ist allerdings noch nicht anekdotisch. Denn wie Roland Barthes im Hinblick auf den *fait divers* bemerkte, bedarf es der Kenntnis der politischen Umstände, also externer Information, um ein solches Ereignis zu verstehen. Der *fait divers* und auch das Anekdotische sind aber immanent, aus sich selbst heraus, durch ihre (geschlossene) Struktur, verständlich.[31] Derartige prototypische

---

30 Blumenberg (1997, 88) weist der Metapher generell diesen Effekt der Gefährdung der „Normalstimmigkeit" zu: „In den funktionalen Übergang von bloßer Vermeinung zu anschaulicher Erfüllung setzt sie ein heterogenes Element, das in einen anderen als den aktuellen Zusammenhang verweist. [...] Seine Unstimmigkeiten auszubessern, immer wieder zur Einstimmigkeit der Daten als solcher einer Erfahrung zurückzufinden, ist die konstitutive Leistung des Bewusstseins, die es dessen versichert, der Wirklichkeit und nicht Illusionen zu folgen."

31 Vgl. Barthes 1964, 195: „L'assassinat politique est donc toujours, par définition, une information partielle; le fait divers, au contraire, est une information totale, ou plus exactement, immanente; il contient en soi tout son savoir: point besoin de connaître rien du monde; bien sûr, son contenu n'est pas étrange du monde; [...] mais il s'agit là d'un monde dont la connaissance n'est jamais qu'intellectuelle, analytique, élaborée au second degré par celui qui parle du fait divers, non par celui qui le consomme; au niveau de la lecture, tout est donné dans un fait divers; ses circonstances, ses causes, son passé, son issue; sans durée et sans contexte, il constitue un

epistemische Strukturen bzw. Paradigmen werden im antiken Rom durch literarische und historische Bildung (Rhetorik-Unterricht) vermittelt. Die dem Anekdotischen zugrundeliegende Struktur ist, wie gesehen, der Plot-Struktur der Komödie verwandt, rekurriert dabei aber auf historische Personen. Anekdotisch wird die Erzählung durch die Fokussierung auf ein Detail. So hat Antonius offenbar das Gerücht in Umlauf gebracht – denn er war selbst ja nicht dabei –, dass Brutus im Moment des Mordes den Namen Ciceros gerufen habe. Zu diesem Gerücht und vor allem zur Bedeutung des Wortes ‚Cicero‘ in diesem Kontext nimmt nun Cicero wenige Monate später in der zweiten *Philippischen Rede* Stellung:

> At quem ad modum me coarguerit homo acutus recordamini. 'Caesare interfecto' inquit 'statim cruentum alte extollens Brutus pugionem Ciceronem nominatim exclamauit atque ei recuperatam libertatem est gratulatus.' cur mihi potissimum? qui<a> sciebam? uide ne illa causa fuerit appellandi mei quod, cum rem gessisset consimilem rebus eis quas ipse gesseram, me potissimum testatus est se aemulum mearum laudum exstitisse. tu autem, omnium stultissime, non intellegis, si, id quod me arguis, uoluisse interfici Caesarem crimen sit, etiam laetatum esse morte Caesaris crimen esse? (Cic. *Phil.* 2.28)
>
> Doch erinnert euch, wie mich dieser Schlaukopf überführen wollte. „Als Caesar getötet war", sagte er, „hielt Brutus sofort den blutigen Dolch in die Höhe, rief Cicero mit Namen und gratulierte ihm zur wiedererlangten Freiheit." Warum gerade mir? Weil ich davon wusste? Vielleicht hat er mich deshalb genannt, weil er, nachdem er eine Tat vollbracht hatte, die meinen Taten gleichzustellen sei, gerade mich als Zeugen dafür rufen wollte, dass er als Nacheiferer meiner Ruhmestaten hervorgetreten sei. Aber Du Oberdummkopf, verstehst Du nicht, dass, wenn – und das wirfst du mir ja vor – es ein Verbrechen ist, Caesars Tötung zu wollen, es auch eines ist, sich über seinen Tod zu freuen.

Trotz der als historisch vorgestellten Situation ist die Rede hochgradig fiktionalisiert, Cicero spielt verschiedene *personae*.[32] Ciceros wörtliches Zitat der Kurz-Erzählung weist elementare Eigenschaften des Anekdotischen auf. In seiner komprimierten Kompaktheit ließe sich der Satz leicht in andere Kontexte einfügen. Das Anekdotische besteht hier ferner im Rätselhaften, in der Herstellung einer immanenten Relation, d. h. einer Kausalität zwischen dem Mord und dem Ausrufen des Namens ‚Cicero‘ (vgl. Barthes 1962, 196–200). Der Ablativus absolutus (mit resultativem Perfekt) *Caesare interfecto*[33] – eigentlich das bedeutende

---

être immédiat, total, qui ne renvoie, du moins formellement, à rien d'implicite; c'est en cela qu'il s'apparente à la nouvelle et au conte, et non plus au roman. C'est son immanence qui définit le fait divers."

32 Vgl. Cic. *Phil.* 2.34: „et, si meus stilus ille fuisset, ut dicitur, mihi crede, non solum unum actum sed totam fabulam confecissem." [Wäre jener Griffel, wie man sagt, meiner gewesen, so hätte ich, das kannst du mir glauben, nicht nur einen Akt, sondern das gesamte Stück geschrieben.]

33 *Interficere* (töten) ist weniger drastisch als *occidere* (ermorden), das Cicero später verwendet. Vgl. von Albrecht 2003, 13.

historische Ereignis selbst bezeichnend – rückt hier in den Hintergrund und gibt die *occasio*, den Rahmen und Anlass zum Anekdotischen, der im Deutschen nicht selten mit „als" eingeleitet wird. Die folgenden Akte – Brutus hält den Dolch hoch, ruft ‚Cicero' und gratuliert diesem –, die eigentlich am Rand stehen, treten in den Mittelpunkt. Die Erzählung weist allerdings in Antonius' parataktisch nüchterner Version wenig Evidenz und Lebhaftigkeit auf.[34] Die zitierte Erzählung wird wiederum durch Cicero stark gerahmt. So bezeichnet er Antonius ironisch als *homo acutus* – *acutus* bedeutet ‚spitz, scharf', übertragen aber auch ‚spitzfindig, schlau' – und deutet damit auf das Motiv des Dolches. Der Ausdruck *Caesare interfecto* nimmt ferner die Wendung *Caesarem meo consilio interfectum* wieder auf, mit dem Cicero kurz zuvor den entsprechenden Vorwurf referiert hatte. Dieses kausale Verhältnis *(meo consilio)* wurde, so Cicero, nun von Antonius narrativisiert und der Name ‚Cicero' in die Erzählung integriert. Der Name ‚Cicero' wird somit zum Zeichen erhoben, das gedeutet werden muss. Es muss etwas bedeuten, dass Brutus gerade diesen Namen ruft. Doch die Deutung, so Cicero selbst, ist nicht evident. Obwohl sich die Stelle strukturell im Redeteil der *refutatio* befindet, in der Cicero Vorwürfe gegen seine politische Karriere zurückweist, nutzt Cicero dieses Zitat weniger als Anlass, um sich gegen den Wahrheitsgehalt des Gerüchtes zur Wehr zu setzen, sondern er deutet auf Plausibilitätsprobleme der Erzählung hin: er zeigt, dass die Deutung der Erzählung nicht auf der Hand liegt bzw. die offenbar intendierte Interpretation nicht plausibel ist, jedenfalls nicht geeignet um Cicero als Verräter, sondern vielmehr als sprichwörtlichen Ruhmestäter zu charakterisieren. Mit anderen Worten, die Struktur der Erzählung ist nicht geschlossen, ihr Sinn nicht immanent, sondern sie bedarf zusätzlicher Informationen, und zwar Ciceros tatsächliche Verbindung zu den Caesar-Mördern, die eine Plausibilität zwischen beiden Ereignissen herstellen könnte *(Cur mihi potissimum?)*. Cicero macht sich hier die Latenz, die der Metonymie zugrunde liegt, zunutze. Denn das entsprechende Narrativ ist unbestimmter als eine abstrakte Benennung und bedarf der Interpretation. [35] So fokussiert er sich auf die ein-

---

34 Ramsay (2003, 204) weist darauf hin, dass der Akk. *Ciceronem* hier anstelle des Vokativs des – sollte es denn so vorgefallen sein – tatsächlichen Ausrufes steht.

35 Vgl. Baumgarten 2007 [1758], §784, Bd. 2, 784–785: „Omnis tropus, quem definui, est FIGURA, sed CRYPTICA, cuius genuina forma non statim apparet, quoniam est figura contractu per substitutionem." [Jeder Tropus, den ich als solchen definiert habe, ist eine FIGUR, aber eine VERBORGENE, deren echte Form nicht sogleich in Erscheinung tritt, weil sie ja eine durch Ersetzung verkürzte Figur ist.] Vgl. hierzu Haverkamp 2007, 44. Möller/Grandl (2021, 6) weisen darauf hin, dass die Latenz nicht im Widerspruch zur Intention des Wissenstransfers steht: „Diese (sc. die Intention) ist doppelten Zuschnitts: Zum einen ist Anekdoten der Wissenstransfer gleichsam als ein Ziel eingeschrieben. Zum anderen gibt sich dieses Wissen auch in den prägnantesten Anekdoten noch als Wissen von etwas zu erkennen. Auch dort, wo ihr Angebots- oder Affordanz-

dringliche Bildlichkeit des blutigen Dolches – das Blut Caesars nutze Antonius bekanntlich auch, um das Volk aufzuwiegeln, indem er Caesars Leichnam in dem noch blutigen Gewand durch die Stadt tragen ließ.[36] Cicero ruft dieses Bild durch die Verwendung allerlei Doppeldeutigkeiten (*acutus*) und entsprechender Klangfiguren wie der Häufung von K-Lauten, die in der „cutting alliteration of *c*" von *Caesarem crimen* gipfelt. Mit der zweiten *Philippischen Rede*, die ja in dieser Form höchstwahrscheinlich nicht gehalten, sondern als Flugschrift in Umlauf gebracht wurde,[37] steuert Cicero die Erinnerung an das Ereignis. Vielmehr noch, er formt Antonius' Erzählung erst zur Anekdote aus, und zwar zur Anekdote über Antonius als schlechten Anekdoten-Erzähler.

Formal beginnt diese Meta-Anekdote mit dem Hinweis zur Erinnerung (*recordamini*).[38] Die rhetorische Nachhilfestunde, die Ott in der *refutatio* ausgemacht hat,[39] wird in der wörtlichen Rede vorgeführt: Cicero imitiert und parodiert Antonius' Redestil, der von Parataxe und der Vermeidung von Nebensätzen sowie von einem Partizipial- und Nominalstil und der Verwendung archaischer Formeln[40] geprägt ist. Wir befinden uns hier also im Bereich der Sachkomik: die

---

charakter (z. B. die Bloßstellung oder Diffamieren einer Person respektive eines Wissens) latent bleibt, ist er durchaus vorhanden und auf seinen Transfer angelegt."

[36] Quintilian (Quint. *inst.* 6.1.31) stellt die besondere rhetorische Kraft heraus, die aus diesem Bild resultierte.

[37] Dennoch enthält die Rede deutliche Zeichen einer tatsächlich gehaltenen Rede. Vgl. hierzu Manuwald 2004, 68: „Even in the published versions or in orations never actually delivered Cicero keeps up the idea of a performance situation, which holds true for the actual delivery of a speech. That is not only due to the simple fact that even if these speeches have been reworked they are meant to appear as transcripts of actual speeches and as authentic as possible, but these signs of performance also serve a crucial function in achieving the orator's target. [...] As regards contents, Cicero can construct a persona or even different personae of himself as it suits his argument. On the whole, he thereby appears to be a wise, superior and successful fighter for the freedom of the Roman people, for the Republican cause and for the welfare of the state. Even actual facts are made to play a part in the performance in order to further Cicero's argument as they are presented in Cicero's interpretation. [...]. The persona who suggests a way of action sometimes seems to be more important than a convincing argument that proves its advantages. A clever use of the performance situation makes the orator's remarks more persuasive without him having to adduce further or more convincing arguments."

[38] Vgl. Ott 2013, 197: „Der hohe fiktionale Anteil in diesem Redeausschnitt ermöglicht es Lesern ganz unterschiedlichen Bildungsniveaus sowohl intertextuelle wie interfigurale Bezüge zu ihrer Gegenwart, zu den handelnden Personen und zur Lage des Staates herzustellen. Der Text weist, wenn auch im Sinne von Propaganda, einen hohen Unterhaltungswert auf."

[39] Vgl. Ott 2013, 195–343. – Das Wortfeld Sehen/Scheinen dominiert den Text: allein das Verb *videre* kommt in der Rede 72-mal vor.

[40] Hierzu zählt die Vermischung von Archaismen (wie die Formel *honoris causa*) mit Umgangssprache, die Parataxe, der Nominalstil (*Ciceronem nominatim*), die Verwendung des Verbes

Apostrophierung des Antonius als Dummkopf wird imitierend illustriert und narrativisiert. Mit der Vorführung der rhetorischen Unfähigkeit wird Antonius auch der Anspruch zu politischem Handeln aberkannt, die Cicero selbst zugleich im Sinne des *orator perfectus* performativ in Szene setzt (vgl. Ott 2013, 226). Durch die antithetische Vermischung von Archaismus und Umgangssprache wird aber auch die unzureichende Verschmelzung der konkreten Geschichte in kollektive, althergebrachte Muster verdeutlicht, für die die Form der Anekdote steht.

Cicero zitiert Antonius' Erzählung daraufhin noch einmal und beginnt sie mit einem Hinweis zur Didaxe (*attendite*):

> Sed stuporem hominis vel dicam pecudis attendite. Sic enim dixit: 'Brutus, quem ego honoris causa nomino, cruentum pugionem tenens Ciceronem exclamavit; ex quo intellegi debet eum conscium fuisse.' Ergo ego sceleratus appellor a te, quem tu suspicatum aliquid suspicaris; ille, qui stillantem prae se pugionem tulit, is a te honoris causa nominatur? Esto, sit in verbis tuis hic stupor; quanto in rebus sententiisque maior! (Cic. Phil. 2.30)
>
> Aber gebt acht auf die Dummheit dieses Mannes – oder sollte ich sagen: dieses Schafskopfs! Er hat nämlich folgendes gesagt: „Brutus, den ich ehrenhalber namentlich nenne, hielt den blutigen Dolch in der Hand und rief Ciceros Namen aus. Daraus muss man schließen, dass dieser ein Mitwisser war." Also werde ich von Dir Verbrecher genannt, da Du vermutest, ich hätte etwas vermutet; jener aber, der den tropfenden Dolch vor sich trug, der wird von Dir ehrenhalber namentlich genannt. Nun gut, mag solch Stumpfsinn in Deinen Worten liegen! Um wieviel größer ist er in den Dingen und Sentenzen.

In der zweiten Version wird nun die offenbar intendierte Ausdeutung des Antonius, die in der ersten Version noch fehlt, *expressis verbis* (*ex quo intellegi debet*) genannt. Im Verlauf der Rede kritisiert Cicero wiederholt dessen Unfähigkeit zur Erkenntnis (*intellegere*).[41] Die Begriffe *verba*, *res* und *sententia* nehmen nun geschickt Begriffe der Humortheorie wieder auf und deuten die Anekdote als gescheitert. Im Sinne der *inventio* hat Cicero also die Erzählung des Antonius vorgefunden und deutet sie nun zum Zwecke der invektiven Charakterzeichnung als gescheiterte Anekdote, die er selbst wiederum in Form einer gelungenen Anek-

---

gratulari in transitiver Konstruktion und der Präsens Partizipien *extollens* und *cruens*. Vgl. von Albrecht 2003, 40–42; 152–153. Dazu auch Ott 2013, 224–225: „Die einfache Wortwahl und Syntax der platten Umgangssprache mit archaisiertem Vorbild lässt dem Zuhörer bzw. Leser Antonius' Sprachstil als ungelenk, zum Teil emotionalisiert und wenig gewandt in Wort- und Satzbau erscheinen. [...] Eindeutiges Ziel ist es, Antonius nachzuweisen, dass er weder das crimen, d. h. den eigentlichen Prozessgegenstand, die causa, weder verstanden noch überdacht hat [sic]. Erst durch die Diskussion wird der Widerspruch auch für Antonius ersichtlich. Cicero weist ihn auf eklatante Fehler in der inventio und der Statuslehre hin."

41 Das Substantiv *intelligentia* ist laut Hus zwar kein Neologismus Ciceros, aber von ihm sehr propagiert worden. Die Verwendung des Verbes *intellegere* mag also hier durchaus auch als Selbstreferenz gemeint sein.

dote darbietet. Cicero diskreditiert die Erzählung bzw. die *conclusio* des Antonius mit dem Verb *suspicari:* Die apostrophierende Charakterisierung aufgrund des Details der Erzählung – die namentliche Nennung Ciceros – geht laut Cicero fehl, da es sich nicht um eine Erkenntnis handelt, sondern um eine Vermutung, die zudem noch in der Charakterisierung versage, da sein Name schon mit der Bedeutung „Heldentat" assoziiert würde, die Brutus offenbar für sich beanspruche. Cicero überbietet also Antonius' Erzählung und macht sie durch die Parodie zunichte. Er nutzt die Tatsache, dass diese Geschichte schon erzählt wurde und modifiziert das *wie* der Erzählung. Er wirkt dabei der Metonymisierung seines Namens als Mitverschwörer entgegen und überlagert die Geschichte mit der Kollokation von Antonius, Dummkopf und „non intellegit".

4 *omnibus et lippis notum et tonsoribus:* Selektive Wahrnehmung der Anekdote in Horaz' *Satire* 1.7

Wenige Jahre später, um 35 v. Chr., also kurz nach dem Tode der Caesar-Mörder bei Philippi und Horaz' Eintritt in den Maecenas-Kreis und damit in die Entourage von Caesars Nachfolger und künftigem Kaiser Octavian, erscheint nun das 1. Satirenbuch des Horaz, der *liber Sermonum*. Es behandelt Sprechen und Schreiben als soziale Performanz in Rom. In diesem Zusammenhang steht auch die anekdotische Erinnerung an Brutus in *Satire* 1.7, die als literarischer Text in der Forschung häufig nicht gewürdigt wurde: „Im Grunde ist es nur ein *dictum*, dem das zum Verständnis Erforderliche vorausgeschickt wird."[42]

Der Text steht in einem Spannungsverhältnis von individuellem Konnex und sozialer Erinnerung. Die kollektive Erinnerung dieses Textes steht in Kontrast zu den individuellen, autobiographischen Erinnerungen insbesondere in Satire 5 und 6 und inszeniert so die Konsequenzen des Eintritts in den Maecenas-Kreis, die die narrative Gegenwart darstellt. Das Buch ist durchzogen von einer Reihe von persönlichen Erinnerungen, an seine Abstammung von einem freigelassenen Sklaven, seine Schulzeit bis hin zur Erinnerung an die erste Begegnung mit Maecenas, bei der er nach eigener Aussage kaum ein Wort herausgebracht habe. Wie Emily Gowers in einem Aufsatz von 2003 herausgearbeitet hat, schildert der *liber sermonum* die fragmentarische Vita einer persönlichen Neuerfindung (vgl.

---

[42] Kiessling/Heinze ⁹1967, 129. Zu den lange vorherrschenden, negativen Urteilen über den Text vgl. die Zitatensammlung in Kraggerud 1979, 105, Anm. 1. Vgl. auch Glinatsis 2013.

Gowers 2003, 59–60). Während die vorherigen Satiren in persönlichem Ton vor allem auf die Gedanken und Erlebnisse des dichterischen Ich fokussieren, wird hier aus einem unpersönlichen Blickwinkel eine Episode geschildert, bei der Horaz, der, wie in *Satire* 6 (48) gesagt wird, zu dieser Zeit als Militärtribun unter Brutus gedient hat, unter Umständen also gar als Augenzeuge dabei gewesen sein könnte. Seine persönliche Verwicklung in die Auseinandersetzungen im Nachgang des Caesar-Mordes, stellen, wie Gowers bemerkt, einen blinden Fleck der Erzählung dar.[43] Statt einer persönlichen Erzählung wird die Episode vom anderen Ende einer Kommunikationskette her erzählt, nämlich als amüsante Erzählung, die in Rom kursiert und selbst dem politisch Uninteressiertesten (*lippus*) bekannt ist.

> Proscripti Regis Rupili pus atque venenum
> hybrida quo pacto sit Persius ultus, opinor
> omnibus et lippis notum et tonsoribus esse.
>
> Wie Persius, der Bastard, sich für Eiter und Galle des geächteten Rex Rupilius gerächt hat, vermute ich, dürfte allen Triefäugigen und Frisören bekannt sein.

Der Text beginnt mit zwei stark historisch und politisch besetzten Begriffen, *proscriptus* und *Rex*, die die römische Königszeit und vor allem die Zeit der Proskription nach dem Mord an Caesar evoziert, denen auch Cicero zum Opfer fiel. *Rex* jedoch, so stellt sich schnell heraus, fungiert hier als Eigenname, als *cognomen* des Rupilius. Diese Assoziation setzt indes die Frage nach dem Verhältnis von Namen und Person in Gang, einem im römischen Namenssystem beliebten Spiel. So werden viele Eigennamen mit körperlichen Eigenschaften – wie etwa Cicero (zu *cicer*, ‚Kichererbse') – oder dem Charakter – wie Tarquinius Superbus – oder aber mit historischen Leistungen assoziiert und erklärt. Es stellt sich also die Frage, wie dieser *Rex* zu seinem Namen gekommen ist, d. h. die Frage nach dem entsprechenden Narrativ. Über *quo pacto* – wörtlich ‚durch welche Übereinkunft', das hier sicher nicht zufällig im Sinne eines *quo modo* gesetzt ist – wird nun die Frage nach dem *wie?*, aber auch nach einem sprachlichen Pakt (in etymologischer Nähe auch zu *pax* und damit zur *pax Augusta*) gestellt, der über die (metonymische) Benennung von Personen getroffen wird.

---

[43] Gowers 2002, 146: „For Horace, a kind of textual ‚amnesia' of the central trauma of his life and chief stain on his record: his participation on the wrong side at the battle of Philippi in 42 B.C.E. For most of Satires I, he barely mentions his disgraced republican past. In *Satire* 6, the ‚official version' legitimizing Horace's claim to write satire for Maecenas, the fact that he fought for Brutus and against Octavian is reduced to one sentence about having once had command of a Roman legion."

Die Erinnerung an den anekdotischen Vorfall wird in den Begriffen *lippus* (1.1.124; 1.3.25; 1.5.30; 49) und *tonsor* kondensiert.[44] Der Begriff *lippus* begegnet dem Leser zuvor mehrfach vor allem in *Satire 5*, die eine Reise des Horaz mit dem Maecenas-Kreis nach Brindisi schildert. Der Begriff, mit dem Horaz seine Augenkrankheit bezeichnet, beschreibt in Anlehnung an den blinden Homer nun gerade die Unfähigkeit, Ereignisse vollständig wahrzunehmen und wird somit zum Epitheton eines unzuverlässigen Erzählers; ferner deutet Horaz an, er sei an Politischem nicht interessiert und unsensibel dafür (vgl. Bernadi Perini 1975, 7; Dufallo 2015). Es handelt sich also gewissermaßen um eine physiologische *recusatio* epischen Erzählens. Mit der Verwendung des Begriffes hier im Plural dehnt Horaz dieses auf eine größere, unbestimmte Gruppe aus, in deren Mitte er selbst verschwindet. Der Begriff *tonsor*, der in der Schärfe das Gegenteil dazu bildet, leitet ein Motiv ein, das sich durch das gesamte Gedicht zieht (vgl. Vers 21: *acer*; 27: *securis*; 35 *iugulare*), und letztlich eine Anspielung auf den Namen Caesar ist, der sich von *ventrem caedere*, also ‚den Bauch aufschneiden' ableitet. Sie deuten auf die Ironie hin, dass Caesar durch den gleichen Gegenstand auf die Welt kam, mit dem er nun getötet wurde. Die Schärfe des Dolches wird darauf – anders als bei Cicero (*acutus*) – nicht in geistige, sondern geschmackliche und damit satirische Schärfe[45] (32: *acetum*, vgl. 7: *sermo amarus*) übersetzt. Die ersten Verse stellen also eine Verbindung zwischen den unzuverlässigen Augen des Dichters und der Schärfe und Alltäglichkeit niederer Erzählgattungen her, die zusammengenommen anekdotische Wahrnehmung bzw. anekdotisches Erzählen beschreibt. Das Verb *opinor* verweist dabei auf den unsicheren Wahrheitsgehalt der folgenden Geschichte, aber auch darauf, dass diese Art der (mündlichen) Anekdote keinen Autor, sondern nur einen Erzähler hat (vgl. Grothe 1971, 15). Das kollektive, anekdotische Wissen, das hier über einen Indikator der Mündlichkeit (*notum [sc. esse]*) eingeführt wird, steht im Kontrast zu historiographischen und epischen Wahrheitsbekundungen. In der Parodie einer epischen Protasis stehen den tausend Zungen des Musenanrufs die abertausend Zungen Roms gegenüber.

Satire 1.7 inszeniert im Folgenden die Modi und Funktionen anekdotischer, kollektiver Erinnerung *in a nutshell*: nicht an den Mord an Caesar selbst wird hier erinnert, sondern an die funktionalisierte Erinnerung in einem ordinären Rechtsstreit, den wiederum Brutus als *praetor* entscheiden muss. Der Text erzählt

---

[44] Mastrelli 2012 argumentiert, dass das Begriffspaar zu dieser Zeit sprichwörtlich war. Wie heutige Friseure wurden die römischen Barbiere assoziiert mit Gerüchten und Gossip. Den Triefäugigen, so Mastrelli, wurde nachgesagt, sie hätten ihre Augenkrankheit durch exzessives Stieren durch Türspalten und Fensterblenden erhalten.

[45] Beide Wörter, *acutus* und *acetum*, leiten sich vom Adjektiv *acer* ab.

diesen Streit mit typisch satirisch-parodisierender Technik in epischem Vokabular und setzt die beiden Kontrahenten, Rupilius Rex, der sich als in Rom Geächteter im Jahr 43 zu Brutus nach Kleinasien begab, und Persius, den Typus des reichen orientalischen Kaufmanns, mit griechischen Heroen Hektor und Achill gleich (vgl. Schröter 1967; Buchheit 1968; Bernardi Perini 1975). Diese Hybridisierung legt die Modi der Transformation und der Modellierung der Vergangenheit sowie die Fiktionalisierung der Wirklichkeit offen, mit der auch die Anekdote arbeitet. Wenn Erinnerung nicht relevant oder verständlich für die Gegenwart ist, wird sie vergessen. Horaz versetzt daher den Caesar-Mord in einen veränderten Erfahrungshorizont, vom Politischen ins Alltägliche, vom Individuellen ins Kollektive.[46]

Die Funktion einer Anekdote besteht in der Charakterisierung einer Person. Diese Personen sind aber bei Horaz weder Persius noch Rupilius, sondern paradoxerweise Brutus, der im Text zwar präsent ist, aber wortlos bleibt. Besonders charakterisierend ist hier die abschließende wörtliche Rede und die Pointe, mit der Persius das Rededuell offenbar gewinnt und beendet:

> at Graecus, postquam est Italo perfusus aceto,
> Persius exclamat: 'per magnos, Brute, deos te
> oro, qui reges consueris tollere, cur non
> hunc Regem iugulas? operum hoc, mihi crede, tuorum est.'

> Aber nachdem er von italischem Essig überströmt war, schreit Persius, der Grieche: „bei den großen Göttern, Brutus, ich bitte dich, da Du doch gewohnt bist, Könige zu beseitigen, warum erstichst Du nicht auch diesen König? Das gehört doch, glaub mir, zu deine Aufgaben!"

Das onomatopoetische, also maximal anschauliche Verb *iugulare* (zu *iugulum*, ‚Kehle') verweist auf das (den Kopf und den Körper) Verbindende (*iungere*), das mit dem Messer getrennt wird.[47] Das Verb findet in verschiedenen Kontexten wie z. B. den Gladiatorenkampf, aber auch für die Invektive Verwendung, wenn man etwa einen besonders wunden Punkt im Gegner attackiert, vor allem aber, wenn man einen Gegner durch einen scharfen Witz mundtot macht (vgl. Gowers 2012, 261–262). Der Wortwitz basiert auf der Vermischung des Begriffes *Rex* als Funk-

---

[46] Plaza 2006, 63 beschreibt diesen „Fall" als komisch-satirischen Effekt: „First, still within the imagery of a capital battle, the Greek warriors from Homer are suddenly replaced with two gladiators from Rome. As with the introductory plunge from the presentation of the heroes to that of the bleary-eyed audience, the fall involves at least the following aspects: from high literature to real life, from mythic to contemporary, and from Greek to Roman."

[47] Dies wird im Vers daraufhin noch durch die metrisch bedingten Elisionen versinnbildlicht, die zu Verschmelzungen (*Synaloiphen*) mit dem jeweils folgenden Wort *iugulas* führen (*oper' hoc* und *tuorum'st*).

tions- bzw. Amtsbegriff – bei dem der Funktionsträger letztlich austauschbar ist – und dem *cognomen* einer konkreten historischen Person. Der besondere Clou des Textes liegt nun darin, dass Brutus hier – im Gegensatz zu Persius und Rupilius Rex, die über mythische Heroen typisiert werden – mit seinem eigenen typisierten Ich konfrontiert wird. Nannte ihn Persius zunächst noch schmeichelnd „Sonne Asiens", nennt er Brutus nun einen „Brutus". Horaz legt hier also den Prozess der Herstellung von Kontiguität offen, die der Anekdote zugrunde liegt. Die Kollokation der Begriffe Brutus und *iugulare* führt zu seiner Metonymisierung. Darin besteht also Brutus' rhetorisches *opus*, seine Aufgabe und Funktion, das im letzten Vers angesprochen wird. Anders als die meisten Begriffe, Figuren und Wendungen in diesem Text, die von Polysemie gekennzeichnet sind, hat Brutus dadurch, dass alle über ihn reden, er selbst aber schweigt, eine Monosemisierung erfahren, die sich in fast tragisch anmutendem Fatalismus als Gesetzmäßigkeit seiner Familie darstellt. Brutus wird durch den Mord an Caesar im Sinne Gossmans zum Symbol (vgl. Gossman 2003, 154–158) – eine allgemeine Regel wird am konkreten Beispiel narrativisiert – und Brutus somit zum Zeichen, der Signifikant Brutus und das Signifikat Königsmörder verschmelzen bei Horaz miteinander. Mit dem Sieg der Caesarianer wird dieses Zeichen allerdings von einer anderen Verbindung verdrängt, derjenigen von Brutus als Verräter, wie sie bei Sueton greifbar wird. Horaz' Pointe deutet also auf ein dem Namen inhärentes Schicksal[48], das aber nicht etymologisch hergeleitet wird – wie etwa im Namen Ödipus – sondern in einem arbiträren Verhältnis zum Signifikanten steht, d.h. erst durch die Geschichte zugeschrieben wird (vgl. Sluiter 2015).

Brutus indes schweigt, denn die Satire endet mit diesen Versen. Als schweigsam hatte auch Cicero ihn charakterisiert ('nam Brutus noster silet,' *Att*.16.7.5), als es darum ging, in seiner erzwungenen Abwesenheit nach dem Mord an Caesar in Rom für ihn einzutreten. Das Schweigen erfüllt wiederum das Omen seines Namens (*brutus* =‚dumm, schwerfällig'; vgl. Gowers 2012, 252). Und auch Horaz kommt in der Episode nicht zu Wort, sondern tritt hinter der Erzählung zurück. Derartige „Aposiopesen und andere Formen des beredten Schweigens [sind] nicht selten zu engen Komplizen der Anekdote geworden, indem sie den Transfer eines pikanten (oder auch banalen) biographischen Details negieren, ein

---

48 Vgl. Gowers 2002, 149: „Even the misleading signpost in line 9 (ad Regem redeo, which looks like a pun on ad rem redeo [‚I get back to the subject']) suggests that we are always returning to kings. Cicero saw late republican tyranny as a self-replicating hydra: no sooner do you remove one tyrant than another appears to take his place." Vgl. auch *Sat*. 1.6.45 f: „nunc ad me redeo libertino patre natum, / quem rodunt omnes libertino patre natum" [Nun komme ich auf mich zurück, den Sohn eines Freigelassenen, den alle schmälern als Sohn eines Freigelassenen], das ebenfalls das Motiv der Schärfe und des Schneidens – hier das Nagen der Zähne (*rodere*) – enthält.

membrum also mit dem radikalen Attribut des *disiectum* affizieren. Anekdoten richten ihre Aufmerksamkeit auf detaillierte Lebensmomente und streuen, sozusagen Vollstreckerinnen der *disiecta membra*, ‚Daseinsfetzen' in Texte und Wissensgemeinschaften ein." (Möller und Grandl 2021, 18.) Passenderweise wird die folgende Satire eingeleitet mit dem Satz *olim truncus eram* (‚einst war ich ein Baumstumpf' oder auch ‚einst war ich ein Geköpfter'), der sich treffend aus Satire 1.7 heraus verstehen ließe, bzw. dessen Verhältnis zur Geschichte beschreibt (vgl. Gowers 2012, 252). Wie sich herausstellt, bezieht sich der Satz aber auf eine Priapus-Statue, der die folgende Satire in den Mund gelegt ist. Durch das Motiv des Schneidens wird also auch die folgende Satire verbunden, aber zugleich auch wiederum abgetrennt, da es sich um einen gänzlich anderen Kontext handelt. Die schweigsame Anekdote wird somit zum poetischen Prinzip, das in den abgeschnittenen *membra* der Einzelepisoden ein Verbindendes sucht, das aber latent bleibt.

5 Schlussbetrachtung

Zusammenfassend lässt sich folgendes festhalten: Anekdotisches Erzählen wird in den behandelten Texten als invektives Mittel zur negativen Charakterzeichnung eingesetzt. In der Absicht den Gegner der Lächerlichkeit preiszugeben berührt es sich daher gattungspoetisch eng mit der Komödie. Die Anekdote teilt mit ihr einen Realismus, insofern als es sich um eine Fiktion handelt, die aber so passieren könnte. Während bei Cicero die Prozesse der Verdoppelung der vorgefundenen Wirklichkeit hervortreten, die mit der Anekdotisierung einhergeht, fokussiert Horaz' Text auf den Akt der Übertragung und damit der semantischen Reduktion. In beiden Fällen werden historische Personen neben typisierte Figuren aus Komödie bzw. Epos gestellt. Die so erreichte rhetorische Kontiguität offenbart, wie eine historische Person zur Metonymie und ein Ereignis zum Topos wird. Sie bietet damit ein Element der rhetorischen Selbstdeutung der Anekdote.

Strukturell steht die Anekdote dem Wortspiel nahe (vgl. Redfern 1984, 82; Culler 1988, 15–16). Die Fokussierung auf ein Detail oder ein Wort wird zum Ausgangspunkt verschiedener Deutungen, die in ihrer Polysemie aufgedeckt werden. Wie die Signifikanten der Sprache sowohl synchron als auch diachron auf arbiträren Zufällen basieren (wie etwa die Homophonie), die bei Namen gar als schicksalhaft gedeutet werden, so legt die Anekdote den Akt historischer Sinnzuschreibungen offen, indem sie zwischen bedeutungslosen, abgeschnittenen Einzelereignissen und dem großen Sinnnarrativ vermittelt und durch Framing und Kontiguität, Fokussierung und Weitstellung der narrativen Perspektive darstellt, wie sich das Detail im Großen verhält. Die Unbestimmtheit, die in der Fokussierung entsteht, wird durch etablierte Strukturen der Sinnhaftigkeit ergänzt, wie die Pixel eines Bildes durch das Gehirn. Zugleich zeigen die Anekdoten bei Cicero und Horaz die Latenz der in der Synchronie aufgehobenen Diachronie an (vgl. Haverkamp 2021, 18). Sie bieten somit wiederum Anlass für Rekontextualisierung und deuten auf die Provisorität des Wissens, dessen Nahtstellen sichtbar sind. In diesem Sinne werden die Anekdoten zu *exempla* (zu *eximere* = herausnehmen): zu detaillierten Ausnahmen.

Literaturverzeichnis

Achard, Guy (Hg.). *Rhétorique à Herennius*. Paris: Les Belles Lettres, 1989.
Barthes, Roland. „Structure du fait divers" [1962]. *Essais critiques*. Paris: Seuil, 1964. 194–204.
Barthes, Roland. „L'effet de réel" [1968]. *Le bruissement de la langue: Essais critiques IV*. Paris: Seuil, 1984. 179–187.
Baumgarten, Alexander Gottlieb. *Ästhetik*. Übers. v. Dagmar Mirbach. Mit einer Einführung, Anmerkungen und Registern. Hg. Dagmar Mirbach. 2 Bde. Lateinisch-deutsch. Hamburg: Felix Meiner 2007.
Bernardi Perini, Giorgio. „Aceto italico e poesia luciliana: Hor. sat. 1,7". *Studi in onore di Carlo Diano*. Bologna: Pàtron, 1974. 1–24.
Buchheit, Vincenz. „Homerparodie und Literaturkritik in Horazens Satiren 1.7. und 1.9". *Gymnasium* 75 (1968): 519–555.
Cicero, Marcus Tullius. *M. Tulli Ciceronis scripta quae manserunt omnia*.
Cicero, Marcus Tullius. Fasc. 3: *De oratore* [1969]. Hg. Kazimierz F. Kumaniecki. Stuttgart undLeipzig: Teubner, 1995.
Cicero, Marcus Tullius. Fasc. 28: *In M. Antonium orationes Philippicae XIV*. Hg. Paulus Fedeli. Leipzig: Teubner, 1986.
Cicero, Marcus Tullius. Fasc. 34 A: *Epistulae ad Atticum*. Pars posterior, vol. II Libri IX–XVI. Hg. D. R. Shackleton Bailey, Stuttgart: Teubner, 1987.
Culler, Jonathan. „The Call of the Phoneme: Introduction". *On Puns: The Foundations of Letters*. Hg. Jonathan Culler. Oxford und New York: Blackwell, 1988. 1–16.
Dufallo, Basil. „Publicizing Political Authority in Horace's Satires, Book 1: The Sacral and the Demystified". *Classical Philology* 110.4 (2015): 313–332.
Fantham, Elaine. *The Roman World of Cicero's De oratore*. Oxford: Oxford University Press, 2004.
Glinatsis, Robin. „La satire I, 7 d'Horace: une 'créature étrange'?". *Vita Latina* 187/188 (2013): 128–145.
Grandl, Matthias. *Anekdotische Strategien in Ciceros philosophischen und rhetoriktheoretischen Schriften*. (Dissertation Freie Universität Berlin 2019, erscheint voraussichtlich 2022 in der Reihe *Episteme in Bewegung: Beiträge zur einer transdisziplinären Wissensgeschichte* bei Harrassowitz in Wiesbaden).
Grandl, Matthias. „Wie sich Anekdoten kommentieren: Theorie einer ‚Affordanz' der Anekdote (nach H. Blumenberg, L. Sciascia und M. T. Cicero)". *Wissen en miniature: Theorie und Epistemologie der Anekdote*. Hg. Matthias Grandl und Melanie Möller. Wiesbaden:

Harrassowitz, 2021 (*Episteme in Bewegung: Beiträge zur einer transdisziplinären Wissensgeschichte* 19), 206–226.

Greenblatt, Stephen. *Marvellous Possessions: The Wonder of the New World*. Chicago: University of Chicago Press, 1991.

Grothe, Heinz. *Anekdote*. Stuttgart: J.B. Metzler, 1971 (Sammlung Metzler 101).

Gossman, Lionel. „Anecdote and History". *History and Theory* 42.2 (2003): 143–168.

Gowers, Emily. „Blind Eyes and Cut Throats: Amnesia and Silence in Horace ‚Satires' 1.7". *Classical Philology* 97.2 (2002): 145–161.

Gowers, Emily. „Fragments of Autobiography in Horace Satires I". *Classical Antiquity* 22.1 (2003): 55–91.

Gowers, Emily. (Hg.). *Horace Satires Book 1*. Cambridge: Cambridge University Press, 2012 (Cambridge Greek and Latin Classics).

Harding, Phillip. „Comedy and Rhetoric". *Persuasion: Greek Rhetoric in Action*. Hg. Ian Worthington. London and New York: Routledge, 1994. 196 – 221.

Harnecker, Otto, und Karl Wilhelm Piderit. *De oratore, für den Schulgebrauch*. Erklärt von Karl Wilhelm Piderit. 6. Aufl. Besorgt von Otto Harnecker. Leipzig, 1886.

Haverkamp, Anselm. *Latenz: Zur Genese des Ästhetischen als historischer Kategorie*. Göttingen: Wallstein, 2021 (Historische Geisteswissenschaften, Frankfurter Vorträge 13).

Haverkamp, Anselm. *Metapher: Die Ästhetik in der Rhetorik. Bilanz eines exemplarischen Begriffs*. München: Wilhelm Fink 2007.

Hénaff, Marcel. „The Anecdotal: Truth in Detail". *SubStance* 38.1 (2009): 97–111.

Henderson, John. „On Getting Rid of Kings: Horace, Satire 1.7". *The Classical Quarterly* 44. 1 (1994): 146–170.

Horatius Flaccus, Q. *Opera*. Hg. Fridericus Klingner. Leipzig: Teubner, ^{6}1982.

Hughes, Joseph J. „*Inter tribunal et scaenam*: Comedy and Rhetoric in Rome". *Roman Eloquence: Rhetoric in Society and Literature*. Hg. William J. Dominik. London und New York: Routledge, 1997. 150–162.

Hus, A. „*Intelligentia* et *intelligens* chez Cicéron". *Hommages à Jean Bayer*. Hg. Marcel Renard und R. Schilling. (= Latomus 70). Brüssel: Latomus, 1964. 264–280.

Isidori Hispalensi episcopi. *Etymologiarum sive organum libri XX*. Recognivit breviqe adnotatione critica instruxit. Hg. W. M. Lindsay. Oxford: Clarendon Press, 1911.

Jacob, Joachim. „‚Ich will hier rein' – die Anekdote als literarische Form". *Sprache und Literatur* 37.1 (2006): 14–31.

Jakobson, Roman. „The Metaphoric and Metonymic Poles" [1956]. *Metaphor and Metonymy in Comparison and Contrast*. Hg. René Dirven und Ralf Pörings. Berlin und Boston: De Gruyter, 2002. 41–48.

Kiessling, Adolf, und Richard Heinze (Hg.). *Q. Horatius Flaccus: Satiren*. Erklärt von Adolf Kiessling, erneuert von Richard Heinze, mit einem Nachwort und bibliographischen Nachträgen von Erich Burck. Dublin und Zürich: Weidmann, ^{9}1967.

Kraggerud, Egil. „Die Satire I 7 des Horaz". *Symbolae Osloenses* 54 (1979): 91–109.

Leeman, Anton D., Harm Pinkster, Edwin Rabbie et al. *M. Tullius Cicero: De oratore libri III, Kommentar*. 5 Bde. Heidelberg: Winter, 1981–2008.

Li Causi, Pietro, Rosanna Marino und Marco Formisano. *Ciceron:. De oratore, traduzione e commento, con una introduzione di Elisa Romano*. Alessandria: Edizioni dell'Orso, 2015.

Manuwald, Gesine. „Performance and Rhetoric in Cicero's Philippics". *Antichthon* 38 (2004): 51–69.

Mastrelli, Carlo Alberto. „Lippis et tonsoribus". *Prometheus* N.S. 1 (2012): 145–152.
Möller, Melanie und Matthias Grandl. „Einführung: Epistemische Konstruktionen des (Auto) Biographischen in antiken und modernen Texten". *Wissen en miniature: Theorie und Epistemologie der Anekdote.* Hg. Matthias Grandl und Melanie Möller. Wiesbaden: Harrassowitz, 2021 (*Episteme in Bewegung. Beiträge zur einer transdisziplinären Wissensgeschichte* 19). 3–27.
Niehaus, Michael. „Die sprechende und die stumme Anekdote". *Zeitschrift für deutsche Philologie* 132.2 (2003): 183–202.
Neureuter, Hans Peter. „Zur Theorie der Anekdote". *Jahrbuch des Freien Deutschen Hochstifts* (1973): 458–480.
Ott, Frank-Thomas. *Die zweite Philippica als Flugschrift in der späten Republik.* Berlin und Boston: De Gruyter, 2013 (Beiträge zur Altertumskunde 326).
Ramsay, John T. (Hg.) *Cicero philippics I–II.* Cambridge: Cambridge University Press, 2003 (Cambridge Greek and Latin Classics).
Redfern, Walter. *Puns* [1984]. Oxford und New York: Blackwell, 1986.
Schröter, Robert. „Horazens Satire 1,7 und die antike Eposparodie". *Poetica* 1 (1967): 8–23.
Schwindt, Jürgen Paul. „Was weiß die Anekdote – und wie? Grundlinien einer Theorie der Lücke (nach Sueton)". *Wissen en miniature: Theorie und Epistemologie der Anekdote.* Hg. Matthias Grandl und Melanie Möller. Wiesbaden: Harrassowitz, 2021. (*Episteme in Bewegung. Beiträge zur einer transdisziplinären Wissensgeschichte* 19. 31–37).
Searle, John R. „The Logical Status of Fictional Discourse". *New Literary History* 6.2 (1975): 319–332.
Sluiter, Ineke. „Ancient Etymology: A Tool for Thinking". *Brill' s Companion to Ancient Greek Scholarship.* Hg. Franco Montanari, Stefanos Matthaios und Antonios Rengakos. Leiden: Brill, 2015. 896–921.
Stefanovska, Malina. „Exemplary or Singular? The Anecdote in Historical Narrative". *SubStance* 38.1 (2009): 16–30.
Suetoni Tranquilli, C. *De vita Caesarum libros VIII et De grammaticis et rhetoribvs librum.* Recognovit breviqve adnotatione critica instruxit. Hg. Robert A. Kaster. Oxford: Oxford University Press, 2016.
White, Hayden. *The Content of the Form: Narrative Discourse and Historical Representation* [1987]. Baltimore: Johns Hopkins University Press, 1990.
Ziogas, Ioannis. „Famous Last Words: Caesar's Prophecy on the Ides of March". *Antichton* 50 (2016b): 134–153.
Ziogas, Ioannis. „Introduction: Power, Puns, and Politics from Horace to Silius Italicus". *Wordplay and Powerplay in Latin Poetry.* Hg. Phillip Mitsis und Ioannis Ziogas. Berlin und Boston: De Gruyter, 2016a. 1–12.

Martina Wernli
Das Schnattern der Gänse und die wiederholte Rettung des Kapitols. Tierliches und Anekdotisches

Gänsen kommt in der kulturwissenschaftlichen Forschung wenig Aufmerksamkeit zu. Wo man sie vermuten könnte, nämlich in den Untersuchungen der *animal studies*, finden sich bisher viel häufiger Affen, Pferde oder Wölfe – und bei den Vögeln stehen eher Singvögel im Zentrum von Untersuchungen (vgl. Borgards 2016). Doch nicht nur in den Geistes- und Kulturwissenschaften, sondern auch in der naturwissenschaftlichen Forschung sind Gänseforschende eher eine Ausnahmeerscheinung. Einem breiteren Publikum bekannt geworden ist etwa der wegen seiner Rolle im Nationalsozialismus zurecht nicht unumstrittene österreichische Verhaltensforscher Konrad Lorenz (1903–1989), der mit dem Nobelpreis für Medizin ausgezeichnet worden war.

Seine ausgeprägte Faszination für Gänse ist bereits in seinen Buchtiteln ersichtlich: Die Autobiographie trägt den Titel *Eigentlich wollte ich Wildgans werden. Aus meinem Leben*, und sein populärwissenschaftliches Werk über die Forschung an und mit Gänsen zeugt von einem dialogischen ‚Sprechen' mit Gänsen, es heißt *Hier bin ich – wo bist du? Ethologie der Graugans*. Dieses Buch zeigt seinen eigenen wissenschaftlichen Werdegang auf, vermittelt ethologisches Wissen und stellt einzelne Gänse vor: Erzählt wird vom prototypischen „Gänsekind Martina", an dem Lorenz wechselseitige Prägungsprozesse beobachtete (Lorenz 1988, 29–41). Er schreibt darin aber auch über „Mercedes und Florian" oder „Sinda und Blasius" – Gänsepersönlichkeiten aus seinem ganz eigenen Kosmos, den er vorstellt. Die allgemeiner gehaltenen, ethologischen Abschnitte im Buch erläutern etwa die Nahrungsaufnahme, die Fortbewegung und Fortpflanzung der Graugans. In den letztgenannten Bereich gehört auch die Erklärung des sogenannten „Nestgeschrei[s]" (1988, 206–207):

> Das Nestgeschrei ist eine Lautäußerung, die durch Ritualisierung mehrerer leicht erkennbarer Komponenten, nämlich Distanzlaut, Warnlaut, Fortgehlaut und Rollen, zu einer genügend unverwechselbaren Einheit verschmolzen ist, um dem menschlichen Ohr unter allen Umständen als ‚dasselbe' kenntlich zu sein. Die bekannte ‚Wachsamkeit' der Hausgänse beruht auf ihrer Bereitschaft zum Nestgeschrei! […] Wir können mit Sicherheit behaupten, daß es das Nestgeschrei war, durch welches die kapitolinischen Gänse vor den anstürmenden Feinden gewarnt haben. (Lorenz 1988, 206)

In dieser Passage zeigt sich der Zoologe mit seiner Allgemeinbildung, der seine Leserschaft dort abzuholen weiß, wo auch bei ihnen Kenntnisse über Gänse zu vermuten sind. Lorenz erklärt hier dieses im kollektiven Gedächtnis gespeicherte Wissen über das Verhalten der Gänse (etwa die „Wachsamkeit") mit seinen eigenen Erfahrungen und überführt die Anekdote der „kapitolinischen Gänse" in zoologische Ausführungen. Die außergewöhnliche Begebenheit, dass nämlich Gänse angeblich eine Stadt retteten, wird verhaltensbiologisch erklärt und damit das mythologische, zum Staunen anregende Erzählen in ein naturwissenschaftliches Sprechen überführt, indem von Tatsachen und sicherem Wissen ausgegangen wird. Die besondere Tat der Gänse wird von einer Einmaligkeit transferiert in die allgemeine Gültigkeit beanspruchende Beschreibung tierlichen Verhaltens. Zusätzlich erfährt das allgemeine Ereignis eine Geschlechtscodierung, denn das Geschnatter wird gegendert – es sind die Entenweibchen, die mit dem Nestgeschrei die Ganter zu Hilfe rufen. Indem Lorenz differenziert, was er als kulturellen Allgemeinplatz scheinbar nur nebenbei aufruft, lässt sich beobachten, dass und wie naturwissenschaftliches Schreiben anekdotisches Wissen weiterführt.

Diese Ausführungen leiten in einem ersten Schritt nach Rom und zur römischen Geschichtsschreibung – sie setzen also beinahe dort an, wo auch der *New Historicism* einen Anfang der Historiographie und damit nicht nur das Phänomen ‚Anekdote' situiert, sondern mit deren Lektüre seinen eigenen methodischen Ansatz verwurzelt sieht.[1] Sie beschäftigen sich mit einem Textausschnitt, nämlich der Rettung des römischen Kapitols vor einem Angriff der Gallier im Jahre 387 vor unserer Zeitrechnung, der zur Anekdote wurde.[2] Dabei handelt es sich um eine Rettung, die das warnende Schnattern von Gänsen ermöglicht hatte. Diese Rettungsgeschichte ist ein Beispiel, das vielfach um- und überschrieben wurde. Gerade das Palimpsest-artige daran steht im Fokus der folgenden Ausführungen, der Prozess des Anekdotisch-Werdens, der sich auch noch beim genannten Beispiel von Lorenz zeigt. Eine Rückprojektion von Lorenz' Wissen auf das kapitolinische Geschehen würde die Anekdote auf den Kopf stellen: Es wäre dann dort schlicht die Rede von Gänsen, die vom feindlichen Angriff beim Brüten gestört würden und darum die Ganter riefen. In diesem Licht betrachtet, stünde allein die (in der dargestellten Situation gefährdete) Fortpflanzung der Gänse im Zentrum des Geschehens und nicht eine tierlich-menschliche Kollaboration, die zur Vertreibung der Kelten führte.

---

1 Vgl. die Einleitung von Christian Moser und Reinhard Möller in diesem Band.
2 Hier spielt die etymologische Bedeutung, dass es sich bei der Anekdote um etwas Nicht-Herausgegebenes (*anékdotos*) handele, keine Rolle. Zur Etymologie der Anekdote vgl. den Beitrag von Thomas Schestag in diesem Band.

Nicht um solche Rückprojektionen, aber um dieses anekdotische Erzählen und seine Transformationen durch die Jahrhunderte geht es im Folgenden. Im Zentrum dieser diachronen Spurensuche stehen Transformations- und Einverleibungsprozesse und keine einzelne, feststehende Anekdote – und damit soll auch nicht von einer „Gattung Anekdote" die Rede sein (Hilzinger 1997, 13), zumal der Ausdruck auch erst im achtzehnten Jahrhundert im Deutschen auftrat (Hilzinger 1997, 16). Vielmehr werden die historischen Funktionalisierungsstrategien im Umgang mit dem Anekdotischen untersucht. Denn die Erzählung von der Rettung Roms durch die Gänse steht nie allein: Sie wird gerahmt von historischen oder unterhaltenden Texten, von zoologischen Ausführungen, Predigten oder Gesängen. Innerhalb dieser Rahmen ist das Anekdotische mit ganz unterschiedlichen Zielen und entsprechenden Wirkungen anzutreffen, in der Folge sich verschiedene Semiosen beobachten lassen.

In einem ersten Abschnitt steht hier im Zentrum die römische Geschichtsschreibung als Rahmen, in dem die Beispielanekdote situiert ist. In einem zweiten Teil wird nachgezeichnet, wie die Anekdote aus dem historischen in das naturkundliche Schreiben überführt wird. Der dritte Abschnitt widmet sich der Anreicherung des Narrativs durch die Legende des Heiligen Martin und dessen Verbindung zu Gänsen. Schließlich beschäftigt sich ein vierter und letzter Teil mit der Frage, inwiefern die Anekdote durch das naturwissenschaftliche Sprechen verdrängt wird und wo sie doch noch gefunden werden kann.

1 Am Anfang war der Kampf

Das anekdotische Erzählen von der Rettung Roms hat seinen Ursprung in der mündlichen Tradition und wurde mit zeitlicher Verschiebung vom Geschichtsschreiber Titus Livius (59 v.Chr. – 17 n.Chr.) in seiner *Römischen Geschichte* niedergeschrieben. Dort schildert er die Belagerung Roms durch die Gallier und den nächtlichen Angriff auf das Kapitol. Diese Handlung wird aus der Retrospektive erzählt, sie spielt mehr als 300 Jahre vor Livius' eigener Zeit:

> Während dies in Veji geschah, befand sich die Burg in Rom und das Kapitol in ungeheurer Gefahr. [...] [S]ie [die Gallier] kletterten jedenfalls in einer ziemlich hellen Nacht hinauf, nachdem sie einen Mann ohne Waffen vorausgeschickt hatten, der den Weg erkunden sollte. [Sie] gelangten in solcher Stille bis zur Höhe, daß sie nicht nur von den Wachen nicht bemerkt wurden, sondern nicht einmal die Hunde aufweckten, obwohl doch dieses Tier bei nächtlichen Geräuschen leicht unruhig wird. Doch die Gänse vermochten sie nicht zu täuschen, die der Juno heilig waren und daher trotz größten Nahrungsmangels nicht angetastet wurden. Das war die Rettung; denn durch ihr Geschnatter und ihr lautes Flügelschlagen wurde M[arcus] Manlius geweckt, der drei Jahre zuvor Konsul gewesen war, ein im Krieg

verdienter Mann. Er griff zu den Waffen, alarmierte zugleich die übrigen [...]. (Livius 2014, Buch 5, 263)

Die Akteure in dieser Szene sind die heranschleichenden Gallier, die schnatternden Gänse und Marcus Manlius, der später mit dem Zunamen Capitolinus versehen werden wird. Die Hunde, so erfährt man, schlafen. Keine Erwähnung finden hingegen die schlafenden Römer und ihre unaufmerksamen Wachen. In Bezug auf ihre Schläfrigkeit und ihre Aktivität lässt sich damit eine tierlich-menschliche Überkreuzung beobachten. Von den Hunden und der menschlichen Wache wäre eine Reaktion auf den Angriff zu erwarten gewesen, diese blieb jedoch aus. Während die Szenerie von Stille geprägt ist, sind es die Gänse, die Alarm schlagen. Das ist das Überraschende an der Szene.

Namentlich genannt wird von Livius nur eine einzelne handelnde Person (es folgen später andere), vorerst jedoch ist es Marcus Manlius. Die Gänse hingegen bleiben anonym, sie schnattern im Kollektiv und werden gerade durch dieses Handeln zu politischen Tieren. Obwohl die Person Manlius später ebenfalls mit der Rettung Roms verknüpft wird – er erhält Geschenke von den Soldaten und sein Name wird, wie erwähnt, um Capitolinus ergänzt –, sind es die Gänse, an die die Anekdote zurückgebunden wird. Nimmt man Heinz Schlaffers Kurzdefinition der Anekdote aus dem *Reallexikon der deutschen Literaturwissenschaft* zur Hand, zeigt sich, dass Erzählung und Definition hier nicht zueinander passen: Die Rettung des Kapitols mag zwar eine „[k]urze, pointierte Geschichte" sein (allerdings innerhalb einer groß angelegten Geschichtsschreibung), dass sie aber „einer wirklichen Person nachgesagt wird" (Schlaffer 2010, 87), trifft nur vorerst zu, solange in der größeren Erzählung auch Manlius erwähnt wird. In der Auskopplung der anekdotischen Passage aber fällt diese reale Persönlichkeit weg: Die Feinde entdeckt haben in dieser kurzen Erzählung weder die römische Wache, noch die Hunde, sondern die Gänse als Gruppe. Mit diesem Plural fällt auch eine mögliche gattungstheoretische Einordnung des Erzähltextes zum Kasus oder zur Fallgeschichte weg, zu unbestimmt sind hier die Handelnden, es gibt keinen einzelnen Helden, keinen namentlich genannten Protagonisten, sondern nur ein Geflügel-Kollektiv. Was die Gänse tun, lässt sich nicht nur von der äußeren Form der Kürze, sondern auch aufgrund einer Übereinstimmung mit der Wortbedeutung beschreiben: Ohne auf die Etymologie detaillierter einzugehen, sei hier am Rande erwähnt, dass in diesem konkreten Beispiel der historische Ausdruck für Anekdote, *apòphthegma*, sprechend ist: Weil das, was die Gänse tun, sich hier mit der Wortbedeutung deckt, nämlich: einen lauten Ton von sich zu geben (Schäfer 1982, 11).

Mit Titus Livius lässt sich die Anekdote der handlungsfähigen und wirkungsmächtigen Gänse im Kontext realer menschlicher Konflikte und in Bezug auf ihre Niederschrift zur Gattung der Historien erzählen. Die Belagerung Roms ist historisch belegt, der Wirklichkeitsbezug als Kriterium von Joel Finemans Anekdoten-Annährung („the literary form or genre that uniquely refers to the real", Fineman 1989, 56) damit eigentlich gegeben. Auch die Domestikation von Gänsen ist bereits für die vorrömische Zeit belegt. Das Kapitol ist also ein Ort, den man mit Donna Haraway (2003) als „natureculture" bezeichnen könnte, ein Ort, an dem Natur und Kultur in wechselseitiger Beziehung konstruiert und gefestigt werden und wo sich ein Lebensraum für „companion species" befindet (2003, 15): In von Menschen gebauten Artefakten auf dem Burghügel leben die domestizierten Gänse mit Menschen zusammen.

Die Gänse von Livius sind aber nicht bloß in ihrem Verhalten wirklichkeitstreu geschildert (die Stichworte sind hier Wachsamkeit und Lärm), sondern zudem mythologisch aufgeladen: denn nur in ihrer Rolle als heilige Tiere Junos haben sie einen Wohnort auf dem Kapitol. Das Handeln von Göttin und Tieren wird mythologisch kausal verknüpft: Weil die Göttin die Schutzpatronin der Stadt ist, schnattern die Gänse – oder andersherum, aus der Perspektive der Tradierung betrachtet: Weil die Gänse schnatterten, wird die Rettung (auch) als eine von Juno motivierte nacherzählt. Der scheinbar deutliche Wirklichkeitsbezug der Episode wird dadurch mythologisch unterfüttert. Ethologie, Mythologie und Historie sind die tragenden Bausteine dieser Passage, die anekdotisch wird. Darin sind die Gänse gleichzeitig mimetisch abgebildet und sie werden als Zeichenträger symbolisch aufgeladen. Damit verdeutlicht sich ein zweiter Bestandteil der Anekdote, wie sie auch Fineman (1989, 57) umriss: Neben einer Referenz auf das Reale ist ihr eine spezifische „narrative force" inhärent.

Wenn die Anekdote mit Heinz Grothe (1984, 133) gesprochen „ein Kind der Geschichte" ist, dann kann hier eine Wechselwirkung konstatiert werden: in Livius' Geschichtsschreibung wird anekdotisches Erzählen am Beispiel der Rettung des Kapitols vorgeführt und gleichzeitig fundiert gerade diese Art des Erzählens das größere Narrativ: Die Anekdote (von den Gänsen) steht pars-pro-toto für die Rahmenerzählung der Geschichte Roms ein, deren Bestandteil sie ist. Allgemeiner gesprochen zeigt sich die Historie insgesamt als ein Erzählen in und in Rekurrenz auf Anekdoten.

Nach Livius haben sich unterschiedliche Autoren der Antike und späterer Zeiten mit dem Kapitol und der römischen Geschichte beschäftigt. In diesen Prozessen des Wiedererzählens wurde die Rettung des Kapitols zur Anekdote und die Gänse wurden zu anekdotischen Tieren. Diese Erzählung erfuhr dabei auch Transformationen, festigte aber ihren Sitz im kollektiven Gedächtnis. Nach der Geschichtsschreibung waren es die Enzyklopädien und Naturgeschichten, die historisches Wissen in naturkundliches Wissen übertrugen und damit eine solche Verschiebung vornahmen. Während sich also die Rahmenerzählung änderte, erhielt sich bei dem in ihr Erzählten der Status des Anekdotischen. Die Anekdote löste sich aus dem angestammten Kontext und erlangte eine gewisse Selbstständigkeit als kleine Form, die sich wiederum in neue Rahmen einsetzen ließ.

2 Von der Geschichte zu Naturkunde

So wurde das in der Geschichtsschreibung verankerte Kapitol von Plinius d. Ä. (ca. 23–79 n. Chr.) in das 10. Buch seiner *Historia naturalis* aufgenommen. In diesem enzyklopädischen Großprojekt ist ein Abschnitt auch den Gänsen gewidmet. Plinius schreibt:

> Die Gans ist ein wacher Hüter, wie die Verteidigung des Kapitols in einem Augenblick beweist, da die Stadt durch das Schweigen der Hunde schon verraten war; die Zensoren vergaben deshalb das Futtergeld der Gänse an erster Stelle. Es geht sogar das Gerücht zu Aigion von der Liebe einer Gans zu einem Knaben[3] von erlesener Schönheit aus Olenos, namens [...] und „von einer anderen" für Glauke,[4] der Kitharaspielerin des Königs Ptolemaios, die gleichzeitig auch ein Widder geliebt haben soll. Fast sieht es so aus, als ob „diese Vögel" einen Sinn für Weisheit hätten: so soll eine Gans dem Philosophen Lakydes beständig als Begleiterin angehangen haben und nirgends, weder auf der Straße noch in den Bädern, weder bei Nacht noch bei Tag, von ihm gewichen sein. (Plinius 2007, Bd. 10, 53/47)

Hier liegt der Fokus nicht mehr auf einer kriegerischen Auseinandersetzung und der Geschichtsschreibung, sondern auf der Darstellung einer Vogelart, der Gans. Plinius setzt „die Verteidigung des Kapitols" als Teil einer faktischen Erzählung ein, die zur Beweisführung dient. Angereichert wird die Anekdote durch „fama", Gerüchte nämlich von interspeziesistischer Liebe (*multispecies love*) zwischen einem Knaben und einer Gans respektive zwischen Glauke und einer Gans. Im Weiteren wird den Gänsen indirekt Klugheit zugeschrieben, weil eine davon angeblich den Philosophen Lakydes begleitet hatte. Betrachtet man die Tradierung dieser Textpassage, fällt ein Kommentar in der Plinius-Ausgabe von König und Winkler auf (Plinius 2007). Dort findet sich nämlich ein Hinweis zur mangelhaften Glaubwürdigkeit der Passage: „Die Erzählung von der ihn [Lakydes] auf Schritt und Tritt begleitenden Gans ist fragwürdig" (Plinius 2007, 161). Die Rettung des Kapitols hingegen wird in ihrem Bezug zu einer Wirklichkeit nicht hinterfragt.

Das anekdotische Erzählen erfährt durch Plinius eine Pluralisierung, das Geschehen um das Kapitol wird zu einer von unterschiedlichen Gänsegeschichten

---

[3] Nach Erläuterungen von König/Winkler in Plinius (2007, 161), handelt es sich um Amphilochos.
[4] Nach Erläuterungen von König/Winkler in Plinius (2007, 161), handelt es sich um Glauke aus Chios. Eine Wiederaufnahme findet sich bei Gessner (1555, 150).

und von den späteren Herausgebern verschieden gewertet: Die historisierende Anekdote zum Kapitol wird offenbar von ihnen als wahr betrachtet, während zur Geschichte von Lakydes und der Gans ein Fragezeichen gesetzt wird. In der Anreicherung der Anekdote bleibt innerhalb der Darstellung der angenommene Wirklichkeitsbezug bestehen.

3 Anekdotisches und die Legende: Auftritt Martin

Bevor die Kapitolrettung ihren Eingang in die Texte frühneuzeitlicher Autoren wie Gessner finden wird – auf den noch zurückzukommen sein wird –, können mit der Legende vom heiligen Martin weitere Verschiebungen beobachtet werden: Es stellt sich damit nämlich das Christentum als ein weiterer Schrift-gebender Faktor neben die Mythologie und die Geschichtsschreibung. Auf der Ebene der Textsorten tritt zum historisch-anekdotischen Erzählen die Legende hinzu. Dass und wie Anekdote und Legende nicht immer trennscharf zu unterscheiden sind, lässt sich gerade bei den schnatternden Gänsen mit einer besonderen Tendenz zur Überlagerung besonders gut beobachten.

Im Zusammenhang mit dem heiligen Martin schnattern Gänse in Texten weiterhin in der Gruppe, also im Plural. Sie kommen jedoch auch im Singular vor, dann aber tot und unter der Bezeichnung ‚Martinsgans'.[5] Das Narrativ der Martinsgans hat zwar eine lange Tradition,[6] jedoch keine eindeutige Herkunft: Was die Gans mit Martin oder Martin mit der Gans zu tun hat, ist weniger klar, als gemeinhin angenommen wird. Die Forschung zu Martinsganstexten ist bisher überschaubar geblieben: Von der kulinarisch-narrativen Verschränkung der Thematik handelt ein Beitrag zum „erzählten Braten" (Wernli 2015), und mit der Verbindung von Martinsgans und Geselligkeit im Umfeld von Leipzig hat sich Joana van de Löcht beschäftigt. Jener Aufsatz enthält auch eine Auszählung für die Frühe Neuzeit – zwischen 1545 und 1746 konnte die Autorin 49 Monografien zur Martinsgans ausmachen, einen Höhepunkt der Anzahl an Publikationen zeigt

---

[5] Martinsgänse sind durchschnittlich 18–24 Wochen alt, wenn sie geschlachtet werden. Gessner hält etwa fest: „Der jungen Gänse Fleisch/wann sie gemest/und nicht über vier Monath alt sind/isset man gern." (1555, 131).

[6] Diese Tradition reicht in einigen Kreisen bis in die Gegenwart hinein, so werden etwa im Bad Homburger Rotary Club jährlich Gänsereden zum Martinsgansessen gehalten. Mittlerweile sind diese Texte sogar publiziert, vgl. Metzner (2018). Der von van de Löcht (2021) in historischer Perspektive analysierte Zusammenhang von Gänsebraten und Geselligkeit wird hier weitergeführt.

die tabellarische Ansicht der ausgewerteten Zahlen um 1660 (Löcht 2021).[7] Ein Buchkapitel in Michael Schillings *Sprechen und Erzählen in deutscher und lateinischer Tierdichtung des Mittelalters und der Frühen Neuzeit* (2021) analysiert die Martinsgans in Bezug auf Parodie und Kontrafaktur.

Zur römischen Anekdote tritt also eine christliche Legende: Martin von Tours wurde im Jahr 316 unserer Zeitrechnung geboren, war Soldat und konvertierte als Erwachsener zum Christentum.[8] Im Jahr 372 wurde er zum Bischof geweiht. Zwei Legenden werden traditionellerweise mit Martin verbunden, die bekanntere und ikonographisch äußerst wirksame handelt von der Teilung seines Mantels aus Barmherzigkeit mit einem armen Mann (Burton 2017, 96–97). Die zweite kommt in der Biografie von Severus nicht vor, ihr Wirklichkeitsbezug ist vordergründig also nicht gegeben. Diese Anekdote bringt die Gänse dadurch wieder ins Spiel, indem in ihr erzählt wird, Martin habe eigentlich gar nicht Bischof werden wollen. Darum habe er sich in einem Stall versteckt, sei dort aber von Gänsen und ihrem Geschnatter verraten worden. Dieses erzählte Geschnatter der Gänse um Martin steht also mit umgekehrten Vorzeichen zum römischen Gänsegeschnatter, der Rettung des Kapitols. Dieses Schnattern nun führt zu einem Verrat statt zur Rettung der Helden. Dieser Verrat wiederum legitimiert eine Bestrafung der Gänse – wer Gänsebraten isst, muss sich innerhalb dieser Logik keine Gedanken um die Tiere machen, denn der Verrat an Martin rechtfertigt scheinbar ihren Tod.

Mit diesem reichen Angebot an ethischen Fragestellungen wird die Gans auch zum Bestandteil von Predigten. Ein Beispiel für die narrative Überführung in den christlichen Kontext ist Melchior de Fabris' Predigt *Von der Martins Gans*[9] aus dem Jahr 1597. Der Theologe will darin der Frage nachgehen, „[w]arumb man auff Sanct Martins tag die Gans esse / wo das herkommen und was darbey zu betrachten" sei (Fabris 1596, o. S.). Doch nicht nur die Fragestellung widmet sich der Gans, vielmehr wird mit einer rhetorischen Drehung auch die Predigt selbst zum Tier, wenn de Fabris seinen Text als eine „magere Gans" bezeichnet (Fabris 1597, 1r). Mit dieser *captatio benevolentiae* wird die Predigt ein zum Essen vorbereitetes Tier, und sie bietet als gemachtes Text-Tier eine Reflexionsmöglichkeit der tiermenschlichen Verhältnisse. In dieser allegorisierten Gans werden die Tugenden

---

7 Die (Martins-)Gänse als Lieferanten von Schreibfedern spielen auch eine Rolle in meiner Literaturgeschichte der Gänsefeder (Wernli 2021), die Ausführungen überschneiden sich daher in einigen Abschnitten.
8 Seine Lebensbeschreibung wurde hauptsächlich in den Schriften von Sulpicius Severus überliefert und bereits im fünften Jahrhundert gelesen, vgl. Severus (1914) sowie Burton (2017).
9 Der Untertitel lautet: *Eine schöne nutzliche Predig / darinn zusehen ein feine Außlegung des 5. Evangelij: S. Martini leben Und ein hailsame anmanung / wie und was gestalt wir S. Martins Gans essen / unnd unser Leben inn ein anderen Gang richten sollen.*

des Vogels beschrieben – und diese Tugenden wiederum soll der Mensch übernehmen, die Text-Gans dient dabei als Vorbild für menschliches Verhalten. De Fabris rekurriert auf Plinius, der gesagt habe, die Gans sei ein „wachtbar Thüer", das „Schiltwacht" hielt (Fabris 1597, 13v). Die Römer hätten Gänse zur Wache im Kapitol gehalten:

> welches Capitolium, sy auch bey Nächtlicher zeit eingenommen hetten / wann nit die Gens / so darinnen dem Abgott Ioni zu ehren auffgehalten waren / mit ihrem garsetzen die Krüegsleutt / so auß uberstandnem Streit inn der Statt dem *Capitolio* zugeloffen und darinnen auß müedigkait entschlaffen / zu der gegenwör auffgeweckt hetten. (Fabris 1597, 14v)

De Fabris kommt nicht umhin zu erwähnen, warum die Gänse auch da sind: Sie sind, wie bereits erwähnt, Tiere der Juno – aus christlicher Perspektive betrachtet, Tiere eines heidnischen Kultes. De Fabris arbeitet hier also an einem Transfer von einem (Text-)Tier, das einem „Abgott" treu war, zu einem Tier, das sich als Vorbild für Christen eignet. Das Verhalten der Tiere wird moralisiert, das nächtliche Geschnatter zu einer Tugend. Die Erhöhung der Gänse geht mit der Abwertung der Römer einher, de Fabris adressiert und belehrt diese: „da ewre Götzen geschlaffen / haben die Gens gewacht" (Fabris 1597, 14v). Die Tiere handeln, während die Götzen schlafen.

Im Weiteren beschreibt der Pfarrer die Tugenden der Gans, die aus ethologischen Beobachtungen stammen – so würden Gänse nicht erschrecken, nicht einmal dann, „wann man Sturm leittet" (Fabris 1597, 20v). Auch dieses Verhalten soll sich die Gemeinde zum Vorbild nehmen. Zum einen wird hier historisches anekdotisches Wissen kombiniert mit dem, was später verhaltensbiologische Beobachtungen genannt wird, und zum anderen wird die römische Geschichtsschreibung zwar aufgerufen, mit der Erwähnung des Götzenkultes hebt der Pfarrer seinen Beitrag als einen christlichen aber dezidiert davon ab.

Die Tugendlehre ist in Bezug auf diesen Gegenstand aber keine rein rhetorisch-geistige – sie geht wörtlich durch den Magen. De Fabris schreibt:

> Sollen derhalben alle Christen in gemain/ groß und klain ermante sein / wann sy die Martins Gans essen/ der nur ein Gans sehen / das sy von derselbigen diese gute Tugent der Wachtbarkait lehrnen / und das Capitolium fleissig verwachen. (Fabris 1597, 15)

Die Einverleibung von Text (die Predigt als Gans) und Fleisch der Gans soll zu moralisch besseren Menschen führen. Die römische Anekdote der Kapitolrettung wird hier geradezu einverleibt und mit Elementen der Legende in eine Predigt eingebaut. In dieser Transformation wird das Kapitol allegorisch verwendet, die Gans hingegen wird vom mythologisch fundierten wachenden Tier zur fleischlich-materiellen Nahrung, die materialisiert und funktionalisiert wird.

Nicht nur in geistlichen, sondern auch in weltlichen Werken werden Martin und die Gänse zum Thema. So muss sich verteidigen, wer am Martinstag Gänse essen, deswegen aber nicht als katholisch gelten mag. In seinem Werk *Anser Martinianus* widmet sich etwa Martin Schoock, ein Gelehrter aus Groningen, 1663 in *Exercitationes* der Frage, ob es denn – aus protestantischer Sicht – erlaubt sei, eine Martinsgans zu essen. Die ungeklärte Verbindung zwischen Gans und Martin treibt auch einige Autoren von Martinsgans-Gedichten, Fabeln und parodistischen Texten um, gerade im sechzehnten und siebzehnten Jahrhundert: Während biologische und agronomische Faktoren den Schlachtzeitpunkt der Gänse bestimmen, ist durch die narrative Verknüpfung des Bratens mit einem katholischen Heiligen das Verspeisen einer Gans rund um den 11. November für Protestanten erklärungsbedürftig.

Bei den weniger argumentativ ausgelegten, fiktiven Texten ließe sich die Behauptung aufstellen, sie würden genau an dieser Stelle eine Lücke zu schließen versuchen. In diesen Werken findet sich die Kapitol-Rettung in Adaptionen. Die meisten Autoren bemerken aber den Widerspruch, der im tradierten Gänsebild angelegt ist: Das heldenhafte Schnattern in Rom scheint interpretatorisch nur schlecht mit dem schnatternden Verrat Martins verbunden werden zu können.

Eine literarische Auseinandersetzung bietet Wolfhart Spangenberg in seinem 1607 publizierten Text *Ganß König. Ein kurzweylig Gedicht von der Martins Ganß; Wie sie zum König erwehlet / resigniret / ihr Testament gemacht / begraben / in Himmel und an das Gestirn kommen; auch was ihr für ein Lobspruch und lehre Sermon gehalten worden durch Lycosthenem Psellionoros Andropediacum*. Schilling (2021) stellt in diesem Werk einen „teils kontrafaktorische[n], teils parodistische[n] Gattungssynkretismus" fest und betont die Vielschichtigkeit des Textes. Bei Spangenberg wird innerhalb einer Vogel-Gesellschaft eine Nachfolge für den Adler als König der Vögel gesucht. Vorübergehend im Amt ist der Paradiesvogel, doch die eigentliche Nachfolge ist noch zu klären. Zu Beginn wird eine Autorfiktion beschworen – das, was in der Folge beschrieben werde, sei eine Offenbarung der „Fraw Phantasey", die vom Erzähler nur niedergeschrieben werde:

> Der Martins Ganß zu Lob und Preiß
> Beschreib ich auff Poetisch weiß/
> Was mir hat offenbaret frey /
> In eim Gesicht / Fraw Phantasey. (Spangenberg 1977, 15)

Damit wird eine Distanz zum Geschriebenen geschaffen, der Erzähler schützt sich vor möglichen Vorwürfen der Überheblichkeit, denen er sich ausgesetzt sehen könnte, wenn er – was er nämlich tut – im Text auf parodistische Weise für einen Heiligen spricht.

Der Titel des Werkes nimmt den Ausgang vorweg. Für die Wahl der Gans als König spricht nämlich, dass sie im Gegensatz zu den anderen Vögeln zu Land, im Wasser und in den Lüften zuhause ist. Im Weiteren wird auch ihre Heldentat im Kapitol erwähnt:

> Die Ganß aber / eigner Person/
> Hielt den Römern defension
> Für den Gallis: alß sie / so frey/
> Dieselben schlug mit ihrem Gschrey:
> Erhielt das Capitolium.
> Und ward / von den Römern /darum
> Hochgeehrt [...]. (Spangenberg 1977, 31)

Interessant ist nun nochmals in Bezug auf das Anekdotische und dessen Darstellungsformen die Titeleinfassung (Abb. 1).

Denn diese zeigt eine Kompilation von Gänse-Geschichten auf: In der Mitte links teilt der heilige Martin seinen Mantel mit einem Armen, unten links predigt (wie im Sprichwort, wo es manchmal auch ein Fuchs ist) ein Wolf den Gänsen, und unten im Zentrum werden vier Männer und ein Bediensteter Wein trinkend am Tisch vor dem Martinsbraten gezeigt. Zudem erkennt man rechts unten eine Gans aus der Festung heraus die Römer im Kapitol vor dem gallischen Angriff warnen. Mit dieser Darstellung lässt sich sowohl Legendenhaftes als Anekdotisches in seiner Stillstellung in den Medaillons unterbringen, die eine schnelle Wiedererkennung ermöglichen. Die Krönungsszene, also Spangenbergs eigener Text, bildet oben den Rahmen, rechts etwas unterhalb davon sieht man die Gans im Himmel – und auf der rechten Seite, dem heiligen Martin gegenüber, steht die wenig bekleidete Frau Phantasey mit dem Gänsekiel in der Hand.

Zusammengefasst lässt sich am Beispiel von *Ganß König* festhalten, dass die Gans-Erzählungen mit neueren Elementen wie dem christlichen Heiligen Martin die ältere Erzählung mit dem Kapitol mitlaufen lassen. Das folgenreiche (weil je nach Erzählperspektive rettende respektive verratende) historische Schnattern der Gänse funktioniert als Erzählmotor.

4 Biologie versus Fiktion? Verdrängungsgeschichte oder Die Anekdote in der Klammer

Einen ähnlichen Antrieb im Erzählen lässt sich im naturforschenden Diskurs erkennen, so etwa in Conrad Gessners *Historia Animalia* (übersetzt als *Thierbuch*):

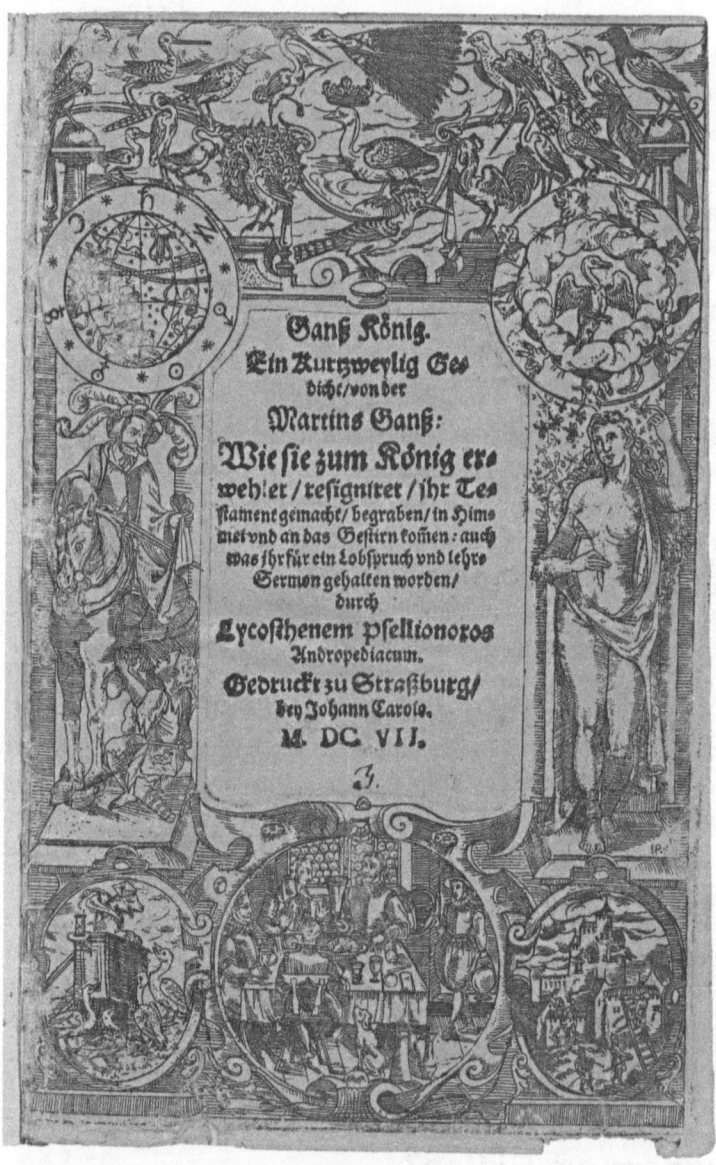

Abb. 1: Wolfhart Spangenberg: *Ganß König*

Gessners Werk orientiert sich an den tierlichen Klassifikationen von Aristoteles und Plinius, verbindet sie aber mit zeitgenössischem Wissen und ordnet es neu.[10] Seine Tierbeschreibungen sind in unterschiedliche Abschnitte geteilt, Abschnitt A widmet sich dem Namen, B dem Ort und Gestalt, C der Lebensweise etc. – hier ist Abschnitt H von Interesse, weil dort Philologisches thematisiert wird.[11]

Dort liest man: „qui clangore suo Gallos Capitolium inuasuros prodidit" und später: „Est & anseri vigil cura, Capitolio testata defenso, per id tempus canum silentio proditis rebus. quamobrem cibaria anserum censores in primis locant" (Gessner 1555, 148, 150).

Und im deutschsprachigen *Vogelbuoch* von 1557 heißt es:

> Die Gänß / wie oben auch gesagt worden / sind Hüter deß Hauses / verkündigen die Stunden / die Nacht / und verradtend die Dieben mit jrem geschrey mäldend auch mit dem selbigen die heimliche feynd: wie man sagt daß sy gethon habind / do die Gallier das Capitolium zu Rom belägertend / zu welcher zyt denn alle Hund geschwigen. (Gessner 1557, LVIII)

Die epistemologischen, praxeologischen und narrativen Bestimmungen divergieren in Gessners Werk: Über die Gans wird geschrieben als eine Tierart, als Nutztier[12] sowie als diegetisches Tier,[13] das in Legenden und Anekdoten auftritt –

---

10 Zu früheren enzyklopädischen Tierbüchern siehe Jahn (1998, 185–188). Siehe zum Aufbau von Gessners Werk Leu (2016, 194–204), vor allem aber auch Friedrich (1995, 3), welcher schreibt: „Die zunehmende Datenfülle verlangt veränderte Verfahren der Darstellung: Neuartig ist denn auch die Ordnung nach *capita*, die den Stoff gliedert und mit deren Hilfe Gessner das Material zu jedem einzelnen Tier in acht Rubriken (A–H) abhandelt, in der Reihenfolge: Name (A), Ort und Gestalt (B), Lebensweise (C), Verhaltenslehre (D), Nutzen außerhalb der Medizin (E), als Nahrungsmittel (F), als Arzneimittel (G), Philologica (H). In dem Bemühen um Datenerfassung, Identifizierung, Benennung und empirische Beobachtung übertrifft er seine Vorläufer bei weitem." Und später: „Es wird sichtbar, daß Gessner nicht an einen fachspezifisch diskursiven Texttyp anknüpft – wie etwa an die ‚Historia animalium' des Aristoteles –, sondern an eine umfassender gültige, textorientierte Kompilations- und Kommentarpraxis." (Friedrich 1995, 9).
11 Zu einer Verteidigung, warum man sich auch aus philologischer Warte mit Gessner beschäftigen kann und soll, siehe (immer noch aktuell) Harms (1989, 352–352), der auch vom „weiten Literaturbegriff" von Gessner und Aldrovandi spricht, „den wir theoretisch leicht, in der Praxis des Lesens und Urteilens nur mühsam – wenn überhaupt – nachvollziehen können" (Harms 1989, 352). Harms macht auch deutlich, dass Werke wie diejenigen von Gessner und Aldrovandi nicht teleologisch gelesen werden sollten: „Mit dem Begriff des ‚Transitorischen', der für die Beschreibung ihrer Stellung im Übergang zur Neuzeit verwendet wurde, ist die Suggestion des Fortschritts, der Situation zwischen ‚noch nicht' und ‚schon', nicht vermieden. Die Position dieser Standardwerke müßte anders als nach den Kriterien linearer Entwicklung verstanden werden." (Harms 1989, 354).
12 Zum Ausdruck und zur Geschichte der Nutztiere siehe Nieradzik (2016).

und oft überschneiden sich diese Erzählweisen. Naturkundliches Schreiben, so die These, bleibt weiterhin auch ein erzählendes.

Diese Ausführungen zur Kapitol-Episode könnten nun gelesen werden als Beispiel einer weiteren Entwicklung der zunehmenden Trennung von Literatur und Wissenschaft/Biologie hin zu einer Aufteilung in zwei immer stärker unterschiedene Systeme. In weiteren naturforschenden Texten kann dazu etwa beobachtet werden, wie narrative Elemente (wie es die Kapitolrettung beispielhaft darstellt) zunehmend an den Rand gedrängt werden. Im achtzehnten Jahrhundert heißt es dann in einem der Vogelbände aus Georges-Louis Leclerc Buffons (1707– 1788) *Histoire naturelle générale et particulière* schlicht: „Tout le monde sait qu'au Capitole, elles avertirent les Romains" (Buffon 1785, 64). Die Anekdote ist in der Zwischenzeit zum Allgemeinplatz geworden, sie braucht nicht mehr erzählt, sondern nur noch angedeutet zu werden. Und wie schon andere Autoren hält auch Buffon fest, dass die Gans kostengünstig und ohne viel Aufwand zu halten sei (Buffon 1785, 47). Die Rettung ist also einerseits ein Gemeinplatz, andererseits aber immerhin noch eine Randbemerkung wert. Mit Bruno Latour könnte von Reinigungsstrategien[14] gesprochen werden, die sich anhand der Kapitol-Verdrängung in naturwissenschaftlich orientierten Texten beobachten lassen.

In Lexikon-Projekten wie demjenigen Zedlers lebt das Anekdotische weiter, allerdings wie hier im Eintrag zur *Anser* sichtbar im Modus der Möglichkeit, nicht als wirkliche Beschreibung:

> Sie schlaffen nicht feste, und sind leichtlich zu erwecken. Ehedessen sind sie so gut, als ein Wächter-Hund im Hause geachtet worden; Dann so bald sie nur das geringste Geräusche vernehmen, so schlagen sie mit den Flügeln und machen ein groß Geschrey, als ob sie jemanden zu sich ruffen wollen. Ehemahls sollen sie im Capitolio zu Rom zum immerwährenden Andencken als Wächter seyn gehalten worden, weil sie ehemahls durch ihre Wachsamkeit, da auch die Hunde schlieffen, verhütet haben, daß es die Gallier nicht überrumpeln können. (Zedler 1732, Sp. 461)

Und in literarischen Texten kann die Kapitol-Rettung (weiterhin) voll ausgeschöpft werden. So etwa in der anonym aus dem Französischen überlieferte *Geschichte eines Zahnstochers* mit dem Untertitel *Von ihm selbst erzählt* aus dem Jahr 1834. Der Text beginnt wie andere sogenannte ‚It-Narratives'[15] auch mit einem genealogischen Vorspann, der unterschiedliche Gänse- und Feder-Topoi zusammenführt:

---

13 Zu diegetischen und semiotischen Tieren vgl. Borgards (2016, 226–228).
14 Latour nennt neben der Übersetzung die Reinigung („le travail de purification") als eine Praxis der Moderne (1997, 21).
15 Vgl. Blackwell (2012) sowie Wernli (2018; 2021).

> Ich bin adelich; eine meiner Urmütter hat das Kapitol gerettet. Ich sage dieß nicht, um mit meiner Abstammung zu prahlen, denn Niemand denkt so philosophisch und ist weniger von sich eingenommen, als ich; nur Derjenige ist wahrhaft groß, der sich auf eigenen Fittichen emporgeschwungen hat. (Anonym 1834, 245)

Die Rettung des Kapitols bildet in der generationellen Verkettung die Möglichkeit dieses Erzählens. Innerhalb eines Textes, der sich mit einer adeligen, erzählenden Gans klar fiktional auszeichnet, wird das Kapitol als Anker im wirklichen historischen Geschehen gesetzt.

Im Gegensatz dazu wird in Alfred Brehms äußerst populärem Werk aus den 1860er Jahren, bekannt als *Brehms Tierleben*, das Kapitol nicht (mehr) erwähnt. In der dortigen „Elften Ordnung. Die Zahnschnäbler (Lamellirostres) Schwäne. Gänse. Enten. Säger" liest man:

> Weshalb man die Gänse als dumm verschrien hat, ist schwer zu sagen, da jede Beobachtung das Gegentheil lehrt. Alle Arten, ohne jegliche Ausnahme, gehören zu den klugen, verständigen, vorsichtigen und wachsamen Vögeln. Sie mißtrauen jedem Menschen, unterscheiden den Jäger sicher vom Landmanne oder Hirten, kennen überhaupt alle ihnen gefährlichen Leute genau, stellen Wachen aus, kurz, treffen mit Ueberzeugung verschiedene Vorsichtsmaßregeln zu ihrer Sicherheit. (Brehm 1879, 450)

Das Verhältnis zwischen Mensch und Tier wird hier umgedreht, es sind nicht die Menschen, die Tiere als Haus- und Nutztiere unterscheiden, sondern die Gänse, die Menschen in ihren Berufen und Funktionen erkennen. Und es sind die Gänse, die sich in der Darstellung von Brehm als Wachen positionieren, nicht die Menschen, die sich die Vorteile der tierlichen Wachsamkeit zunutze machen.

Wo die historische Anekdote fehlt, wird auf eine Redewendung hingewiesen, deren Ursprung Brehm unbekannt scheint. Die sprichwörtliche Dummheit von Gänsen ist alt, sie lässt sich etwa in Lexika des achtzehnten Jahrhunderts nachweisen, wo sie als „ein dummes Gänsgen" (Haas 1786, Sp. 1171) Erwähnung findet. Brehm setzt (so könnte man es verallgemeinernd festhalten) empirische Beobachtungen über traditionelles Erzählen, das Anekdotische hat dabei keinen Platz mehr.

Ist damit das Ende dieser Anekdote besiegelt? Zum Schluss möchte ich ein Beispiel anfügen, das zeigen soll, wie die historische Zweiteilung in wissenschaftliches (nicht-anekdotisches) und literarisches (anekdotisches) Erzählen nur scheinbar linear und trennscharf verläuft und darum auch in der Konsequenz zu hinterfragen ist. Die Rede ist von Friedrich Sigmund Voigts *Lehrbuch der Zoologie* von 1835. Dort schreibt er im Band über die Vögel: „Der Nutzen und Gebrauch der Vögel ist nämlich sehr wichtig und mannigfaltig" (Voigt 1835, 11). Er zählt dann im

Weiteren diesen Nutzen auf, etwa seien die Brieftauben nützlich für die Post, abgerichtete Falken für die Jagd und so weiter.

Darauf folgt eine Klammerbemerkung zu den Gänsen:

> (Die *Gänse* des Capitols würde ich hier wegen ihres zufällig geleisteten Nutzens anführen, wenn ich nicht bemerken müßte, daß die antike bronzene, welche als eine solche auf dem Capitolinischen Museum steht, mir vielmehr eine Ente geschienen.) (Voigt 1835, 12)

Das anekdotische Erzählen findet hier in einer Klammer statt. Dabei ist es aber gerade *nicht* das Gewicht der traditionellen Erzählweise, das den Zoologen stört, denn der Nutzen der kapitolinischen Gänse wird durchaus anerkannt, auch wenn er als „zufällig" beschrieben wird. Nein, es ist eine künstlerische Version, die Gans als antike Plastik, die wegen ihrer Entenähnlichkeit zur Klammer führt. Voigt schlägt also nicht denselben Weg ein wie später sein Fachkollege Lorenz, der die Anekdote erklärend negieren möchte – und ihr Fortleben gerade mit dieser Erwähnung sichert. Und so führt die vergleichende Beobachtung zum Resümée: Das Anekdotische wird nach all den beschriebenen Transformationen in neue Kontexte nicht gänzlich verdrängt, weder in der naturwissenschaftlichen Erklärung noch in der Randbemerkung in Klammer. Vielmehr lebt es gerade in diesen Formen weiter und zeigt die ihm eigene Widerständigkeit.

Literaturverzeichnis

Anonym. „Geschichte eines Zahnstochers: Von ihm selbst erzählt". *Conversationsblatt für Deutschland und Bayern* 62 (1834): 245–246.

Blackwell, Mark, Liz Bellamy, Christina Lupton und Heathe Keenleyside (Hg.). *British It-Narratives, 1750–1830*. 4 Bde. London: Pickering & Chatto, 2012.

Borgards, Roland (Hg.). *Tiere: Kulturwissenschaftliches Handbuch*. Stuttgart: J.B. Metzler, 2016.

Brehm, Alfred. *Brehms Tierleben*. Vögel. 3. Bd. Leipzig: Verlag des Bibliographischen Instituts, 1879.

Buffon, Georges-Louis Leclerc. *Histoire naturelle des oiseaux*. Bd. 17: „Oiseaux". Paris: Imprimerie Royale, 1785.

Burton, Philip (Hg.). *Sulpicius Severus'* Vita Martini. Croydon: Oxford University Press, 2017.

Fabris, Melchior de. *Von der Martins Gans. Eine schöne nutzliche Predig / darinn zusehen ein feine Außlegung des 5. Evangelij: S. Martini leben Und ein hailsame anmanung / wie und was gestalt wir S. Martins Gans essen / unnd unser Leben inn ein anderen Gang richten sollen*. Closter zu Thierhaupten, 1596.

Fineman, Joel. „The History of the Anecdote. Fiction and Fiction". *The New Historicism*. Hg. H. Aram Veeser. New York und London: Routledge, 1989. 49–76.

Friedrich, Udo. *Naturgeschichte zwischen artes liberales und frühneuzeitlicher Wissenschaft: Conrad Gessners* Historia animalium *und ihre volkssprachliche Rezeption* (= Frühe Neuzeit Bd. 21). Tübingen: Max Niemeyer, 1995.

Gessner, Conrad. *Conradi Gesneri Tigurini medici & philosophiae professoris in Schola Tigurina, Historiae animalium liber III., qui est de avium natura – adiecti sunt ab initio indices alphabetici decem super nominibus avium in totidem linguis diversis & ante illos enumeratio avium eo ordine quo in hoc volumine.* Zürich, 1555.

Gessner, Conrad. *Vogelbuoch: Getruckt zuo Zürych, im Jar als man zalt 1557.* Zürich, 1557.

Grothe, Heinz. *Anekdote.* 2. durchges. u. erw. Aufl. Stuttgart: J.B. Metzler, 1984.

Haas, Johann Gottfried. *Neues Teutsches und Französisches Wörterbuch: Der Jugend zum Gebrauch bequem eingerichtet.* 1. Bd. Leipzig: Schwickertscher Verlag, 1786.

Haraway, Donna. *The Companion Species Manifesto: Dogs, People, and Significant Otherness.* Chicago: Prickly Paradigm Press, 2003.

Harms, Wolfgang. „Bedeutung als Teil der Sache in zoologischen Standardwerken der frühen Neuzeit (Konrad Gesner, Ulisse Aldrovandi)". *Lebenslehren und Weltentwürfe im Übergang vom Mittelalter zur Neuzeit: Politik – Bildung – Naturkunde – Theologie.* Hg. Hartmut Boockmann, Bernd Moeller und Karl Stackmann. Göttingen: Vandenhoeck & Ruprecht, 1989. 352–369.

Hilzinger, Sonja. *Anekdotisches Erzählen im Zeitalter der Aufklärung: Zum Struktur- und Funktionswandel der Gattung Anekdote in Historiographie, Publizistik und Literatur des 18. Jahrhunderts.* Stuttgart: J.B. Metzler, 1997.

Jahn, Ilse (Hg.). *Geschichte der Biologie: Theorien, Methoden, Institutionen, Kurzbiographien.* Unter Mitwirkung von Erika Krauße. 3., neubearb. und erw. Auflage. Jena: Gustav Fischer, 1998.

Latour, Bruno. *Nous n'avons jamais été modernes: Essai d'anthropologie symmétrique.* Paris: La Découverte/Poche, 1997.

Leu, Urs B. *Conrad Gessner (1516–1565): Universalgelehrter und Naturforscher der Renaissance.* Zürich: Verlag Neue Zürcher Zeitung, 2016.

Livius, Titus. *Römische Geschichte: Lateinisch und deutsch* (= Sammlung Tusculum). Hg. Hans Jürgen Hillen und Josef Feix. Berlin: De Gruyter, 2014.

Löcht, Joana van de. „‚Weil nun Sanct Marten bricht herein/ […] Will seine Ganß besungen sein‘: Das Martinsgansschrifttum als Form kulinarischer Geselligkeit". *Daphnis* 49.1/2 (2021): 148–166.

Lorenz, Konrad. *Hier bin ich – wo bist du? Ethologie der Graugans.* München: R. Piper, 1988.

Metzner, Günther (Hg.). *Eine Gans kommt selten allein Bald 50 Jahre Inspirationen: Gänsereden 1976–2017.* Bad Homburg: Rotary Club, 2018.

Nieradzik, Lukasz. Art. „Geschichte der Nutztiere". *Tiere: Kulturwissenschaftliches Handbuch.* Hg. Roland Borgards. Stuttgart: J.B. Metzler, 2016. 121–129.

Plinius, Secundus d. Ä. *Naturkunde.* Lateinisch-Deutsch. Bd. 10: „Zoologie: Vögel". Hg. u. übers. v. Roderich König in Zusammenarbeit mit Gerhard Winkler. 2. Aufl. Düsseldorf: Artemis & Winkler, 2007.

Schäfer, Rudolf. *Die Anekdote: Theorie – Analyse – Didaktik.* München: Oldenbourg, 1982.

Schilling, Michael. *Sprechen und Erzählen in deutscher und lateinischer Tierdichtung des Mittelalters und der Frühen Neuzeit.* Stuttgart: S. Hirzel, 2021.

Schlaffer, Heinz. Art.: „Anekdote". *Reallexikon der deutschen Literaturwissenschaft: Neubearbeitung des Reallexikons der deutschen Literaturgeschichte.* Hg. Georg Braungart,

Harald Fricke, Klaus Grubmüller, Jan-Dirk Müller, Friedrich Vollhardt und Klaus Weimar. Berlin und New York: De Gruyter, 2010. 87–89.

Schoock, Martin. „Exercitatio XVII. Qua quaeritur, an liceat Martinalibus anserem comedere?". Martin Schoock. *Exercitationes variae, de diversis materiis*. Trajecti ad Rhenum [= Utrecht]: Ex Officinâ Gisberti à Zyll, 1663.

Severus, Sulpicius. *Des Sulpicius Severus Schriften über den Hl. Martinus, Des Heiligen Vinzenz von Lerin Commonitorium, Des heiligen Benediktus Mönchsregel*. Kempten: Jos. Köse, 1914.

Spangenberg, Wolfhart. „Ganß König: Ein kurzweylig Gedicht von der Martins Ganß; Wie sie zum König erwehlet / resigniret / ihr Testament gemacht / begraben / in Himmel und an das Gestirn komen; auch was ihr für ein Lobspruch und lehre Sermon gehalten worden durch Lycosthenem Psellionoros Andropediacum". *Wolfhart Spangenberg: Sämtliche Werke*. Hg. András Vizkelety unter Mitwirkung von Andor Tarnai. 3 Bde., Bd. 1: „Tierdichtungen I". Berlin und New York: De Gruyter, 1977. 5–142.

Voigt, F.S. *Lehrbuch der Zoologie*. 2. Bd.: „Spezielle Zoologie: Vögel" (= Naturgeschichte der drei Reiche. Zur allgemeinen Belehrung bearbeitet von G.W. Bischoff, J.R. Blum, H.G. Bronn, K. C. v. Leonhard, F.S. Leuckart und F.S. Voigt). Stuttgart: E. Schweizerbart's Verlagshandlung, 1835.

Wernli, Martina. „Der erzählte Braten: Schreiben über die Martinsgans im 16. und 17. Jahrhundert". *Narrative Delikatessen: Kulturelle Dimensionen von Ernährung* (= Schriftenreihe für Kulturökologie und Literaturdidaktik, Bd. I). Hg. Elisabeth Hollerweger und Anna Stemmann. Siegen: universi, 2015. 173–199.

Wernli, Martina. „Federn erzählen: Zu Subjektivierungs- und Objektivierungsstrategien der Dinge im 18. Jahrhundert". *Das Verhältnis von res und verba: Zu den Narrativen der Dinge* (= litterae, Bd. 231). Hg. Martina Wernli und Alexander Kling. Freiburg i.Br.: Rombach, 2018. 163–182.

Wernli, Martina. *Federn lesen: Eine Literaturgeschichte des Gänsekiels, von den Anfängen bis ins 19. Jahrhundert*. Göttingen: Wallstein, 2021.

Zedler, Johann Heinrich. Art.: „Anser". *Grosses vollständiges Universal-Lexikon*. Bd. 2. Leipzig, 1732. Sp. 460–464.

Claudia Lillge
"Shadow Stories": The Epistemological Function of the Anecdote in Stephen Greenblatt's *Shakespearean Negotiations*

> [I]f some see New Historicist preoccupations with ideology and social context as threatening to traditional critical concerns and literary values, others see a New Historicist delight in anecdote, narrative and what Clifford Geertz calls "thick description" as a will to construe *all* of culture as the domain of literary criticism – a text to be perpetually interpreted, an inexhaustible collection of stories from which curiosities may be culled and cleverly retold.
>
> (Louis Montrose 1989, 19)

1 Speaking with the Dead

Stephen Greenblatt (b. 1943) is one of the most influential scholars in anglophone literary and cultural studies today. His name is most associated with, and indeed has come to stand for, *New Historicism*, a school of thought and interpretive practice grounded in what is known as "cultural poetics" (1988, 5). Greenblatt's main area of research is the English Renaissance. In particular, the works of Christopher Marlowe (1564–1593), Philip Sydney (1554–1586), Edmund Spenser (ca. 1552–1599), and primarily William Shakespeare (1564–1616) capture his attention, which he explores with an unconventional set of questions and methods.[1] In his study *Shakespearean Negotiations: The Circulation of Social Energy in Renaissance England*, Greenblatt formulates, for example, nothing less than the ambitious wish "to speak with the dead" (1988, 1). How could one imagine such a conversation?

---

[1] Greenblatt outlines his field of interest as follows: "I have termed this general enterprise – study of the collective making of distinct cultural practices and inquiry into the relations among these practices – a poetics of culture. For me the inquiry is bound up with a specific interest in Renaissance modes of aesthetic empowerment: I want to know how cultural objects, expressions, and practices – here, principally, plays by Shakespeare and the stage on which they first appeared – acquired compelling force" (1988, 5).

> It was true that I could hear only my own voice, but my own voice was the voice of the dead, for the dead had contrived to leave textual traces of themselves, and those traces make themselves heard in the voices of the living. Many of the traces have little resonance, though everyone, even the most trivial or tedious, contains some fragment of lost life; others seem uncannily full of the will to be heard. (1988, 1)

His search for the "voice of the dead" leads Greenblatt to focus on literature as a medium that not only imitates life but also always contains traces of it. Thus, in *Shakespearean Negotiations* Greenblatt's primary goal is to explain the characteristic "intensity" of Shakespeare's plays (1988, 1).[2] Accordingly, his most pressing questions are: "how did so much life get into the textual traces?" (1988, 2), and "how is it possible for those traces to convey lost life?" (1988, 3).

These questions generate further questions as to the methods and practices, most suitable for this historiographical undertaking. A brief examination of *New Historicism* is therefore needed in order to illuminate how this particular approach defines the relationship between text and context, literature and history, fact and fiction. Subsequently, I will turn to the use and function of the anecdote, which as Moritz Baßler points out, is not only the "trademark signature of *New Historicism*," but has also become its "central, cultural-poetic medium" (2003, 144).[3]

---

2 Mark Robson reflects on this 'conversation with the dead' and also on the term 'intensity as follows': "The idea of a conversation, even an impossible one – one that could never quite capture the living presence of the writer and in which it would be never possible for that writer to hear the critic – opens up this question of the relationship to the past in a compelling way. What the textual traces that we call literature register is the 'will' of the author, and this takes on a peculiar, uncanny power in fiction. For those who love literature, the fictional representation of life can feel more 'lively', more intense, than other kinds of textual trace such as historical documents or supposedly factual accounts, and may even come to feel more 'real' in some important, lived sense than what is often called 'real life'. Such intensity lies behind, for instance, the way in which readers may identify themselves with a particular character from a literary work. [...] What really interests Greenblatt about Shakespeare, then, is the way, in which the intensity of his works, their sense of life, relates to the society in which he lived and wrote" (2008, 66).
3 All translations from German by C. Lillge.

2 The Cosmos of *New Historicism*

New Historicism is a product of the Anglo-American university landscape and the development of the humanities from the mid-twentieth century onwards.[4] Although we usually associate a specific series of names with *New Historicism* – in addition to Greenblatt, the list includes Catherine Gallagher, Joel Fineman, Alan Liu, Louis Montrose, and Svetlana Alpers – it is difficult to describe its program. "[F]ar from a hostile united front or a single politics," H. Aram Veeser emphasizes, "'the *New Historicism*' remains a phrase without an adequate referent. Like other such phrases – from Action Painting to New Model Army – the rubric offers a site that many parties contend to appropriate" (1989, x). Yet Veeser attempts to crystallize at least some "key assumptions" of *New Historicism*. His five-point definition states,

1. that every expressive act is embedded in a network of material practices;
2. that every act of unmasking, critique, and opposition uses the tools it condemns and risks falling prey to the practice it expresses;
3. that literary and non-literary 'texts' circulate inseparably;
4. that no discourse, imaginative or archival, gives access to unchanging truths nor expresses inalterable human nature;
5. finally, [...], that a critical method and a language adequate to describe culture under capitalism participate in the economy they describe. (1989, xi)

This definition gains plausibility when we look at the historical setting of *New Historicism*. In other words, its 'new' accents take shape when we take into account, *firstly*, what it is directed against, and, *secondly*, which impulses and movements it draws on and advances.

As a kind of counter impulse, *New Historicism* responded, as Baßler argues, to "a long and mostly unbroken tradition of immanent critique," which is characteristic of "*New Criticism* with its practice of 'close reading'" (1995, 8). 'Close reading' has as its primary goal the understanding of texts from 'within', as it were: its focus is on a text's rhetorical features, its style and structure. Seen from this perspective, every text "refers to itself, to its textuality and poetic artificiality" (Baßler 2003, 134). *New Criticism* came under pressure in the wake of post-structuralism, which criticized this "closed" and essentially "monological

---

[4] For comprehensive introductions and overviews of *New Historicism*, see Mark Robson. *Stephen Greenblatt*. London and New York: Routledge (2008); Ryan Kiernan (ed.). *New Historicism and Cultural Materialism: A Reader*. London: Arnold (1996); H. Aram Veeser (ed.). *The New Historicism*. London and New York: Routledge (1989).

understanding" of texts (Baßler 1995, 9), while also expressing "skepticism vis-à-vis the grand narratives" of established historiography (Lyotard 1994, 14).[5] Louis Montrose describes the dual perspective needed within the new historical approach as follows: "The post-structuralist orientation to history now emerging in literary studies may be characterized chiastically, as a reciprocal concern with the historicity of texts and the textuality of history" (1989, 20).[6] This dictum can be considered the *New Historicists*' motto.

This then, is the 'new' challenge that *New Historicism* takes on. Greenblatt thus demands "that we begin by taking seriously the collective production of literary pleasure and interest," instead of viewing "the work" exclusively as an expression "of the skill and effort of the individual artist" (1988, 4). Hence, we need to reconsider all "assumptions that guarantee a secure distinction between 'literary foreground' and 'political background' or, more generally, between artistic production and other kinds of social production" (1982, 4). This does not

---

5 In his monograph *The Power of Forms in the English Renaissance* Greenblatt notes: "The new historicism erodes the firm ground of both criticism and literature. It tends to ask questions about its own methodological assumptions and those of others. [...] Moreover [it] has been less concerned to establish the organic unity of literary works and more open to such works as fields of force, places of dissension and shifting interests, occasions for the jostling of orthodox and subversive impulses. [...] Renaissance literary works are no longer regarded as either a fixed set of texts that are set apart from all other forms of expression and that contain their own determinate meanings or as a stable set of reflections of historical facts that lie beyond them." (1982, 5) Robson comments on Greenblatt's early statement: "In particular, in new historicist readings there is an emphasis on those parts of a text that seem to be at odds with the ways in which the period in which that text originates is usually understood. In this sense, there is also an engagement with critical understandings of history and of historical periods. It is in this double movement – exploring the ways in which texts subvert themselves, and selecting texts that undermine the historical frameworks that have conventionally been used to explain them – that the 'firm ground' of criticism is undermined" (2008, 7).

6 Montrose's phrase appears in his essay "Professing the Renaissance: The Poetics and Politics of Culture". There he refines his argument: "By *the historicity of texts*, I mean to suggest the cultural specificity, the social embedment, of all modes of writing – not only the texts that critics study but also the texts in which we study them. By *the textuality of history*, I mean to suggest, firstly, that we can have no access to a full and authentic past, a lived material existence, unmediated by the surviving textual traces of the society in question – traces whose survival we cannot assume to be merely contingent but must rather presume to be at least partially consequent upon complex and subtle social processes or preservation and effacement; and secondly, that those textual traces are themselves subject to subsequent textual meditations when they are constructed as the 'documents' upon which historians ground their own texts, called 'histories.' As Hayden White has forcefully reminded us, such textual histories necessarily but always incompletely constitute in their narrative and rhetorical forms the 'History' to which they offer access" (1989, 20).

mean that precise textual analysis is no longer required, but rather that it assumes a different function. As Baßler puts it:

> The principle of close reading [...] is not abandoned in *New Historicism* but redirected towards the 'fringes' of the textual fabric. It follows – as the metaphor suggests – the 'threads' leading into a text from multiple cultural areas and vice versa. This type of reading [...] zooms in on those aspects of the work of art, that are interwoven with its cultural environment. (2003, 134)

The anecdote marks an intersection between literary and non-literary 'texts' and questions the 'grand narratives' of historiography. Working with the anecdote as an analytical or operational tool means, as will be shown in the following, to encounter and to become engaged with, as Veeser calls it, an "unresolved tension between arbitrary and conditional contingency" (1994,4).

3 The Anecdote as Shadow Story

Greenblatt's essay collection *Shakespearean Negotiations* contains four paradigmatic interpretations of *King Henry the Fourth* (1600), *Twelfth Night; or What You Will* (1601), *King Lear* (1606), and *The Tempest* (1611), each play representing a Shakespearean dramatic genre (history, tragedy, comedy, and romance). This series of interpretations not only provides insights into the respective plays and their context but also provides some idea about the use of the anecdote within Greenblatt's interpretive practice.

By way of example, I will choose the second interpretation and examine it in some detail. It is entitled "Fiction and Friction" and deals with *Twelfth Night; or What You Will*, one of Shakespeare's mature comedies. At the beginning of this interpretation, we find an anecdote that Greenblatt drew from Michel de Montaigne's *Travel Journal* of 1580 and 1581:

> In September 1580, as he passed through a small French town on his way to Switzerland and Italy, Montaigne was told an unusual story that he duly recorded in his travel journal. It seems that seven or eight girls from a place called Chaumont-en-Bassigni plotted together 'to dress up as males and thus continue their life in the world.' One of them set up as a weaver, 'a well-disposed young man who made friends with everybody,' and moved to a village called Montier-en-Der. There the weaver fell in love with a woman, courted her, and married. The couple lived together for four or five months, to the wife's satisfaction, 'so they say.' But then, Montaigne reports, the transvestite was recognized by someone from Chaumont; 'the matter was brought to justice, and she was condemned to be hanged, which she said she would rather undergo than return to a girl's status; and she was hanged for using illicit devices to supply her defect in sex.' The execution, Montaigne was told, had taken place only a few days before. (1988, 66)

Greenblatt's interpretations and his text-anecdote arrangements often show a similar structure.[7] Fineman observes, for example, that "those essays begin with an introductory anecdote that introduces history, followed by amplification, followed by a moralizing conclusion that serves to put an end to history this then sometimes followed by another anecdote that strives to keep things open [...]" (1989, 64). The fact that we are dealing with an anecdote here becomes apparent when we consider the formal text features associated with these "complete little stories" (Gallagher and Greenblatt 2000, 49).

First of all, it is possible to describe a three-part structure of introduction (*occasio*), transition (*provocatio*), and point (*dictum*). The *occasio* clarifies the framework; that is to say, the time and location of the event. It also names the source of the anecdote, which was transmitted orally before being written down. The original oral source is still visible and present in expressions such as "was told" or "so they say," which suggests that the action is probable but does not authenticate the event in the strictest sense. In addition, the central characters are introduced. In this case, it is two young women who remain anonymous; only their village of origin is named. Nonetheless, these sparse "components" suffice, as Rudolf Schäfer highlights, to create a "connection to a historical, social reality" (Schäfer 1982, 36). The *provocatio* crystalizes the "provocative element," which can be described as "inappropriateness" (1982, 32). The "inappropriateness" consists in the temporary, happy living together of two women, of whom one pretends to be a man. A second provocation can be seen in the fact that this pairing lasted five months "to the wife's satisfaction."

---

[7] Anecdotes are widely spread in Greenblatt's scholarly oeuvre. We can find them in *Renaissance Self-Fashioning: From More to Shakespeare* (1980), in *Will in the World: How Shakespeare became Shakespeare* (2004), and also in *Marvelous Possessions: The Wonder of the New World* (1992). It is no secret that Greenblatt likes stories. Mark Robson, among others, comments on this fact: "Greenblatt's work is full of ghosts, of witchcraft, of wonder and strangeness, of colonial encounters and traumatic moments in history. [...] [W]hat is new about new historicism is in part its attention to aspects of the past that refuse to fit into established histories. It challenges the idea that history is concerned with events and situations that are somehow 'over', finished with, and safely distant from our own concerns." (2008, 2) Robson later turns to Greenblatt's special interest in the anecdote: "In order to understand the significance of the anecdote for Greenblatt, we need to be aware of its status with regard to the established forms of historiography or of literary history. Part of the objection to the anecdote might be that it seems somehow trivial, that it is too 'small' to be enlisted in the project of writing a history that had any claim to comprehensiveness or objectivity. As a form of story-telling that is not dependent on wider frameworks, seeming to be complete in itself, the anecdote is apparently of little use. But, as we have seen in [Walter] Benjamin's idea that every real story contains something useful, for some critics the non-coincidence of the anecdote with these larger histories is precisely where its appeal lies" (2008, 39).

The *dictum* finally introduces the turning point. The disguised husband is revealed, which leads to an unexpected conclusion. Even in the face of the threat of a death sentence, he shows no remorse. Death seems the lesser of two evils when faced with the prospect of "returning to a girl's status."

In Greenblatt's annotations, we read that Montaigne's description is neither an isolated case nor is it an isolated story because a report of a similar situation can be found in a text by Henri Estienne from 1579 (1988, 175–176). In Heinz Grothe's terminology, one can speak of a "wandering anecdote" (1984, 146). Grothe defines such 'wandering anecdotes' as anecdotes containing "similar or even the same short stories from different times and various locations" (1984, 146).

Greenblatt, who can be described as what Johann Christoph Adelung has called an "anecdote hunter" or "anecdote catcher" (1811, 284), introduces Montaigne's anecdote right at the beginning of his analysis of Shakespeare's comedy *Twelfth Night*, one of Shakespeare's happy and romantic comedies about love and courtship. As with many other Shakespeare comedies, *Twelfth Night* is about mix-ups, deception and disguise. The 'friction' is centered on the 'fictional' conflict of illusion and reality, in the discovery and misjudgement of identities within a complex network of delusions and confusions. The twins, Viola and Sebastian, are shipwrecked. Sebastian initially remains missing, while Viola lands on the foreign shore of Illyria and decides to disguise herself as a man in order to seek her fortune. Because female roles were played by men, in Elizabethan theatre, the actor playing Viola changes into the role of a woman and then 'as a woman' continues 'her' play in a breeches role. From that point on, Viola acts as Page Cesario, who serves at the pleasure of Orsino, the Duke of Illyria, and promptly falls in love with him. At the same time, Cesario attracts the attention of Countess Olivia, who is revered by Orsino. Sorting out these confusing love relationships and leading them to a happy ending determines the attraction and tension of the comedy.

Even a brief plot summary of *Twelfth Night* shows that the comedy, as Greenblatt points out, "had continually tantalized its audience with the spectacle of homoerotic desire" (1988, 67). So did the anecdote. The question is, how are both texts – anecdote and comedy – connected? What knowledge emerges from the pairing of both text types? What does a comparative reading provide? Is the combination of both texts specific or merely arbitrary? Both texts share thematic similarities and overlaps. In the interplay of dependence and differentiation, anecdote and comedy illuminate each other. But does one really need to employ Montaigne's anecdote to achieve this kind of result? One might argue that using one of the literary sources of Shakespeare's comedy – say, Niccolò Secchis's *Gl'Inganni* (1547) or Barnabe Riche's *Apolonius and Silla* (1581) –

would have produced the same result. However, the anecdote-comedy conjunction provides something different, as this constellation is not a phenomenon that can be described in terms of influence and effect or as a relationship between literary source and adaptation, hypo- and hypertext. In other words, it does not only rely on a form of a diachronic text-text-contact, which can be subsumed under some tightly defined rubric of intertextuality.

Greenblatt himself chooses the term *shadow story* to characterize the anecdote. Remaining within this image, the anecdote would be something like an unlit space. The comedy, however, stands in the 'way of the light' and hence draws the attention "to the events that 'actually' happen" (1988, 66). Nonetheless, the shadow story is always present. Accordingly, Greenblatt discusses the composition of his *Twelfth Night*-analysis:

> I begin with this story because in *Twelfth Night* Shakespeare almost, but not quite, retells it. It is one of those shadow stories that haunt the plays, rising to view whenever the plot edges toward a potential dilemma or resolution that it in fact eschews. (1988, 66)

What Greenblatt outlines here in metaphorical language is at its heart a practice which has its origins in discourse analysis. The term 'discourse', after all,

> serves to make objects from various 'media' – that is to say, from different cultural spheres and contexts – comparable. These media are the genres, language games, grammars, codes, disciplines, or other sorts of representations within a culture. They can be literary in nature, but certainly also non-literary and even non-textual; as long as they belong to a culture, they are linked and find themselves in a process of exchange. Discourses are what binds these media together [...]. The term discourse then enables the description of intertextuality as a characteristic not only of a particular text but also of an entire culture. (Baßler 1995, 14–15)

The term intertextuality, in particular, needed to be redefined in *New Historicism*. "In effect," Montrose explains, "this project reorients the axis of intertextuality, substituting for the diachronic text of an autonomous literary history the synchronic text of a cultural system" (1989, 17). In order to include this in his *Shakespearean Negotiations*, Greenblatt takes a look at that "which can only be glimpsed [...] at the margins of the text" (1988, 4); that is to say, at "the half-hidden cultural transactions through which great works of art are empowered" (1988, 4). Whoever sets off to find what gives art – in this case, Shakespeare's plays – its life and provides it with "intensity" will discover, as Greenblatt notes, "something that seems at first far less spectacular: a subtle, elusive set of exchanges, a network of trades and trade-offs, a jostling of competing representations, a negotiation between joint-stock companies" (1988, 7). When discussing the anecdote as a competing form of representation, however, the term *shadow story* appears problematic or misleading. Especially, when it comes to weakening or dismantling hierarchies between text and context, "literary foreground" and "political background," artistic or non-artistic productions, the term relies too much on a logic of dependency and subordination.

4 Counterhistory and the Touch of the Real

What function, then, does the anecdote fulfill within the neo-historical method of placing a text in the context of other contemporary texts and showing it in the midst of a network of exchanges and negotiations? What makes it, in particular, an epistemological tool *to think with?* The anecdote is a kind of a hybrid: It transforms an event into a narrative by giving it a literary form with a beginning, middle, and an end, while at the same time emphasizing the provisional, particular and hence the authentic. Literature and something 'real' merge in the anecdote, which in a very specific sense embodies what Montrose calls the "textuality of history and the historicity of texts." Joel Fineman describes this dual genre character in more detail:

> The anecdote, let us provisionally remark, as the narration of a singular event, is the literary form or genre that uniquely refers to the real. This is not as trivial an observation as might at first appear. It reminds us, on the one hand, that the anecdote has something literary about it, for there are, of course, other and non-literary ways to make reference to the real – through direct description, ostentation, definition, etc. – that are not anecdotal. On the other hand, it reminds us also that there is something about the anecdote that exceeds its literary status, and this excess is precisely that which gives the anecdote its pointed, referential access to the real. [...] These two features, therefore, taken together – i.e., first, that the anecdote has something literary about it, but second, that the anecdote, however literary, is nevertheless directly pointed towards or rooted in the real – allow us to think of the anecdote, given its formal if not its actual brevity, as a *historeme*, i.e., as the smallest minimal unit of the historiographic fact. And the question that the anecdote poses is how, compact of both literature and reference, the anecdote possesses its peculiar and eventful narrative forces. (1989, 56–57)

Regarding the so-called "narrative forces" of the anecdote, Greenblatt and Gallagher discuss two key terms: "counterhistory" (2000, 49–74) and "the touch of the real" (2000, 20–48). Central to the concept and term 'counterhistory' is the assumption that there is only one historical truth. The counterhistory *counters* the singular of 'history' with a plural of alternative 'histories' that complement and/or contradict each other. The anecdote can therefore be part of a counterhistory, because, as Baßler notes, "the telling of an individual, concrete, strange situation works by its very nature against metanarrative containment"

(2003, 144). This 'working against' is in essence a process of interruption. The anecdote as a "complete little stor[y]" punctures the narrative of historical successivity and places contingency against the generalizations of objectified historiography (Gallagher and Greenblatt 2000, 49); it perforates, disrupts and complicates the "big stories," as Greenblatt calls them (2000, 51), and replaces distance with the closeness of the so-called "touch of the real" (2000, 21–48).[8] In the field of literary history or literary analysis, the anecdote appears as a method or operational tool as well as a writing practice. In those cases, it not only changes the relationship between canon and marginalized texts but also opens up a space for negotiations between 'high' and 'low' (or everyday) culture. In Gallagher's and Greenblatt's words:

> The turn to the historical anecdote in literary study promised both an escape from conventional canonicity and a revival of the canon, both transgression against the domestic and a safe return to it. The anecdote was not merely background: it demanded attention; it threatened indeed to take over the whole enterprise. But it could somehow be turned toward a revivification of a canonical work, provided that the canonical work lent some of its prestige, its self-justifying importance, to the marginal anecdote. And the anecdote satisfied the desire for something outside the literary. It offered access to the everyday, the place where things are actually done, the sphere of practice that even in its most awkward and inept articulations makes a claim on the truth that is denied to the most eloquent of literary texts. (2000, 47–48)

The anecdote can therefore establish a connection with everyday reality because it opens up a "contact zone" (Gallagher and Greenblatt 2000, 47–48). The decisive factor here is the authenticity of the anecdote, not the authenticity of the plot that the anecdote recounts (Baßler 2003, 144). "It is not about the reality effect," emphasizes Baßler, "it matters" rather "that the text of the anecdote [...] itself is the reality – its authenticity lies in the fact that it was told in its time" (2003, 144). In this way, the anecdote makes "the difference in the historical archive visible and gives the researcher the task of reconstructing the discursive constellation in which such things were conceivable, sayable and possible"

---

[8] Fineman chooses the following characterization: "[T]he anecdote is the literary form that uniquely *lets history happen* [...]" (1989, 61). Gallagher and Greenblatt posit: "Counterhistories have tried [...] fostering disciplinary eccentricity; and it was that eccentricity that the anecdote carried into literary criticism as well. The force field of the anecdote pulled even the most canonical works off to the border of history and into the company of nearly forgotten and unfamiliar existences. There literature's own dormant counterhistorical life might be reanimated; possibilities cut short, imaginings left unrealized, projects half formulated, ambitions squelched, doubts, dissatisfactions, and longings half left, might all be detected there. They were buried beneath the surface, no doubt, but would stir, one hoped, at the 'touch of the real'" (2000, 74).

(Baßler 2003, 144). The anecdote, then, does not serve to substantiate the literary analysis historically; instead, it opens up insights into the network and dialogue of numerous simultaneous historical discourses and negotiations.

5 Resonance and the Circulation of Social Energy

In Greenblatt's *Shakespearean Negotiations* the anecdote proves productive because it connects written and oral texts as well as discourses that are embedded in, and simultaneously flow through, these texts. Shakespeare's plays, which are combined with anecdotes, become livelier. In the language of *New Historicism*, they are filled with "social energy" (Greenblatt 1988, 6). This social energy is "associated with repeatable forms of pleasure and interest, with the capacity to arouse disquiet, pain, fear, the beating of the heart, pity, laughter, tension, relief, wonder" (1988, 6). The anecdote can be understood as an aesthetic form capable of storing this social energy.

Not all anecdotes are equally suitable for transporting the social energy encoded in them and keeping it alive over centuries. "It seemed," as Gallagher and Greenblatt explain, "that only certain *kinds* of anecdotes would do: outlandish and irregular ones held out the best hope for preserving the radical strangeness of the past by gathering heterogenous elements – seemingly ephemeral details, overlooked anomalies, suppressed anachronisms – into an ensemble where ground and figure, 'history' and 'text' continually shifted" (2000, 51). This is where the specific interest of the literary scholar comes into play, who wishes not only to establish a connection with the past but also to find traces of social circulation. "The anecdote," as Enno Ruge writes, "is no more able to open up an approach to human beings or events of the past than other texts, but the voices of the dead, with which Greenblatt wants to communicate, are very audible in these texts" (2013, 90).

In the past years, many of the central tenets of *New Historicism* have come under close scrutiny. Above all, the emphasis on the ephemeral and the particular as well as the arbitrariness of the choice of text and the pairing of texts have come in for a good deal of criticism (Veeser 1989, ix–xvi). Yet it cannot be denied that the anecdotes in Greenblatt's Shakespeare lectures engender a certain level of productive cultural discomfort, because the anecdotes refer to the world outside of the dramatic plays. As such, the anecdote is also able to astonish the reader of today by creating a feeling of fascination and wonder. "To speak with the dead" means to become part of a resonant event[9] that is, as Hartmut Rosa puts it in *Eine Soziologie der Weltbeziehung*, a specific dynamic of "touching" and "being touched" (2016, 85). The anecdote as a cultural-poetic medium creates openings in this vibrating space.

Bibliography

Adelung, Johann Christoph. Art.: "Anekdote." *Grammatisch-kritisches Wörterbuch der hochdeutschen Mundart.* Ed. by Johann Christoph Adelung. Wien: Bauer, 1811. Sp. 284.

Baßler, Moritz. "Einleitung: New Historicism – Literaturgeschichte als Poetik der Kultur." *New Historicism – Literaturgeschichte als Poetik der Kultur.* Ed. by Moritz Baßler. Frankfurt a. M.: Fischer, 1995. 7–28.

Baßler, Moritz. "New Historicism, Cultural Materialism und Cultural Studies." *Konzepte der Kulturwissenschaften.* Ed. by Ansgar Nünning and Vera Nünning. Stuttgart and Weimar: J.B. Metzler, 2003. 132–153.

Fineman, Joel. "The History of the Anecdote: Fiction and Fiction." *The New Historicism.* Ed. by H. Aram Veeser. New York and London: Routledge, 1989. 49–76.

Gallagher, Catherine and Stephen Greenblatt. *Practicing New Historicism.* Chicago and London: The University of Chicago Press, 2000.

Greenblatt, Stephen. *The Forms of Power in the English Renaissance.* Oklahoma: University of Oklahoma, 1982.

Greenblatt, Stephen. *Learning to Curse: Essays in Early Modern Culture.* London: Routledge, 1992.

Greenblatt, Stephen. *Shakespearean Negotiations: The Circulation of Social Energy in Renaissance England.* Oxford: Clarendon Press, 1988.

Grothe, Heinz. *Anekdote.* Stuttgart: J.B. Metzler, 1984.

Kiernan, Ryan (ed.). *New Historicism and Cultural Materialism: A Reader.* London: Arnold, 1996.

Lyotard, Jean-François. *Das Postmoderne Wissen* [1979]. Wien: Passagen, 1994.

Montrose, Louis A. "Professing the Renaissance: The Poetics and Politics of Culture." *The New Historicism.* Ed. by H. Aram Veeser. New York and London: Routledge, 1989. 15–36.

Robson, Mark. *Stephen Greenblatt.* London and New York: Routledge, 2008.

Rosa, Hartmut. *Resonanz: Eine Soziologie der Weltbeziehung.* Frankfurt a. M.: Suhrkamp, 2016.

---

9 The term 'resonance' also appears in Greenblatt's essay collection *Learning to Curse: Essays in Early Modern Culture.* In this context Greenblatt chooses a museum to illustrate his understanding of ‚resonance': "By resonance I mean the power of the object displayed to reach out beyond its formal boundaries to a larger world, to evoke in the viewer the complex dynamic cultural forces from which it has emerged and for which as a metaphor or more simply as metonymy it may be taken by a viewer to stand" (1992, 170).

Ruge, Enno. "Shakespeare, Greenblatt und die Macht der Anekdote." *Anekdote – Biographie – Kanon: Zur Geschichtsschreibung in den schönen Künsten*. Ed. by Melanie Unseld and Christian von Zimmermann. Köln: Böhlau, 2013. 85–104.

Schäfer, Rudolf. *Die Anekdote: Theorie – Analyse – Didaktik*. München: Oldenbourg, 1982.

Veeser, H. Aram. "Introduction." *The New Historicism*. Ed. by H. Aram Veeser. New York and London: Routledge, 1989. ix–xvi.

Veeser, H. Aram. "The New Historicism." *The New Historicism Reader*. Ed. by H. Aram Veeser. New York and London: Routledge, 1994. 1–32.

Teil IV: **Anekdotische Repräsentationsformen im literaturgeschichtlichen Wandel: Das achtzehnte und neunzehnte Jahrhundert**

Teil IV: Anekdotische Kapitalisationsformen im literaturgeschichtlichen Wandel: Das Jahrzehnt und nachfolgende Jahrzehnten

Christiane Frey
Beiläufig exemplarisch: Anekdote und Geschichte bei Montaigne und Kleist

Wenn Johann Gottfried Herder vor dem Einsatz „merkwürdige[r]" oder „bloße[r] Anekdoten" in historiographischer Absicht nicht zuletzt mit dem Argument warnt, diese würden vorführen, „an wie kleinen Umständen die größesten Begebenheiten und Erfolge hangen" (Herder 2000, 96–97), zeigt sich an diesem Vorbehalt, was mit der minoren narrativen Form der Anekdote auf dem Spiel steht: nicht weniger als die Frage nach dem Einfluss geringfügiger und kontingenter Kleinigkeiten auf den Lauf der großen Geschichtsdinge.[1] Gerade die Einsicht, dass es nicht selten die kaum beobachtbaren situativ gegebenen Umstände sind, die am Ende wider Erwarten den Ausschlag geben, durchzieht nun Montaignes *Essais* von ihrer ersten Auflage von 1580 an. Nicht der Wesensgrund interessiert in diesen idiosynkratisch „zusammen gestoppelt[en]" Betrachtungen (Montaigne 1794, Bd. 2, 3), sondern gerade das, was sich einer jeden Suche nach konstantem Sein und gesetzmäßig wiederkehrenden Ursachen entzieht.[2]

Umso mehr fällt auf, dass gleich das erste Kapitel des ersten Buches, also der erste Essai,[3] mit dem das allgemeine Thema angebenden Titel „Par divers moyens on arrive en pareille fin" (Montaigne 2007, 31) – es können „die nämlichen Ziele

---

[1] Vgl. detaillierter und ein differenziertes Bild von Herders Auffassung der historischen Anekdote vermittelnd die Ausführungen von Hilzinger (1997, 90–102). Vgl. auch Moser (2006, 28–29); zu den „Funktionen des Anekdotischen" vgl. auch Vogl (2012). Vorliegender Beitrag knüpft unmittelbar an die Überlegungen von Christian Moser und Joseph Vogl an.
[2] Wenn Hans Blumenberg in seiner „Verlesung bei Montaigne" (Blumenberg 2020, 180–181) Montaignes anekdotischen Rekurs auf Demokrit seinerseits als Anekdote anführt, um ein philologisches Exempel zu statuieren, dann geht es auch hier um den Verzicht auf das Ergründen. So scheint es zu den wesentlichen Funktionen des Anekdotischen zu gehören, nicht nur die situative Kontingenz historischer Geschehnisse, sondern auch ihre eigene Zufälligkeit und Beiläufigkeit auszustellen. Vgl. Zill (2014).
[3] Dass Montaigne diesen Essai an den Anfang seines „Livre Premier" setzt, heißt freilich nicht, dass er ihn auch zuerst verfasst hat. Vielmehr überlagern sich gerade auch in diesem Essai verschiedene Zeiten des Verfassens sowie diverse Revisions- und Redaktionsschichten. Zwei der eingefügten kleinen Geschichten entstammen, das lässt sich im Vergleich der Auflagen leicht eruieren, einer späteren Schreibphase. Vgl. den Kommentar von Balsamo, Magnien und Magnien-Simonin in der Pléiade-Ausgabe der *Essais* (Montaigne 2007, hier 1329) sowie weiterführend auch unter Berücksichtigung philologischer und textgenetischer Fragen Pérouse (1984); Rendall (1992, 15–21); Azar Filho (2005).

durch unterschiedliche Mittel erreicht werden" (Montaigne 2011, 2)[4] –, eben die Frage nach den Ursachen historischer Ereignisse aufwirft. So besteht der erste Essai auch aus einer Reihe unterschiedlichen Quellen entnommener Kurznarrationen, die sämtlich auf die „moyens" eingehen, mit denen sich gleichsam Geschichte schreiben lässt. Die mal mehr, mal weniger bekannten, sich zu Ereignissen verdichtenden Geschehnisse werden zudem als Exempel für ein bestimmtes Verständnis der *historia* eingeführt. Statt um private Kleinigkeiten geht es in diesem ersten Stück denn auch vor allem um die Frage, was sich aus der Geschichte lernen lasse – und damit um Belange des Geschichtsdenkens. Es lohnt sich mithin, wenn nach Funktion und Form des Anekdotischen bei *dem* frühneuzeitlichen Autor des „domestique et privé[]"gefragt wird, eine genauere Lektüre dieses ersten Essai (Montaigne 2007, 26).

Steht nun der Einsatz des Anekdotischen in Montaignes erstem Essai unter dem Zeichen des Spannungsverhältnisses von kontingentem Ereignis und Didaxe der Geschichte, Singulärem und Exemplarischem, so zeigt sich bei genauerem Lesen, dass sich aus diesen scheinbar gegenstrebigen Tendenzen die „moyens" selbst in ihrer Diversität, aber auch ihrer Medialität aus dem Gefüge von Anfang-Mitte-Ende herauslösen und an Eigenständigkeit gewinnen. Eine Lektüre des ersten Essai, die sich – im Unterschied einerseits zu nach wie vor referenzierten Bestimmungen der Anekdote im Rahmen einer Geschichte der Geschichtsschreibung und andererseits früheren Deutungen vor allem des Exemplarischen bei Montaigne[5] – verstärkt auf die innere Dynamik der anekdotischen Erzählform konzentriert, findet eine bislang nicht gesehene Bestätigung im Ver-

---

4 Bis auf wenige (angegebene) Ausnahmen werden Übersetzungen der *Essais* ins Deutsche nach Hans Stilett (Montaigne 2011) zitiert. Sämtliche Zitate aus dem Original sind der Pléiade-Ausgabe von 2007 unverändert entnommen (Montaigne 2007), inklusive aller gesetzten und fehlenden Zeichen. Aus dem Französischen wird zitiert, wenn die Kenntnis des Originals wesentlich für das Verständnis ist. Eine deutsche Übersetzung wird fast immer (mit) angegeben oder findet sich an früher Stelle im Text, außer an einigen wenigen Stellen, wo das Verständnis des Originals keine Schwierigkeit darstellt oder sich aus dem Zusammenhang unmittelbar ergibt.

5 Gemeint sind jene Bestimmungen, die im Kontext des *New Historicism* an Bedeutung gewonnen haben und nach wie vor zu den Standardreferenzen gehören, wenn es um Charakteristika des Anekdotischen auch jenseits der Geschichtsschreibung geht (zu nennen sind hier hauptsächlich Fineman [1989], auf den ich mich im Folgenden konzentrieren werde, aber auch Greenblatt [1988] selbst sowie etwa auch Gossman [2003]). Im Zusammenhang zumal mit der Frage nach der Geschichte des Exemplarischen hat der erste Essai von Montaigne eine Reihe maßgeblicher Kommentare hervorgerufen. Zu den wichtigsten gehört der Beitrag von Karlheinz Stierle (1973), mit dem sich die folgenden Überlegungen denn auch in besonderer Weise auseinandersetzen. Der Fokus auf Fineman und Stierle ergibt sich aus dem besonderen Erkenntnisinteresse dieses Beitrags und soll nichts über die Bedeutung anderer Forschungsbeiträge zum Thema aussagen. Weitere Hinweise auf relevante Forschung folgen an gegebener Stelle.

gleich mit einem späteren Kapitel der *Essais*. In einem letzten Schritt und in nur kursorischer Manier wird am Ende des Beitrags vorgeführt, wie die Verselbstständigung der anekdotischen Mitte in der Art Montaignes bei Heinrich von Kleist eine so auffällige wie eigenwillige Resonanz findet.

1 Zwischen *petite histoire* und *grand récit*

Thema des den Auftakt gebenden Essais ist eben das, was durch die von der *editio princeps* an als Titel firmierende Sentenz gegeben ist, nämlich dass „man durch verschiedene Mittel" (wie es bei dem zweiten Übersetzer der *Essais* ins Deutsche, Johann Joachim Bode, heißt) „zu ähnlichen Endzwecken" gelange (Montaigne 1793, 1).[6] In einem Kampf, bei dem „wir einen Gegner [erst] gedemütigt haben", dann jedoch „in seine Gewalt geraten", sei „la plus commune façon", also die „üblichste" Weise, Gnade zu erwirken, durch Flehen oder sonst ein demütiges Verhalten das Herz des Gegners zu bewegen, also „pitié" zu erregen. Nun haben allerdings, gibt der Verfasser in einer abrupten Volte des Arguments – mit einem prononcierten „Toutefois" – zu bedenken, auch „braverie, la constance, et la resulution" mitunter den *gleichen* „effect" (Montaigne 2007, 31): „Indessen haben Unerschrockenheit, Standhaftigkeit und Entschlossenheit, obgleich ganz entgegengesetzte Mittel, zuweilen eben die Wirkung hervorgebracht" (Montaigne 1793, 1).

Mit diesem einleitenden Passus (der von der ersten Ausgabe an noch auf der ersten Seite Platz findet, s. Abb. 1) wird die titelgebende *inscriptio* des Essais aufgegriffen und ausgeführt, geht es doch eben darum, dass vom Üblichen nicht nur abweichende, sondern sogar „moyens tous contraires" gleichermaßen zielführend sein können. Und ebendies, also den Erfolg des *weniger* üblichen Mittels, gilt es nun in einem ersten Schritt belegend zu veranschaulichen. Es folgen unvermittelt ohne Leerzeile oder sonst überleitende textuelle Indikatoren zunächst drei „anecdotes"[7]: eine von Eduard, Prinz von Wales, der nach anfänglicher Härte schließlich aus Hochachtung vor der „hardiesse" dreier kämpfender Bewohner

---

6 Aus übersetzungshistorischen Gründen und aufgrund der teilweise recht plastischen Ausdrucksform des Übersetzers Joachim J. C. Bode zitiere ich, wenn angebracht, aus dieser zweiten deutschsprachigen Ausgabe, hier Band 1, 1793. – Vgl. zur Verwendung und Abwandlung von Sentenzen und Sprichwörtern in Montaignes *Essais* Schmarje (1973).

7 Dass es sich um „anecdotes" handelt, ist freilich alles andere als selbstverständlich; Balsamo, Magnien und Magnien-Simonin gehen in ihrem Kommentar der Pléiade-Ausgabe von Montaignes *Essais* allerdings umstandslos, wenngleich natürlich aus guten Gründen, von einer solchen Gattungszuordnung aus (Montaigne 2007, 1329). Vgl. auch Hardee (1981).

Abb. 1: *Essais de Michel seigneur de Montaigne.* Cinquiesme edition, augmentée d'un troisiesme livre et de six cens additions aux deux premiers. Paris: Abel L'Angelier, 1588, S. 1. [Public domain: ark:/12148/bpt6k11718168; Bibliothèque nationale de France: Online-Datum 30.5.2016]

von Limoge seinen Zorn dämpfte und Gnade vor Rache ergehen ließ; dann eine von Skandenberg, Fürst von Albanien, der trotz größter Wut gegen einen seiner Soldaten diesen verschonte, weil er so großen Mut bewies; und schließlich die von Kaiser Konrad III., der von dem Edelmut der bayrischen Frauen des Herzogs von Welf, den er überwunden hatte, so gerührt wurde, dass er jede Todfeindschaft vergaß.[8]

---

[8] Zu einer genauen Rekonstruktion der Quellen vgl. den genannten Kommentar (Montaigne 2007, 1329–1331).

Alle drei dem rhetorischen Prinzip der *brevitas* folgenden Geschichten – zu denen sich noch weitere gesellen: in der Ausgabe von 1598 sind es schließlich neun (und man bedenke zugleich, dass es sich bei der längsten Fassung gerade mal um vier Seiten handelt) – lassen sich der Gattung der Anekdote oder zumindest der Form des Anekdotischen zuordnen.⁹ Gleich die anfängliche Geschichte ist mit einem entsprechenden generischen „trait" ausgestattet (Derrida 1986, 262): wird doch die erste historische Figur, der walisische Prinz Eduard, als „Persönlichkeit" eingeführt, „deren Charakter und Schicksal viele beachtenswerte Züge von Größe" aufweise (Montaigne 2011, 14). Auch in ihrem Aufbau werden alle Anekdoten dieses Essai durchaus nach dem Muster ihrer klassischen Form erzählt: eine eher marginale Handlung aus dem Leben einer großen Persönlichkeit wird knapp, aber lebendig erzählt und überführt in eine überraschende Wende;¹⁰ alle drei Geschichten verbürgen Faktizität und erheben den Anspruch, bei aller zum Einsatz gebrachten Rhetorik wahr zu sein.¹¹ In diesem Falle werden sie als zumindest nicht ganz unbekannte Begebenheiten aus dem Archiv der Geschichtsschreibung angeführt. Zugleich – auf diesen Aspekt wird zurückzukommen sein – lässt sich beobachten, dass alle drei anekdotischen Geschichten sowohl einem übergeordneten Rahmen dienen, als diesen Rahmen auch zu sprengen scheinen.

Von diesen vorläufigen Beobachtungen ausgehend ließe sich schließen, dass bereits die ersten drei anekdotischen Erzählungen bei Montaigne ebendie Funktion erfüllen, die Joel Fineman in seinem viel beachteten „The History of the Anecdote" (1989) der literarisch-historischen Kleingattung der Anekdote zuspricht: In die teleologische „narration of beginning, middle, and end", also in

---

9 Dieser Beitrag richtet sich dabei an der allgemeinen Bestimmung des Anekdotischen aus, wie sie auch diesem Band zugrunde liegt (s. Einleitung): Einem Verweis auf die besondere Gelegenheit oder den Anlass der Handlung, die *occasio* oder auch die Nennung oft ‚privater' Charakterzüge bekannter Persönlichkeiten und einer knappen *expositio* folgt die *provocatio*, aus der sich dann in einer oft überraschenden Wende die Pointe ergibt. Vgl. Schäfer (1982); Weber (1993); Hilzinger (1997); Niehaus (2013); Zill (2014); Moser (2000; 2006; 2012; 2018; 2019).
10 Als gelte es, die Form der Anekdote metareflexiv in der Begrifflichkeit der Narration selbst zur Schau zu stellen, ist gleich in der ersten von „la pointe de sa cholere" die Rede, und zwar genau in dem Augenblick, in dem das Geschehen seine überraschende Wende nimmt (Montaigne 2007, 31). Hier ließen sich Verknüpfungen zu Montaignes eigenem ‚Form-Begriff' herstellen, vgl. Couturas (2007).
11 Montaigne selbst äußert sich in späteren Essais mehrfach dahingehend, dass es keine Rolle spiele, ob seine *historiae* oder seine Anekdoten auch der Wahrheit entsprechen. Vielmehr komme es darauf an, dass sie auch wahr sein *könnten*. Diese Überlegungen ließen sich als Ansätze einer Reflexion auch auf das Anekdotische verstehen, vgl. Bendelac (1981); Engel (1989); Pérouse (1977).

den historischen *grand récit*, bringe die Anekdote „an opening", in dem sich Geschichte im emphatischen Sinne ereigne (Fineman, 1989, 61).[12] Was im Medium der erzählten Anekdote in die Historie trete, „lets history happen", betont Fineman (1989, 61). Sie erzeuge einen Effekt des Realen, den „Einbruch von Kontingenz", indem sie „ein Ereignis als Ereignis innerhalb und doch außerhalb des rahmenden Kontextes der historischen Abfolge situiert" (vgl. Neumann 2001, 114).[13] Die Anekdote kann dies insofern auf besonders effektive Weise, als ihre Erzählung das erzählte Geschehen sowohl einschließt als auch für eine Brechung, eine Öffnung sorgt. Als „truly historical" gilt Fineman Geschichte oder Geschichtsschreibung ausschließlich dann, wenn die Möglichkeit einer auf diese Weise konzipierten Kontingenz vorausgesetzt wird. Das „event" könne jederzeit in den Ablauf der Dinge einbrechen, deren Historizität oder Zeitlichkeit sich nur dann als solche zeige, wenn sie im Sinne von „chance" und „contingency" gedacht werde (Fineman 1989, 61).[14] So verstanden stehe die Anekdote in einem spannungsreichen Verhältnis zur Geschichte der Geschichtsschreibung, die im Sinne des *New Historicism* ihre Anfänge bei Thukydides finden kann. Dieser nämlich gelte nicht nur als der erste Historiker, mit dem sich eine „scientific view of history" durchgesetzt habe, weil er von „regularizing, normativizing, essentializing laws" historischer Ursächlichkeit ausgegangen sei, sondern auch als derjenige, der Geschichte konsequent im Sinne der Sukzessivität konzipiert habe (Fineman 1989, 52). Die Geschichte werde zu einem Ganzen sukzessiver Abläufe, innerhalb dessen die Sequenzen historischer Ereignisse „recurrent patterns" bilden, die bei Thukydides nicht zuletzt deshalb der Archivierung würdig seien, weil sie sich wiederholen können. So gehe Thukydides zwar einerseits von

---

[12] Fineman bezieht sich auf Greenblatts Kapitel „Fiction und Friction". Greenblatt selbst beginnt genanntes Kapitel in seinen *Shakespearean Negotiations* mit einer (für diesen Beitrag allerdings wenig relevanten) Anekdote über Montaigne (Greenblatt 1988, 66). Sie steht für das tatsächlich Geschichtliche an einem jeden Versuch, historiographisch vorzugehen.

[13] Für eine besonders hilfreiche Erläuterung der Bestimmung der Anekdote bei Fineman s. auch Moser (2006). Allerdings weicht mein eigenes Verständnis von Fineman insofern leicht von Moser ab, als ich davon ausgehe, dass Fineman gegen allen Anschein bei jeder disruptiven Sprengung durch die Anekdote dennoch an dem „intelligible whole of a sequential, framing narrative" (1989, 52) festhält. Immerhin gehört auch Thukydides, dem die Erfindung der Historiographie im modernen Sinne zugesprochen wird, zu jener Geschichte der Geschichtsschreibung, um die es Fineman geht und auf den der zitierte Ausdruck gemünzt ist. Nur in einer Art von dialektischem oder wechselseitigem Bezogensein von *event* und *framing* kann die Anekdote als Kontingenz ihren Einsatz finden. Dass Finemans Ansatz zu ganz unterschiedlichen Deutungen geführt hat, zeigen allein die beiden genannten Beiträge von Neumann (2001) und Moser (2006).

[14] Fineman bezieht sich hier auf Husserl, Heidegger und Derrida (Fineman 1989, 59–61), was in der Forschung zu einer Reihe aufschlussreicher Missverständnisse geführt hat.

„particular events" aus, andererseits jedoch von einer „generic logic of succession" (Fineman 1989, 53). Thukydides' Methode des Modulierens von Einzelereignissen, sein berüchtigtes *metá toûto* (was sich mit „darauffolgend" oder „anschließend" übersetzen ließe), verknüpft jedes partikulare Ereignis mit einem nächsten und gibt ihm im gleichen Zug seine historisch repräsentative Bedeutung. Jedes Einzelne (*toûto*) sei stets in seinen narrativen Kontext (*metá*) eingebettet, so dass die Sequenz der partikularen Ereignisse in einer Metahistorie aufgehoben sei, die funktioniere, weil sie Struktur und Genese zusammenbringe („by collating structure and genesis"; Fineman 1989, 53). Fineman geht es um eine Geschichte der Geschichtsschreibung (die für ihn nur eine Geschichte des Verhältnisses von Ereignis und Kontext sein kann), und bei Thukydides erfolgt die Einbettung der Ereignisse bei aller Austauschbarkeit (im Sinne des Exemplarischen) im Sinne einer historischen Abfolge von Ereignissen.[15]

Fineman vergleicht nun, darin Thukydides' eigener Analogie folgend, diesen Modus der Geschichtsschreibung mit Hippokrates' medizinischen Fallgeschichten.[16] So wie die medizinische Kasuistik es mit „diagnosis and prognosis" zu tun habe und eine Krankheitsgeschichte nach ihrem Muster von Anfang – Krisis – Ausgang verstehe, aufgrund dessen sich Verläufe prognostizieren lassen, so gehe auch Thukydides vor, wenn es um die Geschichte und ihre Aufzeichnung gehe (Fineman 1989, 55).[17] Mit Reinhart Koselleck drängt sich zwar an dieser Stelle eine andere Deutung auf, nämlich dass die *historia* als *magistra vitae* belehre, weil Geschichten im Plural sich wiederholen – was sich erst um 1800 ändere (Koselleck 1979). Fineman allerdings interessiert sich für die Fallgeschichte weniger aufgrund ihres exemplarischen Charakters, als vielmehr, weil im Medium des Kasus einzelne Ereignisse „historically significant" werden (Fineman 1989, 53).

Es drängt sich vor dem Hintergrund dieser vielbeachteten Bestimmung der Anekdote die Frage auf, welchen Ort Montaignes anekdotische Erzählungen in der von Fineman angedeuteten Geschichte dieser Kleingattung im Rahmen einer Geschichte der Historiographie denn genau einnehmen würden.[18] Im Folgenden

---

15 Fineman nennt dies „representative historiography of significant historical events", d. h. „of events joined together by a narrative formation, where events derive historical significance because they fit into a representative narrative account" und bei denen wiederum „the narrative account derives its historical significance because it comprehends significant historical events". Generell gesagt geht es um die „intersection of event and context" (Finemann 1989, 53–54).
16 Hier bezieht Fineman sich auf Greenblatts Referenz auf Galen – und spätestens an dieser Stelle zeichnet sich eine Kritik an Greenblatt ab.
17 Zur Struktur der Fallgeschichte vor allem in Hinsicht auf das Moment der Krisis vgl. Frey (2004) – dort finden sich weiterführende Hinweise.
18 Fineman konnte sein Projekt nie zu Ende führen. Es liegt also lediglich der genannte recht kurze Essay vor, der sich selbst als Vorarbeit ausgibt zu einem eigentlichen, größeren Vorhaben

soll darum eine alternative Einordnung von Montaigne versucht werden, und zwar am Beispiel zweier *Essais*, die offenbar kontrafaktisch aufeinander bezogen sind und sich in besonderer Weise eignen, Montaignes Umgang mit dem Anekdotischen noch einmal neu in den Blick zu nehmen.

2 Montaignes Singularität

Was in Montaignes erstem *Essai* bereits der Titel insinuiert, nämlich die in Frage stehende Unmöglichkeit, aus den Mitteln (mit „moyens" ist auch eine medizinische Begrifflichkeit aufgerufen, denn diese ließen sich auch als „Heilmittel" wiedergeben) das Telos abzuleiten, findet im Verlauf des Textes seine Bestätigung: Denn wenn sich gnädiges Erbarmen sowohl durch mitleiderregendes Flehen als auch durch standhafte Tapferkeit erwirken lässt, so bedeutet das auch, dass Geschehensverläufe sich grundsätzlich nicht vorhersehen lassen. Es kommt eine kontingente Größe ins Spiel, und diese scheint im Falle aller in diesem ersten, kurzen *Essai* angeführten kleinen Geschichten das menschliche, sich immer wieder als unzuverlässig und unstet erweisende Ermessen zu sein. Von der ersten bis zur letzten anekdotischen Narration steht denn auch gegen Ende des Erzählten die Arbitrarität eines Sinneswandels – oder seines Ausbleibens: Empfand der Prinz von Wales wider Erwarten schließlich „respect" vor dem Mut dreier kämpfender Gegner (Montaigne 2007, 31), so verebbte unverhofft die Wut – „arresta sus bout la furie" (Montaigne 2007, 31) – des Fürsten von Skandenberg, während jedoch der Wille zur Rache bei Alexander dem Großen bei der Eroberung Thebens, trotz aller Tapferkeit seiner Gegner, bis zum bittern Ende ungebrochen blieb: „et ne suffit la longueur d'un jour à assouvir sa vengeance" (Montaigne 2007, 34). Entsprechend fasst Montaigne die erste Folge seiner Anekdoten mit der Bemerkung zusammen: „Certes, c'est un subject merveilleusement vain, divers et ondoyant, que l'homme. Il est malaisé d'y fonder jugement constant et uniforme" (Montaigne 2007, 33). Nichts könnte weniger geeignet sein, als Fundament eines gleichbleibenden Urteilens zu dienen als der Mensch, ein „seltsam wahnhaftes, widersprüchliches, hin und her schwankendes Wesen" (Montaigne 2011, 16).

Was also führen die Anekdoten Montaignes vor? Ganz ohne Frage, dass die *historia* sich wiederholen kann – oder auch nicht; dass sich aus ihren *gestae* vor allem eines lernen lässt: dass sie zwar als *magistra vitae* dienen können, aber

---

(nämlich einer Geschichte der Anekdote in der Geschichtsschreibung, die sich nur als Teil einer Geschichte der Geschichtsschreibung schreiben lasse) und zur Hälfte – auch daran zeigt sich das Tentative des ganzen Ansatzes – aus erklärenden Fußnoten besteht.

eben nur deshalb, weil sie immer wieder Beispiele für die Unvorhersehbarkeit abgeben. Konfrontiert man diese sich aufdrängende Beobachtung mit Finemans Ansatz, ergibt sich mithin schon auf dieser Ebene eine Schwierigkeit: Ganz offenbar fällt bei Montaigne im Anekdotischen das *metá* des narrativ-sukzessiven Zusammenhangs weg. Denn wenn die erzählten Historien bei Montaigne zur Darstellung bringen, dass letztlich kein repräsentativer „narrative account" zustande kommt (Finemann 1989, 54), weil die einzelnen Vorkommnisse sich in ihren Rahmen nur insofern fügen, als sie diesen kassieren, so kann es ein „Innerhalb" *im* „rahmenden Kontext" nicht mehr geben. Montaignes Anekdoten wären dann nur noch singulär; die von Fineman für die literarisch-historische Anekdote in Anspruch genommene „doppelte Funktion" auf das „Ganze" und die „Lücke" („hole" und „whole") erfolgt gerade nicht (Fineman 1989; Neumann 2001).[19] Auf diese Weise käme Montaigne in Finemans Genealogie allenfalls der Rang eines Anti-Historisten zu.[20] Auch Karlheinz Stierle kommentiert, seinerseits allerdings in Anlehnung an Reinhart Koselleck, dass bei Montaigne, wo „seine Position am deutlichsten" hervortrete, die Geschichte „der syntagmatischen wie paradigmatischen Ebene gleichermaßen entzogen" werde (Stierle 1973, 367), also wiederum mit Fineman gesprochen, sowohl der Ebene des *toûto* als auch der des *metá*. Weder lasse sich sagen, dass bei Montaigne „aus der Geschichte nichts zu lernen sei", noch, dass aus ihr etwas „gelernt werden könne". Stierle schließt daraus, dass sich Montaignes Ort – im Rahmen einer Geschichte der Geschichtsschreibung – als „degré zéro" denken ließe, sprich: als ein „zum Prinzip der Darstellung selbst gemachte[r] Suspens" (Stierle 1973, 367). Denn die einzelnen *historiae* lassen sich nicht mehr im Sinne der *historia magistra vitae* funktionalisieren, noch fügen sie sich in einen Zusammenhang der logischen

---

19 Neumann betont zurecht, dass „dem anekdotischen Gebilde" bei Fineman eine „doppelte Funktion" zukomme: „eine Lücke zu öffnen und doch auf ein Ganzes Bezug zu nehmen" (2001, 114). Es ist bezeichnend, dass Fineman an diesem Punkt häufig anders verstanden wird: Es geht nicht einfach um „the hole", das die Anekdote in „the whole" schlagen würde, sondern um die Gleichzeitigkeit von ‚innerhalb' und ‚außerhalb' des Rahmens. Entscheidend scheint tatsächlich der doppelte Bezug. So ist die Anekdote nicht nur mit Blick auf das Verhältnis von Fiktion und Faktum ein „Äquivokem" (Fineman 1989; Neumann 2001, 114), sondern auch in Hinsicht auf das von Lücke und Ganzem.
20 Während in Kosellecks erstmals 1967 veröffentlichter, vielkommentierter Historisierung der *historia* als *magistra vitae* Montaigne nurmehr „eine beiläufige Rolle" spiele: „Sie erscheint als Grenzfall des immer schon möglichen skeptischen Gebrauchs der Geschichte, der auf die geschichtliche Lehre hinausläuft, daß aus der Geschichte nichts zu lernen sei" (Stierle 1973, 366). Der eigentliche Auflösungsvorgang des „Topos" von der Geschichte als Lehrmeisterin setzt Koselleck zufolge bekanntlich erst im achtzehnten Jahrhundert ein (Koselleck 1979, 39; Stierle 1973, 367).

Reihung oder der höheren Ordnung.[21] Für Stierle ist es diese „Unentschiedenheit", durch die sich ein Raum des sein Telos nie erreichenden Reflektierens konstituiere: die „Sprachhandlung" habe dann „gleichsam nur noch ihre eigene Bewegung zum Gegenstand" (1973, 367).[22] Das Ergebnis sei „weniger der *histoire* selbst als dem Urteilsvermögen des Historikers zuzurechnen" (Stierle 1973, 368). Sie sei dadurch „pragmatische und poetische Sprachhandlung" zugleich: als *pragmatische* gehe es ihr um ein Verständnis des allgemein Menschlichen; als *poetische* vollziehe sie die „Unvorhersehbarkeit und Unabschließbarkeit" ihrer eigenen „Bewegung". Dadurch vertreten nun aber, in Stierles Worten, die Historien als Exempla „nicht mehr das Allgemeine beispielhaft", sondern bezeichnen sich „nur noch selbst" (1973, 368). Sie reihen sich in die „unüberschaubare *diversité* des überhaupt Möglichen" ein, ohne zu einem übergeordneten Zweck zu gelangen (1973, 368). In diesem Sinne sei der erste Essai bereits ein Beispiel für die gestörte oder aufgehobene Funktion des historischen Exemplum. Vor allem in der letzten und längsten erzählten Geschichte werde der „Zusammenhang von Situation und Lösung" insofern zum Problem, als über die eigentliche Handlung nur noch spekuliert werden könne: sie werde zum „Rätsel" (1973, 372).[23] Und ebendies komme im Verlauf der *Essais* immer deutlicher zum Tragen. Zudem rücke das Ich als „unerschöpfliche Quelle" einer *neuen Art* von „‚Exempla'" in den Mittelpunkt; neu insofern, als deren Allgemeines sich in Unbeständigkeit und Unvorhersehbarkeit auflöse (1973, 372). Das seinerseits vorhersehbare Fazit, zu dem Stierle gelangt, lautet denn auch, dass den Exempelgeschichten bei Montaigne „die paradoxe Funktion" zukomme, nicht mehr „Beispiele" für „das Allgemeine" zu sein, sondern „für das Besondere" (1973, 372). Der einzelne Fall werde, so lässt sich Stierle verstehen, zum nicht mehr subsumierbaren singulären Kasus, „weil er letzten Endes nur mit sich selbst übereinstimmt" (1973, 373).[24]

---

21 An *dieser* Stelle fügt Stierle hinzu, dass sie zugleich auch *nicht* „ihren Wert in sich" haben (1973, 367).
22 Eine Doktrin lasse sich nicht fixieren, vielmehr komme es – Stierle bezieht sich auf Kant – zu so etwas wie einem freien Spiel der Erkenntnisvermögen.
23 Stierle erklärt aufschlussreich: „Sind die frühen Essais zumeist problematisch geordnete, sich wechselseitig aufhebende Exempelketten mit beilaufender Reflexion, so tritt in den späteren Essais die ‚einfache Form' des historischen Exemplums mehr und mehr zurück. […]. Die Abwendung von den *exemples etrangers et scholastiques* […] entspricht die Entdeckung des eigenen Ich als unerschöpfliche Quelle von ‚Exempla' mit der Autorität der Erfahrung. So tritt das Ich an die Stelle der Historie als des Inbegriffs der verbürgten Geschichten" (Stierle 1973, 372).
24 Diese Tendenz der Ablösung von einem jeden Prinzip der Subsumption gehe zugleich einher mit einer buchstäblich immer minutiöser werdenden „Segmentierung" von Geschichte. Stierle bezieht sich auf einen besonders sinnfälligen Passus aus einem der späteren *Essais*, nämlich „Du repentir" (III,2). Hier heißt es: „Je peints le passage: non un passage d'aage en autre, ou, comme

Die Relevanz von Stierles Ansatz für eine historische Situierung des *Anekdotischen* bei Montaigne ergibt sich über Jean Starobinski: Bei diesem nämlich fällt das Ende der Exemplarität mit dem Beginn des Anekdotischen zusammen. So heißt es in seinem *Montaigne en mouvement* von 1982 bezeichnenderweise, dass „die Beispiele" bei Montaigne „in den Rang der Anekdote zurückverwiesen werden", weil sie nur noch auf die „Sonderexistenz" bestimmter Vorkommnisse bezogen seien (Starobinski 1986, 38).[25] So wäre es Starobinski zufolge eben die Anekdote, die als Gattung die Tendenz zur Singularisierung auffange. Es ist die „Anekdote" – die Starobinski in eins setzt mit dem Erzählen von einer „merkwürdigen Einzelheit" – die sich auf ein singuläres und überraschendes Geschehen „abseits des üblichen Weltlaufs" beziehe. Sie stelle nichts als „ihre je eigene Besonderheit" zur Schau, um genau deshalb, um Starobinski etwas zu forcieren, die ideale narrative Fassung für die Darstellung einer „Welt der Diversität" abzugeben. Jedes anekdotisch bezeugte „neue Ereignis" bestätige damit die „Heterogenität", und das heißt, die Aggregation von sich in kein notwendiges Ganzes fügenden „Brocken"; ihre Zusammenstellung und Einordnung als faktisch oder „fabelhaft" folge keiner Normativität mehr, sondern sei unbedingt so singulär wie „kontingent" (1986, 38).

Wenn sich also zunächst festhalten lässt, dass Montaignes *petites histoires* sich nicht mehr in ein *metá* fügen und weder paradigmatisch gereiht noch syntagmatisch eingeordnet werden, dann drängt sich in der Tat der von Stierle und Starobinski gleichermaßen gezogene Schluss auf, dass die Geschichten der *historia* in ihrer Singularität bei Montaigne nur noch für sich selbst stehen. Montaignes anekdotischen Minimalhistorien stünden in einem solchen Verständnis

---

dict le peuple, de sept en sept ans, mais de jour en jour, de minute en minute" (Stierle 1973, 373). Mit einer solch radikalen Zerkleinerung jener historischen, sequentialisierbaren Zeit, von der noch Fineman ausgeht, ist mit der Historie endgültig gebrochen. Der Essay als Form und Verfahren setzt sich vielmehr an die Stelle der großen Historie. Zugleich, so ließe sich ergänzen, überschreibt er auch die Funktion des Exempels, aus dem sich hätte lernen lassen: Wie Stierle ja emphatisch und mehrfach in Anschlag bringt, wird bei Montaigne konsequent ‚singularisiert'. Zu einem ähnlichen Ergebnis kommt auch John D. Lyons (1989; 1995), der sich allerdings hauptsächlich auf den späteren Essai „De l'expérience" bezieht und seinerseits den ersten Essai nicht berücksichtigt. M. E. ist auf diese Weise bei Lyons immerhin das Problem umgangen, wiederum alle Essais über einen Kamm zu scheren (bzw. sie von ihrem Ende, d. h. den späteren Essais aus zu lesen) und Montaignes einzelnen Essais eine Konstanz zu unterstellen, mit der es sich letztlich erübrigt, die Essais einzeln einer genaueren Lektüre zu unterziehen. Eine vom einzelnen Essai ausgehende Lektüre um so angebrachter, als schon der erste Essai aller Wahrscheinlichkeit nach nicht auch der zuerst geschriebene ist. Vgl. auch Friedrich (1993). Siehe den Kommentar von Balsamo, Magnien und Magnien-Simonin (Montaigne 2007, 1329).

25 Hier zitiert nach der Übersetzung von Hans-Horst Henschen (Starobinski 1986).

am Anfang einer Geschichte der Anekdote als Erzählung eines zufälligen Einzelereignisses.[26]

So eingängig und sinnvoll nun eine solche historische Bestimmung des Anekdotischen bei Montaigne sein mag: Sie muss Entscheidendes außer Acht lassen. Dass Montaignes Anekdoten die Logik zugleich des Paradigmatischen und des Syntagmatischen durchbrechen, steht außer Frage. In der Weise, in der sie dies tun, scheren sie gleichwohl weniger aus der historischen Logik des Exemplarischen aus, als dass sie vielmehr exponieren, was für Form und Funktion der anekdotischen Exempla durchaus kennzeichnend war: die Mobilität ihrer möglichen Inanspruchnahme. Denn den Historien und Anekdoten, wie sie sich in den historischen Werken vor Montaigne finden, kommt ja durchaus – das zeigt sich besonders aufschlussreich in den Arbeiten von Peter von Moos, zumal in seinem *Geschichte als Topik* (2. Aufl. 1996) – keine immer gleiche Beleg- oder Veranschaulichungsfunktion zu.[27] Vielmehr gehört es zur mittelalterlichen und frühneuzeitlichen Praxis des Exemplarischen, die *historiae* in ihrer vielfältigen Anschlussfähigkeit in verschiedenen Kontexten in Gebrauch zu nehmen.

Zugleich gilt es zu bedenken, dass die anekdotischen Geschichten in Montaignes Eingangsessai ausdrücklich als *Beispiele* im Sinne einer Praxis des Exemplarischen firmieren.[28] Bezeichnend heißt es schon nach der zweiten Geschichte: „cet exemple"; nach der dritten sogar: „ces exemples me semblent plus à propos", und gemeint ist, dass die Beispiele, die als Beleg angeführt werden zu dem anfangs gesetzten Obersatz besonders gut passen. Vor allem der Ausdruck „à propos" ist aufschlussreich, denn schon im frühneuzeitlichen Französisch kann damit sowohl „übrigens", „beiläufig erwähnt" gemeint sein als auch zur „rechten Zeit" und „gelegen kommen" oder schließlich, von lat. *propriare*, „sich zu eigen

---

[26] In einer Geschichte der Anekdote im Sinne Finemans käme Montaigne dann jedoch allenfalls eine „beiläufige Rolle" zu, die ihn an die Ränder einer jeden Geschichte des Anekdotischen versetzen würde; dies wiederum trifft sich ja mit Stierles Kommentar auf Kosellecks Behandlung von Montaigne (Stierle 1973, 366).

[27] Wenn Stierle bei Boccaccio eine erste Infragestellung der von ihm so genannten „Einsinnigkeit des Exemplums" statuiert, projiziert er eine vormoderne Simplizität, bzw. findet bei Boccaccio, was zur mittelalterlichen Praxis des Exemplarischen überhaupt gehört (Stierle 1973, 369). Vgl. entsprechend die nicht unkritische Reaktion auf Stierle bei von Moos (1996) und Stierles Antwort auf von Moos (1998), die das Problem jedoch nicht löst.

[28] Vgl. zu einem besseren Verständnis der Logik der Exemplarität in ihrem Verhältnis zur Singularität etwa den Band *Unruly Examples* (Gelley 1995) sowie den von Lowrie und Lüdemann *Exemplarity and Singularity* (2015), deren Beiträge vorführen, dass es sich bei den Begriffen „Exemplarität" und „Singularität" natürlich nicht um eine binär organisierte Gegenbegrifflichkeit handelt. Vgl. besonders Gelley (1995a) sowie etwa auch Frey (2015).

machen", aber vor allem: „eignen, passen".²⁹ Es lässt sich mithin nicht so leicht von der Hand weisen, dass Montaignes *examples* oder *anecdotes* durchaus in eine vorgegebene Passform, also im Sinne beispielhafter Exemplifikation in den Dienst eines Allgemeinen genommen werden. Denn dass es um – natürlich auch veranschaulichende – Belege, also sowohl um Evidenz als auch um Untermauerung und Vorführung am Exempel geht: das erschließt sich nicht nur aus dem Zusammenhang, sondern wird genauso deutlich formuliert wie vorexerziert.³⁰ Und es ließe sich noch hinzufügen, dass Montaigne hier nicht seinem Vorbild Plutarch folgend nach der Logik des reihenden Paradigmas vorgeht und kommentarlos eine Anekdote an die andere reiht.³¹ Statt an Plutarch scheint sich der erste Essai vielmehr an Thukydides auszurichten, bei dem ja gerade, um noch einmal an Fineman zu erinnern, mit einem „double focus" sowohl auf das *„toûto"*, das „particular event", als auch auf das *„metá"*, auf das Allgemeine, „the generic" gearbeitet wird (Fineman 1989, 53).

Stierle seinerseits zieht sich mit Verweis auf die von Montaigne selbst behauptete Exemplarität der Historien insofern aus der Affäre, als er der Sentenz des ersten Essais, der sich die Beispielgeschichten unterordnen, letztlich eine allzu abstrakte Allgemeinheit zuschreibt: sie sei „so allgemein", dass sich aus ihr keine „Handlungsanweisung" ableiten lasse (Stierle 1973, 370). Die Pointe des von Montaigne an- und ausgeführten Allgemeinen scheint aber eine andere zu sein: Die Exempel fungieren als Veranschaulichung eines allgemeinen Satzes, der selbst bereits die These der Anti-Exemplarität enthält: Wenn auch das entgegengesetzte Mittel zu demselben Ziel führen kann, dann ist dieser allgemeine Satz nicht vor allem zu abstrakt, sondern enthält bereits in sich sowohl eine Reflexion auf den Vorgang des Exemplifizierens als auch ein Exempel des zu Belegenden. Dass das zu Belegende seinerseits eine Aussage über den Status des historisch Exemplarischen ist, ändert gleichwohl nichts daran, dass den anekdotisch-exemplarischen Historien Beispiel*funktion* zukommt. Dass die Wirkkraft des Exemplarischen unterminiert scheint, liegt also weniger daran, dass die angeführten Geschichten sich in ihrer ‚Singularität' unter kein Allgemeines mehr fügen

---

29 Vgl. unter vielen anderen Cotgrave (1632, unpag.); Oudin (1674, unpag.); Kramer (1712, unpag.); Boyer (1728, 180); Schumann (1760, 128); Maschenbauer (1748, 34; 564); Braun (1767, 281).
30 Dass sich die beiden Schreibformen Exempel und Anekdote zudem nicht so leicht differenzieren lassen und auch nicht immer voneinander unterschieden wurden, lässt sich bereits von Moos entnehmen, der bspw. vorschlägt, den modernen Begriff „anecdote" für die vormodernen Begriffe *„historia"* und *„exemplum"* zu gebrauchen (2006, 135). Vgl. genauer zu dem schwierigen Verhältnis der beiden Gattungen oder Formen in mittelalterlichen und vormodernen Kontexten Wittchow (2001, 15–37).
31 Vgl. zu diesem Punkt konkret Moser (2018, 64–71); allgemein Stadter (1996).

würden, also als Beispiele in diesem besonderen Fall „unruly" wären und ihnen deshalb „nur noch" (im Sinne von Starobinski) der Status des Anekdotischen zukäme (Gelley 1995a; 1995b),[32] sondern viel eher daran, dass sie ihre Funktion allzu gut erfüllen.

Der Einsatz des Anekdotischen erfolgt also ganz offensichtlich bei Montaigne nicht im Sinne dessen, was an Singulärem *bleibt*, wenn das Exempel seine beispielhafte Funktion verliert (denn die Beispiele belegen ja wohlgemerkt ebendas, was sie belegen *sollen*).[33] Vielmehr bleibt die Frage, wie sich bei Montaigne das Zusammenspiel von Exemplarität und Singularität genauer verstehen lässt. Und in diesem Zusammenspiel kommt der narrativen Dynamik der anekdotischen Mitte, wie sich erweisen soll, ein besonderer Stellenwert zu.

3 Montaignes Mitte

Es empfiehlt sich vor diesem Hintergrund eine genauere Lektüre der Anekdoten selbst. Denn nicht nur nehmen sie in Montaignes erstem Essai den größten Raum ein, sondern sie weisen auch formale und sich wiederholende Eigenheiten auf, die sich als Reflexion auf das Anekdotische lesen lassen, und zwar als Form des Wissens genauso wie als Form der Denk- und Textbewegung. So fällt unmittelbar auf, dass in allen sechs Anekdoten nicht nur ein sich möglicherweise verkehrendes Machtverhältnis zweier Antagonisten im Zentrum steht, sondern auch ein Konflikt besonderer Art: Auf dem Spiel steht nichts Geringeres als ein erhoffter Einsatz von Gnade. Dass es dabei in allen Geschichten um Leben und Tod geht, hebt das Moment der Entscheidung – oder der Krisis – um so mehr hervor. Besonders anschaulich wird dies in der Anekdote um Kaiser Konrad III., der den Herzog Welf von Bayern belagert:

> L'Empereur Conrad troisiesme, ayant assiegé Guelphe Duc de Bavieres, ne voulut condescendre à plus douces conditions, quelques viles et lasches satisfactions qu'on luy offrist, que de permettre seulement aux gentils-femmes qui estoient assiegées avec le Duc, de sortir leur honneur sauve, à pied, avec ce qu'elles pourroient emporter sur elles. Elles d'un cœur magnanime, s'adviserent de charger sur leurs espaules leurs maris, leurs enfans, et le Duc mesme. L'Empereur print si grand plaisir à voir la gentillesse de leur courage, qu'il en pleura

---

[32] Gelley ist natürlich seinerseits keinesfalls der Auffassung, es ließe sich etwa zwischen unbändigen und folgsamen Exempeln unterscheiden. Vielmehr gehöre die „unruliness", wenn man das so sagen will, grundsätzlich zur Form der „Exemplarity" (Gelley 1995a).

[33] Und es wird sich im Folgenden zeigen, dass sie auch ihre handlungsanweisende Funktion nicht verlieren.

d'aise, et amortit toute cette aigruer d'inimitié mortelle et capitale qu'il avoit portée contre ce Duc : et dès lors en avant trata humainement luy et les siens. (Montaigne 2007, 32)

> Als Kaiser Konrad III. den Herzog Welf von Bayern belagert hielt, wollte er sich trotz des Angebots schmählicher und feiger Genugtuungen zu keinen milderen Übergabebedingungen herbeilassen, als allein den mit dem Herzog eingeschloßenen Ehefrauen zu gestatten, daß sie, in ihrer Ehre unangetastet, zu Fuß mit allem, was sie tragen könnten, aus der Stadt zögen. Diese, hochherzig wie sie waren, verfielen nun darauf, sich ihre Männer und Kinder sowie den Herzog selbst auf die Schultern zu laden. Der Kaiser fand an ihrem Edelmut ein solches Wohlgefallen, daß er Tränen der Rührung hierüber vergoß und all die bis dahin gegen den Herzog gehegten bitteren Gefühle der Todfeindschaft erloschen; und fortan behandelte er ihn und die Seinen menschlich. (Montaigne 2011, 14)

Von den mehr oder weniger klassischen Formprinzipien der Anekdote abgesehen, etwa dem Moment des Okkasionellen und der Pointierung, fällt bei dieser in knappen Worten erzählten Geschichte auf, dass sich zwischen Anfang und Ende auf merkliche Weise ein Möglichkeitsraum eröffnet.[34] Wie in allen Anekdoten des ersten Essais geht es auch in dieser um die Möglichkeit der Aufhebung von Vergeltung.[35] Die wenig wahrscheinliche Entscheidung des Mächtigeren, auf die

---

[34] Zu Stierles Argumenten – warum Montaignes Exempel die hergebrachte Praxis des Exemplarischen überwindet – gehört, dass Montaignes Essais nicht mehr „Beispiele für Handlungen" abgeben, sondern für „Reaktionen auf Handlungen" – und eben hier zeige sich die „Rätselhaftigkeit" des Subjekts, das nicht mehr eigenverantwortlich handele; anders als in der „traditionellen Form" des Exemplum, bei dem es um die Möglichkeit einer freien Entscheidung gehe (Stierle 1973, 372). Das ist insofern jedoch verfehlt, als es in der Tradition der Exempla auch eine Fülle durchaus abgründiger Geschichten gibt, bei denen es ebenfalls um Reaktionen auf das Agieren anderer geht sowie um Beispiele von unfreiem und willkürlichem Handeln. Vgl. hierzu auch die Diskussion um die generische Kategorie „Exemplum" (im Sinne von moralischem Muster oder allgemeiner im Sinne der Rhetorik), von der Brémond et al. (1982) sowie vor allem von Moos (1996) ausgehen. Von Moos gibt zu bedenken, dass Stierle das mittelalterliche Exemplum „ganz mit dem Predigtmärlein der Bettelmönche" in eins setze, das „einer eher simplen didaktischen Illustrationsfunktion gedient" habe (XXII). Geht man von einem erweiterten Gattungsbegriff aus, der es erlaubt, auch das einzubeziehen, was vormodern etwa auch als „Kasus" gilt, zeigt sich eine durchaus andere Dimension des Exemplarischen, wie sich schon bei Jolles (1968, 171–199) nachlesen lässt. Vgl. auch Frey (2010); Emmelius (2010) sowie vor allem von Moos (1996, 22–38). Weitere Belege für Fortschreibungen topischer Figuren des Exemplarischen (allerdings eher auf moralische Modellhaftigkeit bezogen) lassen sich Gutwirth (1977) und Suleiman (1977) entnehmen.

[35] Diese *historia* entstammt den zu Montaignes Zeit weitläufig zirkulierenden *Chroniques* von Froissart (1579, 401; siehe Montaigne 2007, 1330). Im größeren historischen Kontext und vor dem Hintergrund der Geschichte von Belagerungen kann das Vorgehen von Konrad III. tatsächlich als ungewöhnlich bezeichnet werden.

Ausübung seiner Macht Verzicht zu tun, wird allerdings – und darauf kommt hier alles an – zunächst in der Schwebe gehalten. In ihrer eigentlichen *Mitte* verhandelt diese wie die anderen anekdotischen Einlassungen in diesem Essai denn auch, was *vor* der letztendlichen Entscheidung geschieht. Bezeichnend findet diese in Folge oder in der Ausführung einer Konzession statt. Denn will sich der Kaiser zunächst zu keinen „plus douces conditions" herablassen (im Französischen heißt es immerhin, etwas stärker als in der Übersetzung von Stilett, „condescendre"), so macht er doch ein minimales Zugeständnis, welches allerdings „seulement" die „gentils-femmes" und keinesfalls den eigentlichen Gegner betrifft (Montaigne 2007, 32). So geringfügig das Zugeständnis allerdings sein mag: nur durch dieses ergeben sich Handlungsoptionen.

Wie Yan Thomas in seinem „Réparer le temps en droit" gezeigt hat, gibt es an den Rändern der „régularité normative" eine pragmatische Form, die die Zeit des Aufschubs der endgültigen Rechtsentscheidung regelt (Thomas 2011, 187–206).[36] Strukturell geht es in Montaignes Anekdoten um eine ähnliche Zeit: Zur Disposition steht die Zeit, in der das Urteil zwar bereits so gut wie getroffen, aber noch nicht endgültig gefallen ist, also eine Art supplementärer Zeit *vor* der Krisis, die über Leben und Tod entscheidet. Und eben weil alle Anekdoten zunächst vorführen sollen, dass *verschiedene* Mittel zum *gleichen* Ziel führen können, steht nicht der Ausgang, sondern stehen *die Mittel* im Zentrum des erzählten Geschehens. In der angeführten Anekdote besteht das Mittel nicht nur in Mut, Stärke und besonderer Schlauheit, sondern auch oder vor allem in dem Eingehen eines hohen Risikos: Durch die allzu buchstäbliche Deutung des kleinlichen Angebots des Kaisers untergraben die „gentil-femmes" dessen Autorität und laufen Gefahr, sich dadurch den guten Willen, den dieser noch an den Tag legt, endgültig zu verscherzen. Denn was die Frauen sich hier zu unternehmen erdreisten, ist kein ernstgemeinter Versuch, der Niederlage zu entkommen, als vielmehr eine an den Kaiser gerichtete, in ihrer Gewagtheit rhetorisch selbstbewusste Performanz. Kurz und bündig erzählt kommt mithin nichts weniger als eine Ungeheuerlichkeit zur Darstellung: In einem Akt der Hyperdeutung setzen sich die Überwundenen über alle Gebräuchlichkeiten der Kriegsführung und zugleich alle geforderte Untertänigkeit hinweg – und retten auf diese Weise nicht nur sich selbst, sondern auch ihren Anführer. So sehr sich die Spannung auf die Reaktion des Kaisers und den Ausgang der Geschichte richten mag: *entscheidend* für das Funktionieren der

---

[36] Bei Yan Thomas geht es natürlich wesentlich spezifischer um einen in der rechtlichen Praxis geregelten Aufschub der Urteilsvollstreckung und nicht in allgemeiner Hinsicht um ein verzögertes Inkrafttreten von Entscheidungen.

Anekdote ist natürlich das ungewöhnliche Verhalten der Frauen, unabhängig davon, welche Anerkennung der Kaiser bereit ist, diesen zu zollen.

Nach einem ähnlichen Muster sind auch die anderen Anekdoten erzählt. Zwischen Anfang und Ende, in der Mitte, wird von einem Mittel, einem *moyen* – ein Wort, das natürlich zugleich Mitte *und* Mittel meint – erzählt, in der das Ende nicht nur für einen Moment aufgeschoben ist, sondern in den Hintergrund rückt. Und das um so mehr, als der Ausgang der Geschichten wenig Diversität kennt. Von *historia* zu *historia* variiert dieser kaum, gibt es doch nur zwei Möglichkeiten: Erbarmen oder kein Erbarmen. Zudem stehen die erzählten *historiae* von Anfang an unter dem Motto der „pareille fin". Die tatsächlichen Variationen ergeben sich mithin vor allem dort, wo unterschiedliche („divers") Mittel auf die Probe gestellt werden. Diese Zeit der Mitte, in der unterschiedliche Mittel zum Einsatz kommen, erweist sich denn auch nicht nur als die eigentliche Zeit des Handelns, sondern auch als die einzige Zeit, in der durch ein neues Austarieren und Ausagieren antagonistischer Kräfte allererst Möglichkeiten ins Spiel kommen. Es ist zugleich die Zeit des Erzählens – einer knappen Zeit zwar, denn der Umschwung der Handlung erfolgt schnell und in lakonischer Sprache. Allerdings handelt es sich um den einzigen Moment, in dem überhaupt etwas geschehen *kann*. Denn nicht nur ist das Ende der jeweiligen Anekdoten durch die Reihung und die Subsumption unter das Motto eben mehr oder weniger vorgegeben, sondern der Ausgang der Geschichte steht natürlich in allen sechs Fällen historisch unabänderlich fest. In den meisten Fällen ist das Ende des Geschehens zudem bekannt, weil es Teil des historiographischen Kanons ist. Weniger bekannt dürfte gewesen sein (nicht zuletzt darum auch der als solcher zur Geltung kommende anekdotische Grundzug der kurzen Geschichten bei Montaigne), was dem Ende unmittelbar vorausging: die allenfalls als Marginalie unter Kennern kursierende Vor- oder eben *Mittel*geschichte.

Nun betrifft dieser mittige Teil der Geschichte zugleich jenes Moment, dem im Rahmen der *historia*, im Sinne aristotelischer und frühneuzeitlicher Zuschreibungen, kaum auf den Grund gegangen werden kann. Ein „de monstratio quia" fällt gerade nicht in den Bereich *historia*, ist diese doch zuständig für die „cognitio quod est" (Seifert 1976, 63–65). Montaignes anekdotische Mitte handelt jedoch, genau genommen, von den inneren *causae*, den Handlungen möglicherweise ganz randständiger Figuren oder Umstände und den sonst kaum zutage tretenden psychischen Handlungsmotiven, die das Geschehen von innen oder von unten steuern; die sich also dem Wissensbereich des Historikers, der sich auf das „quod est", und das heißt auch die Fakten und Ergebnisse zu beschränken hat, entziehen müssen.³⁷ Das Anekdotische kommt bei Montaigne also genau an der Stelle zum Einsatz, an der die *historia* eine Lücke lassen muss, eben weil ihr nicht nur aristotelischer Philosophie zufolge die Möglichkeit fehlt, Gründe herzuleiten und Verbindungen aufzuzeigen. Montaignes Anekdoten besetzen und verhandeln diese Lücke, fokussieren entweder Randständiges (etwa Taten von Frauen) oder innere Handlungsmotive (etwa Gefühle der Rührung eines Kaisers) unmittelbar *vor* dem Ausgang der Geschichte und damit zugleich jenes Moment, das sich, insofern es von Gründen und Motiven erzählt, *per se* dem Wissen der *historia* entzieht. Es ist mithin zumindest in Montaignes erstem Essai auch genau die Mitte der Anekdote, die im Sinne der *historia* den Boden der Faktizität verlässt und dem potentiell Erfundenen oder poetisch Ausgeschmückten Raum gibt. An dieser Stelle zeigen sich die Anekdoten denn auch in ihrer sie auszeichnenden „aporetischen Funktion zwischen Fiktion und Faktum" (Neumann 2001, 114).³⁸

Diese an den ersten Anekdoten der *Essais* beobachtbare Ausstellung der Mitte und der in Frage stehenden Kausalitätsverhandlung darf jedoch nicht darüber hinwegtäuschen, dass den erklärenden Gründen im gleichen Zuge, in dem die Anekdote ihnen Raum gibt, durch die rahmenden Kommentare wiederum das Fundament genommen wird. Denn belegt wird ja gerade *nicht*, dass sich die Handlungen und Entscheidungen der Menschen in agonalen Beziehungen erklären, begründen und darum auch vorhersehen lassen, sondern dass sie mal so und mal anders ausfallen können. So sehr die betonte Mitte in Montaignes ersten erzählten Anekdoten die *causae* der *historia* ans Tageslicht fördern, so wenig erfüllen sie die Funktion, durch den Einblick in mögliche, tieferliegende Kausalketten zu Gesetzen der *historia* vordringen zu können. Wie viele beispielhafte Anekdoten sich auch aneinanderreihen ließen: ein universelles Gesetz der Geschichte wird sich nicht geben lassen – bis auf das eine natürlich nichtsdesto-

---

37 Vgl. zu Begriff und Konzept der *historia* seit Aristoteles etwa Seifert (1976; 1977); Fleischman (1983); Spiegel (1997); Lehtonen und Methonen (2000); Campe (2003); Blair und Pomata (2005); Mickel (2012). Stierle spricht hier, wie oben angeführt, von einer „Rätselhaftigkeit" in Montaignes Geschichten (während „im klassischen Exempel der Zusammenhang von Situation und Lösung fraglos gegeben" wäre; Stierle 1973, 372), was insofern eine unzutreffende Charakterisierung ist, als die von Montaigne angeführten anekdotischen Beispiele zum einen nicht selten gerade Gründe angeben und zum anderen dort, wo sie rätselhaft bleiben, von der Tradition des Exempels so leicht gar nicht abzugrenzen sind. Vgl. etwa auch Nichols (1995); Scheuer (2013). Mit Blick auf die Antike Fuhrmann (1973); mit Blick nicht nur auf Salisburys *Policratus* (dessen Geschichten hervorragende Beispiele für die Uneindeutigkeit und Enigmatik traditioneller Exempla abgeben; Salisbury 1909) vgl. vor allem und noch einmal von Moos (1996; 1988; 1991; 2006); mit Blick auf das Verhältnis von Anekdote und Exemplarität von 1650–1750 allgemein instruktiv und weiterführend Abiven (2015, 317–396).

38 Neumann bezieht sich wiederum auf Fineman.

weniger allgemeingültige Gesetz: dass der Mensch „malaisé" sei, zu einem „jugement constant et uniforme" zu gelangen (Montaigne 2007, 32). Das Moment des Poetischen wird mithin nicht ausgeformt, sondern bleibt gleichsam auf der Schwelle, zwischen Faktizität und Fiktionalität und zwischen dem, was in allgemein Wissbares übergehen kann und dem, was sich der Kenntnis und der Veröffentlichung entzieht.[39]

Aber auch diese Beobachtung greift noch zu kurz. Denn Montaignes Mitte ist weit mehr als nur eine Form des Erzählens, die sich im Einsatz einiger anekdotischer Geschichten ergeben würde. In einem späteren Essai wird die Frage nach den einzusetzenden Mitteln zur Erzielung eines Zwecks noch einmal aufgegriffen, dieses Mal allerdings unter umgekehrtem Vorzeichen. Diesem Essai steht der kaum mehr als Sentenz lesbare Titel voran: „Divers evenemens de mesme Conseil" (Montaigne 2007, 128), den Bode übersetzt als „Verschiedener Erfolg von einerley Rathschlüssen" (Montaigne 1793, 191),[40] Stilett etwas freier mit „Gleiches Vorhaben, verschiedene Folgen" (Montaigne 2011, 193). Die „diversité" ergibt sich folglich in diesem etwas längeren Essais, so jedenfalls hat es zunächst den Anschein, gerade nicht über die Mittel, sondern über die „evenemens", also dem „Erfolg", oder, in Stiletts Fassung, den „Folgen". Nun meint „evenement" im frühmodernen Französisch allerdings nicht nur (von Lat. *eventus*) „Ausgang", sondern auch „sonderbarer Fall" oder „denckwürdige Begebenheit".[41] Und genau um diese Mehrdeutigkeit geht es in diesem Essai, der ebenfalls hauptsächlich aus Anekdoten besteht. Anders als der anfängliche Essai präsentiert dieser die erste *historia* gleichwohl ohne sentenziöse Einführung. Genannt wird Jacques Amyot, „Großalmosenier von Frankreich", als Erzähler,[42] dann folgt *medias in res* die erste Anekdote von einem namentlich gar nicht genannten „Prince", auf dessen Leben ein Anschlag verübt werden soll, der dem „Ertappte[n]" jedoch mit einem beschämenden Gnadenerweis begegnet. Diese Geschichte wird jedoch – wie sich im Anschluss erweisen wird – gar nicht zu Ende erzählt. Vielmehr schiebt sich in ihre Mitte, unvermittelt, also ohne weiteren Zwischenkommentar, eine zweite

---

39 Vgl. zu dieser ‚Schwellenfunktion' der Anekdote zwischen Veröffentlichtem und Nicht-Veröffentlichtem auch den Beitrag von Schestag (2021) in diesem Band.
40 In der Ausgabe nach Bodes Übersetzung handelt es sich hier um den 23. Essay (Montaigne 1797).
41 So auch bei Frisch und Mauvillon (1715).
42 Jacques Amyot (1513–1593) hat 1559 eine Übertragung von Plutarch besorgt unter dem Titel *Les vies des hommes illustres grecs et romains, comparées l'une avec l'autre par Plutarque*. 1572 erscheint zudem unter seiner Herausgeberschaft eine Übertragung ausgewählter moralphilosophischer Texte Plutarchs unter dem Titel *Œuvres morales*. Wie andere seiner Veröffentlichungen war auch diese ein großer Erfolg und wurde nicht zuletzt von Montaigne rezipiert, benutzt und gelobt.

Anekdote, dieses Mal nicht nur von einem namentlich genannten Herrscher, sondern von keinem Geringeren als Kaiser Augustus. Auch dieser sieht sich Verschwörungen ausgesetzt, auf die er immer wieder mit großer Strenge reagiert. An einem besonderen Tag, in einem Ausbruch von Verzweiflung, wird er in seiner Lamentation von seiner Frau unterbrochen. Diese äußert sich folgendermaßen:

> Et les conseils des femmes y seront-ils receuz, luy dit elle ? Fais ce que font les medecins, quand les receptes accoustumées ne peuvent server, ils en essayent de contraires. Par severité tu n'as jusques à cette heure rien profité [...]. Commence à experimenter comment te succederont la douceur et la clemence. (Montaigne 2007, 129–130)

> Vielleicht schenkst du auch einmal weiblichen Ratschlägen Gehör? Mach es doch wie die Ärzte, wenn die üblichen Rezepte versagen – sie versuchen es dann mit den entgegengesetzten! Deine Strenge hat dir bis jetzt nichts eingebracht [...]. Unternimm den Versuch, ob du mit Milde und Großmut nicht weiter kommst!" (Montaigne 2011, 200)

Diesem nicht nur weiblichen, sondern auch medizinischen Rat folgt nun Augustus mit größtem Erfolg. Dem nächsten Verräter, Cinna, verzeiht er dessen hinterhältigen Mordkomplott – mit dem Ergebnis, dass nicht nur dieser Augustus' „bester Freund" wird, sondern sich Zeit seiner Regentschaft „keinerlei Verschwörung oder Komplott" mehr gegen ihn erhebt. „Milde" und, wie es bei Stilett heißt, „Hochherzigkeit" erweisen sich als probates Mittel, den innerpolitischen Gegner in Schach zu halten, ja jeder Form von Anschlag vorzubeugen (Montaigne 2011, 200). Nur endet der 24. Essai an dieser Stelle nicht; ganz im Gegenteil: nun erst entwickelt er seine eigentliche Laufrichtung. Schien die erste Anekdote, die im Moment des souveränen Gnadenerweises zum Stillstand gekommen war, längst ihren wenn auch abrupten Abschluss gefunden zu haben, zeigt sie jetzt, in einem kurzen Nachtrag, ihr wahres finales Gesicht: „Ganz anders hingegen erging es unserm obigen Fürsten, denn seine Milde konnte ihn nicht davor bewahrn [sic!], in den Schlingen eines ähnlichen Verrats zu enden" (Montaigne 2011, 197/98).

Mit diesem nachgeschobenen und in diesem Falle alles andere als vorhersehbaren Ende wird deutlich, dass die zweite Anekdote sich parenthetisch in die erste gefügt hatte. Statt deren Logik fortzuführen, belagert sie deren Mitte und dehnt diese aus, bis schließlich zutage tritt, dass die *erste* Geschichte der Annahme, „Milde" sei die rechte Strategie zur Abwendung verschwörerischer Anschläge, direkt zuwiderläuft. So wie Augustus dem Rat seiner Frau folgend das „gegenteilige Mittel" zur Anwendung bringt, so kommt in dem nachgetragenen Ende der ersten Anekdote das entgegengesetzte Ergebnis bei gleichbleibendem Mittel heraus.

Diese besonders auffällige und durch einen historischen Einschub erreichte Ausdehnung der Mitte, so stellt sich bald heraus, ist dabei alles andere als singulär und kontingent. Anders als im ersten Essai werden die beiden hier erzählten Geschichten ausführlich kommentiert, und zwar ausgehend von einer abermaligen Analogie zur Medizin. Diese nämlich, erklärt Montaigne, fürchte er mehr, als dass er sie geringschätze: er selbst weigere sich, Arzneimittel einzunehmen, bevor er nicht wieder so zu Kräften gekommen sei, dass er sie sich zumuten könne. So lasse er lieber „die Natur gewähren" (Montaigne 2011, 198), denn in allen Künsten – von der Dicht- bis zur Kriegskunst – sei „Fortuna" am Ende doch der entscheidende Faktor (Montaigne 2011, 199). Und weil dem so sei, und weil deshalb auch der Umgang mit „Überlegungen und Ratschlüssen" lediglich „der Form halber" üblich sei, komme es auch gar nicht auf den (ohnehin nicht beeinflussbaren) Ausgang an, sondern vielmehr – so ließe sich die angestellte Reflexion in diesem Essai auf den Punkt bringen – auf den „Weg" (Montaigne 2011, 200). Deshalb sollte man gar nicht erst versuchen, das „wahrhaft [f]örderliche" Mittel zu finden, sondern darauf achtgeben, sich „für das jeweils ehrenvollste und gerechteste Vorgehen zu entscheiden" (Montaigne 2011, 200). Welches Mittel zum Erfolg führt, wird sich auch durch den besten Ratschluss nicht eruieren lassen; welches Verhalten für sich genommen jedoch das Beste wäre allerdings durchaus.

> Comme en ces deux exemples, que je vien de proposer, il n'y a point de doubte, qu'il ne fust plus beau et plus genereux à celuy qui avoit receu l'offence, de la pardonner, qu'il eust fait autrement. (Montaigne 2007, 133)

> So wie es ja auch in den von mir geschilderten zwei Beispielen keinen Zweifel geben kann, daß es von dem, gegen den der Anschlag sich gerichtet hatte, edler und weitherziger war, Verzeihung zu gewähren, als sich zu rächen. (Montaigne 2011, 200)

Nicht das Ergebnis einer Handlung entscheidet darüber, ob sie richtig ist, sondern ihr Vollzug, hier als das Gewähren von Nachsicht und Erbarmen. Im Französischen ist von einem Verhalten die Rede, das „plus beau et plus genereux" zu nennen ist (also wörtlich „schöner" und „großzügiger"), von einem Verhalten mithin, das nicht zuletzt durch seine Schönheit für sich einnimmt. So zeigt sich eindrücklich, dass und warum die beiden anekdotischen Geschichten eben nicht um ihres Ausgangs, sondern um ihrer Mitte willen erzählt wurden. Zur Disposition steht nicht der erstrebte Zweck, sondern die Frage, ob es ein Handeln geben kann, das *an sich* gutzuheißen ist.

> S'il en est mesadvenu au premier, il ne s'en faut pas prendre à ce sien bon dessein : et ne scait on, quand il eust pris le party contraire, s'il eust eschapé la fin, à la quelle son destin l'appelloit; et si eust perdu la gloire d'une telle humanité. (Montaigne 2007, 133)

> Wenn im ersten Fall dem Fürsten seine Großmut schlecht vergolten wurde, darf man ihn deswegen doch nicht für seine gute Absicht tadeln; man weiß ja auch keineswegs, ob er, falls er sich umgekehrt entschieden hätte, dem von seinem Schicksal ihm vorbestimmten Ende

entgangen wäre; und selbst wenn, hätte ihn das den Ruhm seiner überragenden Hochherzigkeit gekostet. (Montaigne 2011, 200)

Der guten Entscheidung wird der Boden der Zielgerichtetheit entzogen. Sobald ein Tun auf ein Ende hin ausgerichtet ist, so deutet sich bei Montaigne an, verliert es seinen Eigenwert. Für den Autor der *Essais* ist die drohende Verschwörung, vor der so viele Potentaten sich schützen wollten, ein besonders gutes Beispiel: denn hier offenbare sich die *eigentliche* Motivation des Handelns. In den meisten Fällen sei es nicht Vorsicht – geschweige denn Zuversicht –, sondern vielmehr „Furcht" oder „Mißtrauen" (Montaigne 2011, 200, 203). Nun scheint für Montaigne aber jedwedes Handeln aus Beweggründen dieser Art der Inbegriff einer illegitimen Vorwegnahme des Endes und darum der Verlust des Handelns selbst. Tatsächliche Handlungsmacht kann jedoch nur dort stattfinden, wo es ein Risiko gibt; nur dann gewinnt menschliches Handeln an Wert. „Nichts Edles geschieht ohne die Bereitschaft, sich zu gefährden." Und genau deshalb gilt es auch, sich nicht nur den „einen Großen" in Erinnerung zu rufen, der mit diesen oder anderen Mitteln erfolgreich war, sondern stets auch „einen andren Großen", der wider Erwarten „sein Glück dadurch gefördert hat, daß er ein-, zweimal den genau entgegensetzten Weg einschlug" (Montaigne 2011, 202). *Ein* Beispiel ist bei Montaigne wie *kein* Beispiel. Exemplarität kann überhaupt nur aus der Pluralisierung hervorgehen: denn nur in den vielen Fällen zeigt die Historie ihr wahres Gesicht. Und nur so kann es auch gelingen, das Ziel auszublenden und sich auf das Mittel – oder vielmehr: die Mitte – selbst zu konzentrieren, also auf das Handeln, das weder auf den guten Ausgang angewiesen ist noch das schlechte Ende fürchtet.

Und genau aus diesem Grund, so ließe sich sagen, ist für Montaigne auch das Anekdotische so bedeutsam und vielfach einsetzbar: in ebendieser Form tradiert die Geschichte ein Wissen über die vielen unterschiedlichen Mittel, die die „Großen" in allen möglichen Lagen gewählt haben. Denn diejenigen großherzigen und tapferen Handlungen, die in dem genannten Sinn die Mitte ausmachen und an die es sich darum auch zu erinnern gilt, sind oftmals gerade nicht die allseits bekannten, die sich auf dem großen (Kriegs-)schauplatz der Welt ereignet haben:

> La hardiesse dequoy ils cerchent si avidement la gloire, se represente [...] aussi magnifiquement en pourpoint qu'en armes : en un cabinet, qu'en un camp : le bras pendant, que le bras levé. La prudence si tendre et circonspecte, est mortelle ennemye des hautes executions. (Montaigne 2007, 134)

> Tapferkeit, deren Ruhm zu erringen alle so begierig sind, zeigt sich [...] auf ebenso großartige Weise im Wams wie in schimmernder Wehr, im Kämmerlein wie im Kampfgetümmel, mit gesenktem wie mit zum Streich erhobnem Arm. Die so sanfte und umsichtige Lebensklugheit ist den Haupt- und Staatsaktionen todfeind. (Montaigne 2011, 202)

Die „großartige Weise" in der sich offenbart, was die *historia* Montaigne zufolge zugleich archivieren und immer wieder in Umlauf bringen sollte, hebt mithin die Unterscheidung von „Wams" und „Wehr", „Kämmerlein" und „Kampfgetümmel" auf.[43] Die großen Staatsaktionen – für die nur die bekannten und veröffentlichten Taten zählen – sind zwar notorisch darauf bedacht, ebendiese Indifferenz tilgen zu wollen. Das bestätigt jedoch nur den Verdacht, dass „Lebensklugheit" mit den Zielen der Politik nichts gemein hat und an diesen auch nicht gemessen werden kann. Das Anekdotische in Montaignes Verständnis mit seinem Fokus auf der losgelösten Mitte, auf der in sich ruhenden Handlung selbst – und nicht auf deren Ausgang – ist darum so historisch und exemplarisch wie apolitisch: Staatszwecken lässt sie sich nicht unterordnen.

Es liegt folglich nahe, große Taten der „hardiesse" nicht einer Historiographie der „hautes executions" zu überlassen, sondern der niederen, randständigen Gattung der Anekdote. Jener Gattung, die zugleich das Versagen der *historia* als gesetzgebende *scientia* vorführt – woraus Montaigne gegen allen Anschein eben doch ein allgemeines Urteil zieht: den Ungrund einer historischen Gesetzlichkeit. Zugleich liegt bei Montaigne die Betonung immer auf dem Akt des Urteilens selbst. Eine solche Urteilsfindung kann wiederum nur im Modus des Narrativen zur Darstellung kommen, denn nur dann kann auch das in den Blick kommen, was so narrativ ist wie die Geschichten, aus denen sie ihre Schlüsse zieht. So bedarf die einzige legitime Form der Geschichtsschreibung im Sinne Montaignes nicht nur der Anekdote, sondern sie funktioniert, so das Ergebnis der vorliegenden Lektüre, *per se* anekdotisch.

4 Kleist zum Beispiel

Dass sich bei Heinrich von Kleist nicht nur ein ganz ähnlicher Umgang mit der anekdotischen Form zeigt wie bei Montaigne, sondern von einer unmittelbaren Rezeption auszugehen ist, konnte unlängst überzeugend dargelegt werden (Moser 2000). Dass sich der Einsatz des Anekdotischen bei Kleist bis in die Schreibbewegungen hinein als Verhandlungen des Exemplarischen und der Mittigkeit im Sinne Montaignes lesen lässt, ist in diesem Zusammenhang einer ergänzenden Beobachtung wert. Zumal in den bekannteren essayistischen Erzählungen „Über

---

43 So findet es sich freilich bereits bei Cicero. Dass hier ein entscheidender Punkt in Form einer Paraphrase oder eines Zitats gemacht wird, zeigt einmal mehr, wie wichtig es ist, Montaignes Umgang auch mit Exempel und Anekdote in seiner Verankerung in der Topik zu verstehen. Vgl. nochmal von Moos (1996), hier nicht nur vor dem Hintergrund von Curtius (1993); Schmidt-Biggemann (1983); Vance (1987); sondern auch Compagnon (1979) und Cave (1979).

das Marionettentheater", „Unwahrscheinliche Wahrhaftigkeiten", „Allerneuester Erziehungsplan" sowie die „Allmähliche Verfertigung der Gedanken beim Reden" kommen kleine Geschichten im Stil des Anekdotischen in einem größeren Zusammenhang zum Einsatz. Geht es im „Marionettentheater" um die Möglichkeit postlapsarischer Grazie, so verhandeln die „Unwahrscheinlichen Wahrhaftigkeiten" die prätendierte Wahrheit unglaubwürdiger Geschehnisse; ist der „Allerneuester Erziehungsplan" mit dem pädagogischen Gebrauch des physikalischen Gesetzes des Gegensatzes befasst, so stellt die „Allmähliche Verfertigung" das Prinzip der situativen Entstehung von Gedanken und verbalen Äußerungen auf die Probe:[44] In allen vier Fällen werden anekdotische Geschichten als Beispiele des jeweiligen allgemeinen Satzes erzählerisch zur Anschauung gegeben und mal mehr mal weniger sparsam kommentiert. Aber nicht nur die äußere Struktur erinnert an die mit anekdotischen Kleinnarrativen gespickten *Essais*, sondern auch die fragliche Funktion des Anekdotischen, wie sie bei Montaigne nicht nur im ersten der Essais verhandelt wird, scheint bei Kleist noch einmal zur Debatte zu stehen.

Auf eingehendere Lektüren der genannten Texte Kleists sei in diesem Zusammenhang verzichtet. Zumindest zwei Aspekte sollen in diesem Kontext jedoch in gebotener Kürze hervorgehoben werden. Zum einen lässt sich bei Kleist eine ähnliche Spannung von Exemplarität und Singularität ausmachen, wie es sich bei Montaigne beobachten ließ. Auch bei Kleist findet sich das subsumptionslogische Verhältnis von allgemeinem Satz und besonderen Geschichten mitunter ausdrücklich artikuliert, wie etwa in seinem vielgelesenen „Über die Allmähliche Verfertigung". Immer wieder setzt Kleist Anekdotisches als Beispiel ein: „Auch Lafontaine giebt [...] ein merkwürdiges Beispiel von einer allmählichen Verfertigung des Gedankens [...]", heißt es etwa in genanntem Essay (Kleist 1997, 29). Wie bei Montaigne entziehen sich Kleists Beispiele oder Anekdoten allerdings sowohl einer paradigmatischen als auch der syntagmatischen Vereinnahmung: Weder ließen sich die kleinen Geschichten kommentarlos metonymisch reihen noch fügen sie sich in einen höheren historischen Rahmen, innerhalb dessen sie sich sequenzialisieren ließen. Und wie bei Montaigne belegen auch Kleists Geschichten immer wieder, so ließe sich sagen, dass mit unterschiedlichen Mitteln gleiche Ziele zu erreichen sind, oder genauer: dass sich zwischen Mittel und

---

44 Als beispielhafte Lektüren der angeführten Texte von Kleist, in denen der in diesem Zusammenhang relevante Fragenkomplex von Exemplarität/Singularität einerseits und Mittigkeit andererseits auf die ein oder andere Weise zumindest tangiert wird, seien genannt Eggers (2007); Martyn (2010); Schneider (1998); Beil (2006); Campe (2003). Zur „Mitte" bei Kleist, hier mit Fokus auf „Michael Kohlhaas", vgl. Sng (2010).

Zweck, Mitte und Ende notorisch Missverhältnisse einstellen.[45] Um so bemerkenswerter, dass auch bei Kleist die anekdotischen Geschichte immer wieder die Zeit der Mitte in die Länge strecken, oder anders gesagt, die Lücke, die die *historia* lässt, dehnen und füllen. In einer der bekanntesten von Kleist als solcher eingesetzten Beispielgeschichten wird genau dies plastisch in Szene gesetzt. Es handelt sich um die berüchtigte Mirabeau-Anekdote in Kleists genanntem Versuch über die „Allmähliche Verfertigung", in dessen Mitte – immer wieder unterbrochen von eben jenem Erzähler der Rahmenhandlung, der die *petite histoire* als Beispiel anführt – sich folgendes abspielt:

> „Ja," antwortete Mirabeau, „wir haben des Königs Befehl vernommen" – ich bin gewiß, daß er, bei diesem humanen Anfang, noch nicht an die Bajonette dachte, mit welchen er schloß: „ja, mein Herr," wiederholte er, „wir haben ihn vernommen" – man sieht, daß er noch gar nicht recht weiß, was er will. „Doch was berechtigt Sie" – fuhr er fort, und nun plötzlich geht ihm ein Quell ungeheurer Vorstellungen auf – „uns hier Befehle anzudeuten? Wir sind die Repräsentanten der Nation." – Das war es, was er brauchte! „Die Nation giebt Befehle und empfängt keine" – um sich gleich auf den Gipfel der Vermessenheit zu schwingen. „Und damit ich mich ihnen ganz deutlich erkläre" – und erst jetzo findet er, was den ganzen Widerstand, zu welchem seine Seele gerüstet dasteht, ausdrückt: „so sagen Sie Ihrem Könige, daß wir unsre Plätze anders nicht, als auf die Gewalt der Bajonette verlassen werden." (Kleist 1997, 28–29)

In gleichermaßen stockendem wie energischem Duktus, der das Dramatische des auf den entscheidenden Wendepunkt zulaufenden Geschehens in einer merkwürdig aufgehaltenen Spannung zur Darstellung bringt, wird hier ein Redeakt auf den „Gipfel seiner Vermessenheit" gebracht. Eben die Krisis, der alles ändernde Umschwung (immerhin geht es um *die* Revolution der europäischen Neuzeit) vollzieht sich jedoch so allmählich und zögerlich wie die Gedanken eines Mirabeau, der zu Beginn seiner emphatischen Rede noch gar nicht „recht weiß", worauf er hinaus will.[46] Noch ist keine Revolution angezettelt, noch steht die

---

[45] Genau dies zeigt (mit besonderem Augenmerk zugleich auf das bei Kleist immer prekäre „medium" der Kommunikation) überzeugend Sng (2010), wenn er vorführt, dass in „Michael Kohlhaas" nicht nur, wie sonst gerne fokussiert, die Plotelemente *archê* und *telos* in Frage stehen, sondern gerade auch die Mitte, das *meson*.

[46] In welchem Verhältnis die hier zur Schau gestellte „Allmählichkeit" etwa zum „Zaudern" steht, wäre noch zu diskutieren. Prominent heißt es bei Joseph Vogl: „Das Zaudern begleitet den Imperativ des Handelns und der Bewerkstelligung wie ein Schatten, wie ein ruinöser Gegenspieler; und man könnte hier von einer Zauder-Funktion sprechen: Wo Taten sich manifestieren und wo Handlungsketten sich organisieren, wird ein Stocken, eine Pause, ein Anhalten, eine Unterbrechung markiert. Damit hat sich zugleich ein asymmetrisches Verhältnis zur Zeit und zur Geschichte eingestellt" (Vogl 2007, 24). Setzt das „Zaudern" jedoch in der ein oder anderen Form etwas voraus, in Hinsicht auf dessen Realisierung gezaudert wird, so handelt es sich bei Kleists

entscheidende Wende aus. Wie aber kommt sie zustande? Der Erzähler kommentiert in mehrfachen, unterbrechenden Einschüben, was sich während der allmählichen Gedankenverfertigung Mirabeaus zuträgt. Nach einem unspektakulären, „humanen Anfang" fügt es sich, dass die Rede eine ganz neue Richtung einnimmt. Der Kleist'sche Erzähler charakterisiert die eigentliche Wende mit einem „plötzlich": die Gedanken, die sich endlich einfinden, erscheinen so unvermittelt wie beiläufig. Sie sind nicht gewollt, es geht ihnen kein Kalkül voraus. Sie emergieren aus einem unzugänglichen Irgendwo. Das rhetorische Mittel führt am Ende zu nichts Geringerem als einem Umsturz aller Verhältnisse: geplant war dieser gleichwohl, folgt man der Kleist'schen Inszenierung, in keiner Weise. Ganz offenbar geht es in dieser beispielhaften Anekdote denn auch weniger um den Ausgang der Geschichte, als vielmehr um das Mittel – oder genauer: die Mitte – selbst. Nicht, *was* erreicht wird, steht hier im Fokus, sondern *wie* es dazu kommt; und es müsste ergänzt werden: dass sich überhaupt eine (rückblickend als solche erscheinende) Zweckrichtung aus dem planlosen Anfang ergibt.

Ähnlich wie bei Montaigne treten denn auch bei Kleist Anfang, Mitte und Ende auseinander und lösen sich aus ihrem syntagmatischen Binnengefüge. Die Plotelemente gewinnen an Eigenständigkeit: Der „humane Anfang" steht in keinem logischen, geschweige denn notwendigen Folgeverhältnis zum revolutionären Ende der Geschichte, und die Mitte fungiert nicht mehr als Bindeglied zwischen Anfang und Ende. So ist die Mitte hier auch nicht, was auf eine *arche* folgt und ein *telos* nach sich zieht, sondern das Moment, in dem ebendie „Allmählichkeit" statthat, die es in dieser essayistischen Erzählung galt, zur Veranschaulichung zu bringen. Die kurze Erzählung nimmt mithin in den Blick, was sonst droht, als bloßes Zwischen ausgeblendet zu werden. Das Mittel, das sich gewöhnlich und *per definitionem* (denn wofür sollte es sonst ein Mittel geben, wenn nicht zu einem Zweck) einem Zweck unterordnet, wird in diesem Fall selbst aufständisch: Es befreit sich in dem Maße von seiner Funktion, in dem es sich frei von jeder Notwendigkeit in einer so allmählichen wie zufälligen Reihung von Denk- und Sprechakten vollzieht.

Einmal mehr ist es weniger das Beispiel selbst, das aus seiner Rolle als Subsumptionsfigur fallen würde. Denn auch in diesem Essay führt die Geschichte genau das vor, was sie vorführen soll: die Allmählichkeit und mit dieser einhergehend die Zufälligkeit der Gedankenfolge im Akt des Redens. Gerade auch die Einschübe des Erzählers, die die ohnehin stockende Rede des Rebellen mehrfach unterbrechen, sorgen für eine entsprechende Lesesteuerung und somit Unter-

---

„Allmählichkeit" eher um ein – stockendes – Zielfinden, bei dem sich erst im letzten Augenblick entscheidet, worauf die Handlung oder der Redeakt hinauslaufen wird.

ordnung unter den zu belegenden allgemeinen Satz, dass sich das Denken auch allmählich und von ungefähr im sponanen Redeakt verfertigen kann. Geachtet sei (so die erzählerische Lenkung) bei der anekdotischen Geschichte auf die situative und kontingente Entstehung eines Ereignisses von historischem Rang. Dabei steht jedoch nicht die Historie im Zentrum, sondern, ganz im Sinne der Logik des Anekdotischen, ebendas, was an sich weder historisch fassbar noch auf eine historisch zu nennende Großtat rückführbar wäre. Im Mittelpunkt stehen kleine und unbedeutende Zufälle, wie der Erzähler nachzutragen weiß. In der Mitte der Anekdote findet sich mithin, ähnlich wie bei Montaigne, der Inbegriff des Anekdotischen selbst ausgestellt: die Beiläufigkeit und Marginalität dessen, was am Ende Geschichte macht – und was sich, weil es dazu diente, unkalkulierbare Handlungsfolgen zu veranschaulichen, am besten als aufständische Mitte darstellen lässt.

5 Ende

Ausgangspunkt dieses Beitrags war die Konstellierung zweier Positionen über das Verhältnis von Geschichte und Anekdote. Auf der einen Seite stand der Versuch Finemans, eine Rekonstruktion und Aufwertung der Anekdote im Rahmen einer Geschichte der Geschichtsschreibung zu leisten. Wäre bei Fineman Montaignes eigenwilliger Gebrauch des Anekdotischen eine kaum signifikante Erscheinung an den äußeren Rändern einer solchen Geschichte, kommt bei Stierle den *Essais* wiederum eine entscheidende Funktion zu, wenn es um das *grand récit* vom Ende der Exemplarität geht: Bei Montaigne lasse sich eine Überwindung der (moralisch-didaktischen) Subsumptionslogik der mittelalterlichen Exemplarität und eine Singularisierung der *historiae* beobachten. Im Sinne von Stierle und mit Starobinski gesprochen ließe sich dann in Montaignes *Essais* eine Ablösung des Exempels durch die Anekdote – als einer Ablösung modellhafter Allgemeinheit durch das singuläre, um seiner selbst willen erzählte Ereignis – feststellen.

Inspiriert von beiden Ansätzen, zugleich jedoch in Widerspruch zu ihren Voraussetzungen, konstatiert der vorliegende Beitrag zunächst, dass die anekdotischen Geschichten bei Montaigne nicht nur im Sinne der Exemplarität eingebracht werden, sondern auch ebendas vorführen, was sie angetreten waren zu belegen. Je mehr sich die Anekdoten häufen, desto nachhaltiger zeigt sich, was von Anfang an statuiert wurde: dass das jeweils eingesetzte Mittel auf die Wirkung keinen, und schon gar keinen gesetzmäßigen Einfluss hat. Durch das Auseinandertreten oder die Ablösung von Mittel und Ziel lässt sich jedoch kaum eine Singularisierung der einzelnen Geschichten ableiten. Anders als Stierle und Starobinski meinen, scheint es bei Montaigne vielmehr um das Prinzip der Pluralisierung zu gehen. Nur in der Serie oder Häufung der exemplarischen Anekdoten zeigt sich das *wahre* Gesicht und zugleich Gesetz der *historia:* dass sie sich keinem Kalkül beugt. Eine gattungsgeschichtliche Ablösung des Exempels durch die Anekdote lässt sich mithin weniger beobachten als vielmehr ein Hervortreten der Mitte. Dass sich diese im Modus der anekdotischen Narration ergebende Loslösung der Mitte – deren geschilderte Ereignisse sich kaum mehr als Mittel zur Erreichung eines Zweckes lesen lassen – auch bei Kleist findet, zeigt einmal mehr, dass den Bezügen zwischen vormodernen und modernen Poetiken und Literaturen noch weiter nachzugehen ist. Eine Geschichte vom allmählichen Ende der Exemplarität und ihrer Ablösung durch die singuläre Anekdote müsste ihrerseits abgelöst werden von einer neuen Geschichte des Verhältnisses von Exempel und Anekdote.

Literaturverzeichnis

Abiven, Karine. *L'Anecdote ou la fabrique du petit fait vrai: De Tallemant des Réaux à Voltaire (1650–1750).* Paris: Garnier, 2015.
Azar Filho, C. M. „Le premier chapitre des Essais". *Bulletin de la Société des Amis de Montaigne* 37–38 (2005): 15–30.
Beil, Ulrich Johannes. „‚Kenosis' der idealistischen Ästhetik: Kleists ‚Über das Marionettentheater' als Schiller-ré-écriture". *Kleist-Jahrbuch* (2006): 75–99.
Bendelac, Alegría. „Montaigne et les anecdotes: Le réel, la vérité et l'histoire". *Bulletin de la Société des Amis de Montaigne* 7–8 (1981): 67–78.
Blair, Ann, und Gianna Pomata. „Historia in Theodor Zwinger's Theatrum Humanae Vitae". *Historia: Empiricism and Erudition in Early Modern Europe.* Hg. Gianna Pomata und Nancy G. Siraisi. Cambridge, MA: MIT Press, 2005. 269–296.
Blumenberg, Hans. *Die Verführbarkeit des Philosophen.* In Verbindung mit Manfred Sommer. Hg. Hans-Blumenberg-Archiv. Frankfurt a. M.: Suhrkamp, 2020.
Boyer, Abel. *The Royal Dictionary Abridged in Two Parts: I. French and English; II. English and French.* London: J. and J. Knapton et al, 1728.
Braun, Heinrich. *Deutsch-orthographisches Wörterbuch sammt einem Verzeichniße, wie man die ausländischen Wörter, die zum öftesten vorkommen, gut deutsch geben könne.* München 1767.
Brémond, Claude, Jacques Le Goff und Jean-Claude Schmitt (Hg.). *L'exemplum.* Turnhout: Brepols, 1982.
Campe, Rüdiger. *Spiel der Wahrscheinlichkeit. Literatur und Berechnung zwischen Pascal und Kleist.* Göttingen: Wallstein, 2003.
Cave, Terence. *The Cornucopian Text. Problems of Writing in the French Renaissance.* Oxford: The Clarendon Press, 1979.
Compagnon, Antoine. *La Seconde main ou le travail de la citation.* Paris: Le Seuil, 1979.
Cotgrave, Randle. *A Dictionarie of the French and English Tongues.* London: Adam Islip, 1632.
Couturas, Claire. Art.: „Forme". *Dictionnaire de Michel de Montaigne.* Hg. Philippe Desan. Paris: Champion, 2007. 475–478.

Curtius, Ernst Robert. *Europäische Literatur und lateinisches Mittelalter*. 11. Aufl. Tübingen und Basel: Francke Verlag, 1993.
Derrida, Jacques. „La loi du genre". *Parages*. Paris: éditions galilée, 1986. 249–287.
Eggers, Michael. „Die Didaktik des schlechten Beispiels und die Antipädagogik Heinrich von Kleists". *Das Beispiel: Epistemologie des Exemplarischen*. Hg. Jens Ruchatz, und Stefan Willer und Nicolas Pethes. Unter Mitarbeit von Martin Huber. Berlin: Kadmos, 2007. 241–260.
Emmelius, Caroline. „Kasus und Novelle: Beobachtungen zur Genese des Decameron (mit einem generischen Vorschlag zur mhd. Märendichtung)". *Literaturwissenschaftliches Jahrbuch* 51 (2010): 45–74.
Engel, William E. „Aphorism, Anecdote, and Anamnesis in Montaigne and Bacon". *Montaigne Studies* 1 (1989): 158–176.
Fineman, Joel. „The History of the Anecdote: Fiction and Fiction". *The New Historicism*. Hg. H. Aram Veeser. New York: Routledge, 1989. 49–76.
Fleischman, Suzanne. „On the Representation of History and Fiction in the Middle Ages". *History & Theory: Studies in the Philosophy of History* 22.3 (1983): 278–310.
Frey, Christiane. „Bacon's Bee. The Physiognomy of the Singular". *Exemplarity and Singularity: Thinking through Particulars in Philosophy, Literature, and Law*. Hg. Michèle Lowrie und Susanne Lüdemann. London: Routledge, 2015. 151–165.
Frey, Christiane. „Moritz' Anton Reiser als paradigmatische Fallgeschichte". *Signatures of Thought: Karl Philipp Moritz*. Hg. Anthony Krupp. Amsterdam: Rodopi, 2010. 19–41.
Frey, Christiane. „Zeichen – Krisis – Wahnsinn: Fallgeschichten medizinischer und poetischer Semiotik (Pinel, Jean Paul)". *Krisen des Verstehens um 1800*. Hg. Sandra Heinen und Harald Nehr. Würzburg: Königshausen & Neumann, 2004. 111–132.
Friedrich, Hugo. *Montaigne*. 3. Aufl. Tübingen und Basel: Francke, 1993.
Frisch, Johann Leonhard, und Éléazar de Mauvillon (Hg.). *Nouveau dictionnaire des passagers – Französisch-Teutsches und Teutsch-Französisches Wörter-Buch*. Carlsruhe: Gleditsch, 1715.
Fuhrmann, Manfred. „Das Exemplum in der antiken Rhetorik". *Geschichte: Ereignis und Erzählung*. Hg. Reinhart Koselleck und Wolf-Dieter Stempel. München: Wilhelm Fink, 1973. 449–452.
Gelley, Alexander. „Introduction". *Unruly Examples: On the Rhetoric of Exemplarity*. Hg. Alexander Gelley. Stanford, CA: Stanford University Press, 1995a. 1–24.
Gelley, Alexander. „The Pragmatics of Exemplary Narrative". *Unruly Examples: On the Rhetoric of Exemplarity*. Hg. Alexander Gelley. Stanford, CA: Stanford University Press, 1995b. 142–161.
Gossman, Lionel. „Anecdote And History". *History & Theory: Studies in the Philosophy of History* 42.2 (2003): 143–168.
Greenblatt, Stephen. *Shakespearean Negotiations: The Circulation of Social Energy in Renaissance England*. Oxford: Clarendon Press, 1988.
Gutwirth, Marcel. *Michel de Montaigne ou le pari d'exemplarité*. Montréal: Les Presses de l'Université de Montréal, 1977.
Hardee, A. Maynor. „Sur l'art narratif dans les anecdotes de Montaigne". *Bulletin de la Societé des Amis de Montaigne* 7–8 (1981): 53–65.

Herder, Johann Gottfried. „Erläuterungen mit und ohne Anekdoten". *Johann Gottfried Herder: Werke in zehn Bänden*. Bd. 10: „Adrastea". Hg. Günter Arnold. Frankfurt a. M.: Deutscher Kunstverlag, 2000. 96–105.

Hilzinger, Sonja. *Anekdotisches Erzählen im Zeitalter der Aufklärung: Zum Struktur- und Funktionswandel der Gattung Anekdote in Historiographie, Publizistik und Literatur des 18. Jahrhunderts*. Stuttgart: J.B. Metzler, 1997.

Jolles, André. *Einfache Formen: Legende, Sage, Mythe, Rätsel, Spruch, Kasus, Memorabile, Märchen, Witz*. 4. Aufl. Tübingen: Max Niemeyer, 1968.

Kleist, Heinrich von. *Über die allmähliche Verfertigung der Gedanken beim Reden*. Kleist, Heinrich von. *Sämtliche Werke: Brandenburger Ausgabe*. Hg. Roland Reuß und Peter Staengle. Basel und Frankfurt a. M.: Stroemfeld, 1997. 25–32.

Koselleck, Reinhart. „Historia Magistra Vitae. Über die Auflösung des Topos im Horizont neuzeitlich bewegter Geschichte". Reinhart Koselleck. *Vergangene Zukunft. Zur Semantik geschichtlicher Zeiten*. Frankfurt a. M.: Suhrkamp, 1979. 38–66.

Kramer, Matthias. *Das recht vollkommen Königliche Dictionarium Französisch-Teutsch*. Berlin 1712.

Lehtonen, Tuomas M.S., und Päivi Mehtonen (Hg). *Historia: The Concept and Genres in the Middle Ages*. Commentationes humanarum litterarum. Helsinki: Societas Scientiarum Fennica, 2000.

Lowrie, Michèle, und Susanne Lüdemann (Hg.). *Exemplarity and Singularity: Thinking through Particulars in Philosophy, Literature, and Law*. London: Routledge, 2015.

Lyons, John D. „Circe's Drink and Sorbonnic Wine: Montaigne's Paradox of Experience". *Unruly Examples: On the Rhetoric of Exemplarity*. Hg. Alexander Gelley. Stanford: Stanford University Press, 1995. 86–103.

Lyons, John D. *Exemplum: The Rhetoric of Example in Early Modern France and Italy*. Princeton, NJ: Princeton University Press, 1989.

Martyn, David. „Figures of the Mean: Freedom, Progress, and the Law of Statistical Averages in Kleist's ‚Allerneuester Erziehungsplan'". *Germanic Review* 85 (2010): 44–62.

Maschenbauer. Johann A. E. *Der curiose und in allen nöthigen Wissenschafften nützliche Dollmetscher [...]*. Augsburg: 1748.

Mickel, E. J. „Fictional History and Historical Fiction". *Romance Philology* 66.1 (2012), 57–96.

Montaigne, Michel de. *Les Essais*. Hg. Jean Balsamo. Paris: Gallimard, 2007.

Montaigne, Michel de. *Essais*. Erste moderne Gesamtübersetzung von Hans Stilett. 2. Aufl. München: dtv, 2011.

Montaigne, Michel de. *Gedanken und Meinungen über allerley Gegenstände*. Ins Teutsche übersetzt [von J. J. C. Bode]. Bde 1–2. Berlin: Lagarde, 1793–1794.

Moos, Peter von. „Das argumentative Exemplum und die ‚wächserne Nase' der Autorität im Mittelalter". *Exemplum et similitude: Alexander the Great and Other Heroes as Points of Reference in Medieval Literature*. Hg. Willem J. Aerts. Groningen: E. Forsten, 1988. 55–84.

Moos, Peter von. „Das exemplum und die exempla der Prediger". Peter von Moos. *Gesammelte Studien zum Mittelalter*. Bd. 2: „Rhetorik, Kommunikation und Medialität". Berlin u. a., 2006. 107–126.

Moos, Peter von. *Geschichte als Topik: Das rhetorische Exemplum von der Antike zur Neuzeit und die historiae im Policraticus Johanns von Salisbury*. 2. Aufl. Hildesheim: Olms, 1996.

Moos, Peter von. „Die Kunst der Antwort. Exempla und dicta im lateinischen Mittelalter". *Exempel und Exempelsammlungen*. Hg. von Walter Haug und Burghart Wachinger. Tübingen: Max Niemeyer, 1991. 23–57.

Moser, Christian. „Abgelenkte Falllinien: Kleist, Newton und die epistemische Funktion anekdotischen Erzählens". *Wissensfiguren im Werk Heinrich von Kleist*. Hg. Yixu Lü, Anthony Stephens, Alison Lewis und Wilhelm Voßkamp. Freiburg i. Br.: Rombach, 2012. 169–191.

Moser, Christian. „Angewandte Kontingenz: Fallgeschichten bei Kleist und Montaigne". *Kleist-Jahrbuch* (2000): 3–32.

Moser, Christian. „Kontingenz und Anschaulichkeit: Zur Funktion anekdotischen Erzählens in lebensgeschichtlichen Texten (Plutarch und Rousseau)". *Show, don't tell: Konzepte und Strategien anschaulichen Erzählens*. Hg. Tilmann Köppe und Rüdiger Singer. Bielefeld: Aisthesis, 2018. 57–82.

Moser, Christian. „Die supplementäre Wahrheit des Anekdotischen: Kleists ‚Prinz Friedrich von Homburg' und die europäische Tradition anekdotischer Geschichtsschreibung". *Kleist-Jahrbuch* (2006): 23–44.

Moser, Christian. „Von der Sonne der Wahrheit zum Blitz der Erkenntnis: Epistemische Funktionen der Anekdote – Antike und Neuzeit im Vergleich". *Europäische Gründungsmythen im Dialog der Literaturen: Festschrift für Michael Bernsen zum 65. Geburtstag*. Hg. Roland Ißler, Rolf Lohse und Ludger Scherer. Göttingen: v&r unipress, 2019. 461–474.

Neumann, Gerhard. „‚Die Verlobung in St. Domingo': Zum Problem literarischer Mimesis im Werk Heinrich von Kleists". *Gewagte Experimente und kühne Konstellationen: Kleists Werk zwischen Klassizismus und Romantik*. Hg. Christine Lubkoll und Günter Oesterle. Würzburg: Königshausen & Neumann, 2001. 93–118.

Nichols, Stephen G. „Example versus Historia. Montaigne, Eriugena, and Dante". *Unruly Examples. On the Rhetoric of Exemplarity*. Hg. Alexander Gelley. Stanford, CA: Stanford University Press, 1995. 48–85.

Niehaus, Michael. „Die sprechende und die stumme Anekdote". *Zeitschrift für deutsche Philologie* 2 (2013): 183–202.

Oudin, Antoine. *Neu- und ausführliches Dictionarium von dreyen Sprachen [...]*. Frankfurt: Zubrodts, 1674.

Pérouse, Gabriel-André. *Nouvelles françaises du XVI siècle. Images de la vie du temps*. Geneva: Droz, 1977.

Pérouse, Gabriel-André. „Le Seuil des Essais". *Études montaignistes en hommage à Pierre Michel*. Paris: Honoré Champion, 1984. 215–221.

Rendall, Steven. *Distinguo: Reading Montaigne Differently*. Oxford: Clarendon Press, 1992.

[Salisbury, Johannes von]. *Ioannis Sareberiensis Policratici sive de nugis curialium et vestigiis philosophorum libri VIII*. Hg. Clemens Webb. London: Minerva, 1909.

Schäfer, Rudolf. *Die Anekdote: Theorie – Analyse – Didaktik*. München: Oldenbourg, 1982.

Scheuer, Hans Jürgen. „Keep on Turning! Ein altes Exempel zum besseren Verständnis des Nicht-Verstehens". *LiLi* 172.4 (2013): 189–192.

Schmarje, Susanne. *Das sprichwörtliche Material in den Essais von Montaigne*. 2 Bde. Berlin: De Gruyter, 1973.

Schmidt-Biggemann, Wilhelm. *Topica universalis: eine Modellgeschichte humanistischer und barocker Wissenschaft*. Hamburg: Meiner, 1983.

Schneider, Helmut. „Dekonstruktion des hermeneutischen Körpers: Kleists Aufsatz ‚Über das Marionettentheater' und der Diskurs der klassischen Ästhetik". *Kleist-Jahrbuch* (1998): 153–175.

Schumann, Gottlieb (Hg). *Reales Staats-Zeitungs- und Conversations-Lexicon [...]*. Leipzig: Gleditsch, 1760.

Seifert, Arno. *Cognitio historica: Die Geschichte als Namensgeberin der frühneuzeitlichen Empirie*. Berlin: Duncker & Humblot, 1976.

Seifert, Arno. „Historia im Mittelalter". *Archiv für Begriffsgeschichte* 21.2 (1977): 226–284.

Sng, Zachary. „The Poetics of the Middle in Kleist's ‚Michael Kohlhaas'". *The Germanic Review: Literature, Culture, Theory* 85.3 (2010): 171–188.

Spiegel, Gabrielle M. *The Past as Text: The Theory and Practice of Medieval Historiography*. Baltimore: Johns Hopkins University Press, 1997.

Stadter, Philip A. „Anecdotes and the Thematic Structure of Plutarchean Biography". *Estudios sobre Plutarco: Aspectos formales*. Hg. J. A. Fernández Delgado und Francisca Pordomingo Pardo. Madrid: Ediciones Clásicas, 1996. 291–303.

Starobinski, Jean. *Montaigne: Denken und Existenz*. Frankfurt am.M.: Fischer, 1986.

Stierle, Karlheinz. „Geschichte als Exemplum – Exemplum als Geschichte". *Geschichte. Ereignis und Erzählung*. Hg. Reinhart Koselleck und Wolf-Dieter Stempel. München: Wilhelm Fink, 1973. 347–375.

Stierle, Karlheinz. „Three Moments in the Crisis of Exemplarity: Boccaccio-Petrarch, Montaigne, and Cervantes". *Journal of the History of Ideas* 59.4 (1998): 581–595.

Suleiman, Susan. „Le Récit exemplaire". *Poétique* 32 (1977): 468–489.

Thomas, Yan. *Les opérations du droit*. Paris: Gallimard, 2011.

Vance, Eugene. *From Topic to Tale: Logic and Narrativity in the Middle Ages*. Minneapolis, MN: University of Minnesota Press, 1987.

Vogl, Joseph. „Funktionen des Anekdotischen". https://www.geschkult.fu-berlin.de/e/sfb626/veranstaltungen/veranstaltungsarchiv/workshops/workshopprogramme_und_pics/sfb626_workshop_funktionen_des_anekdotischen.pdf. Exposé des gleichnamigen Workshops des Sonderforschungsbereichs 626, abgehalten am 23. November 2012. (01. Februar 2021).

Vogl, Joseph. *Über das Zaudern*. Zürich: Diaphanes 2007.

Weber, Volker. *Anekdote: Die andere Geschichte*. Tübingen: Stauffenburg, 1993.

Wittchow, Frank. *Exemplarisches Erzählen bei Ammianus Marcellinus: Episode, Exemplum, Anekdote*. Berlin: De Gruyter, 2001.

Zill, Rüdiger. „Minima historia: Die Anekdote als philosophische Form". *Zeitschrift für Ideengeschichte* 8.3 (2014): 33–46.

Joachim Jacob
Rührende Pointen – die Anekdote im Kontext der Empfindsamkeit

1 Kleists Gefühlsspiele

Anekdote.
Ein Kapuziner begleitete einen Schwaben bei sehr regnigtem Wetter zum Galgen. Der Verurtheilte klagte unterwegs mehrmal zu Gott, daß er, bei so schlechtem und unfreundlichem Wetter, einen so sauren Gang thun müsse. Der Kapuziner wollte ihn christlich trösten und sagte: du Lump, was klagst du viel, du brauchst doch bloß hinzugehen, ich aber muß, bei diesem Wetter, wieder zurück, denselben Weg. – Wer es empfunden hat, wie öde Einem, auch selbst an einem schönen Tage, der Rückweg vom Richtplatz wird, der wird den Ausspruch des Kapuziners nicht so dumm finden. (Kleist 1959 [1810], 209)

Heinrich v. Kleists am 30. November 1810 im 53. Blatt der *Berliner Abendblätter* erschienene und schon häufig interpretierte ‚Kapuziner'-Anekdote ist ein Prototyp der ‚literarisierten Anekdote' (Weber 1978, 20), wie sie in der älteren und jüngeren Anekdotenforschung immer wieder an den von Kleists verfassten bzw. bearbeiteten Anekdoten entwickelt worden ist. Ob in ihr wirklich „[d]ie schwankhafte Amoralität, die sich daraus ergibt, daß die witzige Reduktion auf das Banale von demjenigen vorgenommen wird, der von dem Ernst der Situation ernstlich nicht betroffen ist, [...] aufgelöst" wird, indem am Ende „der humane Widerwille gegen die Hinrichtungsprozedur als solche" aufscheint (Weber 1978, 23), sei erst einmal dahingestellt. Kleist selbst jedenfalls hatte kurz zuvor dem Prinz von Lichnowsky, der dem Autor offenbar zweier für ‚unschicklich' gehaltener Anekdoten eine „freundliche Warnung" erteilt hatte, erklärt, dass selbige „das Volk vergnügen und dasselbe reizen" sollten, um es von den Beiträgen in den Abendblättern abzulenken, die „nicht unmittelbar für dasselbe geschrieben" seien (Kleist ⁹1993, 840). ‚Reizen', nach Adelungs Wörterbucheintrag 1798: „Besonders, lebhafte sinnliche Empfindungen hervor bringen" (Adelung 1798, Bd. 3, 1080), tut die Kapuziner-Anekdote in diesem Sinne, indem sie ihre Leser durch ein Wechselbad von Gefühlen schickt. Starker Regen und Galgen stimmen auf eine schwermütige Szene ein, die durch die ‚Klage' des verurteilten Delinquenten zu Gott gesteigert wird. Das Mitgefühl der Leser mag sich noch steigern, wenn das „so schlechte[] und unfreundliche[] Wetter" ernsthaft (oder schon witzig?) als zusätzliche Erschwernis des letzten „so sauren Gang[s]" ins Feld geführt wird und das Wettergespräch eine Brücke „zwischen einem empfindenden Erzähler und den Zeitungslesern" schlägt (Ribbat 2000, 424). Im ‚christlichen Trost', den dieser

Erzähler anschließend ankündigt, schließt sich all dies zusammen – um mit dem ersten Wort des hierfür zuständig erklärten Kapuzinermönchs einen abrupten Stimmungswechsel einzuleiten, der den Todeskandidaten als „Lump" verächtlich macht[1] und ihm das Mitleid versagt, das vielmehr ihm selbst gebühre, der bei schlechtem Wetter auch noch den Rückweg antreten müsse. ‚Human' ist diese Enttäuschung des Mitgefühls beim besten Willen nicht, sondern höchstens in einem ganz anderen, vom kommentierenden Erzähler eingebrachten Sinne (so Ribbat 2000, 424), der sich bei den (Über-)Lebenden hält und Empathie mit ihrer ‚öden Empfindung' „auch selbst an einem schönen Tage" beim „Rückweg vom Richtplatz" vorschlägt.

In einer etwas einfacheren Weise appelliert Kleist an das Mitgefühl des Publikums in seiner Anekdote über Johann Sebastian Bach:

> Anekdote.
> Bach, als seine Frau starb, sollte zum Begräbnis Anstalten machen. Der arme Mann war aber gewohnt, alles durch seine Frau besorgen zu lassen; dergestalt, daß da ein alter Bedienter kam, und ihm für Trauerflor, den er einkaufen wollte, Geld abforderte, er unter stillen Thränen, den Kopf auf einen Tisch gestützt, antwortete: „sagt's meiner Frau." (Kleist 1959 [1810], 85–86)

„Sehr hübsch ist der von Kleist hinzugefügte Zug", merkt Helmut Sembdner zu dieser rührenden Szene an, „daß Bach die Antwort *unter stillen Tränen* gibt, wodurch der Anschein der Gleichgültigkeit vermieden wird (ähnlich in der Kapuziner-Anekdote)" (Kleist ⁹1993, 914). Das ist recht nüchtern formuliert. Denn über das ‚Vermeiden von Gleichgültigkeit' hinaus scheint der „unter stillen Thränen" über den Verlust der geliebten Ehefrau trauernde Komponist derart benommen, von seinen Gefühlen so eingenommen, dass ihr Verlust noch nicht ins Bewusstsein eingedrungen ist. Diesem Maximum an emotionaler Empfindlichkeit arbeitet Kleists gesamte Bearbeitung seiner Vorlage, einer im *Magazin des Wundervollen oder Magazin des Außerordentlichen* 1807 auf den Komponisten Georg Benda gemünzten Anekdote,[2] zu. Aus einem „bekannte[n] Tonkünstler", der nach dem ursprünglichen Titel ein „Beispiel[ ] von Zerstreuung" gibt (Kleist ⁹1993, 913), wird in existentieller Reduktion „[d]er arme Mann" und das für das Leichengewand benötigte „Band" wird durch einen „Trauerflor" ersetzt. Vor allem aber führt

---

1 Die Wortwahl spricht gegen die „Solidarität" des Mönchs „mit dem Opfer" (Weber 1993, 93).
2 Die Vorlage lautet: „Ein bekannter Tonkünstler verlor seine Frau. Da sie in den Sarg gelegt werden sollte, kam seine Tochter zu ihm und forderte einige Groschen zu Band, womit an dem Leichengewande etwas gebunden werden sollte. ‚Ach! liebes Kind, antwortete er, du weißt, daß ich mich um Wirtschaftssachen nicht bekümmern kann, sag es der Mama.'" Magazin des Wundervollen oder Magazin des Außerordentlichen 6, 1807, zitiert nach Kleist (⁹1993, 914).

die von Kleist eingefügte Geste: „den Kopf auf einen Tisch gestützt", einen leibhaft ausdrucksvoll Trauernden vor, der kaum „die Idee der autonomen und integralen Persönlichkeit" verkörpert (Weber 1978, 27), sondern vielmehr die ihrer Verletzbarkeit und anrührenden Trauer. Damit mag zuletzt auch die von Kleist vorgenommene Übertragung auf Johann Sebastian Bach nicht „völlig äußerlich" bleiben (Weber 1978, 27), sondern stellt einen erstaunlichen Kontrast dar zu jenem Bach-Bild, das wenige Jahre zuvor der erste Biograph des Komponisten, Johann Nikolaus Forkel, in seiner Schrift *Über Johann Sebastian Bachs Leben, Kunst und Kunstwerke. Für patriotische Verehrer echter musikalischer Kunst* (1802) gezeichnet hatte. Während Forkel Bach mit kräftigem Pathos zum Nationalhelden und „erste[n] Klassiker, der je gewesen ist, und vielleicht je seyn wird" (Forkel 1982 [1802], 10), erhoben hatte: „Sey stolz auf ihn, Vaterland; sey auf ihn stolz, aber, sey auch seiner werth!" (Forkel 1982 [1802], 127), gibt der Patriot Kleist diesem Helden einen bemerkenswert entheroisierten, gefühlsbetonten Charakterzug.

2 Herzensäußerungen, die Anekdote in der Empfindsamkeit

Kleists anekdotische Gefühlsspiele lassen sich literaturgeschichtlich situieren. Denn mindestens die literarisch Gebildeten unter Kleists Leserinnen und Lesern, der Autor sowieso, sind 1810 literarisch und kulturell noch mit einer vorangegangenen Epoche vertraut, in der das authentische Gefühl und Mitgefühl, Sensibilität und, mit einem Programmwort, „Zärtlichkeit" im Umgang miteinander hoch im Kurs standen (Sauder 2015, 132): der Epoche der *Empfindsamkeit*. Eine weitere Anekdote Kleists, *Der neuere (glücklichere) Werther*, nimmt direkt auf ihren berühmtesten Roman Bezug. Der Empfindsamkeit ging es um die, nicht zuletzt mit literarischen Mitteln und den „Wirkungseffekte[n] der Vereinfachung und Rührung" (Sauder 2015, 132) betriebene, Ausbildung von gefühlssensibel lesenden und lebenden Leserinnen und Lesern, die zur Freundschaft, zu guten Menschen, mitunter zu wahren Christen oder auch nur zu anständigen Bürgern herangezogen werden sollten. Vor diesem Hintergrund lassen sich die Anekdoten Kleists nicht nur als ‚reizende Unterhaltung', sondern auch in einem Horizont empfindsamer Literatur lesen, der zugleich bestätigt wie witzig irritiert wird.

Dies legt die Frage nahe, wie es mit der Anekdote selbst in der Epoche der Empfindsamkeit steht, die sich im deutschen Sprachraum immerhin genau in dieser Zeit als eine eigene Gattung formiert (Rohmer 1992, 574). So schließt Albrecht Christoph Kaysers frühe Definition der Anekdote im *Teutschen Merkur*, dass sie „eine charakterisirende Herzens- oder Geistesäusserung einer Person enthalte" (Kayser 1784, 82), mit dem Merkmal der an erster Stelle genannten „Herzensäusserung" an eine empfindsame Terminologie an, die Johann Adam Hillers vorhergehendem, erstem Versuch, dem deutschsprachigen Publikum „einige besondere Anmerkungen, die man Anecdoten nennt", als eine unterhaltsame, witzige, belehrende und ob ihrer Kürze zeitsparende Textsorte vorzustellen, noch sehr fern liegt (Hiller 1762). Und wenn die Herzensäußerung, wie Kayser weiter ausführt, auf den „sittlichen Charakter" der dargestellten Person rückschließen lässt (wie die „Geistesäusserung" auf „Geist und Verstand" [Kayser 1784, 82]), dann übernimmt Kayser für die Anekdote die auch für die Empfindsamkeit übliche Moralisierung von Empfindung und Gefühl.[3] Spätestens mit dem Eintreten in die Gefühlssphäre wird der Rückschluss auf den Charakter allerdings auch unsicherer und Anekdoten der herzäußernden Art offenbaren damit auch die „unzähligen Widersprüche im Menschen" und der

> daraus zu ziehende[n] Schlußfolge, daß Anekdoten sehr unsichere Kennzeichen eines Charakters sind, wird nicht leicht jemand widersprechen [...]. (Kayser 1784, 84)

Doch die Unsicherheit führt Kayser nicht zur Skepsis gegenüber dem Aufschlusswert der Anekdote, sondern zu einer deutlich gesteigerten Anforderung an ihren Verfasser: „Nur der unzertrennliche Gefährte und Vertraute einer Person kann sie in einzelnen Zügen wahrhaft darstellen" (Kayser 1784, 84). Damit rückt nun nicht nur die Anekdote selbst als Herzensäußerung, sondern notwendig auch ihr *Autor* als „Vertraute[r]" des Charakterisierten in den Kreis des empfindsamen, freundschaftlich vertrauten Umgangs ein. – Über die *Leser* der Anekdoten schweigt Kayser sich noch aus, doch die empfindsam formulierte Anekdote bezieht auch sie, wie sich zeigen wird, in der Aufforderung zu Mitgefühl und Rührung auf zeit- und epochentypische Weise mit ein, in der Anekdote wie in der Anekdotensammlung, im größeren Zusammenhang biographischer Darstellung wie nicht zuletzt auch im empfindsamen Briefwechsel, in dem die Ansprache des Lesenden integraler Teil der Form ist.

Die Geschichte der Anekdote in der Empfindsamkeit ist noch nicht geschrieben. Hinweise auf den Epochenkontext finden sich in den einschlägigen Darstellungen zur deutschen Gattungsgeschichte nicht,[4] aber auch die Emp-

---

[3] Siehe z. B. Ringeltaube (1765, § 6, „Sittliche Empfindungen und der sittliche Geschmack des Menschen", § 7: „Grundgesetz der sinnlichen und sittlichen Empfindung und was der sittliche Mensch sey"). Vgl. hierzu auch die Überblicksdarstellung bei Sauder (2015).
[4] Vgl. etwa den vorzüglichen Überblicksartikel von Ernst Rohmer im *Historischen Wörterbuch der Rhetorik* (Rohmer 1992) sowie die Monographien von Volker Weber (1993) und Sonja Hilzinger

findsamkeitsforschung hat die Anekdote bislang noch nicht als ihren Gegenstand entdeckt.[5] Dies könnte seinen Grund darin haben, dass beides auf den ersten Blick schlecht kompatibel scheint. Pointe, Witz, Esprit, Klatsch und Einsicht bzw. Nachdenklichkeit und nicht zuletzt die prägnante Kürze der Darstellung als mehr oder weniger ausgeprägte Merkmale der Anekdote mögen sich nicht gut mit Empfindsamkeit, Rührung und Gefühl und ihrer expansiven Entfaltung in der empfindsamen Literatur vertragen. Wenn der folgende Beitrag gleichwohl versucht, exemplarisch beides zusammenzuführen, geschieht dies auch weder, um die Geschichte der Anekdote oder die der Empfindsamkeit um- oder gar neu zu schreiben, noch, um ihre mögliche Marginalität gegenüber „Anekdoten die den Verstand und Witz einer Person erproben sollen" (Kayser 1784, 85), zu bestreiten. Aber die angedeutete Reibung ist interessant und vor allem: Es gibt empfindsame Anekdoten.

3 Löffeloths Tod

Kleists Bach- bzw. die sie variierende Benda-Anekdote stehen in einer Tradition von Musiker-Anekdoten, in denen die Musik selbst keine herausgehobene Rolle spielt. In der Anekdote vom Sterben und (frühen) Tod des Nürnberger Komponisten und Tastenvirtuosen Johann Matthäus Löffeloth, die der Schriftsteller und Musiktheoretiker Christian Friedrich Daniel Schubart in seine *Ideen zu einer Ästhetik der Tonkunst* einschaltet, ist dies anders. Schubart verwendet sie in seinen 1784/1785 während der Festungshaft auf dem Hohenasperg entstandenen, erstmals 1806 aus dem Nachlass edierten *Ideen* im Zuge einer ganzen Abfolge von Musikerporträts, die einen Teil des den eigentlichen „Ideen" vorhergehenden musikgeschichtlichen Abrisses ausmachen. Der Eintrag zu Löffeloth lautet:[6]

> *Löffelloth*, der sanfteste Orgel- und Clavierspieler, den man sich denken kann. Sein schwermüthiger Charakter neigte sein Herz zum Adagio, und dieß spielte er mit herzeindringender Gewalt. Er war Genie, und hielt sich demnach an keine Schule. [...] Sein Satz [d. h. Tonsatz, gemeint ist die Art seines Komponierens; J.J.], wie seine Spielart, war so ei-

---

(1997), die die historiographische und didaktisch-moralische Funktion der Anekdote im achtzehnten Jahrhundert hervorheben.
5 Eine interessante, knappe Analyse zur ‚ästhetischen Energie' einer Hannibal-Anekdote in einer Fußnote von Johann Georg Sulzers *Von der Kraft (Energie) in den Werken der schönen Künste* (1765) findet sich bei Torra-Mattenklott (2002, 286).
6 Ich verdanke den Hinweis auf diese Anekdote einem Beitrag Michael Kämmles zum Clavichord in der Empfindsamkeit (Kämmle 2020, Anm. 2).

genthümlich, daß es unmöglich ist, eine Beschreibung davon zu machen. Ahndung des nahen Todes, Thränen, die auf einen Todtenkranz thauen, und zitterndes Vorgefühl künftiger Begnadigung – Spricht sein Satz. Die Hectik raubte dieß seltene Genie der Welt im 26. Jahre seines Alters. Vor seinem Sterbebette stand ein Glisisches Clavicord. Wenig Minuten vor seinem Ende streckte er die dürren Schenkel aus dem Bette, breitete die Hände über sein Clavier aus, und spielte: „Ach Gott und Herr, wie groß und schwer u.s.w. ["] mit unaussprechlicher Anmuth. Von Thränen schimmernd sank er auf sein Lager – und starb.

Dieser Mann würde nicht nur alle nürnbergischen Tonkünstler weit übertroffen haben, sondern Epochenmacher geworden seyn, wenn es dem Schicksal gefallen hätte sein Leben zu fristen. – Zwey Tage nach seinem Tode erhielt er einen Ruf als Capellmeister nach Russland; aber sein höherer Ruf war in Himmel. (Schubart 1806 [1784/1785], 207–208)

Charakter und Vermögen des melancholischen Komponisten, der statt letzter Worte auf dem Sterbebett mit letzter Kraft am Clavichord, *dem* Instrument der Empfindsamen,[7] ‚tränenschimmernd' einen Choral intoniert (dessen angerissene Verszeile im Text der kundige Leser zum Schuldbekenntnis ergänzt: „wie groß und schwer sind mein begangne Sünden!"[8]), bringt dieses Musterstück empfindsamer, sentimentaler Gefühlserregung anekdotisch auf den Punkt. Reichlich auf engem Raum ausgestreute, emotionalisierende Adjektive (‚herzeindringend', ‚zitternd'), Metaphern („neigte sein Herz zum Adagio") tun ihr Übriges. Die intuitive „Ahndung des nahen Todes", Trauerkranz und Tränen und der empfindsam mit der musikalischen Darbietung konnotierte Topos der Unsagbarkeit[9] geben den Rahmen für eine Klimax gleich dreier Pointen: Nach dem Sterben über dem Choralanspiel erfolgt die doppelte Berufung des Künstlerkomponisten – nach Russland, aber „höherer" noch „in Himmel".

Der Umgang mit Anekdoten ist Schubart geläufig. Als Herausgeber der seit 1774 zweimal wöchentlich erscheinenden *Deutschen Chronik* hatte er, ähnlich wie später Kleist, immer wieder Anekdoten auch in seine Zeitschrift eingefügt, die er gerne als ‚zufällige' Assoziationen und ‚Beigaben' zu Berichten ausgibt.[10]

---

7 „*Clavicord*, dieses einsame, melancholische, unaussprechlich süße Instrument [...]. Wer nicht gerne poltert, rast, und stürmt; wessen Herz sich oft und gern in süßen Empfindungen ergießt – der geht am Flügel und Fortepiano vorüber, und wählt ein Clavicord [...]." (Schubart 1806 [1784/1785], 288–289).
8 Text von Martin Rutilius, 1604, Evangelisches Kirchengesangbuch, Nr. 233.
9 Vgl. Wegmann (1988, 47): „wie überhaupt die Musik, als das unüberbietbare Paradigma einer nicht-verbalen und gerade deshalb besonders kommunikationsintensiven Sprache, zu den größten Leistungen fähig ist. Noch die ‚vollkommensten Empfindungen' vermag sie trotz deren ‚Unaussprechlichkeit auf die eigentlichste Art' auszudrücken." (Zitate bei Ringeltaube 1765, 74).
10 Vgl. z. B. 10. St., 21. St., 1774; 2. St. 1775. Eine, allerdings äußerst unsentimentale, Anekdote über den seinem Sohn Johann Christian Ohrfeigen verpassenden J. S. Bach findet sich im 5. Stück, 16.1.1775, im Rahmen einiger „rhapsodische[r] Anmerkungen übers Klavierspielen".

Im vorliegenden Fall ist dies anders. Die Anekdote, deren Grenzen man – sofern man nicht den ganzen Abschnitt als anekdotisch auffassen will – von „Vor seinem Sterbebette" bis „sank er auf sein Lager – und starb", durch den Absatz unterstrichen ziehen könnte, ist nicht nur unmerklich im Übergang in die Darstellung eingepasst, sondern sie trägt gleichsam das empfindsame Porträt des Komponisten. In den musikhistorischen Skizzen Schubarts in den *Ideen* bleibt sie eine Ausnahme – motiviert ist sie, so scheint es, durch den traurigen Umstand eines frühen Todes, der „dieß seltene Genie der Welt im 26. Jahre seines Alters" entzog, aber vor allem durch die besondere *Sanftmut*, die Schubart dem „sanfteste[n] Orgel- und Clavierspieler" attestiert. Denn die Sanftmut ist die zentrale, ja, definierende Eigenschaft des ‚Empfindsamen': „Fähig, leicht sanfte Empfindungen zu bekommen, fähig leicht gerührt zu werden", wie Adelung in der zweiten Auflage seines *Kritischen Wörterbuchs* festhält (Adelung, Bd. 2, 1793, 1800). In dieser Anekdote über einen empfindsamen Tonkünstler kommt sie empfindsam zur Darstellung, um auch empfindsam genossen werden zu können.

4 Die Tränen des Königs

„ein Herz, empfindsam geboren wie das meine"
(Friedrich II. an Madame de Camas, 30. August 1745)[11]

„In so heillosen Zeiten muß man sich mit Eingeweiden von Eisen und einem ehernen Herzen versehen, um alle Empfindsamkeit los zu werden. Jetzt ist die Zeit zum Stoicismus."
(Friedrich II. an den Marquis d'Argens, 19. Juli 1757)[12]

In der Geschichte der deutschen Anekdote nehmen seit dem Ende des achtzehnten Jahrhunderts Anekdoten um Friedrich II. als Ausweis wie als Medium seiner (vermeintlichen) Popularität und Verehrung eine herausgehobene Rolle ein. Beigetragen hierzu hat die in sechs Bänden, zwei Jahre nach dem Tod Friedrichs 1786 begonnene kritische Anekdotensammlung und -sichtung Friedrich Nicolais *Anekdoten von König Friedrich dem Zweiten von Preussen* (1788 – 1792). Sie hat auch in der Theoriegeschichte der Gattung Bedeutung erlangt, insofern Nicolai in besonderer Weise an der historischen Wahrheit der über-

---

11 „Vous jugez bien qu'il est difficile pour un cœur né sensible comme le mien d'étouffer la douleur profonde que cette perte me cause." (Friedrich II. 1851, 162).
12 Abschrift aus einem Brief Friedrich II. an den Marquis d'Argens, 19.7.1757 (Rödenbeck 1840, 311).

lieferten Anekdoten um den König gelegen war.[13] Soll die tatsächliche Gefühlsempfindlichkeit des – immerhin Flöte spielenden („jenes Instrument, auf welchem er Meister und im Ausdruck des Zärtlichen groß ward; das weichste und sanfteste unter allen"[14]) – Monarchen hier nicht zur Debatte stehen, gilt jedenfalls für den Autor bzw. ‚Redakteur' seiner anekdotischen Charakterisierung (Falk 2008), dass dieser, Friedrich Nicolai, keineswegs als Anwalt der Empfindsamkeit, sondern vielmehr schon in den 1770er Jahren mit großem Echo als ihr entschiedener Kritiker hervorgetreten war. So etwa als Verfasser der von Kleist später noch einmal aufgenommenen, oben schon angesprochenen Werther-Parodie *Freuden des jungen Werthers* (1775), vor allem aber auch mit seinem mit den ‚schwärmerischen' Empfindsamen abrechnenden satirischen Roman *Das Leben und die Meinungen des Herrn Magister Sebaldus Nothanker* (1773– 1776).

Es ist darum nicht erstaunlich, dass Nicolai in den von ihm ausgewählten und für wahr befundenen Friedrich II.-Anekdoten einen gefühlsmäßig sorgfältig temperierten Monarchen vorführt, die gleichwohl mitunter auch „die Empfindlichkeit von Friedrichs Herzen" belegen, ohne „dass es eines Kommentars bedürfte", wie Nicolai einen ungenannt bleibenden Zuträger zitiert (Nicolai 1789, Heft 2, 220). Eine größere Herausforderung für den Aufklärer stellen demgegenüber die überlieferten Todesgedanken des Monarchen dar, genauer: heikle Selbstmordphantasien während des Siebenjährigen Krieges, begleitet zudem von „sehr glaubwürdigen Zeugnissen, daß der König wirklich während des schweren siebenjährigen Krieges Gift bey sich getragen hat" (Nicolai 1789, Heft 2, 157). Eine „königliche Gefühlsökonomie" und das ihr anvertraute Gemeinwohl droht damit aus der Beherrschung zu geraten (Frevert 2012, 37). Nicolai erweist sich beidem gegenüber, immerhin im Revolutionsjahr 1789, als loyal und stellt fest, dass diese „trüben Gedanken [...] eher philosophische Herzensergießungen, als Verzweiflung waren", die im übrigen „herrlichsten und heitersten Gedanken" weichen, sobald der König wieder an seine Pflicht denkt (Nicolai 1789, Heft 2, 162–163). – Zugelassen werden darf die Rührung jedoch auf der Seite der (lesenden) Unter-

---

13 Siehe hierzu insbesondere die Darstellung bei Falk (2008); eine Gesamtwürdigung von Nicolais Friedrich II.-Anekdoten im historischen Kontext und mit Bezug auf die Gattungsgeschichte geben Weber (1993, 59–66) und Hilzinger (1997, 69–74).
14 Johann Jakob Engel: *Lobrede auf den König* 1781, zitiert nach Frevert (2012, 48). Der Aufsatz von Frevert versammelt sehr interessantes Quellenmaterial zur Erziehung, Selbst- und Fremdwahrnehmung sowie zur ‚Gefühlspolitik' Friedrich II. im Kontext der Empfindsamkeit, das aus literaturwissenschaftlicher Sicht noch differenzierter betrachtet werden könnte. Siehe zum Thema auch den ausgezeichneten, die zeitgenössische Literatur und Friedrichs eigene Literaturkritik berücksichtigenden Aufsatz Uwe Steiners (2005).

tanen. So „erweckt [es], mir wenigstens, äußerst rührende und theilnehmende Betrachtung: diesen Helden, in den zweifelhaftesten und gefährlichsten Vorfällen, als Menschen, und als denkenden Mann unter dem Einflusse menschlicher Leidenschaften zu sehen" (Nicolai 1789, Heft 2, 163–164). Nicolai, der in seinen jungen Jahren in seiner *Abhandlung vom Trauerspiele* (1757) eine bemerkenswert radikale Theorie der leidenschaftlichen Wirkung von Tragödien um ihrer selbst willen aufgestellt hatte, versetzt auch hier seinen „Helden" Friedrich gleichsam auf die Bühne. Zwischen dem Gefühlshaushalt des ‚denkenden Mannes' und derer, die ihn mitfühlend betrachten und sich ohne Schaden einer „äußerst rührende[n] und theilnehmende[n] Betrachtung" überlassen dürfen, kann getrennt werden.

Eine „rührende Szene" ist auch vom Schlachtfeld überliefert, wenn Friedrichs Soldaten, um sich nach überstandenem Kampf von „Durst und Frost" abzulenken, spontan und „aus Herzensgrunde" ein „Nun danket alle Gott!" anstimmen (Nicolai 1789, Heft 3, 245). Eine eigene Abteilung innerhalb der Sammlung bringt schließlich „Beyspiele, wie sehr der König des Mitleidens und sanfter menschlicher Empfindungen gegen diejenigen fähig war, die er persönlich leiden sah" (Nicolai 1789, Heft 3, 268; 268–271), d. h. also wiederum temperierter Gefühle, die vor allem den fürsorgenden, lieben Landesvater charakterisieren, getreu des eigenen Programms, ein „Fürst" zu sein, „dem es gegeben ward, Liebe zu erwerben (*de se faire aimer*)", nur ein solcher „wird wirklich Herr über die Herzen sein" (*Antimachiavell*, 1739, zitiert nach Frevert 2012, 41).

Die innere Empfindung des Monarchen selbst verrät dagegen besonders sein meisterhaftes Flötenspiel, dessen musikalische „Wendungen" „auf den jedesmaligen Gemüthszustand dieses außerordentlichen Virtuosen" schließen lassen (Nicolai 1789, Heft 3, 247–249). Die Nähe Friedrichs II. zur Musik birgt jedoch auch ein Risikopotential: das Risiko ungehemmter Empfindung und sentimentaler Schwäche, das einem Regenten ebenfalls schlecht ansteht. Dieses Risiko verdeutlicht exemplarisch die ‚Te-Deum'-Anekdote, die sich um die Heimkehr Friedrich II. aus dem Siebenjährigen Krieg rankt, der beim Anhören eines aus diesem Anlass zur Aufführung in der Kapelle des Charlottenburger Schlosses befohlenen „Te Deums" Carl Heinrich Grauns mit ihm als einzigem Zuhörer „die Augen verborgen" gehabt habe, „um den Thränen des Danks gegen den Ewigen freyen Lauf zu lassen" (Nicolai 1790, 81).[15] Die Besprechung bzw. Berichtigung dieser Anekdote vom ungezügelten Gefühlsüberschwang Friedrichs II. steht an der Spitze der regelmäßig von Nicolai in die Bände seiner Sammlung einge-

---

15 Vgl. etwa *Sammlung der wichtigsten Nachrichten, Gedichte und Anekdoten den höchstseeligen Friedrich II. König von Preußen betreffend*: 72.

schalteten Rubrik „Zweifel und Berichtigungen über schon gedruckte Anekdoten von König Friedrich II." des vierten Bandes 1790. Auf nicht weniger als zehn Seiten – ein Indiz für die Bedeutsamkeit des Angesprochenen – führt Nicolai diverse Varianten dieses „Histörchen" vor (Nicolai 1790, 82), verfolgt den Ursprung der Anekdote und rückt grundsätzliche Ausführungen zum Entstehen und Verfälschen von Anekdoten ein, um schließlich darauf zu kommen, „daß alles ganz anders seyn muss, als es erzählt wird" (Nicolai 1790, 84). Doch am Ende muss auch Nicolai mit der Bescheidenheit des aufrichtigen Historikers den Wahrheitsgehalt der Anekdote offen lassen:

> Daß dem Könige das *Te Deum* sehr gefiel, daß Er besonders von dem so herrlichen *Te ergo quaesumus* mit großem Beyfalle sprach, weiß ich. Ob Er geweint, ob Er sich am Ende verneigt habe, weiß ich nicht. (Nicolai 1790, 88)

Nicolais Korrektur war kein Erfolg beschieden. Johann Friedrich Reichardt, Komponist, Musikschriftsteller und als Kapellmeister der königlichen preußischen Hofkapelle seit 1775 sicher in dem Ruf, nahen Umgang mit dem König gepflegt zu haben, druckt die inkriminierte Anekdote im V. Stück seines *Musikalischen Kunstmagazins* 1792 als *Musikalische Anekdoten von Friedrich dem Grossen* gleich an erster Stelle nach. Jetzt sieht man den König „bey den stärcksten und rührendsten Stellen" gar „oft mit dem Schnupftuche vor den Augen" – und bei einer weiteren Gelegenheit, nach dem Anhören einer Cantate Grauns auf ein von dem Monarchen selbst verfasstes Gedicht, diesen unverdeckt „stillschweigend und mit nassen Augen davon" gehen (Reichardt 1791, 40).

5 Doppelporträts – Friedrich II. – Anekdoten in Bild und Text

Als der junge und glühende Friedrich II.-Verehrer Adolf Menzel die ein weiteres Mal weitergegebene Anekdote vom weinenden König für Franz Kuglers außerordentlich populäre *Geschichte Friedrich des Grossen* (1840–1842) illustriert[16] – Kugler lässt Friedrich zudem noch, man erinnert sich an Kleists trauernden Bach, „das Haupt in die Hand gestützt" halten –, zeigt Menzel keinen weinenden König, sondern lässt ihn, am unteren Bildrand und nur mit dem Oberkörper sichtbar, aus dem Bild heraus mit leicht geneigtem Kopf und keinerlei äußerem Anzeichen von Rührung zu Boden schauen (Kugler/Menzel 1842, 513). Zwischen dem

---

16 Ich danke für diesen Hinweis Johannes Süßmann, Paderborn.

erzählten und dem gezeichneten König liegen Welten, oder auch die Zeitspanne, die es braucht, sich vom Weinen zu erholen. Diese erstaunliche Differenz ist jedoch, wie es scheint, nicht nur eine wirkungsästhetisch motivierte, um Leserin und Betrachter ein zeitlich gedehntes Doppelporträt eines Königs zu liefern, der sein Gefühl zulässt *und* wieder beherrscht, sondern auch durch das Medium der anekdotischen Darstellung bestimmt.

Einen Vorläufer hat diese doppelte Präsentation in einer zeitlich parallel zu Nicolais Anekdotensammlung publizierten Präsentation von Friedrich II.-Anekdoten. Im *Gothaischen Hof Kalender zum Nutzen und Vergnügen eingerichtet auf das Jahr 1789* erscheint eine Folge von zwölf graphischen Blättern Daniel Chodowieckis *Anekdoten und Charakterzüge Friedrichs II.* Die jeweils mit einem kurzen Ausspruch unterzeichneten Blätter (s. Abb. 1) lockern die ersten ‚nützlichen', eng mit einem Kalendarium, Planetenständen, diversen Tabellen und dergleichen bedruckten neunzig Seiten des *Hof Kalenders* auf, zwischen die Chodowieckis *Anekdoten und Charakterzüge* zur Unterhaltung der Benutzer eingestreut sind. Vorgeschaltet ist dem Kalenderteil eine nicht unterbrochene *Erklärung der 12. Kupfer aus den Anekdoten und Charakterzügen Friedrichs des zweyten, Königs von Preussen*, die eine wortwörtliche, aber – mit gutem Gespür für die Pointe – gekürzte Übernahme von Friedrich-Anekdoten aus Friedrich Ungers seit 1786 in fortgesetzten ‚Sammlungen' erscheinenden *Anekdoten und Karakterzüge aus dem Leben Friedrich des Zweiten* ist. Die auf Chodowieckis graphischen Blättern notwendig jeweils in ein ‚charakteristisches' Bild zusammengezogenen anekdotischen Szenen aus dem Leben Friedrich II. finden in ihnen ihre ‚erklärende' Parallelerzählung.[17]

Das 9. Blatt des Zyklus' des vielgerühmten „Seelen-Zeichner[s]" Chodowiecki (Lichtenberg 1778, 25) nimmt das Thema des empfindsamen Monarchen auf (Abb. 1). Der historische Hintergrund ist dieses Mal nicht die Musikaffinität des Königs, sondern, emotional noch eindringlicher, der Tod des sogenannten ‚Lieblingsneffen' Friedrichs II., Prinz Heinrich von Preußen, der am 26.5.1767 mit 19 Jahren an den Pocken gestorben war.

---

[17] Die mit Gotthold Ephraim Lessings im *Laokoon oder: über die Grenzen der Malerei und Poesie* (1766) verbreitete Idee des ‚fruchtbaren Augenblicks' findet in diesen Blättern gewissermaßen ihre anekdotische Applikation. Dass die parallele Präsentation auch dem Bearbeiter des Anekdotentexts vor Augen stand, zeigt sich u. a. im Fortlassen gestischer Beschreibungen in der *Kalender*-Fassung gegenüber der Vorlage bei Unger.

Abb. 1: Daniel Chodowiecki, *Anekdoten und Charakterzüge Friedrichs II.*, 1789, Blatt Nr. 9.[18]

Das Blatt, das den König, rechts im Bild, zu einem ihm gegenüberstehenden Uniformierten auf dessen Herz weisend sprechen lässt: „Er hat den Schmerz auf der Zunge und ich hier", setzt die Kenntnis dieser historischen Zusammenhänge voraus bzw. destilliert sie zu einer charakteristischen Eigenheit des Porträtierten im Umgang mit Trauer. Untertan und König sind in Gefühl und Mitgefühl miteinander verbunden. Ihre Spannung erhält die dargestellte Szene durch die Differenz, die mit Friedrichs Zurückweisung der, wie zu vermuten, tröstenden Worte in sie eingezogen ist. Gibt sich der Monarch mit der Sentenz „Er hat den Schmerz auf der Zunge und ich hier" als trauernder, innerlich fühlender Mensch zu erkennen, beweist die von ihm fortweisende Geste auf das Herz des anderen zugleich eine Souveränität, die ein sentimentalisches Versinken in die eigene Sub-

---

[18] Gothaischer Hof Kalender 1788, [D]3[r]. Mit ergänzendem Material: https://st.museum-digital.de/index.php?t=objekt&oges=65691&cachesLoaded=true (23. September 2020). Ich danke dem Gleimhaus Museum der deutschen Aufklärung, Halberstadt, für die freundliche Genehmigung des Abdrucks. Auch diese Anekdote ist häufig kolportiert und literarisch z. B. in Theodor Fontanes *Wanderungen durch die Mark Brandenburg* eingegangen (Fontane 1976, 363–365).

jektivität ausschließt. Vor allem aber lässt die Gegenüberstellung des ‚Schmerzes auf der Zunge', der ausgesprochenen Erschütterung also, für die sich Worte finden lassen, und der eigenen wortlosen Empfindung, die ihren Sitz nur im Herz hat, auf eine emotionale Disziplin schließen, die den empfindsamen Unsagbarkeits-Topos umdeutet. Die königlichen Worte sind nicht nur gegen den unkontrollierten sprachlichen Gefühlsausbruch gesetzt, sondern verbieten (sich) heroisch den verbalen Ausdruck von Trauer überhaupt. So lässt sich diese unartikulierte Trauer nur *zeigen*.

Die erzählerische Darbietung derselben Szene in der einige Seiten vorher gegebenen *Erklärung der 12. Kupfer aus den Anekdoten und Charakterzügen Friedrichs des zweyten* weicht nun allerdings auf bemerkenswerte Weise von dieser sprach- und bildkritisch reflektierten Darstellung ab.[19] Als der König den Brief erhält, der ihn vom Tod des jungen Neffen unterrichtet, erschrickt er so, dass ihm der Brief aus der Hand fällt und seine Tränen rollen. Die daraufhin von einem der „hohen Officiere[] der Suite" „allerunterthänigst" vorgetragene Bitte, der König möge sich „beruhigen" (Gothaischer Hof Kalender 1788, [a]3v), vertauscht geradezu die Rollen und, noch mehr, der Monarch weist das Ansinnen ausdrücklich zurück („Er hat unrecht"). Das erst hierauf als Erläuterung folgende „er hat den Schmertz auf der Zunge, und ich hier" verkehrt sich zu einem Nachhilfeunterricht in authentischer Trauerarbeit, der – nun ganz im Geist der Empfindsamkeit – von einem neuerlichen Tränenstrom begleitet wird:

> Bey diesen Worten stürzten häufige Thränen aus dieses großen Monarchen Augen. Darauf wand[t]e er sich weg und sagte: Ich will allein seyn. (Gothaischer Hof Kalender 1788, [a]3v)[20]

---

19 Die Vorlage findet sich im 11., im selben Jahr erschienenen Band von Friedrich Ungers *Anekdoten und Karakterzüge aus dem Leben Friedrich des Zweiten* (Unger 1788, 32–33). Die Fassung des *Gothaischen Hof Kalenders* lautet: „9. Da dem König das Absterben des jungen Prinzen Heinrichs, (Bruders des jetzt regierenden Königs) hinterbracht wurde, erschrack er so, daß ihm der Brief, den er eben von seiner Schwester, der Königin von Schweden, erhalten hatte, aus der Hand fiel. Dann stand er auf, ging einige Schritte, und trocknete sich die herabrollenden Thränen. Einer von den hohen Officieren der Suite sagte zum König: Ew. Majestät, ich bitte allerunterthänigst, beruhigen Sie sich! – – Er hat unrecht, erwiederte der König, er hat den Schmertz auf der Zunge, und ich hier. Bey diesen Worten stürzten häufige Thränen aus dieses großen Monarchen Augen. Darauf wand[t]e er sich weg und sagte: Ich will allein seyn." (Gothaischer Hof Kalender 1788, [a]3v).

20 Tatsächlich hatte Friedrich selbst in seiner am 30.12.1767 in der Berliner Akademie verlesenen *Gedächtnisrede auf Prinz Heinrich den Jüngeren* öffentlich die Träne nicht gescheut, aber selbige doch in eine gleich schon für das zukünftige Zitat zubereitete literarische Form gegossen: „Der Tod, meine Herren, ist uns allen beschieden. Wohl denen, die mit dem tröstlichen Bewußtsein sterben, daß sie die Tränen der Überlebenden verdienen!" (Hier zitiert nach der deutschen Übersetzung [Friedrich 1794, 189]).

Die doppelte Präsentation der Anekdote im *Gothaischen Hof Kalender* zeigt Lesenden wie Betrachtenden, dass anekdotisches Erzählen oder Zeigen königlicher Gefühle nicht dasselbe sind.

6 Die Anekdote im empfindsamen Brief I (Moller, Klopstock)

Für die Erziehung des Gefühls ist in der Epoche der Empfindsamkeit vonseiten der Literatur allerdings weniger die Lektüre von Zeitungen, Biographien oder Musikgeschichten von Belang, als vielmehr die sich entwickelnde Briefkultur.[21] So hatte schon der Mitbegründer der Empfindsamkeit, Christian Fürchtegott Gellert, die Empfindlichkeit und leichte ‚Rührbarkeit' zur zentralen Voraussetzung für einen guten und natürlichen Briefstil erklärt (Gellert 1989 [1751], 136–137). In der Folgezeit wird sich die Briefform – und in der literarisierten Form der Briefroman – zum prädestinierten Medium für die authentische Artikulation von Gefühlen und Empfindungen entwickeln.

Rührende Anekdoten haben dennoch in empfindsamen Briefwechseln keinen angestammten Platz. Auch wenn Brief und Anekdote äußerlich darin konvergieren, der Kommunikation von Neuigkeiten und Geschichten über wirkliche Personen zu dienen, belegt die kursorische Lektüre überlieferter Briefwechsel aus den Kreisen der Empfindsamen eher das Gegenteil. Die Anekdote ist in ihnen die Ausnahme. Denn angesichts eines Briefideals der Spontaneität, Lebensnähe und Rührung – Beispiele hierfür werden gleich folgen –, des wechselseitig unendlich fortgeschriebenen und fortschreibbaren Gefühls, bleibt das zur Pointe geschliffene Anekdotische eher ein Fremdkörper, auch in seiner rührenden Version. Die Anekdote als Ausdruck und Form eines Interesses an der dritten Person steht der bisweilen hemmungslosen Subjektivität, die sich im empfindsam-freundschaftlichen Privatbrief aussprechen kann, entgegen. Von daher ist es mehr als bezeichnend, dass Anekdoten in der empfindsamen Korrespondenz vornehmlich Anekdoten in eigener Sache sind.

Dies sei zuerst an einem Beispiel aus der Feder eine der „größten deutschen Briefschreiberinnen" verdeutlicht, Meta Moller, spätere verheiratete Klopstock, deren Briefe von einer „bis dahin beispiellosen Lebendigkeit, Gefühlstiefe und Unmittelbarkeit" zeugen (Nickisch 1976, 44). Selbige schreibt ihrem erst frisch

---

[21] Vgl. Adam (2004). Ich nenne hierzu nur die Monographien von Reinlein (2003) und Lange (2016) sowie die Bände von Aurnhammer et al. (2004) sowie Schuster und Strobel (2013) mit epochenspezifischen Beiträgen zum Thema.

gewonnenen Brieffreund Friedrich Gottlieb Klopstock am 13. Juli 1751 – man hatte sich wenige Wochen zuvor in Hamburg in einer anekdotenreifen Szene kennengelernt, von der hier aber nicht die Rede sein soll[22]:

> Hamburg, den 13ten Jul: 1751.
> In der, mir jetzt geheyligten Stunde, zwischen sieben u: acht.
>
> Mein süssester Klopstock.
> Ich hätte Ihnen gerne eher geschrieben, wenn ich nur eher in der Stadt gewesen wäre. Und auf dem Garten, wo ich bisher gewesen bin, habe ich gar keine Gelegenheit dazu gehabt. Aus grosser Höflichkeit ließ man mich keinen Augenblick allein. Ich affectirte zweymal eine Müdigkeit. Ich sagte, ich wollte nach meinem Zimmer gehen u: schlafen, meine wahre Meinung aber war, an Sie zu schreiben<.> Die Tochter vom Hause aber war so gut, die Höflichkeit die sie des Nachts für mich hatte, auch des Tages fortzusetzen, nämlich mir im Schlaf Gesellschaft zu leisten. Ich muste mich also hinsetzen u: thun als wenn ich schliefe. Ich konnte nun nicht an Sie schreiben; ich konnte nur an Sie denken, u: dieses that, was der Schlaf vielleicht nicht gethan hätte, es machte mich recht munter. Ein jeder rühmte meinen Schlaf.
> Ihr letzter Brief ist so süß, mein lieber Klopstok, daß ich glaubte, ich hätte Sie jetzt noch lieber, wenn ich meinen lieben Freund nicht schon vorher so lieb gehabt hätte, daß ich kaum glaube, daß meine Freundschaft zu nehmen kann. Aber mein lieber, süsser Klopstok, was habe ich Ihnen denn wieder für Schwierigkeiten wegen meines Portraits gemacht? Ich weis wirklich nicht, was ich davon mag geschrieben haben. [...] (Klopstock [1751] 1985, 60)

Metas Brief bietet keine ausgefeilte, literarisch durchgeformte Anekdote; anekdotisch aber lässt sich doch die eingangs erzählte kleine Begebenheit von der Schwierigkeit auffassen, eine intime Korrespondenz mit dem „so süße[n] Klopstok" fortzuführen, und sie endet effektsicher mit einer kleinen Pointe: „Ein jeder rühmte meinen Schlaf."

Gerahmt wird die anekdotische Begebenheit von reflexiven Bemerkungen über die Korrespondenz, wie sie für die empfindsame Briefkultur typisch sind, in der das Briefeschreiben an sich schon einen Wert darstellt und in seiner Frequenz Indiz für Freundschaft und zärtliche Verbindung ist. Nach weiteren Freundschafts- und Liebesbeteuerungen nimmt die Briefschreiberin die offensichtlich nicht ganz einfach zu erfüllende Bitte des Freundes nach einem Porträt wieder auf, um dann mit familiären Neuigkeiten fortzufahren, Grüße auszurichten, zu bestellen und zu berichten, ausgerichtete Grüße bestellt zu haben – mit kommunikativen Nichtigkeiten also, die jedoch wie das Wettergespräch in Kleists Kapuziner-Anekdote keineswegs funktionslos, sondern in Mollers Fall Ausdruck freundschaftlicher Verbindungsabsichten sind.

---

22 Siehe dazu Jacob (2004).

Im Fluss dieser freundschaftlich-zärtlichen Briefkommunikation bildet die kleine private Anekdote gewissermaßen den Auftakt, in dem das zärtliche Gefühl eine Gestalt gewinnt, deren Botschaft jedoch, ganz anders als im Falle der emotionalisierten Anekdoten Kleists oder Schubarts, auf nichts als die Übermittlung reiner Selbstbezüglichkeit hinausläuft. Aber weil eben diese Botschaft so schnell gesagt ist wie sie langweilig zu werden droht, verankert die versierte Briefschreiberin die empfindsame Zweisamkeit in der Welt der „Gesellschaft", auf dass sie, den anekdotischen „effect of the real" nutzend (Fineman 1989, 61), sich als ebenso wirklich liebende Freundin charakterisiert.[23]

7 Die Anekdote im empfindsamen Brief II (Gleim, Jacobi)

Der Briefwechsel zwischen Johann Georg Jacobi und Johann Wilhelm Ludwig Gleim – zwei Hauptvertretern der deutschen Empfindsamkeit – vom Dezember 1766 bis zum März 1768 in der ersten Auflage 1768 gleichsam noch ‚warm' publiziert, um den Zeitgenossen ein Denkmal und Vorbild empfindsamer Briefkommunikation zu geben,[24] steigert die Selbstbezüglichkeit noch einmal beträchtlich.

Aus den unaufhörlichen gegenseitigen Gefühls- und Liebesbeteuerungen, die mit der permanenten gedanklichen Gegenwart des Anderen rechnen, lässt sich aber doch eine (einzige) Szene mit anekdotischer Qualität abheben. Als ‚Szene' wird die kleine ‚rührende' Begebenheit, die sich in Gleims Haus in seinem sogenanntem ‚Freundschaftstempel' (einer weithin bekannten Porträtgalerie seiner Freundinnen und Freunde; Scholke 2000) abspielt, auch eingeführt. „Gestern, Abend, liebster Freund, hatten wir in meinem kleinen grünen Zimmer einen rührenden Auftritt", berichtet Gleim dem Freund Jacobi am 22. Januar 1768: „Ein Student, der von Leipzig kam, ließ sich melden […]; seine bescheidene sanfte Miene verriet uns aber gleich den artigsten jungen Menschen von zwanzig Jahren!" (Gleim und Jacobi 1768, 232). Trotz seiner Jugend klagt der Student über seine schwache Gesundheit, seine schwindende Seh- und Hörkraft und über eine un-

---

[23] Auf Friedrich II. richten sich die zärtlichen Gefühle Mollers nicht. Auch wenn sie es „nicht gut leiden [könne], wenn der König v. Pr: eine Schlacht verlöre", habe sie keineswegs „den K. v. Pr. *überhaupt* so lieb" (16. Oktober 1756, an ihre Schwestern, Hervorh. im Original, zitiert nach Frevert 2012, 46). Metas Schwester Elisabeth Schmidt urteilt noch strenger, dass Friedrich II. „nur viel Land und Un[ter]thanen, u[nd] nicht deren Herzen, Liebe u[nd] Dankbahrkeit" besäße (24.–26. Dezember 1756 [Klopstock 1956, Bd. 2, 563]).
[24] Zur ablehnenden zeitgenössischen Aufnahme des Briefwechsels siehe allerdings Adam (2004, 18–19).

befriedigende Begegnung mit Gellert in Leipzig, der ihn „auf die Ewigkeit vertröstet [habe]; Aug' und Ohren werden dort nicht Fleisch und Knochen seyn!" (Gleim und Jacobi 1768, 233). Ist dieser Trost durch den berühmten Leipziger Dichter wenig rührend, ist es doch die Darbietung des unglücklichen Studenten. Gleim kommentiert für Jacobi, nicht ohne diesen gleich an den eigenen Tod zu erinnern: „Mit einer Stimme sagt' er es, mein liebster Freund, die sanfter und rührender war, als Ihre Leyer einst erthönet, wenn sie ihren Gleim beweinen wird" (Gleim und Jacobi 1768, 233). Doch ein überraschender Glückswechsel, hier einmal ausnahmsweise vom Unglück ins Glück, setzt ein, als Gleim seinen Besucher in den ‚Freundschaftstempel' führt. Die Stimmungslage hellt sich schlagartig auf:

> Ganz entzücket sah er alle aufgestellte Bilder! Am längsten verweilte sein bewafnetes Auge bey Klopstock! Alle kleine Anecdoten wust' er von ihm, seine Reisen, seine Freundschaft, Alles wust' er von ihm! (Gleim/Jacobi 1768, 233–234)

Die „kleine[n] Anecdoten" über Klopstock beschäftigen das Gespräch nicht weiter,[25] stattdessen jedoch die Frage, wann die nächsten fünf Gesänge (X–XV) seiner *Messiade* erscheinen werden, bis Gleim den Besucher vor das Porträt des Brieffreundes Jacobi führt:

> Seine Fragen wurden munterer, und verriethen große Wißbegierde. Nächstens, sagt' ich, sende ich Ihnen etwas von ihm. Mit der liebenswürdigsten Bescheidenheit verbat er diese große Ehre! Sagen Sie mein liebster Freund, verdient er nicht die große Ehre? Nun empfahl er sich! Nach einer halben Stunde war er wieder da; *nehmen sie es doch nicht übel, daß ich wieder komme, sie nur einmahl noch zu sehen, denn in meinem ganzen Leben möcht ich nicht so glücklich wieder seyn; ich entferne mich zu weit, und mein Gesicht wird immer dunkeler.*
> Im innersten gerührt, liebster Freund,
> Enthielt ich mich der Thränen nicht;
> Ihr Götter sehet, wie er weint,
> Eröfnet sein Gehör, und stärket sein Gesicht!
> Wollen Sie wissen, wie er heißet, dieser edle Jüngling, der Sohn einer ihn zärtlich liebenden Mutter, den ich, wegen seines guten Herzens, das in jeder Silbe sich verriethe, so gern bey mir behalten hätte? Benzler heißt er, und ich bin usw. (Gleim und Jacobi 1768, 235–236; Hervorhebung im Original)

Der Plot der mitgeteilten Szene, an die nur noch knapp die Grußformel angehängt ist, ist denkbar dürftig: Ein fremder Student besucht Gleim, verabschiedet sich und kehrt um, um den Dichter noch einmal zu sehen, weil die Ferne des Wohnorts und eine drohende Erblindung ein Wiedersehen verwehren wird. Ihr rührender Gefühlsgehalt ist dagegen beträchtlich, jedenfalls setzt der sie übermittelnde Brief-

---

25 Reichlich mit solchen versorgt ihre Leser ein paar Jahre später die fünfbändige Biographie von Carl Friedrich Cramer (1780–1792).

schreiber alles daran, ihr einen solchen zuzuschreiben. Er gipfelt in dem enthusiastischen, in Verse ausbrechenden Kommentar, mit dem der Schreiber „im innersten gerührt" eine Fürbitte an die Götter um Gesundheit für den neuen Freund formuliert, die durch die miteinander geteilte Träne besiegelt wird: „Enthielt ich mich der Thränen nicht; / Ihr Götter sehet, wie er weint". – Anekdotische Form gewinnt die Erzählung, die geradezu mustergültig A. C. Kaysers Definition der ‚charakterisierenden Herzensäußerung' erfüllt, spätestens mit dem effektvoll inszenierten Ende des Briefs, an dem Gleim zu guter Letzt den Namen seines Besuchers enthüllt: „Benzler heißt er", und dem Freund damit seine reale, identifizierbare Gestalt gibt.

Johann Lorenz Benzler und Gleim wird eine lebenslange Freundschaft mit weiteren Besuchen und einem ausgedehnten Briefwechsel verbinden (Scholke 2000, 66–67). Dass Benzler später als Schriftsteller und Übersetzer u. a. von Laurence Sternes *Empfindsamer Reise* (Sterne 1802) und damit desjenigen Textes hervortreten wird, dem die Epoche der Empfindsamkeit im Deutschen ihren Namen verdankt, ist eine zusätzliche Pointe. Ebenso wie der Umstand, dass zuletzt aus der gesamten Korrespondenz Gleims mit Jacobi, aus Gleims Korrespondenz überhaupt, gerade dieser ‚Anekdoten'-Brief Eingang in die zeitgenössischen Exempelsammlungen des guten Stils und vorbildlicher Briefkunst gefunden hat: von Gottfried August Bürgers (selbst noch ein Empfindsamer) posthum aus Vorlesungen zusammengestellten *Lehrbuch des deutschen Styles* (1826, 547–548) über Johann Joachim Eschenburgs *Beispielsammlung zur Theorie und Literatur der schönen Wissenschaften* (1794, 151–153) bis zu George Crabbs *German extracts. From the best German authors* (1811, 142–144).

8 Karschs *Einfälle* – Anekdoten in eigener Sache

Eine ‚zärtliche' Freundschaft mit Gleim unterhält auch Anna Louisa Karsch in ihrem empfindsamen Briefwechsel (Reinlein 2003, 114–163), zu welchem auch das antikisierende Rollenspiel gehört, das der ersten freien deutschen Dichterin das bis heute wirksame Etikett der ‚deutschen Sappho' anhängt. Zur Anekdote disponiert Karsch jedoch vor allem ihre zum Markenzeichen werdende Schlagfertigkeit wie auch ihr patriotisches Engagement für Friedrich II.[26]

Damit wird Karsch jedoch zunächst einmal selbst zum Gegenstand von Anekdoten, wie etwa mit dem siebten Blatt der oben bereits besprochenen *Anek-*

---

[26] Zur frühen politischen Dichtung Karschs im Gegensatz zur üblichen Ausrichtung „der Feder von Frauen" auf „einen relativ stereotypen Affekthaushalt […]: Liebe, Zärtlichkeit, Sehnsucht", von der auch Anna Louisa Karsch betroffen war, siehe jetzt Hildebrandt (2019, 390–403, hier 400).

doten und Charakterzüge Friedrichs II. Daniel Chodowieckis. Es zeigt die Dichterin bei einer Audienz beim König und nimmt – wenig empfindsam – die topische Hässlichkeit Karschs zum Anlass, nicht ihre, sondern die charmante Schlagfertigkeit des Königs zu illustrieren.²⁷ Karsch ihrerseits nimmt es jedoch anekdotisch mit dem König auf, wenn sie aus dessen für ihr Empfinden nur unbefriedigend eingelösten Zusicherung während eben dieser Audienz, künftig materiell für sie zu sorgen (Karsch/Gleim 1996, Bd. I, 185), im Zehnjahresabstand auf die königliche Knauserigkeit aufmerksam macht:

> Mir, anstatt ein Haus zu baun,
> Doch drei Thaler auszuzahlen
> Und zum Dank bin ich verpflichtet.
> Aber für drei Thaler kann
> Zu Berlin kein Hobelmann
> Mir mein letztes Haus erbauen [...].²⁸

– und damit nicht nur Aufsehen in den Berliner Kreisen erregt, sondern auch in die Anekdotensammlungen der Nachwelt eingeht.²⁹

Bei Karsch verbindet sich jedoch darüber hinaus die Schlagfertigkeit mit einem Talent zur Stegreifdichtung, der literarischen Improvisation, das sie ebenfalls der Anekdote dienstbar macht. Auf die vorgegebenen Reimworte Throne, Krone, Zopf, Kopf, Reußen (Russen), Preußen, Spott und Gott dichtet Karsch:

> *Begebenheit zu Wien*
> *in der Kaiserlichen Burg.*
> Den 12. Februar 1762.

---

27 Nach der *Erklärung der 12. Kupfer:* „Ist sie die Poetin, von der ich gehört habe? – – hat sie Kinder? Eine Tochter. Ist sie schön? Nein, Ew. Majestät, sie hat keine schöne Mutter. Ha! die Mutter war doch wohl einmal schön! rief Friedrich, und fragte ferner – – –" (Gothaischer Hof Kalender 1788, [a]2v – [a]3r). https://st.museum-digital.de/index.php?t=objekt&oges=13953&cachesLoaded=true (23. September 2020). Ein wortgenaues Protokoll der königlichen Audienz, das auch die Dichterin durchaus redegewandt erscheinen lässt, schickt Karsch an Gleim am 15. August 1763 (Karsch/Gleim 1996, Bd. I, 183 – 185). Anekdoten über Karsch finden sich z. B. in einem auffallend langen Kapitel in Carl Heinrich Jördens *Denkwürdigkeiten, Charakterzüge und Anekdoten aus dem Leben der vorzüglichsten deutschen Dichter und Prosaisten* (1812, Bd. 1, 204 – 269) oder wiederholt auch in Karl Müchlers *Anekdotenalmanachen* (z. B. Müchler 1815, 100 und 379).
28 *An Quitungsstatt geschrieben. Im Jänner 1783* (Karsch 1792, 324 – 325); vgl. *An Ebendenselben Hochfürstl. Durchl. Den 19. October 1773* (Karsch 1792, 152 – 155).
29 So z. B. *Zeitung für die elegante Welt* 11.55 (18. 3.1811): 435 – 436; *Biographische Schilderungen ausgezeichneter Menschen unseres Zeitalters* (Baur 1821, Bd. 1, 293); *Das Buch für alle: illustrierte Blätter zur Unterhaltung und Belehrung für die Familie und Jedermann* (Girschner 1866, 204).

Vom hohen väterlichen Throne,
Kam jüngst Theresia, warf Brustschmuck hin und Krone
Und hing, mit aufgebundnem Zopf,
Bis auf die schöne Brust den gramerfüllten Kopf,

Und rief: „Maria! ach, nun küssen wilde Reußen
Sich mit den kezrischen mir ganz verhaßten Preußen!
Verlohren ist der Krieg, zu meiner Enkel Spott,
Viel Mächte halfen mir, und Friedrichen half Gott!" (Karsch 1792, 311)

Noch stärker anekdotisch ausgerichtet als diese Stegreifprobe oder die literarischen Scharmützel mit Friedrich II. sind schließlich eine Reihe von Gelegenheitsdichtungen Karschs, die in der ersten gesammelten Ausgabe ihrer Gedichte (*Auserlesene Gedichte*, 1764) unter der Rubrik „Einfälle" erscheinen, recht aufwändig auf jeweils einer Seite mit doppelter Zierleiste und Schmuckvignette präsentiert (Abb. 2). Einige von ihnen bringen Begebenheiten des eigenen Lebens in eine Form, die im Zusammenspiel von Titeln barocker Länge und epigrammatisch zugespitztem Vers auch als minimalisierte Anekdoten gelesen werden können:

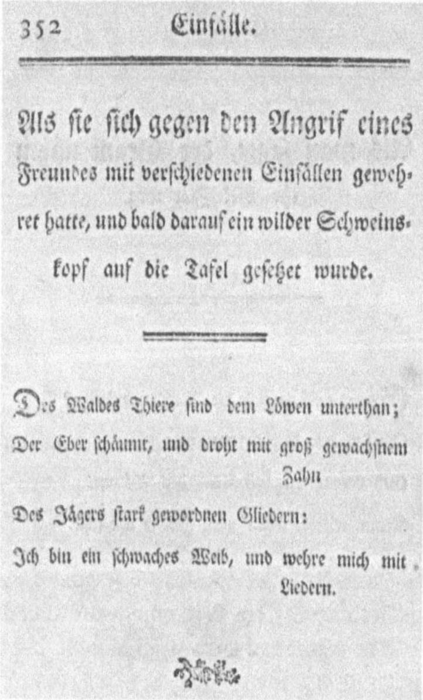

Abb. 2: Anna Louisa Karsch, *Als sie sich gegen den Angrif eines Freundes ...*, *Auserlesene Gedichte*, 1764.[30]

---

[30] Karsch 1764, 352. Abbildung mit freundlicher Genehmigung der Herzog August Bibliothek Wolfenbüttel, Signatur der Vorlage: Lo 3568.

> Als sie sich gegen den Angrif eines Freundes mit verschiedenen Einfällen gewehret hatte, und bald darauf ein wilder Schweinskopf auf die Tafel gesetzet wurde
>
> Des Waldes Thiere sind dem Löwen unterthan;
> Der Eber schäumt, und droht mit groß gewachsnem Zahn
> Des Jägers stark gewordnen Gliedern:
> Ich bin ein schwaches Weib, und wehre mich mit Liedern. (Karsch 1764, 352)

Im gesellig ‚freundschaftlichen' Rahmen, der den Agon nicht ausschließt, spricht bereits der Titel der Verfasserin in der 3. Person eine Wehrhaftigkeit zu, die in den folgenden Versen Gestalt annimmt. Im Wechsel in die 1. Person und vom nur körperlich ‚schwachen Weib' zur wehrhaften Lieder-Sängerin beweist sich die versierte Autorin und funktionalisiert die Anekdote zu einem Akt poetischer Selbstaffirmation um.

Auch der folgende ‚Einfall' weist in diese Richtung, verlässt aber das Geschlechterstereotyp, um stattdessen ein empfindsames Gefühlsmuster aufzunehmen, das wenige Jahre später mit der „thränenvoll[en]" ‚Klopstock'-Szene Lottes und Werthers in Johann Wolfgang Goethes *Leiden des jungen Werthers* (1. Buch, „am 16. Juny."; Goethe 1999 [1774], 52) seine literarische Kanonisierung finden wird: die drohende, aber überwundene Angst vor dem Gewitter:

> Als sie während eines Ungewitters von einem Dichter gefragt wurde: ob sie sich vor dem Donner fürchte?
>
> Zeus schilt im Wolkenhimmel,
> Sein lauter Donner sprichts!
> Er schilt dem Kriegsgetümmel,
> Den Dichtern thut er nichts. (1764, 357)

Man kann vielleicht auch die Begegnung Werthers und Lottes am Fenster während des abziehenden Gewitters in ihrer „knapp und treffend charakterisierenden Funktion" als eine Anekdote bezeichnen, wie sie Benedikt Jeßing im *Werther* exemplarisch als Ausdruck des Goetheschen Interesses am Individuellen in der „Anekdote um die abgehauenen Nußbäume" verwirklicht sieht (2. Buch, „am 15. Sept."; Goethe 1999 [1774], 170–174), „welche die neue Pfarrerin polemisch charakterisiert" (Jeßing 1999), und zwar als ‚unempfindlich'.[31] Karschs Gewitter-

---

31 „Man möchte sich dem Teufel ergeben, Wilhelm, über all die Hunde, die Gott auf Erden duldet, ohne Sinn und Gefühl an dem wenigen, was drauf noch was werth ist" (Goethe 1999 [1774], 170), wogegen „dem Schulmeister die Thränen in den Augen [standen], da wir gestern davon redeten, daß sie abgehauen worden – Abgehauen!" (Goethe 1999 [1774], 172). Die Frage nach der Abgrenzbarkeit von Anekdoten gegenüber erzählten Ereignissen bzw. Vorfällen soll hier nicht weiter

Anekdote würde dann Goethes empfindsamen Paar am Fenster den Boden bereiten, insofern sie ein Beispiel gibt, wie sich die bekanntlich im achtzehnten Jahrhundert erst allmählich abbauende Gewitter- und Gewissensangst[32] literarisch-mythologisch ableiten lässt. Vor allem aber scheint diese Anekdote der Selbstcharakterisierung der Dichterin zu dienen, auch während eines „Ungewitters" um eine spontane geistreiche Antwort nicht verlegen zu sein. Dass es hier mehr um eine Kompetenz und weniger um eine Ansicht geht (auch das spricht für die Anekdote), belegt auch der Umstand, dass die Dichterin in anderem Zusammenhang sehr wohl und fromm *Von dem Vertrauen auf Gott an den Herrn Professor Sulzer (zu Berlin im Heumonat 1761)* im Gewitter sprechen kann, um sich am Ende jedoch auch hier als Sängerin eigenen Rechts, als „Mirjam", einzuführen:

> […]
> Gott hilft uns die wir seiner Hülfe warten,
> Und seine Hülfe ist uns nah;
> Wir sehn nach ihr hinauf, Freund! wie dein Garten
> Empor nach Regenwolken sah.
> […]
> Die Blitze creuzten ohne Donnerschläge,
> Gott sprach, und das Gewitter wich.
> Er spricht so zu des Meeres Toben: lege
> Hier, stolze Welle, lege dich!
> So spricht er zu des Krieges Wetterwolke
> Und sie gehorcht ihm, wie das Meer!
> Dann sing ich ihm. So sang vor ihrem Volke
> Einst Mirjam Gottes Thaten her! (Karsch 1764, 46–48)

Literaturverzeichnis

Adam, Wolfgang. „Freundschaft und Geselligkeit im 18. Jahrhundert" (Neupublikation 30. August 2004). http://www.goethezeitportal.de/db/wiss/epoche/adam_freundschaft.pdf. (01. Juli 2021).

Adelung, Johann Christoph. *Grammatisch-kritisches Wörterbuch der Hochdeutschen Mundart, mit beständiger Vergleichung der übrigen Mundarten, besonders aber der Oberdeutschen*. Zweite vermehrte und verbesserte Ausgabe. 4 Bde. Leipzig: Breitkopf und Härtel, 1793–1801.

Anonym. *Gothaischer Hof Kalender zum Nutzen und Vergnügen eingerichtet auf das Jahr 1789*. Gotha: Carl Wilhelm Ettinger, 1788.

---

verfolgt werden. Auch der mit dem Goethe-Beispiel nahegelegte Vergleich von Anekdoten mit real-historischer Referenz und fingierten Anekdoten im Romankontext wären ein eigenes Thema.

32 Siehe dazu Kittsteiner (1990, 25–65).

Anonym. „Nachgelassene noch ungedruckte Papiere der unsterblichen Karschin. (Fortsetzung)". *Zeitung für die elegante Welt* 11.55 (18. 3. 1811): 434–436.

Anonym. *Sammlung der wichtigsten Nachrichten, Gedichte und Anekdoten den höchstseeligen Friedrich II. König von Preußen betreffend.* http://mdz-nbn-resolving.de/urn:nbn:de: bvb:12-bsb11380376. Nürnberg: Georg Friedrich Six, 1787 (23. September 2020).

Aurnhammer, Achim, Dieter Martin und Robert Seidel (Hg.). *Gefühlskultur in der bürgerlichen Aufklärung.* Tübingen: Max Niemeyer, 2004.

Baur, Samuel. *Biographische Schilderungen ausgezeichneter Menschen unseres Zeitalters.* Bd. 1. Leipzig: Voß, 1821.

Bürger, Gottfried August. *Lehrbuch des Deutschen Styles.* Hg. Karl v. Reinhard. Berlin, 1826.

Crabb, George. *German Extracts. From the Best German Authors, with the English Words at the Bottom of the Page, and a Dictionary at the End, for Translating into English. Auswahl Vorzueglicher Stellen. Aus den besten deutschen Schriftstellern zusammengetragen, und mit einer Englischen Erklärung der darin vorkommenden Wörter und Redensarten begleitet.* Zweite, verbesserte und vermehrte Auflage. London: Thomas Boosey, 1811.

Cramer, Carl Friedrich: *Klopstock: Er; und über ihn.* 5 Bde. Hamburg, Dessau, Leipzig und Altona: Kaven, 1780–1792.

Eschenburg, Johann Joachim. *Beispielsammlung zur Theorie und Literatur der schönen Wissenschaften.* Bd. 8.1. Berlin und Stettin: Friedrich Nicolai, 1794.

Falk, Rainer. „Neuheit und Wahrheit – Friedrich Nicolai als Editor seiner Anekdoten von König Friedrich II. von Preussen". *Autoren und Redaktoren als Editoren: Internationale Fachtagung der Arbeitsgemeinschaft für germanistische Edition und des Sonderforschungsbereiches 482 „Ereignis Weimar-Jena: Kultur um 1800" der Friedrich-Schiller-Universität Jena, veranstaltet von der Klassik Stiftung Weimar.* Hg. Jochen Golz und Manfred A. Koltes. Tübingen: Max Niemeyer, 2008. 170–179.

Fineman, Joel. „The History of the Anecdote: Fiction and Fiction". *The New Historicism.* Hg. H. Aram Veeser. New York und London: Routledge, 1989. 49–76.

Fontane, Theodor. „Die Familie Kleist in Protzen (1752–1826)". *Werke, Schriften und Briefe.* Teil 2. Bd. 1: „Wanderungen durch die Mark Brandenburg". Hg. Walter Keitel und Helmuth Nürnberger. München: Hanser, 1976. 363–365.

Forkel, Johann Nikolaus. *Über Johann Sebastian Bachs Leben, Kunst und Kunstwerke: Für patriotische Verehrer echter musikalischer Kunst.* Hg. Walther Vetter. Nachdruck der Ausgabe Leipzig 1802. Berlin: Henschel, 1982.

Frevert, Ute. „‚Herr über die Herzen'? Friedrich II. im Zeitalter der Empfindsamkeit". *Friedrich der Große in Europa: Geschichte einer wechselvollen Beziehung.* Hg. Bernd Sösemann und Gregor Vogt-Spira. Stuttgart: Franz Steiner, 2012. 36–51.

Friedrich II. „Auf den Prinzen Heinrich von Preußen" [1767]. *Friedrichs des Zweiten Königs von Preussen bei seinen Lebzeiten gedruckte Werke: Aus dem Französischen übersetzt.* Hg. Ewald Friedrich Graf von Hertzberg. Neue verbesserte und vermehrte Auflage. Bd. 3. http://www.friedrich.uni-trier.de/de/lebzeiten/3/169/. Berlin: Vossische Buchhandlung, 1794. 169–189. (23. September 2020).

Friedrich II. „Correspondance de Frédéric avec Madame de Camas". *Œuvres de Frédéric le Grand: Werke Friedrich des Großen.* Hg. Johann David Erdmann Preuß. Bd. XVIII. http://friedrich.uni-trier.de/de/oeuvres/18/toc/. Berlin: Rudolf Ludwig Decker, 1851. 155–182. (30. September 2020).

Gellert, Christian Fürchtegott. „Briefe, nebst einer praktischen Abhandlung von dem guten Geschmacke in Briefen" [1751]. *Gesammelte Schriften: Kritische kommentierte Ausgabe.* Bd. IV. Hg. Bernd Witte. Berlin, New York u. a.: De Gruyter, 1989. 105–221.

Girschner, Wilhelm. „Eine Dichterin aus dem Volke". *Das Buch für alle: Illustrierte Blätter zur Unterhaltung und Belehrung für die Familie und Jedermann* 1.7 (1866): 200–204.

Gleim, Johann Wilhelm Ludwig, und Johann Georg Jacobi. *Briefe von den Herren Gleim und Jacobi.* Berlin, 1768.

Goethe, Johann Wolfgang. *Die Leiden des jungen Werthers.* Studienausgabe, Paralleldruck der Fassungen von 1774 und 1787. Hg. Matthias Luserke. Stuttgart: Reclam, 1999.

Hildebrandt, Annika. *Die Mobilisierung der Poesie: Literatur und Krieg um 1750.* Berlin: De Gruyter, 2019.

Hiller, Johann Adam. „Vorrede". Guillaume Thomas François Raynal. *Anecdoten zur Lebensgeschichte beruehmter franzoesischer, deutscher, italienischer, hollaendischer und anderer Gelehrten.* Hg. und übersetzt von Johann Adam Hiller. Bd. 1. Leipzig: Lankisch, 1762.

Hilzinger, Sonja. *Anekdotisches Erzählen im Zeitalter der Aufklärung: Zum Struktur- und Funktionswandel der Gattung Anekdote in Historiographie, Publizistik und Literatur des 18. Jahrhunderts.* Stuttgart: M & P, 1997.

Jacob, Joachim. „,Wäre ich Ihr Klopstock für seine Meta' – Meta Moller und Friedrich Gottlieb Klopstock, Hamburg, 4. April 1751". *Bespiegelungskunst: Begegnungen auf den Seitenwegen der Literaturgeschichte.* Hg. Georg Braungart, Friedmann Harzer, Hans Peter Neureuter und Gertrud M. Rösch. Tübingen: Attempto, 2004. 29–41.

Jeßing, Benedikt. Art. „Anekdote". *Metzler Goethe Lexikon.* Hg. Benedikt Jeßing, Bernd Lutz und Inge Wild. Stuttgart und Weimar: J.B. Metzler, 1999. 18.

Jördens, Carl Heinrich (Hg.). *Denkwürdigkeiten, Charakterzüge und Anekdoten aus dem Leben der vorzüglichsten deutschen Dichter und Prosaisten.* 2 Bde. Leipzig, 1812.

Kämmle, Michael. *Jean Paul: Des Klaviers schmachtender Silberton. Klavichord und Tafelklavier in der Empfindsamkeit* [Lexikon zur fränkischen Musikgeschichte]. http://www.musica-franconia.de/download/lexikon/Empfindsamkeit.pdf. (11. September 2020).

Karsch, Anna Louisa. *Auserlesene Gedichte.* Hg. Johann Wilhelm Ludwig Gleim mit einer Vorrede von Johann Georg Sulzer. Berlin: Winter, 1764.

Karsch, Anna Louisa. *Gedichte: Nach der Dichterin Tode nebst ihrem Lebenslauff.* Hg. Caroline Luise von Klencke. Berlin: Dieterich, 1792.

Karsch, Anna Luise, und Johann Wilhelm Ludwig Gleim. *„Mein Bruder in Apoll": Briefwechsel zwischen Anna Louisa Karsch und Johann Wilhelm Ludwig Gleim.* Hg. Regina Nörtemann. 2 Bde. Göttingen: Wallstein, 1996.

Kayser, Albrecht Christoph. „Ueber den Werth der Anecdoten". *Der Teutsche Merkur* 2.4 (1784): 82–86. http://ds.ub.uni-bielefeld.de/viewer/image/1951387_046/88/LOG_0015/. (25. September 2020).

Kittsteiner, Heinz Dieter. *Gewissen und Geschichte: Studien zur Entstehung des moralischen Bewußtseins.* Heidelberg: Manutius, 1990.

Kleist, Heinrich von. „Anekdote". *Berliner Abendblätter* 53 (30. November 1810). Hg. Heinrich von Kleist. Nachdruck der Ausgabe Leipzig 1925. Nachwort und Quellenregister von Helmut Sembdner. Stuttgart: Cotta, 1959. 209.

Kleist, Heinrich von. *Sämtliche Werke und Briefe.* Hg. Helmut Sembdner. Bd. 2. München: Hanser, ⁹1993.

Klopstock, Friedrich Gottlieb. *Briefe: Historisch-kritische Ausgabe [Hamburger Klopstock-Ausgabe. Abteilung Briefe].* Bd. II. Hg. Rainer Schmidt. Berlin und New York: De Gruyter, 1985.

Klopstock, Meta, geborene Moller. *Briefwechsel mit Klopstock, ihren Verwandten und Freunden.* Hg. Hermann Tiemann. 3 Bde. Hamburg: Maximilian-Gesellschaft, 1956.

Kugler, Franz. *Geschichte Friedrich des Grossen: Gezeichnet von Adolf Menzel.* Leipzig: Johann Jakob Weber, 1840–1842.

Lange, Stella. *Gefühle, schwarz auf weiß: Implizieren, Beschreiben und Benennen von Emotionen im empfindsamen Briefroman um 1800.* Heidelberg: Winter, 2016.

Lichtenberg, Georg Christoph. „Ueber Physiognomik, und am Ende etwas zur Erklärung der Kupferstiche des Almanachs". *Göttinger Taschen Calender für das Jahr ...* 3 (1778): 1–31.

Müchler, Karl (Hg.). *Anekdotenalmanach auf das Jahr 1815.* http://mdz-nbn-resolving.de/urn:nbn:de:bvb:12-bsb10576553. Berlin: Duncker und Humblot, 1815 (24. September 2020).

Nickisch, Reinhard M. G. „Die Frau als Briefschreiberin im Zeitalter der deutschen Aufklärung". *Wolfenbütteler Studien zur Aufklärung* 3 (1976): 29–65.

Nicolai, Friedrich. *Anekdoten von König Friedrich II. von Preussen, und von einigen Personen, die um ihn waren. Nebst Berichtigung einiger schon gedruckten Anekdoten.* Heft 2. http://mdz-nbn-resolving.de/urn:nbn:de:bvb:12-bsb10013766. Berlin und Stettin, 1789 (18. Juni 2021).

Nicolai, Friedrich. *Anekdoten von König Friedrich II. von Preussen, und von einigen Personen, die um ihn waren. Nebst Berichtigung einiger schon gedruckten Anekdoten.* Heft 3. http://mdz-nbn-resolving.de/urn:nbn:de:bvb:12-bsb10013767. Berlin und Stettin, 1789 (18. Juni 2021).

Nicolai, Friedrich. *Anekdoten von König Friedrich II. von Preussen, und von einigen Personen, die um ihn waren. Nebst Berichtigung einiger schon gedruckten Anekdoten.* Heft 4. http://mdz-nbn-resolving.de/urn:nbn:de:bvb:12-bsb10013769. Berlin und Stettin, 1790 (18. Juni 2021).

Reichardt, Johann Friedrich. „Musikalische Anekdoten von Friedrich dem Grossen". *Musikalisches Kunstmagazin* 2.4 (1791): 40. https://archive.org/details/MusikalischesKunstmagazinBd.21791/page/n41/mode/2up (25. September 2020).

Reinlein, Tanja. *Der Brief als Medium der Empfindsamkeit: Erschriebene Identitäten und Inszenierungspotentiale.* Würzburg: Könighausen und Neumann, 2003.

Ribbat, Ernst. „Wettergespräche. Heinrich von Kleists *Kapuziner-Anekdote*". *Sprachspiel und Bedeutung. Festschrift für Franz Hundsnurscher zum 65. Geburtstag.* Hg. Susanne Beckmann, Peter-Paul König und Georg Wolf. Tübingen: Max Niemeyer, 2000. 421–426.

Ringeltaube, Michael. *Von der Zärtlichkeit.* Breslau und Leipzig: Johann Friedrich Korn, der Ältere, 1765.

Rödenbeck, Karl Heinrich Siegfried. *Tagebuch oder Geschichtskalender aus Friedrichs des Großen Regentenleben (1740–1786): Mit historischen und biographischen Anmerkungen zur richtigen Kenntniß seines Lebens und Wirkens in allen Beziehungen [...].* Bd. 1. Berlin: Plahn, 1840.

Rohmer, Ernst. Art.: „Anekdote". *Historisches Wörterbuch der Rhetorik.* Hg. Gert Ueding. Bd. I. Tübingen: Max Niemeyer, 1992. 566–579.

Sauder, Gerhard. „Empfindsamkeit". *Handbuch Europäische Aufklärung: Begriffe – Konzepte – Wirkung.* Hg. Heinz Thoma. Stuttgart und Weimar: J.B. Metzler, 2015. 132–138.

Scholke, Horst. *Der Freundschaftstempel im Gleimhaus zu Halberstadt: Porträts des 18. Jahrhunderts.* Bestandskatalog. Leipzig: Seemann, 2000.

Schubart, Christian Friedrich Daniel. *Ideen zu einer Ästhetik der Tonkunst* [1784/1785]. Hg. Ludwig Schubart. Wien: Degen, 1806.

Schuster, Jörg, und Jochen Strobel (Hg.). *Briefkultur von Martin Luther bis Thomas Bernhard: Texte und Interpretationen.* Berlin und New York: De Gruyter, 2013.

Steiner, Uwe. „‚Der König hat geweint': Friedrich der Große und die Empfindsamkeit". *Das Projekt Empfindsamkeit und der Ursprung der Moderne: Richard Alewyns Sentimentalismusforschungen und ihr epochaler Kontext.* Hg. Klaus Garber und Ute Széll. München: Wilhelm Fink, 2005. 139–160.

Sterne, Laurence. *Yorick's empfindsame Reise durch Frankreich und Italien, von neuem verdeutscht.* Übers. Johann Lorenz Benzler. 2 Bde. Leipzig: Salomo Lincke, 1802.

Torra-Mattenklott, Caroline. *Metaphorologie der Rührung: Ästhetische Theorie und Mechanik im 18. Jahrhundert.* München: Wilhelm Fink, 2002.

Unger, Friedrich. *Anekdoten und Karakterzüge aus dem Leben Friedrich des Zweiten.* Eilfte Sammlung. http://mdz-nbn-resolving.de/urn:nbn:de:bvb:12-bsb10012470. Berlin: Unger, 1788 (17. Juni 2021).

Weber, Heinz-Dieter. „Zu Heinrich von Kleists Kunst der Anekdote". *Deutschunterricht* 30.6 (1978): 14–28.

Weber, Volker. *Anekdote: Die andere Geschichte. Erscheinungsformen der Anekdote in der deutschen Literatur, Geschichtsschreibung und Philosophie.* Tübingen: Stauffenburg, 1993.

Wegmann, Nikolaus. *Diskurse der Empfindsamkeit: Zur Geschichte eines Gefühls in der Literatur des 18. Jahrhunderts.* Stuttgart: J.B. Metzler, 1988.

Christian Moser

„Die Lücke in den Tatsachenhaufen erspähen": Napoleon-Anekdoten zwischen Propaganda und Gegengeschichtsschreibung

1

Eine der anekdotischen „Basisgeschichten", aus denen sich Alexander Kluges *Chronik der Gefühle* zusammensetzt, reflektiert auf das besondere Verhältnis Napoleon Bonapartes zum Glück:

> KATASTROPHE, übersetzt von Kampe, 1813, *Glückswechsel. Glückswende.*
>
> Es wendet sich 1813 das Glück des dicken Bonaparte. Er glaubt, aus Rußland zurück, nach einem Bad in warmem Wasser, nach Meldungen, die ihm die Bewegungen der Gegner vorhersagen, daß er „sein Glück erzwingen kann"; denn dies ist von der Französischen Revolution übriggeblieben: Glückserzwingung, das Machbare.
>
> Darin ist der kleine Kaiser ein Spezialist. Wer ihn beobachtet hat, diese zwingende Empfindung, diesen Jagdverstand, vertraute ihm, daß er die Lücke in den Tatsachenhaufen erspäht. Im Gegensatz zu Hunger, Durst, Beutegier oder Vorteil ist sein Sinn auf nichts Wirkliches gerichtet, sondern auf die Lücke, in der der glückliche Ausgang wohnt, die Spur, die alle anderen nicht sehen, weil ja Glück selten ist. Die anderen sind auf Grund dieser Seltenheit ungläubig geworden. (Kluge 2000, 400)

Auf den ersten Blick hat es den Anschein, als konstatiere der Text für das Jahr 1813 einen entscheidenden Wendepunkt innerhalb der Laufbahn des französischen Kaisers. Der kometenhafte Aufstieg, der den korsischen Offizier innerhalb weniger Jahre zunächst in höchste Kommandopositionen in der Revolutionsarmee, sodann auf den Kaiserthron und schließlich zur militärisch errungenen Herrschaft über große Teile Kontinentaleuropas geführt hatte, verkehrte sich demnach infolge einer „*Glückswende*" in einen nicht minder rasanten Abstieg, der durch den gescheiterten Russlandfeldzug eingeleitet wurde und über die Befreiungskriege, die Niederlage in der Völkerschlacht bei Leipzig und den Vertrag von Fontainebleau zur Verbannung auf Elba führte. Kluges Basisgeschichte evoziert das topische Narrativ vom ‚Aufstieg und Fall des großen Mannes'. Dieses Narrativ erfreute

Anmerkung: Eine englischsprachige Vorfassung dieser Abhandlung wurde publiziert in Moser 2021.

https://doi.org/10.1515/9783110698213-013

sich auch bei den Zeitgenossen Bonapartes großer Beliebtheit. So visualisiert eine Karikatur von Johann Michael Voltz aus dem Jahre 1814, die in verschiedenen Varianten weite Verbreitung fand, die *Stufenleiter der Größe und des Sturzes Napoleons:* den Aufstieg vom „Militär Schüler" bis zum Gipfel der Macht als „Kaiser der Franzosen" auf der einen und den Abstieg auf der anderen Seite, der mit dem „Abzug aus Spanien" beginnt, mit einer Schlittenfahrt („Rückreise von Moskau") Tempo aufnimmt und – unter dem ironischen Titel „Abschied von Deutschland" – in einen regelrechten Sturz von der Klippe mündet (Abb. 1).

Abb. 1: Johann Michael Voltz: *Stufenleiter der Größe und des Sturzes Napoleons* (1814, Kupferstich-Kabinett, Staatliche Kunstsammlungen Dresden, Foto: Andreas Diesend)

Das Narrativ vom Aufstieg und Fall des großen Mannes folgt einem Muster, das spätestens seit Giovanni Boccaccios *De casibus virorum illustrium* (verfasst 1356–73) in Europa geläufig war. Boccaccios Sammlung von Biographien berühmter Persönlichkeiten biblischer, antiker und christlich-mittelalterlicher Provenienz führt an einer Fülle von Beispielen vor, wie Menschen, die Ansehen, Macht oder Reichtum gewonnen haben, durch das Wirken der wankelmütigen *fortuna* um ihre ganze weltliche Habe gebracht werden. Die Erzählungen fungieren als Exempel, die mit der Mehrdeutigkeit des lateinischen Wortes *casus* (Fallbeispiel, Rechtsfall und Sturz) spielen und demonstrieren, dass keine noch so große irdische Machtfülle der Gewalt des Glücks, der katastrophischen ‚Glückswende' gewachsen ist. Alle Großen dieser Erde sind sich darin ähnlich, dass sie, dem Schein der durch ‚Größe' erlangten Unversehrbarkeit zum Trotz, ohnmächtige Sklaven der *fortuna* sind.

Kluges Basisgeschichte über Napoleon mag dieses altehrwürdige narrative Muster evozieren, doch geschieht dies freilich nur, um entsprechende Lesererwartungen ins Leere laufen zu lassen. Denn Kluge statuiert gerade kein moralisches Exempel. Das zeigt sich schon darin, dass der Wendepunkt, den der Text scheinbar annonciert, nicht identifiziert werden kann. Worin könnte er bestehen? Jedenfalls nicht im Scheitern des Russlandfeldzuges, denn der Text datiert die Wende eindeutig auf das Jahr 1813, als Napoleon bereits aus Russland zurückgekehrt war. Welche Ereignisse des Jahres 1813 konkret eine Glückswende herbeiführten, geht aus der Basisgeschichte nicht klar hervor. Der einzige Hinweis, den der Text bietet, ist eine weitere Datierung, nämlich die der Übersetzung des Wortes „KATASTROPHE" ins Deutsche durch einen gewissen „Kampe". Gemeint ist der bekannte Aufklärungsschriftsteller, Pädagoge, Verleger und Sprachforscher Joachim Heinrich Campe, der 1813 die zweite, überarbeitete und erweiterte Ausgabe seines *Wörterbuchs zur Erklärung und Verdeutschung der unserer Sprache aufgedrungenen fremden Ausdrücke* publizierte. Darin heißt es unter dem Lemma „Catastrophe": „der Glückswechsel. Um aber die doppelte Härte des cks und chs wenigstens zur Hälfte zu vermeiden, könnte man Glückswende dazu sagen" (Campe 1813, 178). Kluge verweist somit auf die Koinzidenz der „Glückswende", die Napoleon 1813 ereilt, mit der Prägung dieses Ausdrucks durch Campe in demselben Jahr. Die Unwahrscheinlichkeit dieses Zufalls insinuiert eine tiefere Bedeutung, ohne sie explizit zu machen. Denkbar ist etwa, dass Kluge eine Parallele andeutet zwischen Campes Bemühen, mit Hilfe seines Wörterbuchs fremde Eindringlinge aus der deutschen Sprache zu entfernen, um sie „durch echtdeutsche Ausdrücke" zu ersetzen (Campe 1813, III), und den Befreiungskriegen, deren Ziel es war, die französischen Invasoren aus den deutschen Landen zu vertreiben. Die ‚Eindeutschung' der Wörter Campe und Catastrophe, die Kluge vollzieht, indem er das C durch ein K substituiert (wodurch zugleich die von Campe monierte lautliche Härte akzentuiert wird), ist ein ironischer Wink in diese Richtung.

Auf der anderen Seite fällt es schwer, gerade Campe mit dem nationalistischen Furor der Befreiungskriege zu assoziieren, war der Freimauer und Kosmopolit doch 1789 gemeinsam mit seinem Schüler Wilhelm von Humboldt wohlwollender Zeuge der revolutionären Ereignisse in Paris geworden und hatte 1792 gar den Ehrenbürgerbrief der französischen Republik erhalten.[1] Die Koinzidenz, die den Glückswechsel motivieren soll, bleibt folglich rätselhaft. Hinzu kommt, dass Napoleon im weiteren Verlauf der Basisgeschichte nicht als Opfer eines

---

1 Zu Campes Verhältnis zum revolutionären Frankreich vgl. Hans-Jürgen Perrey 2010, 191–207.

Glückswechsels in Erscheinung tritt, sondern als eine Persönlichkeit, welche die außergewöhnliche Fähigkeit besitzt, Glückswenden aktiv hervorzubringen. Kluge schildert den Kaiser als einen Beherrscher und Bezwinger des Glücks. Seine Stärke besteht darin, seine Sicht nicht durch vermeintliche Tatsachen und ihre kausallogische Verkettung beschränken zu lassen, sondern das gegenwärtig Wirkliche auf das zukünftig Mögliche – und sei es noch so unwahrscheinlich – hin zu öffnen und so „die Lücke, in der der glückliche Ausgang wohnt," ausfindig zu machen. Unwahrscheinliche Konjunktionen (wie diejenige zwischen Napoleon und Campe) liegen auf der Linie eines solchen Möglichkeits- und Zukunftssinns. Kluge signalisiert, dass dieser Sinn den Kaiser auch nach dem vermeintlichen Glückswechsel im Jahre 1813 nicht im Stich gelassen habe. Die royalistische Koalition hat zwar „gelernt, ihm die Auswege zu sperren" (Kluge 2000, 401). Dennoch gelingt Napoleon in der Schlacht bei Dresden im August 1813 ein weiter Sieg: „Doch bei Dresden hat der Kaiser gezaubert: ein Glückswechsel" (Kluge 2000, 401). Und selbst nach seiner Verbannung auf die Insel Elba vermag er die Verhältnisse noch einmal für eine gewisse Zeit zu seinen Gunsten zu wenden. Immer wieder ist Napoleon offenbar in der Lage, seine Gegner zu überraschen und mit einer völlig unerwarteten Situation zu konfrontieren. Er ist unberechenbar – wie der Zufall selbst.

Anders als das moralische Exempel, das die Ohnmacht der Großen gegenüber der *fortuna* veranschaulicht, exponiert Kluges Basisgeschichte die Ambivalenz, die das Verhältnis Napoleons zum Zufall auszeichnet. Es bleibt offen, ob der Kaiser mit dem Zufall im Bunde ist und ihn zu instrumentalisieren versteht, oder ob er letztlich nicht doch zu seinem Opfer wird. Der ambivalente Status, der dem Zufall zukommt, charakterisiert aber nicht nur diese besondere Geschichte, sondern die Textsorte der Anekdote überhaupt. Traditionell steht die kleine Form der Anekdote in einer engen Beziehung zum Zufall.[2] Die Anekdote ist auf das kontingente Ereignis hin ausgerichtet, das im Kontext gesetzmäßig ablaufender Prozesse Signifikanz zu erzeugen vermag. „Es ist unwahrscheinlich," so argumentiert Hans Blumenberg (1979, 84–85), „daß in der Wirklichkeit als dem Produkt physischer Prozesse Sinnhaftes auftaucht. Deshalb werden ausgeprägte Formen von Unwahrscheinlichkeit zu Indikationen auf Sinnhaftigkeit". Das paradoxe Vermögen des kontingenten Ereignisses, Signifikanz herzustellen, wird von kaum einer literarischen Textsorte so sehr kultiviert wie von der Anekdote. Einerseits lebt die Anekdote von der Singularität des Kontingenten, „the singularity of the contingent", wie Stephen Greenblatt (1991, 2–3), selbst ein Meister anekdotischer Geschichtsschreibung, formuliert. Die Allianz des Anekdotischen

---

2 Zum Folgenden vgl. Moser 2012, 169–191.

mit dem kontingenten Ereignis wird in der literaturwissenschaftlichen Forschung zumeist einseitig mit der Irritation von Sinn und von narrativer Linearität assoziiert. „The anecdote introduces an opening into the teleological narration", so erklärt etwa Joel Fineman (1989, 61), „it generates the occurrence of contingency, by establishing an event within and yet without the framing context of historical successivity". Die Koppelung der Anekdote an das kontingente Ereignis lässt sich genealogisch auf ihren Ursprung in der *histoire secrète*, konkret: auf die *Anekdota* des Prokop von Caesarea zurückführen.³ Ein Ziel der Geheimgeschichtsschreibung besteht oft darin, die heroischen Taten der vermeintlich großen Akteure der Geschichte zu diskreditieren, indem man sie als Produkte des Zufalls entlarvt. Blumenbergs Auffassung von der humanisierenden und entheroisierenden Funktion der Anekdote hat hier ihre Wurzeln.⁴ Doch die Genealogie der Anekdote ist eine doppelte. Neben Prokop gibt es auch noch die von Plutarch von Chaironea ausgehende Traditionslinie anekdotischen Erzählens. Plutarch bevorzugt die Kleinform der Anekdote gegenüber dem *grand récit* der Geschichtsschreibung gerade aufgrund ihrer Fähigkeit zur Kontingenzbewältigung. Seiner Ansicht nach kann es einer Geschichtsschreibung, die sich auf die Darstellung der großen historischen Ereignisse – der politischen Verwicklungen, Kriege und Aufstände – konzentriert, nicht gelingen, Geschichte als sinnhaften Prozess kenntlich zu machen. Signifikanz erzeugt vielmehr die kleine Begebenheit, die am Rande der komplexen Großereignisse angesiedelt ist, weil sie ein Licht auf den Charakter der historischen Akteure zu werfen vermag (vgl. Plutarch 1960, 7). Anders als Fineman sieht Plutarch in der Randständigkeit des anekdotischen Ereignisses ein Moment, das Sinnhaftigkeit nicht unterläuft, sondern allererst ermöglicht.

Aufgrund ihrer doppelten Herkunft kann man die Anekdote folglich sowohl mit der Entfesselung als auch mit der Bewältigung von Kontingenz, sowohl mit der Zerstörung als auch mit der Erzeugung von Signifikanz assoziieren. Beides gehört in paradoxer Weise zusammen. Um es pointiert zu formulieren: Die Anekdote generiert Bedeutung (und wehrt auf diese Weise Kontingenz ab), indem sie das Kontingente bewusst evoziert. Sie balanciert auf der Schwelle zwischen dem

---

3 Die *Anekdota* des Prokop von Caesarea (ca. 490 – 562) sind eine Geheimgeschichte, mit welcher der Hofchronist Justinians nach dem Tod des byzantinischen Kaisers und der Kaiserin Theodora das von ihm zuvor vermittelte offizielle Bild der kaiserlichen Person und Taten einer Korrektur unterziehen will. Justinian und Theodora erscheinen darin als verbrecherische Gestalten; ihren vorgeblich großen Taten werden bisher im Dunkeln verbliebene zwielichtige Motive und Ursachen zugrunde gelegt.
4 Hans Blumenberg (1998, 136): Sie „mythisiert ihre Helden [...] nicht", im Gegenteil, sie „reduziert ihre Distanzen auf vertrauliche Nähe, ihre historische Größe [...] auf moralische Bedenklichkeit."

Zufälligen und dem Sinnhaften, der Kausalität und der Koinzidenz. Die Anekdote produziert, wie Roland Barthes (1915–1980) argumentiert, eine spannungsvolle „causalite aléatoire" und bewegt sich so in einer „zone ambiguë où l'événement est pleinement vécue comme un signe dont le contenu est cependant incertain" (Barthes 1964, 196).[5] Sie spielt mit der Kontingenz, um Signifikanz zu erzeugen, und geht auf diese Weise das Risiko eines Falls, des Abgleitens in den Bereich des Asignifikativen ein. Die Anekdote ist folglich keine einfache Fall-Geschichte, wie sie in der *De casibus*-Tradition vorgeprägt wird, sondern die Geschichte eines potentiellen, drohenden und (wenn es gut geht) abgewendeten oder aufgehobenen Falls. Diese enge Beziehung der Anekdote zum (Zu-)Fall lässt sich auch im Hinblick auf ihre Form aufzeigen. In ihrer ‚klassischen' Ausprägung besitzt die Anekdote eine dreigliedrige Struktur.[6] Auf die *occasio*, eine knappe Exposition des Protagonisten und seiner Ausgangslage, folgt die *provocatio*, der plötzliche Einbruch eines unvorhergesehenen Ereignisses, das die Situation verändert und den Protagonisten zum Handeln nötigt; die Anekdote kulminiert in der Pointe, der ebenso überraschenden Reaktion (oft auch in Gestalt eines Diktums, einer witzigen Bemerkung), mit der der Protagonist den Konflikt auflöst. Die *provocatio* stellt folglich das Hindernis des Kontingenten dar, das sich dem Protagonisten in den Weg stellt und ihn zu Fall zu bringen droht.

Die eigentliche Heimat der Anekdote ist die Geschichtsschreibung (vgl. Weber 1993; Hilzinger 1997; Gossman 2003, 143–168; Moser 2006, 23–44). Innerhalb der Historiographie wird der Anekdote traditionellerweise die Funktion zugewiesen, eine spezifische Form von historischem Wissen zu erzeugen. Sie ist gekoppelt an die Vorstellung, dass große Persönlichkeiten – Könige, Kaiser, Feldherrn oder Entdecker – als Träger geschichtlicher Bewegung fungieren. Anekdotische Geschichtsschreibung ist gleichermaßen personen- und ereignisorientiert. Genauer gesagt: Sie bringt Personen und Ereignisse in eine sinnfällige Konstellation. Während die akademische Geschichtsschreibung es als ihre eigentliche Aufgabe ansieht, das schwer überschaubare Geflecht von Ursachen und Wirkungen, das dem historischen Geschehen zugrunde liegt, aufzuschlüsseln, zielt die Anekdote darauf ab, die komplexen Verhältnisse in ein sinnfälliges Bild zu überführen. Durch Vereinfachung und Verdichtung, aber auch mit den Mitteln der Dramatisierung und der ‚Verbildlichung' verschafft sie dem historischen Ge-

---

5 Barthes bezieht sich auf die Textsorte des *fait divers*. Sie bildet sich, wie Michelle Perrot aufzeigt, im achtzehnten und neunzehnten Jahrhundert heraus und beerbt das Genre der Anekdote in dem Moment, in dem dieses aus der seriösen Geschichtsschreibung verdrängt wird und in die Publizistik einwandert. Vgl. Perrot 1983, 911–919.
6 Zum Folgenden vgl. Schäfer 1982, 32–33.

schehen Anschaulichkeit.⁷ Der anschaulichen Prägnanz, welche die Anekdote auszeichnet, ist es aber auch zuzuschreiben, dass sie sich von der Indienstnahme durch die Historiographie lösen und anderen Verwendungszusammenhängen zugeführt werden kann. Gegen Ende des achtzehnten Jahrhunderts findet die Anekdote zunehmend Eingang in die aufstrebende Tagespublizisitik. Anekdoten oder anekdotenähnliche Kurzprosatexte wie das *fait divers* finden in der Tageszeitung und der Journalliteratur eine neue Heimat. Ihre Funktion besteht in diesem Kontext nicht mehr darin, anschauliches Wissen über vergangene Ereignisse zu vermitteln, sondern gegenwärtiges Geschehen, dessen Ausgang oft noch nicht absehbar ist, zu deuten.⁸ Aufgrund ihrer Prägnanz sind sie ein geeignetes Mittel, die Deutungshoheit über aktuelle Geschehnisse zu erlangen und die öffentliche Meinung zu beeinflussen. Anekdoten werden zu Waffen im Propagandakrieg, der die zunehmend nationalistisch aufgeheizten Auseinandersetzungen zwischen den Völkern – man denke etwa an die Befreiungskriege der Jahre 1813 bis 1815 – charakterisieren. Nicht zufällig spielt Napoleon Bonaparte im Rahmen dieser Transformation anekdotischen Schreibens eine Schlüsselrolle. Nicht nur, dass bereits zu seinen Lebzeiten eine Vielzahl von Anekdoten zirkuliert, die ihn teils glorifizieren, teils dämonisieren.⁹ Darüber hinaus ist Napoleon selbst in seiner eigenen Publizistik als Verfasser und Verbreiter von Anekdoten in Erscheinung getreten. Die im Zeichen Napoleons stehende Umfunktionierung des Genres zu einem Instrument der Propaganda – und, in der Folge, zu einem Medium der Gegengeschichtsschreibung – soll hier am Beispiel einer von ihm selbst fabrizierten und dann vielfältig adaptierten Anekdote herausgearbeitet werden.

---

7 Zur Anschaulichkeit anekdotischen Erzählens vgl. Moser 2018b, 57–82. Als anschauliche Erzählung historischen Geschehens entspricht die Anekdote somit der älteren Bedeutung des Begriffs ‚Tatsache', der bis ins frühe neunzehnte Jahrhundert hinein noch nicht das rohe Faktum, sondern die narrative Vergegenwärtigung von Handlung bezeichnete. Vgl. Lehmann 2015, 312: „Eine ‚Thatsache' ist also eine Geschichte, eine Handlung, die sich zugetragen hat, am besten vor aller Augen und so, dass diese sich zugetragene ‚Thatsache' etwas beweist. [...] Die ‚Thatsache' [...] ist also eine Handlung, die für Anschaulichkeit und damit für verstandene Erfahrung sorgt, die ‚Thatsache' ist zugleich die Erzählung dieser Handlung bzw. dieser Anekdote und ihre Veröffentlichung zur Weitererzählung." Lehmann weist darauf hin, dass „der Begriff ‚Thatsache' noch um 1800 in fast synonymer Nachbarschaft zu Anekdote gebraucht werden konnte" (2015, 312).
8 Vgl. Lehmann 2015, 315–319. Damit, so Lehmann, verschiebt sich auch die Semantik des Begriffs ‚Tatsache' von der erzählten Handlung zum rohen Faktum.
9 Vgl. etwa die 1814 anonym erschienene Sammlung *Anekdoten zur Charakteristik Napoleons* (Leipzig 1814), deren Herausgeber in der Vorrede offen eingesteht, dass er mit seinen Texten eine klare politische „Tendenz" verfolgt (V) und Napoleon als „Despot und Völkerunterdrücker" (III) entlarven will.

2

Wenn es im neunzehnten Jahrhundert eine historische Persönlichkeit gab, die der Vorstellung, Geschichte werde von ‚großen Männern' gemacht, zu neuem Leben verhalf, dann war dies sicherlich Napoleon Bonaparte. Steht die Französische Revolution paradigmatisch für ein epochales Ereignis ein, das von einem Kollektiv getragen wurde, so verkörpert Napoleon, obwohl sein Aufstieg nur aus dieser Revolution heraus zu verstehen ist, den Inbegriff des großen Bewegers und Lenkers von Geschichte. Zweifellos entspricht dies auch seiner Selbsteinschätzung. Er sah sich selbst als einen der Großen, ja als einen der Größten. Bezeichnenderweise führte Napoleon historische Größe auf die Fähigkeit außergewöhnlicher Persönlichkeiten zurück, über den Zufall zu herrschen. Gegenüber seinem Biographen Emmanuel de Las Cases äußerte sich der exilierte Kaiser auf St. Helena folgendermaßen:

> „Il n'est pas de grandes actions suivies qui soient l'œuvre du hasard et de la fortune; elles dérvient toujours de la combinaison et du génie. Rarement on voit échouer les grands hommes dans leurs entreprises les plus périlleuses. Regardez Alexandre, César, Annibal, le Grand-Gustave et autres; il réussissent toujours; est-ce parce qu'ils ont du bonheur qu'ils deviennent ainsi de grands hommes? Non; mais qu'étant grands hommes, ils ont su maîtriser le bonheur." (Las Cases 1823, 236)

Napoleon scheint sich in die Reihe der genialen Feldherren und Weltenherrscher einschreiben zu wollen, die Größe erlangten, weil sie den Zufall zu beherrschen verstanden. Ihre Herrschaft über das Glück, so lautet der Topos, den der Kaiser hier evoziert, verdankt sich zugleich ihrer Fähigkeit, sich selbst zu beherrschen. Tatsächlich gibt es – spätestens seit Plutarch – zahlreiche Anekdoten, die den Topos von der überlegenen Selbstbeherrschung des großen Mannes und der daraus abgeleiteten Beherrschung des Schicksals veranschaulichen sollen.[10] Der

---

[10] In der antiken Philosophie wird die Tugend der Selbstbeherrschung auf zwei zentrale ethische Konzepte zurückgeführt – die *sophrosyne*, die die Fähigkeit zur Mäßigung von Begierden und Leidenschaften an das Vermögen der Selbsterkenntnis koppelt, und die *enkrateia*, die auf die Beherrschung des irrationalen durch den rationalen Seelenteil verweist. Selbstbeherrschung gilt als Voraussetzung für kluges und umsichtiges Handeln. Vgl. Hadot 1995, 325. – Anekdotische Geschichten, die die überlegene Selbstbeherrschung des ‚großen Mannes' veranschaulichen sollten und dabei oft auch in politische Bezüge einspannten, kursierten in und seit der Antike zuhauf. So wurde in Rom gerne ein Zusammenhang zwischen der Selbstbeherrschung herausragender Individuen und der republikanischen Gesinnung hergestellt. Vgl. etwa die Geschichte von Gaius Mucius Scaevola, der, nachdem ein Zufall – die Verwechslung des Opfers – seinen Mordanschlag zur Rettung der Republik vereitelt hatte und ihm die Folter angedroht worden war,

Herrscher über das Glück besitzt somit eine besondere Affinität zum Typus der Plutarch'schen Anekdote. Und umgekehrt macht er sich gegenüber der Prokop'schen Spielart anekdotischer Geschichtsschreibung in besonderem Maße verwundbar: Nichts vermag das Ansehen des großen Mannes stärker zu beschädigen als die Rückführung seiner Taten auf ein bloßes Spiel des Zufalls. Doch vielleicht ist es gar nicht das Plutarch'sche Konzept historischer Größe, das Napoleon hier evoziert, sondern eine modernere Variante des Anekdotischen, das eingefahrene Denkmuster zu irritieren und topische Ordnungen aufzubrechen vermag? Vielleicht reklamiert er eine andere Form von Größe für sich, die nicht mehr im Sinne der Devise *historia magistra vitae* bei der Größe der Alten in die Schule geht?[11] Eine neue Weise, den Zufall zu beherrschen, die auf einem ganz anderen Zeitkonzept und Zeitregime basiert?

Denn kennzeichnend für Napoleons Handeln sind die Kategorien des Tempos und der Beschleunigung. Das gilt für seine persönliche Karriere, die ihn mit 24 Jahren bereits zum General und dann innerhalb kürzester Zeit zum ersten Konsul der Republik sowie zum Kaiser der Franzosen werden ließ. Geschwindigkeit und Beschleunigung waren aber auch Kernelemente seiner Politik und insbesondere seiner Kriegsführung. Napoleon gilt als Begründer des schnellen Bewegungskriegs.[12] Als Feldherr ging es ihm immer wieder darum, den Gegner zu überrumpeln und zu überraschen, ihn in Situationen zu manövrieren, auf die er nicht vorbereitet war, und seinem eigenen Handeln somit das Ansehen unberechenbarer Kontingenz zu verleihen. Fand er sich umgekehrt selbst einmal in einer solchen Situation wieder, war sein ganzes Bestreben darauf gerichtet, eine originelle Lösung, einen unvorhergesehenen Ausweg aus der Lage zu finden – um

---

seine Hand in einen Feuerkessel steckte, um zu demonstrieren, dass weder eine unglückliche Fügung des Schicksals noch körperliche Gewalt seine Entschlossenheit zu erschüttern vermöge. Diese Geschichte, die erstmals bei Titus Livius (*Ab urbe condita*, 2.12–13) begegnet, wurde in der Antike (etwa bei Cicero, Quintilian und Plutarch) immer wieder nacherzählt, aber auch in der Neuzeit noch (etwa in Rousseaus *Confessions*, 1782) als Beispiel aufrechter republikanischer Gesinnung und Seelengröße angeführt. Vgl. Reitz 2013, 861–868.

11 Die Devise (ihre formelhafte Zuspitzung geht auf Marcus Tullius Cicero, *De oratore*, 2.36, zurück) besagt, dass man aus der Geschichte lernen und in ihr Beispiele für eigenes Handeln gewinnen könne. Ihr liegt die Vorstellung zugrunde, dass Geschichte einen Raum des Ähnlichen konstituiert und Erfahrungen sich (innerhalb einer bestimmten Variationsbreite) wiederholen können. Zur Desavouierung dieser Vorstellung durch das neuzeitliche Geschichtsverständnis, das Geschichte erstmals als „Kollektivsingular" fasst, vgl. Koselleck 1989, 38–66.

12 Der Militärhistoriker Martin van Creveld bezeichnet Napoleon als „the supreme model for maneuver warfare" (Creveld et al. 1994, 1). Vgl. auch Langewiesche 2019, 63–64: „Zwangsrekrutierte Massenarmeen mit hoher Beweglichkeit, ausgerichtet auf die schnelle Entscheidungsschlacht, auf diese zwei Punkte lässt sich Napoleons Beitrag zur Kriegsgeschichte verdichten."

erneut Kluge (2000, 400) zu zitieren: „die Lücke in den Tatsachenhaufen" zu erspähen. Eine solche Fähigkeit setzt Selbstbeherrschung voraus, aber eine neue Form von Selbstbeherrschung, die mit der antiken *sophrosyne* nicht mehr viel zu tun hat und sich näherhin als vollkommene Geistesgegenwart, als totales Konzentrationsvermögen spezifizieren lässt. Napoleon, so nochmals Kluge (2000, 257), war „der große Konzentrierer";[13] er besaß das Vermögen, die Gegenwart in ihrer vielschichtigen, relationalen Komplexität, d. h. als synchrones Bedingungsgefüge für zukünftige Handlungsoptionen zu erfassen.[14] Sein Handeln war nicht erfahrungs- und somit vergangenheitsorientiert, sondern ganz auf die Gegenwart und die ihr innewohnenden Möglichkeiten zukünftigen Handelns gerichtet. Indem Bonaparte den großen Mann als Beherrscher des Zufalls bestimmt, etabliert er ein Spannungsfeld, auf dem das Anekdotische zwischen den Polen des Exemplarischen innerhalb eines Raums der Ähnlichkeit und des Singulären innerhalb eines neuen Regimes dynamisierter Zeit changiert.

Im Folgenden möchte ich dieses Spannungsfeld anhand ausgewählter Anekdoten über Napoleon ausloten. Die Auswahl ist nicht beliebig; im Fokus stehen vielmehr Anekdoten, die im Umkreis eines bestimmten historischen Großereignisses entstanden sind, der Schlacht von Aspern. Diese Schlacht fand im Rahmen des fünften Koalitionskrieges am 21. und 22. Mai 1809 in der Nähe von Wien zwischen der Grande Armée Napoleons und den Truppen des Erzherzogs Karl von Österreich-Teschen statt. Sie gilt als die erste große militärische Niederlage Bonapartes und somit als ein Wendepunkt innerhalb der napoleonischen Kriege – wenn man so will als der Punkt, an dem die Herrschaft des Kaisers über das Glück ins Wanken geriet. Doch bei der Verwendung der Termini ‚Niederlage' und

---

13 Vgl. Kluge, 258: „Er [Napoleon] hat das Kommando über sein Gedächtnis, seine Sprache, seinen Körper, seinen Schlaf, seine Pläne, ja auch über seine Konzentrationskraft und die unbewußten Regungen. Die Selbstbeherrschung ist Teil seiner Kommandogewalt über die Truppe und ihre Führer. Sie vertrauen und lieben ihn: d. h., sie sehen seiner Konzentrationsfähigkeit zu und konzentrieren sich ebenfalls."
14 Diese Auffassung von Gegenwart ist – wie Niklas Luhmann, Sabine Oesterle u. a. gezeigt haben – eine Innovation des achtzehnten Jahrhunderts. In der zweiten Hälfte des achtzehnten Jahrhunderts wird Gegenwart, die vormals die körperliche Anwesenheit einer Person oder eines Gegenstandes bezeichnete, von einem Raum- zu einem Zeitkonzept umkodiert. Der neue Zeitbegriff der Gegenwart verweist auf „eine wandelbare Gleichzeitigkeit des Verschiedenen, das zueinander in Wechselwirkung steht" und damit auf eine Zukunft hin ausgerichtet ist, die ihrerseits ein dynamisches Beziehungsgeflecht wechselseitiger Bedingtheit markiert (Moser 2018a, 328). Zur Emergenz des Zeitkonzepts der Gegenwart im achtzehnten Jahrhundert vgl. Oesterle 1985, 11–76; Luhmann 1993, 235–300; Lehmann 2016, 51–74.

‚Wendepunkt' ist Vorsicht geboten.[15] Wie der Ausgang der Schlacht zu bewerten sei, war lange Zeit umstritten und dem komplexen Verlauf der Kampfhandlungen keineswegs so eindeutig zu entnehmen, wie es die heutige Geschichtsschreibung im Abstand von zweihundert Jahren zu erkennen vermeint.[16] Die Verluste waren auf beiden Seiten gleichermaßen exorbitant. Napoleon hatte in einem charakteristischen Überraschungscoup die Donau südöstlich von Wien mit Teilen seiner Truppen überschritten, um das österreichische Heer zu vernichten, ehe Preußen in den Krieg einsteigen konnte. Die Kämpfe um die Ortschaften Aspern und Essling wogten hin und her, doch am zweiten Tag der Schlacht stand das Zentrum des französischen Heeres unter der Führung des Marschalls Jean Lannes kurz davor, gegen den österreichischen Hauptverband einen Durchbruch zu erzielen, als die Pontonbrücke, die den Brückenkopf der Angreifer mit dem anderen Ufer verband, von österreichischen Pionieren zerstört wurde. Die relativ kleine französische Streitmacht war somit von Nachschub und Verstärkung abgeschnitten, weshalb Napoleon ihren Rückzug auf die Donauinsel Lobau anordnete. Die Österreicher versäumten es nun ihrerseits, den flüchtenden Franzosen nachzusetzen oder ihnen zumindest durch systematischen Artilleriebeschuss der Insel den Garaus zu machen. Zwischen den Anhängern und den Kritikern Napoleons entwickelte sich im unmittelbaren Anschluss an die Schlacht und in den folgenden Jahren ein Deutungskampf um die Frage, wie ihr Ausgang zu bewerten sei. Geführt wurde dieser Kampf zum einen im Medium der Publizistik, der Zeitungen und Journale, zum anderen im Medium der Memoiren, die von ehemaligen Kombattanten nach 1815 in großer Zahl veröffentlicht wurden. Eine der Waffen, die dabei zum Einsatz gelangten, war die Anekdote. Das anekdotische Ereignis, das im Dunstkreis der Schlacht, in ihrem marginalen Saum angesiedelt war, sollte für größere Klarheit sorgen, weil die Hauptzüge des Geschehens solche vermissen ließen.

Der erste, der auf die anekdotische Darstellungsform rekurrierte, um ein bestimmtes Bild der Schlacht zu vermitteln, war Napoleon selbst. Am 30. Mai 1809 wurde das auf den 23.5. datierte 10. Bulletin der *Armée d'Allemagne* bekannt gegeben. Die *Bulletins de l'Armée* waren die offiziellen Verlautbarungen der Hee-

---

15 Vgl. Kluge 2003, 553: „Für Napoleon brachte der Tag [sc. der Schlacht von Aspern] die erste der Niederlagen, die zum Ende seiner Herrschaft führten." An anderer Stelle identifiziert Kluge (2000, 394) die Schlacht um Smolensk (1812) als Wendepunkt: „Seit der Schlacht von Smolensk lief die Zeit gegen den Kaiser." Die Vervielfältigung potenzieller Wendepunkte ist symptomatisch. Infolge der starken Dynamisierung und Beschleunigung eines komplexen Geschehens, das globale Auswirkungen hat, lässt sich der *eine* Wendepunkt, der die Ereignisse zu strukturieren vermag, nicht mehr eindeutig ermitteln.
16 Zum Folgenden vgl. Tulard 2006, 375–385.

resführung, mit denen die Öffentlichkeit über den Kriegsverlauf informiert wurde. Sie waren vom Kaiser autorisiert und wurden größtenteils von ihm selbst verfasst oder diktiert (vgl. Holtman 1969 [1950], 92; Mathews 1950, 140; Bertaud 2005, 12).[17] Mit ihrer Hilfe kommunizierte Napoleon direkt mit der französischen Öffentlichkeit. Die Bulletins wurden in den Theatern der Nation verlesen, vor allem aber im *Moniteur universel*, dem offiziellen Regierungsorgan, publiziert und sodann von vielen anderen Zeitungen nachgedruckt (Holtman 1969 [1950], 94–95; Mathews 1950, 140–141).[18] Sie erzielten auf diese Weise eine immense Verbreitung in ganz Europa. Die Bulletins waren ein höchst effektives Instrument der Propaganda. Im 10. Bulletin des Deutschlandfeldzugs wird dementsprechend ein stark geschöntes Bild der Schlacht von Aspern gezeichnet. Nicht nur werden die eigenen (französischen) Verluste viel zu niedrig, die der österreichischen Gegner viel zu hoch angesetzt,[19] nicht nur werden die Franzosen unzweideutig als „[v]ainqueurs dans les deux journées" bezeichnet (Garnier 2013, 447), darüber hinaus versteigt sich das Bulletin zu der Behauptung, dass die vollständige Vernichtung des Feindes allein durch die zur Unzeit erfolgte Zerstörung der Pontonbrücke verhindert worden sei. Dass die Brücke von österreichischen Pionieren eingerissen wurde, findet mit keinem Wort Erwähnung, vielmehr wird ihre Zerstörung auf ein „malheur très grand et tout-à-fait imprévu", einen „terrible contre-temps", einen unglücklichen Zufall also zurückgeführt, nämlich auf ein aus heiterem Himmel eintretendes Hochwasser der Donau („la cru subite du Danube"; Garnier 447, 445–446). Der Zufall muss als Entschuldigung für den versäumten Sieg herhalten; er lenkt zugleich davon ab, dass Napoleon einen schwerwiegenden taktischen Fehler beging, als er einen Teil seiner Truppen ohne jegliche Reserven auf die feindliche Donauseite übersetzen ließ. Doch Napoleon kann von seinen militärischen Versäumnissen nur um den Preis ablenken, dass er seinen Nimbus als Beherrscher des Zufalls beschädigt. Daher unternimmt er im 10. Bulletin ein weiteres Ablenkungsmanöver, und zwar dadurch, dass er eine anekdotische Episode in den Bericht über die Schlacht einfügt. Das ist durchaus typisch für die Schreibweise, die Napoleon in den Bulletins praktiziert: Der Bericht, der den großen Linien des Kampfgeschehens folgt, wird immer wieder durch anekdotische Episoden unterbrochen, die das heldenhafte Tun einzelner Soldaten in den

---

17 Die wichtige Rolle der Bulletins als Propagandawerkzeug Napoleons ist bislang nur unzureichend erforscht. Wichtige Hinweise finden sich in dem Standardwerk von Holtman (vgl. 1969 [1950], insbesondere 90–96) sowie bei Bertaud (2005).
18 Zur zentralen Funktion des *Moniteur universel* als Propagandawerkzeug Napoleons vgl. Holtman, 1969 [1950], 59–71; Trinkle 2002, 38–41.
19 Zahlen über eigene Verluste wurden in den Bulletins systematisch geschönt. Vgl. Holtman, 1969 [1950], 188–191.

Blick nehmen (vgl. Holtman 1969 [1950], 184–187).[20] Hier ist es die Schilderung einer intimen Szene, die einen Kontrapunkt zum Schlachtengemälde bildet. In dieser tritt der Kaiser einem seiner Offiziere gegenüber. Es handelt sich um Marschall Lannes, den Duc de Montebello, einen hochgeschätzten Truppenführer und persönlichen Freund Napoleons. Lannes war am zweiten Tag der Schlacht gegen 18 Uhr von einer Kanonenkugel getroffen worden. Larrey, der oberste Feldarzt, hatte ihm ein Bein amputiert; man glaubte, er liege im Sterben:

> [O]n le crut mort; transporté sur un brancard auprès de l'Empereur, ses adieux furent touchants. Au milieu des sollicitudes de cette journée, l'Empereur se livra à la tendre amitié qu'il porte depuis tant d'années à ce brave compagnon d'armes. Quelques larmes coulèrent de ses yeux, et, se tournant vers ceux qui l'environnaient: ‚*Il fallait*,' dit-il, ,*que dans cette journée mon cœur fut frappé par un coup aussi sensible, pour que je pusse m'abandonner à d'autres soins qu'à ceux de mon armée*.' Le duc de Montebello avait perdu connaissance; la présence de l'Empereur le fit revenir; il se jeta à son cou en lui disant: ,*Dans une heure vous aurez perdu celui qui meurt avec la gloire et la conviction d'avoir été et d'être votre meilleur ami*.' (Garnier, 446–447)

Im Zentrum der Anekdote steht das Diktum des Kaisers, seine Feststellung, dass nur ein derartig heftiger Schlag wie die tödliche Verwundung seines Freundes ihn von der Fürsorge für seine Armee habe ablenken können. Die Formulierung ist sorgfältig gewählt. Der Kaiser gesteht ein, dass er abgelenkt war und das Kampfgeschehen deshalb nicht mit der üblichen Aufmerksamkeit und Konzentration verfolgen konnte, was die mangelnde Beherrschung des Glücks entschuldigen soll. Aber zugleich wird eine Analogie hergestellt zwischen der liebenden Fürsorge, die Napoleon seinem Freund im Moment des Todes angedeihen lässt, und der Fürsorge, die er seiner Armee schuldet. Als ein wichtiger Bestandteil der Armee lenkt der sterbende Lannes den Kaiser nicht wirklich von ihr ab; die affektive Zuwendung zu dem Verwundeten bringt vielmehr die Liebe zum Vorschein, die er auch und gerade ihr gegenüber hegt. Nur scheinbar lenkt die Anekdote ab; tatsächlich gewährt sie privilegierten Einblick in das affektive Verhältnis des Kaisers zu seinen Soldaten, auf dem die eminente Schlagkraft der Truppe beruht. Als Ablenkung, die vorgeblich nicht ablenkt, sondern Wesentliches enthüllt, ist die Anekdote umso effektiver in der Ablenkung von der (Fast-)Niederlage der Armee, die dergestalt an den Rand des Unwesentlichen gedrängt wird. Mehr noch: Die Anekdote zeigt die ‚menschliche' Seite des großen Imperators, der für einen Moment seine Selbstbeherrschung ablegt – wenngleich auf eine ‚selbstbeherrschte' Weise, denn er überlässt sich nicht einfach seinen Gefühlen, sondern reflektiert darauf, fasst sie in sorgfältig gewählte Worte und weist

---

[20] Laut Holtman (1969 [1950], 186) sind die Bulletins „replete with anecdotes."

selbst auf ihren Ausnahmestatus hin. Sogar im Moment tiefer affektiver Betroffenheit ist der Kaiser noch mehr als menschlich, kontrolliert und beherrscht. Seine übermenschliche Größe bekundet sich zudem darin, dass der bewusstlose Lannes infolge der affektiven Zuwendung Napoleons sein Bewusstsein wiedergewinnt: „la présence de l'Empereur le fit revenir". Die auratische Präsenz des Souveräns flößt dem sterbenden Marschall neues Leben ein. Die Anekdote veranschaulicht die quasi-magische Kraft des Kaisers, der den Tod besiegen zu können scheint. Und was für Lannes gilt, dies suggeriert die Anekdote, gilt auch für die geschlagene Armee, die er repräsentiert: Auch sie wird unter der liebenden, aber dennoch beherrschten Fürsorge ihres Führers wieder zu neuem Leben gelangen. Es ist daher nur folgerichtig, dass Lannes den Kaiser nach seinem Erwachen in einem finalen Diktum seiner bedingungslosen Ergebenheit versichert.

Der Propaganda-Coup, den Napoleon mit dem 10. Bulletin landet, erweist sich als sehr effektiv. In der Folge gibt es kaum eine Darstellung der Schlacht von Aspern, in der darauf verzichtet wird, die Anekdote von der Begegnung des Kaisers mit dem sterbenden Marschall Lannes mitzuteilen. Insbesondere naopoleonfreundliche Schilderungen der Schlacht weisen der Episode einen hohen Stellenwert zu – so etwa die Memoiren der Generäle Pelet und Marbot, die die Szene weiter ausgestalten und um rührselige Details ergänzen (Napoleon geht vor Lannes auf die Knie; er beschmutzt seinen weißen Uniformrock mit dem Blut des Verwundeten; vgl. Pelet 1825, 333–335; Marbot 1891, 202–203). Sie erlangt einen nachgerade ikonischen Status und findet daher schnell auch Eingang in die bildende Kunst. Bereits im Salon von 1810 wird das Gemälde *Derniers moments du Maréchal Lannes à la bataille d'Essling* von Albert Paul Bourgeois ausgestellt (Abb. 2);[21] nicht minder bekannt ist das Gemälde von Paul Emile Boutigny aus dem Jahre 1890. Als der einbalsamierte Leichnam Lannes' ein Jahr später im Rahmen einer aufwendigen Trauerfeier im Pariser Pantheon beigesetzt wird, zitiert der Marschall Louis-Nicolas Davout in seiner Begräbnisrede die Worte, die der Kaiser an der Bahre des tödlich Verwundeten gesprochen hatte (Martin 2011, 45–46). Die intime Abschiedsszene wird zum nationalen Spektakel erweitert; Napoleons Diktum (und mit ihm die Anekdote, die es wie einen Edelstein einfasst) wird dergestalt kanonisiert.

Doch auch napoleonkritische Autoren greifen die Anekdote auf. Besondere Erwähnung verdient der Reisebericht des französischen Arztes und Feldapothekers Charles Louis Cadet de Gassicourt, in dem dieser von seiner Beteiligung an

---

[21] Zur Wirkungsgeschichte der Abschiedsszene zwischen Lannes und Napoleon vgl. Germani 2016, 222–224 (Germani übersieht allerdings Quellen, so etwa die Memoiren Cadet de Gassicourts, auf die ich unten eingehe); Martin 2011, 40–47.

Abb. 2: Albert Paul Bourgeois: *Derniers moments du Maréchal Lannes à la bataille d'Essling, 22 mai 1809* (1810), Foto: ©RMN-Grand Palais (Château de Versailles) / Gérard Blot.

den Feldzügen des Jahres 1809 erzählt. Gassicourt komplementiert die bekannte Anekdote mit dem Bericht über eine angebliche zweite Begegnung zwischen dem Kaiser und Lannes, die einige Tage später, kurz vor dem Tod des Marschalls, stattgefunden haben soll. Bei dieser Gelegenheit habe der Marschall dem Kaiser mit schonungsloser Offenheit ins Gewissen geredet, ihm gegenüber den Vorwurf erhoben, die Armee seinem maßlosen egoistischen Ehrgeiz aufzuopfern, und ihn davor gewarnt, dass er alle Eroberungen wieder verlieren werde, wenn er die Kriegshandlungen nicht sofort einstelle (Gassicourt 1818, 126–127). Diese zweite Begegnung taucht die erste nachträglich in ein merkwürdiges Licht. Sie entlarvt sie als bloßes Theater, das der Kaiser für seine Truppen und die Öffentlichkeit inszeniert habe. Tatsächlich schildert Gassicourt die erste Begegnung zwischen dem Verwundeten und dem Kaiser ganz in diesem Sinne. Er betont die Künstlichkeit des Arrangements, indem er sie explizit als „scène" bezeichnet, die der Darstellung eines Malers würdig sei (Gassicourt 1818, 117). Auffälligerweise unterschlägt er zudem das Diktum des Kaisers, das seinen beherrschten Verlust der Selbstbeherrschung unter Beweis stellen und eine Analogie zwischen der Freundesliebe und der Liebe des Feldherrn zu seiner Armee suggerieren soll. Vor allem aber fügt er eine interessante Variante hinzu: In seiner Fassung der Anekdote wird die Begegnung zwischen Napoleon und Lannes von einer Menge verletzter Soldaten beobachtet, die unmittelbar darauf reagieren: „Cette scène attendrissante [...] a ranimé le courage des malheureux blessés qui, se soulevant sur le sable, ont crié: Vive l'Empereur!" (Gassicourt 1818, 117). Hier bewirkt die öffentlich zur Schau gestellte Zuwendung des Kaisers zu seinem Freund nicht dessen Wiederbelebung, sondern diejenige seiner Soldaten, die dann ihrerseits den Kaiser hochleben lassen. Sie ist von Anfang an ein Schauspiel, das zu ihrem Besten gegeben wird. Die Episode und ihre propagandistische Ausschlachtung im Bulletin wird somit dem Verdacht unterstellt, ‚fake' zu sein, Teil jenes großangelegten Betrugs, dem die parrhesiastischen Wahrheitsworte des sterbenden Lannes als Korrektiv gegenübergestellt werden.²²

3

Der preußische Dichter Heinrich von Kleist knüpfte an die Schlacht von Aspern große Hoffnungen. Die Nachricht vom Wiedereintritt Österreichs in den Krieg gegen Napoleon veranlasste ihn dazu, gemeinsam mit seinem Freund Friedrich Christoph Dahlmann von seinem damaligen Wohnort Dresden in die Nähe von

---

22 Gassicourts Bericht über die aufrichtigen letzten Worte des Marschalls Lannes werden durch Constant, den Kammerdiener Napoleons, in seinen Memoiren bestätigt (vgl. Wairy 1830, 147–148). Marbot (1891, 203) und Pelet (1825, 336) dagegen weisen derartige Berichte als Verleumdungen zurück. Marbot (1891, 214, 217) fügt seinem Bericht über die Schlacht von Aspern zudem „quelques anecdotes que j'avais recueuillies à ce sujet" bei, die die Geistesgegenwart des Kaisers als Kriegsherr und „[le] pouvoir magique que Napoéon exercait sur ces troupes" beglaubigen sollen. Der mit Hilfe von Anekdoten geführte publizistische Kampf um die Deutung der Ereignisse von Aspern findet auch heute noch seine Fortsetzung: Die von der *Fondation Napoléon* herausgegebene *Revue du Souvenir Napoléonien* druckt in ihrer 297. Ausgabe vom Januar 1978 einen Schlagabtausch zwischen Guy Godlewski und Jean Linden mit dem Titel „Comment on écrit l'histoire" ab (Godlewski und Linden 1978, 25–29). Letzterer hält die von Gassicourt übermittelten mahnenden Worte Lannes' gegenüber dem Kaiser für authentisch, da sie auch von Constant bezeugt worden seien; Ersterer dagegen erachtet sie als eine Fabrikation, die Gassicourt in seinen Bericht eingefügt habe, um der anti-napoleonischen Stimmung im Frankreich der Restauration zu willfahren. Als Beleg dafür führt er an, dass die entsprechende Passage im inzwischen von Martial Lapeyre aufgefundenen Manuskript des Gassicourt'schen Berichts nicht enthalten sei. Er beschließt seine Stellungnahme mit folgenden Worten: „We are grateful to M. Lapeyre for the opportunity to wash this stain from the memory of Napoleon." Die Formulierung indiziert jedoch, dass sich Godlewski noch immer im Kielwasser der napoleonischen Propaganda bewegt. Sie bezeugt die enorme Wirkmächtigkeit seiner anekdotischen Steuerung der öffentlichen Meinung.

Wien zu reisen, um dem Kampfgeschehen möglichst nahe zu sein.[23] Am Tag nach der blutigen Begegnung besichtigten beide das Schlachtfeld, das noch immer von Toten übersät war. Angesichts der hohen Verluste, die die Franzosen erlitten hatten, und ihres Rückzugs auf die Donauinsel Lobau gewann Kleist zunächst den Eindruck, einem entscheidenden Ereignis, ja einem Wendpunkt des Krieges beigewohnt zu haben. Am 25. Mai 1809 schrieb er an Joseph von Buol: „Nun zweifle ich keinen Augenblick mehr daß der König v. Preußen und mit ihm das ganze Norddeutschland losbricht, und so ein Krieg entsteht, wie er der großen Sache, die es gilt, würdig ist. [...] Es heißt der Erzh. Carl sei die Nacht vom 23 zum 24ten über die Donau gegangen" (Kleist 1997b, 434). Kleist hegte die Erwartung, dass die (Fast-)Niederlage Napoleons zum Fanal für eine konzertierte Befreiungsaktion aller deutschen Staaten werde.[24] Doch diese Erwartung wurde enttäuscht. Weder hatte der Erzherzog Carl (wie es das Gerücht besagte) die Donau überquert, sodass die Chance, Napoleons Armee zu vernichten, vertan wurde; noch trat Preußen in den Krieg ein. Aspern war nicht *der* historische Wendepunkt, den Kleist zunächst wahrgenommen zu haben glaubte; es war nur eine von vielen Wendungen eines komplexen politisch-militärischen Geschehens, dessen Ausgang sich aus seinem Vollzug heraus nicht prognostizieren ließ.

Anderthalb Jahre nach seiner Reise mit Dahlmann kam Kleist im publizistischen Kontext der von ihm herausgegebenen Tageszeitung *Berliner Abendblätter* noch einmal auf die Schlacht von Aspern zurück. In der Ausgabe vom 14. November 1810 heißt es unter dem schlichten Titel „Anekdote":

> In einem Werke, betitelt: *Reise mit der Armee im Jahre 1809.* Rudolstadt, Hofbuchhdl. 1810. erzählt ein Franzose folgende Anekdote vom Kaiser Napoleon, die von seiner Fähigkeit lebhafte Regungen des Mitleids zu empfinden, ein merkwürdiges Beispiel giebt. Es ist bekannt, daß derselbe, in der Schlacht bei Aspern, den verwundeten Marschall Lannes lange mit großer Bewegung in den Armen hielt. Am Abend eben dieser Schlacht beobachtete er, mitten im Kartätschenfeuer, den Angriff seiner Cavallerie; eine Menge Blessirter lagen um ihn herum – schweigend, wie der Augenzeuge dieses Vorfalls sagt, um dem Kaiser, mit ihren Klagen, nicht zur Last zu fallen. Drauf setzt ein ganzes fr. Kuirassierregiment, der feindlichen Übermacht ausweichend, über die Unglücklichen hinweg; es erhebt sich ein lautes Geschrei des Jammers, mit dem untermischten Ausruf (gleichsam um es zu übertäuben): *Vive l'Em-*

---

23 Alexander Kluge macht diesen merkwürdigen Kriegstourismus Kleists und Dahlmanns in *Die Lücke, die der Teufel läßt* zum Gegenstand dreier anekdotischer Prosatexte, von denen einer sogar den Titel „Anekdote" trägt (Kluge 2003, 552–555).
24 In seiner *Autobiographie* (1849) schildert Dahlmann die Erwartung der beiden Freunde folgendermaßen: „wir [...] glaubten [...], daß der Staat entschlossen sei, diesmal seinen letzten Kampf zu kämpfen; wenn dem aber so sei, so werde auch Preußen sich aufraffen aus seinem schmählichen Schwanken zwischen Sein und Nichtsein, das übrige Deutschland aber werde den vereinigten Adlern Österreichs und Preußens folgen" (Sembdner 1996, 269).

pereur! Vive l'Empereur! Der Kaiser wendet sich; indem er die Hand vors Gesicht hält, stürzen ihm die Thränen aus den Augen, und nur mit Mühe behält er seine Fassung. (Misc. d. n. Weltk.) (Kleist 1997a, 201)

Obwohl Kleist selbst Zeuge der Schlacht von Aspern geworden war, teilt er die Anekdote nicht aus eigenem Erleben mit, sondern ‚zitiert' sie aus gleich zwei schriftlichen Quellen. Im ersten Satz der Anekdote gibt er einen anonym erschienen Reisebericht seines Freundes Rühle von Lilienstern als Quelle an, am Schluss weist er zudem parenthetisch die *Miscellen für die Neueste Weltkunde*, eine von Heinrich Zschokke edierte Zeitschrift, als Vorlage aus. Rühle seinerseits bezieht seine Anekdote von einem nicht namentlich identifizierten Franzosen, der ihn während seines Aufenthalts in Österreich für kurze Zeit als Reisegefährte begleitete, bei dem Geschehen, von dem er berichtet, aber nicht selbst zugegen gewesen war.[25] Kleist betont also zum einen die potenzierte Mittelbarkeit der Anekdote. Sie ist durch viele Hände gegangen, ehe sie bei ihm angekommen ist (der Franzose erzählt, was er von anderen gehört hat; Rühle berichtet, was der Franzose erzählt; Zschokke referiert, was Rühle berichtet; Kleist bearbeitet Zschokkes Version). Diese potenzierte Mittelbarkeit wird in Kleists Text offen ausgestellt; die Hinweise darauf sind integraler Bestandteil der Anekdote. Der mediale Umlauf ist dem Text eingeschrieben. Dadurch wird die traditionell der Anekdote zugeschriebene Wirklichkeitsreferenz und Zeugnisfunktion konterkariert. Wir haben hier lauter ‚Weitererzähler', aber keinen durch eigenes Erleben autorisierten ‚Urheber' der Erzählung. Zum anderen aber und in scheinbarem Gegensatz dazu erzeugt Kleist gegenüber seinen Vorlagen den Anschein größerer Unmittelbarkeit: Er verwendet direkte statt indirekter Rede; er wechselt an entscheidender Stelle vom Präteritum zum Präsens (Ribbat 2008, 270); zudem führt er einen „Augenzeugen dieses Vorfalls" ein, den die Vorlagen nicht kennen. Der Leser wird unmittelbar an das Geschehen herangeführt – es läuft gleichsam direkt vor seinen Augen ab. Die Suggestion von Unmittelbarkeit und Gegenwart kontrastiert mit der deutlich exponierten Mittelbarkeit, erstere wird somit als Effekt der Letzteren – als mediale Inszenierung und Produkt literarischer ‚Kunstmittel' vorgeführt.

Kleist referiert eingangs knapp auf die Anekdote vom sterbenden Marschall Lannes. Dieser Hinweis findet sich auch in der Version Rühles, aber nur Kleist

---

25 Vgl. Anonym [Rühle von Lilienstern] 1810, 110: „Auch habe man Beispiele, sagte er, daß der Kaiser von augenblicklich heftiger Rührung übermeistert werde. So habe er bei der Schlacht von *Aspern* den verwundeten Marschall *Lannes* lange Zeit mit großer Bewegung in den Armen gehalten, und aus eben jener Schlacht *erzähle man* folgende Anekdote" [meine Hervorhebung, C.M.].

macht die Bemerkung, dass diese Geschichte „bekannt" sei. Er akzentuiert somit nochmals die mediale Vorformatierung des Napoleon-Diskurses. Und er indiziert: Was nun folgt, soll dazu dienen, die bekannte Geschichte neu zu perspektivieren. Darin unterscheidet sich Kleists Version von derjenigen Rühles. Bei diesem fungieren die beiden Episoden, die in der Anekdote mitgeteilt werden, als gleichwertige „Beispiele" für ein und dasselbe Vermögen des Kaisers, tiefe Rührung zu empfinden, wenngleich, wie Rühles Gewährsmann betont, immer nur „augenblicklich", d. h. für einen kurzen Moment – ohne je ganz die Herrschaft über sich selbst zu verlieren (Anonym [Rühle von Lilienstern] 1810, 110). Tatsächlich hebt Rühles Franzose in einem deutenden Kommentar die überlegene Selbstbeherrschung des Kaisers eigens hervor: „er habe Gewalt genug, sowohl seinem Hasse, als seiner Zuneigung zu gebieten, sobald höhere politische Rücksichten hier oder da es nöthig machten […], und in eben dieser Herrschaft über sich selbst […] bestehe die Grundlage seines Charakters" (Anonym [Rühle von Lilienstern] 1810, 110). In der bei Rühle begegnenden Einschränkung „augenblicklich" finden wir also noch einen Reflex auf das Diktum des Kaisers, wie es im Bulletin mitgeteilt wird. In seiner Version dient die zweite Episode lediglich als Bestätigung und Verstärkung der ersten: Nicht nur für den engen Freund und hohen Offizier, sondern auch für den einfachen Soldaten empfindet der Kaiser demnach Mitleid. Und sie verdeutlicht zudem, was die erste Episode schon im Bulletin suggerierte: dass die bloße Präsenz des Kaisers magisch auf die Menschen in seiner Umgebung zu wirken vermag. Das wird durch das Schweigen der leidenden Soldaten bezeugt, die ihren das Kampfgeschehen beobachtenden Kaiser nicht stören wollen, sowie durch die Umwandlung der Schmerzensschreie in Jubelrufe, sobald die Grenze des Erträglichen überschritten ist. Die Selbstbeherrschung, die den Kaiser auszeichnet, hat sich hier auf die Soldaten übertragen. Sie haben ihr Leid und ihren Schmerz ebenso souverän unter Kontrolle wie der Kaiser seine Gefühle. Der Kaiser und seine Armee bilden einen integralen Leib, der sich (fast) vollkommen in der Gewalt hat. Das Schweigen und die den Schmerz übertönenden Jubelrufe sind Ausdruck der Selbstdisziplin *und* zugleich der grenzenlosen Liebe für ihren Führer, der totalen Ergebenheit, also paradoxerweise Ausdruck grenzenlosen Gefühls *und* zugleich Begrenzung des Gefühls im Dienste der militärischen Aufgabe, die gemeistert werden muss. Des Kaisers Reaktion, wie Rühles Gewährsmann sie schildert, verbindet in ähnlicher Weise beides: Sie ist Ausdruck von Rührung und bewältigende Verbergung derselben. Er hält „die Hand vors Gesicht", während die Tränen „ihm über die Wangen herab" stürzen (Anonym [Rühle von Lilienstern] 1810, 111). Der Kaiser zeigt bei Rühle seine Rührung nicht direkt, sondern verbirgt sie mittels einer Geste, die sie zugleich verrät – die gleichsam eine temperierte Dosis davon an die Zuschauer (und Leser) verabreicht.

Wie sieht das nun in der Kleist'schen Fassung aus? Kleist bindet die zweite Episode anders an die Geschichte vom sterbenden Marschall an als seine Vorlagen. Er konstruiert eine zeitliche Folge: Die zweite Episode spielt bei ihm „am Abend eben dieser Schlacht". Dass Kleist sie auf den Abend der Schlacht legt, auf einen Zeitpunkt nach der Begegnung des Kaisers mit dem sterbenden Lannes, ist signifikant. Zum einen verfolgt er damit eine Strategie der Steigerung und Verdichtung – das zweitägige Kampfgeschehen wird auf einen Tag reduziert. Dem „große[n] Konzentrierer" Napoleon begegnet Kleist mit einer Strategie der anekdotisch-narrativen Verdichtung des Geschehens. Zum anderen werden damit die tatsächlichen Zeitverhältnisse verkehrt. De facto erhielt Lannes seine tödliche Verwundung am zweiten Tag der Schlacht zwischen 15 und 16 Uhr (vgl. Pelet 1825, 334),[26] die Begegnung mit Napoleon erfolgte nach der Amputation des Beines, also: am Abend desselben Tages. Kleist tauscht dieses Ereignis gegen das andere aus und erzeugt damit eine Klimax. Der Abend der Schlacht steht zudem metaphorisch für ihr Ende, ihr Ergebnis. Ihr Ende ist die ungeordnete Flucht eines ganzen Regiments, der die eigenen Soldaten zum Opfer fallen. Die Niederlage des Kaisers wird somit in ein prägnantes Bild gefasst. Die Konzentration und Beschleunigung, die dichte Folge von Aktionen, die in der Kriegsführung der *Grande Armée* den Gegner überrumpeln soll, fällt hier auf den Kaiser selbst zurück. Er wird einer dichten Folge von Schlägen ausgesetzt.

Wie reagiert nun der Kaiser auf diese konzentrierten Schläge? Behält er seine Geistesgegenwart? Kleists Napoleon reagiert anders als derjenige Rühles: „Der Kaiser wendet sich; indem er die Hand vors Gesicht hält, stürzen ihm die Thränen aus den Augen, und nur mit Mühe behält er seine Fassung." Kleists Napoleon *wendet sich ab*. Bei Rühle bleibt er den Leidenden zugewandt. Er verbirgt zwar sein Gesicht, aber er setzt sich dem Leid zumindest indirekt aus. Das Gleichgewicht von Rührung und Selbstbeherrschung bleibt gewahrt. Die Geste der (Ab-)Wendung, die Kleist in seine Version der Anekdote einfügt, ist dagegen auf irreduzible Weise zweideutig. Die eine Deutungsmöglichkeit, die der Text nahelegt, besagt, dass Napoleon von seinen Gefühlen überwältigt wird und den Anblick der Leidenden nicht mehr erträgt. Indem er sich abwendet, folgt er gestisch und in seiner Bewegungsrichtung der Flucht seiner Kavallerie, die rücksichtslos über die Gefallenen hinwegstürmt. Mit der Geste der Abwendung lässt Napoleon die Leidenden im Stich und schließt sich den Fliehenden an. Doch auch eine alternative Deutung der Geste ist denkbar. Gerade die Abwendung des Kaisers ist demnach ein Zeichen seiner Selbstbeherrschung. Ein zu langes Verweilen im Anblick der Leidenden, ein zu sehr ausgekostetes Mitleiden wäre Ausdruck mangelnder

---

26 Laut *Bulletin:* gegen 18 Uhr (Garnier 2013, 446).

Kontrolle über die Affekte. Um das, was ohnehin verloren ist, sollte man sich klugerweise nicht mehr kümmern. Und unter den gegebenen ungünstigen Umständen klug ist der Rückzug der unterlegenen Truppen auf die Insel Lobau, den Napoleon in der Folge anordnet und organisiert. Die Abwendung kann beides sein: Zeichen eines Zuviels an Rührung, das den Kaiser aus der Fassung bringt, und Zeichen ihrer klugen, den Erfordernissen der Situation Rechnung tragenden Bewältigung. Im ersten Fall verwiese die Anekdote tatsächlich auf einen Wendepunkt, wenn auch keinen spektakulär sichtbaren: Zum ersten Mal verliert der Kaiser inmitten des Schlachtgetümmels seine Selbstbeherrschung. Im zweiten Fall demonstrierte er erneut seine souveräne Geistesgegenwart, wenn auch um den Preis der Demaskierung seiner inhumanen Grausamkeit. In der bildhaften Verdichtung einer ambivalenten Geste verweigert der Text letztlich eine klare Festlegung. Der Napoleon, den Kleist in seiner Anekdote vorführt, entzieht sich einer eindeutigen Bewertung. Das ist, vor dem Hintergrund des ungezügelten Napoleon-Hasses, den er in seiner politischen Dichtung (etwa im „Katechismus der Deutschen" oder in der Ode „Germania an ihre Kinder") artikuliert, bemerkenswert (Ribbat 2008, 271).[27] Kleist übersetzt Napoleons militärische Überrumpelungsstrategie in eine literarische Schreib- und Wirkungsstrategie. In seiner anekdotischen Darstellung verdichtet er die Ereignisse zu einer komplexen, extrem dynamisierten Gleichzeitigkeit des Verschiedenen. Es bleibt unentscheidbar, ob sein Napoleon die Dynamik, die er selbst entfesselt hat, noch beherrscht oder von ihr überwältigt wird. Die propagandistische Anekdote wird auf diese Weise einer subtilen Form der Gegengeschichtsschreibung dienstbar gemacht.

4 Coda

In Alexander Kluges Buch *Die Lücke, die der Teufe läßt* findet sich ein kurzer Text, der den Titel „Napoleon und die Partisanen" trägt (Kluge 2003, 555–556). Darin erzählt er zunächst (in Anlehnung an Gassicourt) in äußerst komprimierter Form die Anekdote vom sterbenden Marschall Lannes, der seinem kaiserlichen Freund noch einmal ins Gewissen redet. Lannes wird dabei nicht mit Namen genannt, sondern als „Rauhbein" tituliert. Kluge setzt mithin (wie Kleist) die Bekanntheit der Anekdote voraus. Er praktiziert ein konzentriertes oder konzentrierendes Er-

---

[27] Auch Ribbat weist darauf hin, dass Kleist seine Bearbeitung im Unterschied zur Vorlage „mit einem mehrdeutigen Gestus" beschließe (Ribbat 2008, 270), deutet diesen jedoch als Ausdruck seines hier ausnahmsweise zu konstatierenden Bemühens, „an der Auratisierung des französischen Kaisers" mitzuwirken (Ribbat 2008, 269). Zum (generell negativen) Napoleon-Bild Kleists vgl. Bauer 1992, 286–304; Grathoff 1994, 31–59; Krimmer 2010, 46–62.

zählen, das der Persönlichkeit des Kaisers angemessen erscheint. Die Anekdote evoziert auf engstem Raum die prekäre Situation des Kaisers an einem Wendepunkt seiner Laufbahn: die erste Niederlage, sein kameradschaftliches Verhältnis zu seinen Offizieren und Soldaten, seine schrankenlose Macht und Autorität, die selbst den intimen Freund, sogar in der Stunde seines Todes, dazu veranlasst, ihn respektvoll mit ‚Sire' anzureden.[28] In Kluges Version der Geschichte reagiert Napoleon auf die Wahrheitsrede seines Freundes ausweichend: Er organisiert ebenso eilig wie obsessiv den Rückzug der Truppen auf die Donauinsel Lobau. Im begrenzten Fluchtraum der Insel zeigt der Kaiser noch einmal seine ganze Geistesgegenwart, seine Fähigkeit, aus den gegebenen Umständen das Beste zu machen: „Hier entfaltete der Usurpator noch einmal sein Temperament" (Kluge 2003, 555). Doch er vermag sein Genie eben nur noch in *kleinen*, konzentrierten Räumen zur Entfaltung bringen. Der kleine Inselraum steht in Kontrast zur gewaltigen räumlichen Weite der russischen Steppe, auf die hier e contrario angespielt wird, auf jenen schier grenzenlosen Raum der Dispersion, in dem Bonaparte wenige Jahre später scheitern wird: „die Struktur der Zerstreuung, der Gegenpol zur Kraft- und Zeitblase des Kaisers", die „vielen gleichgültigen Punkte des Landes [...]: dies alles dekonzentriert unseren Zusammenfasser" (Kluge 2000, 259). Zugleich aber weist die Insel Lobau auf die Inseln der Verbannung voraus: Elba und St. Helena. Der „große Konzentrierer" Napoleon ist nicht mehr in der Lage, große Räume zu konzentrieren. Er hat den Blick für die wahren Größenverhältnisse verloren; er kann ‚Größe' (auch seine eigene!) nicht mehr richtig einschätzen.

Literaturverzeichnis

Anonym. *Anekdoten zur Charakteristik Napoleons*. Leipzig: Wilhelm Rein, 1814.
Anonym [Rühle von Lilienstern, Johann Jakob August Otto]. *Reise mit der Armee im Jahr 1809: Zweiter Theil*. Rudolstadt: Hof-, Buch- und Kunsthandlung 1810.
Barthes, Roland. „Structure du fait divers". *Essais critiques*. Paris: Éditions du Seuil, 1964.
Bauer, Waldemar. „Heinrich von Kleist: Utopischer Naturzustand und gesellschaftliche Katastrophe". *Napoleon kam nicht nur bis Waterloo*. Hg. Heide N. Rohloff. Frankfurt a. M.: Haag + Herchen 1992. 286–304.
Bertaud, Jean-Paul. „Napoléon journaliste: Les Bulletins de la gloire". *Le Temps des médias* 4.1 (2005): 10–21.
Blumenberg, Hans. *Arbeit am Mythos*. Frankfurt a. M.: Suhrkamp, 1979.
Blumenberg, Hans. *Gerade noch Klassiker: Glossen zu Fontane*. München u. a.: Carl Hanser, 1998.

---

28 „Sire, sagte der General, schon vom Wundfieber ergriffen, Sie müssen sämtliche Kriege beenden." (Kluge 2003, 555)

Campe, Joachim Heinrich. *Wörterbuch zur Erklärung und Verdeutschung der unserer Sprache aufgedrungenen fremden Ausdrücke*. Neue stark vermehrte und durchgängig verbesserte Ausgabe. Braunschweig: Schulbuchhandlung, 1813.

Creveld, Martin van, mit Stephen L. Canby und Kenneth S. Brower. *Air Power and Maneuver Warfare*. Alabama: Air University Press, 1994.

Fineman, Joel. „The History of the Anecdote: Fiction and Fiction". *The New Historicism*, Hg. H. Aram Veeser. New York und London: Routledge, 1989. 49–76.

Garnier, Jacques (Hg.). *Les Bulletins de la Grande Armée: Les campagnes de Napoléon au jour le jour*. Paris: Éditions Soteca Napoléon 1er, 2013.

Gassicourt, Charles Louis Cadet de. *Voyage en Autriche, en Moravie, et en Bavière fait à la suite de l'armée française pendant la campagne de 1809 par le chevalier C. L. Cadet de Gassicourt*. Paris: Huillier, 1818.

Germani, Ian. „The Soldier's Death in French Culture: A Napoleonic Case Study". *Journal of War & Culture Studies* 9.3 (2016): 222–236.

Godlewski, Guy und Jean Linden. „Comment on écrit l'histoire". *Revue du Souvenir Napoléonien* 41.1 (1978): 25–29.

Gossman, Lionel. „Anecdote and History". *History and Theory* 42.2 (2003): 143–168.

Grathoff, Dirk. „Heinrich von Kleist und Napoleon Bonaparte, der Furor Teutonicus und die ferne Revolution". *Heinrich von Kleist: Kriegsfall – Rechtsfall – Sündenfall*. Hg. Gerhard Neumann. Freiburg i. Br.: Rombach, 1994. 31–59.

Greenblatt, Stephen. *Marvelous Possessions: The Wonder of the New World*. Chicago: The University of Chicago Press, 1991.

Hadot, Pierre. „Selbstbeherrschung". *Historisches Wörterbuch der Philosophie*. Bd. 9. Hg. Joachim Ritter, Karlfried Gründer und Gottfried Gabriel. Basel: Schwabe, 1971–2007. 324–330.

Hilzinger, Sonja. *Anekdotisches Erzählen im Zeitalter der Aufklärung: Zum Struktur- und Funktionswandel der Gattung Anekdote in Historiographie, Publizistik und Literatur des 18. Jahrhunderts*. Stuttgart: M & P, 1997.

Holtman, Robert B. *Napoleonic Propaganda [1950]*. New York: Greenwood Press, 1969.

Kleist, Heinrich von. *Sämtliche Werke: Brandenburger Ausgabe*. Bd. 2: *Berliner Abendblätter I*. Hg. Roland Reuß und Peter Staengle. Basel und Frankfurt a. M.: Stroemfeld, 1997a.

Kleist, Heinrich von. *Sämtliche Werke und Briefe*. Bd. 4: *Briefe von und an Heinrich von Kleist*. Hg. Ilse-Marie Barth. Frankfurt a. M.: Deutscher Klassiker-Verlag, 1997b.

Kluge, Alexander. *Chronik der Gefühle*. Bd. 1: *Basisgeschichten*. Frankfurt a. M.: Suhrkamp, 2000.

Kluge, Alexander. *Die Lücke, die der Teufel läßt: Im Umfeld des neuen Jahrhunderts*. Frankfurt a. M.: Suhrkamp, 2003.

Koselleck, Reinhart. „Historia Magistra Vitae: Über die Auflösung des Topos im Horizont neuzeitlich bewegter Geschichte". Reinhart Koselleck. *Vergangene Zukunft: Zur Semantik geschichtlicher Zeiten*. Frankfurt a. M.: Suhrkamp, 1989. 38–66.

Krimmer, Elisabeth. *The Representation of War in German Literature: From 1800 to the Present*. Cambridge: Cambridge University Press, 2010.

Langewiesche, Dieter. *Der gewaltsame Lehrer: Europas Kriege in der Moderne*. München: C.H. Beck, 2019.

Las Cases, Emmanuel de. *Mémorial de Sainte-Hélène, ou journal où se trouve consigné, jour par jour, ce qu'a dit et fait Napoléon durant dix-huit mois*. Bd. 7. Paris: L'Auteur, 1823.

Lehmann, Johannes F. „,Ändert sich nicht alles um uns herum? Ändern wir uns nicht selbst?': Zum Verhältnis von Leben, Zeit und Gegenwart um 1770". *Lebenswissen: Poetologien des Lebendigen im langen 19. Jahrhundert.* Hg. Benjamin Brückner, Judith Preiß und Peter Schnyder. Freiburg i.Br., Berlin und Wien: Rombach, 2016. 51–74.

Lehmann, Johannes F. „Faktum, Anekdote, Gerücht: Zur Begriffsgeschichte der ‚Thatsache' und Kleists *Berliner Abendblättern*". *DVJs* 89 (2015): 307–322.

Luhmann, Niklas. „Temporalisierung von Komplexität: Zur Semantik neuzeitlicher Zeitbegriffe". Niklas Luhmann. *Gesellschaftsstruktur und Semantik: Studien zur Wissenssoziologie der modernen Gesellschaft.* Bd. 1. Frankfurt a.M.: Suhrkamp, 1993. 235–300.

Marbot, Marcellin de. *Mémoires du Bon de Marbot.* Bd. 2. Paris: Librairie Plon, 1891.

Mathews, Joseph J. „Napoleon's Military Bulletins". *The Journal of Modern History* 22.2 (1950): 137–144.

Martin, Brian Joseph. *Napoleonic Friendship: Military Fraternity, Intimacy, and Sexuality in Nineteenth-Century France.* Durham, NH: University of New Hampshire Press, 2011. 40–47.

Moser, Christian. „Abgelenkte Falllinien: Kleist, Newton und die epistemische Funktion anekdotischen Erzählens". *Wissensfiguren im Werk Heinrich von Kleist.* Hg. Yixu Lü, Anthony Stephens, Alison Lewis und Wilhelm Voßkamp. Freiburg i.Br.: Rombach, 2012. 169–191.

Moser, Christian. „The Anecdote on the Battlefield: Napoleon – Kleist – Kluge." *Inspiration Bonaparte? German Culture and Napoleonic Occupation.* Hg. Seán Allan und Jeffrey L. High. Rochester, NY: Camden House, 2021. 94–118.

Moser, Christian. „Gegenwartsbezug als Weltbezug: Von der Aufkärungshistoriographie zum Manifest der Avantgarden". *Aktualität: Zur Geschichte literarischer Gegenwartsbezüge vom 17. bis zum 21. Jahrhundert.* Hg. Stefan Geyer und Johannes F. Lehmann. Hannover: Wehrhahn, 2018a. 321–348.

Moser, Christian. „Kontingenz und Anschaulichkeit: Zur Funktion anekdotischen Erzählens in lebensgeschichtlichen Texten (Plutarch und Rousseau)". *Show, don't tell: Konzepte und Strategien anschaulichen Erzählens.* Hg. Tilman Köppe und Rüdiger Singer. Bielefeld: Aisthesis, 2018b. 57–82.

Moser, Christian. „Die supplementäre Wahrheit des Anekdotischen: Kleists Prinz Friedrich von Homburg und die europäische Tradition anekdotischer Geschichtsschreibung". *Kleist-Jahrbuch 2006.* Hg. Günter Blamberger, Ingo Breuer, Sabine Doering und Klaus Müller-Salget. Stuttgart: J.B. Metzler, 2006. 23–44.

Oesterle, Ingrid. „Der ‚Führungswechsel der Zeithorizonte' in der deutschen Literatur: Korrespondenzen aus Paris, der Hauptstadt der Menschheitsgeschichte, und die Ausbildung der geschichtlichen Zeit ‚Gegenwart'. *Studien zur Ästhetik und Literaturgeschichte der Kunstperiode.* Hg. Dirk Grathoff. Frankfurt a.M.: Peter Lang, 1985. 11–76.

Pelet, Jean-Jacques Germain. *Mémoires sur la guerre de 1809, en Allemagne, avec les opérations particulières des Corps d'Italie, de Pologne, de Saxe, de Naples, et de Walcheren; par le Général Pelet.* Bd. 3. Paris: Roret, 1825.

Perrey, Hans-Jürgen. *Joachim Heinrich Campe (1746–1818): Menschenfreund – Aufklärer – Publizist.* Bremen: edition lumière, 2010.

Perrot, Michèlle. „Fait divers et histoire au XIXe siècle". *Annales: Économies, Sociétés, Civilisations* 38.4 (1983): 911–919.

Plutarch. *Große Griechen und Römer*. Bd. 5. Eingel. und übers. v. Konrat Ziegler. Zürich und Stuttgart: Artemis 1960.
Reitz, Christiane. „Scaevola". *Historische Gestalten der Antike: Rezeption in Literatur, Kunst und Musik. Der Neue Pauly Supplemente*. Bd. 8. Hg. Peter von Möllendorf, Annette Simonis und Linda Simonis. Stuttgart: J.B. Metzler, 2013. 861–868.
Ribbat, Ernst. „‚Vatermördergeist'. Napoleon, gesehen von Heinrich von Kleist". *Napoleons langer Schatten über Europa*. Hg. Marion George und Andrea Rudolph. Dettelbach: J.H. Röll, 2008. 265–278.
Schäfer, Rudolf. *Die Anekdote: Theorie – Analyse – Didaktik*. München: Oldenbourg, 1982.
Sembdner, Helmut (Hg.). *Heinrich von Kleists Lebensspuren: Dokumente und Berichte der Zeitgenossen*, 7. Auflage. München: Hanser, 1996.
Trinkle, Dennis A. *The Napoleonic Press: The Public Sphere and Oppositionary Journalism*. Lewiston, NY, Queenston und Lampeter: Edwin Mellen Press, 2002.
Tulard, Jean. *Napoleon: Les grands moments d'un destin*. Paris: Fayard, 2006.
Wairy, Louis-Constant. *Mémoires de Constant, premier valet du chambre de l'Empéreur, sur la vie privée de Napoléon, sa famille et sa cœur*. Bd. 4. Paris: Ladvocat, 1830.
Weber, Volker. *Anekdote: Die andere Geschichte: Erscheinungsformen der Anekdote in der deutschen Literatur, Geschichtsschreibung und Philosophie*. Tübingen: Stauffenburg, 1993.

Maren Scheurer
„Strange Adventures": Paradoxe Realitätseffekte und nostalgische Realitätskonstruktion in Thomas Hardys „A Few Crusted Characters"

1 „A String of Anecdotes": Thomas Hardys anekdotisches Erzählen

Der Anekdote haftet etwas Reales an: Wenn wir von Anekdoten sprechen, meinen wir zwar meist ein kurzes, durchaus literarisch geformtes Narrativ, aber wir gehen doch davon aus, dass sich dieses Narrativ auf einen realen Vorfall bezieht: „The anecdote, however literary, is nevertheless directly pointed towards or rooted in the real" (Gallop 2002, 3). Schon ein genauerer Blick ins Wörterbuch wirft dazu allerdings eine Reihe von Fragen auf. Das Oxford English Dictionary hält zwei Definitionen bereit, die den Realitätsbezug der Anekdote problematisieren. Die Anekdote beziehe sich auf „[s]ecret, private, or hitherto unpublished narratives or details of history" (Def. 1) oder sei „[a] short account of an amusing, interesting, or telling incident or experience; sometimes with implications of superficiality or unreliability" oder sogar „an item of gossip" (Def. 2).[1] Zumal wir mit dem „Klatsch", dem „gossip", keine wahrheitsgetreue Diskursform assoziieren, stellt sich schon im Anschluss an diese Definitionen das Problem, wie ausgerechnet das Geheime und Private einerseits und das Einzigartige, Außerordentliche andererseits mit dem Realitätsanspruch der Anekdote in Verbindung gebracht werden kann. Schließlich sind wir es doch gewohnt, Realität und Realismus mit dem Gewöhnlich-Alltäglichen gleichzusetzen – und mit dem, was intersubjektiv abgesichert werden, also gerade nicht privat und einzigartig sein kann.

Eine besonders ausführliche literarische Auseinandersetzung mit dieser Spannung zwischen Realitätsanspruch und dem Singulären im anekdotischen Erzählen hat Thomas Hardy mit seinem Erzählzyklus „A Few Crusted Characters" vorgelegt. Zuerst 1891 serialisiert als „Wessex Folk" in *Harper's New Monthly Magazine* erschienen (Ray 1997, 228), wurde die Sammlung 1894 von Hardy in

---

[1] Dass es im Englischen auch eine seltene Verbform, „to anecdote", gibt – Anekdoten erzählen, Personen mit Anekdoten unterhalten oder sie zum Gegenstand einer Anekdote machen – sei hier nur am Rande erwähnt.

einen Kurzgeschichtenband aufgenommen, dessen Titel eine Differenzierung und Sonderstellung der Anekdoten indiziert: *Life's Little Ironies: A Set of Tales with Some Colloquial Sketches Entitled A Few Crusted Characters*. „Colloquial Sketches" also, knappe Skizzen aus dem Volksmund – und in der Tat handelt es sich um eine Sammlung von neun kurzen Erzählungen, die in einer Rahmenhandlung eingefasst von verschiedenen ErzählerInnen dargeboten werden.² Hardy war von der traditionellen mündlichen Erzählkultur seiner Heimatregion Dorset fasziniert und stützte sich in seinen Kurzgeschichten, Gedichten und Romanen, wie er selbst betonte, oft auf „true records" und volkstümliche Anekdoten über lokale Gebräuche (Brady 1982, 145). Diese Faszination zeigt sich besonders deutlich in „A Few Crusted Characters". Der Erzählzyklus ist von zahlreichen KritikerInnen als „merely a string of anecdotes" abgetan worden (Carpenter 1979, 156), was, wie wir sehen werden, in einem engen Zusammenhang mit einer Abgrenzung der Kurzgeschichte gegen andere Kurzformen des Erzählens Ende des neunzehnten Jahrhunderts steht. Das Anekdotische wird in dieser im anglo-amerikanischen Raum geführten Debatte nicht so sehr mit einer fest umrissenen Gattung in Verbindung gebracht, sondern mit dem Anderen der Kurzgeschichte – und das umfasst nicht nur Hardys Erzählwerk, das Peter Widdowson (2009) insgesamt als „anecdotal" bezeichnet hat – „often ramblingly told by narrator-characters – and unambiguous, if anticlimactic, in outcome rather than displaying tautness of form and language" (365) –, sondern auch das vieler seiner Zeitgenossen. Auf der Spur nach Hardys Verständnis des Anekdotischen lohnt es sich also, zunächst der Debatte über die Differenzierung zwischen Kurzgeschichte und Anekdote nachzugehen, die Hardys Text im neunzehnten Jahrhundert rahmt.

Interessant an Hardys „Sketches" ist nun nicht nur, dass diese als Anekdoten erzählt werden, sondern dass Hardy dem Erzählprozess besondere Aufmerksamkeit widmet und unseren Blick darauf richtet, wie die nostalgische Realitätskonstruktion ihrer Anekdoten durch die verschiedenen Erzähler- und Zuhörerfiguren reflektiert wird. Die Anekdote erscheint als riskante Erzählform, deren Realitätsbezug immer wieder neu betont und hergestellt werden muss, da die „strange adventures" (Hardy 1922, 259),³ die darin berichtet werden, diesen konsequent in Frage stellen. Zum Realitätsbezug der Anekdote und seiner Rolle in der Geschichtsschreibung haben Catherine Gallagher und Stephen Greenblatt

---

2 Hardys „Colloquial Sketches" reihen sich damit in eine lange Tradition von gerahmten Erzählzyklen ein, die eine Reise oder ein bestimmtes Erzählinteresse als Erzählanlass aufführen. Tatsächlich lässt sich nachweisen, dass Hardy Geoffrey Chaucers *Canterbury Tales* und Giovanni Boccaccios *Decamerone* nicht lange vor Abfassung seines eigenen Zyklus gelesen hat (Mink 2017, 124).
3 Alle folgenden Zitate aus Hardys „A Few Crusted Characters" zitiere ich mit der Sigle FCC.

Überlegungen angestellt, die im dritten Teil dieses Aufsatzes näher beleuchtet werden sollen, um die spezifischen Realitätseffekte der Anekdote besser greifen zu können. Anschließend werden uns Hardys „Crusted Characters" dabei helfen, unser Verständnis des anekdotischen Erzählens im Spannungsfeld paradoxer Realitätseffekte und einer nostalgischen Sehnsucht nach singulärer, und doch exemplarischer Vergangenheit weiterzuentwickeln.

2 „A Mere Anecdote": Formen viktorianischer Kurzprosa

Ende des neunzehnten Jahrhunderts war in England eine Debatte über die Abgrenzung der Kurzgeschichte („short story") von anekdotischem Erzählen entbrannt (Gilmartin 2013, 132). Regelmäßiger Ausgangspunkt für eine stringentere Definition der Kurzgeschichte war dabei Edgar Allen Poes Grundsatz, dass ein starker und geschlossener Effekt nur bei begrenzter Textlänge erzielt werden könne, den er für das Gedicht besonders wirkmächtig in „The Philosophy of Composition" (1846) formulierte. Aber schon 1842 äußerte er in einer Rezension der Kurzgeschichten Nathaniel Hawthornes: „We need only here say, upon this topic, that, in almost all classes of composition, the unity of effect or impression is a point of the greatest importance. It is clear, moreover, that this unity cannot be thoroughly preserved in productions whose perusal cannot be completed at one sitting" (Poe 2004, 521). Dies wurde insbesondere für die Lyrik und die Kurzgeschichte verbreitet akzeptiert.

In seinem 1885 erstmals erschienenen Essay „The Philosophy of the Short Story" spielt Brander Matthews (1917) nicht nur auf Poes „Philosophy of Composition" an, sondern greift auch dessen Poetik auf. Matthews zufolge ist die Kurzgeschichte logisch aufgebaut, originell und erfinderisch, besser noch etwas fantastisch – aber ganz gewiss nicht eine bloße „cross-section of real life" (23). Nicht überraschend sieht der amerikanische Schriftsteller diese Qualitäten vor allem in der amerikanischen Kurzgeschichte verwirklicht und setzt ihr britisches Pendant herab: „the brief tales in the British magazines are not true Short-stories at all, and [...] they belong to a lower form of the art of fiction, in the department with the amplified anecdote" (60). Selbst ‚erweiterten' Anekdoten, so Matthews, fehle die künstlerische Komponente der Kurzgeschichte (Gilmartin 2013, 132). H. G. Wells (1913) berichtet rückblickend mit Bedauern, dass diese Debatte um die Grenzen der Kurzgeschichte zu absurden Auswüchsen führte und von „arbitrary standards" gekennzeichnet war: „There was a tendency to treat the short story as though it was as definable as the sonnet, instead of being just exactly what any one of courage and imagination can get told in twenty minutes' reading or so" (vi–vii). Von besonderer Bedeutung sieht auch er die damals konstatierte Unterscheidung zwischen Kurzgeschichte und Anekdote, die zu einer Abwertung der vermeintlich einfacheren Form geführt habe: „The short story was Maupassant, the anecdote was damnable. [...] Nothing is so destructive in a field of artistic effort as a stock term of abuse. Anyone could say of any short story, ‚A mere anecdote'" (vii).[4]

Diese Abgrenzungsbemühungen waren der Tatsache geschuldet, dass die britische Kurzgeschichte in den 1880ern und 1890ern einerseits tatsächlich als eigenständige Kunstform noch ungenügend von anderen Kurzformen des Erzählens abgelöst war und andererseits immer noch oft als bloßer Ableger der Romanschriftstellerei betrachtet wurde. Das Prestige der ‚langen Form' in Großbritannien war viel größer und so erklärt sich das geringe Interesse an einer Theorie der Kurzgeschichte, im Gegensatz zu den USA, wo sie sich als eigenständige Form als Gegengewicht zur Dominanz der britischen Romane auf dem amerikanischen Markt entwickelte (Malcolm and Malcolm 9). Auch bei britischen Zeitschriften und Magazinen war die Nachfrage nach Kurzformen zwar groß, aber viele SchriftstellerInnen betrachteten ihre „tales" als bloße „pot-boiler", die die Rechnungen bezahlten, während der lange Roman noch in Arbeit war (Gilmartin 2016, 68). Die Grenzen zwischen kürzeren und längeren Formen waren umso fließender, als auch die „tales" und „stories" serialisiert erschienen (Gilmartin 2016, 68), und zwar nicht nur ohnehin zyklisch angelegte Texte wie Hardys „A Few Crusted Characters", sondern auch kompaktere Formen, wie etwa Henry James' zweiteilige Kurzgeschichte „Daisy Miller" (1879).

Nun hatte sich die viktorianische Kurzgeschichte aber gerade aus dem Anekdotischen und dem Charakterportrait entwickelt, die in Hardys „Crusted Characters" wieder in den Vordergrund rücken. Als im frühen achtzehnten Jahrhundert die ersten literarischen Zeitschriften für ein bürgerliches Publikum erschienen, begannen Autoren wie Richard Steele im *Tatler* oder Joseph Addison im *Spectator* ihre Essays mit kurzen Narrativen zu würzen, die instruktiv, aber

---

[4] Zur Debatte um Kurzgeschichte und Anekdote siehe auch Schaefer und Brownson 2017 sowie Gilmartin 2013. Noch heute stimmen zahlreiche Stimmen Wells zu, dass sich die Kurzgeschichte nicht auf eindeutige generische Kriterien festlegen lässt. So stellen etwa Cheryl Alexander Malcolm und David Malcolm (2008) in ihrer Einleitung zum umfassenden *Companion to the British and Irish Short Story* fest: „The short story is too capacious a kind of text for [definition], including as it does texts of widely differing length, subject matter, and conventions. [...] It is surely no more, and no less, than an amorphous category or kind of prose fictional text, marked by relative brevity, that embodies concise examples of the well-established genres of literary history and the literary present" (7).

auch unterhaltend wirken sollten (Newman 2016, 34). Da sie sich dafür nur auf wenige Vorbilder stützen konnten, griffen sie auf ältere Formen kurzen Erzählens zurück, insbesondere auf die Charakterskizze und die Anekdote (Newman 2016, 35). Ihre Erzählungen waren zunächst nicht besonders ausgefeilt oder umfangreich, sondern dienten der Illustration von Meinungen und der Generalisierung von Beobachtungen, wobei die Essayisten trotzdem versuchten, die alltäglichen Erfahrungen ihrer bürgerlichen LeserInnen einzufangen: „In their minds, these writers were providing readers not with fiction but with pictures of real life" (Newman 2016, 37). Der erste Schriftsteller, der die Theorie der so entstandenen frühen Kurzgeschichte etwas auszuarbeiten suchte, war John Hawkesworth, der in seinem Magazin *The Adventurer* eine These propagierte, der zufolge „a short narrative should be focused on a single incident unusual enough to engage readers and create suspense" (Newman 2016, 42). So steht die Kurzgeschichte nicht nur bereits in ihren Anfängen in enger Verbindung zur Anekdote, sondern partizipiert auch an der ihr offenbar eigenen Spannung zwischen Alltäglichkeit und Außergewöhnlichkeit.

Als im Laufe des achtzehnten und neunzehnten Jahrhunderts immer mehr literarische Zeitschriften entstanden und die Nachfrage nach Lesestoff wuchs, blieben die verschiedenen literarischen Kurzformen weiter im Umlauf: „Anecdotes, character sketches and personal histories still constituted a significant portion of the fictional content"; zugleich lösten sich die Erzählungen aber auch von ihrer instruktiven Bestimmung und wurden zunehmend als Form der Unterhaltung verstanden, was wiederum die Entwicklung umfangreicherer, fast schon romanartig ausgearbeiteter Kurzgeschichten begünstigte (Newman 2016, 44). Im neunzehnten Jahrhundert hatte sich die Kurzgeschichte schließlich so weit etabliert, dass sich zahlreiche Magazine darauf spezialisierten und Sammel- und Geschenkbände mit kurzen Erzählungen erscheinen konnten – und doch war ihre Gestalt noch so wenig festgelegt, dass die wenigsten AutorInnen sie als eigenständiges Genre verstanden (Newman 2016, 46). Tatsächlich findet sich bei den meisten britischen SchriftstellerInnen der Zeit keine starke Differenzierung zwischen unterschiedlichen Formen der Kurzprosa. Die effektive Dehnbarkeit der Begriffe um die Jahrhundertwende zeigt sich schon allein darin, dass Henry James (1934) seine lange Novelle „The Turn of the Screw" (1898) selbst als „but an anecdote" bezeichnete (172). Hardy präferierte seinerseits die offene Bezeichnung „tales", wie seine Kurzgeschichtensammlungen zeigen: Neben dem als „Set of Tales" bezeichneten *Life's Little Ironies* dokumentieren diese Präferenz auch noch die früheren *Wessex Tales* (1888) und die späte Sammlung *A Changed Man and Other Tales* (1913).

Tatsächlich könnte diese unvollständige Ablösung von einer vormodernen Erzähltradition auch damit zusammenhängen, dass die anekdotische „tale" Ende des neunzehnten Jahrhunderts, angesichts wachsender städtischer Gemeinden und zunehmender industrieller Modernisierung, mit einer ganz besonderen Nostalgie verbunden wurde: „It was the short story or tale, and its affinities with the oral tradition of the countryside and the past, that filled an increasingly urbanized population's need for the rural, regional and ancestral" (Gilmartin 2016, 71). Dies galt insbesondere für Hardy, der in seinen Erzählungen beabsichtigte, eine mündliche und gemeinschaftliche Erzählkultur zu bewahren und zu beleben, insbesondere in einem Moment, in dem er befürchten musste, dass diese Kultur im Zuge von Urbanisierung und zunehmender Literarisierung bald verschwinden würde (Hunter 2007, 15). Das Anekdotische steht in dieser Tradition, anders als die Kurzgeschichte, also auch für Widerstand gegen Modernisierung und für den Wunsch, bedrohte Dorfkulturen ins kulturelle Gedächtnis zu überführen.

Wenn sich also nun Brander Matthews und mit ihm viele andere Stimmen zeitgleich um eine Abgrenzung der modernen „short story" bemühen und dabei unzweifelhaft die Anekdote als Kontrast und Exempel für niedrigere Formen der Erzählkunst heranziehen, obwohl sie in der Entwicklung der viktorianischen Kurzprosa eigentlich kaum voneinander zu trennen sind, spielen eine Reihe von Faktoren eine Rolle: die amerikanischen Anstrengungen, eine unabhängige Nationalliteratur zu etablieren, die Verteidigung der Kurzgeschichte als eigenständige Kunstform, sowie eine weltanschauliche Verortung zwischen Vorwärtsstreben in die Moderne und nostalgischer Sehnsucht nach dem Vergangenen. In dem neu konstruierten Gegensatz zur Kurzgeschichte spielt bei der Charakterisierung des anekdotischen Erzählens aber auch sein Verhältnis zum Alltäglichen, zur Singularität und zum Wirklichen eine wichtige Rolle. Ähnlich wie Matthews urteilte sein Landsmann William Dean Howells (1901), die Anekdote sei „too palpably simple and single" und könne nicht die dramatischen Dimensionen der Kurzgeschichte oder Novelle entfalten: „The anecdote offers an illustration of character, or records a moment of action; the novella embodies a drama and develops a type" (427). Offensichtlich ist die Anekdote für Howells eine bloße Illustration, eine ungeformte „Aufzeichnung" der Wirklichkeit, während Kurzgeschichte und Novelle ihr Material künstlerisch gestalten und entwickeln.

Mit etwas mehr Gleichmut erklärt Howells' Freund Henry James (1934) in seinem Vorwort zu *The Spoils of Poynton*:

> A short story, to my sense and as the term is used in magazines, has to choose between being either an anecdote or a picture and can but play its part strictly according to its kind. I rejoice in the anecdote, but I revel in the picture; though having doubtless at times to note that a given attempt may place itself near the dividing-line. (139)

Bevorzugt spricht James von seinen eigenen Texten als „pictures" und er versteht darunter offenbar eine durchgestaltete Komposition mit kompakten Effekten, bei der die Teile der Erzählung mit „the true grave close consistency" wie die „interweavings of a tapestry" zusammenhängen (139). Diese Auffassung ähnelt Matthews' und Howells' Beschreibungen der Kurzgeschichte, aber James ist offenbar bereit, letztere nicht nur für das geformte „picture", sondern auch für die weniger durchgestaltete, an mündliche Erzählung angelehnte „anecdote" zu öffnen, die sich durch ihre Ausrichtung an einem außergewöhnlichen Ereignis und einer zentralen Figur bestimmt, wie es im Vorwort zu *The Reverberator* heißt:

> The anecdote consists, ever, of something that has oddly happened to some one, and the first of its duties is to point directly to the person whom it so distinguishes. He may be you or I or any one else, but a condition of our interest perhaps the principal one is that the anecdote shall know him [...] as its subject. (James 1934, 181)

Auch bei James zeichnet sich in der Anekdote also eine Verbindung des Seltsamen („odd") und des Alltäglichen („you or I or anyone else") ab, die Erforschung einer Person in Verbindung mit einer erzählerischen Sorgfalt für das Kleine und scheinbar Unbedeutende, das dennoch der Aufzeichnung würdig ist. Wenn er an anderer Stelle erklärt, „We were to lose [...] a vast body of precious anecdotes", so geht es um die Bewahrung von Erzählungen, die sich mit „things admirably incongruous and incredible" befassen, Dinge, die die moderne Schriftkultur oft vernachlässigt: „The modern reporter's big brushes, attached to broom-handles that match the height of his sky-scrapers, would sadly besmear the fine parchment of our missing record" (James 1934, 153).

Die Anekdote, so wie sie um 1900 in Großbritannien verstanden wurde, bringt also fast Vergessenes ans Licht, knüpft an ältere Erzähltraditionen an und stellt Charakterportrait und unmittelbares Geschehen über künstlerische Ausgestaltung. „Aus dem Leben gegriffen", aber auch allzu alltäglich, außerordentlich und doch nicht genügend ausgeformt, bleibt sie, gerade in ihrem Realitätsbezug, eine ambivalente und wenig greifbare Form. Für viele ist sie damit das minderwertige Gegenstück zur Kurzgeschichte; das Anekdotische beschreibt für sie das Unförmige und Unmittelbare, das aus der modernen Kunstform ausgeschlossen werden soll – keine Gattung an sich, sondern das Andere einer Gattung.

3 „Knotted to the Real": Die Realitätseffekte der Anekdote

Was dem Anekdotischen im ausgehenden neunzehnten Jahrhundert zugeschrieben wird, Singularität, Banalität und ein dokumentarischer Charakter – sein vermeintlich „ungekünsteltes" Wesen – ließ es gegenüber den sich neu herausschälenden ästhetischen Wertmaßstäben defizitär erscheinen. Aber gerade diese Eigenschaften, die für die Verknüpfung der Anekdote mit der Wirklichkeit einstehen, sind in jüngeren Theoriedebatten deutlich aufgewertet worden. Gallagher und Greenblatt (2000) etwa preisen den „touch of the real", den sich ethnographische, historiographische und literaturwissenschaftliche Praktiken im Zeichen des New Historicism von der Anekdote versprechen (31).[5] Jane Gallop (2002) erhofft sich durch die Anekdote ebenfalls, etwas Reales, „the uncanny detail of lived experience" (2), in den theoretischen Diskurs ihrer *Anecdotal Theory* einzutragen. Dabei sind weder Gallagher und Greenblatt noch Gallop der Auffassung, dass die Anekdote tatsächlich unmittelbaren Wirklichkeitsbezug erzeugt; vielmehr ist sie vor allem deswegen interessant, weil sie literarisch und real zugleich sei, ein Ort, „where the literary is knotted to the real" (Gallop 2002, 3). Doch wie genau wird diese Verknotung erzeugt? Gallagher und Greenblatts Überlegungen zur Bedeutung der Anekdote können uns helfen, diese Frage zu beantworten, denn jenseits von methodischen Richtlinien zur Praxis des New Historicism liefern sie auch Hinweise zur Konstruktion des Realitätsbezugs in der Anekdote. Im Folgenden geht es also nicht darum, Gallaghers und Greenblatts methodische Postulate für die Literaturwissenschaft zu prüfen, sondern ihre Gedanken für eine Theorie der Anekdote fruchtbar zu machen.

Einen ersten Hinweis geben Gallagher und Greenblatt (2000), wenn sie auf die Rahmung verweisen: „The frame is crucial, since in this case it helps us to conjure up a ‚real' as opposed to an ‚imaginary' world" (30). Anekdoten erscheinen uns demnach real, weil sie uns als „Moment" aus dem Leben *präsentiert* werden. Clifford Geertz, auf den sich Gallagher und Greenblatt beziehen, beschreibt die Anekdote als „a note in a bottle", die ‚roh' und unbearbeitet aus der kulturellen Realität gezogen wird (zit. in Gallagher und Greenblatt 2000, 22). Geertz' Erklärung ordnet die Anekdote als empirisches Beweismaterial ein, als eine Form der Datensammlung – und wir sind gewohnt, solchen „Daten" eine gewisse Auto-

---

[5] Der Aufsatz „The Touch of the Real" wurde bereits 1997 von Greenblatt in *Representations* veröffentlicht. In der überarbeiteten Fassung im gemeinsamen Band mit Gallagher, *Practicing New Historicism*, die hier verwendet wird, wird der Realitätseffekt der Anekdote noch ausführlicher besprochen.

nomie gegenüber BeobachterInnen zuzuschreiben, wir halten sie für widerständiger gegenüber imaginärer Aneignung und damit für ‚realer' (Gallagher und Greenblatt 2000, 25). Über solche Rahmungen, wie beispielsweise die Einordnung des Erzählten in einen faktenorientierten Kontext, über generische Bezüge und rhetorische Mittel stellen Texte und ihre AutorInnen eine implizite Verbindung zwischen Text und Realität her: „between the word and whatever it is – the real, the material, the realm of practice, pain, bodily pleasure, silence, or death – to which the text gestures as that which lies beyond the written word" (Gallagher und Greenblatt 2000, 23). Der Realitätsbezug wird der Anekdote also zugeschrieben, und zwar von außen, über den Paratext, ebenso wie von innen, durch die Rhetorik und Selbstpräsentation des Textes. Doch auch wenn Gallagher und Greenblatt diesen Strategien besondere Wichtigkeit beimessen, vermuten sie, dass der Anekdote Realität nicht nur attribuiert wird, sondern sie diese auch aus sich selbst heraus, als Effekt, produziert.

Dies scheint zunächst auf Roland Barthes (2005) zu verweisen. Doch dessen „Wirklichkeitseffekt" ist eigentlich mit den „‚unnütze[n]' Details", dem „Luxus der Erzählung" in der Beschreibung verknüpft (165), also genau mit dem Erzählaufwand, den sich eine Anekdote nicht leisten kann und will. Laut Barthes erzeugen alltägliche, scheinbar sinnlose Einzelheiten, „kleine Gesten, flüchtige Haltungen, unbedeutende Gegenstände, redundante Worte" (169) eine *„referentielle Illusion"*, aus der wir einen Bezug zur Wirklichkeit ableiten (171). Zwar kann eine Anekdote, eingebettet in einen realistischen Text wie bei Hardy, diese „effets de réalité" ebenfalls nutzen, aber sie bilden noch nicht den der Anekdote eigenen Realitätseffekt. Allerdings könnte man vermuten, dass die Anekdote – als marginale Form, die oft Gewöhnliches fokussiert – als Ganzes an diesem Effekt partizipiert.

Wichtiger erscheint Gallagher und Greenblatt, dass es der Anekdote gelingt, in das „grand récit" historiographischer Bedeutungsbildung immer wieder Löcher zu schlagen. Sie beziehen sich für dieses Argument auf Joel Finemans (1989) einflussreichen Aufsatz „The History of the Anecdote: Fiction and Fiction",[6] in dem er die Anekdote als diejenige literarische Form bezeichnet hat, die sich in besonderem Maße auf das Reale bezieht:

> This is not as trivial an observation as might at first appear. It reminds us, on the one hand, that the anecdote has something literary about it, for there are, of course, other and non-literary ways to make reference to the real – through direct description, ostention, definition,

---

[6] Dabei handelt es sich um eine raffinierte Argumentationsstrategie, die sich der Kritik bedient, um das eigene Vorgehen zu stützen, denn Fineman positioniert sich durchaus kritisch zu Greenblatts Methode und parodiert schon im Titel Greenblatts Aufsatz „Fiction and Friction".

etc. – that are not anecdotal. On the other hand, it reminds us also that there is something about the anecdote that exceeds its literary status, and this excess is precisely that which gives the anecdote its pointed, referential access to the real. (56)

Fineman lokalisiert diesen Überschuss, der der Anekdote ihren referentiellen Zugang zum Realen gibt, schließlich im besonderen Verhältnis, das die Anekdote zu einem teleologischen Verständnis von Geschichte einnimmt:

> [T]he anecdote is the literary form that uniquely *lets history happen* by virtue of the way it introduces an opening into the teleological, and therefore timeless, narration of beginning, middle, and end. The anecdote produces the effect of the real, the occurrence of contingency, by establishing an event as an event within and yet without the framing context of historical successivity, i.e., it does so only in so far as its narration both comprises and refracts the narration it reports. (61)

Gallaghers und Greenblatts (2000) eigene Überlegungen zum Realitätseffekt der Anekdote knüpfen direkt an diese Beobachtung an, dass die Anekdote den akzeptierten Lauf der Historie unterbricht: „[T]he miniature completeness of the anecdote necessarily interrupts the continuous flow of larger histories; at the anecdote's rim, one encounters a difference in the texture of the narrative, an interruption that lets one sense that there is something – the ‚real' – outside of the historical narrative" (50). Anekdoten fordern immer wieder eine neue Erklärung ein, perforieren so die überlieferte Geschichte und provozieren dabei doch immer neue Fortschreibungen und damit die Fortsetzung von Geschichtsschreibung (Gallagher und Greenblatt 2000, 50). Auch wenn Gallagher und Greenblatt sich nicht ausdrücklich auf ein psychoanalytisches Verständnis des „Realen" stützen, wie Fineman dies tut, eint ihr Verständnis von Wirklichkeit offenbar eines: Das Reale ist das, was sich letztlich außerhalb unseres Zugriffs befindet, das wir bestenfalls in Schockmomenten der Durchbrechung und Durchlöcherung kurz berühren („touch"), aber niemals ganz einholen können.

Der Realitätseffekt der Anekdote hängt eng mit diesen Unterbrechungsmomenten zusammen: Indem Anekdoten auf andere Realitäten verweisen, die vom großen Narrativ noch nicht erfasst (Gallagher und Greenblatt 2000, 51) sind, und indem sie es immer wieder mit in sich geschlossenen, einzigartigen Ereignissen konfrontieren, die es assimilieren muss (Gallagher und Greenblatt 2000, 50), wird das gängige Verständnis der Vergangenheit durch die Anekdote herausgefordert. Anekdoten fördern „counterhistories" zutage, „revealing the fingerprints of the accidental, suppressed, defeated, uncanny, abjected, or exotic" auf unserem geglätteten historischen Narrativ (Gallagher und Greenblatt 2000, 52). Wir müssen uns durch sie mit dem auseinanderzusetzen, was wir noch nicht verstanden haben: mit dem, was Barthes (2005) – und auch Hans Blumenberg an anderer

Stelle – den „Widerstand des Wirklichen" genannt haben (Barthes 2005, 169; siehe Blumenberg 1969, 13). In diesem Widerstand spüren wir die Wirklichkeit. Deshalb, so Gallagher und Greenblatt (2000), gebe es auch eine Vorliebe für „outlandish and irregular [anecdotes, which] held out the best hope for preserving the radical strangeness of the past" (51). Oder, mit anderen Worten: „The less predictable the voice is, the less recognizable as a voice from ‚our' past, the more it produces ‚the effect of the real'" (Gallagher und Greenblatt 2000, 56). Dieser Realitätseffekt wird also, im Gegensatz zu Barthes, durch Singularität erzeugt, durch die Unterbrechung einer Rezeptionserwartung, während Barthes' „unnütze Details" gerade durch ihre Erwartbarkeit sinnlos und damit „real" erscheinen.

Das anekdotische Erzählen spielt, wie wir sehen werden, nun aber nicht einfach einen dieser Realitätseffekte gegen den anderen aus, sondern zeigt eine Spannung zwischen ihnen auf: Trotz aller Singularität, Kompaktheit und Sonderbarkeit darf die Anekdote formal und inhaltlich doch auch ihren Kontakt zu einer wiedererkennbaren Alltagswelt nicht verlieren, um ihren Anspruch auf „the touch of the real" zu bewahren. Zugleich enthält die Anekdote in ihrem ‚gegengeschichtlichen' Potential eine paradoxe nostalgische Komponente. So erlaubt sie zwar eine Rückkehr zum nostalgischen Sehnsuchtsort der Vergangenheit, verspricht mit ihrer oft radikalen „strangeness" aber weniger Heimkehr als vielmehr Unheimlichkeit.

4 „A Few Crusted Characters": Nostalgische Realitätskonstruktion

„A Few Crusted Characters" hält eine bemerkenswerte Analyse dieser der Anekdote offenbar inhärenten Spannungen bereit, weil Hardy bei der Gestaltung seines Zyklus der Rahmung der anekdotischen Erzählformen besondere Aufmerksamkeit gewidmet hat. Damit legt er eine gleichsam narratologische Untersuchung derjenigen Erzählstrukturen vor, die zwischen Singularität und Alltäglichkeit, Nostalgie und Entfremdung, Fantasie und Realität vermitteln. Dass Hardy im Titel scheinbar wegwerfend von „colloquial sketches" spricht, darf also nicht darüber hinwegtäuschen, dass es sich um ein komplexes Erzählnetzwerk handelt, das von ihm sorgsam geformt und mehrfach mit klaren Zielsetzungen überarbeitet wurde (Ray 1997, 228). Der Zyklus beginnt mit einer kurzen Einführung der Rahmenhandlung. In der fiktiven Stadt Casterbridge finden sich in der Postkutsche nach Longpuddle die Passagiere zusammen: unter anderem eine Krämerin, die Standesbeamten, ein Lehrer, ein Maler, ein Dachdecker, ein Vikar und sein Küster. Zu diesem exemplarischen Querschnitt durch die Gesellschaft des Dorfes steigt unterwegs unerwartet ein scheinbar Fremder zu, der sich aber als „returned native" entpuppt. In Longpuddle aufgewachsen, war John Lackland mit seinen Eltern nach Amerika ausgewandert und kehrt nun zurück, um sich, so seine Absicht, in der Heimat wieder anzusiedeln. Neugierig bittet er die anderen Passagiere um eine Beschreibung von Land und Leuten: „I have come down here entirely to discover what Longpuddle is looking like, and who are living there" (FCC 191). Die Mitfahrenden erzählen ihm daraufhin neun Anekdoten, die repräsentativ für die ‚Realität' in Longpuddle zu stehen haben.

Auf die Geschichte von „Tony Kites, the Arch-Deceiver", eine klassische „bedroom farce", die hier aber auf einer Kutsche stattfindet (Carpenter 1979, 159), folgt „The History of the Hardcomes", eine gesetztere, tragisch anmutende Erzählung über den tödlichen Ausgang zweier spontan geschlossener Ehen. Es schließen sich die übernatürliche „The Superstitious Man's Story" an sowie drei Humoresken, die von einer verpatzten Eheschließung, einem scheiternden Maskenspiel und einem peinlichen Auftritt des Gemeindeorchesters handeln. Die Krämerin berichtet daraufhin in „The Winters and the Palmleys", wie die Rivalität zwischen zwei jungen Frauen zum Tod ihrer Söhne führte. Der Zyklus schließt mit zwei heiteren Stücken, in denen es um einen beinahe fatalen Kleidertausch und die Sicherung eines Zinslehens durch einen makabren Betrug geht. Die Struktur gleicht somit einer musikalischen Komposition, bei der sich unterschiedliche Tonlagen und Motive ergänzen und in ihrer Stimmung gegenseitig beeinflussen (Carpenter 1979, 162–165). Bemerkenswert ist, dass die Erzählenden und Zuhörenden im Text selbst diese unterschiedlichen Textstimmungen wahrnehmen und kommentieren. Nach besonders „melancholy stor[ies]" (FCC 222) legen die Passagiere Wert darauf, Anekdoten zur Sprache zu bringen, die Lackland aufmuntern können, aber sie begreifen das Zusammenspiel unterschiedlicher Gattungen auch als akkurates Abbild ihrer Lebenswirklichkeit: „Longpuddle has had her sad experiences as well as her sunny ones" (FCC 253).

In diesem Sinne interpretieren die ErzählerInnen Lacklands Bitte, ihm ein realistisches Bild von Longpuddle zu vermitteln, durchaus richtig. Häufig betonen sie dabei die Eigenarten und das Brauchtum ihrer Gemeinschaft, so etwa, wenn es um lokalen Aberglauben, alte Sitten oder Einrichtungen wie das Kirchenorchester geht. Dabei bringt der Dachdecker sein Bedauern zum Ausdruck: „[W]hy, they've been done away with these twenty year. A young teetotaler plays the organ in church now, and plays it very well; though 'tis not quite such good music as in old times" (FCC 236). Ähnlich verhält es sich mit Timothy Fairway in *The Return of the Native* (1878), der den jungen Mitspielern „anecdotes of the superior days" erzählt, in denen er selbst zuerst am Mummenschanz teilnehmen durfte (Hardy 1999, 123). Somit dienen die Erzählungen auch dazu, die Erinnerung an die Lebensweise ländlicher Gemeinschaften zu erhalten (Grylls 2008, 141–142), zumal zahlreiche

Stoffe Hardys tatsächlich auf Traditionen und mündliche Überlieferungen zurückgehen (Gilmartin und Mengham 2007, viii; siehe auch Ray 1997, 243, 253). „Andrey Satchel and the Parson and Clerk", die vierte der Erzählungen, setzte Hardy etwa aus mindestens drei verschiedenen Quellen zusammen: einer Idee für eine Kurzgeschichte, die er schon 1878 notiert hatte, einer mündlichen Erzählung über einen gejagten Fuchs, der im Uhrenkasten einer alten Frau Zuflucht suchte, und anekdotischem Wissen über einen gewissen Reverend William Butler, der als Vorbild für den „Parson" diente (Brady 1982, 146). Wie üblich bildet Hardy zur Unterstreichung dieser Quellen den lokalen Dialekt der ErzählerInnen nach und verstärkt diesen in späteren Ausgaben sogar noch (Ray 1997, 234). Dabei befinden LeserInnen sich mindestens in doppeltem Abstand zu diesen Ereignissen, da ihnen im letzten Satz des Zyklus noch mitgeteilt wird, dass selbst die berichtete Rahmenhandlung bereits fünfzehn Jahre zurückliegt.

Diese Distanz stellt die Zuverlässigkeit des Erzählten in Frage, gleichwohl vom Dachdecker gesagt wird: „[he] attentively regarded past times as if they lay about a mile off" (FCC 237). Um die Vergangenheit so in gleichsam sichtbare Nähe zu holen und ihr anekdotisches Material immer wieder zu beglaubigen, greifen die Erzählenden auf verschiedenste Mittel zurück. Bereits der Kutscher Burthen beharrt auffällig auf der Einprägsamkeit seiner Geschichte: „I shall never forget his courting – never!" (FCC 192). Das allein scheint jedoch nicht zu genügen. Die eigene Beteiligung an der Geschichte erscheint darüber hinaus von großer Bedeutung für die Glaubwürdigkeit der Erzählung. So beginnt etwa der Küster die Geschichte der Hardcomes zu erzählen, da er bei der Hochzeitsfeier dabei war: „having as a church-officer, the privilege to attend all christening, wedding, and funeral parties – such being our Wessex custom" (FCC 205). Doch in der Mitte der Anekdote gibt er die Erzählerrolle an den Vikar ab: „But you, sir, know the rest of the strange particulars of that strange evening of their lives better than anybody else, having had much of it from their own lips, which I had not" (FCC 209–210). Auch dem Vikar ist wichtig zu betonen, dass er die merkwürdige Geschichte von James Hardcome selbst gehört habe, „almost word for word as I have told it to you" (FCC 216). Hardy hat diesen Erzählerwechsel erst im Laufe der Überarbeitungen seines ursprünglichen Manuskripts hergestellt, was darauf hindeutet, dass diese Betonung der Zeugenschaft für ihn große Bedeutung hatte (Ray 1997, 241). Wer selbst nicht an den Ereignissen teilnehmen konnte, betont umso mehr die Anwesenheit anderer Zeugen: „I was not able to go to their wedding", erklärt etwa der Kutscher, „but it was a rare party they had, by all account. Everybody in Longpuddle was there almost" (FCC 203–204). In ähnlicher Weise betont der Küster: „I saw no more that night, being one of the first to leave, on account of my serious calling. But I learnt the rest of it from those that knew" (FCC 207). Dazu kommen Floskeln wie „as I've been assured" (FCC 210), „It was said that" (FCC

215), „it also came out" (FCC 221), und „I tell the story as 'twas told me" (FCC 255). Der Wirklichkeitsbezug dieser Anekdoten ist nicht von sich aus gegeben – er wird mit narrativen Strategien durch die ErzählerInnen selbst hergestellt und ist offenbar so instabil, dass er wiederholt aktualisiert werden muss.[7]

Wo selbst die Anwesenheit von ZeugInnen nicht ausreicht, um die Anekdoten zu beglaubigen, tritt eine letzte Strategie hinzu, die einen imaginativen Kontakt mit der gelebten Wirklichkeit herstellen soll. So wird etwa betont, wenn Beteiligte der Geschichte noch leben (FCC 192) oder Handlungsschauplätze sich noch intakt befinden: „as it is to this day, and was, as now" (FCC 249). Die eigene Hand wird herangezogen, um ein Detail der Geschichte zu veranschaulichen: „And there was no more sign of a whisker or beard on Tony Kytes's face than on the palm of my hand" (FCC 193), und die Verknüpfung des Erzählorts mit dem erzählten Ort herausgestellt: „,Along this very road as we [drive] now', remarked the parish clerk. ,To be sure – along this very road', said the curate" (FCC 215). Diese vermeintlichen Beglaubigungen verweisen aber tatsächlich nur stärker auf die Rolle der Vorstellungskraft, welche das Werk der ErzählerInnen belebt. So erklärt der Küster, als er eine Szene zwischen den Hardcome-Ehepaaren erzählt, der er kaum beigewohnt haben kann: „I can seem to see 'em now!" (FCC 209). Der annähernde Gleichklang zwischen „seem" und „see 'em", der durch die dialektale Sprache erzeugt wird, betont noch einmal die enge Verknüpfung zwischen Imagination und Realitätswahrnehmung, Scheinen und Sehen. Tatsächlich geben die ErzählerInnen immer wieder zu, dass bestimmte Dinge niemals klar wurden – „how, it was never exactly known" (FCC 243) –, aber über die imaginierte Plausibilität der Geschichte wird die Glaubwürdigkeit wiederhergestellt: „so the story goes, and I see no reason to doubt it" (FCC 263). Hier zeigt sich, wie Kristin Brady (1982) es formuliert hat, dass nicht die isolierten Anekdoten selbst von Relevanz sind, sondern „the manner in which they are believed" (145). Die Passagiere glauben unter anderem deswegen an die erzählten Ereignisse, weil sie sich eine Geschichte *vorstellen* können, weil die Anekdoten geschlossen und gelungen wirken und ihre Imagination befeuern.

Die ästhetische Eigendynamik der Anekdote drängt durch solche Kommentare in den Vordergrund. Die Passagiere der Postkutsche weisen eine bemerkenswerte Aufmerksamkeit für die Rezeptionsebene der Erzählungen auf. So wird Lackland auf die Anekdoten aufmerksam gemacht, die er unbedingt hören sollte (FCC 259), und vorgewarnt, „that Christopher's stories will bear pruning" (FCC 222). Und erst wenn die ErzählerInnen sichergestellt haben, dass sie „the ear of the

---

[7] Gilmartin und Mengham (2007) attestieren *Life's Little Ironies* insgesamt eine „anxiety over partial knowledge" (95), die sich in „A Few Crusted Characters" offenbar fortsetzt.

audience" (FCC 233) haben oder der Wagen noch „in a listening mood" (FCC 242) ist, sprechen sie weiter. Um diese ‚Zuhörstimmung' aufrechtzuerhalten, modulieren sie regelmäßig die narrative Tonlage. Während sich der Dachdecker in einem „tone of actuality" übt (FCC 222), betonen andere ErzählerInnen gerade das Außergewöhnliche und sogar Übernatürliche ihrer Anekdoten. Sie heben „the strange particulars of that strange evening" (FCC 209) heraus, erzählen von „a very curious change in some other people's affairs" (FCC 204), bemerken, „'Twas extraordinary, now we look back upon it" (FCC 261), oder stellen fest: „There was something very strange about William's death – very strange indeed!" (FCC 217). Diese Verbindung der Anekdote mit dem Seltsamen bleibt in Hardys Werk nicht auf diese „Character Sketches" beschränkt. Auch in *Jude the Obscure* (1895) leitet der Gemeindevorsteher eine „anecdote" mit den folgenden Worten ein: „Well, now, it is a curious thing, but my grandfather told me a strange tale of a most immoral case that happened at the painting of the Commandments in a church out by Gaymead" (Hardy 1998, 302).

Was die ErzählerInnen dabei unweigerlich erzeugen, ist eine Spannung zwischen dem Alltäglichen und dem Außergewöhnlichen ihrer Anekdoten. Während sie auf der einen Seite bemüht sind, ihre Anekdoten so zu rahmen, dass ihr Realitätsbezug nicht in Frage gestellt werden kann, betonen sie auf der anderen Seite immer wieder das Merkwürdige und Kuriose ihrer Erzählungen und scheinen ein besonderes Interesse an diesen Begebenheiten zu entwickeln. Lackland ist von den narrativen Extravaganzen seiner Mitreisenden überhaupt nicht begeistert:

> The man from abroad seemed to be less interested in the questionable characters of Longpuddle and their strange adventures than in the ordinary inhabitants and the ordinary events, though his local fellow-travellers preferred the former as subjects of discussion. [...] His informants, adhering to their own opinion that the remarkable was better worth telling than the ordinary, would not allow him to dwell upon the simple chronicles of those who had merely come and gone. (FCC 259)

Der Rückkehrer sucht die Anekdote gerade um ihrer Alltäglichkeit willen – das Wort „ordinary" wird in diesem Absatz gleich mehrmals wiederholt, um dies zu unterstreichen. Im Gegensatz dazu speist sich der erzählerische Genuss der anderen Figuren aus den „strange adventures", den fragwürdigen und bemerkenswerten Ereignissen. Die Anekdote bildet sich also erneut aus einem scheinbaren Widerspruch. Sie entspringt aus der Einzigartigkeit – das Alltägliche scheint den ErzählerInnen nicht der Erinnerung wert – und doch betonen sie in ihrer elegischen Rekapitulation einer fast vergangenen Dorfkultur immer wieder die Wahrhaftigkeit und das Repräsentative dieser Erzählungen – gerade so, als sei das Einzigartige das Alltägliche und als müsse sich ihre Nostalgie am Sonderbaren nähren. Da die Anekdote sich so offenbar gleichzeitig durch ihre Außergewöhnlichkeit *und* ihre Repräsentanz einer gewöhnlichen Realität legitimiert, verharrt sie in einer paradoxen Instabilität ihrer Realitätseffekte: Die allzu alltägliche, allzu repräsentative Anekdote ist nicht mehr der Erzählung wert, aber die allzu außergewöhnliche, allzu sonderbare Anekdote verliert auch den „touch of the real".

Interessanterweise lautete schon der Untertitel von Hardys früherer Sammlung *Wessex Tales*: „Strange, Lively, and Commonplace" (Grylls 2008, 142–143). Diese Opposition von „merkwürdig" und „gewöhnlich" hallt auch in Überlegungen zur Erzählkunst im Allgemeinen nach, die Hardy im Juli 1881 in seinem Notizbuch notiert:

> The writer's problem is, how to strike the balance between the uncommon and the ordinary so as on the one hand to give interest, on the other to give reality. [...] The uncommonness must be in the events, not in the characters; and the writer's art lies in shaping that uncommonness while disguising its unlikelihood. (Hardy 1989, 154)

Zehn Jahre später beharrt er am 30. Oktober noch einmal auf diesem Problem:

> Howells and those of his school forget that a story *must* be striking enough to be worth the telling. Therein lies the problem – to reconcile the average with that uncommonness which alone makes it natural that a tale or experience would dwell in the memory and induce repetition. (Hardy 1989, 251)

Hardy war sich darüber im Klaren, dass realistisches Erzählen zwar an das Gewöhnliche gebunden ist, dabei aber nicht das Außergewöhnliche als Erzählanlass aufgeben kann. Der Anekdotenzyklus simuliert nicht nur dieses Paradox, sondern zeigt anhand der Metakommentare der ErzählerInnen auch, mit welchen narrativen Strategien es aufgefangen werden kann – wie im Wechselspiel von narrativer Gestaltung und Rezeption abwechselnd an Glaubwürdigkeit und Unglauben gearbeitet wird, um die spezifische Instabilität der Anekdote als Medium der Realitätskonstruktion zu kompensieren.

5 „In the Field of His Imagination": Zwischen Nostalgie und Realität

Die Sammlung schließt mit Lacklands Besuch auf dem Friedhof, wo er die Gräber der ihm noch vertrauten Bewohner Longpuddles betrachtet. Dabei erkennt er nicht nur, dass er nicht länger zur Dorfgemeinschaft gehört, sondern auch, dass er nicht, wie bisher gedacht, auf der Suche nach dem „realen" Longpuddle war. „Though flooded with the light of the rising moon, none of the objects wore the attractiveness in this their real presentation that had ever accompanied their images in the field of his imagination" (FCC 267). Die Imagination, so erkennt er zum Schluss, ist „attraktiver" als der Kontakt mit der realen Welt.

Damit wird auch die Nostalgie, die diesen Erzählzyklus prägt, noch einmal ironisch reflektiert. Andrew Harrison (2016) stellt fest, der selbstreflexive Einsatz von Mündlichkeit und der „folk tale" in „A Few Crusted Characters" zeige, „how an elegiac quality in Hardy's writing can combine with a more ironic and critical understanding of nostalgia as a negative quality of modernity" (86). Die ErzählerInnen kämpfen mit ihren Anekdoten gegen die Bedrohung dörflicher Kultur durch die Veränderungen der Moderne an und so scheint auch Hardys Zyklus überwiegend durch solche nostalgischen Bestrebungen gekennzeichnet. Lacklands Reaktion, ebenso wie die Erzählstrategien der DorfbewohnerInnen, weisen dieses nostalgische Begehren aber als eines aus, das nur bedingt nach historischer Realität strebt und stattdessen durch das Bedürfnis nach einer gleichsam mythischen Vergangenheit geprägt ist.

Dies scheint ein passendes Ende für diese Sammlung von Anekdoten, die von ihren ErzählerInnen vor allem deswegen dargeboten werden, weil sie so „strange" sind, dass sie ihre ganze Vorstellungskraft herausfordern. Doch als ‚Erfundenes' wollen sie ihre Erzählungen auch nicht gelten lassen – im Gegenteil: gerade in ihrer imaginativen Merkwürdigkeit repräsentieren sie eine ganze Dorfkultur und bilden den Kern einer mythischen Realität, die, wie die Anekdoten selbst, das Alltägliche mit dem Außerordentlichen verbinden muss, um das nostalgische Begehren der ErzählerInnen und ZuhörerInnen zu bedienen. Und so wird mit hohem Erzählaufwand daran gearbeitet, die Realitätseffekte der Anekdoten zu schärfen.

Damit bezieht Hardy einerseits eine kontroverse Position in der anglo-amerikanischen Debatte um die Kurzgeschichte. Keine Erzählung, nicht einmal der „Sketch", ist für ihn ein einfacher, ungeformter Bericht: hohes narratives Geschick erfordert auch und gerade die scheinbar simple Anekdote. Und auch das Erzählen von Anekdoten steht nicht einfach unkritisch auf der Seite modernitätsmüder Nostalgie, sondern reflektiert die Sehnsucht nach der Vergangenheit als Antrieb der anekdotischen Erzählkunst gleich mit. Andererseits lässt sein Zyklus damit auch weitere Schlussfolgerungen über die Realitätskonstruktion in diesen Erzählungen zu: Die scheinbar widersprüchlichen Realitätseffekte des außergewöhnlichen Ereignisses und des unbedeutenden Details sind ineinander verschränkt und destabilisieren sich gegenseitig. Die Passagiere der Postkutsche begreifen, dass sie als ErzählerInnen in einen komplexen Aushandlungsprozess zwischen den Effekten von Singularität und Exemplarität eintreten müssen.

„Realität" ist mit der Anekdote nicht einfach literarisch ‚verknotet', sondern wird in einem Erzählprozess jedes Mal neu mit ihr verflochten, wenn ErzählerInnen und RezipientInnen gemeinsam an der Imagination der Wirklichkeit arbeiten.

Literaturverzeichnis

Anonym. „anecdote, n." *Oxford English Dictionary Online, Third Edition.* https://www-oed-com.proxy.ub.uni-frankfurt.de/view/Entry/7367?rskey=YG6LJp&result=1&isAdvanced=false. Oxford: Oxford University Press, 2020 (3. Juli 2020).

Anonym. „anecdote, v." *Oxford English Dictionary Online, Third Edition.* https://www-oed-com.proxy.ub.uni-frankfurt.de/view/Entry/7368?rskey=YG6LJp&result=2&isAdvanced=false. Oxford: Oxford University Press, 2020 (3. Juli 2020).

Barthes, Roland. „Der Wirklichkeitseffekt". *Das Rauschen der Sprache: Kritische Essays IV.* Frankfurt a. M.: Suhrkamp, 2005. 164–172.

Blumenberg, Hans. „Wirklichkeitsbegriff und Möglichkeit des Romans". *Nachahmung und Illusion.* Hg. Hans Robert Jauß. München: Wilhelm Fink, 1964. 9–27.

Brady, Kristin. *The Short Stories of Thomas Hardy.* New York: St. Martin's Press, 1982.

Carpenter, Richard C. „How to Read *A Few Crusted Characters*". *Critical Approaches to the Fiction of Thomas Hardy.* Hg. Dale Kramer. London: Macmillan, 1979. 155–171.

Fineman, Joel. „The History of the Anecdote: Fiction and Fiction." *The New Historicism.* Hg. H. Aram Veeser. New York: Routledge, 1989. 49–76.

Gallagher, Catherine, und Stephen Greenblatt. *Practicing New Historicism.* Chicago: Chicago University Press, 2000.

Gallop, Jane. *Anecdotal Theory.* Durham: Duke University Press, 2002.

Gilmartin, Sophie. „Hardy and the Short Story". *Thomas Hardy in Context.* Hg. Phillip Mallett. Cambridge: Cambridge University Press, 2013. 132–142.

Gilmartin, Sophie. „The Victorian Potboiler: Novelists Writing Short Stories". *The Cambridge History of the English Short Story.* Hg. Dominic Head. Cambridge: Cambridge University Press, 2016. 67–83.

Gilmartin, Sophie, und Rod Mengham. *Thomas Hardy's Shorter Fiction: A Critical Study.* Edinburgh: Edinburgh University Press, 2007.

Grylls, David. „Thomas Hardy: Wessex Tales". *A Companion to the British and Irish Short Story.* Hg. Cheryl Alexander Malcolm und David Malcolm. Oxford: Wiley-Blackwell, 2008. 140–148.

Hardy, Thomas. „A Few Crusted Characters". *Life's Little Ironies: A Set of Tales with Some Colloquial Sketches Entitled A Few Crusted Characters.* New York: Harper and Brothers, 1922. 187–268.

Hardy, Thomas. *Jude the Obscure.* London: Penguin, 1998.

Hardy, Thomas. *The Life and Work of Thomas Hardy.* Hg. Michael Millgate. Basingstoke: Macmillan, 1989.

Hardy, Thomas. *The Return of the Native.* London: Penguin, 1999.

Harrison, Andrew. „Fable, Myth and Folk Tale: The Writing of Oral and Traditional Story Forms". *The Cambridge History of the English Short Story.* Hg. Dominic Head. Cambridge: Cambridge University Press, 2016. 84–99.

Howells, William Dean. „Some Anomalies of the Short Story". *The North American Review* 173 (1901): 422–432.

Hunter, Adrian. *The Cambridge Introduction to the Short Story in English*. Cambridge: Cambridge University Press, 2007.

James, Henry. *The Art of the Novel: Critical Prefaces*. New York: Charles Scribner's Sons, 1934.

Malcolm, Cheryl Alexander, und David Malcolm. „The British and Irish Short Story to 1945." *A Companion to the British and Irish Short Story*. Hg. Cheryl Alexander Malcolm und David Malcolm. Oxford: Wiley-Blackwell, 2008. 5–15.

Matthews, Brander. *The Philosophy of the Short-Story*. New York: Longmans, Green and Co., 1917.

Mink, JoAnna Stephens. „Love, Deception, and Disguise in *A Few Crusted Characters*". *Thomas Hardy's Short Stories*. Hg. Juliette Berning Schaefer und Siobhan Craft Brownson. London: Routledge, 2017. 123–140.

Newman, Donald J. „Short Prose Narratives of the Eighteenth and Nineteenth Centuries". *The Cambridge History of the English Short Story*. Hg. Dominic Head. Cambridge: Cambridge University Press, 2016. 32–48.

Poe, Edgar Allan. „Review of Twice-Told Tales". *Great Short Works of Edgar Allan Poe*. Hg. G. R. Thompson. New York: Perennial Classics, 2004. 519–528.

Ray, Martin. *Thomas Hardy: A Textual Study of the Short Stories*. Aldershot: Ashgate, 1997.

Schaefer, Juliette Berning, und Siobhan Craft Brownson. „Introduction". *Thomas Hardy's Short Stories*. Hg. Juliette Berning Schaefer und Siobhan Craft Brownson. London: Routledge, 2017. 1–8.

Wells, H. G. *The Country of the Blind, and Other Stories*. London: Nelson, 1913.

Widdowson, Peter. „,… into the Hands of Pure-Minded English Girls': Hardy's Short Stories and the Late Victorian Literary Marketplace". *A Companion to Thomas Hardy*. Hg. Keith Wilson. Malden: Wiley-Blackwell, 2009. 364–377.

Teil V: **Anekdotische Repräsentationsformen im literaturgeschichtlichen Wandel: Die Moderne**

Joachim Harst
Freuds Fälle. Das „Reale" zwischen Anekdote und Fallgeschichte

In seinem Aufsatz *Zur Geschichte der psychoanalytischen Bewegung* (1914) vollzieht Freud eine widersprüchliche Argumentationsfigur: Zum einen reklamiert er nach dem Bruch mit Breuer, Adler und Jung seine alleinige Urheberschaft an der psychoanalytischen Theorie. Zum anderen räumt er ein, dass deren anstößigste These, für die er regelmäßig angegriffen werde – die „Herkunft der Triebkräfte der Neurose aus dem Sexualleben" (1914, 50) –, eigentlich auf seine Lehrer und Vorbilder zurückgehe, nämlich Breuer, Charcot und Chrobak. In der Folge erzählt Freud drei Anekdoten, die seine Behauptung fundieren sollen. So habe Charcot einmal in einem Privatgespräch ausgerufen: „Mais dans des cas pareils c'est toujours la chose génitale, toujours", worauf Freud sich gefragt habe: „Ja, wenn er das weiß, warum sagt er das nie?"[1] (1914, 51). Daher kann Freud (1914, 50) behaupten, seine Lehrer hätten ihm „eine Einsicht überliefert, die sie, streng genommen, selbst nicht besaßen" und auch in ihm hätten diese Mitteilungen jahrelang „geschlummert", „bis sie eines Tages als eine scheinbar originelle Erkenntnis erwachten."[2]

Freud bedient sich also in seiner Erzählung eines Gründungsmoments der Psychoanalyse der anekdotischen Form, und zwar in mehrerlei Hinsicht: Erstens teilen seine drei Erzählungen die anekdotische Kürze, zweitens geben sie eine bislang unveröffentlichte, subversive „Geheimgeschichte" (im Sinne von Prokops *Anekdota*) preis und drittens inszenieren sie anekdotische Ereignishaftigkeit im plötzlichen Erwachen einer Einsicht als (scheinbar) neue Erkenntnis. Freuds anekdotische Begründung der Psychoanalyse lädt so dazu ein, genauer nach dem Verhältnis zwischen Sexualität, Psychoanalyse und Anekdote zu fragen. Dem möchte ich im Folgenden nachgehen, indem ich Anekdote und Fallgeschichte als epistemische Formen in Freuds Schriften untersuche.

---

[1] Charcot legte in seinen öffentlichen Vorlesungen gerade Wert auf die Unabhängigkeit der Hysterie von der Sexualität.
[2] Eine weitere bekannte, deutlich komplexere Gründungsanekdote der Psychoanalyse betrifft Anna O. und Breuers Weigerung, die Bedeutung der Sexualität für Hysterie und Therapie anzuerkennen. Auf sie spielt Freud (1914, 49) hier nur an; in einem Brief an Stefan Zweig (1932) erzählt er sie ausführlicher. Vgl. dazu Appignanesi und Forrester (1992, 72–86).

1 Einleitung

Ein Aspekt der spezifischen Wissenschaftlichkeit der Psychoanalyse lässt sich in ihrem Verhältnis zur Fallgeschichte und Anekdote bzw. dem Anekdotischen ausmachen. So wurde die tragende Rolle der Fallgeschichte für die Psychoanalyse mehrfach herausgearbeitet (Forrester 1996), während eine spezifische Untersuchung der Anekdote bislang fehlt. Die Psychoanalyse denke „in Fällen", die sie analogisch und paradigmatisch nebeneinander stelle, ohne sie auf eine abstrakte und streng konsistente Theorie hin zu überschreiten. Der einzelne, konkrete Fall stehe jeweils im Vordergrund und lasse sich nicht ohne weiteres auf ein übergeordnetes Allgemeines beziehen. Und tatsächlich betont Freud häufig, dass seine Lehre aus der Therapie stamme und sich in der Therapie bewahrheite; daher könne und wolle sie die Forderungen, die üblicherweise an eine systematische Theorie gestellt werden, nicht erfüllen (1918, 36; 1909, 338–339).

Die Problematik der Repräsentativität teilt die Anekdote mit der Fallgeschichte. Auch in der Anekdote geht es häufig um einen einzelnen „Fall", dessen Gewichtigkeit darin besteht, dass er auf ein gleichwohl nur implizites Allgemeines verweist, das der Rezipient sucht, aber oftmals nicht findet (Schäfer 1982, 35). In diesem Sinne weisen Freuds umfangreichere Schriften häufig eine episodische Struktur auf und haben Ähnlichkeit mit anekdotischen Sammlungen. An der *Traumdeutung* (1900) kann man nachvollziehen, wie Freud seine größtenteils in der Therapie gewonnenen Einsichten durch Beispielreihen gedeuteter Träume veranschaulicht und plausibilisiert, die er gerne anekdotisch kontextualisiert.[3] An den Folgeschriften *Zur Psychopathologie des Alltagslebens* (1904) und *Der Witz und seine Beziehung zum Unbewussten* (1905) wird ein weiterer Aspekt von Fallgeschichte und Anekdote, nämlich ihre Rolle für die Popularisierung von Wissen,[4] deutlich: In diesen Schriften sucht Freud seine Lehre an allgemein bekannten und verständlichen Gegenständen, der Fehlleistung und dem Witz, nichtmedizinischen Lesergruppen zu veranschaulichen. Die Psychoanalyse denkt also nicht nur in Fällen, sondern sie bezieht sich auch auf anekdotische Formen – sowohl als Gegenstand der Analyse wie auch als Mittel der Selbstdarstellung –, um sich als wissenschaftlicher Diskurs zu legitimieren und zu popularisieren.

Weiterhin kommen Fallgeschichte und Anekdote ein emphatischer Bezug auf (vergangene) Wirklichkeit zu. Die Fallgeschichte ist Kennzeichen empirischer Wissenschaften (und ist dem Entstehen der Humanwissenschaften verbunden), während der Anekdote eine besondere Referenz auf das „Reale" zugesprochen

---

3 Vgl. beispielsweise Freud (1900, 130–138).
4 Vgl. Pethes und Düwell (2014, 18).

wird, die in der Poetik der Geschichtswissenschaft des *New Historicism* geschätzt wird. Besonders emphatisch unterstreicht Fineman in seinem Aufsatz *History of the Anecdote* (1989) diesen Bezug auf das Reale. Bemerkenswerterweise verwendet er dabei einen deutlich psychoanalytisch geprägten Begriff des Realen und charakterisiert die Anekdote in Kontrast zur medizinischen Fallgeschichte. Im Folgenden möchte ich daher dem Begriff des Realen zwischen Anekdote und Fallgeschichte nachgehen. Dabei werde ich mich zuerst mit Finemans Charakterisierung der Anekdote auseinandersetzen, um dann Strukturen von Fallgeschichte und Anekdote bei Freud in Bezug auf das „Reale" zu untersuchen. Dabei werde ich dafür argumentieren, Finemans universale Bestimmung der Anekdote einzuschränken. Während Fineman die Anekdote durch ihren Bezug auf das Reale definiert, möchte ich umgekehrt zeigen, dass der Begriff des Realen bei Freud mit anekdotischen Schreibformen zusammenhängt.

2 Fineman: Anekdote und Fallgeschichte

In Finemans (1989, 56) metahistorischer Auseinandersetzung mit dem *New Historicism* und seiner anekdotischen Geschichtsschreibung findet sich die apodiktische Behauptung, die Anekdote sei diejenige literarische Gattung, die sich auf das Reale beziehe: „The anecdote [...] is the literary form or genre that uniquely refers to the real." Dass Fineman dabei an den psychoanalytischen Begriff des Realen denkt, wird in der historiographischen Rezeption selten bedacht, aber bereits aus dem Motto des Aufsatzes erkenntlich. Fineman zitiert hier Lacan, der über den Geschlechtsunterschied, das Reale und die Fiktion spricht.[5] Während Lacan im Haupttext des Aufsatzes nicht stark hervortritt, ist er in den Fußnoten umso präsenter. Gleiches gilt für den Text, den Fineman eigentlich kommentieren wollte – Greenblatts *Fiction and Friction* – und der nurmehr in der umfangreichen letzten Fußnote diskutiert wird. Erst durch den Bezug auf Greenblatts Aufsatz über die Rolle des medizinischen Geschlechterdiskurses für Shakespeares dramatische Dichtung erhält jedoch Finemans Verbindung von Anekdote und Geschlechtlichkeit konkretere Plausibilität. Vor einer Klärung dieses Zusammenhangs soll jedoch Finemans Diskussion von Fallgeschichte und Anekdote nachgezeichnet werden.

---

[5] „The sexual impasse exudes the fictions that rationalize the impossible within which it originates. I don't say they are imagined; like Freud, I read in them the invitation to the real that underwrites them." (Lacan, zit. nach Fineman 1989, 49).

Fineman fragt in seinem Aufsatz nach den Bedingungen von Geschichtsschreibung. In diesem Zusammenhang behandelt er „case history" und „anecdote" als Gegensätze. Als Beispiel für erstere nennt er Hippokrates. In Hippokrates' Krankengeschichten stelle sich das für Fineman zentrale Verhältnis von „event" und „context" als ein wechselseitiges dar (Fineman 1989, 54–56). Der Arzt muss entscheiden, welche Symptome ihm als signifikant erscheinen und welche körperlichen Erscheinungen in keinem Zusammenhang mit der Krankheit stehen. Aus der Selektion der Symptome wird dann die Krankheit als Abstraktum, also vom individuellen Fall unabhängig, erkennbar. Die richtige Auswahl der Symptome kann freilich erst dann getätigt werden, wenn er bereits weiß, um welche Krankheit es sich handelt. Diese Zirkularität wird auch in Beiträgen zu modernen medizinischen Fallgeschichten immer wieder betont – stets setzt die Notation des Einzelnen bereits Annahmen über ein Allgemeines voraus, durch die ein Ereignisverlauf überhaupt erst zum „Fall" wird (Pethes und Düwell 2016, 14–15). Fineman betont darüber hinaus, dass die hippokratische Fallgeschichte organisch und teleologisch strukturiert sei – sie gruppiere sich um ein vorhersehbares Moment der Klimax, nämlich der Krisis, auf die entweder Heilung oder Tod folgt. Und zu guter Letzt betont Fineman die prognostische Bedeutung der Fallgeschichte, die im Idealfall eben nicht nur von einer erfolgreichen Diagnose und Therapie berichtet, sondern auch die Entwicklung einer Krankheit vorherzusagen hilft.[6]

Der hippokratischen Fallgeschichte stellt Fineman Thukydides' *Peloponnesischen Krieg* als Beispiel für eine „anekdotische" Geschichtsschreibung gegenüber. Das ist bemerkenswert, denn Thukydides und Hippokrates haben zunächst einmal einiges gemein. Fineman (1989, 55) selbst erinnert an die stilistischen und gedanklichen Gemeinsamkeiten: „it seems clear that Thucydides conceives his history under the model of the medical case story." Auch bei Thukydides finde man ein zirkuläres Verhältnis zwischen „event" und „context": Der Historiker muss signifikante Ereignisse auswählen, um Geschichte zu schreiben – doch welche Ereignisse bedeutsam sind, kann nur die Geschichte zeigen. Thukydides muss daher zugleich als Augenzeuge und als rückschauender Historiker schreiben. Das schlägt sich auch darin nieder, dass er nicht eine detailgetreue Dokumentation (z. B. der entscheidenden Reden) anstrebt, sondern eine rekonstruierte Notwendigkeit – „wie nun die einzelnen Redner über die jeweils anliegenden Themen mir wohl im höchsten Maße das Erforderliche zum Ausdruck zu bringen

---

[6] Hippokrates betont dabei auch den ökonomischen Nutzen der Vorhersage für Ärzte (Hippocrates 1959, 7–9; vgl. dazu auch Forrester 1996, 13–14).

schienen" – nach Maßgabe des „Gesamtsinns" bevorzugt[7] (Thukydides 2017, 129). Weitere Analogien zeigen sich in Thukydides' Schilderung von Geschichte als Krankheit, d.h. als einem organischen Verlauf, der von Krisenmomenten strukturiert wird. Und zuletzt betont auch Thukydides die Funktion der Prognose. Er setzt sich zur Aufgabe, wiederkehrende Muster in der Geschichte zu identifizieren, die also nicht nur das Verständnis der Vergangenheit, sondern auch das zukünftiger Ereignisse erleichtern würde. So schreibt Thukydides (2017, 129) selbst, er zeichne „ein truglos-klares Bild [...] von dem, was gewesen ist und was – nach Menschenart – wieder einmal so und ähnlich sein wird."[8] Aus diesem Grund sei sein Geschichtswerk ein „Besitztum für immer".

Neben dieser gleichsam medizinischen Geschichtsauffassung gebe es aber bei Thukydides auch ein entgegengesetztes, störendes Moment, das Fineman mit der Anekdote in Verbindung bringt. Als Beispiel nennt Fineman die Beschreibung der Pest, die Thukydides (2017, 367–379) als kontingentes, unvorhersehbares, aber kriegsentscheidendes Ereignis schildere.[9] Interessanterweise wird die Kontingenz bei Thukydides gerade unter Bezug auf einen prophetischen Orakelvers betont: „Kommen wird einst der dorische Krieg und mit ihm die Seuche *(loimós).*" Doch Thukydides notiert, dass der Wortlaut unsicher sei und man zweifele, ob statt von *loimós,* „Seuche", von *limós,* „Hungersnot", die Rede gewesen sei. Thukydides (2017, 377–378) bemerkt an dieser Stelle abgeklärt, dass sich „unter den gegebenen Umständen, wie zu erwarten, die Version mit *loimós* durch[setzte]; denn die Menschen passen ihre Erinnerungen an das an, was sie erleben mussten". Bei einer späteren Hungersnot würde man aber den Spruch zweifellos im Sinne von *limós* umdeuten. Diese hervorgehobene Zweideutigkeit des geschichtsträchtigen Spruchs stellt Fineman (1989, 57) nun in den Mittelpunkt seiner Bestimmung der Anekdote als „historeme", also „the smallest minimal unit of the historiographic fact": „The indeterminacy of the determining prophecy establishes what I call the historeme as an equivoceme that generates the aporetic structure of the anecdote" (1989, 69).

Aus dem Beispiel von Thukydides' Pestbeschreibung geht hervor, dass Fineman den Begriff „anecdote" nicht im Sinne eines klar abgrenzbaren „literary genre" verwendet, sondern als unselbständige Form, die auch in umfangreicheren Textgattungen eingesetzt wird (Schlaffer 2007, 87).[10] Eine anekdotische Ge-

---

[7] Vgl. Fineman (1989, 53), der dieses Verfahren in Anm. 11 mit Freuds Technik der Fallbeschreibung aus der Rückschau verbindet (dazu siehe unten).
[8] Vgl. Fineman (1989, 52–53).
[9] Vgl. Fineman (1989, 68–69).
[10] Fineman entfernt sich allerdings stellenweise auch von einem derart weiten Begriff des Anekdotischen. Ein weiteres Beispiel Finemans für anekdotische Geschichtsschreibung ist nämlich

schichtsschreibung ist also eine solche, die auf Kosten teleologischer Geschlossenheit dem Kontingenten der Geschichte seinen Platz einräumt. Um diese Bestimmung theoretisch zu begründen, stellt Fineman einen Gegensatz zwischen der Anekdote als *petite histoire* und dem ideologischen *grand récit* der Hegelschen Geschichtsphilosophie auf (Fineman 1989, 57–59). Während Hegels teleologisches Geschichtsverständnis auf eine gleichsam ahistorische, zeitlose Geschichte hinauslaufe, bemühten sich Husserl, Heidegger, Derrida und Lacan um eine Verzeitlichung von Geschichte im Zeichen der Kontingenz. So breche die Anekdote den *grand récit* auf: „The anecdote produces the effect of the real, the occurrence of contingency, by establishing an event as an event within and yet without the framing context of historical successivity." Diese Ambivalenz – „within and yet without" – wird in dem thukydidischen Orakel daran erkennbar, dass die eine Deutung (*loimós*, Seuche) Sukzessivität und Geschlossenheit der Geschichte herstellt, während zugleich die Offenheit der Prophezeiung für eine andere Deutung (*limós*, Hungersnot) ein Moment der Kontingenz darstellt, das diese Geschlossenheit aufbricht.

Fineman denkt die öffnende Anekdote also in beständiger Wechselwirkung zum schließenden historischen Narrativ. Er fasst sie in dem Wortspiel „hole/whole" und beschreibt sie weiterhin als geschlechtlich, ja erotisch: „the opening of history that is effected by the anecdote, the hole and rim – using psychoanalytic language, the orifice – traced out by the anecdote within the totalizing whole of history, is something that is historically plugged up by a teleological narration, that, though larger than itself, is still constitutively inspired by the seductive opening of anecdotal form" (1989, 61). Das kontingente „event" des Anekdotischen sprengt also ein Loch in den historischen Diskurs, das seine teleologische (Um-)schließung verführerisch herausfordert, wie umgekehrt die kontextualisierende Geschichtsschreibung weitere anekdotische Öffnungen provoziert. Allgemeiner, aber immer noch im geschlechtlichen Register gesprochen sieht Fineman (1989, 61) in der Anekdote eine „dilation of narrative successivity [...] from which [...] exudes [an] effect of the real." [11]

Zwei Fußnoten machen deutlich, dass Fineman tatsächlich vorrangig an Lacan denkt, wenn er die Anekdote mit dem „Realen" in Verbindung bringt. Zum einen schreibt Fineman (1989, 67), sein Gebrauch des Begriffs „Anekdote" be-

---

die tabellarische Chronik des Eusebius. Zur Begründung nennt Fineman (philologisch rekonstruierte) punktuelle Konflikte zwischen Welt- und Heilsgeschichte, die christlicher Teleologie widersprächen und somit die offizielle Geschichtsschreibung subvertieren (1989, 68, Anm. 27).

11 Die zitierte Formulierung spielt auf das Motto des Aufsatzes (s. o. Anm. 5) an. Der Unterschied zwischen einem Bezug auf das Reale und einem Effekt des Realen (bei dem natürlich Barthes' literarischer „effet de réel" mitklingt) wird von Fineman nicht weiter diskutiert.

gründe sich durch „Lacan's formulation of an unimaginable and unspeakable ‚real'", weil die Anekdote etymologisch mit dem „Unveröffentlichten" zusammenhänge.[12] Damit verweist Fineman auf die Tradition der Anekdote als subversive, erotische „Geheimgeschichte" im Zeichen Prokops, die hier gleichsam das Verdrängte des *grand récit* darstellen würde. Wo dieses Verdrängte hervorbricht, würde ein „effect of the real" produziert. Eine weitere Fußnote bringt ein unkommentiertes Lacan-Zitat, das nahelegt, die „Öffnung" des Anekdotischen im historischen Diskurs mit dem Objekt a und der Einschreibung des Realen in Verbindung zu bringen. Lacan schreibt, jede erotische Zone werde durch einen Schnitt hervorgebracht, der sich anatomisch als Rand oder Grenze niederschlage. Fineman will offenbar das „Loch" der Anekdote als eine solche erotische Zone verstehen. Lacans Übergang zum Objekt a – dem unerreichbaren Gegenstand des Begehrens, der ebenfalls durch einen Schnitt gebildet wird – würde dann den Bezug zum „Realen" herstellen. Denn das Objekt a wird in der Begegnung mit dem Anderen und dessen Begehren gebildet: „Dabei versetzt das Reale dieser Begegnung das Subjekt in Angst und im Zuge dessen trennt es sich von einem Teil seiner selbst"[13] (Wegner 2015, 998). Im Zusammenhang mit dem erotischen Wechselspiel von anekdotischem „event" und historischem „context" wäre es einigermaßen plausibel, die Anekdote als Objekt a zu deklarieren: Ihre Ereignishaftigkeit wäre dann dasjenige, was dem historischen Diskurs mangelt, was er ausgeschieden hat und was darin indirekt von einer Begegnung mit dem „Realen" zeugt.

Aus diesen Gründen fungiert Lacan bei Fineman als Höhepunkt in der Reihe der Philosophen, die ein Hegel entgegengesetztes Geschichtsbild vertreten, ein Modell also, das die geschlossene Teleologie umwende und umkehre („turned over and inside-out") und so die Zeitlichkeit der Zeit öffne – eben diese historische Öffnung werde von Lacans „Realem" bezeichnet (Fineman 1989, 59–60). Diese Behauptung lässt sich in zweierlei Hinsicht verstehen: Entweder ist die psychoanalytische Fassung des „Realen" durch Lacan selbst ein historisches Ereignis, wodurch der Begriff historisiert würde, oder das „Reale" wird als überzeitliche Bezeichnung für die Sprengkraft des anekdotischen Ereignisses verstanden. Finemans Auseinandersetzung mit Greenblatt zeigt, dass er letzteres im Sinn hat.

---

12 Dort auch ein Verweis auf Prokop. „Anekdote" lässt sich auf griech. *an-ékdotos* (nicht-herausgegeben) zurückführen (vgl. Schlaffer 2007, 88).
13 Ähnlich Fineman selbst: „Lacan also speaks of this subjectivizing process in terms of the capture of the imaginary by the symbolic, in the course of which capture [...] something slips out; that something which is elided by the achievement of representation is what Lacan calls the ‚real' [...]. For Lacan, this real [...] accounts for the fact that ‚there is no sexual relation'" (72, Anm. 34).

3 Fineman und Greenblatt

Während diese Anmerkungen belegen, dass Fineman einen psychoanalytischen Begriff des „Realen" im Sinn hat, wird aus ihnen nicht deutlich, ob und wie sich die Anekdote auf historische Realia bezieht, inwiefern sie sich also historiographisch auswerten lässt. Fineman positioniert sich jedenfalls kritisch gegenüber der anekdotischen Geschichtsschreibung, die der *New Historicism* eingeführt hat,[14] und referiert explizit – wenn auch untergründig – auf Greenblatts *Fiction and Friction*. Vielleicht lässt sich aus Finemans Lektüre von Greenblatts Aufsatz – die ebenfalls in einer ausführlichen Fußnote präsentiert wird – Aufschluss über diese Frage gewinnen.

Greenblatts Aufsatz nimmt nicht nur seinen Ausgang von zwei Anekdoten, sondern nutzt diese, um den medizinischen Geschlechterdiskurs der Renaissance und seinen Zusammenhang mit Shakespeares dramatischer Praxis darzustellen. So kolportiert Greenblatt eine Anekdote aus Duvals Sammlung (Duval 1603, 392; zit. und paraphrasiert bei Greenblatt 1988, 73–75), in der eine (scheinbare) Frau ihr in Wahrheit männliches Geschlecht ärztlich bestätigen lassen muss, um ihre Nachbarin heiraten zu können und den Vorwurf der Sodomie auszuräumen. Dank des beherzten Zugreifens des Arztes kann ihre Männlichkeit festgestellt werden und ihr Name von Marie zu Marin le Marcis geändert werden – das Geschlecht der Person hängt hier also von der Ersetzung eines einzigen Buchstabens ab. Für Greenblatt veranschaulicht die Anekdote das medizinische Wissen der Renaissance um die ursprüngliche Homologie oder gar Identität der Geschlechter: Jedes Geschlecht trägt Züge des Anderen und überhaupt sind die weiblichen Geschlechtsorgane nur eine Inversion der männlichen, weswegen sich das Geschlecht eines Menschen im Lauf seiner Entwicklung ändern kann – eine Vorstellung, die Greenblatt als Umstülpen eines Gummihandschuhs illustriert (vgl. 1988, 83). Ausschlaggebend dafür ist eine durch „Reibung" bewirkte „Hitze", die – einer Erektion gleich – die männlichen Organe aus dem Körper lockt, wie es der Arzt im Fall von Marie/Marin getan hat. Greenblatts Punkt ist nun, dass Shakespeares Sprache eine ähnliche „Reibung" produziere, die seinem Theater eine besonders körperliche Dimension verleihe. Schließlich sei es der Bezug zum Außerordentlichen, durch das seine Figuren ihre Individualität erhielten – und

---

14 Vgl. die (parodisierende) Charakteristik bei Fineman (1989, 64): Durch den Einsatz der Anekdote führe der *New Historicism* nurmehr eine Pseudo-Öffnung seines eigentlich auf Geschlossenheit zielenden Narrativs ein. – Vgl. dagegen die Reflexionen zum Stellenwert der Anekdote in Greenblatt (1992, 1–7 und 124–125), sowie in Gallagher (2000, Kapitel 1–2).

was könnte außerordentlicher sein als ein Wechsel des Geschlechts (Greenblatt 1988, 90–91).

Greenblatts Idee erhält dadurch Plausibilität, dass Figuren bei Shakespeare im Prozess der Individualisierung häufig die Geschlechter wie Kleider tauschen, während der Schauspielpraxis ein fundamentaler Transvestismus – Knaben spielen Frauen, deren Charakteristik sich wiederum auf Männer bezieht – zugrunde liegt (Greenblatt 1988, 92–93). Greenblatts Paradebeispiel ist ein komischer, sprachkritischer Schlagabtausch zwischen einem Clown und der als Mann verkleideten Viola aus *Twelfth Night*, in dem die Sprache mit einem Lederhandschuh verglichen wird, den man unversehens umkehren könne, so dass sie ihren intendierten Sinn verliere. Das wird dann auch sogleich vorgeführt: „they that dally nicely with words may quickly make them wanton", stellt Viola fest. Worauf der Clown erwidert, dass dann ja schon die namentliche Bezugnahme auf seine Schwester problematisch sei, denn ein Name sei schließlich ein Wort „and to dally with that word might make my sister wanton" (Shakespeare: Twelfth Night, III, 1; zit. nach Greenblatt 1988, 81). Der Witz ist dabei, dass der Clown die Rede Violas – wie einen Handschuh – umkehrt, indem er den pronominalen Bezug ändert und die erotische Bedeutung des Wortes „wanton" – „lustful, not chaste, sexually promiscuous" (OED) – hervorkehrt: Jetzt sind es nicht mehr die Worte, die durch das Sprachspiel „wanton", leichtfertig werden, sondern die von ihnen benannte Person wird „wanton", lüstern gemacht. Aus dem amourösen Spiel mit der Sprache („to dally with words") ergeben sich nun Konsequenzen für die Geschlechtlichkeit der besprochenen Person.

Greenblatt zeigt also, dass Shakespeares Dramatik und insbesondere seine Technik der Individualisierung mit dem zeitgenössischen medizinischen Geschlechterdiskurs in einer Wechselwirkung stehen. Dem medizinischen wie theatralen ‚Faktum' der Eingeschlechtlichkeit setze das Schauspiel „the fictive existence of two distinct genders and the friction between them" entgegen, um einen dramatischen Individualisierungseffekt zu erzielen (Greenblatt 1988, 93).[15] Die eröffnende Anekdote hat dabei die Funktion, medizinisches Wissen und theatrale Strategie in der zeitgenössischen Lebenswelt zu verankern; der Charakter des Ereignishaften tritt dabei eher in den Hintergrund. Fineman kritisiert nun, dass Greenblatt das Bild des Handschuhs eigenmächtig dem medizinischen Diskurs unterlegt habe und ihn damit für Shakespeare vereinnahmt habe, so dass von einer Wechselwirkung nicht die Rede sein könne. Statt die „Verhandlungen" zwischen

---

[15] Greenblatt kontrastiert diese Techniken der theatralen Individualisierung übrigens mit denen der Moderne, die auf einem anderen Geschlechterbild beruhen würden (vgl. 1988, 88–89).

Medizin und Dramatik der Renaissance aufzuzeigen, sei Greenblatts Lektüre letzten Endes selbst von Shakespeares Sprache bestimmt.

Eine ähnliche Wendung scheint jedoch Fineman selbst zu vollziehen, wenn er an einen weiteren umgekehrten Handschuh erinnert: Der „gestohlene Brief" in Poes gleichnamiger Erzählung (1844) wurde ebenfalls „wie ein Handschuh" umgekehrt, um unkenntlich gemacht zu werden (Poe 1988, 22)[16] – eine Bemerkung, die im vorliegenden Kontext nur Sinn ergibt, wenn man an Lacans Interpretation dieser Erzählung denkt. Für Lacan (1999) ist der gestohlene, zirkulierende Brief nämlich Inbegriff des Signifikanten, dessen Position Subjektivität determiniert. Fineman (1989, 75) schließt seine Auseinandersetzung mit Greenblatt, indem er ihm vorwirft, er habe die Anekdote von der Geschlechtsumwandlung vorrangig als Signifikanten (für sein eigenes Subjektsein) aufgefasst; er suche, der in der Ersetzung des Buchstabens (Marie/Marin) deutlich werdenden Einschreibung des Realen eine Bedeutung zu geben, die aus Perspektive Lacans jedoch nur eine Fiktion sein könne: „Greenblatt's essay amounts to one of those ‚fictions' [...] exuded by the sexual impasse in an attempt to rationalize the impossible ‚real' from which it originates."[17]

Während Greenblatt also ein historisches Geschlechtsverständnis zu rekonstruieren versucht, wirft Fineman ihm vor, dass er die Anekdote nicht mit Lacans ahistorisch-strukturalistischem Begriff von Sexualität analysiert hat. Das wird an dem unausgesprochenen Gegensatz zwischen der medizinischen Geschlechtertheorie der Renaissance und dem Modell der Psychoanalyse deutlich: Wo die Renaissance mit der Inversion einen Wandel von der Frau zum Mann (und vice versa) denken kann, beruht die von Freuds Psychoanalyse unterstellte „infantile Sexualtheorie" auf dem Konzept der Kastration, also eines fundamentalen, unaufhebbaren Mangels. Das veranschaulicht eine kurze Anekdote aus *Zur Psychopathologie des Alltagslebens*, in der Freud die „Deckerinnerung" eines jungen Mannes analysiert. Der erinnert sich, wie er im Alter von fünf Jahren von seiner Tante im Lesen unterrichtet wird, aber mit der Unterscheidung zwischen den Buchstaben *m* und *n* Schwierigkeiten hat. „Die Tante macht ihn [daraufhin] aufmerksam, dass das *m* doch um ein ganzes Stück [...] mehr habe als das *n*" (1904, 57). Für Freud ist klar, dass diese Erinnerung ihre Bedeutung erst als „symbolische Vertretung" für die kindliche Sexualforschung bekommen habe, bei der das Kind herausgefunden habe, „daß der Bub wiederum ein ganzes Stück mehr habe als das Mädchen"; als Deckerinnerung wird der Moment jedoch be-

---

16 In dem zitierten Band findet sich auch eine englische Übersetzung der Lektüren dieses Textes durch Lacan, Derrida und Johnson.
17 Anm. 34; das Motto ist oben, Anm. 5, zitiert.

nötigt, weil diese Entdeckung der „Kastration" des Mädchens angstbesetzt ist und daher verdrängt worden ist – ein *n* kann eben nie wieder ein *m* werden.

4 Fallgeschichte: Der kleine Hans

Ausgehend von diesen Überlegungen zur Anekdote und ihrem Bezug zum (psychoanalytischen) „Realen" möchte ich mich nun Freud zuwenden, der seine Sexualtheorie häufig mit Fallgeschichten und Anekdoten veranschaulicht. Finemans Rede von einem „Effekt des Realen" aufgreifend, werde ich danach fragen, ob es in Freuds Texten Spuren des „Realen" oder „Realitätseffekte" gibt, die man als anekdotisch bezeichnen könnte. Dabei muss man im Sinn behalten, dass das „Reale" eine Kategorie Lacans ist, die von Freud noch nicht verwendet wurde. Da Lacan seine Lehre aber auf einer rigorosen Freud-Lektüre aufbaut, könnte man seine Begriffe als Effekte von Freuds Texten bezeichnen. Das Reale ist also eine Kategorie, die in der Freud-Lektüre entsteht. Meine zwei nun folgenden exemplarischen Analysen beziehen sich auf die Fallgeschichte vom „kleinen Hans" und eine anekdotische Passage aus der *Traumdeutung*.

Wie einleitend angesprochen, ist die Fallgeschichte als psychoanalytische Textform bereits mehrfach diskutiert worden. Ein Grundlagentext der Forschung zu Fallgeschichten, Forresters *Thinking in Cases* (1996), zieht ausgerechnet eine Traditionslinie von der hippokratischen Medizin zur Psychoanalyse. Die Wissenschaftlichkeit dieser Diskurse zeichne sich durch ein fallbezogenes Denken aus, bei dem universale, abstrakte Begriffe zugunsten eines analogischen, konkreten Vorgehens am Einzelfall zurückgestellt werden. In welchem Verhältnis steht diese Charakterisierung der Psychoanalyse über die hippokratische Fallgeschichte zu Finemans Kontrastierung von Fallgeschichte und Anekdote mit Bezug auf das psychoanalytische „Reale"?

Interessanterweise sprechen spätere Beiträge der (psychoanalytischen) Fallgeschichte einige Charakteristika zu, die sich mit Fineman der Anekdote zuordnen ließen. Sie heben das komplexe Verhältnis zwischen Einzelfall und allgemeiner Regel hervor, das die Erstellung einer systematischen Theorie störe (Pethes und Düwell 2014; Mülder-Bach und Ott 2014; Kimmerle 1998). Susanne Lüdemann (2014, 121) beispielsweise spricht davon, dass schon die „Erfahrungsseelenkunde" des achtzehnten Jahrhunderts Fälle nicht als Exempel verstehe, sondern paradigmatisch aneinanderreihe und Wissen durch Analogiebildung generiere; Ergebnis sei ein Wissen, dass die „dichotomische Ordnung zwischen dem Partikularen und dem Universalen in Frage" stelle. So würden die Fälle „in den Horizont eines offenen Allgemeinen hineingestellt" und gerade nicht in ein geschlossenes System integriert.

Die psychoanalytischen Fallgeschichten thematisieren darüber hinaus inhaltlich den Konflikt eines Einzelnen mit einer allgemeinen Struktur, dem sprachlich strukturierten Unbewussten. Diesen Konflikt beschreibt Lüdemann (2014, 125) als „Involution" des Allgemeinen im Einzelnen, so dass das Allgemeine gar nicht erst von außen an den Einzelfall herangetragen werden müsse, weil „Einzelnes und Allgemeines in der intimen oder ‚extimen' Struktur des Konfliktes immer schon aneinander teil[haben]". In einem ähnlichen Sinn schreibt Mai Wegener aus psychoanalytischer Sicht, das Unbewusste und seine sprachliche Struktur sei zwar der „Verallgemeinerungsfaktor", das Bezugssystem psychoanalytischer Fallgeschichten, doch seien die „unbewussten Bildungen", die Symptome und Fehlleistungen, als konkrete Erscheinungen stets individuell und daher keineswegs verallgemeinerbar: „Gerade mit ihnen kommt im Gegenteil das Singuläre ins Spiel: die Entschlüsselung einer unbewussten Bildung führt stets in das Geflecht der Signifikanten eines Subjekts mit all seinen historischen Kontingenzen und besonderen Knoten" (2014, 190). Was den Fall zum Einzelfall macht, ist also gerade die je singuläre Auseinandersetzung des Einzelnen mit einem Allgemeinen, das ihm von Anfang an eingeschrieben ist.

Dem ist die in Freuds Texten häufig wiederholte Bemerkung ähnlich, dass die theoretisierende Darstellung eines Falls von sich aus nicht überzeugen könne. Wer die Erfahrung einer Analyse nicht am eigenen Leib gemacht habe, könne durch einen schriftlichen Bericht nicht gewonnen werden.[18] So will sich die Freud'sche Lehre auch nicht durch systematische Konsistenz, sondern durch den gelungenen therapeutischen Eingriff bewähren, an dessen Erfolg der Patient aktiv mitarbeiten muss.[19] Diese Performativität der Analyse zeigt sich auch darin, dass der Analytiker in das Geschehen eingebunden ist und insofern keine reine Beobachterposition einnehmen kann: Voraussetzung des Erfolgs ist die „Übertragung", durch die der Analytiker zum Adressaten des Unbewussten seines Patienten wird. In der Folge ist der Analytiker „in die Rede des Analysanten einbezogen, und von daher hängt der Text der Analyse an ihm, bzw. [...] an der Instanz, die er verkörpert." Daher kann man pointiert sagen: „Der Analytiker ist Teil des Symptoms" (Wegener 2014, 193). Wenn der Therapeut aber jeweils Teil des singulären Konfliktes des Einzelnen mit dem vorgängigen Allgemeinen ist, wie soll er dann den Einzelfall einer systematischen Theorie einordnen? Viele Texte zur psychoanalyti-

---

18 „Bedauerlich bleibt, daß keine Darstellung einer Psychoanalyse die Eindrücke wiedergeben kann, die man während ihrer Ausführung empfängt, daß die endgültige Überzeugung nie durchs Lesen, sondern nur durchs Erleben vermittelt werden kann." (Freud 1909, 338).
19 „Eine Psychoanalyse ist eben keine tendenzlose, wissenschaftliche Untersuchung, sondern ein therapeutischer Eingriff; sie will an sich nichts beweisen, sondern nur etwas ändern." (Freud 1909, 339).

schen Fallgeschichte heben demnach die Aufmerksamkeit Freuds für den Einzelfall und seinen Unwillen zur verallgemeinernden Systematisierung als epistemologisches Charakteristikum hervor. Mit Fineman gesprochen, erschiene die psychoanalytische Fallgeschichte dann gleichsam als anekdotische Form, die einen theoretischen *grand récit* durchlöchert.[20]

Schaut man sich nun aber eine konkrete Fallgeschichte genauer an, muss man diese Darstellung differenzieren. Ein besonders interessanter Fall ist Freuds *Analyse der Phobie eines fünfjährigen Knaben*, die bekannte Geschichte vom Kleinen Hans. Im Decknamen „Hans" kommt bereits das Verhältnis von Einzelnem und Allgemeinem zum Ausdruck: Hans ist ein Eigenname, der laut Grimmschem Wörterbuch aber auch „Jedermann" bedeuten kann (Giuriato 2014, 130–131). Es ist stimmig, dass Freud diesen Decknamen wählt, denn er möchte Hans' Fall – seine infantile Sexualforschungen, seine damit einhergehende Kastrationsangst und seine letztendliche Überwindung des Ödipus-Komplexes – als mustergültig darstellen (Freud 1909, 377).[21]

Im Zentrum von Hans' Krankengeschichte steht seine Sorge um den „Wiwimacher", den Phallus, und damit seine Auseinandersetzung mit dem Geschlechtsunterschied. Insofern steht sein Fall mit dem Geschlechtsverhältnis und dem Realen bei Lacan in Verbindung, das ich im Fortgang weiter erläutern möchte. Eine zentrale Frage von Hans' lautet nämlich, ob auch Frauen einen „Wiwimacher" haben, und gegen die eigene Wahrnehmung phantasiert er, die Mutter habe ihm ihren „Wiwimacher" gezeigt (Freud 1909, 267). Freud (1909, 353) rekonstruiert, dass die Wahrnehmung des Geschlechtsunterschieds bei Hans Kastrationsangst ausgelöst habe. In der Folge wird die erotische Zärtlichkeit des Kindes für die Mutter verdrängt; das Resultat sind Angstträume und schließlich die Phobie. Gegenüber von seinem Elternhaus befindet sich das Hauptpostamt mit regem Lastverkehr. Seit Hans dort ein Lastpferd umfallen sah, wagt er sich nicht mehr aus der Türe, denn er fürchtet: „das wird jetzt immer sein" (Freud 1909, 284); „[doch macht die Geschichte bald klar, dass die Furcht nicht auf ein bestimmtes Objekt, sondern auf die Bewegung des Fallens selbst gerichtet ist" (Gi-

---

20 In diese Richtung gehen auch die Überlegungen, die die Fallgeschichte der Literatur zurechnen und sie als „Gegendiskurs" im Sinne Foucaults in Anspruch nehmen (vgl. Mülder-Bach und Ott 2014, 24 und 31). Eine gattungstheoretische Verbindung zwischen Fallgeschichte und Anekdote lässt sich über die Novelle und ihre zentrale „sich ereignete unerhörte Begebenheit" ziehen (vgl. Mülder-Bach und Ott 2014, 20–21; Pethes und Düwell 2014, 22). Gerne wird darauf hingewiesen, dass Freud selbst seine Fallgeschichten mit Novellen verglich (Freud 1895, 227; dazu Wegener 2014, 173–175; vgl. kontrastierend Freud 1905, 261 und dazu Wegener 2014, 180–181).
21 Vgl. auch Lacans Reinterpretation dieser Fallgeschichte (2003, Kap. 12–23).

uriato 2014, 135). So bildet ein vielfältiges „Fallen" einen Verdichtungspunkt dieser Fallgeschichte.

Die Analyse erbringt, dass das Pferd zum einen für den – verdrängten und daher angstbesetzten – Wunsch steht, der Vater möge „fallen". Dem ödipalen Wunsch antwortet weiterhin die Angst, das Pferd werde Hans beißen, der Vater werde ihn durch Kastration strafen. Später entwickeln sich weitere Aspekte der Phobie. Hans stellt eine Assoziation zwischen dem Fallen von Kot aus dem Unterleib und seiner Vorstellung einer Geburt her. Das schwer mit Kisten bepackte Lastpferd erinnert das Kind zudem an die schwangere Mutter und damit an die Geburt von Hans' kleiner Schwester, die am Anfang der Krankheitsgeschichte steht. Hans fürchtet sich vor einer weiteren Niederkunft der Mutter, da er keine zusätzlichen Rivalen um ihre Liebe wünscht. Zugleich phantasiert er, selber Vater zu sein und Kinder aus seinem Unterleib „fallen" zu lassen. Bemerkenswert ist also, dass Hans' Geschichte sich um das Wort „Fall" verdichtet. Die Überdetermination des „Falls" mit widersprechenden Aspekten zwischen Zeugung, Kastration und Tod könnte ein weiteres Argument für die Widerständigkeit des psychoanalytischen „Falls" gegenüber einer systematisierenden Regel liefern – mit Fineman könnte man den „Fall" hier als „equivoceme" bezeichnen, das einen übergeordneten Zusammenhang sowohl möglich macht als auch sprengt. Denn wenn für Hans die Welt „alles was fällt" ist, wer vermöchte dann noch Theorien aufzustellen?[22]

Dennoch stellt Freud Hans' Geschichte als beispielhaft dar. Tatsächlich ist die Verbindung zwischen kindlicher Sexualforschung und (Kastrations-)Angst paradigmatisch für die Freud'sche Psychoanalyse, so dass das Geschlechterverhältnis von Angst grundiert ist. Freilich gibt es auch einige Aspekte, die Hans' Fall problematisch erscheinen lassen. Den wichtigsten Einwand spricht Freud selber an: Zu einer richtiggehenden Analyse ist Hans aufgrund seines Alters nicht geeignet, ihm fehlt die nötige Sprachbeherrschung. Weil der Junge noch nicht erwachsen denkt, muss man ihm die Assoziationen suggerieren, die laut Theorie fallen sollten. Daher „muß ihm vieles gesagt werden, was er selbst nicht zu sagen weiß, müssen ihm Gedanken eingegeben werden, von denen sich noch nichts bei ihm gezeigt hat, muß seine Aufmerksamkeit die Einstellung nach jenen Richtungen erfahren, von denen her [man] das Kommende erwartet" (Freud 1909, 339). Freuds Entgegnung, das sei schließlich bei jeder Therapie so, wird die Bedenken gegenüber einer solch rekursiven „Analyse" nicht zerstreuen können. Sie werden

---

[22] Das Spiel mit Wittgensteins Diktum stammt von Giuriato, der dieselbe These mit anderen Argumenten vertritt: Er zeigt, dass Freuds Fallgeschichte mit dem Narrativ des Sündenfalls überschrieben ist (Giuriato 2014, 135).

vielmehr von der analytischen und narrativen Situation noch verstärkt: Die Analyse wird nämlich vom Vater des Kindes geleitet, der mithin die „väterliche und die ärztliche Autorität" in sich vereinigt (Freud 1909, 243). Der Vater ist also sowohl Ursache der Phobie (Kastrationsangst) wie auch Therapeut und Fallberichterstatter – er schreibt wöchentliche Berichte an Freud, der auf ihrer Grundlage die väterliche Analyse anleitet. Die oben angesprochene Implikation des Analytikers in den Fall wird hier also auf die Spitze getrieben.

Ein weiteres Problem entsteht durch Freuds Überarbeitung und Rahmung der väterlichen Berichte. Freud konstruiert seine Fallgeschichte, indem er die Berichte umfangreich zitiert, kommentiert und teilweise auch korrigiert – „die Theorie fordert es", begründet er eine auffällige Umschreibung des Falls in einer Fußnote (Freud 1909, 293).[23] Vergleichbares findet in der Rahmung des Falls statt, wenn Freud Bericht und Deutung mit einem zusammenfassenden theoretischen Kapitel ergänzt, in dem er den Fall aus seiner Sicht resümiert und die Übereinstimmung mit der psychoanalytischen Lehre festhält: „Ich habe aus dieser Analyse, streng genommen, nichts Neues erfahren" (Freud 1909, 377), denn Hans' Entwicklung bestätigt alle Annahmen, die Freud sich in der Analyse von Erwachsenen gebildet hat – „er führte [...] ein Programm aus, das ich seinem Vater im Vorhinein mitteilen konnte" (Freud 1909, 278).

Das problematische Verhältnis von Therapie und Theorie, Einzelnem und Allgemeinen lässt sich also dem Setting der Fallgeschichte sehr schön ablesen. Hier wird ein singulärer Fall zum Beispielfall zugerichtet, ein Individuum zum „Hans" gemacht. Daher ist die kritische Frage, die Deleuze und Guattari an die Freud'sche Psychoanalyse richten, nachvollziehbar: Wird hier dem Jungen nicht ein Ödipus-Komplex „eingegeben"?[24]

---

[23] Vgl. für eine bedeutsame chronologische Umstellung des Krankheitsverlaufs Freud (1909, 368).

[24] Vgl. Deleuze und Guattari (1980, 38–52), mit Bezug auf Freuds zweite Kinderanalyse, den sog. „Wolfsmann". Im auslösenden Angsttraum dieses Falls sieht das Kind mehrere Wölfe auf einem Baum; Freud reduziert sie auf das Bild des einen Vaters und schreibt damit das Begehren des Kindes ödipal fest, während Deleuze und Guattari dagegen seine Vielfältigkeit hervorheben. – Dieser Fall ist im vorliegenden Zusammenhang auch deshalb interessant, weil Freud ihn in polemischer Absicht mitteilt – er möchte zeigen, dass die Theorien der Abweichler Adler und Jung nicht haltbar sind. Vgl. Freud (1918, 31 und 76–90).

5 Anekdote und Reales bei Freud

Die Geschichte vom „kleinen Hans" weist also auf die problematische Stellung des psychoanalytischen „Falls" zwischen Geschichte und Anekdote hin. Während man nachvollziehen kann, warum Lüdemann und andere der psychoanalytischen Fallgeschichte Qualitäten zusprechen, die Finemans Anekdotischem nahekommen – so v. a. die Betonung des „offenen Horizontes" – sieht man an Hans' Krankengeschichte, dass Freud durchaus eine theoretische Schließung vornimmt. Typisch für Freud ist allerdings, dass diese Schließung auf einer widersprüchlichen Mehrdeutigkeit beruht: Der „Fall" ist doppeldeutig und widersprüchlich, zeugt zugleich von Bejahung und Verneinung des Geschlechtsunterschieds, vom Tod des Vaters und der Niederkunft der Mutter, von Wunsch und Angst.

Im Folgenden sollen nun Textpassagen angesprochen werden, die man als anekdotisch im Sinne Finemans bezeichnen könnte. Dabei greife ich die Frage wieder auf, ob die Entdeckung des „Realen" als einer psychoanalytischen Kategorie mit einer anekdotischen Schreibweise zusammenhängt. Im Zuge dessen kommt auch ein Aspekt des Anekdotischen in den Blick, den Fineman nicht anspricht, nämlich der der Lebensbeschreibung – wird doch die literarische Anekdote seit dem achtzehnten Jahrhundert auch als autobiographische Schreibform genutzt. Freuds Texte wiederum sind seit der *Traumdeutung* (die ja zu einem großen Teil auf Freuds vorhergehender Selbstanalyse beruht) voller autobiographischer Enthüllungen.[25] Forrester schreibt dazu: „every dream of Freud's tells us something different about him, his life, his friends, his personal relationship to his theories [...]. Yet the man himself, beyond his style, seems to recede at the same time; all Freud scholars have the sense that for every act of disclosure there is something passed over in silence" (Forrester 1996, 10). Offenbarung und Entzug, Referentialität und Fragmentarizität sind zwei widersprüchliche Tendenzen von Freuds Schreiben, die man mit der Anekdote verbinden kann – und sie treten häufig dort auf, wo Freud das Reale berührt.

Nur beiläufig möchte ich erwähnen, dass in Hans' Fallgeschichte eine Kindheitserinnerung Freuds mitschwingt. Hans hat ja eine Verbindung zwischen einem mit Kisten beladenen Wagen und der schwangeren Mutter hergestellt. In *Psychopathologie des Alltagslebens* vermerkt Freud nun eine Erinnerung aus seinem eigenen Ödipus-Stadium, die er in seiner Selbstanalyse gedeutet hat: „Ich sah mich fordernd und heulend vor einem Kasten stehen, dessen Tür mein [...] Halbbruder geöffnet hielt, und dann trat plötzlich meine Mutter, schön und

---

[25] Die der *Traumdeutung* vorhergehende Phase der Selbstanalyse ist bei Anzieu (1990) dokumentiert.

schlank, [...] ins Zimmer." Lange habe er geglaubt, die Erinnerung bezöge sich auf eine „Hänselei des älteren Bruders", bis er in der Analyse die wahre Bedeutung gefunden habe: Er habe als Kind eine Assoziation von Kisten und Kasten mit dem schwangeren Mutterleib hergestellt und ähnliche Befürchtungen wie Hans mit ihnen verbunden[26] (Freud 1904, 60). Wie in vielen weiteren selbstanalytischen Beispielen auch, liegt das Anekdotische dieser Passagen nicht nur in der biographischen Episode, sondern auch in der – später eintreffenden – plötzlichen Einsicht in ihre wahre Bedeutung.

An anderer Stelle begründet Freud die universelle Bedeutung dieser Assoziation unter Verweis auf die symbolische Rolle von Kästchen in Mythos, Märchen und Dichtung. In seinem späteren Aufsatz *Das Motiv der Kästchenwahl* (1913) sind es zwei Dramen Shakespeares und „die Erschütterung, die sie in ihm ausgelöst haben", die ihn zu einer Art literarischer Selbstanalyse führen"[27] (Wegener 2016, 10). Freud beginnt mit der bekannten Freierprobe aus Shakespeares *Kaufmann von Venedig*: Portias Freier müssen zwischen einem goldenen, silbernen und bleiernen Kästchen wählen; nur derjenige, der das bleierne Kästchen wählt, darf Portia heiraten – und das ist, wie sich herausstellt, der jugendliche Bassanio. Freud deutet nun das Kästchen als „Symbol des Wesentlichen an der Frau" (Freud 1913, 26), nämlich ihres Geschlechts. Die Kästchenwahl aus dem *Kaufmann* meine daher eigentlich „die Wahl eines Mannes zwischen drei Frauen". Nach weiterer Analyse kommt Freud zu dem Schluss, dass die Dreiheit der Kästchen bzw. Frauen auf die drei Moiren zurückzuführen sei, deren eine, die unerbittliche Atropos, eine Todesgöttin sei. Es gehe bei der Wahl also eigentlich um „die drei für den Mann unvermeidlichen Beziehungen zum Weibe": „Die Gebärerin, die Genossin und die Verderberin." (Freud 1913, 37) Während Freud diese Deutung an anderen Beispielen (Shakespeares King Lear und seine drei Töchter) plausibel machen kann, lässt er seinen Ausgangspunkt, die Kästchenwahl aus dem *Kaufmann*, unter den Tisch fallen. So bleibt unerklärt, warum der junge Bassanio das bleierne Kästchen und mithin die Verderberin bzw. den Tod wählen soll. Es scheint, dass Freud hier auf einen Punkt gestoßen ist, den er bewusst nicht weiterverfolgt.

Mai Wegener bringt hierzu eine anschauliche Erklärung. Liest man Freud mit Freud, steht Bassanios Wahl im Horizont der Hochzeitsnacht. Diese bedeutet zwar nicht *per se* Konfrontation mit dem Tod, wohl aber mit dem weiblichen Geschlecht. Das weibliche Geschlecht ist für Freud aber der Inbegriff der Kastrationsdrohung. In einer unveröffentlichten Skizze spekuliert er sogar darüber, ob die männliche Erektion nicht eine apotropäische Abwehrreaktion gegenüber

---

[26] Vgl. dazu auch Lacan (1978, 216).
[27] Vgl. Wegener (2016, 10).

dieser Drohung sein könnte (Freud 1922, 47–48). Der Anblick des nackten Geschlechts – Freud vergleicht ihn mit dem mythischen Medusenhaupt – ist demnach ein Moment des Schreckens, in dem die idealisierte Weiblichkeit zusammenbricht, das Objekt des Begehrens sein *Reales*[28] enthüllt. Wenn Bassanio also das bleierne Kästchen wählen muss, so könnte er damit „unter Beweis stellen" sollen, „dass er an seiner Liebe zur Erwählten ‚trotz ihres bleiernen Kästchens' festhalten wird".[29] Die Frage wäre also, ob Bassanio den Zusammenbruch des Ideals aushalten wird.

Liest man den Aufsatz in diesem Sinne, so betreibt Freud in ihm weniger Shakespeare- als Selbstanalyse. Er geht aus von einer ungreifbaren Beunruhigung, die Freud in der Shakespeare-Lektüre erfahren hat. Seine ‚Analyse', die Rückführung der drei Kästchen bzw. drei Frauen auf die drei Moiren, erscheint dann vielmehr als Versuch einer „mythischen Einkleidung des Realen", der v. a. für Freuds eigenes Unbewusstes aussagekräftig ist (Wegener 2016, 19). Anstatt Kastration und Tod als zu wählendes Schicksal zu benennen, ummantelt Freud dieses „Reale" mit einem Mythos von drei Frauenfiguren. Gerade deshalb bleibt aber eine Lücke in seiner Analyse, die von Freuds eigenem „Horror" (Wegener 2016, 7) vor dem Weiblichen als Verkörperung von Kastration und Tod zeugt. Auf rhetorischer Ebene könnte diese Lücke als eine anekdotische Öffnung verstanden werden, die eben dort aufbricht, wo die „mythische Einkleidung" vom „Realen" durchbrochen wird. Der Begriff des „Realen", wie ihn Wegener aus der „Kästchenwahl" herausliest, wäre dann ein anekdotischer „effect of the real". Diese Deutung soll nun noch mit einem weiteren Beispiel untermauert werden.

Dieses Beispiel ist Freuds „Traum von Irmas Injektion" aus der *Traumdeutung* (1900) – ein Traum, der ebenfalls aus Freuds Selbstanalyse stammt (Freud 1900, 108–126).[30] Freud spricht diesem Traum paradigmatische Bedeutung zu, weil er ihn zu der grundlegenden These geführt habe, dass jeder Traum eine Wunscherfüllung sei. Der Traum von Irma ist aber auch deshalb so interessant, weil in ihm die Gültigkeit der Psychoanalyse selbst verhandelt wird – insofern ist er ein „Traum der Träume" (Lacan 1978, 204): Freud begegnet auf einer Geburtstagsfeier seiner ehemaligen Patientin Irma, die sich darüber beklagt, dass die Therapie

---

[28] Vgl. Wegener (2016). Wegener betont, dass das *Reale* kein Terminus Freuds ist, sieht aber in der Kästchenwahl gleichwohl wichtige Aspekte dieses Begriffs Lacans.
[29] Wegener (2016, 7); zur Ehe als Ende der Idealisierung vgl. auch Lacan (2003, 251–252: „dass jede Heirat [...] die Kastration in sich trägt").
[30] Freud kommt auf diesen paradigmatischen Traum im Fortgang der *Traumdeutung* immer wieder zurück. Zum historischen Kontext des Traums vgl. Appignanesi und Forrester (1992, 117–145). Für eine ausführliche Analyse aus literaturwissenschaftlicher Sicht vgl. Bronfen (1998, Kap. 1: „The Navel of Sigmund Freud's Inaugural Dream").

nicht angeschlagen habe und sie immer noch Schmerzen leide. Freud wirft ihr vor, dass sie seine „Lösung" nicht akzeptiert habe und gibt ihr damit die Schuld für ihr weiteres Leiden. Er nimmt aber dennoch eine körperliche Untersuchung vor, die eine schwerwiegende Infektion (Diphtherie) im Rachenraum nachweist. Drei Kollegen werden hinzugezogen, die den Befund bestätigen und vermuten, die Infektion rühre von einer Injektion mit einer unsauberen Spritze her.

Schon aus dieser knappen Zusammenfassung wird deutlich, dass der Traum sich mit dem Sinn der Psychoanalyse befasst. Er weist den Vorwurf ab, dass die Therapie bei Irma nicht angeschlagen habe, und begründet ihr Leiden mit einer körperlichen Infektion. Den entsprechenden Wunsch, die Schuld anderen zuzuschieben und Kritiker der Psychoanalyse lächerlich zu machen, gesteht Freud offenherzig ein. Gleichzeitig gelingt es ihm, diesen Wunsch zu realisieren, indem er den Traum zum fulminanten Eingangsstück seiner *Traumdeutung* macht. Diese selbstbezügliche Performanz wird in einem späteren Kapitel auf die Spitze getrieben, in dem Freud von Patienten berichtet, die seine These von der Wunscherfüllung nicht glauben wollen. Freuds Antwort ist ganz einfach: Der Traum eines skeptischen Analysanten, der jeder Wunscherfüllung trotzt, erfüllt selbstverständlich den Wunsch, Freud zu widerlegen (Freud 1900, 157)! So kann dieser Traum und seine Deutung als Grundstein der Psychoanalyse verstanden werden. Er ist in jeder Hinsicht *der* Traum der Traumdeutung.

Aus diesem Grund unterzieht auch Lacan den Traum von Irmas Injektion einer eingehenden Relektüre. Dabei nimmt er eine metatextuelle Perspektive ein, weil er das Zusammenspiel von Traum und Deutung in den Vordergrund rückt, aber auch den Traum selbst als einen analytischen Akt deutet (Lacan 1978, 210; 215). Seiner Meinung nach geht es in dem Traum weniger um die These der Wunscherfüllung als um eine „Offenbarung des Realen", die Freud das exzentrische Subjekt des Unbewussten entdecken lässt (Lacan 1978, 234–235). Als Freud Irma einer körperlichen Untersuchung unterzieht, blickt er ihr in den geöffneten Mund und entdeckt dort „rechts einen großen Fleck" und auf der anderen Seite „merkwürdige krause Gebilde, die offenbar den Nasenmuscheln nachgebildet sind" und mit „weißgrauem Schorf" bedeckt sind (Freud 1900, 111). In der Deutung assoziiert Freud (Freud 1900, 122) einen Kollegen, der seiner Lehre positiv gegenüberstehe und „der Wissenschaft einige höchst merkwürdige Beziehungen der Nasenmuscheln zu den weiblichen Sexualorganen eröffnet" habe.[31] Lacan bezeichnet den Blick in den entstellten Rachen als eine „vision d'angoisse": „tout se mêle et s'associe dans cette image, de la bouche à l'organe

---

31 Der befreundete Kollege ist Wilhelm Fließ. Lacan merkt an, dass Freud sich kurz zuvor von ihm an der Nase operieren ließ (Lacan 1978, 214).

sexuel féminin, et passant par le nez [...]. Il y a là une horrible découverte, celle de la chair qu'on ne voit jamais, le fond des choses, l'envers de la face" (Lacan 1978, 214). Es ginge bei dieser Traumpassage also letztlich um eine ganz ähnliche Erfahrung, wie sie der Phobie des Hans und dem bleiernen Kästchen zugrunde liegt – um eine Begegnung mit dem weiblichen Geschlecht, eine „révélation du réel" (Lacan 1978, 227).

Während Freud den Bezug zwischen Nase und Geschlecht selbst herstellt, wird die von Lacan behauptete affektive Dimension – der Traum als Angstvision – im Text nicht explizit. In der Traumbeschreibung ist von Angst keine Rede. Sucht man dennoch nach einem Zeichen von ihr, findet man es vielleicht in der Traumanalyse. Freud assoziiert mit der geträumten Irma zwei weitere Frauen, so dass er hier wie in der „Kästchenwahl" mit einer Dreiheit konfrontiert ist. Lacan (1978, 217) stellt in seiner Relektüre die Verbindung zu diesem Aufsatz her: „Les trois femmes, les trois sœurs, les trois coffrets, Freud nous en a depuis démontré le sens. Le dernier terme est la mort, tout simplement." Und Wegener (2016, 9) zieht die Konsequenz: „Der Blick in den Schlund ist die Öffnung des bleiernen Kästchens." In jedem Fall bricht Freud (1900, 116) auch hier seine Selbstanalyse plötzlich ab: die „Vergleichung der drei Frauen" führe ihn „zu weit ab". Generalisierend hält er sodann fest, jeder Traum habe mindestens eine unergründliche Stelle, „gleichsam einen Nabel, durch den er mit dem Unerkannten zusammenhängt"[32] (1900, 116). Jede Traumdeutung hat also mindestens einen blinden Fleck, den sie nicht aufklären kann. Nach Lacan ist er die Stelle, die den Traum mit dem Urverdrängten verbindet. Nicht unwidersprüchlich bezeichnet er ihn als „ein Loch", das die Grenze jeder Analyse darstelle und „ersichtlich mit dem Realen zu tun" habe[33] (Lacan 1976, 8).

Auf der metaphorischen Ebene fällt jedoch auf, dass das Bild zwar anschaulich, aber auch widersprüchlich ist: Der Nabel ist ja gerade kein Verbindungs-, sondern ein Trennungspunkt.[34] In einem späteren Text spekuliert Freud (1926, 160–161), ob sich alle Angst – und damit auch die Kastrations- und Todesangst – nicht auf das Geburtstrauma zurückführen lasse, an das der Nabel erinnert: „Das erste Angsterlebnis des Menschen wenigstens ist die Geburt und

---

32 An anderer Stelle erläutert Freud den „Nabel" als die Stelle, an der der Traum „dem Unerkannten aufsitzt. Die Traumgedanken [...] müssen ja ganz allgemein ohne Abschluss bleiben und nach allen Seiten hin in die netzartige Verstrickung unserer Gedankenwelt auslaufen. Aus einer dichteren Stelle dieses Geflechts erhebt sich dann der Traumwunsch wie ein Pilz aus seinem Mycelium" (1900, 530). Auch hier ist die Metapher nicht widerspruchsfrei eingesetzt.
33 Lacan geht auf den Widerspruch Nabel/Loch in der Folge ein.
34 In diesem Sinn deutet Bronfen den Nabel als Gegenmodell zur Kastration. Vgl. Bronfen (1998, „Introduction: Navel Inversions", bes. 8–12).

diese bedeutet objektiv eine Trennung von der Mutter." Wichtig erscheint mir, dass Freud in der Deutung seines Traums eine solche Trennung selbst ausführt. Während die von Lacan so genannte „Angstvision" nicht zu einem Abbruch des Traums führt, hält Freud bei ihrer Deutung willkürlich inne und begründet die so gezogene Grenze mit dem „Nabel" des Traums. „Mitten im symbolischen Geflecht des Traums hat Freud so diese Grenze ausgemacht, die Lacan das Reale nennt", schreibt Mai Wegener (2016, 17) dazu. Ich möchte dabei betonen, dass Freud diese Grenze nicht im Traum berührt, sondern bei seiner Deutung zieht. Erst die Analyse und ihr „anekdotischer" Abbruch macht diese Grenze deutlich.

Wenn ich Freuds Stil hier „anekdotisch" nenne, so möchte ich damit an Finemans Anekdoten-Begriff anknüpfen. Es ist genau der Abbruch der Deutung, der diesem Fall von Selbstanalyse seinen anekdotischen Charakter verleiht. Indem der Analyse eine Grenze gezogen wird, wird ein Loch in das Fundament der Psychoanalyse geschlagen. In Lacans Deutung kommt diesem Moment Ereignischarakter zu, sie ist Zeichen einer Begegnung mit dem Realen. Ich würde das einschränken und davon sprechen, dass Freud hier einen anekdotischen „Effekt des Realen" produziert, den Lacan dann in seiner Relektüre zu einer psychoanalytischen Kategorie macht. Ich kann hier nicht mehr zeigen, dass solche Abbrüche typisch für Freud sind – sie sind ein stilistisches Merkmal seines Denkens. Daher auch meine einschränkende These gegenüber Fineman: Anstatt die Anekdote allgemein über das Reale zu definieren, würde ich die sprachliche Grundlage des psychoanalytischen Begriffs als anekdotisch bezeichnen.

Literaturverzeichnis

Anonym. Art. „wanton". *Oxford English Dictionary* (März 2014). https://www.oed.com/view/Entry/225544 (16. Juni 2021).
Anzieu, Didier. *Freuds Selbstanalyse und die Entdeckung der Psychoanalyse.* München: Verlag Internationale Psychoanalyse, 1990.
Appignanesi, Lisa, und John Forrester. *Freud's Women.* London: Weidenfield and Nicolson, 1992.
Bronfen, Elisabeth. *The Knotted Subject: Hysteria and Its Discontents.* Princeton: Princeton University Press, 1998.
Deleuze, Gilles, und Félix Guattari. „Un seul ou plusieurs loups?". *Mille plateau: Capitalisme et schizophrénie 2.* Paris: Les éditions de minuit, 1980. 38–52.
Duval, Jacques. *Des Hermaphrodits, Accouchemens des Femmes, et Traitement qui es requis pour les releuer en santé, et bien éleuer leurs enfans.* Rouen: 1603.
Fineman, Joel. „The History of the Anecdote: Fiction and Fiction". *The New Historicism.* Hg. H. Aram Veeser. New York und London: Routledge, 1989. 49–76.
Forrester, John. „If p, then what? Thinking in Cases". *History of the Human Sciences* 9.3 (1996): 1–25.

Freud, Sigmund. „Analyse der Phobie eines fünfjährigen Knaben [Der kleine Hans]" [1909]. *Gesammelte Werke VII.* Hg. Anna Freud, Marie Bonaparte, Ernst Kris, Edward Bibring, Otto Isakower und Willi Hoffer. Frankfurt a. M.: Fischer, 1999. 241–377.

Freud, Sigmund. „Aus der Geschichte einer infantilen Neurose" [Der Wolfsmann] [1918]. *Gesammelte Werke XII.* Hg. Anna Freud, Marie Bonaparte, Ernst Kris, Edward Bibring, Otto Isakower und Willi Hoffer. Frankfurt a. M.: Fischer, 1999. 27–157.

Freud, Sigmund. „Bruchstück einer Hysterie-Analyse" [1905]. *Gesammelte Werke V.* Hg. Anna Freud, Marie Bonaparte, Ernst Kris, Edward Bibring, Otto Isakower und Willi Hoffer. Frankfurt a. M.: Fischer, 1999. 161–286.

Freud, Sigmund. „Hemmung, Symptom und Angst" [1926]. *Gesammelte Werke XIV.* Hg. Anna Freud, Marie Bonaparte, Ernst Kris, Edward Bibring, Otto Isakower und Willi Hoffer. Frankfurt a. M.: Fischer, 1999. 111–205.

Freud, Sigmund. „Das Medusenhaupt" [1922]. *Gesammelte Werke XVII.* Hg. Anna Freud, Marie Bonaparte, Ernst Kris, Edward Bibring, Otto Isakower und Willi Hoffer. Frankfurt a. M.: Fischer, 1999. 47–48.

Freud, Sigmund. „Das Motiv der Kästchenwahl" [1913]. *Gesammelte Werke X.* Hg. Anna Freud, Marie Bonaparte, Ernst Kris, Edward Bibring, Otto Isakower und Willi Hoffer. Frankfurt a. M.: Fischer, 1999. 23–37.

Freud, Sigmund. „Studien über Hysterie" [1895]. *Gesammelte Werke I.* Hg. Anna Freud, Marie Bonaparte, Ernst Kris, Edward Bibring, Otto Isakower und Willi Hoffer. Frankfurt a. M.: Fischer, 1999. 75–312.

Freud, Sigmund. *Die Traumdeutung* [1900]. *Gesammelte Werke II/III.* Hg. Anna Freud, Marie Bonaparte, Ernst Kris, Edward Bibring, Otto Isakower und Willi Hoffer. Frankfurt a. M.: Fischer, 1999.

Freud, Sigmund. *Zur Psychopathologie des Alltagslebens* [1904]. *Gesammelte Werke IV.* Hg. Anna Freud, Marie Bonaparte, Ernst Kris, Edward Bibring, Otto Isakower und Willi Hoffer. Frankfurt a. M.: Fischer, 1999.

Gallagher, Catherine, und Stephen Greenblatt. *Practicing New Historicism.* Chicago: Chicago University Press, 2000.

Giuriato, Davide. „Geschichten vom kleinen Hans (Freud – Kafka)". *Was der Fall ist: Casus und Lapsus.* Hg. Inka Mülder-Bach und Michael Ott. München: Wilhelm Fink, 2014. 129–144.

Greenblatt, Stephen. „Fiction and Friction". *Shakespearean Negotiations: The Circulation of Social Energy in Renaissance England.* Berkeley: University of California Press, 1988. 66–93.

Greenblatt, Stephen. *Marvelous Possessions: The Wonder of the New World.* Oxford: Clarendon Press, 1992.

Hippocrates. „Prognostic". *Hippocrates 2.* Übers. W.H.S. Jones. Cambridge, MA: Harvard University Press, 1959. 1–56.

Kimmerle, Gerd (Hg.). *Zur Theorie der psychoanalytischen Fallgeschichte.* Tübingen: diskord, 1998.

Lacan, Jacques. *Le moi dans la théorie de Freud et dans la technique de la psychanalyse.* Texte établi par Jacques-Alain Miller. Paris: Seuil, 1978.

Lacan, Jacques. *Die Objektbeziehung* (1956–57). Wien: Turia + Kant, 2003.

Lacan, Jacques. „Réponse de Jacques Lacan à une question de Marcel Ritter (26.01.1975)". *Lettres de l'école freudienne* 18 (1976): 7–12.

Lacan, Jacques. „Le séminaire sur *La lettre volée*". *Écrits.* Paris: Seuil, 1999. 11–61.

Lüdemann, Susanne. „As the Case May Be: Über Fallgeschichten in Literatur und Psychoanalyse." *Was der Fall ist: Casus und Lapsus*. Hg. Inka Mülder-Bach und Michael Ott. München: Wilhelm Fink, 2014. 115–127.

Mülder-Bach, Inka, und Michael Ott (Hg.). *Was der Fall ist: Casus und Lapsus*. München: Wilhelm Fink, 2014.

Pethes, Nicolas, und Susanne Düwell (Hg.). „Einleitung". *Fall – Fallgeschichte – Fallstudie: Theorie und Geschichte einer Wissensform*. Frankfurt a. M. und New York: Campus, 2014. 9–33.

Poe, Edgar Allen. „The Purloined Letter". *The Purloined Poe: Lacan, Derrida & Psychoanalytic Reading*. Hg. John P. Muller und William J. Richardson. Baltimore und London: Johns Hopkins University Press, 1988. 6–27.

Schäfer, Rudolf. *Die Anekdote: Theorie – Analyse – Didaktik*. München: Oldenbourg, 1982.

Schlaffer, Heinz. Art.: „Anekdote". *Reallexikon der deutschen Literaturwissenschaft 1*. Hg. Georg Braungart, Harald Fricke, Klaus Grubmüller, Jan-Dirk Müller, Friedrich Vollhardt und Klaus Weimar. Berlin und New York: De Gruyter, 2007. 87–89.

Thukydides. *Der Peloponnesische Krieg*. Hg. Michael Weißenberger. Berlin und Boston: De Gruyter, 2017.

Wegener, Mai. „Das bleierne Kästchen: Zum Realen bei Freud". *Y Revue für Psychoanalyse* 1 (2016): 1–17. http://ypsilon-psychoanalyse.de/ausgaben/01-2016-kreative-zerstoerung/das-bleierne-kaestchen-zum-realen-bei-freud/ (20. Juni 2020).

Wegener, Mai. „Fälle, Ausfälle, Sündenfälle: Zu den Krankheitsgeschichten Freuds". *Fall – Fallgeschichte – Fallstudie: Theorie und Geschichte einer Wissensform*. Hg. Nicolas Pethes und Susanne Düwell, Frankfurt a. M. und New York: Campus, 2014. 169–194.

Wegener, Mai. „Rezension zu Jacques Lacan: Die Angst, Das Seminar, Buch X". *Psyche – Zeitschrift für Psychoanalyse* 69.9/10 (2015): 996–999.

Joan Ramon Resina
Between Logos and Myth: Anecdote and Category in Eugeni d'Ors's Novella *Gualba, la de mil veus*

Most studies of the anecdote mention its first use by Procopius of Caesarea (c.500 – c.554 AD). Heinz Grothe, for instance, began his classic book on the subject reminding the reader that in Greek "anecdote" meant "unpublished," but connoted the idea of texts that were kept secret (1971, 4). *Anekdota* was of course the title of Procopius's *Secret History* of the court of emperor Justinian. Unpublished in Procopius's lifetime, this devastating account of the Byzantine court's corruption contrasted starkly with his other works as the empire's official chronicler, the *History of the Wars* and *On Buildings*. Circumstantially, then, the primary meaning of "anecdote," unpublished, fits the early status of Procopius's text and not only the unofficial nature of its contents. In time the etymological meanings of the term yielded to associations with the trivial and the mundane. The anecdote's semantic career was latent in the original *Anekdota*, understood as the reverse of the grandiloquent events of the empire. Shifting his attention from the public image of the political personae, Procopius trained his attention on their private lives, suggesting that on the hither side of the general events lurked the particular, life-size details of the exalted figures. The anecdote consisted in showing them not from the perspective of frogs but from that of a servant.

Regardless of whether Procopius's text was a vendetta against the emperor, his wife Theodora, and the great general Belisario, his "revelations" reframed the significance of the period by telling the kind of stories that official history excludes. Instead of adding to that history, Procopius reformulated its meaning, displaying the other side of the tapestry. In transitioning from the hidden to the trivial, the anecdote retained its relation to the historical and even to a certain philosophy of history. It bears saying, however, that inasmuch as the anecdote expresses what was hitherto undisclosed, it represents a communicational aporia. As public discourse, history may not remain secret. Thus, the anecdote can be reformulated as discourse that stands at the threshold between the secret and the revealed and draws its significance from its liminal position.

The anecdote makes something public, but what it discloses is characteristically private and as such steeped in particularity. Given the relative inconsequence of what it publicizes, the anecdote relates more to rumor and gossip than it does to the news item. Although some scholars have claimed for it the status of a minor genre, and collections of anecdotes, such as Addison's twelve volume compilation (Pitcher 2004), suggest that this form of discourse enjoys relative autonomy, one should not overlook the fact that the anecdote often appears embedded in another text. In view of its frequent framing by a larger narrative, it may be more useful to classify the anecdote as a rhetorical form rather than a full-blown genre. Its relative autonomy from the more formal and more general discourse of history endows it with the force of the concrete, even if this surplus of realism is paid for with a certain deprivation of meaning. Thus, Gaël Rideau defines the anecdote as "une forme d'écriture, un récit événementiel, qui, en dévoilant [...] un fait privé ou un petit fait curieux ou secondaire, contribue à une écriture du factuel, en créant un effet de réel [...]" (2015, 13). And Karine Abiven, insisting on the unheard-of aspect of the anecdote, stresses the contingency of its object (2015, 36). If it surprises, it is because it escapes normativity and defeats expectations. In other words, because it resists conceptualization.

Resistance to the concept does not mean that the anecdote refuses to serve some general idea. It only means that the relation is as contingent as the subject of the anecdote itself, or what amounts to the same thing, that it is a matter of interpretation. As Jacques Bonnet remarks: "Et si elle peut illustrer un propos philosophique, elle laisse l'auditeur ou le lecteur libre de son interprétation; le plus souvent c'est l'insolite, le surprenant, voire l'incroyable, qui la motive" (2010, 13). As illustration of a philosophical proposition, the anecdote is not itself philosophical. And this means that the connection is interpretable, or more precisely, subject to aesthetic or creative motivation, which is why Bonnet speaks of the anecdote's unsuspected motivation. But if the anecdote, in the modern sense of an illustration of a general idea, retains the requirement of "unsuspectedness" inherited from Procopius's challenge to official history, it is not for all that unmotivated. For the anecdote to turn up at all, an opportunity is needed for the particular to acquire momentary relevance. Often, it is the timeliness of the anecdote that endows it with a surplus of significance that sparks a general truth, illuminates a state of the world, or brings it up to the level of history. In short, the anecdote can short-circuit abstract discourses through a sudden illumination.

Thus, the modern anecdote fulfils Marie-Pascale Huglo's minimal criterion: "caractère symbolique ou représentative en soi du cas particulier, pointe, historicité" (1997, 13). Yet, the symbolism of the particular case cannot reside in the event, unless one posits history's rationality. Then history turns into a field of correspondences, as it was thought to be in the late Middle Ages, when, according to Johann Huizinga, people sought to embody every religious concept in visible forms. A figurative language was then invented, putting thought at risk of hardening into images (Huizinga 1954, 152). But if the late middle ages risked drowning religious feeling in the banality of the everyday, the modern age has tended to dump the particular event for the general law. This is the world of Monsieur Teste. For Paul Valéry, events were nothing but "the foam of things" (Lioure 1990, 123). What happens only once, what is unique and contingent is historically irrelevant. In a letter to André Gide written at the turn of the nineteenth century, Valéry expressed his penchant for generalization, confessing his inability to attach himself to anything singular (Lioure 1990, 123).

The need to generalize, to treat the singular occurrence as an annoyance – "Les événements m'ennuient," said Valéry (Lioure 1990, 121) – smacks of puritanism. It bespeaks horror for the stickiness of the actual, a revulsion no doubt related to the *horror naturae* that characterized pre-fascist European culture as it intoned the swan song of modernism. It is a case of the cultural fear of pollution studied by Mary Douglas, who distinguished between dirt-affirming and dirt-rejecting philosophies (1984, 164). Dirt, or waste, are good names for the disposable character of the event in Valéry and for his utter refusal of the anecdotal. "In a given culture," Douglas explained, "it seems that some kinds of behavior or natural phenomena are recognized as utterly wrong by all the principles which govern the universe" (1984, 165).

At the turn of the century Neoplatonism enjoyed a comeback with the rejection of the body as fallen nature. Inspiration for this bias can be traced to the decadent movement. Jean des Esseintes, the hero of Joris-Karl Huysmans's *A rebours*, retreats to an aesthetic world of his own making, a clear precedent for Monsieur Teste's cerebral isolation. Valéry called *A rebours* his "Bible and his bedside book" (Ellmann 1988, 252). Rejecting nature in the name of a higher principle can lead to hyperaesthesia, the hypertrophy of the senses, as in the Decadence movement, or to a programmatic austerity, as with Valery's hero. In both cases idealism spurns the anecdote in the name of art or the general laws of the mind. But insofar as these characters function as symbols, their odd, anecdotal withdrawal from society stands for a philosophical statement. Similarly, Plato's dialogues often begin with an anecdote before rising to a lofty discussion of general laws. Lioure argues that, for Valéry, the anecdote progresses from being a rhetorical device despised for its insignificance to enjoying the status of a more appreciated symbolical and philosophical fable (1990, 128).

Contemporaneously with Valéry and emerging also from turn-of-the-century Decadence, Catalan cultural critic, philosopher, and publicist Eugeni d'Ors (1881–1954) also resorted to the philosophical fable. Most of his work is in the form of aphoristic articles for the daily press. In these short pieces, he squeezed current events for some moral or philosophical extract. He described his purpose as "raising the anecdote to the dignity of the category". Although countless commentators cite this phrase, I have not been able to find it in d'Ors's oeuvre. But the idea is recurrent. On June 22, 1906, he described the collapse of the anecdote in contemporary consciousness, linking its bankruptcy to the crisis of the novel. In his view, Anatole France was a transitional and already anachronistic novelist in his method of keeping what is "essential and eternal in things [...] embedded inside the anecdote, as in the fable or the parable...": "What France has done [...] taking a decisive step toward definitive Platonization, is to spiritualize the outline of the anecdote, in a manner analogous [...] to what impressionist painters have done with the outline of objects—an anecdote too [...]" (d'Ors 1996, 163).

Most of d'Ors's work is a running commentary on social events, what the French call *faits divers*, pitched to a higher significance. This higher level is not so much historical as it is doctrinal, at times even metaphysical. The anecdote is the occasion for a doctrinal reflection. And because the process is repeated daily, in time something like a set of principles emerges. Calling it a system would be abusive. Rather, the method resembles Nietzsche's claim to understand philosophical systems by extracting three anecdotes and discarding the rest (Zill 2014, 36). Only, the choice here results in a set of recognizable and ultimately invariable principles rather than in the "revolt against the monocracy of the concept," which Hans Blumemberg envisioned in the unrealized Nietzschean project of reducing all philosophical systems to anecdotes (Zill 2014, 36).

D'Ors was not a novelist, but he authored several narratives, pushing to the limit France's method of embedding essential things in the anecdote. In *Lliçó de tedi al parc* (Tedium Lesson in the Park), he created a phenomenological experiment from the anecdote of a doctor prescribing "boredom" as a remedy for the author's stressed nerves (Resina 1990). In *La Ben Plantada* (The Well-Grounded Woman) he produced a philosophy of civility out of the anecdote of a young woman's arrival in a summer resort. And in his novella *Gualba la de mil veus* (Gualba of a Thousand Voices), published in periodical installments in 1915, then in book form in 1935, he approached the theme of fallen nature as the locus of original sin through the anecdote of a translation project that goes awry.

The extremely simple story is based on the motif of a forty-five-year-old father and his eighteen-year-old daughter vacationing in the lush Montseny, a mountain north of Barcelona, renamed Gualba in the story. The thousand voices in the title refer to the multiple creeks, rills, brooks, runnels, and waterfalls through which the rain descends, making sounds which d'Ors compares to the music in the pipes of an organ (2012, 8).[1] Father and daughter, the former

---

[1] The voices of the mountain in this text are a counterpart to the voices of the earth in Joan Maragall's mythic poem *El comte Arnau*. There the singing voices rising from the earth redeem the soul of the sinner; to that hopeful belief in the power of poetry, d'Ors opposes the sober function of the natural song to proclaim rather than absolve man's fallen condition.

named Alfons, the latter Tel·lina, spend the evenings translating *King Lear*. On this simple plot, which satisfies the basic definition of the anecdote as "a short narrative detailing particulars of an interesting episode or event" (Holman 1972, 25), d'Ors engages in an ultimately theological discussion of the nature of evil. In a recreation of the myth of the fall of mankind, adapted to the anthropological findings about the primal character of the incest taboo and supplemented with psychoanalytical insight into the erotic attraction of the parental image, d'Ors constructs a tale of tragic implications. Aiming for some form of social catharsis, he accumulates reflections on man's solitude and tragic condition, which he says are one and the same thing (2012, 36), solitude being the penalty for individuation and the soul's descent into the world, according to Neoplatonic doctrine (Plotinus 1950, 109).

Another Neoplatonic trait is the idea of potentialities that, when actualized, can lead the soul to partake of evil (Plotinus 1950, 109), which d'Ors associates with romanticism. We learn that Alfons sucked the romantic poison with his mother's milk and through his childhood reading. For years, the toxin remained latent in him "under a mantle of elegance and irony" (d'Ors 2012, 27). D'Ors places the story around 1915, when his anti-romantic reaction was becoming hegemonic in Catalonia. The change of intellectual climate is suggested by Alfons's newly acquired middle-age beatitude, which the narrator attributes to his having set limits to his life for the first time and loving those limits. Limitation, measure, and discipline were some of the classic virtues d'Ors vindicated. Romanticism's passion for the boundless was a disease, and Alfons had suffered from it in his youth. Of the forty-five-year-old, the narrator says: "Perhaps he is relishing a convalescence that is savory like all convalescences. The convalescence from the malady of infinity" ["Potser és que està assaborint una convalescència gustosa com totes les convalescències. La convalescència de la malaltia d'infinit" (d'Ors 2012, 27–28)]. Like all maladies, romanticism had exhausted the patient, leaving him weaker of will and exposed to a relapse: "At times one leg rests on the other and both hands on the knees, in a gesture of sweet expiration and infinite fatigue." ["A voltes l'una cama reposa damunt l'altra i les dues mans damunt dels genolls, en un gest de dolç venciment i d'infinita lassitud" (d'Ors 2012, 28)].

The amplification of the anecdotal through reflections of a moral, religious, and philosophical nature answers to Rüdiger Zill's criterion for the anecdote as philosophical form, namely that its potential for reflection must be explicitly unfolded. "It is not enough," says Zill, "that it is simply narrated; it must be accompanied by some form of commentary." Again: "The anecdote takes philosophical form in the strong sense when the moral it underscores, which sometimes accompanies it as it does the fable, is formulated in lengthy reflections" (2014, 44).

Formally, Alfons and Tel·lina's story advances through brief anecdotal episodes in a gradual disclosure that is announced from the start: "It's a good thing that Gualba appears at first like a comedy to the eyes of the spectator: in a dark situation, which only the allusions gradually fix" ["És bo que Gualba se'ns presenti, d'antuvi, com una comèdia als ulls de l'espectador: en una situació obscura, que només les al·lusions van, a poc a poc, fixant", (d'Ors 2012, 7)]. Each anecdote is trivial, serving merely to organize the author's reflections and to flesh them out on the bare bones of a minor event. A party to which father and daughter are invited reveals their close-knit society and kinship solidarity in the meagerness of their social exchanges. Locked inside the bonds of natural affection in the luxuriant natural setting, they move inadvertently toward the tragedy of instinctual revolt. In a way, the gradual disclosure of evil lurking in the life of a bourgeois family recalls Procopius's *Anekdota*. Here, though, the demons that possessed Justinian and his wife Theodora are secularized. Alfons's and Tel·lina's possession is in line with psychoanalysis's disclosure of the subconscious drives in the urban upper classes. As a matter of fact, the transition from theology to psychology is explicit in d'Ors's use of the Latin term *larva* (evil spirit, demon), first as a specter in the outside world, then in the abysses of the unconscious: "Watch out! You the blessed ones, those of the pure and gentle joy, daughter and father, lover and beloved, watch out! There are filthy larvae under Gualba's greenery. There are filthy larvae at the bottom of our own bottom [...]" ["Atenció! Vosaltres els benaurats, els de la pura i tranquil·la joia, filla i pare, enamorada i enamorat, atenció! Hi ha larves immundes sota les verdors de Gualba. Hi ha larves immundes al fons del fons de nosaltres mateixos [...]" (d'Ors 2012, 16)].

The fable takes a dramatic turn when, after one day of exhausting work in sultry weather, father and daughter retire for the night. As they are taking leave of each other, Alfons, shaken with repressed emotion, drops the oil lamp, spilling oil on Tel·lina's chest. Her dress and hair catch fire, and she, turned into a human torch, slumps to the floor while her father falls on her, embracing the flames while a storm rages outside. Flames of passion engulf the couple, and the anecdote of their devoted translation of a text by the foremost poet of human passions takes on the same significance as Paolo and Francesca's reading about Lancelot du Lac and Queen Guinevere's adultery in Dante's *Inferno*. Speaking to Dante from her spot in Hell, Francesca di Rimini blames the book and its author as accomplices of her sin: "Galeotto fu 'l libro e chi lo scrisse" ["Accursed was the book and he who wrote it."] (5.137). In a similar vein, d'Ors makes *King Lear*, a tragedy about a father's gross error and a daughter's filial devotion, the occasion for the ego's fall into isolation.

Shakespeare as paradigm of a northern, barbarous poet, the thousand voices of the mountain, and the resulting transgression of the primal, society-defining taboo are the pillars of d'Ors's fable. Translation appears as a high-risk activity, leveling the inner with the outer and weakening the ego's structure correspondingly. D'Ors uses the anecdote as a vehicle for a general claim about humanity's fallen state and society's disaggregation into anarchy. Not only is the resulting profusion of voices symbolic of disorder, but the water running through every crevice of the mountain recalls the initial state of the creation before God divided the upper or celestial waters from the lower or maritime ones, a division d'Ors insinuates by mentioning two organ stops, the *Vox caelorum* or *Voix celeste* and the *Unda maris*, as contributing jointly to the music of the mountain, a transcript of *harmonia mundi*, the music of the spheres (d'Ors 2012, 8).

Alfons and Tel·lina fall into isolation as punishment for seeking absolute union. At that moment the voices of the mountain, hitherto confused, become a chant of repentance whose dominant word is *miserere!* (d'Ors 2012, 55). For d'Ors, humanity is suspended between consciousness of sin and hope of redemption: "Yet we have got redemption! But nature, poor nature by our side has not got redemption and the evil spirit still hides in the formless waters as on the first day of the world" ["Emperò nosaltres hem hagut redempció! Mes la natura, la pobra natura, vora nostre no ha hagut redempció i l'esperit del mal s'oculta encara entre les informes aigües, com en el primer dia del món" (d'Ors 2012, 57)]. What began as an anecdote becomes a metaphysical statement, not because it changes into a doctrinal *exemplum*, but, as is true of modern anecdotes, because the particular event, isolated from any historically meaningful process, piggybacks on a philosophical or, at any rate, pedagogical discourse that lifts it from its contingency. The micro-story serves, in Abiven's apt observation, as an element of pathos by means of which the speaker draws attention to the discourse (2015, 404). In other words, the anecdote functions as a rhetorical device for a meaning that transcends it.

In reappropriating Neoplatonic ideas, d'Ors treats the anecdote much as Neoplatonists treated the objects of the senses, namely as contingent vehicles of ideal exemplars or "intelligibles". In Plotinus's own words: "There is an eternal nexus between intelligible and sense objects" (1950, 111). Or, as Sabine Chaouche expresses it: "There are latent archetypal elements present in anecdotes" (2005, 39). She comes closest than most to defining the modern use of the anecdote as discourse that oscillates between the fable and the theoretical or general world knowledge discourse: "Pertaining to the imaginary dimension and to the collective memory, its destiny is thus located between *mythos* and *logos*" (Chaouche 2005, 15). Such middling station corresponds to humanity's metaphysical position half way between the dark pit of matter and the exalted realm of the intelligence.

Looking back to the pre-philosophical background of *mythos*, the anecdote sinks its roots in the arcana surrounding the mystery religions, and this was, according to Mircea Eliade, a renewed Western interest, not only for the Renaissance but also for the romantic and positivist imaginaries in Europe. Orphism, Eleusis and the Oriental Mysteries implanted in Greek soil would have nurtured the modern European elite's need for myth as counterpart to the triumph of scientism and positivism (Eliade 1989, 213). D'Ors, fighting romanticism by means of a tale of romantic passion the way a homeopath fights a disease, deployed the anecdote of a vacationing family's drama to sound the mysteries of time and individuation. "Now I will start again all alone on the long route, where being two made the walking so sweet for a while" ["Ara jo tornaré a emprendre tot sol la via llarga, on l'ésser dos me va fer per una estona tal dolç caminar" (d'Ors 2012, 58)]. Alfons's sin causes him to fall into time and to go forth on the *via expiationis*, whereas the practically minded Tel·lina, like a mother goddess, remains aloof from the sin, outside of time, an image of cyclic nature. "And that is because woman perhaps does not know time – which is our greatest anguish – or hardly knows it" ["I és que la dona potser no coneix el temps – que és la nostra gran angúnia – o el coneix a penes" (d'Ors 2012, 58)]. The dissociation of both characters is explicit. Not only is Tel·lina a particular case of the female archetype, but, as such, she transcends the anecdote, which consumes her father, casting him into temporal wandering and obsolescence. He is, in other words, an anecdotal moment in nature's timeless existence, whereas she is perhaps, like Gualba, an incarnation of the category. The summer is short and soon they are gone, while the mountain remains: "Gualba remains, Gualba the wonderful and its song" ["Resta Gualba, Gualba la meravellosa i la seva cançó," (d'Ors 2012, 59)]. Only, the song is no longer heard, because the mountain, with the summer spent and winter approaching, is like an abandoned shrine. And the vacationers' rituals, the daily joy of father and daughter, are henceforth inaccessible. They are banished from paradise by the sword of the fire that consumed their innocence. On a late Autumn day, a hunter chances onto the little summer house, now closed for the season, and scratches some graffiti on its door, without noticing the inscription that Alfons had written on it before his fall: "Here perfect friendship dwells" ["Aquí viu l'amistat perfecta"]. Therewith, d'Ors ends his story with the words: "And no one else will see it again. No one, ... That is all, Lord, that is all" ["I ja ningú més la veurà. Ningú, ... Res més, Senyor, res més" (d'Ors 2012, 59)].

Happiness was not only momentary; it was anecdotal. It could be told only indirectly, in a reflected manner, like myth. Letting it flare as explicit passion consumed it in an instant. Certainly, d'Ors's reliance on the anecdote to rise to a broader vision of purported universality falls short of philosophy's demonstrative logic. But it does articulate claims to general validity on historical contingency, even if, as happens in his novellas, the fictional displaces the historical, while philosophy merges with theology and the latter with myth.

Bibliography

Abiven, Karine. *L'Anecdote ou la fabrique du petit fait vrai: De Tallemant des Réaux à Voltaire (1650–1750)*. Paris: Classiques Garnier, 2015.
Alighieri, Dante. *La Divina Commedia*. Milan: Ulrico Hoepli, 1965.
Bonnet, Jacques. *Quelques Historiettes ou petit éloge de l'anecdote en littérature*. Paris: Editions Denoël, 2010.
Chaouche, Sabine ed. *La Scène en Contrechamp: Anecdotes françaises et traditions de jeu au siècle des Lumières*. Paris : Honoré Champion, 2005.
D'Ors, Eugeni. *Glosari 1906–1907*. Ed. by Xavier Pla. Barcelona: Quaderns Crema, 1996.
D'Ors, Eugeni. *Gualba la de mil veus*. Ed. by Xavier Pla. Barcelona: Quaderns Crema, 2012.
Douglas, Mary. *Purity and Danger: An Analysis of the Concepts of Pollution and Taboo*. London: ARK, 1984.
Eliade, Mircea. *Journal II, 1957–1969*. Translated by Fred H. Johnson, Jr. Chicago: The University of Chicago Press, 1989.
Ellmann, Richard. *Oscar Wilde*. New York: Vintage, 1988.
Grothe, Heinz. *Anekdote*. Stuttgart, J.B. Metzler, 1971.
Holman, C. Hugh. *A Handbook to Literature*. 3rd edition. Indianapolis: The Odyssey Press, 1972.
Huglo, Marie-Pascale. *Métamorphoses de l'insignifiant: Essai sur l'anecdote dans la modernité*. Montréal: L'Univers des discours, 1997.
Huizinga, Johan. *The Waning of the Middle Ages*. New York: Anchor, 1954.
Lioure, Michel. "Paul Valéry et l'anecdote." Ed. by Alain Montandon. *‚L'Anecdote.' Actes du colloque de Clermont-Ferrand (1988) présentés par Alain Montandon*. Clermont-Ferrand: Faculté des Lettres, 1990. 121–130.
Maragall, Joan. "El comte Arnau." Joan Maragall. *Obres completes*. Ed. by Joan Estelrich. Vol. 1. Barcelona: Sala Parés, 1929: 138–157.
Pitcher, Edward W.R. *The Magazine Sources for Interesting Anecdotes, Memoirs, Allegories, Essays, and Poetical Fragments …. By Mr. Addison (London 1794–1797)*. Lewiston, NY: The Edwin Mellen Press, 2004.
Plotinus. *The Philosophy of Plotinus. Representative Books from the Enneads*. Ed. by Joseph Katz. New York: Appleton-Century-Crofts, 1950.
Resina, Joan Ramon. "Barcelona-Ciutat en la estética de Eugeni d'Ors." *Revista Hispánica Moderna*, 43.2 (1990): 167–178.
Rideau, Gaël. "L'Anecdote entre littérature et histoire: Une introduction." *L'Anecdote entre littérature et histoire : À l'époque moderne*. Ed. by Geneviève Haroche-Bouzinac, Camille Esmain-Sarrazin, Gaël Rideau und Gabriele Vickermann-Ribémont. Rennes: Presses Universitaires de Rennes, 2015. 9–26.
Zill, Rüdiger. "Minima Historia: Die Anekdote als Philosophische Form." *Kleine Formlosigkeiten: Zeitschrift für Ideengeschichte* 8.3 (2014): 33–46.

Reinhard M. Möller
‚Fallenerzählungen' des Kontingenten: Daniel Spoerris *Anekdoten zu einer Topographie des Zufalls* als anekdotisches Erzählexperiment – mit einem vergleichenden Seitenblick auf Andreas Okopenkos *Lexikon-Roman*

1

Daniel Spoerris Buchprojekt *Anekdoten zu einer Topographie des Zufalls*, auf deutsch erstmals 1968 veröffentlicht, ist ein selbst für die Maßstäbe der Nachkriegsavantgarde ungewöhnlicher und irritierender Text. Bereits der Titel gibt Rätsel auf, schließlich verbindet er (pseudo-)epistemische und literarische Ansprüche auf intrikate Weise miteinander: In augenzwinkernder Manier wird eine „Topographie" angekündigt, also eine räumliche Vermessung und Kategorisierung ‚des Zufalls' und damit eines Phänomens, das sich solchen Bemühungen seit jeher entzieht – und das nötige Material hierzu sollen dem Titel gemäß explizit anekdotische Texte liefern. Der barock anmutende Untertitel kündigt nicht nur *die mit Hilfe von Daniel Spoerris gutem Freunde Robert Filliou aufgezeichnete französische Originalversion*, sondern auch *das Anekdotenallerlei seines guten Freundes Emmet Williams aus der amerikanischen Version* an, *alles übersetzt und mit weiteren Anekdoten angereichert von seinem ebenso guten Freunde Diter Rot und verlegt bei Luchterhand*. Dieser Text erschien erstmals 1962 auf Französisch in der von Spoerri und Robert Filliou verfassten ‚Urfassung' unter dem Titel einer *Topographie anecdotée du hasard* (Spoerri 1962) bei den Pariser Éditions Galérie Lawrence, dann 1966 in der von Emmett Williams bearbeiteten Version New Yorker Something Else Press als *Anecdoted Topography of Chance* (Spoerri et al. 1966) auf Englisch und schließlich 1968 in deutscher Fassung mit dem oben zitierten noch stärker ‚anekdotenzentrierten' Titel bei Luchterhand.

Seine Grundstruktur folgt einem Prinzip der Verknüpfung von detaillierten primären Gegenstandsbeschreibungen mit sich fortlaufend anreichernden sekundären anekdotischen ‚Anmerkungen' als „notes to the notes – as many as eight degrees of annotations by as many authors" (Dworkin 2005, 2). Bemerkenswert ist hierbei bereits in der frühen Fassung, dass neben Spoerri auf der Anmerkungs- und Kommentarebene weitere Mitautoren auftreten, indem viele der dort folgenden ‚Sekundäreinträge' „E.W.", also Emmett Williams, und „D.R." (= Dieter Roth) zugeordnet werden. Insbesondere der anekdotische ‚Kommentarapparat' wuchs in folgenden Neuauflagen des Werks bis hin zur 1998 in der Hamburger Edition Nautilus erschienenen ‚Jubiläumsausgabe' noch um zahlreiche Ergänzungen an (Hentze 2001, 19). Ich werde meine folgenden Ausführungen allerdings aus Platzgründen auf die deutsche Erstfassung von 1968 als deutschsprachige ‚Ursprungsversion' beschränken.

Gerade indem die *Topographie* sich vorab als Zusammenstellung von Anekdoten identifiziert, dann aber, wie sich zeigt, durchaus keine klassische Anekdotensammlung präsentiert, gibt der Text Anlass zum Nachdenken über das enge Verhältnis von anekdotischem Erzählen und Kontingenz – genauer gesagt über die Auswahl von anekdotischen Darstellungsgegenständen unter den Kriterien der Kontingenz bzw. eben des Zufalls. Während die Anekdote spätestens ab dem späten achtzehnten Jahrhundert als eine bevorzugte narrative Form des Kontingenten sowohl in ihren Inhalten als auch in ihren eigenen Verfahren gelten kann, treibt Spoerris Projekt diesen Kontingenzbezug nämlich noch einmal auf die Spitze, indem sie die Anekdotenform durchgehend von der Beschreibung zufällig vorgefundener Alltagsdinge entfaltet: Dazu gehören ein Streichholz, Brotreste, Weinflecken, Gewürzbehälter, Küchengeschirr oder Schrauben.

Der seit 1959 in Paris lebende rumänischstämmige Schweizer Spoerri hatte zum Zeitpunkt des Erscheinens zunächst als Autor konkreter Poesie im Rahmen des „Darmstädter Kreises"[1], dann aber insbesondere als Objektkünstler und Schöpfer sogenannter Fallenbilder (*tableaux-pièges*) Bekanntheit erlangt, in denen verschiedene Alltagsobjekte der genannten Art ‚eingefangen' und zu einem dreidimensionalen Kunstobjekt zusammengefasst werden. Durch ihren Bezug zum *tableau-piège* erscheint die *Topographie anecdotée du hasard* als ein intermediales Projekt des literarisch gewendeten bild- und objektkünstlerischen *Nouveau Réalisme* sowie der „Fluxus-Literatur",[2] das durch die Transformation bildkünstlerischer Verfahren in die literarische Form der Anekdote diese gleichsam herausfordert. Angesichts dieser Konstellation drängt sich zunächst die Frage nach der Korrespondenz zwischen der *Topographie* und den bild- und objektkünstlerischen Verfahren des Künstlers Spoerri auf. Sabine Mainberger (2008, 235–236) hat in einem Aufsatz, der zu den seltenen literaturwissenschaftlichen Auseinandersetzungen mit der *Topographie* zählt, den Text vor allem als einen

---

[1] Zum (nach Vorläufern in der Zeit der Empfindsamkeit) zweiten Darmstädter Autorenkreis in den späten 1950er Jahren, der die Anthologiereihe *material* herausgab, zählten neben Spoerri u. a. Claus Bremer, Emmett Williams, André Thomkins und Dieter Roth.

[2] Zur literarischen Relevanz und Rezeption der Fluxus-Bewegung vgl. allgemein Meyer-Eisenhut und Meyer-Sickendiek (2014).

"kleinen Klassiker [...] der literaturwissenschaftlichen Notologie", also der Untersuchung literarischer Texte, die mit Fußnoten arbeiten, gewürdigt.

Der Aspekt des Anekdotischen, der im Titel aufgerufen wird und besonders explizit auf einen literarischen Genrebereich und ein genuin literarisches (erst in zweiter Linie auf bildende Kunst oder Objektkunst anzuwendendes) Verfahren verweist, gerät dabei allerdings nur beiläufig und mit Blick auf den Aspekt der ästhetischen Aufwertung des „Marginalen, Unwesentlichen, zu Vernachlässigenden", gar „von (intellektuellem) Müll" (Mainberger 2008, 245), in den Blick, welcher die Anekdote mit der wortwörtlich marginal, d.h. am Rand einer Druckseite angesiedelten Form der Fußnote verbindet. Tatsächlich hat die Topographie aber auch das Zeug wenn nicht zu einem Klassiker, so doch zu einem besonders interessanten Fallbeispiel einer literaturwissenschaftlichen ‚Anekdotologie'. Schließlich weisen die gemeinsamen Grundprinzipien des Fallenbildes und der *Topographie* – nämlich die Vorstellung einer fixierten alltäglichen Raum-Zeit-Konstellation „mit all dem, was der Zufall" dorthin „verbracht und dort liegengelassen hat" (Mainberger 2008, 237), die als ästhetische *occasio* dient – eine anekdotische Ausgangsstruktur auf. Gerade anhand von Verfahren der narrativen Kontingenzinszenierung und der Dingdarstellung, die sich mit der Form der Anekdote in Beziehung setzen lassen, werden somit Gemeinsamkeiten und Unterschiede zwischen Fallen*bild* und der Fallen*erzählung* als *piège raconté*, also als erzählter Zufalls-‚Falle', erkennbar (Spoerri und Williams 1995, 19; zitiert nach Mainberger 2008, 245). Diese Verknüpfung wird im Folgenden noch zu untersuchen sein, schließlich erscheint sie alles andere als selbstverständlich, da in zahlreichen Passagen des Buches zumindest nicht im Sinne klassischer Anekdotenmodelle anekdotisch erzählt wird.

Die Einträge im Hauptteil der *Topographie*, dem weitere Anhänge folgen, präsentieren in der deutschen ‚Urfassung' von 1968 insgesamt 80 verschiedene Gegenstände, die von einer „Weißbrotscheibe, einmal angebissen" bis hin zu „Zigaretten-Brandspuren [...] auf der ersten Planzeichnung zur *Topographie*" (Spoerri 1968, 17, 115), also einem Vorentwurf zum Werk selbst, reichen.

Die in der *Topographie* verzeichneten Gegenstände sollen sich gemäß der Rahmeninszenierung des Textes als eines literarischen Inventarverzeichnisses an einem beliebig ausgewählten Morgen, nämlich dem 17. Oktober 1961, auf dem Frühstückstisch in Spoerris Pariser Einzimmerapartment befunden haben. Diese Inszenierung entspricht auch dem bildkünstlerischen Prinzip des Fallenbildes als räumliche Darstellung einer bestimmten arbiträren Dingkonstellation und eines aus dem Zeitkontinuum herausgelösten und so erinnernd fixierten Moments mit starken Realitätseffekten. In Anhang II des Bandes, überschrieben „Geschichte des Fallenbildes als Bild, Schauspiel, Frage u.a.m.", definiert Spoerri das für den Text vorbildhafte Fallenbild folgendermaßen:

> In unordentlichen oder ordentlichen Situationen zufällig gefundene Gegenstände werden, genau dort, wo sie sich befinden, auf ihrer Unterlage (je nach Zufall – Tisch, Stuhl, Schachtel u. a.m.) befestigt. Verändert wird nur ihre Lage im Verhältnis zum Betrachter: Das Resultat wird zum Bild erklärt, Horizontales wird Vertikales. Beispiel: Die Reste eines Frühstücks werden auf dem Tisch befestigt und mit dem Tisch an der Wand aufgehängt. (Spoerri 1968, 122)

Die ‚Anekdotierte Topographie' setzt das im Fallenbild erprobte Grundmodell einer ‚Bannung' von Alltagsobjekten, die sich eigentlich nicht als ästhetische Gegenstände qualifizieren, sondern nur aufgrund ihrer kontingenten Präsenz in einem bestimmten Moment als ‚kunstwürdig' selektiert werden, in ein literarisches Verfahren um, das eine Vielzahl scheinbar banaler lebensweltlicher Objekte beschreibend und erzählend festhält. Sowohl der Bezug auf marginale, leicht zu übersehende Gegenstände und Geschehnisse als auch die Insistenz auf weiterreichende und aus der Latenz zu entschlüsselnde Bedeutungspotenziale verweisen hierbei auf bestimmte Grundlinien der Gattungstradition des Anekdotischen. Auf den letzteren Aspekt der Anekdote als ‚Geheimgeschichte' in der Tradition Prokops von Caesarea nimmt Spoerri im Vorwort des Bandes implizit Bezug, indem er die *Topographie* als Form (inszenierter) Spurenleseprozesse, die Verfahren von Kriminologie und Archäologie auf die erinnernde Rekonstruktion von Alltagserfahrung mit literarischen Mitteln überträgt:

> Hier in diesem Buch will ich versuchen festzuhalten, was die Gegenstände mir sagen, die ich heute, 17. Oktober 1961, um 15 Uhr 45, auf der einen Hälfte des Tisches finde [...], und die allerlei Erinnerungen und Assoziationen hervorrufen. Sherlock Holmes mag ähnlich vorgegangen sein, wenn er anhand eines einzigen Gegenstandes die Umstände eines Verbrechens aufzudecken versuchte, oder jene Archäologen, die noch nach Jahrhunderten in Pompeji – dem berühmtesten Fallenobjekt der Geschichte – eine ganze Epoche rekonstruieren konnten [...]. (Spoerri 1968, 5)

Der Vergleich mit der grundsätzlich teleologisch ausgerichteten Ermittlungspraxis des Detektivs ist hier offenbar nicht im Sinne der von Arthur Conan Doyles Figur Sherlock Holmes verkörperten Methodik der Ereignisrekonstruktion zu verstehen, sondern bezieht sich vielmehr auf die Ausgangslage *vor* der Anwendung dieser Methode – und zwar auf die Exposition von Gegenstandsdarstellungen als fragmentarisches Rohmaterial einer individuellen Alltagshistoriographie, aus dem sich potenziell weitergehende Schlussfolgerungen in Form weiterer „Erinnerungen und Assoziationen" ziehen ließen. Während eine detektivische Perspektive solche Schlüsse ziehen müsste, stellt der Text solche Verknüpfungen gerade nicht direkt her, sondern stellt diese der Imagination der Lesenden anheim.

Die *Anekdoten zu einer Topographie des Zufalls* weisen gemäß dieser Inszenierung als Materialsammlung grundsätzlich eine ‚flache', nur schwach hierarchisierte und potenziell unendlich verlängerbare Struktur auf. Als Konsequenz ähnelt das kollaborativ entstandene Textgebilde einer Art Nachschlagewerk, das einerseits an Kataloge, Verzeichnisse und andere Gebrauchstexte, andererseits an wissenschaftliche Darstellungskonventionen erinnert. Das hieraus entstehende Konglomerat aus Kurztexten, die gemäß dem Titel als „Anekdoten" ausgewiesen werden, ist im Kontext dieses Bandes vor allem als ein Spezialfall anekdotischen Erzählens von großem Interesse, der zur Reflexion über die Reichweite unterschiedlicher Theorien des Anekdotischen Anlass gibt.

Unter anderem erscheinen wesentliche Denkfiguren der jüngeren Anekdotentheorien des *New Historicism*, welche das Anekdotische über Zufälligkeit einerseits und Realismus andererseits charakterisieren und diesen Gegenstands- und Referenzbereich des Anekdotischen auffallend oft in der Metaphorik vorgefundener Dinge oder ‚Fundstücke' gefasst haben, besonders treffend auf die Texteinheiten der *Topographie* anwendbar, wobei die entsprechenden anekdotentheoretischen Figurationen selbst an Grenzen geführt werden. In seinen grundlegenden Überlegungen zur *History of the Anecdote* hat Joel Fineman (1989, 56) in den späten 1980er Jahren die Anekdote als „narration of a singular event [...] that uniquely refers to the real" charakterisiert: Anekdotisches Erzählen habe grundsätzlich „something literary about it" und sei – diese Unterscheidung ist gerade mit Blick auf Spoerris Text relevant – durch den Aspekt der literarischen Durchgeformtheit etwa vom Referenzialitätsmodus einer „direct description" abzugrenzen; zugleich gebe es aber „something about the anecdote that exceeds its literary status, and this excess is precisely what gives the anecdote its pointed, referential access to the real" (1989, 56), also den Effekt einer pointiert zugespitzten Referenz auf reale Dinge und Geschehnisse, deren Präsenz in der Darstellung geradezu fühlbar wird. Bezieht man diese beiden Merkmale auf Spoerris *Topographie*, dann lässt sich feststellen, dass die Dingbeschreibungen des Textes einen „pointed, referential access to the real" zumindest inszenieren, dass aber gerade deshalb, weil sie dies in besonders pointierter Weise tun, zugleich der ihnen grundsätzlich zuzuschreibende „literary status" gleichsam auf der Kippe steht, da zumindest manche der Einträge lediglich eine „direct description" trivialer Alltagsgegenstände ohne weitere Kommentierung oder narrative Einbettung liefern.

Mit direktem Bezug auf Finemans an Thukydides entwickeltem Modell einer anekdotischen Erzählung als bloßes „touto" (Fineman 1989, 53), also als ein demonstrativ ausgestelltes Faktum, ein ‚dieses', das sukzessive Erzählverläufe, Rahmenkonstruktionen und Kontexte, also das jeweilige ‚über dieses hinaus' (‚meta touto', Fineman 1989, 53) durchbricht und gleichzeitig fast immer zumindest indirekt mit diesem korrespondiert, charakterisieren Catherine Gallagher und Stephen Greenblatt in *Counterhistory and the Anecdote* die anekdotische

Erzähleinheit als Stolperstein historiographischer, implizit aber auch anderer ‚Großnarrative':

> In Fineman's view, the miniature completeness of the anecdote necessarily interrupts the continuous flow of larger histories; at the anecdote's rim, one encounters a difference in the texture of the narrative, an interruption that lets one sense that there is something – ‚the real' – outside of the historical narrative. (Gallagher und Greenblatt 2000, 50)[3]

Die Kurztexte von Spoerris *Topographie* treiben sicherlich einige der hier genannten Merkmale – insbesondere die Darstellung marginaler Gegenstände und die Inszenierung von Realismuseffekten – auf die Spitze. Die jeweilige anekdotische *occasio* ist in diesem Fall eine semantisch-inhaltlich nicht notwendig und nicht zwingend zu nutzende Gelegenheit, denn im Fokus der Darstellung stehen nicht besondere, auffallende Dinge im herkömmlichen Sinne, sondern wortwörtliche ‚Nebensachen' und die sich um sie herum anlagernden Alltagsgeschichten. Trotz der exzentrisch-experimentellen Struktur der Einträge lassen sich in ihnen – und das ist bemerkenswert – bei näherer Betrachtung doch stellenweise auch traditionellere Anekdotenstrukturen erkennen.

2

Jeder Eintrag der *Topographie* liefert neben der mehr oder weniger präzisen Beschreibung des jeweiligen Gegenstandes in den folgenden anekdotischen Annotationen die komplexen Vor- und Nebengeschichten zur Präsenz dieser Dinge im Chronotop des Frühstückstischs, nämlich „circumstances under which objects were acquired and used, reminiscences and arguments among the writers, [...] corrections and clarifications, obscure passages and scrapbook clippings from contemporary newspapers, notes on translation, interlingual puns, dirty jokes [...]" (Dworkin 2005, 2). Die Verknüpfung dieser Textelemente mit den jeweiligen Beschreibungseinträgen sowie untereinander entspricht offensichtlich zwei ästhetischen Grundverfahren der Moderne, nämlich der Assoziation und der Montage, die den Prozess einer fortschreitenden ‚Anekdotierung' bestimmen. Die Einträge folgen hierbei einer textuellen Dynamik, die beinahe schon an Hypertext-Formate des Netzzeitalters erinnert. Die ursprünglichen Dinganekdoten der *Topographie*, jeweils mit einer einfachen arabischen Ziffer nummeriert, be-

---

[3] Siehe hierzu den Beitrag von Joachim Harst in diesem Band, der auf die Abhängigkeit von Finemans anekdotentheoretischem „touch of the real"-Konzept von Jacques Lacans psychoanalytischem Modell des Realen hinweist.

schreiben zunächst quasi katalogartig das jeweils im Fokus stehende Objekt und seine wesentlichen Merkmale. Teilweise enthalten sie jedoch auch schon kurze narrative Szenen, welche die Beziehung des ‚Primärerzählers' „D.S.", also Daniel Spoerri, zu dem jeweiligen ‚Ding' thematisieren – bereits hier kündigt sich also die Verlagerung der Aufmerksamkeit von den Dingen selbst auf ihre Nutzung und Funktionalisierung durch menschliche Akteure an.

Diese Haupteinträge bilden gewissermaßen die Ausgangsebene für folgende anekdotische Erzähleinheiten, die neben dem Erzähler „D.S." von den weiteren Erzählerfiguren „E.W." und „D.R.", also „Diter Rot", stammen. Diese enthalten weitere Kurznarrative zur Geschichte des jeweiligen Dings, teilweise aber auch Korrekturen der primären Anekdote und teils auch längere essayistische Abschweifungen. Während die Anekdoten erster Ordnung tatsächlich meist die im Fokus stehenden Dinge und unmittelbare Interaktionshandlungen menschlicher Akteure nach Art einer Nahaufnahme beschreiben, stehen in den Anekdoten der nächstfolgenden Ebenen noch stärker die mehr oder weniger weitläufigen Geschehenskontexte im Vordergrund, mit denen diese Dinge locker und assoziativ in Verbindung stehen. Dabei geht es auch um künstlerische Arbeitsmaterialien, die zugleich Reisesouvenirs darstellen, wie das auf einer Ausstellungsreise zur Kopenhagener Galerie Køpcke[4] gekaufte (und zugleich in der Ausstellung als Kunstobjekt verwendete) dänische Selleriesalz aus dem *Irma*-Supermarkt, eine *Tuborg*-Bierflasche oder in Schweden erworbene Basilikumblätter, des Weiteren um eine wurmzerfressene Holzschachtel, Kerzenstummel, Drahtknäuel, Schrauben und andere Requisiten, mit denen der Künstler Spoerri seine Fallenbilder konstruiert, aber auch Hemdenknöpfe, Kugelschreiber und Pinsel.[5] Als Auflistung lassen sich die Einträge auch als Inventar eines kleinen Künstlerhaushalts ein-

---

4 Der selbst als Fluxus-Künstler aktive, ursprünglich aus Hamburg stammende Arthur Köpcke eröffnete 1957 seine bald zu einem wichtigen Ort des Kopenhagener Kunstbetriebs avancierende Galerie in der dänischen Hauptstadt (zu Leben und Werk Köpckes/Køpckes vgl. Rennert 1996), in der Spoerri im Oktober 1961 eine um einen nachgebauten Gewürzladen („L'épicerie") zentrierte, einem klassischen readymade-Verfahrensprinzip folgende Ausstellung präsentierte (Carrick 2010, 68), „which consisted solely of groceries bought […] in the local Irma supermarket and stamped ‚Attention oeuvre [sic] d'art' (attention work of art)" (Ørum und Olsson 2016, 109).

5 Das Prinzip, dem sowohl diese Verkettung von Anekdoten als auch der einzelne Übergang von der Ding-Beschreibung zur Anekdote folgen, lässt sich als ein Prinzip der Dispersion und der doppelten Kontingenz beschreiben. Zunächst einmal werden die Dinge narrativ als zufällig und in diesem Sinne kontingent ausgewählte Aufmerksamkeitsgegenstände inszeniert. Sie werden aber als Objekte vorgeführt, die nicht an sich, sondern eher in auf menschliche Geschichten bezogener Perspektive von Interesse sind, eigene *agency* wird ihnen eher nicht zugestanden. In den Anekdoten stoßen sie – im Sinne indirekter ‚Kon-Tingenz'– die anekdotische Narration von Ereigniskontexten in menschlichen Umwelten an, auf die sie indirekt verweisen.

schließlich des Reisegepäcks seines ‚Hausherrn' ansehen. Das Kriterium für eine Aufnahme in die *Topographie* bildet eine willkürliche formale Spielregel, die dem Prinzip des ‚Fallenbildes' analog erscheint: Erfasst werden alle Alltagsgegenstände, die in einem bestimmten Moment in der (erzählten) Pariser Alltagsumgebung des Protagonisten Spoerri vorkommen, und im Unterschied zum räumlichen Fallenbild entsteht hieraus eine zeitlich ausgedehnte anekdotische ‚Erzähllandschaft'.

Zu Beginn eines Haupteintrags wird typischerweise zunächst das im Fokus stehende Objekt in einer Weise genannt, die an einen Katalog- oder Inventareintrag erinnert, so z. B. in Eintrag 3 eine „Literflasche Vin des Rochers (D.S. 1), heute morgen an der Rue Mouffetard gekauft [...]" (Spoerri 1968, 22). Auf die reine Nennung folgt somit der in einem berichtend-beschreibenden Gestus gehaltene Verweis auf die Gelegenheit, in dem der Erzähler D.S. mit dem betreffenden Objekt in ein Gebrauchs- oder Besitzverhältnis oder auch, und oftmals zugleich, in ein ästhetisch-künstlerisches Interaktionsverhältnis getreten ist. In dieser Form scheint in diesen Einträgen das Register objektivierender Beschreibung mit der Extremform einer ‚offenen' oder auch ‚stummen' Anekdote zu konvergieren (Niehaus 2013, 200–201), in der realistische Vorfälle präsentiert, aber nicht kommentierend eingeordnet werden. Hierauf folgt dann allerdings hier wie auch in weiteren Einträgen eine andeutungsweise Wende hin zu klassischen anekdotischen Strukturen, hier einer knappen narrativen Szene, die mit einer erzählerischen Pointe und einem fast klassisch anmutenden anekdotischen *dictum* endet.

Die Tendenz zur Pointierung von Einzelszenen, die als Illustrationen von Charakteristika gerahmt werden, wie sie geschlossenen (‚sprechenden') Anekdotenformen zu eigen ist, ist hier gleich zweifach auf engstem Raum zu erkennen – nämlich erstens dann, wenn der Erzähler erklärt, dass er selbst vom Weinhändler, der seine Stammkunden kennt, als „Herr mit der tiefen Stimme", also als ein wiedererkennbarer ‚Charakter' typisiert wird, und zweitens vor allem dann, wenn dem Händler ein pointiertes, hier auch metapoetisch lesbares *dictum* in den Mund gelegt wird und ihn als Figur gleichsam in einem Satz zu kennzeichnen scheint. Gekauft worden sei die Flasche nämlich „bei dem Weinhändler, der mich *der Herr mit der tiefen Stimme* nennt und immer behauptet: ‚Mit dem, was ich in meinem Lokal gesehen habe, könnte ich einen Roman von hier bis zur Place *Maubert* (D.S. 2) schreiben!'" (Spoerri 1968, 22). Dieser Ausspruch, in dem der Weinhändler sich selbst als einen potenziellen Romanautor imaginiert, deutet bemerkenswerterweise an, dass sich in den nicht niedergeschriebenen Beobachtungen des Weinhändlers und, im Sinne einer *mise en abyme*-Struktur, eben auch in der Mikro-Szene dieses einzelnen Eintrags tatsächlich ein ‚gestauter' Roman verberge, der ein Portrait des sozialen Milieus und insbesondere der

Kunstszene im Pariser *Quartier Latin* der 1960er Jahre mit weiteren profilierten Figuren wie dem „Herr[n] mit der tiefen Stimme" entwerfen könnte. Legt man die Entfernung von der Rue Mouffetard bis zur Place Maubert nahe der Sorbonne zugrunde, wird diese *mögliche* Erzählung hier als ein recht genau ein Kilometer langer Text-Raum innerhalb des 5. Pariser Arrondissements imaginiert. In der hier demonstrierten und zugleich thematisierten Vorstellung einer deiktischen Andeutung größerer Erzählzusammenhänge in einem quantitativ ‚kleinen' Narrativ lässt sich wiederum ein charakteristisches Merkmal anekdotischen Erzählens wiedererkennen.

Entscheidend ist hier jedoch, dass diese Anekdote den Roman programmatisch als einen ungeschriebenen und ungeschrieben bleibenden Text entwirft und ihn nicht ausführt, wodurch gerade dieser Eintrag metapoetische Konnotationen gewinnt. Analog zu den anekdotischen Einträgen der *Topographie*, auf deren Grundlage Lesende möglicherweise einen Romanplot oder auch mehrere Romane imaginieren könnten, perspektiviert der Ladenbesitzer seine Beobachtungen als Rohmaterial, aus dem er eine ‚große Erzählung' konstruieren könnte, die er aber als eine Art potenzieller Künstler ohne Werk lieber für sich behält. Statt dem angedeuteten narrativen Pfad eines möglichen, denkbaren Künstlerromans auch nur ansatzweise weiter zu folgen, kehrt der dritte Eintrag dann selbst auch konsequenterweise zurück zu einer offeneren, narrativ weniger ausgestalteten Struktur, in der die ursprüngliche *occasio* nach dem prägnanten *dictum* beschreibend weiter ausgestaltet wird, was für eine klassische Formstruktur anekdotischen Erzählens natürlich gänzlich untypisch wäre. Hierbei gibt der Erzähler kontingente, d.h. narrationsstrategisch scheinbar funktionslose Informationen wieder, die in einer klassisch geschlossenen Anekdote etwa als expositorischer Einstieg dienen könnten, hier aber das irritierend offene, potenziell fortschreibbare Ende der Texteinheit bilden. Doch auch in diesen lässt sich bei näherer Betrachtung ein angedeuteter proleptischer Verweis auf einen möglichen, aber nicht ausgeführten weiterführenden Plot ausmachen: „Ein Liter Vin des Rochers kostet 1,65 NF, dazu kommen 30 Centimes Flaschenpfand. Als Dreingabe erhielt ich ein Lotterielos und kann nun, wenn ich Glück habe, ein Auto gewinnen" (Spoerri 1968, 22). Der Schlusssatz thematisiert den weiteren Weinkonsum des Erzählers: „Die Flasche ist noch halb voll, doch ich trinke sie bei der Arbeit langsam leer". Der Eintrag endet mit weiteren Verweisen auf „D.S. 4 + 25 + 28 + 28 a" (Spoerri 1968, 22). Die Reihenfolge der Elemente *occasio* und *dictum* scheint in dieser speziellen Anekdote gleichsam umgekehrt, und gerade in dieser ‚dekonstruierten', invertierten Anekdotenstruktur ließe sich bereits eine Strategie der narrativen *provocatio* erkennen.

In den folgenden Annotationen der Erzähler „D.S.", „E.W." und „D.R." werden die Äußerung des Weinhändlers, die Topographie der genannten Straßen im

Quartier Latin, aber auch das metapoetische Thema der Genese des Eintrags kommentiert, ergänzt durch eine ironische allgemeine Reflexion „Diter Rots" zum Thema ‚Suchen und Finden'. In der ersten Sekundäranekdote „D.S. 1" findet sich eine dokumentarische Wiedergabe der Etikettaufschrift der besagten Weinflasche: „Auf dem Etikett steht: / 11%, / Vin des Rochers, / Samt für Ihren Magen / garantiert bekömmlich und naturrein / (unleserliche Unterschrift) / Eingetragene Marke / Jules Leonelli & Co" (Spoerri 1968, 22).

Der folgende Sekundäreintrag „D.S. 2" ist besonders bemerkenswert, lenkt er doch durch eine explizite Korrektur einer bestimmten Information aus dem Haupteintrag 3 das Augenmerk auf fiktionale Anteile an den grundsätzlich dokumentarisch ausgerichteten ‚Fallenanekdoten': Hier erklärt der Erzähler, er habe sich „geirrt, nicht mein Weinhändler könnte ‚[...] einen Roman von hier bis zur Place Maubert [...] schreiben', sondern Georges Rodier, der Inhaber des Cafés *Les Cinq Billards* an der Contrescarpe [...]" (Spoerri 1968, 22). Das entscheidende anekdotische *dictum* des Haupteintrags wird somit zwar noch einmal als tatsächlich geäußerter Ausspruch beglaubigt, verliert seinen „touch of the real" also nicht grundsätzlich, allerdings sei es einer anderen Figur als seinem tatsächlichen Urheber in den Mund gelegt worden – und diese Fiktionalisierung begründet sich offenbar dadurch, dass der tatsächliche Ausspruch nicht mit einem gemäß der ‚Spielregel' des Textes am 17.10.1961 auf Spoerris Tisch befindlichen Objekt zu verknüpfen war. Glaubt man dem dokumentarischen Realismusanspruch des ‚erzählten Fallenbildes', befand sich dort aber die Weinflasche, die als erzählbarer Gegenstand mit dem Weinhändler in Verbindung stand, dem so die Ankündigung eines möglichen Romans als (wiederholter) Ausspruch in den Mund gelegt werden musste – *occasio* und *dictum* wurden somit, wie der Folgeeintrag behauptet, fiktional und nicht realitätsgetreu verknüpft. Offen inszeniert wird somit der Konstruktionscharakter einer vermeintlich authentisch wiederzugebenden unmittelbar mit der Dingbeschreibung der Weinflasche verbundenen anekdotischen Begebenheit.

Die korrigierende Anmerkung, mit der die Figur Georges Rodier eingeführt wird, gibt wiederum in diesem Eintrag die *occasio* zu einem weiteren Geflecht von folgenden Mikro-Episoden mit relativ klassischen Anekdotenstrukturen, die klar konturierte Charaktertypen und pointierte *dicta* entwerfen: Ein amerikanischer Maler namens „Joe Chapeau", der den Erzähler auf die irrtümliche Zuschreibung des Zitats zum falschen Urheber hingewiesen haben soll, wird über seinen eingängigen Spitznamen charakterisiert, der darauf basiere, dass „er sich nie von seinem abgewetzten Cordobahut trennt – wahrscheinlich dient er ihm als Inspirationsquelle zu seinen delikaten romantischen Porträtmalereien" (Spoerri 1968, 22). Es folgt eine um einen weiteren Dialog zwischen „Monsieur George[ ] Rodier" und einem Gast herum konstruierte Mikro-Geschichte, die noch stärker den klassischen Typus der Anekdote verkörpert und in der Rodier „die Bemerkung eines seiner Stammkunden zur irdischen Existenz – ‚Das Leben ist ein Butterbrot, mit Scheiße bestrichen!' – kommentiert: ‚Jaja, und man beißt jeden Tag ein Stück davon ab.'" (Spoerri 1968, 22). Schließlich endet der Eintrag „D.S. 2" mit einer auf ein *dictum* fokussierten Episode um „Madame Rodier", die den Erzähler, „als ich neulich in ihrem Café die Korrekturfahnen eines meiner Texte durchlas, fragte [...]: ‚Warum lesen sie das Zeug, wo sie es doch selbst geschrieben haben?'" (Spoerri 1968, 22).

Mit den einleitenden Elementen ‚bloßer Beschreibung' am Beginn der Haupteinträge wird zunächst offensichtlich ein Kontingenz- und damit auch ein starker Realismuseffekt im Sinne Roland Barthes' erzielt: Gerade die Wiedergabe nichtssagender Details zu den beschriebenen Gegenständen bewirkt hier den Eindruck eines „touch of the real" im Sinne dokumentarischer Echtheit. Hierauf folgen oftmals bereits im jeweiligen Haupteintrag und in den folgenden Noten auf der jeweiligen Objektbeschreibung aufbauende kleine erzählte Begebenheiten, die teils kein narratives Ziel zu verfolgen scheinen, teils aber auch mehr oder minder amüsante Pointen enthalten und somit stärker geformt wirken.

Insgesamt zeigt sich, dass die Primäreinträge des jeweiligen ‚Textclusters' vielfach eher ungerahmte, nicht ausgedeutete *occasiones* präsentieren, während auf der folgenden Ebene der jeweiligen Sekundäreinträge, also in den Annotationen oder eben ‚Anekdotationen' zum im Haupteintrag beschriebenen Objekt, häufiger Strukturen klassisch anekdotischen Erzählens zu finden sind. Auch wenn sich beide Modi selbstverständlich auch überlappen, herrscht auf der Ebene der Primäreinträge eher ein *showing* vor, während auf der Ebene der Sekundäreinträge zumindest auch teilweise klassischeres *telling* zu finden ist. Tatsächlich werden in den meisten der Dinganekdoten Plotstrukturen nicht ausführlich, sondern nur in unterschiedlich ausgestalteten Ansätzen, d. h. im Status von potenziell weiter erzählbaren Geschichten entfaltet, die von lakonischer Andeutung bis hin zu pointierteren Mikro-Erzählungen reichen. Aufgrund seiner ‚dispersiven' Struktur ermöglicht der Text in der Verknüpfung einzelner Primär- und Sekundär-Anekdoten verschiedener Einträge zu einem komplexen Anekdotengeflecht im Prozess seiner Rezeption unterschiedliche Lektürerichtungen und -strategien, die verschiedene denkbare Plot-Fluchtlinien eröffnen und immer wieder zur Imagination des nicht (direkt) Erzählten einladen.

3

Ich möchte unter diesen möglichen Lektürepfaden nun einen exemplarisch noch genauer verfolgen: In zahlreichen *Topographie*-Anekdoten geht es um die Figur

„Kichka", die, wenn man biographische Selbstauskünfte heranzieht, schnell als Jacqueline Baticheff, Spoerris Lebensgefährtin in den 1960er Jahren, zu identifizieren ist. Mehrere Einträge beschreiben in anekdotischer Form einzelne Dinge, die mit Kichka, die in der Regel nicht als direkt handelnde Akteurin auftritt, sondern über hinterlassene Spuren identifiziert wird, in einer wie auch immer gearteten Verbindung stehen – genauer gesagt geht es um unterschiedliche Objekte, die Kichka am Ort eines früheren Geschehens zurückgelassen oder die sie dem dominierenden autodiegetischen Erzähler Spoerri überlassen hat. In deren beschreibender Wiedergabe lässt sich eine Extremvariante der klassischen charakterisierend-biographischen Anekdote erkennen: Ein narratives Portrait Kichkas wird – ebenso wie Fragmente einer Selbstcharakterisierung des Erzählers Spoerri – in diesem Strukturmodell nicht über eigentlich bedeutsame Handlungen oder Begebenheiten, sondern indirekt, auf Umwegen und von Ferne über die Darstellung der alltäglichen Dinge erkennbar, denen die Figur gleichsam ihren individuellen Stempel aufgedrückt hat.

Die allererste Anekdote des Textes stellt die Verbindung zwischen dem genannten Objekt, nämlich einer Scheibe Weißbrot, und einer charakteristischen ‚Präsenz in der Absenz' der Person Kichka her. Der rhetorische Gestus ist hier wie meistens nüchtern konstatierend, durch den letzten Halbsatz werden Kichka aber mit subtil ironischem Unterton entweder charakteristische Appetitlosigkeit oder ein überdurchschnittlich großer Appetit potenziell zugeschrieben: „Kichka Baticheff hat die Brotscheibe beim Mittagessen – das aus zwei gekochten Eiern bestand – angebissen und liegengelassen, entweder weil sie keinen Appetit hatte, oder weil diese Mahlzeit schon ihre zweite oder n-te war" (Spoerri 1968, 17). Es folgen Zusatzeinträge zu 1., in denen etwa „E.W.", also Emmett Williams, auf Spoerris „Eifieber" und seine geplante „Eizyklopädie" hinweist, die dem Freund bereits den Beinamen „Dan der Eierhändler" eingebracht habe (Spoerri 1968, 17). Diese Anmerkungen enthalten also offenbar *in ovo* eine Charakteranekdote über den Erzähler Spoerri. Durch den Verweis auf eine gemeinsame Frühstücksszene, deren erinnernde Rekonstruktion, metapoetisch perspektiviert, gewissermaßen in verschiedenen, wie die Krümel von Brot und Eierschalen zerstreuten Dinganekdoten auftaucht, ergibt sich zudem ein intermedialer Verweis auf Spoerris berühmtes Fallenbild „Le petit déjeuner de Kichka/Kichka's Breakfast".[6]

---

[6] Dieses Kichka gewidmete Werk, das zu den berühmtesten Fallenbildern Spoerris zählt, befindet sich seit der 1961 veranstalteten, von William C. Seitz kuratierten Ausstellung *The Art of Assemblage* im New Yorker *Museum of Modern Art* (Chempellin 2019, 74). Vgl. auch den Katalogband zu der genannten Ausstellung, in dem eine Abbildung eines weiteren Spoerri-Fallenbildes (*The Pail is not Arman's*) an sehr prominenter Stelle, nämlich als Illustration direkt auf der ersten Seite der Einleitung auftaucht (Seitz 1961, 9).

Der Haupteintrag „1a" präsentiert „Krümel [...] der angebissenen Weißbrotscheibe (1)" (Spoerri 1968, 17), angesichts dieses Verweises fehlt konsequenterweise hier eine genauere Beschreibung der Krümel selbst, sodass der Eintrag nur aus einer Überschrift besteht. Der Sekundäreintrag „D.S. 1" präsentiert einen assoziationsreichen intertextuellen Verweis auf den *Justine*-Roman des Marquis de Sade.[7] „D.S. 2" weist auf einen assoziativ mit den Krümeln verknüpften Zufallsfund hin, nämlich einen sinnfällig erscheinenden Ausschnitt einer Werbeanzeige in einem Brief über die Eröffnung einer Ausstellung in der Kopenhagener Galerie Køpcke, der zugleich am Tag vor der Fertigstellung der *Topographie* selbst eintraf:

> Heute, 8. Mai 1962, einen Tag vor der Eröffnung der Maiudstillingen in Kopenhagen – hoffentlich letzter Tag der Arbeit ohne Ende an der *Topographie* [...] –, hänge ich fünf Bilder, die [der Galerist, R. M.] Addi Koepcke in Lizenz [...] gemacht hat, und bekomme einen Brief von ihm, der eine seiner Kollagen enthält. Ich finde darauf einen roten Papierfetzen, offensichtlich aus einer deutschen Zeitschrift, auf dem man lesen kann: „Stets krümelfreier Tisch durch Krümelfangleiste." (Spoerri 1968, 17–18)

Der Eintrag endet so mit einem absurden *dictum* und lässt sich sowohl als Ding-Anekdote wie als autobiographische Anekdote mit komischen Zügen rezipieren.

Der Eintrag 2 ist einem „hellgrüne[n] Eierbecher [...] aus sehr leichtem Plastik" gewidmet, aus dem „Kichka heute mittag [...] ihre Eier hat essen können" (Spoerri 1968, 19). In den Eintrag integriert ist eine Anekdote über das Ei, dessen Schalen noch im Eierbecher stecken, und „das", wie der Erzähler wiederum präzise und in dokumentarischem Gestus erklärt, „ich heute morgen mit drei anderen für 35 Centimes das Stück im Kolonialwarengeschäft an der Place de la Contrescarpe gekauft habe" (Spoerri 1968, 19). Diese anekdotische Erzähleinheit weist wiederum eine kleine Mikro-Pointe mit Bezug auf das Quartiersleben um die Rue Mouffetard auf: „Der Inhaber gibt abends vor Ladenschluß die Reste seiner leicht verderblichen Lebensmittel den Clochards, die auf den Platz leben. Sie beschimpfen ihn laut, wenn ihnen dieses Abendessen einmal nicht schmeckt" (Spoerri 1968, 19).

Die weiteren Annotationen, die mit dem Motiv von Kichkas Eier-Frühstück zusammenhängen, fächern gewissermaßen in bruchstück- oder krümelartiger

---

[7] Der Sekundäreintrag „D.S. 1" zum Primäreintrag „1a Krümel [...] der angebissenen Weißbrotscheibe" besteht aus einem mit genauer bibliographischer Angabe versehenen und ins Deutsche übersetzten Zitat aus de Sades Roman *Justine ou les Malheurs de la Vertu* (1791): „‚Beim Brotschneiden wurde ein Korb unter das Messer gestellt, um aufzufangen was herabfiel, auch sammelte man darin sorgfältig alle Speisereste. Was man sonntags im Korbe fand, wurde in ein wenig Butter gebraten und stellte das Festmahl der Ruhetage dar'" (Spoerri 1968, 17).

Form das gesamte heterogene Spektrum möglicher narrativer Spielarten des Anekdotischen und seiner Kontexte auf: Das wiederkehrende Motivfeld von Krümeln, Schalen und anderen Essensresten gewinnt hierbei auch eine Bedeutung als poetologische und als biographische Metapher.[8] So stellt wiederum „E.W. 2" als Zusatzeintrag zum Eierbecher-Eintrag in detektivischer Manier die Frage: „Wieviele Eier hat Kichka wirklich gegessen?" und weist auf widersprüchliche Informationen hinsichtlich der Zahl der gegessenen Eier in den – teilweise erst noch folgenden – Einträgen 1, 2, 5 und 12 hin (Spoerri 1968, 20). Williams' parodistische Analyse thematisiert die Frage, welche Eierreste von Kichka selbst und welche von der Schauspielerin Renate Steiger bzw. ihrem Partner, dem Dramaturg und Autor Claus Bremer, stammten, die am fraglichen Morgen ebenfalls Spoerris Frühstücksgäste waren. Sie gipfelt in der Wiedergabe von privaten Briefäußerungen Spoerris an Emmett Williams, aus denen hervorgeht, Kichka esse „zwei bis drei Stück jeden Tag". Hier lassen sich Parallelen zur durch Spoerris Bezugnahme auf Sherlock Holmes aufgerufenen Traditionslinie der Spurenlese-Anekdote erkennen: In diesem Fall lässt sich der Aspekt der Gegen- oder Nebengeschichte nicht auf brisante Informationen, sondern auf diejenigen vermeintlich marginalen Aspekte alltäglichen Lebens wie etwa Frühstücksgewohnheiten beziehen, die in konventionellen (auto-)biographischen Darstellungen meist ausgeblendet werden.[9]

Der Eintrag 5: „Salzkörner. Kichka hat sie – was jedermann tut – beim Salzen ihres Eies danebengestreut" enthält eine Art ironischen Vorwurf, formuliert aber mit „was jedermann tut" als *dictum* zugleich auch eine entschuldigende Rechtfertigung und allgemeine kulinarisch-anthropologische These (Spoerri 1968, 25) – er leitet über in drei kurze ‚Anekdotationen' von Spoerri und Williams, in der ein Zitat aus Blaise Cendrars' autobiographischem Erzählband *Bourlinguer* und die Szene von Judas, „der in Leonardo da Vincis Abendmahl das Salz umwirft" (Spoerri 1968, 25), mit einer privaten Anekdote von Williams und seiner ersten Frau Polly verknüpft werden, welche wiederum in ein Anspielungsverhältnis zu Spoerris und Kichkas Liebesgeschichte gesetzt werden kann: Polly habe in einem Brief an Emmett die expressive Liebesmetapher „'Wir haben einander so nötig wie das Fleisch das Salz'" gewählt, die der Empfänger allerdings „nicht recht" habe „verstehen können", da er selbst „Salz nicht schätze" (Spoerri 1968, 25).

---

[8] Die zurückgelassenen Krümel lassen sich hinsichtlich ihres metaphorischen Gehalts gewissermaßen mit digitalen *cookies* des Internetzeitalters vergleichen, die Erinnerungen an Kichkas Handeln in fragmentarischer und opaker Form speichern.
[9] Vgl. zur von Prokops ‚An-ekdota' begründeten Traditionslinie insbesondere den Beitrag von Thomas Schestag in diesem Band.

In Eintrag 12 wird dann ein „Salzpaket, Marke Socosel, der Karton oben eingerissen, halb voll" beschrieben, mit dem Kichka „ihre Eier gesalzen habe" (Spoerri 1968, 30). Diese Dingbeschreibung gibt dem Haupterzähler Spoerri, der sich hier als „Sohn eines Evangelisten" und Bruder eines Theologiestudenten charakterisiert, Anlass zu einem Zusatzeintrag mit einer enzyklopädischen Sammlung von „gesalzene[n]" Bibelzitaten zum konkreten oder metaphorischen Motiv des Salzes aus der „Konkordanz" seines Vaters, der einen weiteren intertextuellen Resonanzraum eröffnet (Spoerri 1968, 30–31). Dieser verweist auf die enge Beziehung zwischen anekdotischer Narration, theologischer Reflexion, Rede und Episteme und enthält zudem durch den Hinweis darauf, dass die Konkordanz „nach zehnjähriger Arbeit" durch den Tod des Vaters beim Buchstaben F plötzlich abgebrochen sei, eine tragische anekdotische Pointe.

Mit Blick auf diese Stellen ließe sich einwenden, dass es in Einträgen wie diesen kaum je ausschließlich um Kichka als Individuum geht, durch die Kontiguitätsbeziehung zwischen der Beschreibung der mit ihr verbundenen Gegenstände und assoziativ damit verknüpften Anmerkungen gelangt jedoch ihr alltägliches Leben in den typischen relationalen Beziehungs- und Kommunikationszusammenhängen von Partnerschaft, Freundschaft und Kunstbetrieb zur Darstellung. Dass der Fokus nicht auf einer Figur oder einem Geschehenskomplex liegt, sondern die erzählten Szenen und Beschreibungsfragmente ganz unterschiedliche narrative Fluchtlinien eröffnen, ist zudem als programmatisches Charakteristikum eines sich zerstreuenden Textkonglomerats aufzufassen.

In zahlreichen weiteren Episoden taucht die Figur Kichka immer wieder indirekt über die Beschreibung von Dingen auf, die sie zurückgelassen, oder an denen sie Spuren hinterlassen hat, so etwa auch in Eintrag 62 zu einer „Parfümflasche, Eisenkraut – Kölnischwasser für Herren [...], Marke Sauzé, Paris, zu drei Vierteln voll, trägt um den Hals eine kleine schwarze Kravatte, die mir Kichka geschenkt hat" (Spoerri 1968, 97). Mit dem Gegenstandsmotiv der (offensichtlich selten benutzten und daher zur Dekoration der Parfumflasche verwendeten) Krawatte wird eine weitere kleine autobiographische Anekdote mit Bezug zu Spoerris Erfahrungen im Kunstbetrieb verknüpft: „Ich hatte [Kichka] die Einladung [...] zur Eröffnung der Ausstellung *The Art of Assemblage* [...] in New York gezeigt, an deren unterem Rand Black tie [...] stand, und hatte dazu bemerkt, ich könne nicht zur Eröffnung fahren, da ich keine schwarze Kravatte besitze" (Spoerri 1968, 97). Hieran schließen sich unter anderem die zitierte Einladung zur Eröffnung der vom 2. Oktober bis 12. November 1961 veranstalteten Ausstellung (Cempellin 2019, 74) und umfangreiche Korrespondenz zwischen Spoerri und dem Kurator William C. Seitz sowie zwischen Jean Tinguely und Robert Filliou zur Ausstellung eines „Handwagen[s] als Galerie" an (Spoerri 1968, 99).

Erst in Eintrag 79, dem vorletzten Lemma des Hauptteils, wird Kichkas eigenes künstlerisches Werk, das offenbar gleichfalls auf einem hier angedeuteten *readymade*-Verfahrensprinzip basiert, gewissermaßen beiläufig in anekdotischer Form anhand eines für die künstlerische Arbeit vorgesehenen, aber dann doch nicht verwendeten Objekts thematisiert. Beschrieben wird hier eine „Suppenkelle aus Zinn. Kichka hat sie aus einem Haufen Schuhmacherwerkzeug herausgesucht, das sie für 25 Francs auf dem Flohmarkt gekauft hatte. Sie wollte aus dem Werkzeug ein Bild machen, die Suppenkelle aber darin nicht verwenden" (Spoerri 1968, 114). In den folgenden ‚Anekdotationen' zu diesem Eintrag folgen allerdings wiederum Episoden, die sich nicht um Kichka, sondern um Spoerris Begegnungen mit „Monsieur Ries [...], Besitzer der Stehbar-Kolonialwarenladen-Telefonkabine von Grégy-sur-Yerre" drehen, der dem jungen Künstler den provokanten Rat gegeben habe, auf eine Tätigkeit als Antiquitätenhändler auf Flohmärkten umzusatteln, da er doch mit vergleichbaren Materialien arbeite (Spoerri 1968, 114).

Kichkas Präsenz als Partnerin und – bezeichnenderweise erst in zweiter Linie – als Künstlerin zieht sich somit in subtiler Weise durch den Zusammenhang des gesamten Textes, wird aber niemals explizit in den thematischen Vordergrund gerückt. Insofern erscheinen diese anekdotischen Erzählspuren einerseits an die Tradition der biographischen Anekdote des achtzehnten Jahrhunderts anzuknüpfen, die auf die Illustration kennzeichnender subjektiv-individueller Charakterzüge nicht in großen Erzählungen, sondern in kleinen Miniaturerzählungen abzielt. Aus deren Lektüre kann ein solches Portrait Kichkas durch die netzwerkartige Verknüpfung entsprechender Anekdoten aus zahlreichen Andeutungen von Lesenden imaginiert und konstruiert werden, auch wenn das implizit angedeutete Bild der Figur offensichtlich ein unvollständiges, ausschnitthaftes oder auch verzerrtes Bild bleibt.

Die unter 1a. in den Fokus gerückten „Krümel" der unter 1. vorgestellten Weißbrotscheibe lassen sich insofern nicht nur als erneuter indirekter Verweis auf Kichkas Präsenz begreifen. Sie lassen sich auch auf gleich mehreren Ebenen im Sinne einer poetologischen Metapher für das Verfahren des Textes und für bestimmte Grundtendenzen anekdotischen Erzählens auffassen. So können sie einerseits als Verweis auf die Rolle anekdotischer Episoden im Verhältnis zu *grands récits* interpretiert werden, in denen etwa eine Anekdote kleine biographische Bruchstücke liefert, aus denen indirekt ein Gesamtcharakterbild angedeutet wird, das womöglich in direkter Darstellung gar nicht angemessen zu entwerfen wäre. Andererseits können sie als poetologisches Bild für die spezielle Gestalt der anekdotierten Topographie stehen, in denen bestimmte ‚Leit'- oder ‚Hauptanekdoten' zu anderen anekdotischen ‚Brocken' oder Brosamen als *supplément* überleiten, welche die Unterscheidung von Haupt- und Nebeneintrag allerdings oft durcheinander bringen, weil sie durchaus ausführlicher und ‚reichhaltiger' als die Ursprungsanekdoten ausfallen können.

Insofern verweisen in Spoerris *Topographie* gerade diejenigen Anekdoten, welche die Spuren der sich entziehenden Kichka thematisieren, metapoetisch gesehen auf ein Spannungsverhältnis, das anekdotisches Erzählen im Kern kennzeichnet: Die primären Einträge zeigen zunächst die Präsenz realer ‚Fundstücke', nämlich hier die ‚Reste' von Kichkas Mahlzeiten und anderen Handlungen, in demonstrativem Gestus vor – dann aber geht es in den ‚Sekundäranekdoten' um deren narrative Kontextualisierung mit anderen Dingen und Ereignissen sowie um die Ausdeutung des Vorgefundenen, zu der auch die Infragestellung der Glaubwürdigkeit anderer Einträge gehören kann.

4

Es wurde deutlich: Die ‚anekdotierte Topographie' zeichnet zwar Geschichten und narrative Strukturen, die das objektkünstlerische Fallenbild lediglich von Ferne andeutet, im Vergleich zu diesem um einige Grade deutlicher vor, sie tut dies trotz des gelegentlichen Auftauchens klassischer anekdotischer Erzählstrukturen in der Regel aber, ohne diese Geschichten im Sinne klassischer narrativer Muster vollständig zu entfalten. Ein solches ‚schwaches Erzählen', das dennoch eben Narration im Unterschied zum bloßen Zeigen ist, enthält sich der ausführlichen Entfaltung ausgearbeiteter Plots und erzeugt gerade hierdurch eine rezeptionsästhetische Anregungswirkung: Kichkas Geschichte wird somit in gewisser Weise gerade erzählt, indem sie *nicht* (explizit) erzählt wird.

Somit verbindet das *Topographie*-Projekt charakteristische unterschiedliche Aspekte, die seit Lessings *Laokoon*-Schrift jeweils der Literatur als Zeitkunst oder der bildenden Kunst als Raumkunst zugeschrieben werden, miteinander und macht deren Kombination gerade in der Form der Anekdote deutlich. Zudem verbinden die ‚Fallentexte' in ihrem auf den ersten Blick vorwiegend deskriptiv-dokumentarischen Charakter und in ihrem – gerade mit Blick auf die durch den jeweiligen Haupteintrag angeregten ‚Folgeanekdoten' – auf den zweiten Blick auffallenden narrativen Potenzial Aspekte der beiden Repräsentationsparadigmen von ‚Beschreiben' und emphatischem ‚Erzählen' miteinander.[10] So lässt sich die *Topographie* einerseits in ihren einzelnen Anekdoten als Sammlung ver-

---

10 Vgl. zu der ästhetischen, ethischen und politischen Kontrastierung von Erzählung und Beschreibung Lessing (2001 [1766]); Lukács (1955, 103–145); Buch (1974); Scherpe (1994); zur hier ebenfalls einschlägigen narratologischen Opposition zwischen *showing* und *telling* vgl. Klauk und Köppe (2013).

schiedener experimentell ausgestalteter Ausformungen der ‚stummen' oder ‚offenen' Anekdote lesen, in der Gesamtheit ihrer anekdotischen Elemente aber auch als ein anekdotisch strukturierter, aus Anekdoten zusammengesetzter Liebes-, Sozial-, Künstler- oder auch Reise-‚Roman', der allerdings hier nur im Modus der Latenz und der lakonisch-anekdotischen Andeutung vorliegt.

Die Reduktion narrativer Verfahren auf sachtextähnlich wirkende Beschreibungen oder aber kurze ‚schnappschussartige' Szenen arbeitet vor allem mit einem Effekt, der anekdotisches Erzählen generell und typischerweise, wenn auch meist in geringerem Grad als hier kennzeichnet – nämlich einem Effekt der *Stauung* potenzieller, aber programmatisch unausgeführter Erzählverläufe und Bedeutungszusammenhänge. Ein in existenzphilosophischen Begriffen formulierter Kommentar Spoerris (2001, 94) zum Verfahren des Fallenbildes, das darin bestehe, „gefundene, vom zufall vorbereitete situationen so [zu] kleben, dass sie klebenbleiben", lässt sich vor diesem Hintergrund auch als ein indirekter metapoetischer Kommentar zu den *Anekdoten zu einer Topographie des Zufalls* heranziehen. Dort beschreibt Spoerri (2001, 96) das Fallenbild naheliegenderweise als eine visuell-plastische Darstellung von „stillstand". Deren Ziel wäre aber gerade nicht die Affirmation eines statischen Moments, sondern gleichsam der indirekte Verweis auf potenziell präsente, sich zeitlich progressiv entfaltende narrative Entwicklungsdynamiken, durch die sich die fixierende Darstellung statischer Phänomene auf rezeptionsästhetischer Ebene zeitlich verlängert und ausdehnt – indem Lesende aufgefordert werden, mit dem Material imaginativ weiterzuarbeiten, bleibt dieses, wenn auch in veränderter Form und in neuen, erweiterten Kontexten, in der Rezeptionserfahrung ‚kleben'. Spoerris Beschreibung dieses Effekts ließe sich vor diesem Hintergrund auch als Charakterisierung des anekdotentypischen Prinzips der *provocatio* dargestellter Kontingenz lesen, die, vermittelt durch Effekte des hier durchaus in Sigmund Freuds Sinn zu verstehenden „unbehagen[s]", einen provozierenden Appell zur imaginativen Kontextualisierung des Dargestellten an Rezipierende richtet:

> unbehagen sollen meine *fallenbilder* bereiten, weil ich den stillstand hasse. ich hasse fixierungen, der widerspruch [sic], der darin besteht, gegenstände zu fixieren; sie aus ihrem ständigen wechsel und ihren kontinuierlichen bewegungsmöglichkeiten herauszureissen, trotz meiner liebe für veränderung und bewegung, gefällt mir. gegensätze, widerspruchsmöglichkeiten sind mir lieb, weil sie spannung hervorrufen, und erst aus gegensätzen ergibt sich ein ganzes. bewegung löst stillstand aus. stillstand, fixation, tod sollte bewegung, veränderung und leben provozieren. (Spoerri 2001, 95–96)

Dieser Kommentar erklärt zunächst eine dialektische Verknüpfung von Bewegung und Stillstand zur Grundlage des *tableau piège*-Verfahrens: Durch die „fixation" einer kontingenten Augenblickskonstellation werden Gegenstände auf produktionsästhetischer Ebene durch eine ästhetische Intervention aus den kulturellen und sozialen Zirkulationszusammenhängen herausgelöst, in denen sie sich ansonsten bewegen, also defamiliarisiert. Zugleich werden Betrachtende auf rezeptionsästhetischer Ebene dazu eingeladen, wiederum gerade diese Zusammenhänge in Form von Dingerzählungen imaginierend zu rekonstruieren. Diese Vorstellung erscheint einerseits wiederum auf die narrative Poetik der *Topographie* übertragbar: Die jeweilige Gegenstandsbeschreibung repräsentiert zunächst ein in Form rein beschreibender anekdotischer Darstellung ‚fixiertes' Ding als ‚Faktum an sich', während die folgenden anekdotischen ‚Anmerkungen' das in diesen *facta* fixierte narrative Potenzial in mehr oder weniger weitreichender Form ausbreiten. Deutlich wird gerade hierdurch aber auch der intermediale Unterschied zwischen beiden Projekten: Was im Fallenbild ganz der Vorstellung der Betrachtenden überlassen bleibt, wird im literarischen Text der *piège raconté* zumindest erzählerisch vorgezeichnet – und zwar durchaus nicht zufällig im andeutend-deiktischen Modus der Anekdote.

5

So exzentrisch Spoerris *Anekdotierte Topographie* als literarische Transformation eines bildkünstlerischen Projektes zunächst erscheinen mag, so augenfällig erscheinen dennoch gewisse Parallelen zu anderen Projekten experimenteller Erzählliteratur der 1960er und 1970er Jahre, welche die Würdigung des Buches als „,a little classic of contemporary experimental literature'" rechtfertigen (Williams 1991, 242; zitiert nach Mainberger 2008, 235), und denen ich abschließend in einer Art Ausblick anhand eines weiteren deutschsprachigen Beispiels nachgehen möchte. Eine häufig angewandte poetologische Innovationsstrategie besteht hier etwa in der verfremdenden Simulation nicht-literarischer Formate, die sich auch Spoerris katalogartiger *Topographie* als Verfahren zuschreiben lässt – und gerade in und bei der Anwendung dieser Verfahren bildet anekdotisches Erzählen ein verbindendes und Vergleiche legitimierendes Analogon. Ein abschließender vergleichender Blick soll daher exemplarisch auf das Romanprojekt *Lexikon einer sentimentalen Reise zum Exporteurstreffen nach Druden* des Wiener Autors Andreas Okopenko geworfen werden.

Okopenkos Text erschien 1970, also zwei Jahre nach der Veröffentlichung der deutschsprachigen Ausgabe von Spoerris *Topographie*. Die Parallelen in der strukturellen Anlage der Texte sind evident: Sowohl Okopenkos als auch Spoerris Buchprojekt nutzen das Ordnungsprinzip von Nachschlagewerken zur Gliederung einzelner narrativer Elemente mit durchgehend episodisch-anekdotischem Charakter. Ebenso wie sich Okopenkos explizit als ‚Roman' betitelter Text als

Sammlung von essayistischen und narrativen – und in diesem Fall insbesondere anekdotischen – Kurztexten ansehen lässt, lässt sich, wie oben anhand der Weinhändler-Anekdote angedeutet, umgekehrt auch Spoerris *Topographie* in ihrer Gesamtheit als ein ungewöhnlich gegliederter Roman in Anekdoten betrachten. Dessen Plot ist als Mischung aus „[s]entimentale[r] Reise" (Okopenko 2008, 7) und Autobiographie größtenteils auf episodische Begebenheiten, Beobachtungen und Reflexionen (etwa in den „Exporteurgedanken" [Okopenko 2008, 91–92]) auf der Schiffsreise eines Chemiekaufmanns von Wien nach „Druden" in der Wachau fokussiert, enthält zugleich aber zahlreiche Abschweifungen, Nebenepisoden und unabhängige „Mini-Essays" (Hoorn 2014, 399). In teils auf Personen und Körperteile (unter anderem „Gesäß", „Katze", „Krämer" und „Serviererin"), wie bei Spoerri auf Gegenstände („Bier", „Brücke", „Burg", „Kleine Dinge", „Knopf" oder „Parfum") oder auf bestimmte Orte und Räume („Bordabenteuer", „Bordereignisse", „Gaststätten", „Städtchen", „Vorderdeckereignisse", „Wachau" oder „Wasserereignisse") verweisenden Einträgen werden narrative Einheiten präsentiert, die sich als (meist unpointierte und offen gehaltene) Anekdoten rezipieren lassen.

‚Sammeltexte' wie die *Topographie* oder der *Lexikon*-Roman partizipieren allein schon durch ihren bloßen Umfang und auch durch zumindest teilweise zusammenhängende Plotstrukturen am Modell eines *grand récit*, dieser erscheint jedoch in seine einzelnen anekdotischen Bestandteile aufgelöst. Im Zuge dieser ‚Atomisierung' imitieren beide Texte das Format von nach Einzeleinträgen gegliederten Sach- oder Gebrauchstexten – bei Okopenko das titelgebende Lexikon, bei Spoerri den Katalog oder das Inventarverzeichnis –, deren Lemmata hier eben eine Anordnung enzyklopädisch oder katalogartig sortierter anekdotischer Mikro-Texte entspricht, und sie ersetzen somit *einen* zentralen Plot durch verschiedene *mögliche* in den Einzeleinträgen angelegte Plotansätze. Anekdotische Texte von geringerem Umfang und geringerer narrativer Reichweite liefern somit das Material für eine von Lesenden zu vollziehende *bricolage*, nämlich die bastelnde Verfertigung größerer Erzählzusammenhänge, die den Umfang eines Romans annehmen *können* (aber eben nicht müssen). So können Lesende mit vergleichbarem Aufwand ein biographisches Narrativ über die Pariser Zeit des Künstlers Spoerri oder auch über Kichka Baticheff aus verschiedenen Einträgen der *Topographie* rekonstruieren, wie sie beispielsweise eine Reisegeschichte sowie eine fragmentarische Autobiographie des in die Wachau reisenden Chemieexporteurs aus verschiedenen Einträgen von Okopenkos *Lexikon* zusammenstellen können. Einzelne anekdotische Erzähleinheiten liefern gleichsam den Bausatz dazu, was bei Okopenko (2008, 7) treffend mit dem Begriff des „Möglichkeitenroman[s]" bezeichnet und in der vorangestellten „Gebrauchsanweisung" zum *Lexikon*-Roman auch explizit als Leseprogramm entfaltet wird:

[...] [Es] wäre schön, wenn sie sich aus [diesem Buch] einen Roman basteln wollten. Die sentimentale Reise zum Exporteurtreffen in Druden muß erst vollzogen werden. Das Material liegt bereit, wie die Donau und die Anhäufung von Pflanzen, Steinen und Menschen an ihren Ufern für viele Reisen und Nebenausflüge nach Wahl bereitliegen. [...] Ich will Ihnen keinen sentimentalen Exporteur im Glaskasten vorführen, sondern eine kleine Reise, ein Mikromodell Welt, gruppiert um den sentimentalen Exporteur, der ihr Bestandteil ist, wie sie sein Bestandteil ist. (Okopenko 2008, 5–7)[11]

Die hier von Okopenko aufgerufene Metapher des als willkürliche „Anhäufung" inszenierten Materials lässt sich plausibel auch auf Spoerris Fallenerzählung(en) übertragen. Erkennbar wird somit: Das scheinbar exzentrische, aus intermedialen Anregungs- und Transformationsprozessen entstandene *Topographie*-Projekt Spoerris steht literarhistorisch innerhalb eines Feldes experimenteller Poetiken der Literatur der 1960er und 1970er Jahre, in dem nicht nur außerliterarische Darstellungskonventionen mit spielerischem Potenzial adaptiert werden, sondern eben auch das Anekdotische gleichsam zum Organon größerer ästhetisch-narrativer Zusammenhänge avanciert. Versteht man das Anekdotische in Anlehnung an die Theoretiker des *New Historicism* als eine kleine narrative Einheit mit Anspruch auf einen provozierenden „touch of the real" (oder zumindest auf Realismus) und mit einem typisch irritierenden und gerade hierdurch rezeptionsästhetisch stimulierenden Potenzial, dann können die anekdotischen Elemente, aus denen Texte wie die *Topographie* oder auch der *Lexikon*-Roman zusammengesetzt sind, als Baukastenmaterial für größere Erzählungen begriffen werden, bei denen gerade die von Rezipierenden erwartete Bereitschaft zur *bricolage*-artigen Vernetzung verschiedener Anekdoten besondere Realismuseffekte im Sinne einer eigenen (Nach-) Schöpfung erzählter Welten bewirkt. Festzuhalten bleibt allerdings, dass Okopenkos Roman durch die Fiktion der Lexikonform ebenso auch ein nicht-plotorientiertes Lesen ermöglicht und legitimiert, wie Spoerris Sammlung anekdotischer Einträge dies tut.

In analoger Weise zu der Möglichkeit, aus den verschiedenen Einträgen in Spoerris *Topographie*, die auf „Kichka" Bezug nehmen, ein nicht entfaltetes, aber indirekt *vorgezeichnetes* biographisches Narrativ zu entfalten, haben Lesende von Okopenkos *Lexikon*-Roman die Möglichkeit, ein autobiographisches Reisenarrativ der „Sentimentalen Reise" des Chemie-„Exporteurs" J. aus dem „Material", das im Roman „[bereit] liegt", selbst zu konstruieren. Hierbei kann man J. etwa vom als Einleitung geeigneten Eintrag „Deck [2]" (Okopenko 2008, 59–60) über mehrere genaue Ding- und Ortsbeschreibungen, einige erotische „Bordabenteuer"

---

[11] Zum poetologischen Programm und zur besonderen rezeptionsästhetischen Ausrichtung des *Lexikon*-Romans vgl. ausführlicher u. a. Metz (2017, 232–241) und Hoorn (2014, 397–400).

und weitere „Bordereignisse" hin zum „Exporteur-Treffen" folgen, aber auch durch den Einbezug anderer Einträge, etwa auch diverser ‚Mini-Essays', diverse narrative Umwege oder gänzlich andere Richtungen einschlagen, wozu die „Gebauchsanweisung" auch explizit auffordert (Okopenko 2008, 6–7). Gerade bei den erzählten „Bordereignissen" handelt es sich um episodische Erzähleinheiten, die teils sogar eine klassisch anekdotische Form aufweisen, also eine *occasio* am Anfang und eine *provocatio* in der Mitte präsentieren und schließlich mit einer Art Pointe enden, so etwa im Fall des „Bordereignisses 3":

> Die junge twiggiedünne schwarzweißkarierte Superminienglänerin, die mit einem standflächelosen Korb umhergehend, kann den Korb niemand geben, da sie von niemand begehrt wird. This is only a matter of measurements, schweigt sie; nein, wohl eine Sache der Gesichtszüge, schweigt J. zurück. In weitere Diskussion läßt sie sich nicht verwickeln, ja, sie läßt sich überhaupt nicht verwickeln, sie setzt sich und nickt auf der Tischplatte ein. Niemand streichelt sie. (Okopenko 2008, 43)

Bemerkenswert ist hier, dass das *dictum* hier aus einem – allerdings durchaus beredten – Schweigen besteht, das hier als Motiv zugleich metapoetische Relevanz gewinnt. Ähnlich wie in den verschiedenen Einträgen zu Kichka in Spoerris *Topographie* lassen sich entsprechende Einträge des *Lexikon*-Romans als offene oder als – hier durch das anstelle eines *dictum* motivisch vorherrschende Schweigen der „Superminienglänerin" besonders deutlich markierte – ‚stumme', d.h. unausgedeutete Anekdoten auffassen, die gerade in dieser Form narrative Vernetzungen mit anderen Einträgen anregen.

Zwei entscheidende Unterschiede zwischen beiden Texten lassen sich aber doch festhalten: Okopenko kontextualisiert ein mit Spoerris Topographie vergleichbares Romanprojekt im Unterschied zu Spoerri auch durch ein explizites Textprogramm der rezeptionsästhetischen ‚Leseraktivierung', das in der vorangestellten „Gebrauchsanweisung" ausformuliert wird und hierdurch die Rahmenbedingungen der Rezeption entscheidend ändert; ein solches Programm lässt sich bei Spoerri nur implizit erschließen. Gleichzeitig erscheinen die meisten Einträge in Okopenkos Roman doch stärker narrativ durchgeformt und auf eine ‚Mikro-Pointe' ausgerichtet, sodass sie deutlicher an traditionelle Anekdotenpoetiken erinnern. Umgekehrt operieren Spoerris anekdotische Beschreibungen alltagskultureller Gegenstände, die zudem an den sehr konkreten Chronotopos eines an einem zufälligen Morgen zufällig so vorgefundenen Frühstückstisch geknüpft werden, in der Regel mit einem sehr viel stärkeren anekdotischen Faktualitäts- und Realismuseffekt – wenngleich auch Okopenkos Roman-Lemmata oftmals sehr genaue Rückschlüsse auf reale Schauplätze in Wien und in der Region Wachau zulassen.

Insgesamt lassen sich gerade hinsichtlich der Parallelen in der Programmatik und Verfahrenslogik von Spoerris und Okopenkos zeitlich benachbarten Erzählprojekten nicht nur die eingangs diskutierten Analogien und Bezüge zu bild- und objektkünstlerischen Verfahren hervorheben, sondern eben auch die Situiertheit der Poetik des Werkes im literarischen Feld der Experimentalliteratur der Zeit: Dies betrifft nicht nur die erzählerische Adaption nicht-literarischer Textualitätsformen, sondern eben gerade auch die mit einem solchen Verfahren verknüpfte Relevanz anekdotischen Erzählens. Solche ‚kompartmentalisierten' erzählerischen Strukturen, die von einem ästhetischen Gestus der nicht-notwendigen, nicht-teleologischen und nicht-linearen Darstellung ausgehen, begünstigen in experimentellen Texten wie denen Spoerris und Okopenkos offenbar grundsätzlich anekdotische Erzählverfahren, wenn auch oftmals in deren ‚Grenzform' – und umgekehrt bringen diese Strukturen bestimmte ästhetische Tendenzen, die anekdotisches Erzählen insgesamt typischerweise prägen, in besonders prägnanter Weise zum Ausdruck. Die Untersuchung der nicht zu unterschätzenden Bedeutung anekdotischen Erzählens für avantgardistische und experimentelle Texte der Literatur des späteren zwanzigsten Jahrhunderts, die in einer auffallenden zeitlichen Nachbarschaft zur emphatischen theoretischen Aufwertung des Anekdotischen durch den *New Historicism* anhand antiker und frühneuzeitlicher Texte steht, erschiene vor diesem Hintergrund als ein lohnendes weiterführendes Forschungsvorhaben.

Literaturverzeichnis

Buch, Hans Christoph. *Ut pictura poesis: Die Beschreibungsliteratur und ihre Kritiker von Lessing bis Lukács*. München: Hanser, 1972 (zugl. Diss. TU Berlin 1972).
Carrick, Jill. *Nouveau Réalisme, 1960s France, and the Neo-avant-garde: Topographies of Chance and Return*. Farnham und Burlington, VT: Ashgate Publishing, 2010.
Cempellin, Leda. *The Ideas, Identity and Art of Daniel Spoerri: Contingencies and Encounters of an ‚Artistic Animator'*. Wilmington, DE: Vernon Press, 2019.
Dworkin, Craig. „Textual Prostheses". *Comparative Literature* 57.1 (2005): 1–24.
Fineman, Joel. „The History of the Anecdote: Fiction and Fiction". *The New Historicism*. Hg. H. Aram Veeser. London: Routledge, 1989. 49–76.
Gallagher, Catherine, und Stephen Greenblatt. *Practicing New Historicism*. Chicago: Chicago University Press, 2000.
Hentze, Sybille. *Daniel Spoerris Anekdoten zu einer Topographie des Zufalls: Beschreibung und Analyse eines Künstlerbuches*. Masterarbeit Universität Stuttgart, 2001.
Hoorn, Tanja van. „Kleine Typologie des Lexikon-Romans (Okopenko, Pavic, Marti, Wolf)". *Deutsche Vierteljahrsschrift für Literaturwissenschaft und Geistesgeschichte* 88.3 (2014): 392–413.

Klauk, Tobias, und Tilmann Köppe. „Telling vs. Showing". *The Living Handbook of Narratology.* http://lhn.uni-hamburg.de/node/84.html (19. Februar 2021).

Kleist, Heinrich von. *Sämtliche Werke und Briefe: Zweibändige Ausgabe in einem Band.* Hg. Helmut Sembdner. Zweiter Band. München: dtv, 2001.

Lessing, Gotthold Ephraim. *Laokoon oder über die Grenzen der Malerei und Poesie* [1766]. Stuttgart: Reclam, 2001.

Lukács, Georg. *Probleme des Realismus.* Berlin: Aufbau, 1955.

Mainberger, Sabine. „Flußnoten. Zu Daniel Spoerri et al.: ‚An Anecdoted Topography of Chance'". *Am Rande bemerkt: Anmerkungspraktiken in literarischen Texten.* Hg. Bernhard Metz und Sabine Zubarik. Berlin: Kulturverlag Kadmos, 2008. 227–251.

Metz, Bernhard. „Non-linear Readings: The Dictionary Novel as a Visual Genre". *Literary Visualities: Visual Descriptions, Readerly Visualisations, Textual Visibilities.* Hg. Ronja Bodola und Guido Isekenmeier. Berlin und Boston: De Gruyter, 2017. 222–260.

Meyer-Eisenhut, Anne-Rose, und Burkhard Meyer-Sickendiek. *Fluxus und/als Literatur: Zum Werk Jürgen Beckers.* München: edition text + kritik, 2014 (= neoAvantgarden 4.1).

Niehaus, Michael. „Die sprechende und die stumme Anekdote". *Zeitschrift für deutsche Philologie* 132. 2 (2013): 183–202.

Okopenko, Andreas. Roman. *Lexikon einer sentimentalen Reise zum Exporteurtreffen in Druden.* Wien: Deuticke, 2008.

Ørum, Tania, und Jesper Olsson. *A Cultural History of the Avant-Garde in the Nordic Countries 1950–1975.* Leiden und Boston: Brill Rodopi, 2016 (= Avant-Garde Critical Studies 32).

Rennert, Susanne. *Arthur Köpcke – Grenzgänger: Bilder, Objekte, Fluxus-Stücke.* München: Silke Schreiber, 1996.

Scherpe, Klaus. *Beschreiben, nicht Erzählen! Beispiele zu einer ästhetischen Opposition: Von Döblin und Musil bis zu Darstellungen des Holocaust.* Antrittsvorlesung an der Humboldt-Universität zu Berlin am 20. Juni 1994. http://edoc.hu-berlin.de/bitstream/handle/18452/2269/Scherpe/pdf?sequence=1 (19. Februar 2021).

Seitz, William C. *The Art of Assemblage: Exhibition at The Museum of Modern Art, New York, in Collaboration with The Dallas Museum of Contemporary Arts and the San Francisco Museum of Art, 1961/62.* Garden City: Doubleday, 1961.

Spoerri, Daniel. *An Anecdoted Topography of Chance.* New York: Something Else Press, 1966.

Spoerri, Daniel. *An Anecdoted Topography of Chance done with the help of his very dear friend Robert Filliou and translated from the French and further anecdoted by their very dear friend Emmett Williams, enriched with still further anecdotations by their very dear friend Dieter Roth (translated out of the German for the first time by Malcolm Green), with 100 reflective illustrations by Topor.* London: Atlas Press, 1995.

Spoerri, Daniel. *Anekdoten zu einer Topographie des Zufalls, enthaltend die mit Hilfe von Daniel Spoerris gutem Freunde Robert Filliou aufgezeichnete französische Originalversion und das Anekdotenallerlei seines guten Freundes Emmet Williams aus der amerikanischen Version, alles übersetzt und mit weiteren Anekdoten angereichert von seinem ebenso guten Freunde Diter Rot und verlegt bei Luchterhand.* Neuwied und Berlin: Luchterhand, 1968.

Spoerri, Daniel. *Anekdotomania: Daniel Spoerri über Daniel Spoerri.* Ostfildern-Ruit: Hatje Cantz, 2001.

Spoerri, Daniel. *Topographie anecdotée du hasard.* Paris: Éditions Galérie Lawrence, 1962.

Teil VI: **Praxeologie anekdotischer Repräsentation in der Gegenwartsliteratur und -kultur**

Elisabeth Tilmann
Palaver und Parlando. Harry Rowohlts erzählte, geschriebene und gelesene Anekdoten

2001 ging der „Göttinger Elch" an den Übersetzer, Kolumnisten, Rezitator und Schauspieler Harry Rowohlt.[1] Seit 1997 wird der Preis jährlich „in Anerkennung eines Lebenswerks und/oder einer Multibegabung satirischer Provenienz" an eine Persönlichkeit verliehen, die, so die Verleihenden, „nachweislich erhebliche Spuren in unserer Gesellschaft und in unserem Alltag hinterlassen" hat. Die Jury, so kann man in der Urkunde für Harry Rowohlt nachlesen, war nicht sicher, welche Qualitäten ihres Preisträgers am bewundernswertesten seien – seine Vortragskunst, die „Fähigkeit, Dinge zusammen zu bringen, die wahrlich nicht zusammengehören" oder sein beeindruckender Vollbart (o.V. 2001). Harry Rowohlt starb 2015. Auch in den publizierten Nachrufen wurde versucht, seine vielfältigen Tätigkeiten zusammenzufassen und dessen Besonderheit hervorzuheben. In der *Welt* erinnerte sich Hans Zippert an den „besten Übersetzer und Anekdotenerzähler der Welt" (Zippert 2015). Arno Frank schrieb im *Spiegel*, Rowohlt habe „Anekdoten [...] hinter sich her [gezogen] wie ein Komet seinen Schweif" (Frank 2015), und Frank Schäfer betitelte seinen Nachruf in der *Zeit* mit „Paganini der Abschweifung" (Schäfer 2015). Worauf sich dieser eigentümliche Titel bezieht, führt Schäfer in einer Beschreibung der Lese- und Vortragsabende, die Rowohlt in ganz Deutschland veranstaltete, folgendermaßen aus:

> Seine als Lesungen getarnten vielstündigen, auch schon mal das Auditorium vergraulenden Plauderabende, in denen die eigenen Texte oder Übersetzungen immer nur das Sprungbrett lieferten für witzige Exkurse, für Majestätsbeleidigungen, Publikumsbeschimpfungen, Anekdoten, Klatsch- und Tratschgeschichten aus der Verlagswelt, füllten Buchhandlungen, Clubs und Theater. Dieses assoziative Parlando, vorgetragen im originär brummig-bärigen Harry-Bariton, war vielleicht sein Hauptwerk. (Schäfer 2015)

Die Einschätzungen der Jury und der Freund*innen und Weggefährt*innen – meist professionelle Leser*innen – heben die Anekdoten und das Anekdotenerzählen, aber auch den Hang zum kohärenten Chaos und zur zumutbaren Überforderung als das hervor, was Harry Rowohlt und sein Werk in besonderer Weise

---

[1] Für wichtige Anregungen und Hinweise danke ich Johannes Franzen, Dana Steglich und Eva Stubenrauch.

auszeichnet. Die Nachrufe bestätigen dabei eine Tendenz, die bereits zu Lebzeiten Harry Rowohlts vielfach bemerkt wurde und auch in der (Selbst-)Inszenierung des Künstlers eine entscheidende Rolle spielt: Die Anekdote als Mikroerzählung und das Anekdotische als Erzähl- und Schreibweise[2] avancieren im Werk Harry Rowohlts von der Neben- zur Hauptsache. Das Füllhorn von Anekdoten in Kolumnen, Leseabenden, Interviews und in seiner Autobiographie fordert die Forschung zum anekdotischen Schreiben insofern heraus, als es sich um ein intertextuelles und intermediales Netz handelt, das über die Grenzen von Einzelwerken hinausgeht und mit der Überforderung der Rezipient*innen kokettiert. Auch wenn auf Basis des Korpus, welches diesem Aufsatz zugrunde liegt, natürlich nur punktuell Aussagen zu Permanenz und Konstanz der Anekdote und des Anekdotischen getroffen werden können, hoffe ich, dass das vorgeschlagene Analyseinstrumentarium insbesondere für anekdotisches Erzählen im zwanzigsten und einundzwanzigsten Jahrhundert auch jenseits des Werks Harry Rowohlts fruchtbar gemacht werden kann und dieser Ansatz dazu beiträgt, die Anekdote als *fait divers* und ihr Verhältnis zur Auto/Biographik weiter zu konturieren.

1 Leerstelle und Wiederholung als Kompositionsprinzipien

Das zentrale Stilprinzip der Anekdoten und des anekdotischen Erzählens Harry Rowohlts besteht, wie ich zeigen möchte, im Nebeneinander von Leerstelle und Wiederholung. Während eine ‚Leerstelle' eine Lücke oder Zäsur markiert, die die Leser*in dazu auffordert, „einem Text das zu entnehmen, was dieser nicht sagt (aber voraussetzt, anspricht, beinhaltet und miteinbezieht)" (Eco 1990, 63) und der Rezipient*in damit „ein gehöriges Maß an Mitarbeit abverlangt" (Dotzler 1999, 212), bedeutet die Wiederholung als „fundamentale[s] poetische[s] Prinzip" (Groddeck 1999, 178) einen Moment des semantischen Überflusses. Leerstellen und Wiederholungen finden sich auf Ebene des Sprachsystems, in oder zwischen Textteilen und verschiedenen Sprechhaltungen (und auch der Werkpolitik). Beide, Leerstelle und Wiederholung, fungieren also nicht nur als rhetorisch provozierte Irritationen, sondern auch als Kompositionsprinzipien von Einzel- und Gesamtwerk. Dieses Zusammenspiel zweier Prinzipien erzielt dabei den Effekt, die Grenze zwischen Literatur und Leben systematisch in Frage zu stellen und zu

---

[2] Zur Differenzierung zwischen ‚Anekdote' und ‚anekdotischem Schreiben' siehe die Einleitung des vorliegenden Bandes.

unterminieren, wobei damit nicht nur das Leben des Autors, sondern auch der Zuhörer*innen und Leser*innen gemeint ist. Anhand der folgenden vier Hypothesen werde ich die verschiedenen Ebenen, auf denen sich das Spiel von Leerstelle und Wiederholung beobachten lässt, differenzieren und Funktionen und Effekte detaillierter erklären.

(1) Das anekdotische Erzählen Rowohlts ist durch ein medial nahezu unabhängiges Nebeneinander konzeptioneller Mündlichkeit und Schriftlichkeit gekennzeichnet, wodurch auf der Ebene des Sprachsystems die Mitarbeit der Leser*in am Text gefordert wird. Um diese Qualität der Texte und Mitschnitte zu beschreiben, eignet sich der von Peter Sieber explizierte Begriff des *Parlando*, mit welchem er Texte charakterisiert, die Elemente mündlicher Kommunikation in einen geschriebenen Text integrieren. Der Effekt dieser Parlando-Texte besteht vor allem darin, „Direktheit, kurze Planungszeit [und] das Vertrauen auf die gemeinsam geteilte Kommunikationssituation" in schriftliche Texte zu überführen (Sieber 2008, 281) und so „eine fast dialogische Beziehung zum Leser zu etablieren" (Sieber 1998, 1). Zu den konkreten Merkmalen konzeptioneller Mündlichkeit gehören beispielsweise „unvollständige Sätze (z. B. _ verstehe ich nicht), reduzierte Wortformen (z. B. ich hab_), umgangssprachliche Wörter (z. B. kriegen) oder Gesprächspartikeln (z. B. er ist halt ein Lügner)" (Dürscheid 2011, 179). Der gezielte Einsatz dieser Merkmale konzeptioneller Mündlichkeit überträgt sich auch auf den Einsatz von elliptischen Satzkonstruktionen, Anakoluthen und Aposiopesen. Während diese Stilmittel syntaktische und semantische Leerstellen generieren, markieren Parallelismen, Wortwiederholungen (Geminationen), aber auch Wiederholungen der Interpunktion einerseits eine Abkehr von der Ökonomie konzeptioneller Schriftlichkeit. Andererseits bewirken derartige Wiederholungsfiguren die Entautomatisierung der Lektüre oder des Hörens und lassen den Text „als Objekt mit sehr bestimmten Eigenschaften ins Bewußtsein treten" (Lobsien 1995, 12), was ihn wiederum als artifizielles Gebilde erscheinen lässt.

(2) Die Beziehung der Anekdote als Einzelelement zu ihrem übergreifenden Zusammenhang ist durch Leerstellen bestimmt, welche durch die Wiederholung der Anekdote in anderen Zusammenhängen hervorgehoben werden. Die dem Anekdotischen eigene „lockere Form der narrativen Verknüpfung" und ihre „episodische Struktur", welche „teleologische oder entelechische Konstruktionen" unterminiert (Moser 2018, 62), wird in diesem spezifischen Fall durch Rowohlts Umgang mit seinem Werk bestärkt: Er löst Anekdoten aus etwaigen Rahmenerzählungen und den Publikationskontexten von Zeitung und Buch heraus und passt sie beispielsweise an die Chronologie einer Abendveranstaltung, die Forderungen eines spezifischen Publikums, thematische Zusammenhänge oder die eigene Biographie an. Damit legitimiert der Verfasser bzw. Erzähler die De- und Rekontextualisierung ‚seiner' Anekdoten und verleiht ihnen so einen

hohen Grad an Autonomie. Da die Anekdoten trotz dieser Variabilität nicht alleinstehen können, werden die Leerstellen an den ‚Rändern' hervorgehoben, welche die Leser*innen und Zuhörer*innen in die Pflicht nehmen, immer wieder neu zwischen Anekdote und ihrem Zusammenhang zu überbrücken oder den Zusammenhang erst selbst herzustellen.

(3) Ein Element, das in der Diskussion des Verhältnisses von Anekdote und Rahmen anklingt, aber einer ausführlicheren Erklärung bedarf, ist das Verhältnis von Anekdote und Autobiographie. Um dieses aufzuschlüsseln, orientiere ich mich an Christian Mosers Thesen zum Zusammenhang zwischen auto/biographischen und anekdotischen Darstellungsformen: Anekdoten bilden, so Moser, „elementare Bausteine der lebensgeschichtlichen Narration", seien aber „immer auch kleine abgeschlossene Erzählungen für sich" (Moser 2018, 62). Die Hauptthese, dass ihre Literarizität die Anekdote daran hindert, „je ganz in ihrer pragmatischen Funktionalität aufzugehen" (Moser 2018, 63), wird durch die Aufwertung des Kunststatus der Anekdote unter veränderten Vorzeichen relevant. Ihre pragmatische Funktionalität besteht gerade in ihrer Literarizität, wodurch das der Anekdote eigene Authentizitätsproblem zugespitzt und die Hierarchie von Kunst und Leben neu ausgehandelt wird. Das Verhältnis zwischen Anekdote und Autobiographie stellt im Falle Rowohlts auch den fiktionstheoretischen Status der Texte in Frage: Die Anekdote wird zwar grundsätzlich als faktuale Gattung etabliert – ein Beispiel dafür ist Rowohlts Verweis darauf, dass er nur erzählen könne, was er selbst erlebt habe; das Leben müsse genug Stoff liefern und Pointen produzieren (Rowohlt und Sotscheck 2004, 212). Jedoch gerät die Anekdote insbesondere durch Strukturmomente der Wiederholung unter Fiktionalitätsverdacht und „unterläuft die Wahrheits- und Referentialitätsgarantie, die sie selbst zu liefern vorgibt" (Moser 2018, 62). Diese Ambivalenz, die wiederum Leerstellen als Momente der Irritation provoziert, wird bei Rowohlt zum Stilmittel und gibt die Deutungshoheit über den Fiktionsstatus an die Leser*innen ab.

(4) Ein weiterer Aspekt, welcher einen entscheidenden Beitrag zu Rowohlts Poetik der Anekdote leistet, ist die Etablierung der Persona des Anekdotenerzählers. Wie in den Titeln der Nachrufe von Arno Frank („Ein Bär von sehr großem Verstand", 2015) und Klaus Bittermann („Der Mann, der Pu der Bär war", 2015) wird mit dem Verweis auf den „brummig-bärigen Harry-Bariton" auf eine in diesem Fall paradigmatische Verzahnung von Autor und Werk angespielt, da Rowohlt in Anlehnung an seinen größten Übersetzungserfolg eine selbstironisierende Persona annahm.[3] Die Identifikation mit Pu, dem nachdenklichen, be-

---

3 Damit ist A. A. Milnes Winnie-the-Pooh gemeint, ein Kinderbuch-Klassiker, welchen Rowohlt

scheidenen und hilfsbereiten Bären ‚von geringem Verstand', der Honig und Büchsenmilch liebt und dichtet, zieht sich inhaltlich durch sein Werk. Beispielsweise wird Rowohlts Sammlung *Pooh's Corner* durch einen Reisebericht auf den Spuren A. A. Milnes mit dem Titel „Who is Pooh? Auf Bärenfang in Sussex" eingeleitet (Rowohlt 2015a, 20). Die Wiederholung und das Wiederaufgreifen der Referenz auf den Bären sind dabei unbedingte Voraussetzung, um die Persona zu etablieren, gerade weil das Wissen um diese Persona zwischen Kolumnen, Übersetzungen und Performances aufgeteilt ist und damit selbst ‚anekdotische' Qualität besitzt. Wiederholung und Leerstelle sind hier Antagonisten auf der Ebene des Wissens: Während ein Teil des Werks Harry Rowohlts dokumentiert und abrufbar ist, sind andere Teile nur denjenigen zugänglich, die an den Lesungen teilgenommen haben. Dass die Lesungen über dieses Moment der Exklusivität hinaus nicht nur der Selbstinszenierung dienten, sondern in ihrer Inszenierung des „Wir" als eine Art Gruppenbildungsmaßnahme zu verstehen waren, hebt Hilmar Klute in einem Nachruf hervor:

> Harry Rowohlt hatte keine Fans. Er blickte vielmehr auf eine sehr große Gemeinde, die aus Menschen bestand, für die Literatur etwas ist, das man mit Gesten verlängern muss. Seine Lesungen verstanden sie als Inszenierungen eines milden Kulturverächters, der sich vor aller Augen um Kopf und Kragen soff, damit ja nicht der Verdacht aufkam, es zöge sich ein Graben zwischen dem, der schreibt und denen, die leben. (Klute 2015)

Der Nimbus des Konspirativen zwischen Autor und Rezipient*in ist jedoch nicht ausschließlich Effekt der geteilten Anwesenheit bei Lesungen. Auch in den Kolumnen wird die an Pooh angelehnte Persona beispielsweise durch Elemente der Selbstironisierung, der Untertreibung und des sich Gemeinmachens bespielt und reflektiert. Über die Formate hinweg sind die Anekdoten integraler Bestandteil dieser Inszenierungsleistung: Sie werden, wie bei den Aufzeichnungen der Leseabende, selbstironisierend durch Titel wie *Abschweifungen in Frankfurt und Kassel* (Rowohlt 2017) ins Zentrum gestellt, und auch das Klischee des ‚unendlichen Anekdotenerzählens' wird durch die Länge der Veranstaltung (Schäfer 2015) und die Häufung von Anekdoten zelebriert.[4] Das Verhältnis zwischen Verfasser

---

mit dem ikonischen Titel *Pu der Bär* ins Deutsche übertrug und auch als Hörbuch einsprach, wofür er eine Goldene Schallplatte für über 250.000 verkaufte Platten erhielt.

4 Das ‚Anekdotenstapeln' wird bei den erzählten (nicht gelesenen) Anekdoten auf den Audioaufnahmen besonders deutlich und ging sogar in die Trackbenennung ein: Auf der zweiten CD der Aufnahme von Rowohlt und Klaus Bittermann (2013) gibt es nicht nur einen Track mit dem Titel „Noch eine Abschweifung von Harry Rowohlt I", sondern auch „Noch eine Abschweifung von Harry Rowohlt II." Aber auch in den Abschnitten, in denen Bittermann liest, unterbricht ihn

bzw. Erzähler und den Rezipient*innen wird also gerade durch das Anekdotenerzählen als kulturelle Praktik etabliert und poetologisch reflektiert. Diese Distribution der Persona über verschiedene Formate hinweg führt dazu, dass Rowohlt – hier zitiere ich Arno Frank (2015) – sowohl „den vereinzelten Zuhörer im Auto [...] in seinen Bann ziehen" als auch „ganze Hallen in einen glücklichen Taumel führen" konnte.

Im Folgenden werde ich anhand von zwei Beispielen die Einbettung der Anekdoten in erzählerischen Rahmen und Autobiographie, die Etablierung einer Persona sowie das Spannungsfeld zwischen medialer und konzeptioneller Mündlichkeit und Schriftlichkeit untersuchen. Das erste Beispiel, die Kolumne „Frühstück ohne Blaulicht", liegt gedruckt und (in Teilen) vorgelesen vor, während das zweite Beispiel, „Es hätte Fisch gegeben", in die Autobiographie und in Interviewaufnahmen eingegangen ist.

2 Frühstück ohne Blaulicht / Auf Tingeltour in Göppingen

Die biographisch früheste Ressource an Anekdoten ist vermutlich die Kolumne mit dem Titel *Pooh's Corner* (Rowohlt 2015a, 2015b), welche Rowohlt zwischen 1986 und 2013 in unregelmäßigen Abständen für die *Zeit* schrieb. Das thematische Spektrum reichte dabei von Übersetzungsprojekten, Veranstaltungen des Literatur- und Kulturbetriebs, Preisverleihungen und Jubiläen über Buch- und Filmkritiken bis zu Gesprächen. Oft sind Kolumnen auch vage an eine Begegnung geknüpft („Im Speisewagen mit Jutta Dittfuhrt", „Einladung zu einer Party") oder anlassbezogen („Kauf einer Schreibmaschine", „St. Patricks Day") und enthalten eine oder mehrere Anekdoten, die manchmal lose-assoziativ, manchmal eng mit dem Schreibanlass und untereinander verknüpft sind. Die Kolumne „Frühstück ohne Blaulicht" erschien 1990 in der *Zeit* und 2009 in Buchform (Rowohlt 2015a, 66–69). Die zweite Anekdote aus der Kolumne las Harry Rowohlt bei einer Lesung an der Berliner Volksbühne, welche für die CD *Der Paganini der Abschweifung – Harry Rowohlt (Live)* (Rowohlt 2005) aufgezeichnet wurde. Die Live-Aufnahmen der Leseabende, bei welchen Rowohlt aus Kolumnen und Übersetzungen vorliest und zwischen- und mittendrin Anekdoten erzählt, kombinieren schriftlich fixierte – also dann vorgelesene – und erzählte Anekdoten. Beim Vorlesen nahm Rowohlt keine Änderungen an dem Text vor; die gelesene Anekdote unterscheidet

---

Rowohlt häufig, beispielsweise während des Tracks „Besuch bei Springer", in welchem Rowohlt spontan eine Anekdote einwirft.

sich also nur aufgrund ihrer kontextuellen Einbettung und einiger Lesefehler von der Druckfassung, und weil Intonation und Publikumsreaktionen den Vortrag beeinflussen. Um die Struktur der Kolumne transparent zu machen, zitiere ich den Text hier (fast) zur Gänze:

> Frühstück ohne Blaulicht
>
> Als ich neulich einen Leserbrief las, endete dieser mit den Worten „„...mit anderen Worten: Wir brauchen viel mehr Artikel, die mit den Worten ‚Als ich neulich' anfangen, falls Sie verstehen, was ich meine."
>
> Das versteh ich voll und ganz.
>
> Es bedeutet die Sublimierung des Speziell/Persönlichen zum Allgemeingültig/Menschlichen, es bedeutet „Ich bin du", es bedeutet Leser-Bär-Bindung, es bedeutet „Wir sind das Volk, nur ich gottlob nicht und du deshalb auch nicht."
>
> Als ich neulich einen ganz großen Triumph hatte, da ging das folgendermaßen vor sich. In meiner Stammkneipe erzählte ich zwei vage mit mir befreundeten Herren einen Witz. Blau und Goldenberg gehen in der Abenddämmerung über ein Stoppelfeld. Da huscht ein kleines Tier von hier nach dort. Fragt Blau Goldenberg: „War das eine Maus oder eine Ratte?" Sagt Goldenberg zu Blau: „Bin ich Kürschner"?
>
> Wenig später kamen wir auf die deutsche Frage zu sprechen, und ich sagte, mein Lieblingskandidat für das Amt des Deutschen Kaisers wäre Stefan Heym. [...] Das war auch alles gut und schön, und von ein paar unsachlichen Zwischenbemerkungen seitens der vage mit mir befreundeten Herren abgesehen – *Und Kaiserin wird dann Caroline von Monaco* sowie *Heym ins Reich* –, drang ich mit meinem Vorschlag auch recht gut durch, sagte aber leider einmal aus Versehen statt Stefan Heym *Georg* Heym (dt. expressionistischer Dichter, 1887–1912).
>
> Daraufhin wurde ich von den beiden vage mit mir befreundeten Herren mit Hohn überschüttet, konterte aber, und nun kommt der Triumph: „Bin ich der ‚Kürschner'?" Das muss man sich mal vorstellen. Einmal der pelztierverarbeitende Handwerksberuf und gleich darauf das Literaturnachschlagewerk. Auf so einen Triumph kann man lange warten. Habe ich ja auch getan. Nun ist erst mal wieder für längere Zeit Schluss.
>
> „„...außerdem", stand in dem Leserbrief, „wollen wir etwas von fernen Ländern erfahren, von Reisen, von Land und von Leuten."
>
> Auch dieser Wunsch lässt sich erfüllen, sogar kombiniert mit dem ersten.
>
> Als ich neulich in Göppingen war, um aus meinen Übersetzungen vorzulesen, sagte ich zu dem veranstaltenden Buchhändler: „Normalerweise habe ich eine Zusatzklausel in meinen Verträgen, dass wir danach nicht zum Griechen gehen." Wir gingen natürlich doch zum Griechen, daher die Zusatzklausel, und der Grieche hatte einen wunderbaren Selbstgebrannten *Tsípouro*, einen Tresterschnaps, mit Ouzo-Aroma aromatisiert von der Firma Curt Georgi in Böblingen. Übernachten sollte ich bei einem literaturbewanderten Kriminalbeamten beziehungsweise im Kinderzimmer, im Bett seiner kleinen Tochter, die diese eine Nacht im Elternbett verbringen durfte. Man hatte ihr zwar eingeschärft, auf keinen Fall den fremden Onkel zu wecken, sie wollte aber doch mal sehen, wer in ihrem Bettchen schläft,

und schlich herein, um mich zu betrachten. Was ich nicht wusste, war, dass an diesem Tag in Göppingen eine Parade stattfinden sollte, und die Kriminalbeamtentochter war bereits als Sonnenblume verkleidet. Wie reagiert man, wenn man morgens als Allererstes von einer wildfremden Sonnenblume angestarrt wird? Man schiebt es auf den *Tsípouro:*

> „Sei froh, dass sie nicht als weiße Maus kostümiert war", versuchten mich die stolzen Eltern zu trösten, aber als sie mich zum Bahnhof fuhren, verlangte ich, dass Vater zur Entschädigung seine Kojak-Lampe aufs Dach klebt und ordentlich Sirene gibt. Hat er aber nicht getan, und seitdem bin ich verdrossen, denn sonst hätte ich diese Kolumne ganz anders beginnen lassen können.
>
> Als ich neulich mit Blaulicht und Martinshorn durch Göppingen brauste, schienen Himmel und Erde zu…

Und wieder nichts. (Rowohlt 2015a, 66–69)

Der einleitende Erzählerkommentar enthält eine sich durch konzeptionelle Schriftlichkeit absetzende poetologische Reflexion über die Bindung zwischen Text und Leser*in, und auch die Szene des Kneipenabends ist in einem sprachlichen Register gehalten, welches zur konzeptionellen Schriftlichkeit tendiert. Elemente konzeptioneller Mündlichkeit häufen sich erst in der Einordnung durch das erzählende Ich, welches den „Triumph" durch elliptische und kurze Sätze erklärt, dadurch nahbar wirkt und Emotionen transportiert („Auf so einen Triumph kann man lange warten. Habe ich ja auch getan. Nun ist erst mal wieder für längere Zeit Schluss"). Noch viel deutlicher als bei diesem Beispiel zeichnet es sich bei anderen Kolumnen ab, dass das erzählende Ich, welches meist für Einleitung, Pointe und Einordnung der Anekdoten zuständig ist, in Parlando-Texten spricht:

> Und, liebe *Zeit*-Leserin, das Allerwichtigste (vergessen wir doch den albernen Johannes Gross; und den muffeligen *Zeit*-Leser sowieso; den kennen wir ja zur Genüge; außer selten ist er nicht viel): Ich habe vor vier Tagen meinen fünften Fisch gefangen!!!!! Wie viele Fische hat denn ihr Freund, der *Zeit*-Leser, gefangen? [...] Na? Na?? Na??? (Rowohlt 2015b, 20)

Hier fällt besonders die Interpunktion ins Auge, die konzeptionelle Mündlichkeit suggeriert. Die Mimikry mündlichen Erzählens, das durch Leerstellen und Wiederholungsfiguren markiert ist, bestärkt den Effekt, dass insbesondere in den Kommentaren des erzählenden Ichs eine dialogische Beziehung zur Leser*in etabliert wird. Das, was innerhalb der Anekdoten eigentlich nicht vorgesehen ist, nämlich die Adressierung der intendierten und realen Leser*innen und Zuhörer*innen, dem Publikum oder den Gesprächspartner*innen, wird also in die Räume ‚um' die Anekdoten herum verlagert. Dass jedoch nicht immer sicher auszumachen ist, wie sich Anekdote und Rahmen zueinander verhalten, möchte ich an einer detaillierteren Strukturanalyse der oben zitierten Kolumne zeigen.

Der Text ist um zwei Anekdoten strukturiert – die Kürschner-Geschichte und den Vorfall mit der Kriminalbeamtentochter in Göppingen. Die erste entspricht der narrativen Formstruktur der Anekdote nach Schäfer: Auf die *occasio* (Kneipe), in der auch der Gesprächskontext (Witz) mitgeliefert wird, folgt die *provocatio*, nämlich das Gelächter nach der Verwechslung von Stefan und Georg Heym. Die Pointe der Anekdote, die auch von dem Erzähler als solche hervorgehoben wird, besteht in der leicht abgewandelten Wiederholung der Pointe des Witzes („Bin ich der ‚Kürschner'?"), wobei dieser Satz aus dem Bedeutungsrahmen des Witzes herausgelöst wird und nun auf Kürschners Nachschlagewerke bezogen ist. Bei der Kürschner-Anekdote handelt es sich außerdem um eine Meta-Anekdote, weil der „Triumph" angekündigt wird und so im Text selbst auf den eigenen Entstehungs- und Schreibprozess verwiesen wird. Auch die zweite Anekdote entspricht in ihrem Aufbau der gattungstypischen Formstruktur. Auf den Besuch beim Griechen und das Besäufnis mit Schnaps folgen *provocatio* (die Begegnung mit der Sonnenblume) und *dictum* („Man schiebt es auf den *Tsípouro*.").

Durch den Vergleich der im Lesungszusammenhang rekontextualisierten und hier zu *Auf Tingeltour in Göppingen* umbenannten Anekdote mit der Kolumnenfassung wird deutlich, wie vielschichtig die Anekdote an ihren jeweiligen Kontext angepasst ist: Das Publikum lacht auf der Aufnahme dieser Anekdote vier Mal – nach der Zusatzklausel, nach der Erwähnung der Sonnenblume und vor und nach dem *dictum*. Während des letzten Absatzes, der erzählt, was ‚nach der Anekdote' geschah und mit dem Übergang von erlebendem zu erzählendem Ich die Leerstelle zwischen Anekdote und Rahmen zwischen zwei Halbsätzen enthält, lacht niemand. Ohne der Publikumsreaktion zu große Bedeutung beimessen zu wollen, wirkt dieser letzte Absatz auf der Aufnahme tatsächlich deplatziert. Der Grund dafür ist, dass es sich bei diesem Absatz um eine in der Aufnahme fragmentierte dritte Anekdote handelt, welche mit dem ersten Absatz der Kolumne beginnt und die Funktion einer Rahmenerzählung einnimmt. Auf die *occasio* (die Lektüre des Briefes) folgt die Zuspitzung in der zweiten Anekdote mit der Weigerung des Kriminalbeamten, mit Sirene und Blaulicht durch die Stadt zu fahren, bevor die Spannung mit dem *dictum* (der gescheiterten – weil fiktionalen – Kolumneneröffnung) aufgelöst wird.

Damit schließt die alternative Eröffnung („Als ich neulich mit Blaulicht und Martinshorn durch Göppingen brauste, schienen Himmel und Erde zu …") an die drei Anekdoten an, welche jeweils mit „Als ich neulich" beginnen. Alle drei Anekdoten sind damit als Antwort auf den Wunsch konzipiert, mehr aus dem Alltag des Schreibenden zu erfahren, der in der Rahmenanekdote vorgestellt wird. Die Rahmenanekdote inszeniert die Binnenanekdoten also als Antwort auf den Leser*innenbrief, wenn auch mit ironischer Brechung – schließlich wird der Wunsch nach „fernen Ländern" und „Reisen, Land und Leuten" mit der Geschichte einer

Übernachtung bei Bekannten in einer kleinen Stadt in Baden-Württemberg erfüllt. Anekdote und Rahmen bleiben zwar unterscheidbar, werden aber durch die Komposition der Kolumne, die durch die Wiederholungen und die markierten Leerstellen strukturiert ist, in die Aufmerksamkeit der Leser*in gezogen und damit in Frage gestellt.

Die Thematisierung von möglichen Entwicklungen, die erzählerisch „günstig" gewesen wären, aber nicht geschehen sind, ist besonders in den Kolumnen Rowohlts ein häufig genutzter erzählerischer Kniff. Im vorliegenden Fall manifestiert er sich, sprachlich kondensiert, in der Verwendung des Konjunktivs, wird aber auch im Text selbst in einer Art Meta-Pointe („Als ich neulich mit Blaulicht und Martinshorn durch Göppingen brauste, schienen Himmel und Erde zu...") und dem Satz „Und wieder nichts." benannt. Die Meta-Pointe erfüllt hier zwei Funktionen: Zum einen verbindet sie die Göppingen-Anekdote mit der Rahmung der Leser*innenanfragen und durch die Parallelität der Anfangsformeln zudem mit der Kürschner-Anekdote. Zum anderen wird durch die Frustration über die Limitationen des wirklichen Lebens die Fiktionalität einzelner Satzsequenzen markiert und so indirekt auch die Faktualität des im Indikativ Erzählten unterstrichen. Ein weiteres Hervorheben der Faktualität der Anekdote leistet ihre indirekte Kontrastierung mit dem Witz als fiktionaler Mikroerzählung, die in die Kürschner-Anekdote eingebettet ist. Der Witz hebt sich im Druckbild nicht von der Anekdote ab, was ihn nicht nur in den Verlauf des Abends integriert, sondern auch seine Autonomie unterläuft. Als lebensfremde Fiktion dient der Witz hier nur als Steigbügelhalter des eigentlichen, faktualen Triumphes, der – gerade, weil er tatsächlich passiert ist – den Witz in seiner Unwahrscheinlichkeit in den Schatten stellt.

Das uneigentliche Sprechen und die Kontrastierung der faktualen Anekdote mit einer fiktionalen Gattung illustrieren an diesem Beispiel ein zentrales Stilprinzip von Rowohlts anekdotischem Erzählen, nämlich die Konkurrenz zwischen Fiktionalität und Faktualität. Dieses fiktionstheoretische Spiel bewirkt zweierlei: Einerseits wird durch die Markierung des Fiktionalen der Wahrheitsgehalt der faktualen Passagen beglaubigt. Andererseits kann auf diese Weise der ‚andere' Ausgang der Anekdote erzählt oder – wie im vorliegenden Fall – ein Imaginationsraum geschaffen werden, der jenseits des autobiographischen Pakts existiert und keiner realweltlichen Beglaubigung bedarf. Durch die Reibungseffekte zwischen den drei Anekdoten und dem anekdotischen Erzählen der Kolumne wird so die Möglichkeit eröffnet, eigentlich nicht darstellbare Kontexte einzuholen und sie in eine Zeitlichkeit einzubetten, die der Anekdote nur begrenzt offensteht.

3 Es hätte Fisch gegeben

Rowohlts Autobiographie *In Schlucken-zwei-Spechte* (Rowohlt und Sotscheck 2004) fällt aus den bisher vorgestellten Formaten heraus, weshalb ich hier etwas genauer darauf eingehen möchte. *In Schlucken-zwei-Spechte. Harry Rowohlt erzählt Ralf Sotscheck sein Leben von der Wiege bis zur Biege* entstand auf der Basis von Tonbändern, welche Rowohlt und Sotscheck 2001 an der irischen Westküste „vollquatschten" und welche hinterher abgetippt wurden.[5] Damit bietet die Autobiographie ein gutes Beispiel dafür, wie eng das Interview als spontan-mündlicher Epitext (Döring 2018, 75) und die Werkwerdung desselben verschränkt sein können[6], und illustriert gewissermaßen die in den Nachrufen angeklungene Tendenz, dass bei Rowohlt die Nebensache zur Hauptsache wird. Dass das Werk wenig ediert und die Spontaneität des mündlichen Gesprächs auch in die schriftliche Fassung überführt wurde, ist auch Inhalt einer der Anekdoten, die Rowohlt bei einem Leseabend erzählt: Die erste Auflage seiner Autobiographie sei derart voller Satzfehler, dass sich die Beteiligten darauf geeinigt hätten, diesen Umstand damit zu erklären, dass „die Tonbandmitschnitte von drei polnischen Spargelstecherinnen, die keine Silbe Deutsch können, rein phonetisch" und „in der Nachsaison" abgetippt worden seien (Rowohlt 2005).

Strukturiert ist die Autobiographie nach Tagen, welche jeweils einem Lebensabschnitt gewidmet sind. Dabei stehen Anekdoten und lebensgeschichtliche Erzählung nicht nur in einem „illustrierenden" Verhältnis – auch wenn Ralf Sotscheck im Vorwort hervorhebt, dass die Anekdoten Rowohlts gerade für diejenigen Leser*innen interessant seien, die ihn nicht kennen. Durch den chronologischen Aufbau und die Strukturierungsleistung der Fragen des Interviewers wird die Anekdote hier zum ‚Baustein' der Biographie. Die chronologische Anordnung der Anekdoten hat einen weiteren Effekt: Das ‚Raster des Lebens' fungiert, so legen es Paratexte, Entstehungsgeschichte und Rezeptionszeugnisse nahe, als Sieb, um die Vielzahl der – bisher teilweise in Zeitungen abgedruckten, aber vor allem mündlich erzählten – Anekdoten zu sammeln, zu systematisieren und zu archivieren. Davon geht beispielsweise die Humorkritik der *Titanic* aus, die sich im November 2002 *In Schlucken-zwei-Spechte* widmete und sich darüber freut, dass der „vollbärtige Vollübersetzer Rowohlt, der schon fast die gesamte irische Weltliteratur ins Deutsche übertragen hat, endlich jemanden fand, dem er

---

[5] Der Titel referiert auf den Roman *At Swim-Two-Birds* des irischen Schriftstellers Flann O'Brien, welchen Rowohlt übersetzte.
[6] Für einen Überblick über den Stand literaturtheoretischer Positionen zum Interview zwischen Paratext und Kunstform siehe Wegmann 2016, 10–13.

sein übervolles Anekdotenfaß anvertrauen konnte" (o.V. 2002). Die ‚Grenzen des Fasses' und den Zusammenhang von Anekdote und Leben thematisiert Rowohlt im Rahmen einer metareflexiven Schlusspassage, die sich der Chronologie entzieht und die Leser*in zurück in die Gegenwart des erzählenden Ichs bringt:

> RALF SOTSCHECK: *Jetzt haben wir genug geschwatzt, die Weinflasche ist leer, es wird bald hell.*
>
> HARRY ROWOHLT: Ein Gutes hat es, daß ich dir ständig Geschichten erzählen mußte. [...] Das Geschichtenerzählen hast du mir gründlich ausgetrieben. Ich kann nur Geschichten erzählen, die ich selbst erlebt habe, und nun habe ich sie alle erzählt und festgestellt, daß ich ziemlich wenig erlebt habe – für eine Lesung natürlich zu viel, aber für ein Leben eindeutig zu wenig. (Rowohlt und Sotscheck 2004, 212)

Der implizierten Masse der Anekdoten wird durch die Begrenztheit des menschlichen Lebens und den autobiographischen Pakt eine Limitierung gegeben. Auf eine Anekdote, die sich in der Autobiographie findet, möchte ich genauer eingehen.

> [Sotscheck:] *Ich habe 34 Semester studiert, aber gebrauchen konnte ich davon später wenig.*
>
> [Rowohlt:] Deshalb habe ich auch nur so kurz studiert. Amerikanistik in München, zweieinhalb Stunden lang. Ich hab so kurz studiert, daß ich noch nicht mal in der Mensa war, dabei war es Freitag, und es hätte Fisch gegeben. Weil ich aber wirklich etwas lernen wollte, habe ich ziemlich bald gemerkt, daß man an der Uni falsch ist. Da kann man zwar in mehreren Jahren mehrere Scheine machen, aber um etwas zu lernen, ist es der falsche Ort.
>
> [Sotscheck:] *Was ist denn der richtige Ort? Der Pub?* (Rowohlt und Sotscheck 2004, 134 f.)

Die Anekdote besteht aus der Ausgangssituation (kurze Studienzeit), einer Zuspitzung (zweieinhalb Stunden) und einer Pointe (die Uni sei der falsche Ort, um etwas zu lernen). Weil die Frage nach dem Studium bei Sotscheck in den vierten Tag mit dem Thema ‚Übersetzungen' eingebettet ist, dient sie vor allem der Erläuterung von Rowohlts beruflichem Werdegang. Das Gespräch über Sinn und Unsinn des Studiums entspannt sich, nachdem Rowohlt von der – seiner Meinung nach – inkompetenten, aber studierten Lektorin berichtet, die seine Übersetzung von Frank McCourts *Die Asche meiner Mutter* betreute und wegen der er sich mit Luchterhand zerstritten habe.

Nach dem Schlagabtausch über das Studium geht es um Übersetzungstheorie und Problematiken bei der Übersetzung von Lyrik und Comics. Die Pointe („Weil ich aber wirklich etwas lernen wollte, habe ich ziemlich bald gemerkt, daß man an der Uni falsch ist.") ist also thematisch an das Gespräch angelehnt und eine Antwort auf Sotschecks Vorlage („Ich habe 34 Semester studiert, aber gebrauchen konnte ich davon später wenig."). 2012 – mehr als zehn Jahre nach den Aufnahmen mit Sotscheck – gab Rowohlt Knut Cordsen im Rahmen der Münchner Bücherschau ein Interview.

> [Cordsen:] Ich hab das große Vergnügen, mich jetzt eine gute halbe Stunde mit dem Mann unterhalten zu dürfen, den eine große Geschichte mit München verbindet – sie währte nämlich genau zweieinhalb Stunden. Harry Rowohlt. Was war los? Zweieinhalb Stunden in München
>
> [Rowohlt:] Ach so!
>
> [Cordsen:] Studiert.
>
> [Rowohlt:] Ja. Jetzt ham Sie schon alles verraten. Ich hab Amerikanistik studiert in München, und zwar zweieinhalb Stunden lang. Ich hab so kurz studiert, dass ich noch nicht mal in der Mensa war, dabei wars Freitag und hätte Fisch gegeben. Aber immer, wenn ich in München bin, denke ich gerührt: Ach, meine alte Alma Mater!

Im Interview mit Knut Cordsen ist durch die Frage des Interviewers nach der Geschichte Rowohlts mit München die Anekdote in einen anderen Sinnzusammenhang eingebettet. Während Rowohlt *occasio* und *provocatio* nahezu wortgetreu aus dem Gedächtnis wiederholt, ist das *dictum* bzw. die Pointe in diesem Fall nicht die Sinnlosigkeit der Institution, sondern die Behauptung der nostalgischen Gefühle für die „Alma Mater" und die Beziehung zu München.

Im Vergleich der zwei Anekdoten fällt auf, dass die Anekdote eine Anpassungsleistung an den Kontext erbringt. Diese Anpassungsleistung stellt dabei die Authentizität der Anekdote in Frage, weil sie den Nimbus des Auswendiggelernten und Opportunistischen mit sich bringt. Auch die identische Syntax, kombiniert mit dem „Erzählen" von bereits in Print vorliegenden Anekdoten, unterläuft dabei das Authentizitätsparadigma und gibt den Anekdoten den Anschein, fingiert zu sein. Andererseits wird dadurch, dass sich *occasio* und *provocatio* nicht unterscheiden, eine Trennung zwischen erlebendem Ich und der Deutung des Erlebten durch das erzählende Ich eingezogen. In beiden Fällen wird die Pointe zum Trigger für die weitere Erzählung, womit sie den größeren Sinnzusammenhang befördert und die anhaltende *tellability* garantiert – sei es, Informationen zur Ausbildung von Übersetzer*innen zu liefern, oder einen Bezug zu München herzustellen. Die Neukontextualisierung durch das erzählende Ich zur Herbeiführung von *tellability* scheint dabei, sofern die Anekdote ihren Status als faktuale Gattung behauptet, ein Privileg der autobiographischen Anekdote zu sein.[7] Durch diese Verortung der Anekdote zwischen Fiktionalität und Faktualität einerseits und zwischen Authentizität und Inszenierung andererseits wird ihre Brüchigkeit betont, was Leser*innen und Publikum in die Pflicht nimmt, ent-

---

7 Zur anekdotischen *tellability* siehe den Beitrag von Andreas Mahler im vorliegenden Band.

scheiden zu müssen, was sie glauben dürfen – und ob die Suche nach Authentizität in Schrift und Biographie nicht sowieso zum Scheitern verurteilt ist.

4 Fazit: Das brüchige Werk

Rowohlts Anekdoten können in ihrer Unterhaltungsfunktion aufgehen, das Gesamtwerk des Autors in Beziehung setzen bzw. als *Behind the Scenes* gerade den Teil seines Werkes erhellen, der – wie seine Übersetzungen – üblicherweise nur als Ergebnis, nicht als Prozess einsehbar ist; sie können als Autobiographie-Splitter Aufschluss über sein Leben geben oder als Literaturbetriebsanekdoten Insiderwissen über die Szene von den 1960er Jahren bis ins einundzwanzigste Jahrhundert vermitteln. Das Herauslösen der Anekdoten aus ihrem Publikationskontext wird nicht nur durch den Verfasser vollzogen, sondern auch auf inhaltlicher Ebene eingefordert, sei es durch konkurrierende Verfahren der Kontextualisierung, Sinn-Überlagerungen bei Meta-Anekdoten, die Markierung der Brüchigkeit der Form, die Inszenierung des Überhörten und spontan Erinnerten oder – je nach Publikationskontext oder Aufführungssituationen – die Adressierung der Leser*innen, Zuhörer*innen und des Publikums. Eine Ausnahme bildet die „erzählte Biographie" Rowohlts, in welcher die Anekdoten in eine chronologische Form und damit die Bausteine lebensgeschichtlicher Narration tatsächlich in eine teleologische Struktur gebracht werden. Doch auch hier ist diese Struktur nicht unangefochten, sondern konkurriert mit der thematischen Ordnung und dem Gesprächsverlauf, der den einzelnen Sequenzen eine je eigene Dramaturgie verleiht. Auch wenn der Titel das Werk durch die ironisierende Abwandlung der Phrase „von der Wiege bis zur Bahre" zu „von der Wiege bis zur Biege" als erzählte Autobiographie markiert, steht nicht nur die Narration des Lebens, sondern das Sichern des größtmöglichen Teils des ‚anekdotischen Lebenswerks' im Vordergrund.

Sichern und Sammeln treten in ein Spannungsverhältnis zu der Inszenierung der erzählten Anekdoten, denn Harry Rowohlt erzählte – zumindest im Rahmen seiner Leseabende – keine Anekdote am selben Ort zweimal. Sicherlich war dem Publikum bewusst, dass sie einer Inszenierung von Unmittelbarkeit beiwohnen, aber zumindest lokal und in diesem Format wurde die Illusion von Spontaneität und Einmaligkeit aufrechterhalten. Erst durch die Archivierung der gesprochenen Rede durch Aufnahme und Überführung ins Buch wird sie vom singulären Ereignis zu einem wiederhol- und abrufbaren, aber dieser Prozess geschah im Falle Rowohlts eben nicht systematisch. Mit jeder aufgenommenen und aufgeschriebenen Anekdote müssen deshalb die Anekdoten mitgedacht werden, die nicht konserviert wurden und nur in der Erinnerung des damals anwesenden Publikums bewahrt sind. Aufgrund der Varianz eines Werks, das nur zum Teil in gedruckter Form oder Aufnahme vorliegt, und der von Autor, Kritiker*innen und Zeitgenoss*innen betriebenen Werkpolitik (Martus 2007, 8) unterlaufen die Anekdoten Rowohlts die Vorstellung eines abgeschlossenen, intentionalen Werkganzen und dekonstruieren damit einen klassischen Werkbegriff. Andererseits ziehen erst die Anekdoten die vielfältigen Tätigkeiten Rowohlts in die Aufmerksamkeit, wodurch etwa die Übersetzungen Teil des Werkganzen wurden. Das Wissen um die Übersetzungen und sein Bekanntheitsgrad hatten auch den Effekt, dass sein Name oft in großen Lettern auf den Covern der von ihm übertragenen Bücher zu finden ist. Harry Rowohlts Anekdoten sind also nicht nur das, was von Zeitgenoss*innen als „Kern" seines Werkes wahrgenommen wurde, sondern auch, was dieses Werk als solches konstituiert. Was Gregory Currie am Beispiel fiktionaler Werke erläutert – nämlich die Notwendigkeit der Etablierung eines vom Text distinkten Werkbegriffes, der Teil des „game of make-believe" (Currie 1991, 338) ist – lässt sich trotz des veränderten Bedeutungsspektrums der deutschen Begriffe von Einzel- und Gesamtwerk argumentativ auf das ‚Werk' Harry Rowohlts übertragen, das nicht einmal mehr die Illusion der Abgeschlossenheit bereithält. Die Partizipation der Leser*innen und Zuhörer*innen endet hier nicht mit der Navigation der skizzierten Formationen von Leerstelle und Wiederholung, sondern schließt auch das Umreißen des Referenzrahmens und die Aufgabe ein, aufgrund ihrer individuellen Erfahrungen und Perspektiven das Werk Harry Rowohlts überhaupt erst zusammenzusetzen.

Literaturverzeichnis

Anonym. „Humorkritik: Schlucken mit Rowohlt". *TITANIC – Das endgültige Satiremagazin* (November 2002). https://www.titanic-magazin.de/heft/klassik/2002/november/humorkritik6/ (16. Oktober 2020).

Anonym. „Urkunde zur Verleihung des Göttinger ELCH 2001". (1. Januar 2001). https://www.goettinger-elch.de/harry_rowohlt/urkunde.php (16. Oktober 2020).

Bittermann, Klaus. „Zum Tod von Harry Rowohlt: Der Mann, der Pu der Bär war". *Der Tagesspiegel* (16. Juni 2015). https://www.tagesspiegel.de/kultur/zum-tod-von-harry-rowohlt-der-mann-der-pu-der-baer-war/11924004.html (16. Oktober 2020).

Currie, Gregory. „Work and Text". *Mind N.S.* 100 (1991): 325–340.

Döring, Jörg. „Marcel Beyer liest: Gedicht und performativer Epitext". *Marcel Beyer: Perspektiven Auf Autor Und Werk*. Hg. Christian Klein. Stuttgart: J.B. Metzler & Carl Ernst Poeschel GmbH, 2018. 73–93.

Dotzler, Bernhard J. „Leerstellen". *Literaturwissenschaft: Einführung in ein Sprachspiel*. Hg. Heinrich Bosse und Ursula Renner. Freiburg i.Br.: Rombach, 1999. 211–229.

Dürscheid, Christa. "Parlando, Mündlichkeit und neue Medien: Anmerkungen aus linguistischer Sicht". *Schweizerische Zeitschrift für Bildungswissenschaften* 33.2 (2011): 175–190.
Eco, Umberto. *Lector in fabula: Die Mitarbeit der Interpretation in erzählenden Texten*. München: dtv, 1990.
Frank, Arno. "Zum Tode von Harry Rowohlt: Ein Bär von sehr großem Verstand". *Der Spiegel* (16. Juni 2015). https://www.spiegel.de/kultur/literatur/harry-rowohlt-ein-baer-von-sehr-grossem-verstand-a-1039074.html (16. Oktober 2020).
Groddeck, Wolfram. "Wiederholen". *Literaturwissenschaft: Einführung in ein Sprachspiel*. Hg. Heinrich Bosse und Ursula Renner. Freiburg i. Br.: Rombach, 1999. 177–191.
Klute, Hilmar. "Zum Tod von Harry Rowohlt: Milder Kulturverächter mit Whiskey-Durst". *Süddeutsche Zeitung* (16. Juni 2015). https://www.sueddeutsche.de/kultur/zum-tod-von-harry-rowohlt-milder-kulturveraechter-mit-whisky-durst-1.2523261 (16. Oktober 2020).
Lobsien, Eckhard. *Wörtlichkeit und Wiederholung: Phänomenologie poetischer Sprache*. München: Wilhelm Fink, 1995.
Martus, Steffen. *Werkpolitik: Zur Literaturgeschichte kritischer Kommunikation vom 17. bis ins 20. Jahrhundert*. Berlin und New York: De Gruyter, 2007.
Moser, Christian. "Kontingenz und Anschaulichkeit: Zur Funktion anekdotischen Erzählens in lebensgeschichtlichen Texten (Plutarch und Rousseau)". *Show, don't tell: Konzepte und Strategien anschaulichen Erzählens*. Hg. Tilmann Köppe und Rüdiger Singer. Bielefeld: Aisthesis, 2018. 57–82.
Rowohlt, Harry. *Abschweifungen in Frankfurt und Kassel, live*. Berlin: Verlag Klaus Bittermann, 2017.
Rowohlt, Harry. *Der Paganini der Abschweifung – Harry Rowohlt (Live)*. Berlin: Verlag Klaus Bittermann, 2005.
Rowohlt, Harry. *Pooh's Corner. Meinungen und Deinungen eines Bären von geringem Verstand: Gesammelte Werke 1989–1996*. Zürich und Berlin: Kein & Aber, 2015a.
Rowohlt, Harry. *Pooh's Corner. Meinungen und Deinungen eines Bären von geringem Verstand: Gesammelte Werke 1997–2013*. Zürich und Berlin: Kein & Aber, 2015b.
Rowohlt, Harry, und Klaus Bittermann. *Harry Rowohlt & Klaus Bittermann lesen „Alles schick in Kreuzberg" und „Möbel zu Hause, aber kein Geld für Alkohol" (Live)*. Berlin: Verlag Klaus Bittermann, 2013.
Rowohlt, Harry, und Knut Cordsen. "Bayern 2 Diwan: Knut Cordsen im Gespräch mit Harry Rowohlt". (21. November 2012). https://www.youtube.com/watch?v=U9eTlaXFIjo (18.12.2021).
Rowohlt, Harry, und Ralf Sotscheck. *In Schlucken-zwei-Spechte: Harry Rowohlt erzählt Ralf Sotscheck sein Leben von der Wiege bis zur Biege*. Berlin: Verlag Klaus Bittermann, 2004.
Schäfer, Frank. "Ein Paganini der Abschweifung". *Die Zeit* (16. Juni 2015). https://www.zeit.de/kultur/literatur/2015-06/harry-rowohlt-wuerdigung-autor (16. Oktober 2020).
Sieber, Peter. "Kriterien der Textbewertung am Beispiel Parlando". *Textlinguistik: 15 Einführungen und eine Diskussion*. Hg. Nina Janich. Tübingen: Narr, 2008. 271–289.
Sieber, Peter. *Parlando in Texten: Zur Veränderung kommunikativer Grundmuster in der Schriftlichkeit*. Tübingen: Max Niemeyer, 1998.
Wegmann, Thomas. "‚Es stimmt ja immer zugleich alles und nichts': Zur Theorie des Autors und zum Tod als Gegenstand in Interviews: Müller, Bernhard, Derrida". *The Germanic Review: Literature, Culture, Theory* 91.1 (2016): 7–24.

Zippert, Hans. „Stimme der Nation: Harry Rowohlt war zwar nicht Gott, aber fast". *Die Welt* (21. Juni 2015). https://www.welt.de/kultur/article142836694/Harry-Rowohlt-war-zwar-nicht-Gott-aber-fast.html (16. Oktober 2020).

Rüdiger Singer
„The bloody assassin of the workers, I presume?" Beobachtungen zum Verhältnis von politischer Karikatur und Anekdote

1 Schreibtischhäuptling statt Drachentöter: Die „Storykatur" als anekdotische Alternative zur allegorischen Karikatur

> Auf dem Höhepunkt von Helmut Schmidts Popularität als Bundeskanzler trugen Mitglieder des SPD-Vorstands ihn auf einem Parteitag samt Schreibtisch auf ihren Schultern durch das jubelnde Parteivolk. Einem der Träger war allerdings nicht nach Jubeln zumute: „Soll er sich doch als Krisenbewältiger feiern lassen so viel er will, aber lange macht meine Bandscheibe das nicht mehr mit!"

Ist dieser Kurztext eine Anekdote? Die Antwortet lautet Ja, wenn man Harald Frickes „flexible Definition" der Anekdote (Fricke 2010, 9) im Anschluss an Überlegungen Ralph Müllers (2003, Kap. 6) zugrunde legt:

> Eine ANEKDOTE ist
> [1] eine fiktionale Erzählung
> [2] in konziser Darstellung
> [3] mit der Metonymischen Uneigentlichkeit eines typischen Einzelfalls
> und mit mindestens einer der beiden folgenden markanten Schlusswendungen:
>   [4a] sprachliche Pointe
> oder auch
>   [4b] sachliche Pointe
> und mit mindestens einer der folgenden Anschlüsse an geschichtlich Bekanntes:
>   [5a] historische Hauptfigur
> oder auch
>   [5b] historischer Stoff
> oder auch
>   [5c] historische Beglaubigung.

Das Merkmal der Fiktionalität [1], das Fricke mit der Häufigkeit von Wanderanekdoten begründet, ist in der Forschung umstritten (Müller 2001, 192–193) und wird hier denn auch durch die Möglichkeit einer „historischen Beglaubigung" [5c] relativiert – für diesen Kurztext aber trifft es zu, denn das Auf-den-Schultern-Tagen eines SPD-Kanzlers mitsamt Schreibtisch in den 1970er Jahren ist nicht nur unverbürgt, sondern auch unwahrscheinlich, wenn auch nicht unmöglich. Die Darstellung ist konzise [2] und hat eine sprachliche Pointe [4a]; im Mittelpunkt steht eine historische Hauptfigur [5a], über deren Verhältnis zu Partei und Parteispitze „eine allgemeine Einsicht" vermittelt wird (Fricke 2010, 9), d. h. wir haben es mit „[m]etonymische[r] Uneigentlichkeit" [3] zu tun (vgl. Müller 2001 193– 197, dort mit Kleinschreibung des Adjektivs).

Nun handelt es sich bei diesem Kurztext aber nicht um eine originäre „Erzählung", sondern um eine von mir erstellte Variante der Nacherzählung bzw. narrativen Bildbeschreibung einer Karikatur. Diese Karikatur-Nacherzählung findet sich im Vorwort des einstigen STERN-Herausgebers Henri Nannen zu *Das BRD-Dossier*, einem 1980 erschienenen Sammelband von *Politische[n] Karikaturen* (so der Untertitel) seines Hauskarikaturisten Jörg Mark-Ingraban von Morgen, genannt Markus. Nannen kontrastiert die Beschreibung von Markus' vierzehn Seiten später abgebildeter Karikatur (21) mit der einer fiktiven Karikatur, um den stolzen Anspruch auf eine Gattungsinnovation plausibel zu machen:

> Markus [...] fand eine für Deutschland ganz neue Form der aktuellen politischen Satire, die er selbst „Storykaturen" nennt: Statt gezeichneter Leitartikel erzählt Markus scheinbar reale Geschichten, in denen die bundesdeutschen Politiker ihre ins Komische verfremdeten Rollen spielen. Wo die herkömmlichen Karikaturisten Ritter Helmut Schmidt zeichnen würden, wie er einem Drachen mit der Aufschrift „Krise" den Kopf abschlägt, tragen bei Markus die SPD-Oberen ihren Kanzler samt Schreibtisch durch's jubelnde Parteivolk. Stöhnt einer der Herren: „Soll er sich doch als Krisenbewältiger feiern lassen so viel er will, aber lange macht meine Bandscheibe das nicht mehr mit! (Nannen 1980, 6–7)

Es geht hier also um die Postulierung einer (wenigstens „für Deutschland") neuen Untergattung politischer Karikaturen, im Gegensatz zu herkömmlichen, ‚gezeichneten Leitartikeln.' Dieser Tradition möchte ich mich nun kurz zuwenden, um das Neue an Markus' „Storykatur" besser zu verstehen und ihr Verhältnis zur Anekdote genauer zu bestimmen.

Die Formulierung „gezeichnete Leitartikel" bezieht sich auf das, was im Englischen *editorial cartoons* heißt, nämlich Karikaturen, die wie ein Leitartikel und meist in typografischer Nähe dazu Stellung zu politischen Themen beziehen (vgl. Fischer 1999, xxi–xxii). Im Deutschen gibt es dafür keinen etablierten Begriff, am ehesten noch ‚Pressekarikatur' (z.B. Reichardt 1992). Doch auch die „Storykaturen" von Markus erschienen in einem Presseerzeugnis, nämlich dem (überwiegend) politischen Wochenmagazin STERN, allerdings auf einer eigenen Seite, also nicht unbedingt in der Nähe eines *editorial*. Wie Nannens Beispielpaar zeigt, meint seine Charakterisierung herkömmlicher politischer Karikaturen als ‚gezeichnete Leitartikel' aber auch, dass hier nicht erzählt, sondern argumentiert wird: Zwar ist ein Ritter, der einem Drachen den Kopf abschlägt, ein traditionsreiches Erzählmotiv, aber die Kennzeichnung des Drachen durch die Aufschrift „Krise" weist in die Richtung eines Darstellungsproblems, das Ernst Gombrich in seinem immer noch grundlegenden Vortrag „The Cartoonist's Armory" von 1962 so umreißt: „History, or that contemporary section of history we call politics, is not only bewildering, it is, in practice, inexplicable in terms of the people who shape it" (Gombrich 1979, 128). Man müsse deshalb in sprachlichen Abstraktionen darüber sprechen, verwende allerdings auch suggestive politische Metaphern: „Political rhetoric had always abounded in images, from the days when the ancient Hebrew prophets spoke of Egypt as a ‚broken reed' and of Persia as a ‚Colossus with feet of clay', but the ancient world would not have illustrated such comparisons" (1979, 130). Genau dies aber geschehe in politischen Karikaturen, die zudem „so-called personifications" einsetzten, „the direct descendants of the ancient Olympians". Deren Allgegenwärtigkeit in politischen Karikaturen beweise „the role and power of the mythological imagination in our political thought and decisions" (1979, 129).

Das aber bedeutet auch: Obwohl die hypothetische Karikatur von Kanzler Schmidt als Drachentöter eine *Behauptung* transportiert, die in einem Leitartikel ‚Die Bundesregierung hat die Krise bewältigt' lauten könnte, geschieht dies implizit im Rückgriff auf eine mythologische *Erzählung*, die diese Behauptung besonders einprägsam macht und wohl sogar als besonders plausibel erscheinen lässt. Eine solche Wirkung dürfte – im Sinn von kognitivem Framing (Kegel 2019, 515–516) – noch stärker sein, wenn die Geschichte, auf die eine Karikatur anspielt, konstitutiv für das Weltverständnis der Bild-Rezipient*innen ist. So verweist Gombrich auf einen „symbolic print" von Marcus Gheerardts d. Ä. aus dem Jahr 1577 „glorifying William of Orange in the guise of St. George liberating the princess Belgium and the lamb of religion from the dragon of tyranny" (Gombrich 1979, 133; fig. 81).[1]

Die Produkte der „herkömmlichen Karikaturisten" stehen also in einer Tradition, die sogar älter ist als die Textgattung des Leitartikels. Sie werden im Folgenden als *allegorische* Karikaturen bezeichnet, was das Verständnis von Allegorie als Personifikation eines Abstraktums meint (Personifikationsallegorie), aber auch das einer ausgeführten Metapher, denn beide treten in politischen Karikaturen auf, meist kombiniert.

Im Gegensatz zu allegorischen Karikaturen erzählen Markus' „Storykaturen" laut Nannen „scheinbar reale Geschichten, in denen die bundesdeutschen Poli-

---

[1] Genauer gesagt, stellt der Stich ein imaginäres „Reiterdenkmal mit Wilhelm von Oranien als hl. Georg" dar – so die Betitelung in Göttler 1996, 150 (Abb. 47). Der Name des Künstlers wird hier als Marcus Gheeraerts d. A. angegeben und das Enstehungsjahr als 1577 oder 1578; der Stich ist dort wiedergegeben nach einem Druck im Rijksprentenkabinet des Rijksmuseums in Amsterdam.

tiker ihre ins Komische verfremdeten Rollen spielen." Das impliziert allerdings auch Gemeinsamkeiten: Im Mittelpunkt beider Ausprägungen der politischen Karikatur stehen Politiker*innen, die in einer von üblichen Erwartungen abweichenden Weise gezeigt werden. Doch verweist diese Abweichung im Fall der allegorischen Karikatur direkt auf eine abstrahierend-bildhafte Sprechweise, weshalb die Kategorie des ‚Realen' für sie nicht gilt. Im Fall der „Storykatur" dagegen wird sie als Rollenspiel wahrgenommen, das zwar mit der Wirklichkeitserfahrung der Rezipient*innen vereinbar und also ‚scheinbar real' ist, dabei jedoch so ungewöhnlich, dass sie einen verfremdend-komischen Effekt hat. Konkret spielt in Nannens Beispiel-Karikatur ein demokratisch gewählter Bundeskanzler auf einem Parteitag die Rolle eines Stammeshäuptlings, der auf den Schultern seiner Untertanen getragen wird. Unter Rückgriff auf die Begrifflichkeit der kognitiven Komikforschung kann man formulieren, dass hier das *script* ‚Parteitag' mit dem *script* ‚Huldigungs- und Unterwerfungsritual' kollidiert (Raskin 1985; Müller 114– 117);[2] komisch verstärkt wird die Inkongruenz durch die Einbeziehung des Schreibtisches, der metonymisch auf eine bürokratische Verwaltungspraxis des Regierens verweist.

Wenn ich nun vorschlage, Markus' „Storykatur" als *anekdotische* Karikatur zu lesen, kann ich mich zwar auf den eingangs vorgenommenen Abgleich mit Frickes Anekdoten-Definition berufen, allerdings nur unter einem doppelten Vorbehalt. Erstens ist die tatsächliche Karikatur noch gar nicht in den Blick gekommen. Doch belegt gerade die Tatsache, dass sie sich in eine kurze Geschichte überführen lässt, die narrative Verfasstheit der „Storykatur" – ihre Erscheinung als Wort-Bild-Hybrid wird im nächsten Teilkapitel betrachtet. Zweitens habe ich Nannens Nacherzählung nicht nur aus ihrer argumentativen Einbindung gelöst und zu einer selbständigen Kurzerzählung gemacht, sondern sie auch vom Präsens ins Präteritum transponiert, die Einleitung etwas weiter ausgeführt und die Inversion „Stöhnt einer der Herren" ersetzt. Abgeschwächt wurde damit die von Nannen suggerierte Ähnlichkeit mit einer weiteren narrativen Form pointierter Kurzerzählungen, nämlich dem Witz, der, zumal wenn er von Politiker*innen handelt, oft schwer gegen die Anekdote abzugrenzen ist (Schäfer 1982, 64–66). Wenn ich Markus' Storykaturen trotzdem als anekdotisch verstehe, so zielt dies auf zwei eher anekdotentypische Merkmale ab, nämlich die Anschließbarkeit „an historisch Bekanntes" (Frickes Definiens [5]) und die „[m]etonymische[ ] Uneigentlichkeit eines typischen Einzelfalls" [3]. Auf die zweite Eigenschaft weist

---

[2] Die Huldigung eines erhöht sitzenden Monarchen ist ein traditionsreiches Motiv des christlichen Abendlandes, doch in der Regel wird der Erhöhte nicht durch die Menge getragen (vgl. Zitzlsperger 2011). Ich vermute, dass viele Leser*innen Häuptling Majestix aus den populären *Asterix*-Comics assoziiert haben.

Nannen selbst in einem Nachsatz zu seiner Nacherzählung hin: „Treffender kann man die Einstellung der Basis-Sozialdemokratie zu dem Mann an der Spitze kaum zeichnen." (Nannen 1980, 7) Auf die Zeichnung bezieht sich Nannens Kommentar allerdings nicht unmittelbar, sondern auf die wörtliche Rede einer der „SPD-Oberen", die im Original als Unterschrift erscheint und von Nannen wörtlich zitiert wird: „Soll er sich doch als Krisenbewältiger feiern lassen so viel er will, aber lange macht meine Bandscheibe das nicht mehr mit!" Der Ausdruck „Krisenbewältiger" fasst diskursiv die Behauptung der (hypothetischen) allegorischen Karikatur von Schmidt als Drachentöter zusammen. Die wörtliche Rede stellt diese Behauptung allerdings auch teilweise in Frage und interagiert dabei mit dem ‚ins Komische verfremdenden Rollenspiel', das im beschriebenen Bild dargestellt wird.

Um nun genauer zu beschreiben, wie sich die Bild- und Textelemente der tatsächlichen Karikatur aufeinander beziehen, ist ein Schema hilfreich, das Rudolf Schäfer für die Anekdote entwickelt hat. Das wird im folgenden Abschnitt, auch mit Blick auf eine weitere anekdotische Karikatur von Markus, belegt. Nach dieser Klärung der rhetorischen Struktur wird zu fragen sein, wie neu die anekdotische Karikatur tatsächlich ist.

2 Der Aufbau einer anekdotischen Karikatur

Rudolf Schäfers Verständnis der Gattung Anekdote (1982) ist spezifischer als die „flexible Definition" Harald Frickes, wohl aber mit ihr kompatibel: Er versteht Anekdoten als kurze Geschichten über historische Persönlichkeiten, die wie Witze auf eine Pointe zulaufen und immer einem gewissen „Realismus" im Sinne von Wahrscheinlichkeit verpflichtet bleiben, obwohl sie oft genug fiktiv sind. Was Müller und Fricke als „[m]etonymische[] Uneigentlichkeit eines typischen Einzelfalls" bezeichnen, nennt Schäfer „Repräsentanz des Gehalts" (Kap. 3.3) und meint damit vor allem die Charakterisierung einer Persönlichkeit, die in einer ungewöhnlichen Situation gezeigt wird (Kap. 2.2); doch können auch größere Zusammenhänge repräsentiert werden (Kap. 3.3). Beides trifft auf die beschriebene Karikatur zu: Schmidt wird – in Parallele zur Drachentöter-Karikatur – als „Krisenbewältiger" bezeichnet, aber auch – im Unterschied zu dieser – als jemand charakterisiert, der sich gerne in dieser Rolle feiern lässt. Dass er dafür von einem Untergebenen kritisiert wird, deutet auf eine politische Konstellation, die auch noch für das Verhältnis der SPD zu ihrem Kanzler Gerhard Schröder galt.

Schäfer zufolge haben Anekdoten einen dreiteiligen Aufbau: Die einleitende *occasio* bietet eine geraffte „Darstellung der Fakten, Daten, Dinge, Zusammenhänge, Umstände, etc., die zum Verständnis unumgänglich notwendig sind"

(1982, 36), die überleitende *provocatio* „reagiert auf sie und interpretiert sie, andererseits zielt sie auf die nachfolgende Pointe und bereitet sie vor." (32) „Das *dictum* stellt die ‚Replik' auf die provocatio dar. Zugleich erhellt sie die in der Überleitung fehlinterpretierte occasio durch eine neuartige, unerwartete und unvorhersehbare Interpretation. [...] Das dictum hat die Gestalt eines bündig formulierten, geistreich-witzigen Ausspruchs" (36).[3]

Blickt man nun auf Markus' Karikatur (Abb. 1), so kann man diesen triadischen Aufbau sogar in einer Lektüre von oben nach unten wiederfinden: Rechts oben bezeichnet ein Schild die *occasio* „SPD-PARTEITAG"; in der Mitte bildet die Unangemessenheit des mitsamt Schreibtisch durch die jubelnde Menge getragenen Kanzlers eine *provocatio* für die Betrachter*innen wie auch für die unglücklich dreinschauenden Spitzengenossen unter ihm; unter dem Bildrahmen lesen wir das *dictum*. Ob dieses den Charakter eines „geistreich-witzigen Ausspruchs" hat, darf man allerdings bezweifeln. Denn die Karikatur entspricht keineswegs dem nach Schäfers Überzeugung dominanten Anekdoten-Muster eines meist verbalen Wettstreits, in dem sich eine historische ‚Hauptfigur', typischerweise herausgefordert von einer unbedeutenderen ‚Nebenfigur', bewährt (1982, Kap. 3.5), sondern einem in verbalen Anekdoten eher seltenen Typ: Die ‚Hauptfigur' wird durch eine Nebenfigur entlarvt (1982, 43).

Abgesehen davon aber scheint mir Schäfers Modell das Zusammenwirken der Teile treffend zu beschreiben: Das *dictum* erhellt einerseits die im Bild gezeigte Situation und lenkt andererseits den Blick zurück auf Einzelheiten. So wird ein kundiger Leser[4] selbst dann, wenn er zunächst nur wahrgenommen hat, dass hier, in Nannens Formulierung, „einer der Herren" bzw. „SPD-Oberen" spricht, den Sprecher als Willy Brandt identifizieren, Schmidts Vorgänger im Kanzleramt und nunmehr Parteivorsitzender. Ihm könnte auch auffallen, dass Brandt den Schreibtisch nur von der linken Seite stützt, während der von ihm direkt angesprochene SPD-Fraktionsvorsitzende Herbert Wehner, niedergedrückt von der vollen Last auf seinen Schultern, viel eher Grund zur Klage hätte. Ähnliches gilt für Schmidts Gefolgsmann Georg Leber, der den Schreibtisch von vorne und der Seite stützt. Hans Apel zwischen Wehner und Brandt sowie Egon Bahr (hinten) tragen einen geringeren Teil der Last. All das ist durchaus allegorisch ausdeutbar.

Natürlich dürfte der Blick auch auf dem Kanzler verweilen, der mit strengem Seitenscheitel, distanziertem Blick aus pupillenlosen Augen und gesammelt übereinandergelegten Händen zwischen Telefon und Deutschlandfähnchen sitzt.

---

3 Schäfer gibt die lateinischen Begriffe mal kursiv, mal *recte* wieder.
4 Ich bemühe mich um einen Kompromiss zwischen gendergerechter Sprache und Lesbarkeit, indem ich im Plural den „Genderstern" verwende, für den Kollektivsingular dagegen das Maskulinum.

Abb. 1: Markus [Jörg Mark-Ingraban von Morgen]. *„Soll er sich doch als Krisenbewältiger feiern lassen so viel er will, aber lange macht meine Bandscheibe das nicht mehr mit!"* [1976] Markus [Jörg Mark-Ingraban von Morgen]. *Das BRD-Dossier: Politische Karikaturen.* Hamburg: Gruner + Jahr, 1980-21.

Auch beim differenziert dargestellten „Parteivolk" gibt es Aufschlussreiches zu sehen – zum Beispiel, dass es überwiegend männlich ist und bewundernd die Hände rührt, die Münder aber geschlossen hält und also, entgegen Nannens Formulierung, nicht ‚jubelt'. Eingeweihte werden zudem entdecken, dass es sich beim Herrn mit Halbglatze und Brille hinten links um einen der häufigen Cameo-Auftritte des Karikaturisten handelt (Nannen 1980, 7). Markus ironisiert damit seine auch durch Signatur bezeugte Autorschaft, indem er einerseits die Fiktionalität des Dargestellten unterstreicht, andererseits den Zeichner als Zeugen und genauen Beobachter in einer Umgebung zeigt, deren Darstellung von gewissenhafter Recherche zeugt: „Damit die Atmosphäre stimmt, tüftelt Markus seine Karikaturen mühevoll zu echter Realität zusammen. Nicht nur die Gesichter der Politiker müssen stimmen, sondern auch das Drum und Dran: der Plenarsaal des Bundeshauses, Kohls Wohnzimmer, die Chefetage des Mineralölkonzerns"

(Nannen 1980, 7) – oder Stahlträger, Bogenlampen und funktionalistisch-kubischer Schreibtisch. Als intradiegetischer Beobachter aber ist der Autor sogar in der Lage, Willy Brandts Klage zu erlauschen, die den anderen offenbar entgeht – was die Karikatur trotz Fiktionalität wiederum in die Nähe der Anekdote rückt, nämlich im Sinn einer Geheimgeschichte in der Tradition der *Anekdota* Prokops von Caesarea, die uns hinter die Kulissen der Macht schauen lässt. Gleichzeitig aber entspricht sie Anekdoten-Büchern wie denen Werner Fulds (1994) und Eckhard Henscheids (1983), die in der gattungsypischen „liminalen Sphäre zwischen Faktizität und Fiktion" (Moser 2018, 61) ein satirisch-parodistisches Spiel treiben.

Wie repräsentativ ist aber nun die von Nannen ausgewählte Markus-Karikatur für dessen Oeuvre? Eine weitere zeigt Erhard Eppler, den damaligen Vorsitzenden der baden-württembergischen SPD, bei einer Veranstaltung, die auf einem Plakat angekündigt wird: „Erhard Eppler liest aus Karl Marx *Das Kapital*" (1980, 53, Typographie normalisiert). Tatsächlich aber zieht er eine Bibel aus der Aktentasche und wendet sich verlegen an sein Publikum: „Entschuldigt, Genossen – ich habe offenbar das falsche Buch eingepackt." Wiederum ist die triadische Struktur von oben nach unten ablesbar, und wiederum ist das *dictum* alles andere als ein Ausweis von Überlegenheit. In diesem Fall wird der Protagonist aber nicht von einer Nebenfigur kritisiert, sondern charakterisiert sich selbst „gerade nicht durch ein ‚treffendes' Wort [...], sondern ausgerechnet durch das Wort, das danebentrifft" (Schäfer 1982, 43).

Allerdings könnte man auch argumentieren, dass nicht eigentlich diese Aussage die Pointe ausmacht, sondern das Herausziehen der Bibel – so dass der zweite Teil meiner Nacherzählung korrigiert werden müsste: *Doch er wendet sich, mit Blick auf seine Aktentasche, verlegen an sein Publikum: „Entschuldigt, Genossen – ich habe offenbar das falsche Buch eingepackt." Es ist eine Bibel.* In dieser Versprachlichung entspricht die Karikatur einem Pointen-Typ, der im Bereich verbaler Kurzerzählungen eher für Schwänke charakteristisch ist als für Anekdoten, nämlich dem der ‚witzigen Handlung' (*facete factum*) im Gegensatz zum typischeren Pointentyp des ‚witzigen Ausspruchs' (*facete dictum*).[5] In Frickes Definition sind sie als „[4a] sprachliche Pointe" oder „[4b] sachliche Pointe" eingegangen.

Allerdings muss eingeschränkt werden, dass die *occasio* zwar in einigen, aber durchaus nicht in allen Markus-Karikaturen als Schriftzug im optisch dargestellten Raum präsent ist; wenn sie fehlt, sind *occasio* und *provocatio* kaum vonein-

---

5 Die Begrifflichkeit geht auf das 1470 erschienene *Liber facetiarum* von Francesco Braccolini zurück; Schäfer (1982, 56–57) orientiert seine Erklärung der beiden Typen an der Interpretation Theodor Verweyens (1970, bes. 46).

ander abzugrenzen. Streng genommen, muss der Befund einer klaren Trennung aber auch für die Schreibtisch-Karikatur relativiert werden: Das Thema „SPD-Parteitag" wird optisch noch ‚ausgemalt' durch die Stahlträger einer gemieteten Stadthalle mit herabbaumelnden Kugellampen und die jubelnden Genossen. Außerdem führt die *occasio* einer Anekdote, Schäfer zufolge, ja auch die handelnden Protagonisten ein, die hier bereits Teil einer ‚provokativen' Handlung sind. Was den Rezeptionsprozess angeht, ist davon auszugehen, dass die optische Provokation einen Eyecatcher darstellt, dessen Lektüre von der Information des Schildes ergänzt wird. Da beides in einem Spannungsverhältnis steht, dürfte der Leser in einem dritten Schritt die Unterschrift heranziehen. Kurzum: Auch wenn anekdotische Karikaturen in einem *dictum* unter dem Bild kulminieren, das wohl nach diesem rezipiert wird, ist die Trennung zwischen *occasio* und *provocatio* im Bild selbst unklarer, die Reihenfolge ihrer Rezeption weniger festgelegt. Dennoch sind beide Begriffe heuristisch sinnvoll: Die Frage nach der *occasio* lenkt die Aufmerksamkeit auf Erwartungen, die zeitgenössische Leser*innen mit bestimmten Orten, Situationen und handelnden Persönlichkeiten verbunden haben dürften (oder auch nach dem „script"), die Frage nach der *provocatio* auf Abweichungen davon (bzw. die Inkongruenz und das zweite „script").

3 Anekdotisches in allegorischen Karikaturen vor Markus

Ist es nun aber wirklich so, dass es vor Markus keine anekdotischen Karikaturen gab und die Gattung ausschließlich allegorisch funktionierte? Die Frage lässt sich mit einem lauten Ja beantworten und mit einem eher leisen Aber. Ja, politische Karikaturen waren und sind in ihrer überwältigenden Mehrzahl allegorisch geprägte *editorial cartoons*, wie sich an jedem beliebigen Sammelband politischer Karikaturen überprüfen lässt (z. B. Hoff 1976, Hess und Kaplan 1968; Eisele 1984; Lammel 1995; Husband 2015) oder auch an Internet-Angeboten wie *Die Karikatur des Tages* aus der Stuttgarter Zeitung (Henn und Mohr, fortlaufend). Auch neben und nach Markus ist mir bisher nur ein politischer Karikaturist bekannt, der ähnlich verfährt, nämlich, etwa parallel zu Markus, der Engländer Raymon Allen Jackson (1927–1997), genannt Jak (z. B. Jak 1990). Dabei lässt sich ergänzen, dass moderne Karikaturist*innen heute zwar auf ein sehr überschaubares Repertoire von Personifikationsallegorien zurückgreifen können, vor allem aber gängige Metaphern der politischen Rhetorik aufgreifen und die schlummernde Metaphorik von Redewendungen aktualisieren. Im Fall einer Karikatur von Ernst Maria Lang (Abb. 2), die Schmidt zwar nicht als Drachentöter zeigt, wohl aber als König und in gespanntem Verhältnis zu einem Teil seiner Partei, werden sogar zwei Wendungen gegeneinander ausgespielt, nämlich ‚hinter jemandem stehen' und ‚jemandem auf die Schleppe treten.' Ein jüngeres Beispiel vom 3. September 2019 zeigt, wie der neue britische Premierminister Boris Johnson das widerspenstige Parlament durch eine erzwungene Sitzungspause und die Drohung mit Neuwahlen ‚in die Mangel nimmt' bzw. ‚erpresst' (Abb. 3). Das Beispiel veranschaulicht allerdings auch eine Problematik der allegorischen Verfahrensweise im Sinn einer ausgebauten Metapher: Nicht weniger als vier Aufschriften sind erforderlich, um die Bestandteile zu erklären. Das ist zwar wenig im Vergleich zum oben erwähnten Kupferstich von 1577, der Wilhelm von Oranien als Drachentöter zeigt, lieferte dieser doch sogar einen „detailed key to make the reader aware of the general applicability of the image." (Gombrich 1979, 133, 390–391; vgl. Göttler 1996, 147, 149). Doch kann man, was für den Leser eines Flugblattes im frühen sechzehnten Jahrhunderts üblich war, von Zeitungsleser*innen des frühen zwanzigsten Jahrhunderts erwarten?

Abb. 2: Ernst-Maria Lang (ohne Worte). *Badische Zeitung*. 1980. Zitiert nach: Schmidt, Helmut G. (Hg.). *Helmut Schmidt in Dur und Moll: Kanzler im Visier der Karikatur. Eine Hommage. Mit einem Vorwort von Bundeskanzler Gerhard Schröder und erklärenden Texten von Jens Fischer und Eucharius-Maria Grocholl. 50 Internationale Künstler begleitetn mit 277 Karikaturen Helmut Schmidt durch dreißig aufregende Jahre. 1968 bis 1998.* Bonn: Helmut Schmidt Verlagsservice, 1998. 155.

Andererseits kommt die Karikatur von Schmidt und den Jusos ohne solche Erklär-Zettelchen aus und lebt wie diese vom Gegensatz zwischen demokratischen und vordemokratischen Machtritualen. Dass die unterschiedliche Lastenverteilung von Kanzler und Schreibtisch auf den Mitgliedern der SPD-Spitze sich

Abb. 3: Burckhard Mohr. *Erpressung. Luff & Mohr: Die Karikatur des Tages. Stuttgarter Zeitung.* (3. September 2019). https://www.stuttgarter-zeitung.de/gallery.luff-mohr-karikatur-des-tages-param~267~266~0~431~false.a9972896-8361-44da-a63c-d8e73bb473ee.html (20. Oktober 2020).

auch allegorisch deuten lässt, wurde bereits festgehalten. Der Gegensatz zwischen der allegorischen und der anekdotischen Variante politischer Karikatur ist relativ: Beide stellen Formen uneigentlichen Sprechens bzw. Zeigens dar, nur eben in einem Fall metaphorisch-allegorisch, im anderen metonymisch im Sinn „eines typischen Einzelfalls" (Fricke 2010, 9). Im Folgenden werden, vor dem Hintergrund einer sehr groben Skizze der Geschichte der politischen Karikatur, einige Fälle beleuchtet, in denen sich lange vor Markus anekdotische Elemente in die politische Karikatur eingeschlichen haben. Das gibt Anlass zu einer abschließenden Reflektion über den Status von Politiker*innen in politischen Karikaturen.

3.1 Vom satirischen Flugblatt zur politischen Genrekarikatur

Dass auf der oben diskutierten Markus-Karikatur die bildliche Darstellung von Kanzler und Genossen zwischen zwei kurzen Texten präsentiert wird – der Aufschrift „SPD-Parteitag" und der Unterschrift –, wurde narratologisch im Sinne von Schäfers triadischem Anekdoten-Modell interpretiert. Man kann die Karikatur aber auch aus intermedialer Perspektive interpretieren, nämlich als Wort-Bild-Hybrid, das auf einer Druckseite angeordnet ist, und nach ähnlich strukturierten Gattungsvorbildern fragen. Vor allem Frühneuzeitforscher*innen dürfte dann die Ähnlichkeit zum frühneuzeitlichen Emblem auffallen: Auch hier steht im Mittelpunkt ein zunächst schwer verständliches Bild (*pictura*), das durch eine eher knappe Überschrift (*inscriptio*) besser verständlich wird. Doch kann die Überschrift wegen ihrer Knappheit auch „zunächst enigmatisch wirken", ja sogar in einem gewissen „Spannungsverhältnis" zum Bild stehen, so dass erst die Unterschrift (*subscriptio*) eine weitgehende Auflösung bringt (Mödersheim 1994, 1100; vgl. Neuber 2014, 347). Nun waren emblematische Bilder nicht notwendig narrativ und die Unterschriften hatten nicht die Form eines *dictum*, sondern meist die eines Epigramms. Doch wirkte das Modell weiter und organisierte insbesondere die Struktur des traditionell bimedialen allegorischen Flugblatts, das seit der Reformation eine wichtige Waffe im Meinungskampf darstellt (Harms 2011; Lammel 1995, 79–121). Der von Gombrich besprochene Stich mit Wilhelm von Oranien als Drachentöter steht in dieser Tradition; wohl noch häufiger sind Druckgraphiken, die Gegner verbal und visuell herabsetzen, etwa durch die Nähe zum Satan oder die Transformation zu einem siebenköpfigen apokalyptischen Ungeheuer, dessen Köpfe in einer eigenen Flugschrift polemisch erklärt werden (Langemeyer et al. 1984, 149–168, bes. 160).

Auch in solchen Fällen allerdings blieb *ein* heute vertrautes Mittel der visuellen Verunglimpfung lange propagandistisch ungenutzt: die verzerrende Darstellung der Physiognomik. Erst um 1600 nämlich entstand in Bologna die Porträtkarikatur als geselliges Privatvergnügen von Hofkünstlern wie den Brüdern Carracci (Unverfehrt 1984, 345–348);[6] der erste, der Karikaturen namentlich bekannter Persönlichkeiten schuf, war wohl der Bildhauer Gian Lorenzo Bernini (Hofmann 1984, 359). Im Anfang waren diese *ritratti carici* allerdings noch keine Schmähbilder, sondern harmlose Hänseleien. Der erste Berufskarikaturist, Pier Leone Ghezzi in Rom (1674–1755), lebte sogar von den Dargestellten, oft britischen Gentlemen auf Grand Tour, die sich eine *caricatura* als Souvenir gönnten (Gombrich 1979, 135) – und noch heute führen Straßenkarikaturisten diese Tradition weiter. Bei ihnen wie bei Ghezzi geht es nicht hauptsächlich um groteske Verhässlichung, sondern darum, den Charakter der Dargestellten durch Über-

---

6 Hofmann 1984, 358.: Oft Annibale zugeschrieben, mit Sicherheit überliefert sind aber nur karikaturistische Skizzen von Agostino. Siehe auch Gombrich: Herleitung aus dem physiognomischen Vergleich mit Tieren (391; dazu Katalog Bild als Waffe, 238–249).

treibung und Reduktion gewissermaßen physiognomisch auf den Punkt zu bringen – ein Anspruch, der durchaus Analogien aufweist zum Plutarch'schen Modell von Anekdoten als „Lebensbildern",[7] generell aber auch zum pointierten, szenischen Charakter des von Schäfer verfochtenen Typus. Zwar haben Porträtkarikaturen nur ausnahmsweise eine Handlung und tendieren, wenn sie Attribute oder Verkleidungen hinzufügen, eher zur Allegorie (z. B. Beerbohm 1977; Levine 1966). Doch gibt es auch bis ins zwanzigste Jahrhundert Sammlungen von Porträtkarikaturen, die diese mit Anekdoten und *dicta* der Dargestellten kombinieren (z. B. Meyer-Brockmann 1955; Pfannmüller 1979). Dieser Zusammenhang wäre eine eigene Untersuchung wert; im Hinblick auf politische Karikaturen sei lediglich festgehalten, dass die Porträtkarikatur ihr zuspitzend-charakterisierendes Potenzial sowohl in der allegorischen wie in der anekdotischen Variante entfaltet. Dies zeigt ein erneuter Blick auf Abbildung 1 und 2: Markus reduziert das strenge Kanzlerantlitz (wie auch die Gesichter der „SPD-Oberen") auf wenige Striche, Lang konturiert Schmidts markante Wangenknochen durch Schraffur, beide lassen ihn in angespannter Konzentration leicht die Augen zusammenkneifen.

Die Voraussetzung für diesen Einsatz der Porträtkarikatur bildet ihre Verschmelzung mit der Tradition des allegorischen Flugblattes im England des achtzehnten Jahrhunderts (Döring 1991): noch nicht zur Pressekarikatur, sondern zunächst zum satirischen Einblattdruck.[8] Den Unterschied illustriert ein Vergleich zwischen der oben angeführten Boris-Johnson-Karikatur (Abb. 3) und James Gillrays Einblattdruck *The Dissolution, or The Alchymist producing an Aetherial Representation* von 1796 (Abb. 4). In diesem Fall ist es Premierminister William Pitt (Guratzsch 1986, 103), der das britische Unterhaus zwar nicht ‚in die Mangel nimmt', aber es ‚unter [Dampf-]Druck setzt' und seinen Widerstand ‚auflöst' (Guratzsch 1986, 105). In beiden Fällen ist die Erscheinung des Premierministers markant auf den Punkt gebracht, und es gilt, die Einzelheiten der allegorischen Konstruktion zu verstehen. Im Fall der Pressekarikatur ist diese

---

[7] Tatsächlich vergleicht Plutarch im Proömion der Alexander-Biographie seine Verfahrensweise, den Charakter einer historischen Persönlichkeit nicht in „den aufsehenerregendsten Taten" zu suchen, sondern in einem „geringfügige[n] Vorgang, ein[em] Wort oder ein[em] Scherz", mit dem Verfahren von Portraitmalern, die „die Ähnlichkeiten dem Gesicht und den Zügen um die Augen entnehmen, in denen der Charakter zum Ausdruck kommt, und sich um die übrigen Körperteile sehr wenig kümmern" (Plutarch 2001, 9, siehe Moser 2018, 64). Damit ist zwar nicht das Verfahren der Verzerrung angesprochen, wohl aber das auch für Karikaturen wichtige Verfahren der Reduktion auf typische Züge.
[8] Eine feste Terminologie ist, zumal im Deutschen, noch nicht etabliert; ich orientiere mich an David Francis Taylors Bezeichnung *Satirical Print* (2018, 3) und beziehe Eirwen Nicholsons Hinweis ein, dass es er ein „single-sheet image" präsentiert (2004, 28). Nicholson arbeitet präzise die Unterschiede zum *editorial cartoon* heraus, die ich am vergleichenden Beispiel illustriere.

Rezeptionsleistung allerdings erfüllt, sobald die Einwort-Beschriftungen gelesen sind; um jedoch alle Details des Einblattdrucks zu verstehen (Guratzsch 1986, 216), musste man sich ähnlich viel Zeit nehmen wie für ein traditionelles Flugblatt – und das tat man seinerzeit auch umso bereitwilliger, als man solche Drucke noch einzeln in Fachgeschäften kaufte (Godfrey 1984, Kap. 2).

Das änderte sich grundlegend erst mit dem Aufkommen der Massenpresse, die die Entstehung der ‚Pressekarikatur' ermöglichte, sowie der Erfindung der Lithographie, die zügigeres Arbeiten und größere Verbreitung ermöglichte (Koch 1992, 32). Im heutigen Sinn einer vergleichsweise schnell konsumierbaren Stellungnahme zu politischen Themen[9] entstand die Pressekarikatur, soweit ich sehe, in den dreißiger Jahren des neunzehnten Jahrhunderts im Frankreich der Julimonarchie, wo Honoré Daumier seine frühen Karikaturen in der Zeitschrift *La Caricature* veröffentlichte.[10] Die ausgewählte Karikatur (Abb. 5) vom 23. Februar 1823 mit dem Titel „Le cauchemar" (Der Alptraum), hat bereits die Prägnanz eines *editorial cartoon*. Natürlich brauchen wir heute einiges Hintergrundwissen – die Zeitgenossen aber erkannten im auf dem Sofa eingeschlafenen Herrn auf den ersten Blick den alten Revolutionshelden General La Fayette (Langemeyer 1978, Kat. 2) und wussten auch, dass mit der gigantischen Birne auf seiner Brust der vermeintliche Bürgerkönig Louis-Philipp gemeint war, eine populäre und lange nachwirkende Bilderfindung des *Caricature*-Herausgebers Charles Philipon (Langemeyer et al. 1984, 195; Wessolowski 2011, 44–46). Geläufig war auch, dass La Fayette den Bürgerkönig anfangs unterstützt hatte, woran das Bild rechts hinter der Birne erinnert – und dass er dies an seinem Lebensabend (er starb zwei Jahre später) zunehmend bereute.[11] Im Vergleich mit Gillrays Einblattdruck fällt die zeitgenössisch-realistische Wiedergabe des Empire-Sofas und der Kleidung auf,

---

9 Grünewald geht sogar so weit zu behaupten, sie müsse „allgemein und rasch – der Schlagzeile gleich – rezipierbar sein" (2002, 18), was sich schon angesichts der hier diskutierten Beispiele als Übertreibung erweisen lässt.

10 Edward Lucie-Smith (1981) lässt auf ein Kapitel über die „Caricature of the Beau Monde", d. h. den englischen satirischen Einblattdruck (50–76), ein Kapitel über „The Age of Daumier" (77–98) folgen. Einleitend nennt er die Einbindung in Zeitungen und Zeitschriften und den Siegeszug der 1798 erfundenen Lithographie als wichtige Faktoren der weiteren Entwicklung (77–78), ohne allerdings konkrete Konsequenzen für die Bildsprache auszuführen oder den Begriff *editorial cartoon* zu nennen.

11 „In der Rechten hat er das sogenannte „programme de l'hôtel de ville", d. h. eine eine Art Wahlkapitulation mit Forderungen und Grundsätzen, die die revolutionäre „commission municipale" im „hôtel de ville" nach Louis-Philippes Besuch am 31. Juli 1830 rasch formuliert hatte und Lafayette zu seinem Besuch im Palais Royale mit sich trug, aber nicht vorbrachte, weil ihn die Erklärungen Louis-Philippes völlig beruhigten. Beide waren sich einig in dem Ziel eines Volkskönigtums umgeben von republikanischen Institutionen." (Langemeyer 1978, Kat. 2).

Abb. 4: James Gillray 1796. *The Dissolution; or The Alchymist Producing an Aetherial Representation.* Kolorierte Radierung. https://wellcomecollection.org/works/q67gapyc (21. Oktober 2020).

die durchaus schon mit dem Milieurealismus von Markus' „Storykaturen" vergleichbar ist. Dennoch handelt es sich hier immer noch um eine allegorische Darstellung, wie sie bis heute für *editorial cartoons* typisch ist.

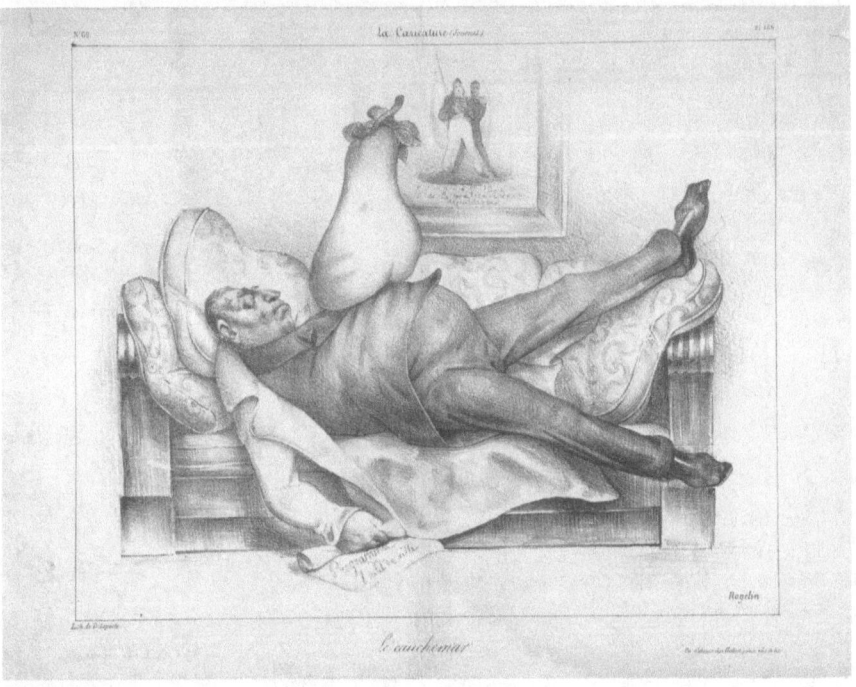

Abb. 5: Honoré Daumier. *Le cauchemar* (Der Albtraum). *La Caricature* 69. (23. Februar 1832). Metropolitan Museum of Arts. Zit. nach: https://commons.wikimedia.org/wiki/File:Le_Cauchemar_(The_Nightmare),_published_in_La_Caricature_no._69,_February_23,_1832_MET_DP808887.jpg (20. Oktober 2020).

Doch war Daumier schon wenig später außerstande, explizit politische Pressekarikaturen zu publizieren, denn im September 1835 wurde die Zensur wiedereingeführt, und rebellische Blätter wie *La Caricature* wurden verboten (Langemeyer 1978, 5). Daumier wich auf ein Gebiet aus, das Langemeyer (1978, 8) und Eva Krabbe (1978) als „Genrekarikatur" bezeichnen. Damit wird diese Untergattung der Karikatur in die Tradition der ‚Genremalerei' gestellt, und dieser Begriff wiederum lässt sich mit Barbara Gaehtgens als „Figurenmalerei" verstehen, die im Unterschied zur Historienmalerei „Szenen aus dem täglichen Leben wiedergibt", also „keine heroischen Taten und historischen Ereignisse, keine bekannten und bedeutenden Persönlichkeiten, sondern anonyme, ‚unhistorische' Figuren in ihrem individuellen Lebensbereich" (2002, 13). Norbert Schneider sieht die Wurzeln des „Genre" in didaktischer und bildsatirischer Literatur des sechzehnten Jahrhunderts, die im Zug von „Formatierungsprozessen" zwischen feudaler und frühkapitalistischer Gesellschaft moralische Normen einübte bzw. Normverstöße verspottete (2004, 9–14). Schon hier gibt es eine Entwicklung von eher allegorischer zu eher realistisch-szenischer Darstellungsweise (Schneider 2004, 12–14), nicht zuletzt dank der Anlehnung an Komödienaufführungen (14–15). Ein Beispiel für die Einübung neuer Normen und die Verspottung von Verstößen gegen sie ist die mit der „Neustrukturierung des Haushalts in der Frühen Neuzeit" einhergehende Aufwertung des „Hausvaters", dem sich die Frau unterzuordnen hatte (133), und die Bildsatire gegen aufmüpfige Ehefrauen. Ein etwa 1539 geschaffenes Flugblatt von Erhard Schön zum Beispiel illustriert Hans Sachs' Pamphlet *Die Zwelff Eygenschafft eines boßhafftigen verruchten weybs* und zeigt eine Vertreterin dieser Gattung im handgreiflichen Kampf mit ihrem Ehemann, beide flankiert von verzweifelten Kindern (vgl. 134–135).

Dreihundert Jahre später, in den 1840er Jahren, empfand Honoré Daumier dieses Schreckensszenario angesichts der Frauenbewegung als reale Bedrohung und warnte in gleich drei Serien vor der Frauenemanzipation (Langemeyer 1978, Kat. 166–172). Das Private war für Daumier also, wie Eva Krabbe (1978) betont, allemal politisch, und besonders deutlich zeigt dies Blatt 7 aus der letzten Serie *Les Femmes socialistes* vom 23. Mai 1849 (Abb. 6; Langemeyer 1978, Kat. 167, o. S.): Hier wird eine Ehefrau und Mutter zu einem ‚verruchten Weib', diesmal allerdings unter dem Einfluss einer führenden Frauenrechtlerin: „Soso, Ihr wollt also mein Herr und Meister sein...? Wartet nur ab, ich habe das Recht, euch vor die Tür zu setzen...! Jeanne Derouin hat es mir gestern Abend bewiesen... Wendet euch an sie!" Auch wenn die bedeutende Frauenrechtlerin Jeanne Derouin hier nicht auftritt, ist offensichtlich, dass dies kein harmloser Bildwitz ist, sondern die Warnung vor einer politischen Tendenz, die nach Daumiers Ansicht ins Private einzudringen und die patriarchale Ordnung zu zerstören droht. Die Parallele zu den Bildsatiren von Schäufelein und Schön ist unverkennbar; karikaturistisch im modernen Sinn erscheinen dagegen die Behandlung der Physiognomie und der spontane Zeichenduktus.

Tatsächlich gibt es eine verblüffend analog funktionierende Genrekarikatur (Abb. 7) im Kapitel „Frauenbewegung" aus Markus' *BRD-Dossier* von 1980, wobei der karikaturistische Spott hier zulasten des Ehemannes geht, der sich den Wassereimer über der Tür durch das gönnerhafte *dictum* verdient hat: „Leg doch das dumme Buch weg – dein Süßer kommt jetzt zu dir ins Bettchen." Jeanne Derouins politische Erbin Alice Schwarzer ist hier sogar optisch präsent, doch bezeichnenderweise nicht als Porträtkarikatur, sondern in Form eines kleinen Fotos auf dem Cover des „dummen Buches". Es kontrastiert programmatisch mit den altertümlichen fotografischen Frauen-Bildern auf der Rückwand des Schlaf-

Abb. 6: Honoré Daumier. *„-Ah! Vous êtes mon mari [...]!" Le Charivari*. (23. Mai 1849). National Gallery of Art. https://www.nga.gov/collection/art-object-page.73549.html (20. Oktober 2020).

zimmers. Diese politische Genrekarikatur ist bei Markus keine Ausnahme – in über der Hälfte der „Storykaturen" seines *BRD-Dossier* treten keine Politiker auf, sondern typische bzw. exemplarische Vertreter*innen sozialer Gruppen, von der Lehrerin bis zum Firmenchef – der Untertitel *Politische Karikaturen* gilt aber offenbar auch für sie.

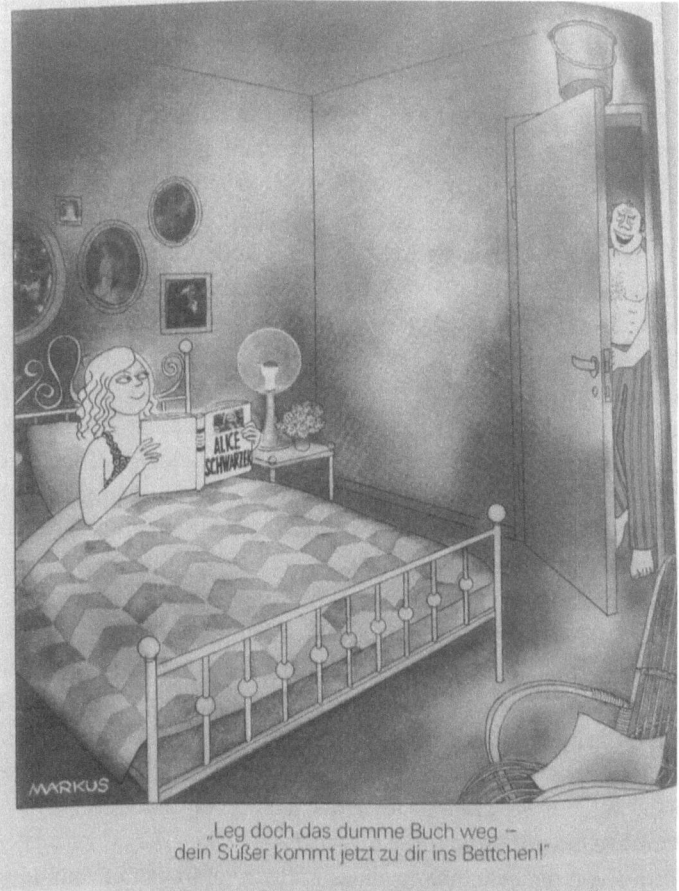

Abb. 7: Markus [Jörg Mark-Ingraban von Morgen]. „Leg doch das dumme Buch weg – dein Süßer kommt jetzt zu dir ins Bettchen." Markus [Jörg Mark-Ingraban von Morgen]. *Das BRD-Dossier: Politische Karikaturen*. Hamburg: Gruner + Jahr, 1980. 21.

Das entspricht dem Verständnis von Dietrich Grünewald, Herausgeber der Aufsatzsammlung *Zwischen Kunst und Journalismus – politische Karikaturen* (2002): Unter ‚politischen Karikaturen' versteht er solche, „die aktuelle Ereignisse, Prozesse, Entscheidungen, Positionen und Verhalten kritisch thematisieren, die politischer Einflussnahme unterliegen und die Öffentlichkeit betreffen" (14), d. h. er bindet den Begriff nicht an die Darstellung von Politiker*innen. Dementsprechend betont er die Übertragbarkeit von Porträtkarikaturen, verstanden als „das grafische Verfahren, eine Figur auf die typischen Merkmale zu reduzieren", auf anonyme Figuren: „Von konkreten Modellen gelöst, dienen sie der Darstellung von spezifischen Typen, verfestigen sich z.T. zu wieder erkennbaren und damit rasch deutbaren standardisierten Zeichen zu Schemata, Stereotpyen." Damit werden Porträtkarikaturen „in Bildwitz und Comic" einsetzbar, können aber eben auch „[s]atirische Qualität" gewinnen und zählen dann zur politischen Karikatur, wenn sie „den karikierenden Stil für bekennende, parteiliche spöttische Kritik" nicht nur „an einzelnen Politikern" verwenden, sondern auch „an politischen Zuständen und Prozessen" (17).

Nun sind die Grenzen zwischen Genrekarikaturen und „Cartoons in ihrem heutigen Verständnis als (unverbindlicher) Bildwitz" allerdings fließend (14), und das war bereits in der Zeitschrift *Punch* so, die den Begriff ‚Cartoon' in die Welt gesetzt hatte[12] (wobei die heutige Eingrenzung des Begriffs ‚Cartoon' auf ‚Bilderwitze' eine deutsche Besonderheit ist). Auch die ‚Cartoons' der Münchner *Fliegenden Blätter*, schwankten je nach Zensur- und politischer Großwetterlage zwischen harmlosem Bildwitz und bissiger Genrekarikatur.[13] Der Münchner *Simplicissimus* ist vor allem für allegorische Karikaturen berühmt (Klimt und Zimmermann 2018, 203–285), bot aber vor allem Genrekarikaturen und Bildwitze (59–201). International gilt heute der *New Yorker* trotz gelegentlicher Ausflüge ins Allegorisch-Politische als wichtigstes Organ für Bildwitze und Genrekarikaturen (Vowinckel-Textor 1984). Im deutschen Sprachraum aber ist die Genrekarikatur mit politischer Relevanz meiner Meinung nach vitaler und einflussreicher denn je, wie ein Blick in eine beliebige Ausgabe der seit 2010 erscheinende Anthologie *Beste Bilder: Die Karikaturen des Jahres* bezeugen kann (z. B. Kleinert und Schwalm 2010). Dass Genrekarikaturen als politisch relevant, ja brisant wahrgenommen werden, zeigt etwa „Der erste deutsche Karikaturenstreit" (Alice Schwarzer, 2019) um die EMMA-Karikaturistin Franziska Becker, der vorgeworfen wurde, „dem Klischee von der scheinbar zwangsläufig unterdrückten, verblödeten, jeder Individualität beraubten kopftuchtragenden Frau" Vorschub geleistet zu haben (Sezgin 2019). Wie auch immer man sich dazu positioniert – feststeht, dass die Genrekarikatur heute eine wichtige Ergänzung, wenn nicht Alternative für die allegorische Pressekarikatur darstellt, die sich nicht selten darin erschöpft, Redewendungen und Gemeinplätze unkritisch ins Bild zu setzen. Autor*innen von Genrekarikaturen dagegen müssen entweder eine Alltagsszene beobachten, die für politische Zusammenhänge repräsentativ ist, oder sie erfinden.

---

[12] Nach Berger (1989) war „der *Punch* [...] in seinen Anfangsjahren ein durchaus gesellschaftskritisches Blatt" (185; siehe gleich die ersten beiden Beispiele, 8–9), wurde aber zunehmend harmloser.

[13] Siehe Bernhard 1979 mit einer Auswahl aus dem ersten Jahrzehnt der Münchner *Fliegenden Blätter* vom Vormärz zur Reaktion (1844–1854).

Als *anekdotisch* lassen sich Genrekarikaturen zwar nicht im Sinn Rudolf Schäfers verstehen, der Anekdoten für Berühmtheiten reserviert. Doch sei wiederum an Harald Frickes Definition erinnert, die als „Anschlüsse an historisch Bekanntes" alternativ zur „historische[n] Hauptfigur" einen „historischen Stoff" zulässt (2010, 9), und an Ernst Gombrichs Formulierung „that contemporary section of history we call politics" (Gombrich 1979, 128). Schäfers triadisches Modell von *occasio*, *provocatio* und *dictum* jedenfalls ist bereits auf Genrekarikaturen des neunzehnten Jahrhunderts anwendbar, und vielleicht ist es sogar hier, wo die Besetzung der *subscriptio*-Position durch ein *dictum* ihren Ursprung hat – was wiederum eine eigene Untersuchung wert wäre.

3.2 Anekdotische Historienmalerei und anekdotisch-allegorische Pressekarikatur im neunzehnten Jahrhundert

Daumiers Rückgriff auf die Genremalerei geschah vor dem Hintergrund einer Annäherung von Kunstgattungen, die einst hierarchisch geschieden waren: „Seit dem späten achtzehnten Jahrhundert verwischen die Grenzen zwischen Genre und Historie, Porträt und den anderen Gattungen. Durch den Engländer Hogarth kam das Element der Karikatur dazu. Was zuvor akademisch ausgegrenzt war, geriet in einer Zeit wachsender sozialer Probleme und Spannungen und unter dem veränderten kunsttheoretischen Ideal des ‚Realismus' zur Waffe im Meinungskampf" (Suckale, 1998, 488; siehe Busch 1993). Dies galt insbesondere für die Historienmalerei, die sich, wenigstens in Europa, mehr und mehr von der Allegorie verabschiedete und der Genremalerei annäherte, indem sie „große historische Ereignisse in menschlich verständliche Situationen verwandelt" vorführte (Klotz 2000, 163). So wurden Historienmaler, wie Linda Nochlin formuliert, oft genug zu „anecdotal painters of history" und manchmal sogar zu Illustratoren von Anekdoten mit karikaturistischer Tendenz (1971, 24). Dafür zwei Beispiele.

Nochlin illustriert das neue Bemühen der Historienmalerei „to place the daily life of a given choronological period in a convincing and objectively accurate milieu" unter anderem durch ein Gemälde von Jean-Léon Gérôme aus dem Jahr 1863 (Abb. 8, siehe Allan 2010b). Es bezieht sich auf eine recht zweifelhafte, aus dritter Hand mitgeteilte Anekdote in den seinerzeit berühmten Erinnerungen von Marie-Antoinettes erster Kammerfrau Jeanne Louise-Henriette Campan (1823, 8–9): Als Ludwig dem Vierzehnten zu Ohren gekommen sei, dass seine Kammerdiener es als Beleidigung empfanden, mit Molière an einem Tisch zu essen, habe er den Komödianten, der beim Morgenempfang Dienst tat, demonstrativ an seinen Frühstückstisch gebeten, ein Stück Geflügel mit ihm geteilt und befohlen, seinen Hofstaat, darunter nicht wenige seiner Günstlinge, einzulassen.

Abb. 8: Jean-Léon Gérôme. *Louis XIV et Molière.* 1861. Öl auf Holztafel. Malden Public Library. https://fr.wikipedia.org/wiki/Fichier:Jean-L%C3%A9on_G%C3%A9r%C3%B4me_-_Louis_XIV_and_Moliere.jpg (20. Oktober 2020).

„Vous me voyez, leur dit le roi, occupé de faire manger Molière que mes valets de chambre ne trouvent pas assez bonne compagnie pour eux." De ce moment, Molière n'eut plus besoin de se présenter à cette table de service, toute la cour s'empressa de lui faire des invitations. [„Wie Sie sehen," sprach der König zu ihnen, „bewirte ich soeben Molière, dessen Gesellschaft meinen Kammerdienern nicht gut genug ist." Von diesem Zeitpunkt an hatte Molière es nicht mehr nötig, an der Domestiken-Tafel vorzusprechen, überbot sich doch der ganze Hof darin ihn einzuladen.]

Das große deutsche Anekdotenlexikon von 1833/34 bietet eine deutlich ausführlichere Version (1985, 198–199), in der die performative Ironie des *dictum* hervorgehoben wird: „Diejenigen, welchen diese Worte galten, sind zwar gegenwärtig, aber nicht vornehm genug, als daß Ludwig unmittelbar zu ihnen spräche" (1985, 199). Da Wort- und Sachpointe in dieser Anekdote zusammenfallen, kann Gérômes Gemälde *Louis XIV et Molière* auf ein *dictum* im Bildtitel verzichten und die Belehrung in Körpersprache übersetzen. Zwar sitzt der König, entgegen traditioneller Herrscherikonographie, vergleichsweise niedrig im Bild[14] und auf derselben

---

[14] Siehe dagegen die 1857 geschaffene Version von Jean-Auguste-Dominique Ingres (Allan 2010b, 146).

Höhe mit Moliére, hat sich aber entspannt zurückgelehnt und spricht die Höflinge über seine rechte Schulter hinweg an, so dass sie sich lauschend herabbeugen müssen. Dennoch sahen einige Zeitgenossen das Bild als weiteren Beleg für eine bedauerliche Tendenz des Malers zum Lächerlichen (Allan 2010a, 94) und stießen sich insbesondere an der Darstellung von König und Künstler (Allan 2010b, 146–147). An die Grenze des Karikaturistischen geht aber wohl eher die Darstellung der befremdeten Höflinge, auch wenn sie wesentlich dezenter ausfällt als die der Richter in Gérômes Skandalbild *Phryne devant l'Areopage* von 1861, das ebenfalls auf eine Anekdote zurückgeht (Papet 2010, vgl. des Cars et al. 2010, 88).

In Deutschland praktizierte vor allem Adolph Menzel, selbst Protagonist zahlreicher Anekdoten (Lammel 1997), eine anekdotisch inspirierte Historienmalerei (Busch 2015, Kap. 2; 4, bezeichnenderweise mit anekdotischer Einleitung). 1855 gestaltete er ebenfalls eine unverbürgte Künstleranekdote aus dem Absolutismus (Abb. 9): Als nach langen Verhandlungen zwischen Graf Brühl und dem Benediktinerkloster Sisto in Piacenza der sächsische Hof 1754 Raffaels „Sixtinische Madonna" erwerben konnte und das Gemälde in Dresden eintraf, soll Kurfürst August III. seinen Thron mit den Worten „Platz für den großen Raffael!" beiseitegeschoben haben.[15] Dieses *dictum* bildet den Titel von Menzels Gouache – doch das „große" Bild liegt kaum identifizierbar im Schatten. „Hofdiener schleppen es wie ein Beutestück in den eng erscheinenden, dunklen Raum, wo es von den neugierigen Blicken des Besitzerpaars erwartet wird. Der Rest des Hofes nimmt nicht weiter davon Notiz." Karikaturistisch ist hier vor allem die „Darstellung des vermeintlich hemdsärmelig-häuslichen Kurfürsten der Aufklärungszeit, dem es doch nur um den Ruhm des Malernamens in seiner Galerie gegangen war" (Skwirblies 2018). Menzels gemalte Anekdote kommt der von Nannen gerühmten Markus-Karikatur der Kanzler-Feier auf dem SPD-Parteitag verblüffend nahe, und zwar nicht nur in der Zweiteilung zwischen Bild und *dictum*, sondern auch im Thema der zweifelhaften theatralischen Zurschaustellung.

Während sich die Historienmalerei des neunzehnten Jahrhundert also dem Anekdotischen und manchmal sogar Karikaturistischem näherte, konnte ironischerweise der *editorial cartoon* abseits der Genre-Karikatur nicht auf die Allegorie verzichten, um komplexe politische Zusammenhänge zu veranschaulichen.[16] Und

---

[15] „Diese Anekdote war damals weithin bekannt, und auch Julius Hübner vergaß nicht, sie in seinem Verzeichnis der Königlichen Gemälde-Galerie zu Dresden [Dresden 1856, 31] zu erwähnen." (Lammel 1993, 209 [Anm. 118], eckige Klammern im Original; siehe zur Entstehungsgeschichte des Bildes und zu Menzels Raffael-Verständnis 51–52).

[16] Hans-Martin Kaulbach (2002) hat am Beispiel Daumiers gezeigt, wie sich nach der Revolution von 1848 die Figur der Freiheit effektvoll in einer Karikatur einsetzen ließ, eine Gemälde-Allegorie

Abb. 9: Adolph von Menzel. *Platz für den großen Raffael*. 1855/1859. Gouache und Pastell auf Papier auf Pappe. Germanisches Nationalmuseum Nürnberg. https://museen.nuernberg. de/kunstsammlungen/bestaende/highlights-kunstsammlungen/menzel-platz-fuer-raffael/ (20. Oktober 2020).

doch gab es, wie ich meine, spätestens ab der zweiten Jahrhunderthälfte auch allegorische Pressekarikaturen mit anekdotischen Elementen. Ein besonders prägnantes Beispiel ist eine US-Karikatur aus demselben Jahr wie Gérômes Gemälde, nämlich 1863, und damit vom Anfang des Amerikanischen Bürgerkrieges. Bezeichnenderweise bin ich ihr zuerst als Teil einer (Meta-)Anekdote aus George Hoyaus Sammlung *Hohes Haus: Politik in Anekdoten* begegnet (1978, 22):

> Abraham Lincoln erzählte gerne Anekdoten; so gerne, daß seine Leidenschaft für das Geschichtenerzählen schließlich sogar als politische Waffe gegen ihn verwendet wurde. Nachdem Lincoln im Jahre 1861 zum Präsidenten gewählt worden war, traten elf Südstaaten aus der Union aus und gründeten den Sonderbund der Konföderierten Staaten. Bald darauf erklärte Lincoln alle Sklaven der Südstaaten für frei – der Bürgerkrieg begann. Die Haltung

---

der Republik dagegen, die er wenig später für einen staatlichen Wettbewerb einreichte, ebenso dem Publikums-Spott anheimfiel wie die Entwürfe seiner Mitbewerber.

des Präsidenten wurde auch in den Nordstaaten vielfach kritisiert. So erschien nach der Schlacht von Fredericksburg im Jahre 1863 in ‚Harper's Weekly' eine Karikatur, in der die Symbolgestalt der Columbia den Präsidenten fragte: ‚Wo sind meine fünfzehntausend Söhne, die bei Fredericksburg gefallen sind?' Und Lincoln antwortete darauf: ‚Das erinnert mich an eine nette kleine Geschichte...'

Anders als die Nacherzählung teilt die Unterschrift der am 3. Januar 1863 anonym erschienenen Karikatur (Abb. 10) allerdings nicht Lincoln das letzte Wort zu, sondern der verkörperten USA: „Go tell your Joke AT SPRINGFIELD!" Damit entspricht sie der (nach Schäfer) dominanten Form einer Anekdote, die vorführt, wie eine große Persönlichkeit im Wortgefecht siegt – nur dass diese Persönlichkeit eine Allegorie ist. Doch auch in der von Hoyau überlieferten Form wäre Lincolns Antwort (mit Schäfer) ein „Wort, das danebentrifft" und seinen Sprecher entlarvt (1982, 43): Lincoln zeigt sich als Possenreißer, der die Situation nicht in den Griff kriegt. Tatsächlich hatte die *New York World* das falsche Gerücht verbreitet, dass der Präsident auf dem Schlachtfeld von Antietam Witze gerissen habe (Vgl. Komm. Link Abb. 11). Ein Jahr später, 1864, spitzte der Karikaturist Joseph E. Baker die Bilderfindung szenisch-anekdotisch zu (Abb. 11): Der Präsident (diesmal ohne Kriegsminister Edwin Stanton und General Joseph Hooker) sitzt am Schreibtisch, ein Bein lässig über eine Stuhllehne gehängt, und wird plötzlich von Columbia überrascht, die ihm diesmal einen noch höheren Blutzoll vorhält: „Mr. LINCOLN give me back my 500.000 Sons!!!" Der Angeklagte kratzt sich am Kopf, um nach einer Ausrede zu suchen, und lenkt dann ab: „Well the fact is–by the way that reminds me of a STORY!!!" Damit hat Lincoln zwar das selbstentlarvende letzte Wort, allerdings nur im Sprechblasendialog des Bildes – doch die Unterschrift insistiert: „COLUMBIA DEMANDS HER CHILDREN!" In beiden Varianten kontrastieren Erscheinung und Tonfall der elegant zürnenden US-Allegorie mit dem lächerlichen Auftreten des Präsidenten; gattungsgeschichtlich gesehen stößt der hohe pathetische Stil der Tragödie bzw. der allegorischen Historienmalerei auf den niederen Stil der Komödie bzw. der frühen Genremalerei.

Nun könnte man die Karikatur, wenn man Columbia durch eine reale Figur ersetzen würde, auch ohne Weiteres in eine Anekdote überführen. Tatsächlich stellt der Herausgeber und Kommentator der Anthologie *Lincoln in Caricature*, Rufus Rockwell Wilson, der *Harper*-Karikatur eine Anekdote aus dem Munde des früheren Gouverneurs von Pennsylvania, Andrew Gregg Curtin, zur Seite: Dieser sei verwundet vom Schlachtfeld in Fredericksburg gekommen, habe dem Präsidenten eindringlich das Gemetzel geschildert und seine Erzählung mit dem Ausruf beschlossen: „From the bottom of my heart, Mr. President, I wish we could find some way of ending this war." Darauf Lincoln: „Curtin, it's a big job we've got at hand. It reminds me of what once had happened to the son of a neighbor out in

Abb. 10: Anonym: *COLUMBIA. „Where are my 15,000 Sons […]."* Harper's Weekly. (3. Januar 1863). https://obsidian-sphere.tumblr.com/post/190035754212/page-from-harpers-weekly-published-january-3rd (20. Oktober 2020).

Illinois." Es folgt eine burleske Geschichte von einem Jungen, der einen Eber am Schwanz halten musste, um ihn vom Apfelraub abzuhalten, und nicht mehr loslassen konnte, da das Tier nach seinen Beinen schnappte. Sie dient allerdings nicht dazu, den Besucher abzulenken, und der Sinn der Anekdote ist auch nicht, Lincoln lächerlich zu machen. Vielmehr wendet der Präsident die Eber-Geschichte allegorisch auf die historische Situation an: „I want you to pitch in and let me help go of the pig's tail that I have go hold." (Wilson 1953, 200). So bekommt der „nice little joke", über den beide herzlich lachen müssen, einen exemplarischen Charakter, der ihm historische Signifikanz verleiht. Doch damit ist die Anekdote noch nicht zu Ende: Der Besucher vermutet und Lincoln bestätigt, dass solche Geschichten für ihn generell ein Trost in schweren Zeiten sind.

Sowohl Gouverneur Curtins Anekdote als auch die Karikatur aus *Harper's Weekly* stehen für eine Annäherung zwischen anekdotischen und allegorischen Strategien in Karikatur wie Kurzerzählung, die sich nicht zufällig in den USA vollzieht: Der Geschichtenerzähler Lincoln stand in der Tradition Benjamin Franklins, für den „die Anekdote ein politisches Kampf- und Nachrichtenmittel war" (Grothe 1971, 41), der aber auch als „the first American political cartoonist" gilt (Hess und Kaplan 1968, 51). Anekdoten förderten bis weit ins zwanzigste

Abb. 11: Joseph E. Baker: *Columbia demands her children!* 1864. Lithographie auf Velin. *Library of Congress.* https://www.loc.gov/pictures/item/2008661676/ (20. Oktober 2020)

Jahrhundert hinein die Bildung US-amerikanischer Identität, wobei schwankhafte Genreanekdoten mit Personalanekdoten um Franklin, Washington, Lincoln oder Mark Twain zusammenwirkten (Schäfer 1982, 24–25; Grothe 1971, 41–42; Lohr 1950). Wie zwanglos allegorisches und anekdotisches Denken ineinander übergingen, zeigt auch die Ablösung der Columbia als Personifikation der USA durch Uncle Sam: Nach offizieller Version geht diese Figur auf einen Fleischlieferanten namens Samuel Wilson zurück, der die Armee im Britisch-Amerikanischen Krieg von 1812 im Auftrag der Regierung versorgte. Seine Fleischdosen seien mit „U.S." gekennzeichnet gewesen, was die Soldaten irrtümlich oder scherzhaft auf den Lieferanten „Uncle Sam" bezogen hätten. Diese Ursprungsanekdote ist trotz Anerkennung durch Senatsbeschluss 1961 durchaus umstritten – feststeht aber, dass „Uncle Sam" sich auf Karikaturen und Plakaten durchsetzte, „da er realer und pragmatischer wirkte als die engelsgleiche Columbia" (Emmerich 15). Während des Bürgerkriegs wurde sie vom politischen Karikaturisten des *Punch*, Sir John Tenniel, weiterentwickelt, indem er ihr die spitzbärtigen Physiognomie Lincolns verlieh (Hess und Kaplan 1968, 33–37).

Von John Tenniel stammt auch die wohl berühmteste aller Pressekarikaturen, nämlich „Dropping the Pilot" vom März 1890 auf Bismarcks Entlassung durch Wilhelm II.[17] Obwohl Tenniel auf die traditionsreiche Wort- und Bildmetapher vom ‚Staatsschiff' zurückgreift (Schäfer 1972) und dies sogar explizit in einer Bildunterschrift, die kein *dictum* darstellt, befinden wir uns hier nicht im abstrakten Raum der Allegorie, sondern in einer (bis auf die Kaiserkrone) weitgehend realistischen Szenerie[18]: Der fünfundsiebzigjährige Bismarck muss sich abstützen, um sicher die Leiter herunterzukommen, strahlt aber dennoch, den Vordergrund dominierend, Würde aus. Der junge Kaiser dagegen lehnt nonchalant über die Brüstung und kostet aus, dass er den Kanzler gerade fallengelassen hat: „dropping the pilot".[19] In der sprichwörtlich gewordenen deutschen Übersetzung „Der Lotse geht von Bord" wird dieser Aspekt der Demütigung heruntergespielt und suggeriert, Bismarck sei aus freien Stücken gegangen (Leibfriedt 2014). Die psychologische Spannung des Originals aber gibt der Karikatur, wie ich meine, dann doch die Eindringlichkeit eines anekdotischen Charakterbildes der Plutarch-Tradition. Dem historischen Bismarck jedenfalls (um auch hier ein anekdotisches Nachspiel anzufügen) gefiel Tenniels Doppel-Charakterisierung, weshalb der Earl of Rosebery und spätere Premierminister Archibald Primrose die Karikatur Tenniel abkaufte und dem Altkanzler zum Geschenk machte (Lucie-Smith 1981, 12). Andererseits wurde die Karikatur immer wieder zitiert, wenn es um den eher unfreiwilligen Abgang eines Politikers ging – sie steht also auch für eine typische Konstellation (Guratzsch 1990).

3.3 Charakter oder Konstellation?

Die bisher behandelten ganz oder teilweise anekdotischen Karikaturen auf Politiker entsprachen recht deutlich dem, was Klaus Doderer eine „Charakteranekdote" nennt, die Genrekarikaturen dagegen der „Situationsanekdote", in der eine Situation metonymisch für einen größeren Zusammenhang steht (Doderer 1977,

---

17 Zur Entlastung des Abbildungsteils wird diese Karikatur nicht wiedergegeben, da sie sich problemlos googlen lässt.
18 Leibfriedt (2014) zufolge sehen wir hier sogar ganz konkret die kaiserliche Yacht Hohenzollern.
19 Vgl. Lucie-Smith 1981, 12: „The dignified figure of Bismarck, the architect of Germany's greatness, is watched over by a smug, self-satisfied emperor who had achieved his aim of forcing the Iron Chancellor to resign from German politics." Allerdings gibt es ein recht weites Spektrum von Wilhelms Körpersprache, die im Abschnitt „Beschreibung" des exzellenten deutschen Wikipedia-Artikels zu dieser Karikatur („Der Lotse geht von Bord" 2018) zusammengestellt sind.

20).²⁰ Problematisch wird diese Korrelation jedoch im Fall von David Lows Karikatur auf den koordinierten Überfall Polens durch Nazideutschland und die Sowjetunion im September 1939 (Abb. 12): Sie zeigt ein „Rendezvous" Hitlers und Stalins, obwohl sich beide nie begegnet sind. Der Deutsch-Sowjetische Nichtangriffspakt vom August 1939 wurde, einschließlich des geheimen Zusatzprotokolls, von den Außenministern Molotov und Ribbentrop ausgehandelt und wird deshalb in vielen Sprachen als ‚Molotov-Ribbentrop-Pakt' bezeichnet. Im Deutschen jedoch spricht man landläufig vom ‚Hitler-Stalin-Pakt', was impliziert, dass die beiden Diktatoren die eigentlichen Akteure waren. Wenn auch Low beide beim „RENDEVOUZ" auf dem Schlachtfeld zeigt, scheint das den allegorischen Charakter der Karikatur ebenso zu unterstreichen wie die Darstellung Polens als zwischen ihnen liegendes Mordopfer. Und doch spielt die Karikatur auf eine Anekdote von einer berühmten Begegnung an: Am 10. November 1871 fand der Journalist und Abenteurer Henry Morton Stanley nach einer spektakulären Suchaktion den verschollen geglaubten Afrikaforscher David Livingstone in Ujiji, West-Tanzania. Umstritten ist allerdings Stanleys Bericht, er habe ihn dort mit den Worten „Doctor Livingstone, I presume" begrüßt, ein *dictum*, das zum geflügelten Wort wurde (Lange 1990, 114).

Hier ist von Interesse, in welcher Form die Anekdote David Low und seinem Publikum vor Augen stand: Es handelt sich um eine Illustration (Abb. 13) zu Stanleys Bestseller *How I Found Livingstone* von 1872 (412). Dort wird die Begegnung, die erst nach Kämpfen mit Morambo, König der lokalen Ajowa, möglich war, in Tagebuchform recht breit ausgeführt, ohne das *dictum* wirklich hervorzuheben (Kap. 11). Anders verhält es sich jedoch mit der Illustration, die, dem Untertitel des Bandes zufolge, auf eine Vorlage Stanleys zurückgeht: Sie zeigt den gebürtigen Waliser und nunmehrigen Repräsentanten der USA halb von hinten, wie er, nach abendländischer Manier den Hut lüftend, einen kleinen Schritt auf Livingstone zumacht; dieser, frontal und steif dastehend, grüßt ebenso. Die weiße Kleidung Stanleys kontrastiert mit der schwarzen Haut seiner Träger, von denen einer die US-Fahne schwenkt; Livingstones schwarze Kleidung hebt sich gegen die weißen Gewänder und Turbane arabischer Sklavenhändler ab, bei denen er Aufnahme gefunden hatte. Vor diesen Zuschauern vollziehen die beiden gebürtigen Briten also mit neutraler Miene ihr Begrüßungsritual, ergänzt durch das in der Unterschrift wiedergegebene *dictum* „DR. LIVINGSTONE, I PRESUME",²¹ al-

---

20 Wie Doderers Beispiele zeigen, ist die „Charakteranekdote" nicht unbedingt auf eine prominente oder auch nur historische Figur bezogen, die andererseits auch in einer „Situationsanekdote" agieren kann.
21 Wie ein Blick auf das Verzeichnis der ganzseitigen Abbildungen (Stanley 1871, xiii) zeigt, handelt es sich um die bis dahin einzige Bildunterschrift in Form mündlicher Rede; spätere be-

Abb. 12: David Low: *Rendezvous*. 1939. *The Evening Standard*. (20. September 1939). https://en.wikipedia.org/wiki/David_Low_(cartoonist)#/media/File:Davidlowrendezvous.png (22. Oktober 2020).

lerdings ohne das oft eingefügte Fragezeichen, das die Bild-Text-Inszenierung von abendländischer Unterkühltheit vor afrikanischem Publikum noch etwas drolliger macht.

In Lows Karikatur fehlt ein Publikum; nur eine Leiche liegt auf dem leeren Schlachtfeld, von dem sich der Rauch des Gefechts hebt. Doch auch zu dieser Umgebung bildet die Höflichkeit der Protagonisten einen provokativen Kontrast, zumal sie nun aberwitzig übersteigert ist: Nicht nur wird die Körpersprache bis ins Extrem von Ballettposen getrieben; die Begrüßungsformeln selbst inkorporieren propagandistische Verteufelungsformeln, mit denen sich beide bislang bedacht

---

stehen in Ausrufen, die auf abenteuerliche Situationen deuten.",HE IS SHOT! HE IS SHOT!' SHOOTING A BUFFALO COW" (577) und „'LOOK OUT! YOU DROP THAT BOX—I'LL SHOOT YOU!'" (642).

Abb. 13: Henry Morton Stanley (Vorlage). „*DR LIVINGSTON, I PRESUME*". Illustration zu: Stanley, Henry Morton. *How I Found Livingstone: Travels, Adventures and Discoveries in Central Africa. Including an Account of Four Months' Residence with Dr. Livingstone. By H. M. S., Travel Correspondent of the „New York Herald". With Maps and Illustrations after Drawings by the Author.* New York: Scribner, Armstrong & Co, 1872. 412. https://de.wikipedia.org/wiki/David_Livingstone#/media/Datei:Rencontre_de_Livingstone_-_How_I_found_Livingstone_(fr).png (22. Oktober 2020).

hatten (gewissermaßen verbale Karikaturen, auch dies ein Thema für weitere Untersuchungen). Durch diese Widersprüche werden die beiden vermeintlichen ideologischen Todfeinde als opportunistische Brüder im Geiste entlarvt – und die Leser*innen zum Publikum einer zynischen Schmierenkomödie gemacht. Darin agieren einerseits die großen Verbrecher Hitler und Stalin; andererseits bezeichnet die Karikatur so exemplarisch ein machiavellistisches Politikverständnis, dass sie auf manch andere *occasio* bzw. politische Konstellation übertragbar ist. So reagierte der südafrikanische Zeichner Brandan Reynolds am 12. Juni 2018 auf das Treffen zwischen Kim Jong-un und Donald Trump auf Singapur mit einer Hommage an David Low und legte dem Präsidenten die Worte „ROCKET MAN I BELIEVE?" in den Mund, dem Diktator die Entgegnung: „MENTALLY DERANGED US RETARD I PRESUME?" Bezeichnenderweise gibt es zur Beziehung zwischen den beiden auch eine Anekdote von Trumps früheren Sicherheitsberater Bolton in bester Prokop-Tradition: Dem Präsidenten sei es nach dem ersten Treffen sehr wichtig gewesen, seinen neuen Freund davon zu überzeugen, dass „(Little) Rocket Man" keiner seiner berüchtigten karikaturistischen

Spottnamen gewesen sei, sondern ein Kompliment. Deshalb habe er darauf gedrungen, eine von Elton John signierte CD des Songs zu erlangen und Kim Jong-un zu schenken. Diese Anekdote erzählt allerdings vor allem etwas über das Individuum Donald Trump (Vallejo 2020).

Meines Erachtens ist dies eine entscheidende Frage für die Analyse von Karikaturen wie von Anekdoten mit politischen Protagonist*innen: Geht es vor allem um deren Charakter oder werden sie eher als Verkörperung ihres Landes (bzw. einer Partei oder Organisation) aufgefasst, gewissermaßen als Allegorien auf Zeit? Beides sind Funktionen, zwischen denen auch ihre öffentliche Selbstdarstellung changiert, vom Händeschütteln mit anderen Staatsoberhäuptern bis zur Instagram-Inszenierung (Klemm 2019).

Literaturverzeichnis

Allan, Scott C. *Gérome before the Tribunal: The Painter's Early Reception*. Des Cars 2010, 89–99 (= Allan 2010a).

Allan, Scott C. *Moliére Breakfasting with Louis XIV.* Des Cars u. a. 2010, 144–147 (= Allan 2010b).

Anonym. *Das große deutsche Anekdoten-Lexikon. Reprint der Original-Ausgabe Erfurt: Bartholomäus, 1843/44.* Leipzig: vma-Vertriebsgesellschaft 1985.

Anonym. „Der Lotse geht von Bord". *Deutscher Wikipedia-Artikel vom 13. August 2018*, letzte Bearbeitung 20. Mai 2020. https://de.wikipedia.org/wiki/Der_Lotse_geht_von_Bord#Vorlage_Exzellent (18. Oktober 2018).

Beerbohm, Max. *Literary Caricatures: From Homer to Huxley*. Hg. Jacobus Gerhardus Riewald. Hamden, CT: Archon Books 1977.

Berger, Wilhelm Richard (Hg.). *Punch: Viktorianischer Humor 1841–1901*. 2. Aufl. Dortmund: Harenberg, 1982 (Nachwort des Herausgebers 185–198).

Bernhard, Marianne (Hg.). *Fliegende Blätter: Eine Auswahl aus dem ersten Jahrzehnt*. Dortmund: Harenberg, 1979 (Nachwort der Herausgeberin 205–213).

Busch, Werner. *Adolph Menzel: Auf der Suche nach der Wirklichkeit*. München: C.H. Beck, 2015.

Busch, Werner. *Das sentimentalische Bild: Die Krise der Kunst im 18. Jahrhundert und die Geburt der Moderne*. München: C.H. Beck, 1993.

Campan, Jeanne Louise Henriette. *Mémoires sur la vie privée de Marie-Antoinette, reine de France et de Navarre, suivis des souvenirs et anecdotes historiques sur les règnes de Louis XIV, de Louise XV et de Louis XVI*. Bd. 3. 2. Aufl. Paris: Baudouin Frères, 1823.

Des Cars, Laurence, Dominique de Font-Réaulx und Édouard Papet (Hg.). *The Spectacular Art of Jean-Léon Gérôme (1824–1904): In Conjunction with the Exhibition at the Paul Getty Museum*. Los Angeles, 15. Juni – 12. September 2010. Mailand: Skira 2010.

Doderer, Klaus. *Die Kurzgeschichte in Deutschland: Mit einer Vorbemerkung und bibliographischen Ergänzungen 1951–1976*. 2. Aufl. Darmstadt: Wissenschaftliche Buchgesellschaft, 1977.

Döring, Jürgen. *Eine Kunstgeschichte der frühen englischen Karikatur*. Hildesheim: Gerstenberg, 1991.
Eisele, Petra (Hg.). *Humor aus zwei Jahrhunderten: Das Beste aus illustrierten Blättern für Satire, Witz und Humor*. Bern, München: Scherz, 1984.
Emmerich, Alexander. *Geschichte der USA*. Stuttgart: Theiss, 2008.
Fischer, Heinz-Dietrich. „History and Development of the Pulitzer Prize for Editiorial Cartoon". *Editorial Cartoon Awards 1922–1997: From Rollin Kirby and Edmund Daffy to Herbert Block and Paul Conrad*. Hg. Heinz-Dietrich Fischer in Zusammenarbeit mit Erika J. Fischer. Berlin: De Gruyter 1999, XXI–LXVIII.
Fricke, Harald. „Definieren von Gattungen". *Handbuch Gattungstheorie*. Hg. Rüdiger Zymner. Stuttgart und Weimar: J.B. Metzler 2010. 7–10.
Fleckner, Uwe, Martin Warnke und Hendrik Ziegler (Hg.). *Handbuch der politischen Ikonographie*. Bd. 1: „Abdankung bis Huldigung". München: C.H. Beck, 2011.
Fuld, Werner. *Als Kafka noch die Frauen liebte: Unwahre Anekdoten über das Leben, die Liebe und die Kunst*. Hamburg: Luchterhand, 1994.
Gaethgens, Barbara (Hg.). *Geschichte der klassischen Bildgattungen in Quellentexten und Kommentaren: Genremalerei*. Berlin: Reimer, 2002 (Einleitung der Herausgeberin 11–46).
Godfrey, Richard T. *English Caricature, 1620 to the Present: Caricaturists and Satirists, their Art, their Purpose and Influence. Catalogue of an Exhibition Held at the Yale Center for British Art*. London: Victoria and Albert Museum, 1984.
Gombrich, Ernst H.: „The Cartoonist's Armoury". *Meditations on a Hobby Horse and Other Essays on the Theory of Art: With 40 Illustrations*. 3. Aufl. London und New York: Phaidon, 1979, 127–142; fig. 63–123.
Göttler, Christine. *Die Kunst des Fegefeuers nach der Reformation: Kirchliche Schenkungen, Ablass und Almosen in Antwerpen und Bologna um 1600*. Mainz: Philipp von Zabern, 1996.
Grothe, Heinz. *Anekdote*. 2., durchgesehene und erweiterte Auflage. Stuttgart: J.B. Metzler, 1984.
Grünewald, Dietrich (Hg.). *Politische Karikatur: Zwischen Journalismus und Kunst*. Weimar: VDG-Verlag, 2002 (Einleitung des Herausgebers mit dem Titel „Zwischen Kunst und Journalismus – politische Karikaturen" 9–14).
Guratzsch, Herwig (Hg.). *James Gillray 1757–1815: Meisterwerke der Karikatur. Katalog: Max Hesse, überarbeitet und abgeschlossen von Gerd Unverfehrt*. Stuttgart: Gerd Hatje, 1986.
Guratzsch, Herwig (Hg.). *Der Lotse geht von Bord: Zum 100. Geburtstag einer weltberühmten Karikatur*. Bielefeld: Wilhelm Busch-Gesellschaft, 1990.
Harms, Wolfgang. Art. „Flugblatt". *Politische Ikonographie: Ein Handbuch*. Bd. 1: „Abdankung bis Huldigung". Hg. Uwe Fleckner, Martin Warnke und Hendrik Ziegler. 2011. 331–338.
Henn, Rolf [„Luff"], und Burkhard Mohr. *Luff und Mohr: Die Karikatur des Tages. Fortlaufend*. Stuttgarter Zeitung https://www.stuttgarter-zeitung.de/inhalt.luff-mohr-karikatur-des-tages.a9972896-8361-44da-a63c-d8e73bb473ee.html (20. Oktober 2020).
Henscheid, Eckhard. *Wie Max Horkheimer einmal sogar Adorno hereinlegte: Anekdoten über Fußball, Kritische Theorie, Hegel und Schach*. Zürich: Haffmans, 1983.
Hess, Stephen, und Milton Kaplan. *The Ungentlemanly Art: A History of American Political Cartoons*. New York, London: Macmillan, 1968.

Hoff, Syd. *Editorial and Political Cartooning: From Earliest Times to the Present, with over 700 Examples from the Works of the World's Greatest Cartoonists*. New York: Stravon Educational Press, 1976.

Hofmann, Werner: „Die Karikatur – eine Gegenkunst?" *Bild als Waffe: Mittel und Motive der Karikatur in fünf Jahrhunderten*. Hg. Gerhard Langemeyer, Gerd Unverfehrt, Herwig Guratsch, und Christoph Stölzl. München: Prestel, 1985. 355–383.

Hoyau, Georges. *Hohes Haus: Politik in Anekdoten*. München: dtv, 1978.

Husband, Tony (Hg.). *The Story of America in Cartoons*. London: Arcturus, 2015.

Jak: *Cartoons No. 22 from Evening Standard and The Mail on Sunday*. London: Chapmans, 1990.

Kaulbach, Hans-Martin. *Honoré Daumier und die Revolution 1848*. Grünewald 2002. 81–104.

Kegel, Jens. „Die politische Rede zwischen Produzent, Medium und Rezipient." *Handbuch Politische Rhetorik*. Hg. Armin Burkhardt. Berlin und Boston: De Gruyter, 2019. 505–524.

Kleinert, Wolfgang und Dieter Schwalm (Hg.). *Beste Bilder: Die Cartoons des Jahres 1*. Oldenburg: Lappan, 2010.

Klemm, Michael. „(Audio)visuelle politische Rhetorik". *Handbuch politische Rhetorik*. Hg. Armin Burckhardt. Berlin und Boston: De Gruyter, 2019. 768–789.

Klimmt, Reinhard und Hans Zimmermann (Hg.). *Simplicissimus 1896–1933: Die satirische Wochenzeitschrift*. Stuttgart: Langen Müller, 2018.

Klotz, Heinrich. *Geschichte der deutschen Kunst*. Bd. 3: „Neuzeit und Moderne 1750–2000". München: C.H. Beck, 2000.

Koch, Ursula E. *Zwischen Narrenfreiheit und Zwangsjacke: Das illustrierte französische Satire-Journal 1830–1881*. Reichardt 1992. 32–47.

Krabbe, Eva. „Genrekarikatur – die ‚Ehesitten'." Langemeyer 1978, 26–34.

Lammel, Gisold. *Adolph Menzel: Bildwelt und Bildregie*. Dresden: Verlag der Kunst, 1993.

Lammel, Gisold. *Deutsche Karikaturen: Vom Mittelalter bis heute*. Stuttgart: J.B. Metzler, 1995.

Lammel, Gisold. *Eine giftige kleine Kröte: Anekdoten von Adolph Menzel*. Berlin: Eulenspiegel Verlag, 1997.

Lange, Paul Werner. *Henry Morton Stanley: Die Biographie*. Stuttgart: Thienemanns, 1990.

Langemeyer, Gerhard (Hg.). *Honoré Daumier 1808–1879: Bildwitz und Zeitkritik*. Münster: Aschendorff, 1978.

Langemeyer, Gerhard, Gerd Unverfehrt, Herwig Guratsch und Christoph Stölzl (Hg.). *Bild als Waffe: Mittel und Motive der Karikatur in fünf Jahrhunderten*. München: Prestel, 1985.

Leibfried, Stephan. „Bismarcks Fall 1890 und die Erfindung des deutschen Staatsschiffs." *Webseiten der Schader-Stiftung*. (15. Mai 2014) https://www.schader-stiftung.de/themen/demokratie-und-engagement/fokus/internationale-politik/artikel/bismarcks-fall-1890-und-die-erfindung-des-deutschen-staatsschiffs/ (20. Oktober 2018).

Levine, David. *Pens and Needles: Literary Caricatures*. Hg. und eingeleitet von John Updike. Boston: Gambit, 1966.

Lohr, Otto. *Kleine Geschichten aus Amerika*. Stuttgart: Klett, 1950.

Lucie-Smith, Edward. *The Art of Caricature*. Ithaca, NY: Cornell University Press, 1981.

Markus [Jörg Mark-Ingraban von Morgen]. *Das BRD-Dossier: Politische Karikaturen*. Hamburg: Gruner + Jahr, 1980.

Meyer-Brockmann, Henry. *Leute von heute… und gestern: 99 Porträts und viele, viele Anekdoten*. München: Pranger Verlag, 1955.

Mödersheim, Sabine. „Emblem, Emblematik." *Historisches Wörterbuch der Rhetorik*. Hg. Gert Ueding. Bd. 2: „Bie–Eul". Darmstadt: Wissenschaftliche Buchgesellschaft, 1994. 1098–1108.

Moser, Christian. „Kontingenz und Anschaulichkeit: Zur Funktion anekdotischen Erzählens in lebensgeschichtlichen Texten (Plutarch und Rousseau)." *Show, don't tell: Konzepte und Strategien anschaulichen Erzählens*. Hg. Tilmann Köppe und Rüdiger Singer. Bielefeld: Aisthesis 2018. 58–82.

Müller, Ralph. *Theorie der Pointe*. Paderborn: mentis, 2001.

Nannen, Henri. „Vorwort." Markus [Jörg Mark-Ingraban von Morgen]. *Das BRD-Dossier: Politische Karikaturen*. Hamburg: Gruner + Jahr, 1980. 6–7.

Neuber, Wolfgang. „'Sinn-Bilder': Emblematik in der Frühen Neuzeit". *Handbuch Literatur & Visuelle Kultur*. Hg. Claudia Benthien und Brigitte Weingart. Berlin und New York: De Gruyter 2014. 341–356.

Nicholson, Eirwen. „Soggy Prose and Verbiage: English Graphic Political Satire as a Visual/Verbal Construct". *Word and Image* 20.1 (2004): 28–40.

Nochlin, Linda. *Realism*. Harmondsworth: Penguin, 1971.

Papet, Édouard. „Phryné before the Aeropagus". *The Spectacular Art of Jean-Léon Gérôme (1824–1904): In Conjunction with the Exhibition at the Paul Getty Museum*. Hg. Laurence Des Cars, Dominique de Font-Réaulx und Édouard Papet. Los Angeles, 15. Juni – 12. September 2010. Mailand: Skira 2010. 104–107.

Pfannmüller, Hans. *Prominenz aufgespießt*. Oldenburg: Stalling, 1979.

Plutarch. „Alexandros". *Fünf Doppelbiographien: Griechisch und deutsch*. Übersetzt von Konrat Ziegler und Walter Wuhrmann, ausgewählt von Manfred Fuhrmann, mit einer Einführung und Erläuterungen von Konrat Ziegler. 2. Aufl. Düsseldorf und Zürich: Artemis und Winkler, ²2001. 8–195.

Raskin, Victor. *Semantic Mechanisms of Humor*. Dordrecht: D. Reidel, 1985.

Reichardt, Rolf (Hg.). *Französische Presse und Pressekarikaturen 1789–1992: Ausstellungskatalog der Universitätsbibliothek Mainz 3. Juni bis 17. Juli 1992*. Mainz: Schmidt, 1992.

Reynolds, Brandan. „Rendezvous, after David Low's Iconic 1939 Cartoon". *Business Day*. (12. Juni 2018). https://brandanreynolds.com/2018/06/12/business-day-tuesday-12-june-2018/ (20. Oktober 2020).

Schäfer, Eckart. „Das Staatsschiff: Zur Präzision eines Topos". *Toposforschung*. Hg. Peter Jehn. Frankfurt a. M.: Athenäum, 1972, 259–292.

Schäfer, Rudolf. *Die Anekdote: Theorie – Analyse – Didaktik*. München: Oldenbourg, 1982.

Schneider, Norbert. *Geschichte der Genremalerei: die Entdeckung des Alltags in der Kunst der Frühen Neuzeit*. Darmstadt: Wissenschaftliche Buchgesellschaft, 2004.

Schwarzer, Alice: „Der erste deutsche Karikaturenstreit." *EMMA*. (26. Juni 2019). https://www.emma.de/artikel/erster-karikaturenstreit-336963 (20. Oktober 2020).

Sezgin, Hilal. „Falsche Ehre für Kopftuchklischees". *taz*. (26. Juni 2019). https://taz.de/Kommentar-Preis-fuer-Emma-Cartoonistin/!5605724/ (20. Oktober 2020).

Skwirblies, Robert. „1855: Platz für den großen Raffael!" *Translocations: Eine Sammlung kommentierter Bildquellen zu Kulturverlagerungen seit der Antike*. (11. Juni 2018). https://transliconog.hypotheses.org/kommentierte-bilder-2/1855-platz-fuer-den-grossen-raffael (20. Oktober 2020).

Stanley, Henry Morton. *How I Found Livingstone: Travels, Adventures and Discoveries in Central Africa. Including an Account of Four Months' Residence with Dr. Livingstone. By H. M. S., Travel Correspondent of the „New York Herald". With Maps and Illustrations after Drawings by the Author.* New York: Scribner, Armstrong & Co, 1872.

Suckale, Robert. *Kunst in Deutschland: Von Karl dem Großen bis Heute* [sic]. Köln: DuMont, 1998.

Taylor, David Francis. *The Politics of Parody: A Literary History of Caricature 1760–1830.* New Haven, CT: Yale University Press, 2018.

Unverfehrt, Gerd. „Karikatur. Zur Geschichte eines Begriffs." *Bild als Waffe: Mittel und Motive der Karikatur in fünf Jahrhunderten.* München: Prestel, 1985. Hg. Gerhard Langemeyer, Gerd Unverfehrt, Herwig Guratsch und Christoph Stölzl. 345–354.

Vallejo, Justin. „Trump Obsessed with Sending CD of Elton John's Song Rocket Man to Kim Jong-Un, Ex Aide Bolton Claims". *The Independent.* (17. Juni 2020). https://www.independent.co.uk/news/world/americas/us-politics/trump-rocketman-cd-kim-jong-un-elton-john-john-bolton-book-a9572056.html (16. Oktober 2020).

Verweyen, Theodor. *Apophthegma und Scherzrede: Die Geschichte einer einfachen Gattungsform und ihrer Entfaltung im 17. Jahrhundert.* Bad Homburg v. d. H., Berlin und Zürich: Gehlen, 1970.

Vowinckel-Textor, Gertrud. „Der New Yorker und seine Bedeutung für die moderne humoristische Zeichnung, den Cartoon". *Bild als Waffe: Mittel und Motive der Karikatur in fünf Jahrhunderten.* Hg. Gerhard Langemeyer, Gerd Unverfehrt, Herwig Guratsch und Christoph Stölzl. München: Prestel, 1985. 441–449.

Wesslowski, Tanja. „Karikatur". *Handbuch der politischen Ikonographie.* Bd. 2: „Imperator bis Zwerg". Hg. Uwe Fleckner, Martin Warnke und Hendrik Ziegler. München: C.H. Beck, 2011. 44–50.

Wilson, Rufus Rockwell. *Lincoln in Caricature: A Historical Collection with Descriptive and Biographical Commentaries.* New York: Horizon Press, 1953.

Zitzlsperger, Philipp. Art.: „Huldigung". *Handbuch der politischen Ikonographie.* Bd. 1: „Abdankung bis Huldigung". Hg. Uwe Fleckner, Martin Warnke und Hendrik Ziegler. München: C.H. Beck, 2011. 513–519.

Abbildungen

Abb. 1: Markus [Jörg Mark-Ingraban von Morgen]. *„Soll er sich doch als Krisenbewältiger feiern lassen so viel er will, aber lange macht meine Bandscheibe das nicht mehr mit!"* [1976] Markus [Jörg Mark-Ingraban von Morgen]. *Das BRD-Dossier: Politische Karikaturen.* Hamburg: Gruner + Jahr, 1980-21.

Abb. 2: Ernst-Maria Lang (ohne Worte). *Badische Zeitung.* 1980. Zitiert nach: Schmidt, Helmut G. (Hg.). *Helmut Schmidt in Dur und Moll: Kanzler im Visier der Karikatur. Eine Hommage. Mit einem Vorwort von Bundeskanzler Gerhard Schröder und erklärenden Texten von Jens Fischer und Eucharius-Maria Grocholl. 50 Internationale Künstler begleitetn mit 277 Karikaturen Helmut Schmidt durch dreißig aufregende Jahre. 1968 bis 1998.* Bonn: Helmut Schmidt Verlagsservice, 1998. 155.

Abb. 3: Burckhard Mohr. *Erpressung. Luff & Mohr: Die Karikatur des Tages. Stuttgarter Zeitung.* (3. September 2019). https://www.stuttgarter-zeitung.de/gallery.luff-mohr-karikatur-des-tages-param~267~266~0~431~false.a9972896-8361-44da-a63c-d8e73b b473ee.html (20. Oktober 2020).

Abb. 4: James Gillray 1796. *The Dissolution; or The Alchymist Producing an Aetherial Representation.* Kolorierte Radierung. https://wellcomecollection.org/works/q67gapyc (21. Oktober 2020).

Abb. 5: Honoré Daumier. *Le cauchemar* (Der Albtraum). *La Caricature* 69. (23. Februar 1832). Metropolitan Museum of Arts. Zit. nach: https://commons.wikimedia.org/wiki/File:Le_Cauchemar_(The_Nightmare),_published_in_La_Caricature_no._69,_February_23,_1832_MET_DP808887.jpg (20. Oktober 2020).

Abb. 6: Honoré Daumier. *„-Ah! Vous êtes mon mari [...]!" Le Charivari.* (23. Mai 1849). National Gallery of Art. https://www.nga.gov/collection/art-object-page.73549.html (20. Oktober 2020).

Abb. 7: Markus [Jörg Mark-Ingraban von Morgen]. „Leg doch das dumme Buch weg – dein Süßer kommt jetzt zu dir ins Bettchen." Markus [Jörg Mark-Ingraban von Morgen]. *Das BRD-Dossier: Politische Karikaturen.* Hamburg: Gruner + Jahr, 1980. 21.

Abb. 8: Jean-Léon Gérôme. *Louis XIV et Molière.* 1861. Öl auf Holztafel. Malden Public Library. https://fr.wikipedia.org/wiki/Fichier:Jean-L%C3%A9on_G%C3%A9r%C3%B4me_-_Louis_XIV_and_Moliere.jpg (20. Oktober 2020).

Abb. 9: Adolph von Menzel. *Platz für den großen Raffael.* 1855/1859. Gouache und Pastell auf Papier auf Pappe. Germanisches Nationalmuseum Nürnberg. https://museen.nuern berg.de/kunstsammlungen/bestaende/highlights-kunstsammlungen/menzel-platz-fuer-raffael/ (20. Oktober 2020).

Abb. 10: Anonym: COLUMBIA. *„Where are my 15,000 Sons [...]." Harper's Weekly.* (3. Januar 1863). https://obsidian-sphere.tumblr.com/post/190035754212/page-from-harpers-weekly-published-january-3rd (20. Oktober 2020).

Abb. 11: Joseph E. Baker: *Columbia demands her children!* 1864. Lithographie auf Velin. *Library of Congress.* https://www.loc.gov/pictures/item/2008661676/ (20. Oktober 2020)

Abb. 12: David Low: *Rendezvous.* 1939. *The Evening Standard.* (20. September 1939). https://en.wikipedia.org/wiki/David_Low_(cartoonist)#/media/File:Davidlowrendezvous.png (22. Oktober 2020).

Abb. 13: Henry Morton Stanley (Vorlage). *„DR LIVINGSTON, I PRESUME".* Illustration zu: Stanley, Henry Morton. *How I Found Livingstone: Travels, Adventures and Discoveries in Central Africa. Including an Account of Four Months' Residence with Dr. Livingstone. By H. M. S., Travel Correspondent of the „New York Herald". With Maps and Illustrations after Drawings by the Author.* New York: Scribner, Armstrong & Co, 1872. 412. https://de.wi kipedia.org/wiki/David_Livingstone#/media/Datei:Rencontre_de_Livingstone_-_How_I_found_Livingstone_(fr).png (22. Oktober 2020).

Kevin Kempke
Wandernde Biographeme – Anekdoten in Theorie und Praxis moderner Autorschaft am Beispiel Robert Walsers

1

Anekdotisches und Biographisches gehören zusammen. Gilt dies schon für die antike Form der *anekdota* im Sinne Plutarchs (kleine Geschichten, an denen charakteristische Züge bekannter Persönlichkeiten deutlich werden), so ist insbesondere in der Neuzeit und Moderne die Anekdote eine dezidiert (auto)-biographische Form. Spätestens seit dem achtzehnten Jahrhundert dient die Anekdote der prägnanten, pointierten Darstellung typischer und dabei doch ganz individueller Eigenschaften ihrer Träger*innen (Hilzinger 1997; Moser 2018). Gegenstand und Subjekt der Anekdote sind dabei nicht mehr nur (wie besonders in der Vormoderne) Personen aus Politik und Zeitgeschichte, sondern auch Künstler*innen aller Richtungen. Anekdoten fungieren seitdem auch in zunehmendem Maße als imagekonstituierende Elemente für Autor*innen (Sousloff 2011, 30).

Das Anekdotische ist dabei ein Teil des sehr ausdifferenzierten auktorialen Diskurses der Moderne, der viele unterschiedliche Formen und Formate kennt, in denen Wissen über und von Autor*innen vermittelt und dargestellt wird. Das (teilweise anekdotisch vermittelte) Biographische wird dabei zum gewichtigen Faktor der öffentlichen Wirkung. Mindestens für die Literatur des zwanzigsten Jahrhunderts und der Gegenwart gilt, dass die Darstellung und Inszenierung der eigenen Autorschaft für Autor*innen nicht nur zur Pflichtaufgabe geworden (Jürgensen und Kaiser 2011), sondern auch zunehmend an die Vermittlung dezidiert lebensgeschichtlicher Fakten und Fiktionen geknüpft ist. Um als Autor*infigur eine wiedererkennbare Gestalt zu gewinnen, sind neben den performativ-habituellen Gesichtspunkten der öffentlichen Selbstdarstellung vor allem lebensgeschichtliche Informationen entscheidend, die – im Wechselspiel von Selbst- und Fremdinszenierung – in Beziehung zu den literarischen Artefakten ihrer Autor*infunktionen gesetzt werden (Leucht und Wieland 2016). Auch wenn prinzipiell alle von Autor*innen produzierten Zeichen sich hinsichtlich ihrer soziokulturellen und habituellen Verfasstheit einordnen lassen, also stets auch auf die biographischen und materiellen Umstände des Lebens der Autor*innen verweisen, nehmen im engeren Sinne biographische Daten doch eine herausgehobene Funktion bei der Performanz der ‚Subjektform Autor' ein (Kyora 2014). Diese kommen wiederum häufig im Gewand des Anekdotischen daher.[1] In den Anekdoten, die man sich über Autor*innen erzählt, scheinen nicht nur Züge ihrer Persönlichkeit, sondern auch – ja, ununterscheidbar davon – unverwechselbare Charakteristika ihrer Autorschaft auf den Punkt gebracht zu werden. Anekdoten und das Anekdotische spielen für die Konstitution von modernen Autor*innenbildern insofern eine wichtige, wenngleich bisher zu wenig beachtete Rolle.[2] Dieser Beitrag versucht daher, an einem kleinen Ausschnitt literarischer Kommunikation – der frühen postumen Rezeption Robert Walsers – die Wichtigkeit gerade des Anekdotischen für die Herausbildung und Vermittlung von Autor*innenimages herauszuarbeiten. Grundlage (und gleichsam Kernstück des Artikels) ist eine vergleichende theoretische Diskussion zentraler Begriffe der Anekdoten- und der Biographietheorie und eine Konzeptualisierung der dort gewonnenen Begriffe ‚Historem' und ‚Biographem'.

2

Anekdotisches und Biographisches teilen sich ein zentrales (theoretisches) Problem: das Verhältnis von singulärem Ereignis und großem Ganzen, von Anekdote und Welt- bzw. Lebensgeschichte. Ebenso wie ‚die' Geschichte als kollektivsinguläre Erscheinungsform eines zielgerichteten Prozesses nach Ende der Geschichtsphilosophien an Bedeutung verloren hat, so haben auch holistische Subjektkonzeptionen aktuell keine Konjunktur mehr. Das Leben als Einheit mit klarem narrativen Telos zu betrachten: In populären Memoiren wird diese Erzählform noch häufig bedient, in ästhetisch avancierter Literatur dagegen kaum – die Autobiographieforschung betont entsprechend den konstruktiven Charakter, den jede Erzählung vom (eigenen) Leben notwendig besitzt (Wagner-Egelhaaf 2005, 46–47). In autobiographischer und autofiktionaler Literatur der letzten Jahrzehnte ist dieser Umstand wiederum ausführlich ästhetisch gestaltet und reflektiert worden (was sie für die im gleichen theoretischen Fahrwasser schwimmende Philologie wiederum besonders reizvoll macht und zu einer

---

[1] Vgl. Hombrecher (2020), der die anekdotisch-biographische Form des auktorialen Diskurses am Beispiel Theodor Fontanes herausarbeitet.
[2] Auf die zentrale Rolle von Anekdoten in der Charakterisierung von Künstler*innen wird (dort mit Bezug auf bildende Künstler*innen) bereits in der frühen Studie von Ernst Kris und Otto Kurz hingewiesen. Die ganzheitliche Vorstellung eines Künstlers, die hier interessanterweise bereits mit dem Begriff der „Legende" gefasst wird (Kris und Kurz [1934] 1995, 34; siehe hierzu die Ausführungen zur „biographischen Legende" in diesem Artikel), setze sich aus Anekdoten zusammen (Richter und Hamacher 2009, 140).

Struktur gegenseitiger Validierung führt). Gleiches gilt für die fremdbiographische Beschäftigung mit Lebensgeschichten berühmter und weniger berühmter Personen, die auch zunehmend von einer subjekttheoretischen Problematisierung des Biographischen durchdrungen wird (Richter und Hamacher 2009) und die Konstruktionsleistung betont, die sich bei der Zurichtung des Gegenstandes ereignet.

Das generelle Referenzproblem des (auto)biographischen Schreibens – nämlich welche Beziehung zwischen biographischem Erlebnis/Ereignis und seiner Verschriftlichung besteht und inwiefern etwas ‚Wahres' über eine Person vermittelt werden kann (Wagner-Egelhaaf 2005, 10) – kristallisiert sich indes besonders augenfällig in der Anekdote. Und das, obwohl oder gerade weil die Faktualität der Gattung in der Anekdotentheorie umstritten ist (Niehaus 2013). Einerseits gehört seit jeher zu den typischen Gattungserwartungen an die Anekdote, dass sie faktual sei und daher – ungeachtet ihrer ästhetischen Formung – eine besondere Beziehung zum Realen unterhalte (Neureuter 1973). Andererseits rücken (insbesondere neuere) Anekdotentheorien die Frage nach der Faktualität des Dargestellten hingegen eher in den Hintergrund – wichtiger sei, inwiefern der Charakter der in der Anekdote porträtierten Person wirklichkeitsgetreu getroffen werde (Richter und Hamacher 2009, 139; zur historischen Dimension Hilzinger 1997, 232). Die (u.U. vermeintliche) Faktualität wird hier als Texteffekt und als Lektüremodus erkennbar. Dennoch ist auch für dieserart argumentierende Ansätze bedeutend, dass die Anekdote selbst in ihrer möglicherweise fiktionalisierten Variante von dem Anschein zehrt, dass sie sich so zugetragen haben könnte. Sie beansprucht einen (wenn auch fingierten) ‚Sitz im Leben', der bestimmte spekulative Elemente ausschließt und eine narrative Form der Wahrscheinlichkeitsstiftung mit sich bringt. Das gilt auch für den vielzitierten „touch of the real", den Stephen Greenblatt zu einem grundlegenden Element der Theorie des New Historicism (eine für die Anekdotentheorien besonders wichtige Strömung) macht (Greenblatt 1997). Ähnliches lässt sich für biographische und autobiographische Textformen annehmen, zu deren Rezeptionserwartungen die Aufrichtigkeit des Sprechers und (als Sekundäreffekt) die Wahrhaftigkeit des Dargestellten gehört (u. a. Wagner-Egelhaaf 2005, 1–5; Weixler 2012, 1–6).

Teilen sich Anekdote und Biographie somit einen ähnlichen gattungsspezifischen Problemhorizont, so lassen sich auch theoriegeschichtlich verblüffende Parallelen zwischen dem Anekdotischen und dem Biographischen finden, gerade mit Bezug auf die hier interessierende Frage nach ihrer Bedeutung für die Konstitution von Autor*innenbildern. Um den Zusammenhang zwischen Anekdote, Biographie und Autorschaftsinszenierung in den Blick zu bekommen, lohnt sich daher ein genauerer Blick auf verschiedene Theorieangebote der letzten Jahrzehnte. Zu den einflussreichsten Konzeptualisierungen der Anekdote gehört die Anekdoten-Theorie des *New Historicism*. Um Biographisches geht es dort zunächst weniger, vielmehr geraten Anekdote und Geschichte in ein intrikates Verhältnis. In Joel Finemans einflussreicher Studie über „The History of the Anecdote" (1989) wird die Anekdote sowohl in ihrem Status als literarische Form als auch (und vor allem) als Element der Geschichtsschreibung betrachtet. Der Anekdote wird von Fineman einerseits eine historiographisch disruptive Funktion zugesprochen: Sie erzeuge ein Gegengewicht zur teleologischen Konzeption der Geschichte im Kollektivsingular.[3] Indem sie die letztlich ahistorische Vorstellung einer zielgerichtet ablaufenden Geschichte durch das Aufreißen von „openings" konterkariere, breche sie die klare erzählerische Struktur der Geschichtsschreibung mit Anfang, Mitte und Ende auf (1989, 61). Folglich sei von ihr auch keine „closure" (1989, 61) im Sinne einer Metaerzählung zu erwarten. Andererseits wird die Anekdote gerade dadurch auch zur Ermöglicherin der kritisierten Art von Geschichtsschreibung, indem sie selbst als abgeschlossene Form auch wiederum als Element einer totalisierenden *grand récit* werden kann – so Finemans Argumentation (1989, 61–62). Er versteht die Anekdote in diesem Sinne als „historeme", d. h. als „smallest minimal unit of the historiographic fact"[4] (1989, 57).

So wie in der Theorie des Anekdotischen ein Spannungsverhältnis zwischen der Geschichte als großer Sinneinheit und der Anekdote als gleichzeitig konstituierende wie disruptive Kraft dieser Geschichte besteht, so herrscht auch im Bereich des Biographischen eine Spannung zwischen kleinen und großen Erzähleinheiten. Um letztere, d. h. groß skalierte (auto)biographische Erzählungen, mit denen Autorschaft begründet, legitimiert und ästhetisiert wird, analytisch zu fassen, ist in den letzten Jahren in der germanistischen Autorschaftsforschung ein ursprünglich aus dem Formalismus stammendes Konzept revitalisiert und für aktuelle Fragestellungen produktiv gemacht worden. Der von dem Prager Strukturalisten Boris Tomaševskij in den 1920er Jahren eingeführte Begriff der ‚biographischen Legende' fokussiert dabei insbesondere identitätsstiftende Selbsterzählungen, mit denen die jeweilige Autorschaft erst eigentlich begründet werde. Die biographische Legende bilde, so Tomaševskij (2000, 57), die „literarische Konzeption des Lebens des Dichters" und den „wahrnehmbaren Hintergrund der literarischen Werke" – dieser gehört als Teil des öffentlichen Auftritts zu den unabdingbaren Voraussetzungen moderner Autorschaft. In den Fokus rücken mit der biographischen Legende aber nicht einzig die nach außen gerichteten Gesten der Werbung und Aufmerksamkeitserzeugung. Die Stärke des Konzepts liegt – zumindest in seinen aktuellen germanistischen Adaptionen – darin, dass mit ihm

---

[3] Vgl. zu Finemans Argumentation auch Moser (2006, 24–25).
[4] Ich spreche im Folgenden eingedeutscht vom Historem, wenn ich auf Finemans Konzept referiere.

der Zwischenbereich von literarischen Texten und Praktiken der öffentlichen Selbstdarstellung in den Blick rückt (Leucht und Wieland 2016, 7–11) und dass Produktion und Rezeption zusammengedacht werden. Spezielles Augenmerk liegt nämlich auf den ästhetischen Aspekten der Formen und Formate, in denen autobiographische Informationen vermittelt werden. Tomaševskij (2000, 52) versteht die biographischen Erzählungen der Autor*innen als integrative, werkbildende Funktion. Die für Inszenierungsanalysen stets relevante Frage, wie Werk und Autor*infigur zusammenhängen, wird damit zum zentralen theoretischen und vor allem praktischen Interesse[5] (Schaffrick und Willand 2014, 85–86).

Die biographische Legende ist allerdings dezidiert auf das schriftstellerische Leben als Einheit ausgerichtet, auf die biographischen Fiktionen, die Autor*innen zur Fundierung ihrer Autorschaft verwenden, ihre Großerzählungen. Ein prägnantes Beispiel sind Poetiken, die sich – der auktorialen Perspektivierung zufolge – um ein biographisches Schlüsselereignis gruppieren, wie etwa die achtjährige Inhaftierung in Bautzen bei Walter Kempowski (Sina 2012) oder der sexuelle Missbrauch bei Christian Kracht (Kempke 2019), die jeweils als schreibbegründende und werkästhetisch zentrale Momente in Szene gesetzt werden. Während die biographische Legende also die *minutiae* des schriftstellerischen Lebens tendenziell ausblendet, um einen größeren lebensgeschichtlichen Sinnzusammenhang zu stiften, zeichnet sich die (Charakter-)Anekdote hingegen gerade dadurch aus, bestimmte, mitunter scheinbar periphere Eigenschaften und Eigenheiten zu fokussieren und bezogen auf das Ganze notwendig unvollständig zu bleiben. Auch dann, wenn die Anekdote auf das Ganze der Persönlichkeit ihrer Träger*innen verweisen soll, bleibt sie selbst ihrer Form nach notwendig ausschnitthaft. Andererseits können diese kleinen anekdotischen Formen durchaus Teil einer größeren autobiographischen Formation sein, im Sinne von prägnanten Einzelheiten, aus denen sich die biographische Legende dann speisen kann – ähnlich wie Fineman es für die Anekdote (in ihrer Historem-Funktion) als Stachel im Fleisch der Geschichte vorschlägt.

Die aufwertende Theoretisierung solcher kleiner Formen des Biographischen findet sich im poststrukturalistischen Spektrum. Um eine gleichermaßen periphere wie aussagekräftig auf das Reale verweisende Einzelheit zu beschreiben, bietet sich ein Begriff an, der prominent bei Roland Barthes verwendet wurde: das Biographem. Barthes lehnt die Geschlossenheit und Widerspruchsfreiheit der (auto)biographischen Großerzählung ab und versteht Lebensgeschichten statt-

---

[5] Einen überzeugenden Versuch, beide Aspekte in materialreichen Fallstudien aufeinander zu beziehen, hat Alexander M. Fischer unternommen (2015). Vgl. auch das Kapitel 5 in Kempke (2021).

dessen als Bündel verschiedener Anekdoten (Spoerhase 2007, 20)[6]. Folgt man Barthes, setzt sich auch und speziell die Autor*infigur aus einer losen Folge von Anekdoten-Biographemen zusammen. Im Wortlaut heißt es bei ihm:

> [W]äre ich Schriftsteller und tot, wie sehr würde ich mich freuen, wenn mein Leben sich dank eines freundlichen und unbekümmerten Biographen auf ein paar Details, einige Vorlieben und Neigungen, sagen wir auf „Biographeme", reduzieren würde, deren Besonderheit und Mobilität außerhalb jeden Schicksals stünden und wie die epikuräischen Atome irgendeinen zukünftigen und der gleichen Auflösung bestimmten Körper berührten. (Barthes 1974, 13)

Das Kleine anstelle des Großen, die Mikroerzählung statt des Narrativs – das Biographem verhält sich zur ‚großen' Lebensgeschichte bzw. zur biographischen Legende so wie Finemans Historem zum teleologischen Geschichtsbild. Nicht umsonst teilen sich die Begriffe Historem und Biographem die gleiche Endung, die auf ihren (post)strukturalistischen Status als kleinste Einheit eines Diskurses verweist. Barthes konzipiert das Biographem – wie Fineman das Historem – als vermeintlich nebensächliches Detail, das weder für das Ganze der Biographie einsteht, noch gänzlich unabhängig von diesem ist (Samoyault 2015, 724). Auf dieser Basis geht es auch und gerade bei der biographischen Anekdote um „the integration of event and context" (Fineman 1989, 56), insofern die Anekdote, die ein bestimmtes Charakteristikum eines Autors/einer Autorin fokussiert, mit dem Anspruch auftritt, auf deren artistisches Temperament, deren Stil oder die künstlerische Werkeinheit schließen zu lassen (Richter und Hamacher, 141). Während Barthes beim Biographem – wie Fineman beim Historem – wiederum die disruptive Seite betont, fügen sich auch diese biographischen Fragmente bei ihm zu einem (allerdings programmatisch unvollkommenen) Ganzen.

In noch einem weiteren zentralen Aspekt treffen sich anekdotisches Historem und lebensgeschichtliches Biographem – in ihrem prekären Bezug zum Realen. Finemans These, dass die Anekdote „uniquely refers to the real" (1989, 56), spiegelt sich in Barthes' Konzeption des Biographems, wenn er den spezifischen Sitz im Leben betont, der dem Biographem anhafte, die „sinnliche Erfahrung, die zur [...] Schriftspur wird" (Neumann 1999, 27). Zugleich bleibt klar, dass es sich beim Biographem immer auch um eine Konstruktionsleistung handelt, die zwar ihren Ausgang vom Indexikalisch-Realen nimmt, aber dabei eigene Bedeutungen generiert. Barthes (1978, 120) fokussiert in seiner Konzeptualisierung des Biographems dann auch speziell die Außenperspektive: „Das Biographem ist nichts anderes als eine künstliche Anamnese: die ich dem Autor, den ich liebe,

---

[6] Vgl. zur anekdotisch-fragmentarischen Gestalt von Biographemen auch Neumann (2014, 265–267).

verleihe." Biographeme sind somit Ergebnisse von spezifischen Lektürevorgängen, die durchaus idiosynkratischen Charakter tragen können (Spoerhase 2007, 20). In dieser Konzeption des Biographems zeigt sich also eine nicht nur für Barthes spezifische Bevorzugung des Kleinen, Unsystematischen und Individuellen, die den Begriff in typisch poststrukturalistischer Weise als Alternative zu den berüchtigten ‚großen Erzählungen' in Stellung bringen möchte, indem Barthes nicht nur den flüchtigen Charakter des Biographems selbst, sondern auch den seiner Zuschreibung betont.

Dirk Niefanger wiederum hat den Begriff des Biographems für die neuere (deutsche) Literaturwissenschaft adaptiert. Zwei Akzentverschiebungen sind dabei zu beobachten. So verlagert Niefanger die Genese von Biographemen von der Rezeptions- auf die Produktionsseite. Weniger die Lektüren fremder Biographeme durch ‚freundliche Biographen' als vielmehr die ästhetische und strategische Verwendung von (Auto)biographemen durch Autor*innen steht bei Niefanger im Mittelpunkt. Im Gegensatz zu Barthes (und auch Fineman) verbindet er mit dem Konzept weniger die postmoderne Hoffnung, statuarische Formen der Geschichtsschreibung zu subvertieren, sondern legt eher den strukturalistischen Kern dieses Theorieangebots offen. Niefanger (2012, 289–290) versteht unter einem Biographem die „kleinste autobiographische Einheit in narrativen Texten", die sich etwa in Form von Motiven zeigt. Als eine solche Erzähleinheit unterhält das (Auto)biographem eine spezielle Beziehung zum Faktualen: „Ein Biographem konkretisiert über einen bekannten lebensweltlichen und in diesem Sinne faktischen Bezug die Logik des Narrems; es füllt gewissermaßen im Rekurs aufs Biographische eine ‚Hohlform' der erzählenden Verknüpfung und trägt so zur Kohärenz und damit zum Verstehen des Erzählten bei" (Niefanger 2012, 290). Auch hier geht es also – wie bei Barthes' Biographem und bei Finemans Historem – um die spezifische Anbindung an das Reale, die zugleich Möglichkeitsbedingung und ästhetischer Effekt des Biographems ist. Laut Niefanger (2012, 289) handelt es sich bei Biographemen um „Fragmente von faktualen Lebensgeschichten". Gerade fiktionale Texte werden durch diesen Bezug aufs (vermeintlich) Reale mit besonderen Erlebnisqualitäten ausgestattet.

Diese ursprünglich auf das Faktual-Biographische verweisenden Biographeme werden nun besonders interessant, wenn sie Teil von fiktionalen Texten werden und über mehrere Texte der gleichen Autor*infunktion und unterschiedliche Gattungen hinweg zum Einsatz kommen. Genau wie die Anekdote in der neueren Forschung eher im Zwischenbereich von Fiktionalität und Faktualität angesiedelt wird (Niehaus 2013, 184), so ist auch bei (Auto)biographemen von einer uneindeutigen Zuordnung auszugehen. Von besonderem Interesse ist hierbei, auf welche Weise sie zwischen verschiedenen Ordnungen changieren: einerseits zwischen autobiographischen und (fremd)biographischen Textformen, andererseits zwischen faktualen und fiktionalen Texten. Als „Fragmente von faktualen Lebensgeschichten" interferieren Biographeme immer wieder mit den fiktionalen Welten ihrer Autor*innen, ragen in sie hinein. Als Rezeptionserwartung spielt die unterstellte Funktion, Wahrheitsansprüche und Referenzialität zu verbürgen, hingegen weiterhin eine entscheidende Rolle. Die mit den Autor*innen assoziierten Zeichen gewinnen so als Teil einer Lebensgeschichte eine narrative Dimension, die zudem mit der Erwartung an Authentizität bzw. Referenzialität einhergeht, ganz wie die Anekdote (Leucht und Wieland 2016, 28). Umgekehrt lässt sich auch davon sprechen, dass die Anekdote in (auto)biographischen Kontexten bevorzugt dazu eingesetzt wird, Wahrheitsansprüche und Realitätsbezüge zu verbürgen (Moser 2018, 61) – oder zumindest den Anschein zu erwecken, es handle sich um Faktuales.

Zusammenfassend lässt sich also konstatieren, dass die theoretischen und theoriegeschichtlichen Analogien zwischen Anekdoten (als Historeme) und biographischen Fragmenten (als Biographeme) frappierend sind und auf einen geteilten Problemhorizont hinweisen. Die Analogiebeziehung zwischen Finemans Historem und Barthes' Biographem lässt sich ferner als Ausgangspunkt für eine Neuperspektivierung von kleinen zu großen Erzähleinheiten nutzen. Das Anekdotische, das sich im biographischen Diskurs in Biographemen zeigt, kann dabei auch – begrifflich geschärft – zur Analyse auktorialer Strategien und ihrer rezeptiven Fortschreibungen genutzt werden. Für die Autorschaftsforschung verspricht diese doppelte Perspektive – auf große und kleine (auto)biographische Erzähleinheiten zwischen Selbst- und Fremddarstellung – einen nicht gering einzuschätzenden Zugewinn, da er zwischen narrativer Form und strategischer Funktionalisierung vermitteln kann und ein Bewusstsein für die unterschiedlichen Skalierungen auktorialer Informationen in Werk und Rezeption schärfen kann. Wie eine Analyse, die mit diesen Begriffen operiert, aussehen kann, soll im Folgenden am Beispiel Robert Walsers gezeigt werden.

3

Robert Walser gehört zu denjenigen Autor*innen ‚mit Biographie', bei denen also die Kenntnis biographischer Eckdaten zu den unumgänglichen Rezeptionsbedingungen gehört und als Teil des Werkes aufgefasst werden kann. Die enge Verbindung von Leben und Werk ist entsprechend seit jeher ein Topos in der kritischen und literaturwissenschaftlichen Beschäftigung mit Robert Walser (Schwerin 2010; Gisi 2018). Immer wieder wird Walser als gänzlich autobiographischer Schriftsteller eingeschätzt, dessen literarische Texte sich komplett aus der Lebenswelt des Autors speisten: „Der Stoff seiner Prosa [ist] unzweifelhaft zum allergrößten Teil das eigene Erleben, mit Einschluß der reflektierenden Selbstschau" (Mächler 1992, 10). Während sich diese Position (zumindest in dieser absoluten Form) zumeist in eher älterer Forschung findet, wird auch in neueren Ansätzen die Wichtigkeit des Biographischen durchaus betont (Gisi 2018). Demgegenüber steht die Position, Walsers Umgang mit Formen des autodiegetisch und autobiographisch markierten Schreibens als Maskenspiel anzusehen. Unter dem Stichwort ‚Autofiktion' wird Walsers Schreibweise von autobiographischen Spuren gereinigt und als proto-postmodernes Spiel mit Identität(szuschreibungen) gedeutet (Benne 2007). Diese besonders von Christian Benne (2007, 47–48) vertretene Lesart geht davon aus, dass Walser nur so tue, als schreibe er über sich selbst; in Wirklichkeit handele es sich bei der Autorfigur ‚Robert Walser' um eine Maskerade. Man muss diese widerstreitenden Perspektiven nicht auflösen, um konstatieren zu können: Das Biographische hat als Referenzpunkt von Zuschreibungen bei Walser eine absolut zentrale Position. Egal, ob man Walser nun als autobiographischen oder autofiktionalen Schriftsteller einordnet – in beiden Fällen werden auf den Autor (oder: die Autorfigur) bezogene Informationen prozessiert und als Teil des für das literarische Werk relevanten Verstehenshorizontes in Position gebracht.

Walser gehört damit auch zu den Autor*innen, an denen sich das Potential der analytischen Engführung von Biographie und Anekdote besonders gut verdeutlichen lässt, der aber auch in seinen Texten eine solche Fülle von Ansatzpunkten dazu bietet, dass im hier zur Verfügung stehenden Rahmen ein spezifischer, eng umgrenzter Bereich fokussiert werden soll: die Rezeption Walsers in Carl Seeligs *Wanderungen mit Robert Walser* und dessen Umgang mit auktorialen (größtenteils in Walsers Werk vorgeprägten) Biographemen. Von besonderem Interesse ist hier auch das Verhältnis der verschiedenen Erzählstimmen (Seelig als Erzähler, Walser als direkt und indirekt zitierter Dialogpartner). Dass in einem Buch wie den *Wanderungen* ein biographisches Interesse am Autor im Mittelpunkt steht, ist natürlich nichts Überraschendes; es realisiert sich allerdings auf eine spezifische Weise, die für den hier zu verfolgenden Zusammenhang aufschlussreich ist. Das Buch präsentiert ein scheinbar unvollständiges – anekdotisches – Potpourri auf den Autor bezogener Zeichen, die bei näherer Betrachtung aber in vielfacher Korrespondenz mit Walsers literarischen Texten stehen.

Carl Seelig, Robert Walsers zeitweiliger juristischer Vormund und Nachlassverwalter, nimmt in der Rezeptionsgeschichte Walsers bekanntermaßen einen zentralen Platz ein. Noch zu Walsers Lebzeiten wurde die später zur vollen Blüte gelangende „Wiederentdeckung" eines zwischenzeitlich vermeintlich vergessenen Autors ganz wesentlich von ihm vorangetrieben (Greven 2003). Seelig, selbst Autor und Kritiker, prägte das Walser-Bild auf verschiedene Weise: zum einen als Herausgeber, der Walsers Werk u. a. durch eine eigenwillige Werkpolitik beeinflussen wollte (Wieland 2019; Gisi 2013), zum anderen als Autor des Buches *Wanderungen mit Robert Walser* (1957). Darin schildert er die Begegnungen, die er in einem ca. zwanzigjährigen Zeitraum mit dem damals bereits in einer Heilanstalt in Herisau lebenden Autor hatte. In 46 stets mit Datum gekennzeichneten Einträgen beschreibt Seelig jeweils ein Treffen mit Robert Walser, bei denen die beiden ausgedehnte Spaziergänge (die sogenannten ‚Wanderungen') unternehmen. Die Einträge sind oft ähnlich aufgebaut: Auf einleitende Bemerkungen zur aktuellen gesundheitlichen Situation Walsers oder politisch-zeitgeschichtlichen Entwicklungen folgt die Beschreibung der Wanderroute (manchmal beginnen die Einträge auch *in medias res* während des Spaziergangs). Der Hauptteil des jeweiligen Textes besteht dann aus der Paraphrase der Gespräche, die Seelig und Walser während ihrer Wanderungen geführt haben. Für die suggestive Wirkung des Buches ist diese spezifische Erzählsituation zentral: Während schon die Gestaltung als biographisches Erinnerungsbuch Walser in gleichsam privaten Momenten vor Augen stellt, fungieren vor allem die Selbstaussagen Walsers als Authentizitätsmarker. Immer wieder lässt Seelig Walser ausführlich in direkten Zitaten zu Wort kommen, wobei natürlich nicht zu entscheiden ist, inwiefern es sich um authentische Aussagen Walsers handelt oder inwiefern Seeligs Gestaltungswille ausschlaggebend ist.

Dieser Gestaltungswille ist nicht zu unterschätzen. Seelig (1977, 7) selbst schreibt zwar in seinem ersten Eintrag des Buches noch recht lapidar und in altruistischer Pose: „Ich empfand das Bedürfnis, für die Publikation seiner Werke und für ihn selbst etwas zu tun. Unter allen zeitgenössischen Schriftstellern der Schweiz schien er mir die eigenartigste Persönlichkeit zu sein." Die konkrete Ausgestaltung dieser Hilfe ist dann aber wesentlich an Seeligs eigenen Interessen an Walser und seiner Literatur orientiert. Wie in der Forschung insbesondere von Lucas Marco Gisi (2013; 2018; 2019) herausgearbeitet wurde, macht sich Carl Seelig in seinen *Wanderungen mit Robert Walser* einerseits als eine Art zweiter Eckermann zum Sprachrohr Robert Walsers, andererseits verfolgt er aber auch eine starke eigene Agenda. Seelig sei daran interessiert, mit seinem Buch das Verstummen Walsers – seit er in Heilanstalten lebt, schreibt und publiziert der Autor zunächst weniger, dann gar nicht mehr[7] – zu erklären und „zu überbrücken" (Gisi 2019, 205), indem er selbst die Autorrolle gleichsam usurpiert und in Walsers Namen eine bestimmte Werkpolitik betreibt (Gisi 2013). Nicht nur, dass Seelig in seinen editorischen Bemühungen um Walser etwa viele Nachlasstexte unterschlägt, die die Werkeinheit vermeintlich zu gefährden drohen, sondern auch, dass er Walser als Anti-Modernen profilieren will, gehört zu den Elementen

---

[7] Vgl. zu Walsers Textproduktion in dieser Zeit Wernli (2014, 283–326).

seines werkpolitischen Programms.⁸ Schließlich ist er mit seinen *Wanderungen* (sowie mit seinen anderen publizistischen Bemühungen um den Autor) auch ganz wesentlich an der oben bereits erwähnten Identifizierung von Werk und Leben Walsers beteiligt (Gisi 2013, 146). Das gilt indes nicht nur für größere Erzähleinheiten und Topoi wie Seeligs autofiktionale Lesart von Walsers *Der Spaziergang* und die darauf aufbauende Charakterisierung des Autors als poetischen Wanderer (Gisi 2019, 203–204), sondern auch für die Mikroebene des (anekdotischen) biographischen Details.

Für den hiesigen Zusammenhang – die Rolle der Anekdote im auktorialen biographischen Diskurs und das Verhältnis von Anekdote und Biographem – ist dabei nun zweierlei entscheidend: Erstens, dass Seelig zur Stiftung biographischer Lesarten der Texte Walsers immer wieder anekdotische Erzähleinheiten bemüht, die er dem Autor in den Mund legt. Zweitens, dass Seeligs Buch *Wanderungen mit Robert Walser* selbst eine durch und durch anekdotische Struktur aufweist. Anekdotisch ist dabei sowohl Seeligs Präsentationsform der Spaziergänge als auch die Struktur der wiedergegebenen Gespräche. Für beide Varianten sind zudem Biographeme in Barthes' Begriffskonzeption wichtig. In der Rezeption Robert Walsers durch Carl Seelig zeigen sich nämlich auch prägnant die Idiosynkrasien, die für Barthes den Umgang mit Biographemen prägen und gewinnen rezeptionsgeschichtliche Relevanz.

Zwei der klassischen Voraussetzungen der Anekdote – die Möglichkeit ihrer konkreten historischen Verortung und ihr Anspruch auf Faktualität – sind schon im Rahmen der Erzählsituation gegeben. Als Mischung aus biographischem Tage- und Erinnerungsbuch sind alle Einträge Faktualität signalisierend auf Jahr und Tag genau datiert. Tagesaktuelle Ereignisse (insbesondere den Zweiten Weltkrieg betreffend) werden zudem regelmäßig von Seelig als historischer Hintergrund in den Erzählfluss eingebunden, stehen indessen nicht im Mittelpunkt des Interesses. Vielmehr geben die Spaziergänge selbst den groben erzählerischen Rahmen der Einträge vor, der Seelig zum einen dazu dient, Walser und seine Eigenheiten zu beschreiben, zum anderen aber, um Walser als Kommentator literarischer und gesellschaftlicher Entwicklungen in aphoristischer Aktion zu zeigen und sich somit gleichsam selbst charakterisieren zu lassen. Immer wieder beschreibt Seelig Situationen, in denen sich der Charakter Walsers in pointierten Kommentaren zeigt. Aphoristisch verknappt sind besonders die Urteile, die Walser durch Seelig über andere Autor*innen fällt. Diese sind meist – durchaus im Stile der dreitei-

---

8 Es ist wohl eher davon zu sprechen, dass Walser „mit seiner vermeintlichen Unmodernität sehr bewusst eine Systemstelle innerhalb der literarischen Moderne [besetzt]" (Baßler 2018, 69).

ligen klassischen Anekdote (*occasio, provocatio, dictum*)⁹ – auf eine überraschende Schlusswendung hin arrangiert, häufig auch unter Ausnutzung der Dialogform. Ein Gespräch über möglichen Neid auf Schriftstellerkollegen (Walser gibt an, nur auf „zweitrangige Schriftsteller" (Seelig 1977, 17) neidisch zu sein) mündet in folgende Pointe: „Ich: ‚So sind Sie also auch auf Gottfried Keller jaloux?' – Robert, lachend: ‚Nein, das war ja nur ein Zürcher!'" (Seelig 1977, 17). Die mannigfaltigen Urteile über (insbesondere schweizerische) Autor*innen, die Walser fällt, sind indes nicht immer anekdotisch im engeren Sinn, sondern häufig auch einfach ‚nur' pointiert – der Wille zum Aphorismus zieht sich jedenfalls hier (und auch bei anderen Themen) durch das ganze Buch.

Einen deutlich anekdotischen Einschlag weisen hingegen eine ganze Reihe von Biographemen auf, die eine Verbindung zwischen Walsers Werken und seinen lebensgeschichtlichen Erzählungen herstellen. Teilweise wird diese Verbindung explizit gestiftet (etwa, wenn Seelig (1977, 77) Walser über die biographischen Hintergründe des Romans *Geschwister Tanner* sprechen lässt), manchmal muss sie auch in einer Form von Parallelstellenlektüre von Leser*innen geborgen werden. Ein Beispiel für diese Art des Autobiographischen als spezifische Lesefigur ist Walsers Bericht, wie sein Bruder Karl „vom Verleger Cassirer mit dem Schriftsteller Bernhard Kellermann nach Japan geschickt wurde, um dessen Reiseberichte zu illustrieren" (Seelig 1977, 87). Weiter heißt es in den Wanderungen:

> In Moskau habe Karl mitten auf einem öffentlichen Platz dem Kollegen Kellermann eine saftige Ohrfeige verabreicht, weil er arrogant geworden sei. Einige Zeit später habe der Verleger Samuel Fischer Robert zu sich kommen lassen und gefragt: „Wollen Sie nach Polen fahren und darüber ein Buch schreiben?" – Robert: „Wozu? Es gefällt mir in Berlin ebenso gut!" – „Oder wollen Sie in die Türkei reisen?" – „Nein, Merci! Es kann ja auch anderswo türkisch zugehen, vielleicht noch türkischer als in der Türkei. Ich will überhaupt nirgendwo hin. Was brauchen Schriftsteller zu reisen, solange sie Phantasie haben?" – Ich setze beiläufig hinzu: „Diesen Standpunkt habe ich übrigens schon in einem Ihrer Bücher angetroffen, in dem es heißt: ‚Geht denn die Natur ins Ausland? Ich blicke immer die Bäume an und sage mir, die gehen ja auch nicht, warum sollte ich nicht bleiben dürfen?'" – Robert: „Ja, wichtig ist nur die Reise zu sich selbst." (Seelig 1977, 87–88)

Eine typisch skurrile Walser-Situation: Der eigensinnige Autor widersetzt sich den Forderungen seiner Umgebung und überformt diese Widerständigkeit zugleich poetologisch, indem er der Phantasie als Gegenbegriff zu einer allzu weltmännischen Geschäftigkeit zu ihrem Recht verhilft. Aufschlussreich für Seeligs Verfahrensweisen ist wiederum die Wendung, die er der Anekdote gibt. Er macht auf die Korrespondenz zu einer anderen Walser-Stelle (die im Übrigen aus dem Ro-

---

9 Vgl. zur dreiteiligen Form der Anekdote Schäfer (1982, 30–35).

man *Geschwister Tanner* stammt, einer der Romane Walsers, die seit jeher biographisch interpretiert werden) aufmerksam und verleitet Walser damit zu einer bündigen Formel, mit der das Thema beendet wird: „wichtig ist nur die Reise zu sich selbst". Die Stoßrichtung verschiebt sich dabei merklich: Die „Reise zu sich selbst" verweist als Innerlichkeitsformel ebenso wie die Verknüpfung von Natur mit ‚Inland' (= Heimat) auf eine metaphysisch grundierte Heimatvorstellung – die „Phantasie" wird gleichsam geerdet und wie die Bäume im heimatlichen Boden eingegraben. Seelig dient diese Stelle dazu, Walser als heimatverbundenen und bodenständigen Zeitgenossen zu charakterisieren (eine Strategie, die sich durch die gesamten *Wanderungen* zieht).

Diese kleine Stelle aus den *Wanderungen* verweist indes noch ganz deutlich auf einen anderen Text Walsers, der im Band *Prosastücke* von 1917 erschienen ist (und sich auch dieser eigentümlichen Walser'schen, zwischen Feuilleton und Buch changierenden Form gleichen Namens zuordnen lässt).[10] Es handelt sich um den Text „Koffermann und Zimmermann", den ich zur besseren Veranschaulichung hier einmal komplett zitieren möchte:

> Ein bekannter und rühriger Verleger, unternehmungslustig wie er war, sagte eines schönen Tages zum Schriftsteller Koffermann: „Lieber Koffermann, packen Sie sofort Ihren Koffer oder meinetwegen Köfferchen und reisen Sie, ohne daß Sie sich vorher lange besinnen, nach Japan. Haben Sie verstanden?" Der flinke und behende Koffermann, sogleich entschlossen, den schmeichelhaften Auftrag auszuführen, besann sich keine zehn Minuten lang, sondern machte sich auf die Beine, packte alle seine Gedanken und Utensilien in seinen Handkoffer, stieg in den Eisenbahnwagen und dampfte, reiste und fuhr ab nach dem berühmten und sehenswerten Lande Japan. Der Verleger oder Verlagsmann telephonierte einem mächtigen Zeitungsmann, er möchte so freundlich sein und es in die Zeitung setzen, daß Koffermann seinen Koffer gepackt habe und nach Japan abgeflogen und fortgeflutscht sei. Das las bald ein anderer Verleger oder Verlagsmann und er forderte den Schriftsteller Zimmermann auf, so rasch wie möglich zu ihm zu kommen, denn er habe ihm etwas Wichtiges zu sagen. Zimmermann war gerade damit beschäftigt, eine höfliche und weitläufige Ansprache an seine Katze zu halten, auch schlürfte er Tee, und rauchte er eine Zigarette, als der Brief anlangte, der ihm ankündigte, er solle zu seinem Verleger rennen, weil ihm derselbe etwas Wichtiges zu sagen habe. Er zog seinen bessern Anzug an, bürstete, säuberte, kämmte, wusch und verschönerte sich, wie es sich schickte, und marschierte in aller Seelenruhe zu seinem Geschäftsmann. „Lieber Zimmermann," sagte derselbe zu Zimmermann, „ich weiß, daß Sie ein ruhiger Mensch sind, der seine Ruhe liebt! Jetzt aber müssen Sie aus aller Behaglichkeit heraus und mit der größten Unruhe, Hast und Schleunigkeit nach der Türkei fliegen. Koffermanns Verleger hat Koffermann nach Japan entsandt, weshalb ich nun Sie, mein lieber Zimmermann, nach der Türkei senden muß. Haben Sie begriffen?" Zimmermann aber begriff nicht so leicht; er besaß keine so leichte und flinke Auffassungsgabe wie Koffermann. Er bat sich eine Bedenkzeit von acht Tagen aus und ging wieder in sein Zimmer

---

10 Vgl. zu Walsers Prosastücken Niehaus (2007).

zurück, wo er sich ebenso vergnüglich wie nachdenklich auf seinen alten Reisekorb setzte, der unter der Last zu ächzen und zu seufzen begann, wie Reisekörbe bei solcher Gelegenheit zu tun pflegen. Zimmermann, der seine Ruhe und seinen stillen Aufenthalt im Zimmer liebte, war unfähig, von demselben Abschied zu nehmen. „Ich bin unfähig, vom Zimmer Abschied zu nehmen, auch ist mein Reisekorb alt, und es würde mir weh tun, ihn auf eine so weite Reise zu schicken," schrieb Zimmermann seinem Geschäftsmann, „ich habe mir die Sache überlegt, und bitte Sie versichert zu sein, daß ich nicht nach der Türkei reisen kann. Ich eigne mich nicht dafür. Ich bin soeben in Gedanken eine halbe Stunde lang in der Türkei gewesen und habe es dort sehr langweilig gefunden. Mit dem ehemaligen Königreich Polen möchte ich es wohl eher probieren. Lassen Sie mich bitte Ihre Meinung wissen. Ich gebe Ihnen acht Tage Bedenkzeit. Nach Polen passe ich nämlich besser als nach der Türkei." Der Verleger lachte, als er den Brief las und sagte: „Mit Zimmermann ist nichts anzufangen." (Walser 1985, 86–87)

Die thematischen und motivischen Gemeinsamkeiten beider Texte liegen auf der Hand. Gestaltet ist jeweils der gleiche anekdotische Kern (die gewitzte Zurückweisung der verlegerischen Forderung, sich als Schriftsteller auf Reisen zu begeben), allerdings jeweils in einem anderen literarischen Medium und in einer ganz anderen Erzählsituation. Auf der einen Seite das Ich von Walsers Prosastücken, auf der anderen Seite der (vermeintlich) empirische Autor Walser im direkten Zitat durch Carl Seelig.

Ist die Geschichte in Seeligs direktem (und vermeintlich faktualem) Walser-Zitat der *Wanderungen* auf ihren anekdotischen Kern fokussiert, liegt der Fokus in der Prosastückvariante stärker auf ihrer manieristischen Einkleidung (gleichsam als Beweis für die schöpferische Produktivität eines im Zimmer sitzenden Autors). Die Autorfigur in „Koffermann und Zimmermann" teilt mit Walser die Vorliebe für die ‚Phantasie', die dort indes nicht eigens so benannt wird: Seine Reise in die Türkei findet in „Gedanken" statt. Die axiologische Tendenz dieser poetologischen Anekdote ist freilich in beiden Varianten die gleiche: Es geht darum, die aus sich selbst und aus dem Naheliegenden schöpfende kreative Potenz (und ein mit ihr korrelierendes Autorschaftsmodell) gegen entgegengesetzte Ansprüche zu verteidigen. Der Verleger erscheint als Vertreter der ‚weiten Welt', die aus dem intimen Nahbereich des Zimmers herausgehalten werden müsse – dort schaltet und waltet die Autorfigur. Einige Unterschiede gibt es auf der Sachebene: Während Walser schlichtweg ablehnt, überhaupt irgendwo hinzureisen (und damit auch weder in die Türkei noch nach Polen, die beide explizit genannt werden), schlägt der ‚Zimmermann' des Prosastücks selbst dezidiert Polen als Alternative zur Türkei vor, der er schon nach einer dreißigminütigen Gedankenreise überdrüssig geworden sei. Über die Gründe für die Auswahl dieses Länderpaars müsste spekuliert werden. Da die beiden Länder im Text selbst keine semantische Füllung erhalten, bleibt der kulturelle Anspielungshorizont vage. Im Textzusammenhang selbst ist auch die Wahl für Polen nicht ganz überzeugend, gibt die Autorfigur doch an, „unfähig" zu sein, „vom Zimmer Abschied zu nehmen" (Walser 1985, 87). Gut möglich, dass auch die Reise nach Polen eine rein gedankliche bleiben soll. Darum geht es indes weniger als um die Pointe, dass nun der Autor seinem Verleger selbst ein Ultimatum stellen kann („acht Tage Bedenkzeit" (Walser 1985, 87)).

Zum anekdotischen Biographem wird die kleine Erzählung nun durch ihre faktual-fiktionalen Korrespondenzen. Die im Prosastück verschlüsselten Namen der realweltlichen Vorbilder (Cassirer und Fischer) tauchen in der Erinnerungsanekdote mit Klarnamen auf. Dadurch stellt sich auch die Frage ‚Wer spricht', die speziell für die Prosastücke und Feuilletontexte Walsers rege diskutiert wurde, noch einmal neu. Mit Seelig würde man antworten: Robert Walser natürlich.[11] Eine unscheinbare, vermeintliche periphere Stelle also, die indes einen Lektüremodus stiftet und einübt, der auf den rezeptiven Kurzschluss von Walsers Leben und Werk ausgelegt ist. Dieser wird besonders durch das direkte Zitat noch einmal bekräftigt. Walsers Texte erscheinen durch diese Operation als wenig verschlüsselte Umschrift von Leben in Literatur. Gerade diese kleinen, unscheinbaren Erzähleinheiten sind es, die Walsers biographischer Großerzählung – Walser als poetischer Spaziergänger – ihre Evidenz verleihen und in Analogieverhältnis zu dessen Werk stehen. Sie sind damit mehr als nur reine Beigabe, sondern Teil einer Kette von Zeichen, die auf den Autor verweisen. Das Kleine, Verstreute, Nicht-Werkhafte, das Walsers Prosastücken zugeschrieben werden kann (Niehaus 2007, 173–175), realisiert sich in Seeligs *Wanderungen* als anekdotisches Biographem – ein kleines Detail, von dem aus größere Zusammenhänge erschlossen werden können.

Ähnlich, aber auf etwas andere Weise, funktioniert auch eine weitere Kategorie auktorialer Zeichen in Seeligs *Wanderungen*. Seelig macht an Walser immer wieder Beobachtungen, die gerade auch im körperlich-idiosynkratischen Sinne von Barthes Konzept als Biographeme gelesen werden können. Diese betreffen vor allem Walsers Äußeres, zum Beispiel dessen Haartracht. Am 10. September 1940 konstatiert Seelig (1977, 25): „Robert wird immer weißhaariger; am Nacken wachsen ihm schon ganze Büschelchen schneeweißer Haare." 10 Monate später, am 20. Juli 1941, bemerkt Seelig (1977, 30) „am rechten Hinterkopf [...] eine große kahle Stelle." Die zunehmende Hinfälligkeit des Autors wird so immer wieder hervorgehoben. Flankiert werden solche *vanitas*-Allusionen durch regelmäßige Ausführungen über Walsers Gesundheitszustand. Seine eigenen Eindrücke misst Seelig dabei zumeist an Informationen, die ihm vom Ärzte- oder Pflegepersonal

---

[11] Die oben angesprochene Frage nach dem erzähltheoretischen Status der Autorfigur bleibt damit im Übrigen natürlich unberührt.

der Heilanstalt bzw. der Schwester Walsers überbracht werden. Der alternde Körper des Autors wird auf diese Weise einerseits zum radikal ‚Anderen' des schriftlich-literarischen Ausdrucks, andererseits zu dessen Korrelat, indem Seelig den Körper Walsers immer wieder auf seine Literatur hin lesbar macht. Das zeigt sich insbesondere am folgenden Beispiel, das (wie bei Barthes) an einem bestimmten, sehr genau beobachteten Körperteil ansetzt: dem Mund.

Walsers Mund scheint ein besonderes Faszinosum für Seelig zu sein. Am 3. Januar 1937 notiert er: „Tiefe, schmerzliche Züge von der Nasenwurzel bis zum auffallend roten, fleischigen Mund" (Seelig 1977, 10). Seelig (1977, 31) fixiert sich im Lauf der Jahre geradezu auf diesen Mund. „Ich bemerke, daß er einen Mund wie ein Fisch hat, der nach Luft schnappt, wenn man ihn mit der Angelrute an Land zieht. Klein, ein wenig gerundet, sehr rot und oft geöffnet, die Unterlippe etwas wulstig. Das Nasenende leicht nach oben gebogen." Barthes' Rede davon, dass Biographeme eine „Anamnese" ihres Gegenstandes herstellen, wird hier anschaulich illustriert. Diese Beobachtungen gehen insofern über eine rein äußerliche Beschreibung hinaus, als sie metonymisch auf das einzige Medium verweisen, in dem Walser in diesen Jahren noch mit der literarischen Welt kommuniziert: seine Stimme. Wohlgemerkt: in Person von Carl Seelig vertreten. Wenn Seelig wiederum Walsers Mund beschreibt, dann schildert er die auditive Quelle, die den Text (Walsers und Seeligs) am Laufen hält. Statt sich in schriftlichen Verlautbarungen zu äußern, zieht sich Walser aufs Mündliche zurück (vermeintlich ohne damit ästhetische Absichten zu verfolgen); dieser Redestrom wird von Seelig kanalisiert und in Form gebracht. Auch die erste zitierte Stelle legt eine auf Walsers Poetik verweisende Deutung nahe: Akzeptiert man die Lesart des Mundes als poetologische Metapher, dann lässt sich in Seeligs Beschreibung von Walsers Gesicht der Schmerz physiognomisch als Quelle bzw. Korrelat von Walsers literarischer Tätigkeit lesen. Auf den Mund verweisen schließlich auch die ausführlichen Essensschilderungen, die einen festen Bestandteil fast aller Einträge ausmachen. Im Laufe ihrer Spaziergänge kehren Seelig und Walser zumeist in einem der örtlichen Lokale ein, um sich an einer großen Anzahl von Speisen gütlich zu tun. Die mehrgängigen Gelage bieten umfangreiche Gelegenheiten für Seelig, Walser als Esser zu charakterisieren. Auch die bestimmten Vorlieben und Essgewohnheiten, die Seelig in dieser Hinsicht an Walser bemerkt, fungieren dann als Barthes'sche Biographeme.

An Robert Walsers Darstellung durch Seeligs Augen zeigt sich insofern die doppelte Perspektive des Biographems: einerseits als Beschreibungskategorie, die von außen an den Biographierten herangetragen wird und dabei fast mehr über den Biograph als über das Objekt der Darstellung aussagt, andererseits als Element und Fortsetzung der auktorialen Selbstinszenierung, deren rezeptionssteuernde Funktion dadurch unterstrichen wird. Die anekdotische Struktur, die der auktoriale Diskurs annehmen kann, zeigt sich insofern an der Genese und dem Fortleben von Robert Walsers Autorbild – und hier speziell an den *Wanderungen mit Robert Walser* – besonders gut. Deutlich wird schließlich auch noch einmal die Analogie zwischen lebensgeschichtlichem Biographem und geschichtsträchtigem Historem: Seelig ist stark darum bemüht, die einzelnen biographischen Anekdoten zu einem kohärenten Bild Walsers zusammenzustellen. Das Buch erscheint als Bündel von Walser'schen Anekdoten, Aussprüchen, Pointen, die von Seelig in einen übergeordneten Zusammenhang gestellt und in einem gemeinsamen Darstellungsziel aufgehoben sind. Die einzelne Anekdote aber verbleibt widerständig in ihrer changierenden Stellung zwischen Fiktionalität und Faktualität, zwischen Zeichenhaftigkeit und Referenz.

Literaturverzeichnis

Barthes, Roland. *Sade, Fourier, Loyola*. Aus dem Französischen von Maren Sell und Jürgen Hoch. Frankfurt a. M.: Suhrkamp, 1974.

Barthes, Roland. *Über mich selbst*. Aus dem Französischen von Jürgen Hoch. München: Matthes & Seitz, 1978.

Baßler, Moritz. „Robert Walsers Moderne". *Robert Walser Handbuch. Leben – Werk – Wirkung*. Hg. Lucas Marco Gisi. Stuttgart: J.B. Metzler, 2018. 68–72.

Benne, Christian. „Autofiktion und Maskerade. Robert Walsers Ästhetik des Biographieverzichts". *„andersteils sich in fremde Gegenden umschauend" – Schweizerische und dänische Annäherungen an Robert Walser*. Hg. Christian Benne und Thomas Gürber. Kopenhagen: Wilhelm Fink, 2007. 32–53

Fineman, Joel. „The History of the Anecdote: Fiction and Fiction". *The New Historicism*. Hg. H. Aram Veeser. New York und London: Routledge, 1989. 49–76.

Fischer, Alexander M. *Posierende Poeten: Autorinszenierungen vom 18. bis zum 21. Jahrhundert*. Heidelberg: Winter, 2015.

Gisi, Lucas Marco. „Im Namen des Autors: Carl Selig als Herausgeber und Biograf von Robert Walser". *Medien der Autorschaft: Formen literarischer (Selbst-)Inszenierung von Brief und Tagebuch bis Fotografie und Interview*. Hg. Lucas Marco Gisi, Urs Meyer und Reto Sorg. München und Paderborn: Wilhelm Fink, 2013. 139–151.

Gisi, Lucas Marco. „Leben und Werk". *Robert Walser Handbuch: Leben – Werk – Wirkung*. Hg. Lucas Marco Gisi. Stuttgart: J.B. Metzler, 2018. 1–6.

Gisi, Lucas Marco. „,Uns ist es nun einmal beschieden, spazieren zu gehen.' Zu Carl Seeligs Wanderungen mit Robert Walser". *,Spazieren muss ich unbedingt': Robert Walser und die Kultur des Gehens*. Hg. Annie Pfeifer und Reto Sorg. Paderborn: Wilhelm Fink, 2019. 199–211.

Greenblatt, Stephen. „The Touch of the Real". *Representations* 59 (1997). 14–29.

Greven, Jochen. *Robert Walser – ein Außenseiter wird zum Klassiker: Abenteuer einer Wiederentdeckung*. Lengwil: Libelle, 2003.

Hilzinger, Sonja. *Anekdotisches Erzählen im Zeitalter der Aufklärung: Zum Struktur- und Funktionswandel der Gattung Anekdote in Historiographie, Publizistik und Literatur des 18. Jahrhunderts.* Stuttgart: J.B. Metzler, 1997.

Hombrecher, Hartmut. „Grenzgänge und Tischrücken: Raumnarration und Fiktionalisierung als Verfahren der Figurencharakterisierung in Theodor Fontanes *Von Zwanzig bis Dreißig*". *Theodor Fontanes Von Zwanzig bis Dreißig: Zu Edition und Interpretation des autobiographischen Werkes.* Hg. Gabriele Radecke. Berlin: Quintus, 2020. 139–157.

Jürgensen, Christoph, und Gerhard Kaiser. „Schriftstellerische Inszenierungspraktiken – Heuristische Typologie und Genese". *Schriftstellerische Inszenierungspraktiken: Typologie und Geschichte.* Hg. Christoph Jürgensen und Gerhard Kaiser. Heidelberg: Winter, 2011. 9–30.

Kempke, Kevin. „Variationen über einen unverfügbaren Text – Christian Krachts Frankfurter Poetikvorlesungen". *Christian Krachts Ästhetik.* Hg. Heinz Drügh und Susanne Komfort-Hein. Stuttgart: J.B. Metzler, 2019. 227–240.

Kempke, Kevin. *Vorlesungsszenen der Gegenwartsliteratur: Die Frankfurter Poetikvorlesungen als Gattung und Institution.* Göttingen: Wallstein, 2021.

Kris, Ernst, und Otto Kurz. *Die Legende vom Künstler: Ein geschichtlicher Versuch* [1934]. Frankfurt a. M.: Suhrkamp, 1995.

Kyora, Sabine. „Subjektform ,Autor'? Einleitende Überlegungen". *Subjektform Autor: Autorschaftsinszenierungen als Praktiken der Subjektivierung.* Hg. Sabine Kyora. Bielefeld: transcript, 2014. 11–20.

Leucht, Robert, und Magnus Wieland. „Dichterdarsteller: Prolegomena zum Konzept der biographischen Legende". *Dichterdarsteller: Fallstudien zur biographischen Legende des Autors im 20. und 21. Jahrhundert.* Hg. Robert Leucht und Magnus Wieland. Göttingen: Wallstein, 2016. 7–33.

Mächler, Robert. *Das Leben Robert Walsers: Eine dokumentarische Biographie.* Neu durchges. und erg. Aufl. Frankfurt a. M.: Suhrkamp, 1992.

Moser, Christian. „Kontingenz und Anschaulichkeit: Zur Funktion anekdotischen Erzählens in lebensgeschichtlichen Texten (Plutarch und Rousseau)." *Show, don't tell: Konzepte und Strategien anschaulichen Erzählens.* Hg. Tillmann Köppe und Rüdiger Singer. Bielefeld: Aisthesis, 2018. 57–82.

Moser, Christian. „Die supplementäre Form des Anekdotischen: Kleists ,Prinz Friedrich von Homburg' und die europäische Tradition anekdotischer Geschichtsschreibung". *Kleist-Jahrbuch 2006.* Hg. Günter Blamberger, Ingo Breuer, Sabine Doering und Klaus Müller-Salget. Stuttgart und Weimar: J.B. Metzler, 2006. 23–44.

Neumann, Gerhard. „Roland Barthes: Literatur als Ethnographie. Zum Konzept einer Semiologie der Kultur". *Verhandlungen mit dem New Historicism: Das Text-Kontext-Problem in der Literaturwissenschaft.* Hg. Jürg Glauser und Annegret Heitmann. Würzburg: Königshausen & Neumann, 1999. 23–48.

Neumann, Maik. „Der Autor als Schreibender: Roland Barthes' Konzept einer ,freundschaftlichen Wiederkehr des Autors'". *Theorien und Praktiken der Autorschaft.* Hg. Matthias Schaffrick und Marcus Willand. Berlin und Boston: De Gruyter, 2014. 263–286.

Neureuter, Hans Peter. „Zur Theorie der Anekdote". *Jahrbuch des Freien Deutschen Hochstifts 1973.* Hg. Detlev Lüders. Tübingen: Max Niemeyer, 1973. 458–480.

Niefanger, Dirk. „Biographeme im deutschsprachigen Gegenwartsroman (Herta Müller, Monika Maron, Uwe Timm)". *Literatur als Lebensgeschichte: Biographisches Erzählen von der*

Moderne bis zur Gegenwart. Hg. Peter Braun und Bernd Stiegler. Bielefeld: transcript, 2012. 289–306.

Niehaus, Michael. „Das Prosastück als Idee und das Prosastückverfahren der Seinsweise: Robert Walser". *Kleine Prosa. Theorie und Geschichte eines Textfeldes im Literatursystem der Moderne.* Hg. Thomas Althaus, Wolfgang Bunzel und Dirk Göttsche. Tübingen: Max Niemeyer, 2007. 173–186.

Niehaus, Michael. „Die sprechende und die stumme Anekdote". *Zeitschrift für deutsche Philologie* 132.2 (2013): 183–202.

Richter, Myriam, und Bernd Hamacher. „Biographische Kleinformen". *Handbuch Biographie: Methoden, Traditionen, Theorien.* Hg. Christian Klein. Stuttgart und Weimar: J.B. Metzler, 2009. 137–142.

Samoyault, Tiphaine. *Roland Barthes: Die Biografie.* Berlin: Suhrkamp, 2015.

Schäfer, Rudolf. *Die Anekdote: Theorie – Analyse – Didaktik.* München: Oldenbourg, 1982.

Schaffrick, Matthias, und Marcus Willand. „Autorschaft im 21. Jahrhundert: Bestandsaufnahme und Positionsbestimmung". *Theorien und Praktiken der Autorschaft.* Hg. Matthias Schaffrick und Marcus Willand. Berlin und Boston: De Gruyter, 2014. 3–148.

Schwerin, Kerstin Gräfin von. „Ein ‚innig verbundenes und zusammengewobenes Bild': Robert Walsers Roman ‚Geschwister Tanner'". *Familienbilder als Zeitbilder: Erzählte Zeitgeschichte(n) bei Schweizer Autoren vom 18. Jahrhundert bis zur Gegenwart.* Hg. Beatrice Sandberg. Berlin: Frank & Timme, 2010. 105–120.

Seelig, Carl. *Wanderungen mit Robert Walser* [1957]. Frankfurt a.M.: Suhrkamp, 1977.

Sina, Kai. *Sühnewerk und Opferleben: Kunstreligion bei Walter Kempowski.* Göttingen: Wallstein, 2012.

Sousloff, Catherine M. „Der Künstler im Text – Die Rhetorik des Künstlermythos". *Leben als Kunstwerk. Künstlerbiographien im 20. Jahrhundert: Von Alma Mahler und Jean Cocteau zu Thomas Bernhard und Madonna.* Hg. Christopher F. Laferl und Anja Tippner. Bielefeld: transcript, 2011. 29–58.

Spoerhase, Carlos. *Autorschaft und Interpretation: Methodische Grundlagen einer philologischen Hermeneutik.* Berlin und New York: De Gruyter, 2007.

Tomaševskij, Boris. „Literatur und Biografie" [1923]. *Texte zur Theorie der Autorschaft.* Hg. Fotis Jannidis, Gerhard Lauer, Matías Martínez und Simone Winko. Stuttgart: Reclam, 2000. 49–61.

Wagner-Egelhaaf, Martina. *Autobiographie.* 2. aktualisierte und erw. Ausgabe. Stuttgart: J.B. Metzler, 2005.

Walser, Robert. „Koffermann und Zimmermann". *Robert Walser: Sämtliche Werke in Einzelausgaben.* Bd. 5: „Der Spaziergang. Prosastücke und Kleine Prosa". Hg. Jochen Greven. Zürich und Frankfurt a.M.: Suhrkamp, 1985.¹86–87.

Weixler, Antonius. „Authentisches erzählen – authentisches Erzählen: Über Authentizität als Zuschreibungsphänomen und Pakt". *Authentisches Erzählen: Produktion, Narration, Rezeption.* Hg. Antonius Weixler. Berlin und Boston: De Gruyter, 2012. 1–32.

Wernli, Martina. *Schreiben am Rand: Die „Bernische kantonale Irrenanstalt Waldau" und ihre Narrative (1895–1936).* Bielefeld: transcript, 2014.

Wieland, Magnus. „Werkgenesen: Anfang und Ende des Werks im Archiv". *Das Werk: Zum Verschwinden und Fortwirken eines Grundbegriffs.* Hg. Lutz Danneberg, Annette Gilbert und Carlos Spoerhase. Berlin und Boston: De Gruyter, 2019. 213–236.

Bio-bibliographische Angaben zu den Autor:innen

Christiane Frey, Associate Professor of German an der New York University bis 2017, zuletzt Stipendiatin der Alexander von Humboldt-Stiftung sowie, bis September 2020, Vertretungsprofessorin an der Humboldt-Universität zu Berlin. Aktuell lehrt sie an der RWTH Aachen Germanistische und Allgemeine Literaturwissenschaft. Zu ihren Arbeitsschwerpunkten gehören: Literatur, Ästhetik und Wissen vom 17. bis zum frühen 19. Jahrhundert; Formen der Zeit in Astronomie, politischer Theorie und barockem Trauerspiel; Theoriegeschichten der Säkularisierung; Mikrologien des Wissens und Erzählens von Leibniz bis Kleist. Rezente Veröffentlichungen: *Laune: Poetiken der Selbstsorge von Montaigne bis Tieck*, Fink 2016; mitherausgegeben: *Noch einmal anders: Zu einer Poetik des Seriellen*, diaphanes 2016; zusammen mit Uwe Hebekus und David Martyn herausgegeben: *Säkularisierung: Grundlagentexte zur Theoriegeschichte*, Suhrkamp 2020.

Joachim Harst ist seit 2018 Juniorprofessor für Komparatistik in Köln. Zuvor war er als wiss. Mitarbeiter der Abteilung für Komparatistik in Bonn (Christian Moser) und als Doktorand an der Yale University tätig (Rüdiger Campe). Zu seinen medienwissenschaftlichen Forschungsschwerpunkten zählen Verbindlichkeit in Sprech- und Schreibakten, der Begriff des Fetischismus in Literatur, Ökonomie sowie allgemeiner Psychoanalyse und im Film. Jüngste Veröffentlichung: „Universalgeschichte des Ehebruchs." Verbindlichkeit zwischen Literatur, Recht und Religion. Göttingen: Wallstein, 2021.

Joachim Jacob ist Professor für Neuere Deutsche Literaturgeschichte und Allgemeine Literaturwissenschaft an der Justus-Liebig-Universität Gießen. Aktuelle Forschungsschwerpunkte: Literatur und Religion des 18. Jahrhunderts; Antikerezeption; literarische Ästhetik und Hermeneutik; Literatur und Ethik. Aktuelle Buchpublikationen: (Mithg.) *Das 18. Jahrhundert. Lexikon zur Antikerezeption in Aufklärung und Klassizismus* (Der Neue Pauly, Supplemente, Bd. 13), Stuttgart 2018; (Mithg.) *Literatur / Religion. Bilanz und Perspektiven eines interdisziplinären Forschungsgebietes*, Stuttgart 2019; (Mithg.) *Metzler Lexikon literarischer Symbole*, dritte, erweiterte und um ein Bedeutungsregister ergänzte Auflage, Berlin 2021.

Kevin Kempke, Literaturwissenschaftler, seit 2019 wissenschaftlicher Mitarbeiter an der Universität Stuttgart. Von 2016 bis 2019 Promotion im Graduiertenkolleg „Schreibszene Frankfurt" der VW-Stiftung an der Goethe-Universität Frankfurt. Vorher Studium der Germanistik und Politikwissenschaft in Göttingen. Publikationen: Vorlesungsszenen der Gegenwartsliteratur. Die Frankfurter Poetikvorlesungen als Gattung und Institution. Göttingen: Wallstein 2021; Institutsprosa. Ästhetische und literatursoziologische Perspektiven auf deutschsprachige Literaturinstitute. Leipzig: Spector Books 2019 (hg. zusammen mit Lena Vöcklinghaus und Miriam Zeh).

Claudia Lillge ist Anglistin und Komparatistin; Promotion 2005 an der Georg-August- Universität Göttingen, Habilitation 2015 in den Fächern Anglistik und Komparatistik an der Universität Paderborn. Seitdem verschiedene Vertretungs- und Gastprofessuren im In-und Ausland (Goethe-Universität Frankfurt am Main, FU Berlin, UC Berkeley). Derzeit vertritt sie den Lehrstuhl für

Englische Literatur- und Kulturwissenschaft an der Julius-Maximilians-Universität Würzburg. Zu ihren Publikationen zählen u. a.: *Arbeit. Ein Literatur- und Mediengeschichte Großbritanniens*. Paderborn: Wilhelm Fink, 2016; *Die Brontë-Methode. Elizabeth Stoddards transatlantische Genealogie und das viktorianische Imaginäre*. Heidelberg: Winter, 2009.

Andreas Mahler lehrt Englische Philologie und Systematische Literaturwissenschaft an der Freien Universität Berlin. Forschungsschwerpunkte zu Früher und Später Neuzeit, Literaturtheorie und Textpoetik sowie zu Fragen von Medialität, Räumlichkeit, Ästhetik und Literaturanthropologie. Veröffentlichungen u. a. zu Satire, Komödie, Karnevalisierung, Raum- und Texttheorie.

David Martyn ist Professor für German Studies am Macalester College (St. Paul/USA). Forschungsschwerpunkte: literarische Mehrsprachigkeit und die Erfindung der Einsprachigkeit; Serialität; Literatur und Statistik; Theorien der Säkularisierung. Rezente Veröffentlichungen: *Below Genre: Short Forms and their Affordances* (Mitherausgeber; Themenheft von *Colloquia Germanica*), im Erscheinen; *Säkularisierung: Grundlagentexte zur Theoriegeschichte* (Mitherausgeber; Suhrkamp Verlag 2020); *Noch einmal anders: Zu einer Poetik des Seriellen* (Mitherausgeber; Diaphanes 2016); „Authorship as Play: Schleiermacher's Metalangual Poetics" (2020); „Grimms Wissenschaft, Grimms Deutsch" (2020); „Muttersprache und Edition: Lachmanns Esperanto" (2018). Gastprofessuren an der Friedrich Schlegel Graduiertenschule für literaturwissenschaftliche Studien an der Freien Universität Berlin und zuletzt am DFG-Graduiertenkolleg „Gegenwart/Literatur" an der Universität Bonn.

Christian Moser ist Professor für Vergleichende Literaturwissenschaft an der Universität Bonn. Gastprofessuren/Fellowships an der Columbia University New York (2007), der Ohio State University Columbus (2014) und dem Käthe Hamburger-Kolleg Morphomata Köln (2017). Aktuelle Forschungsschwerpunkte: Kultur- und Mediengeschichte der Subjektivität; Literatur und Globalisierungsprozesse; Begriffsgeschichte des Barbarischen; Poetik des Anekdotischen. Aktuelle Buchpublikationen: (Mithg.) *The Intellectual Landscape in the Works of J. M. Coetzee*, Rochester/NY 2018; (Co-Autor) *Barbarian. Explorations of a Western Concept in Theory, Literature, and the Arts. Vol. 1: From the Enlightenment to the Turn of the Twentieth Century*, Stuttgart 2018; (Gasthg.) *Kleist-Jahrbuch* 2021, Themenschwerpunkt *Politik des Rechts im Werk Heinrich von Kleists*.

Reinhard M. Möller ist seit 2016 Wissenschaftlicher Mitarbeiter für Neuere deutsche Literaturwissenschaft an der Goethe-Universität Frankfurt am Main, zuvor in Bonn und Würzburg. Studium der Komparatistik, Philosophie und Germanistik in Berlin, Kopenhagen und Basel, anschließend Promotion am Internationalen Kulturwissenschaftlichen Graduiertenzentrum der Universität Gießen und an der Cornell University (Dissertation veröffentlicht als *Situationen des Fremden. Ästhetik und Reiseliteratur im späten 18. Jahrhundert*, Paderborn: Fink 2016). Gastdozenturen in Athen (2016), Cambridge (2017) und Lyon (2019), Forschungsaufenthalte zuletzt an der Universität Wien (2020 und 2021). Aktuelle Forschungsschwerpunkte u. a.: Serendipität und Literatur, Kleine Formen, Ästhetik und Kulturwissenschaft, Reise- und Stadtliteratur.

Michael Niehaus ist Professor für Neuere deutsche Literaturwissenschaft und Medienästhetik an der Fernuniversität in Hagen. Promotion 1993 über monologische Prosaformen im 20. Jahrhundert; Habilitation mit der Untersuchung *Das Verhör. Geschichte – Theorie – Fiktion* (München 2003). Arbeitsschwerpunkte u. a.: Literatur und Institution, Erzählliteratur des 19. bis

21. Jahrhunderts, intermediale Narratologie, Genre- und Formattheorie. Buchveröffentlichungen u. a.: *Das Buch der wandernden Dinge* (München 2009); *Erschöpfendes Interpretieren. Eine exemplarische Auseinandersetzung mit Heinrich von Kleists „Das Bettelweib von Locarno"* (Berlin 2013), *Was ist ein Format?* (Hannover 2018), *Erfolg. Institutionelle und narrative Dimensionen von Erfolgsratgebern (1890–1933)*, Bielefeld 2021 [Co-Autoren Wim Peeters, Horst Gruner und Stefanie Wollmann] (Bielefeld 2021), *Erzähltheorie und Erzähltechniken zur Einführung* (Hamburg 2021).

Michael Ott, Studium der Germanistik, Geschichte und Politikwissenschaft in Erlangen, Pisa und München, Promotion an der LMU: *Das ungeschriebene Gesetz. Ehre und Geschlechterdifferenz in der deutschen Literatur um 1800* (Freiburg i.Br. 2001), Habilitation zum alpinen Diskurs und der Literatur der Moderne (Ms. München 2013). Hg. mehrerer Sammelbände, u. a.: „Urworte. Zur Geschichte und Funktion erstbegründender Begriffe" (hg. zus. mit Tobias Döring, München 2012), „Was der Fall ist. Casus und Lapsus" (hg. zus. mit Inka Mülder-Bach, München 2014); zahlreiche Aufsätze, u. a. zu Kleist, Theatralität und Drama, Sport und Alpinismus. Nach Lehrstuhlvertretungen in München und Konstanz derzeit Leitung der Abteilung für Förderung von Kunst und Kultur im Kulturreferat der Landeshauptstadt München; Privatdozent an der LMU München (Neuere deutsche Literaturwissenschaft).

Joan Ramon Resina is Professor in the Department of Iberian and Latin American Cultures and the Department of Comparative Literature at Stanford University, where he directs the Iberian Studies Program at the Europe Center. He holds a Ph.D. in Comparative Literature by U.C. Berkeley and a Ph.D. in English by the University of Barcelona. He has been visiting professor at various international universities. His awards include the Donald Andrews Whittier Fellowship at the Stanford Humanities Center, the Fulbright fellowship, the Alexander-von-Humboldt fellowship, a Wien International Scholarship, a DAAD grant, fellowships at the Simon Dubnow Institute in Leipzig and at the Internationales Kolleg Morphomata in Cologne, the Serra d'Or prize for literary criticism, the Omnium Cultural award (Ex Aequo with the TV channel Arte), the Literary Criticism Award of the Institució de les Lletres Catalanes, and the Creu de Sant Jordi award from the Government of Catalonia. He has published one hundred and seventy-five essays in professional journals and collective volumes while contributing regularly to the Catalan press. Between 1998 and 2004 he was general editor of *Diacritics*. Recent books include: *Luchino Visconti: Filmmaker and Philosopher* (Bloomsbury 2022), *Catalunya amb ulls estranyats* (Comanegra 2020), *The Ghost in the Constitution: Historical Memory and Denial in Spanish Society* (Liverpool UP, 2017), *Josep Pla: The World Seen in the Form of Articles* (Toronto UP, 2017), *Barcelona's Vocation of Modernity: Rise and Decline of an Urban Image* (Stanford UP, 2008). He has edited twelve volumes, most recently *Cultures of Currencies* (Routledge 2022), *Iberian Modalities* (Liverpool University Press, 2013), *Inscribed Identitites* (Routledge, 2019) and, with Christoph Wulf, *Repetition, Recurrence, Returns* (Lexington Books, 2019).

Thomas Schestag, Professor am Department of German Studies, Brown University, Providence, Rhode Island (USA). Jüngste Buchpublikationen: *Namenlose*, Berlin 2020, *erlaubt, entlaubt*, Schupfart 2021; als Hrsg., Francis Ponge, *Le Soleil / Die Sonne*, Berlin 2020.

Maren Scheurer ist wissenschaftliche Mitarbeiterin am Institut für Allgemeine und Vergleichende Literaturwissenschaft der Goethe-Universität Frankfurt. 2019 erschien ihre Monographie *Transferences: The Aesthetics and Poetics of the Therapeutic Relationship*. Sie ist Mitherausgeberin der Sammelbände *Narratives of the Therapeutic Encounter: Psychoanalysis, Talking Therapies and Creative Practice* (2020), *Serienfragmente* (2021) und *Amputation in Literature and Film: Artificial Limbs, Prosthetic Relations, and the Semiotics of „Loss"* (2021). Gemeinsam mit Aimee Pozorski arbeitet sie als geschäftsführende Herausgeberin der *Philip Roth Studies*.

Rüdiger Singer, Studium der Germanistik und Geschichte in Bamberg und Berlin (TU); dort 2004 Promotion über J. G. Herders Konzept des Verhältnisses von Literatur und Oral Poetry. Ab 2006 Wiss. Mitarbeiter Deutsches Seminar Göttingen. 2009–2011 Humboldt-Stipendiat in Madison (USA). 2014/15 Lehrstuhlvertretung in Göttingen und Venia Legendi Neuerer Deutsche Literaturwissenschaft und Komparatistik mit der Studie *„Mimen-Ekphrasis": Schauspielkunst in der Literatur um 1800 und um 1900.* 2015–2020 DAAD-Gastprofessor University of Minnesota. Gegenwärtig Privatdozent in Kiel, Forschungsprojekt „Rhetorik der Pressekarikatur". Weitere Schwerpunkte: Graphic Novels, Literaturadaption, Parodie.

Elisabeth Tilmann, Wissenschaftliche Mitarbeiterin am DFG-Graduiertenkolleg „Gegenwart/Literatur. Geschichte, Theorie und Praxeologie eines Verhältnisses" an der Rheinischen Friedrich-Wilhelms-Universität Bonn; Forschungsschwerpunkte: Geschichte der Theaterkritik (Dissertationsprojekt), Literatur und Journalismus, Medienkomparatistik; zuletzt erschienen: (mit Eva Stubenrauch): „Lie still, lie silent, utter no cries". Das Schlaf- und Wiegenlied als Provokation. In: Johannes Franzen und Christian Meierhofer (Hg.): Gelegenheitslyrik in der Moderne. Tradition und Transformation einer Gattung (Publikationen zur Zeitschrift für Germanistik, Neue Folge, Bd. 34), Bern: Verlag Peter Lang 2021.

Daniel Wendt ist wissenschaftlicher Mitarbeiter am Institut für Griechische und Lateinische Philologie der Freien Universität Berlin. Studium der Klassischen Philologien, Romanistik und Geschichte in Münster und Lyon. Promotion in Bonn im Rahmen des trinationalen Graduiertenkollegs „Gründungsmythen Europas in Literatur, Kunst und Musik". Forschungsaufenthalte in Paris (2012–13), Florenz (2011/12) und Princeton (2019–20). Aktuelle Forschungsschwerpunkte: Poetik der Anekdote; Antikenrezeption; Emotionen; Ästhetik; Kleine Formen; Gattungstheorie; Begriffsgeschichte des Obszönen. Buchpublikationen: *Abjekte Antike: Die Obszönität antiker Literatur im Frankreich der Frühen Neuzeit*, Heidelberg 2020. (Mithg.) *Texturen des Barbarischen. Exemplarische Studien zu einem Grenzbegriff der Kultur*, Heidelberg 2014.

Martina Wernli ist wissenschaftliche Mitarbeiterin an der Goethe-Universität in Frankfurt und vertritt zurzeit eine Professur an der Johann Gutenberg-Universität in Mainz. Sie beschäftigt sich u. a. mit Kanonfragen (und gründete das Netzwerk #breiterkanon https://breiterkanon.hypotheses.org/), mit Literatur und Materialität oder Romantikforschung. Aktuelle Publikation: *Feder lesen. Eine Literaturgeschichte des Gänsekiels von den Anfängen bis ins 19. Jahrhundert.* Wallstein 2021 (auch open access erhältlich).

Rüdiger Zill studierte Philosophie, Geschichte und Soziologie in Berlin und London. 1994 Promotion in Berlin mit der Arbeit *Meßkünstler und Rossebändiger. Zur Funktion von Modellen und Metaphern in philosophischen Affekttheorien.* 1994–1997 Mitarbeiter am Institut für Philosophie der Technischen Universität Dresden. Seit 1997 Wissenschaftlicher Referent am Einstein Forum in Potsdam. Neuere Publikationen u. a.: *Werner Herzog. An den Grenzen* (Mit-Hrsg. 2015); *Poetik und Hermeneutik im Rückblick. Interviews mit Beteiligten* (Mit-Hrsg. 2017); *Der absolute Leser. Hans Blumenberg – Eine intellektuelle Biographie* (2020).

Index

Abraham a Santa Clara 112
Addison, Joseph 282, 325
Adelung, Johann Christoph 185, 227, 233, 248
Adorno, Theodor W. 17, 85–103
Agrippa von Nettesheim 111
Alexander der Große 202, 210
Alkan, Charles-Valentin 56 f., 62–63
Anaximenes 111
Apel, Hans Eberhard 384
Aristoteles 42–46, 115 f., 118, 145, 173, 212
Äsop 46, 113
Augustinus, Aurelius 117
Augustus 214

Bach, Johann Christian 232
Bach, Johann Sebastian 15, 228 f., 231 f., 236
Bahr, Egon Karl-Heinz 384
Bartali, Gino 67–69, 76
Barthes, Roland 21, 56, 60–63, 70, 76, 137, 147 f., 258, 287–289, 306, 345, 421–424, 427, 431 f.
Barton, Catherine (erscheint nicht namentlich, sondern auf S. 127 nur als „Nichte des Verstorbenen" (=Newtons))
Baticheff, Jacqueline 346, 354
Bayle, Pierre 107
Becker, Franziska 398
Belisar 39
Benda, Georg 228, 231
Benjamin, Walter 31, 45 f., 100–102, 184
Benne, Christian 425
Benzler, Johann Lorenz 243 f.
Binet, Laurent 60–62
Bismarck(-Schönhausen), Otto Eduard Leopold von 406
Blumenberg, Hans 17, 107–129, 147, 195, 256 f., 288 f.
Boccaccio, Giovanni 16, 27–30, 206, 254, 280
Bode, Johann Joachim 197, 213
Boden, Petra 123

Boethius, Anicius Manlius Severinus 43–46
Bolton, John Robert 409
Bölts, Udo 76
Bonaparte, Napoleon 19, 253–256, 259–266, 268 f., 271–274
Bourgeois, Albert Paul 266 f.
Brandt, Willy (geb. Herbert Ernst Karl Frahm) 384, 386
Brehm, Alfred 175
Buch, Hans Christoph 351
Buffon, Georges-Louis Leclerc 174
Buhl, Hermann 79–81
Bürger, Gottfried August 244

Campe, Joachim Heinrich 212, 218, 255 f.
Carracci, Agostino 390 (Brüder Carracci)
Carracci, Annibale 390 (Brüder Carracci)
Cassirer, Bruno 428, 431
Châtelet, Émilie du 118
Chaucer, Geoffrey 280
Chausson, Ernest Amadée 56, 62
Chodowiecki, Daniel 237 f., 245
Cicero, Marcus Tullius 17, 135–142, 144, 146–154, 156–158, 217, 261
Coppi, Fausto 67–69, 76
Crabb, George 244
Crassus, Lucius Licinius 139–142, 144, 146 f.
Curtin, Andrew Gregg 403 f.

Dahlmann, Friedrich Christoph 268 f.
Daumier, Honoré 392, 394–396, 399, 401
Davout, Louis-Nicolas 266
Derouin (auch Deroin), Jeanne 395
Derrida, Jacques 62, 199 f., 306, 310
Diogenes Laertios 107 f.
D'Israeli, Isaac 12
Doderer, Klaus 406 f.
d'Ors, Eugeni 20, 325, 327–332
Düttmann, Alexander García 98, 100

Einstein, Albert 17, 110, 124–129

Eppler, Erhard 386
Eschenburg, Johann Joachim 244
Euler, Leonard 127

Fabris, Melchior de 168 f.
Filliou, Robert 335, 349
Fineman, Joel 8–10, 13, 18–20, 32, 53, 58, 70, 165, 181, 184, 187 f., 196, 199–201, 203, 205–207, 212, 221, 242, 257, 287 f., 303–311, 313 f., 316, 321, 339 f., 420–424
Fischer, Samuel 380, 428, 431
Forkel, Johann Nikolaus 229
Franklin, Benjamin 404 f.
Freud, Sigmund 19, 34, 301–303, 305, 310–321, 352
Fricke, Harald 20, 379 f., 382 f., 386, 389, 399
Friedrich, Hugo 173, 205
Friedrich II. von Preußen (auch S. 245, ‚Friedrichen') 11, 18, 233–239, 242, 244–246
Fuhrmann, Manfred 119, 212

(Gaius Iulius) Caesar 135–139, 147–150, 152–156
Campan, Jeanne Louise-Henriette 399
(Gaius) Memmius 139, 141 f., 144–147
Galilei, Galileo 127, 129
Gallagher, Catherine 8, 58, 181, 184, 187–189, 280, 286–289, 308, 339 f.
Gallop, Jane 279, 286
Gassicourt, Charles Louis Cadet de 266–268, 273
Gebauer, Gunter 77 f.
Geertz, Clifford 179, 286
Gellert, Christian Fürchtegott 240, 243
Gérôme, Jean-Léon 399–402
Gessner, Conrad 166 f., 171, 173
Gheerardts d.Ä., Marcus 381
Ghezzi, Pier Leone 390
Gide, André 327
Gillray, James 391–393
Gisi, Lucas Marco 424–427
Gleim, Johann Wilhelm Ludwig 19, 242–245
Goethe, Johann Wolfgang 21, 247 f.

Goldstein, Jürgen 111
Gombrich, Ernst Hans Josef 381, 388, 390, 399
Gossman, Lionel 10, 156, 196, 258
Grandl, Matthias 129, 135 f., 141, 149, 157
Graun, Carl Heinrich 235 f.
Greenblatt, Stephen 8, 10, 12 f., 18, 58, 70, 78, 136, 179–190, 196, 200 f., 256, 280, 286–289, 303, 307–310, 339 f., 419
Grice, H.P. 54 f., 58
Grothe, Heinz 154, 165, 185, 325, 404 f.
Grünewald, Dietrich 392, 397

Hamacher, Werner 47, 418 f., 422
Haraway, Donna 165
Hardy, Thomas 19, 279–284, 287, 289–291, 293–295
Hawkesworth, John 283
Hawthorne, Nathaniel 281
Hebel, Johann Peter 12, 16, 27, 47–49
Hegel, Georg Wilhelm Friedrich 91, 107, 306 f.
Heidegger, Martin 110, 120–122, 200, 306
Heinrich von Preußen, Prinz 237
Henscheid, Eckhard 386
Herder, Johann Gottfried 195
Herodot von Halikarnassos 10, 31, 101
Hertfelder, Katharina 129
Hiller, Johann Adam 230
Hippokrates 201, 304
Hitler, Adolf 21, 407, 409
Hofmannsthal, Hugo von 47
Homer 39, 154 f.
Hooker, Joseph 403
Horaz (Quintus Horatius Flaccus) 17, 135–137, 152–158
Howells, William Dean 284 f., 294
Hoyau, George 402 f.
Huizinga, Johann 326
Huysmans, Joris-Karl 327

Jacobi, Johann Georg 18, 242–244
Jaeger, Werner 115
Jak (eig. Raymond Allen Jackson) 387
James, Henry 282–285
Jauß, Hans Robert 124

Johnson, Alexander Boris de Pfeffel   310, 388, 391
Johnson, Samuel   11, 53, 58
Jolles, André   7, 29, 31, 54, 209
Justinian   34, 39, 41, 257, 325, 330

Karsch, Anna Louisa   18, 244–248
Kayser, Albrecht Christoph   229–231
Keller, Gottfried   428
Kellermann, Bernhard   428
Kempowski, Walter   421
Kleist, Heinrich von   5, 12, 15, 18f., 195, 197, 217–220, 222, 227–229, 231f., 234, 236, 241f., 268–273
Klopstock, Friedrich Gottlieb   18, 240–243, 247
Kluge, Alexander   253, 255f., 260, 262f., 269, 273f.
Kochalka, James   1–4, 14
Köpcke, Arthur   341
Koselleck, Reinhart   201, 203, 206, 261
Krabbe, Eva   394f.
Kracht, Christian   421
Kugler, Franz   236

La Fayette (auch Lafayette), eig. Marie-Joseph-Paul-Yves-Roch-Gilbert du Motier, Marquis de   392
Lacan, Jacques   13, 19f., 303, 306f., 310f., 313, 317–321, 340
Lang, Ernst Maria   387f., 391
Langemeyer, Gerhard   390, 392, 394f.
Lannes, Jean   263, 265–270, 272f.
Lessing, Gotthold Ephraim   237, 351
Lichnowsky, Eduard Prinz von   227
Livingstone, David   407, 409
Löcht, Joana van de   167f.
Longchamp, Sébastien   118f.
Lorenz, Konrad   161f., 176
Low, David Alexander Cecil   21, 407–409
Lübbe, Hermann   116
Ludwig XIV.   399f.
Lukács, Georg (György)   351

Malaparte, Curzio   68
(Marcus) Antonius   139, 144, 148–152

(Marcus Iunius) Brutus   135–137, 148f., 151–156
Marcus Manlius   163f.
Maria Theresia, Kaiserin [= ‚Maria', S. 245]   48f.
Markus (eig. Jörg Mark-Ingraban von Morgen)   20, 380–387, 389, 391, 394–397, 401
Marquard, Odo   120f.
Martin von Tours   18, 168
Martini, Carlo   69
Marx, Karl   386
Matthews, Brander   281, 284f.
Maupassant, Guy de   282
Mauss, Marcel   70–73, 78f.
Menzel, Adolph Friedrich Erdmann (von)   236, 401f.
Messner, Reinhold   79
Meyer-Brockmann, Henry   391
Mirabeau, Comte de   18, 219f.
Mohr, Burckhard   387, 389
Molière (eig. Jean-Baptiste Poquelin)   399–401
Möller, Melanie   135f., 149, 157f.
Moller, Meta   18, 240–242
Montaigne, Michel de   18, 59, 101, 111, 183, 185, 195–218, 220f.
Montrose, Louis   179, 181f., 186f.
Müller, Oliver   123
Müller, Ralph   379f., 382f.

Nannen, Henri Franz Theodor Max   380–386, 401
Newton, Isaac   127–129
Nicolai, Friedrich   11, 18, 233–237
Niefanger, Dirk   423
Niehaus, Michael   8f., 16, 27, 31, 53, 137, 199, 342, 419, 423, 429, 431
Nietzsche, Friedrich   85, 107f.

Okopenko, Andreas   20, 335, 353–357

Passow, Franz   35, 39
Pfannmüller, Hans Georg   391
Phryne (eig. Mnēsaretḗ)   432
Pitt d.J., William   391
Plato/Platon   110, 113–117, 121, 327

Plessner, Helmuth 77
Plinius Secundus d.Ä., C. 49, 166, 169, 173
Plotin 329, 331
Plutarch von Chaironea 2, 10 f., 207, 213, 257, 260 f., 391, 406, 417
Poe, Edgar Allan 281, 310
Polgar, Alfred 14
Pratt, Mary Louise 16, 54 f., 57
Preisendanz, Wolfgang 119
Primrose, Archibald Philip, 5. Earl of Rosebery 406
Prokop(ios) von Caesarea 10, 14, 16, 34 f., 39, 40–42, 138 f., 257, 301, 307, 325, 338, 348, 386, 409

Raffael (Raffaelo Sanzio da Urbino) 401 f.
Raynal, Guillaume de 11
Reichardt, Johann Friedrich 236, 380
Ringeltaube, Michael 230, 232
Roeper, Malte 80 f.
Roth, Dieter 336
Rühle von Lilienstern, Johann Jakob August Otto 270–272
Rutilius, Martin 232

Sade, Donatien Alphonse François de 96 f., 347
Schadewaldt, Wolfgang 115
Schäfer, Rudolf 9, 31, 53, 85, 164, 184, 199, 258, 302, 361, 382–384, 386 f., 390 f., 399, 403, 405, 428
Scherpe, Klaus 351
Schestow, Leo 44
Schillings, Michael 168
Schlaffer, Heinz 34, 53, 70, 113, 164, 305, 307
Schlegel, Friedrich 27, 30
Schleiermacher, Friedrich 27
Schmidt, Elisabeth 242
Schmidt, Helmut Heinrich Waldemar 20, 379–381, 383 f., 387 f., 391, 414
Schneider, Norbert 394 f.
Schön, Erhard 395
Schoock, Martin 170
Schubart, Christian Friedrich Daniel 18, 231–233, 242
Schwarzer, Alice Sophie 395, 398

Sebond, Raimond 111
Seelig, Carl 21, 425–433
Shakespeare, William 18, 135, 179 f., 183–186, 189, 303, 308–310, 317 f., 331
Sokrates 114 f., 120, 123
Spangenberg, Wolfhart 170–172
Spoerhase, Carlos 422 f.
Spoerri, Daniel 20, 335–356
Stalin, Josef Wissarionowitsch 21, 407, 409
Stanley, Henry Morton (eig. John Rowlands) 60, 407, 409, 415
Stanley, Thomas 111 f.
Stanton, Edwin McMasters 403
Starobinski, Jean 205, 208, 221
Steele, Richard 282
Sterne, Laurence 60, 62, 244
Stierle, Karlheinz 18, 119, 196, 203–207, 209, 212, 221
Strabo, C. Iulius Caesar 139, 143–147
Sulzer, Johann Georg 231, 248

Tacitus 49
Tenniel, John 405 f.
Tertullian 117
Thales von Milet 17, 110–123, 125, 129
Theaitetos 113 f., 117, 121
Theodora 34, 39 f., 257, 325, 330
Theodoros 114
Thomas, Yan 210
Thukydides 10, 200 f., 207, 304 f., 339
Tieck, Ludwig 16, 32 f.
Titus Livius 17, 163–165
Tomaševskij, Boris 420 f.
Trump, Donald Ohn 409 f.
Twain, Mark (eig. Samuel Langhorne Clemens) 405

Unger, Friedrich 237, 239

Valéry, Paul 327
Voigt, Sigmund 175 f.
Vollbeding, Johann Christoph 39
Voltaire (d.i. François-Marie Arouet) 11, 118 f., 127
Voltz, Michael 254

Walser, Karl 428

Walser, Robert   21, 417 f., 424–433
Warning, Rainer   57, 59, 119
Washington, George   405
Wehner, Herbert Richard   384
Weinrich, Harald   119
Wells, H.G.   281 f.
Wilhelm I., Prinz von Oranien   381, 388, 390
Wilhelm II. (Friedrich Wilhelm Viktor Albert von Preußen)   406
Williams, Emmett   335–337, 346, 348, 353
Winchester, Simon   59–61
Wittgenstein, Ludwig   129, 314

www.ingramcontent.com/pod-product-compliance
Lightning Source LLC
Chambersburg PA
CBHW031749220426

43662CB00007B/328